Springer-Lehrbuch

Harald Dyckhoff

Betriebliche Produktion

Theoretische Grundlagen einer
umweltorientierten Produktionswirtschaft

Zweite, verbesserte Auflage

Mit 110 Abbildungen

Springer-Verlag Berlin Heidelberg GmbH

Univ.-Professor Dr. Harald Dyckhoff
RWTH Aachen
Lehrstuhl für Industriebetriebslehre
Templergraben 64
D-52056 Aachen

ISBN 978-3-540-57552-8   ISBN 978-3-642-57959-2 (eBook)
DOI 10.1007/978-3-642-57959-2

Dieses Werk ist urheberrechtlich geschützt. Die dadurch begründeten Rechte, insbesondere die der Übersetzung, des Nachdruckes, des Vortrags, der Entnahme von Abbildungen und Tabellen, der Funksendungen, der Mikroverfilmung oder der Vervielfältigung auf anderen Wegen und der Speicherung in Datenverarbeitungsanlagen, bleiben, auch bei nur auszugsweiser Verwertung, vorbehalten. Eine Vervielfältigung dieses Werkes oder von Teilen dieses Werkes ist auch im Einzelfall nur in den Grenzen der gesetzlichen Bestimmungen des Urheberrechtsgesetzes der Bundesrepublik Deutschland vom 9. September 1965 in der Fassung vom 24. Juni 1985 zulässig. Sie ist grundsätzlich vergütungspflichtig. Zuwiderhandlungen unterliegen den Strafbestimmungen des Urheberrechtsgesetzes.

© Springer-Verlag Berlin Heidelberg 1992, 1994
Ursprünglich erschienen bei Springer-Verlag Berlin Heidelberg New York Tokyo 1994

Die Wiedergabe von Gebrauchsnamen, Handelsnamen, Warenbezeichnungen usw. in diesem Werk berechtigt auch ohne besondere Kennzeichnung nicht zu der Annahme, daß solche Namen im Sinne der Warenzeichen- und Markenschutz-Gesetzgebung als frei zu betrachten wären und daher von jedermann benutzt werden dürften.

Bindearbeiten: J. Schäffer GmbH u. Co. KG., Grünstadt
42/7130-5 4 3 2 1 0 - Gedruckt auf säurefreiem Papier

Vorwort zur zweiten Auflage

Die gute Aufnahme der ersten Auflage macht schon nach kurzer Zeit eine zweite notwendig. Dies ist erfreulich, bestätigt es doch die Konzeption des Buches. Es sind dementsprechend auch nur einige kleinere, hauptsächlich redaktionelle Verbesserungen vorgenommen worden. Auf eine inhaltliche und eine redaktionelle Änderung sei hingewiesen: Anstelle von einem (Schwachen bzw. Starken) Wirtschaftlichkeitsprinzip wird nunmehr allgemein von einem (Schwachen bzw. Starken) Erfolgsprinzip gesprochen (§§ 7 und 9) und die erstgenannte Bezeichnung speziell dem ökonomischen Erfolgsprinzip vorbehalten. Zum zweiten wird jeweils am Ende der Paragraphen als weitere Lernhilfe auf wichtige Begriffe und Aussagen hingewiesen.

Die zweite Auflage gibt mir die Gelegenheit, die schon in der ersten Auflage (auf S. 39) gemachte Aussage an hervorgehobener Stelle zu wiederholen und zu betonen, wonach sich dieses Buch in der Tradition der Werke von *Waldemar Wittmann* und *Günter Fandel* begreift. Insbesondere gebührt *Fandels* Produktions- und Kostentheorie das Verdienst, die von *Wittmann* in die deutsche Betriebswirtschaftslehre eingeführte Aktivitätsanalyse mit der *Gutenberg*schen Schule integriert zu haben.

Aachen, im Juni 1993 *Harald Dyckhoff*

Vorwort zur ersten Auflage

Mit diesem Buch möchte ich dazu beitragen, zwei für mich gravierende Lücken im theoretischen Fundament der Produktionswirtschaftslehre zu schließen. Zum einen ist es die mangelnde konzeptionelle Berücksichtigung des Umweltschutzes, zum anderen die große Kluft zwischen der herrschenden Produktions- und Kostentheorie einerseits und der Lehre vom Produktionsmanagement andererseits.

Die Kluft führt dazu, daß nicht nur Studenten immer weniger sachliche Interdependenzen zwischen diesen beiden Hauptgebieten in der traditionellen Einteilung der Produktionswirtschaftslehre sehen und von daher die praktische Relevanz der Theorie in Frage stellen. Verstärkt wird dieser Eindruck durch die zum Teil umwälzenden Entwicklungen der jüngsten Zeit in der Praxis des Produktionsmanagements, während die Produktions- und Kostentheorie sich nur unmerklich weiterentwickelt und die neuen Entwicklungen nicht aufzugreifen vermag. So besteht die Gefahr, daß die Produktions- und Kostentheorie ihren Stellenwert im betriebswirtschaftlichen Curriculum verliert, indem sie ihre Aufgaben als theoretische Grundlage des Produktionsmanagements und als Bindeglied zur Theorie der Unternehmung in der Allgemeinen Betriebswirtschaftslehre nicht ausreichend wahrnehmen kann.

Die Ursachen für diese Entwicklung sehe ich im Selbstverständnis der herrschenden Produktions- und Kostentheorie, die zu sehr ihre Erkenntnisfunktion gegenüber der Gestaltungsfunktion betont, und in ihrer Selbstbegrenzung durch weitgehende Ausklammerung der Output- bzw. Leistungsseite der Produktion. Aus diesem Grunde wird hier der Ansatz einer neuen *Theorie betrieblicher Produktion* entwickelt: Sie rückt die Gestaltungsaufgabe in den Vordergrund und behandelt beide Seiten der Produktion, d.h. Input und Output bzw. Kosten und Leistungen, prinzipiell gleichberechtigt, weshalb sie auch als „Produktions- und Erfolgstheorie" bezeichnet werden könnte.

Die vorgestellte Theorie ist zu charakterisieren als aktivitätsanalytisch, sachbezogen, konstruktiv und umweltorientiert:

- Die konsequente Einhaltung und Fortführung des prozeßorientierten Ansatzes der Aktivitätsanalyse ermöglicht eine geschlossene Theorie, die sich geradlinig von allgemeinen Grundbegriffen und -annahmen bis hin zu praxisnahen Modellen entwickelt.

- Aufgrund einer sachbezogenen Typologie und einer einheitlichen Notation werden das Gesamtverständnis der Produktion und ein systematischer Überblick über die Produktionsmodelle gefördert, wobei bekannte Modelle der Literatur aus der Systematik heraus resultieren und so harmonisch einbezogen sind.

- Im Vergleich zur herrschenden Produktions- und Kostentheorie wird der Gestaltungsfunktion ein größeres Gewicht beigemessen. Unterstützt wird es durch eine systemorientierte Sichtweise und eine konstruktive Ausrichtung - insbesondere der Linearen Theorie in Kapitel C - unter Verwendung grafischer Hilfsmittel, welche oft eine algebraische Darstellung vollkommen ersetzen können.

- Durch die Wahl geeigneter Grundbegriffe werden ökonomisch relevante Umweltaspekte organisch integriert, und zwar so, daß traditionelle Denkmuster als Spezialfälle gültig bleiben und ein Rückgriff auf und ein Vergleich mit den Erkenntnissen der herrschenden Theorie möglich sind.

Das letztgenannte Charakteristikum bezieht sich auf die zweite Lücke im Fundament der Produktionswirtschaftslehre. Die herrschende Produktions- und Kostentheorie kennt nur Güter als erwünschte Objekte – in der Regel versehen mit Marktpreisen – und ist dadurch für Überlegungen zum Schutze der natürlichen Umwelt konzeptionell nicht aufgeschlossen. Auf Dauer genügt es nämlich nicht, Umweltschutzaspekte durch Modifikation und singuläre Erweiterung existierender Produktionsmodelle der Theorie quasi aufzupfropfen („End-of-pipe-Modelle"). Vielmehr müssen schon die Grundbegriffe und Grundannahmen der Theorie verändert werden, will man konzeptionelle Inkonsistenzen vermeiden. Das vorliegende Lehrbuch resultiert aus einem dementsprechenden Versuch der *organischen Integration des Umweltschutzes in die betriebswirtschaftliche Theorie* der Produktion.

Dieser Versuch erwies sich als schwieriger als vorhergesehen. Die Formulierung verallgemeinerter Begriffe und Konzepte verlangte wesentlich mehr Zeit und führte zu einem deutlich größeren Umfang der in den Kapiteln B und C dargelegten statisch-deterministischen Theorie als ursprünglich geplant. Ich habe deshalb auf ein eigenes Kapitel zur dynamisch-stochastischen Theorie sowie auf ausführliche problemorientierte Analysen zugunsten einer geschlossenen Darstellung der statisch-deterministischen Theorie verzichtet. Bestärkt hat mich dabei der Wunsch, das Erscheinen dieses schon seit mehreren Jahren geplanten Lehrbuches nicht noch weiter hinausschieben zu müssen. Nur auf diese Weise besteht die Chance (und das Risiko), meine Überlegungen der Kritik auszusetzen.

Auch wenn das Buch eine Reihe neuer Forschungsergebnisse enthält, besonders im Hinblick auf die umweltorientierte Erweiterung, so ist es doch in erster Linie als Lehrbuch konzipiert. Zielgruppe sind Interessenten an produktionswirtschaftlichem Grundwissen, vor allem Studierende der Wirtschafts-, Ingenieur- und Naturwissenschaften, aber auch Praktiker, die sich mit ökologischen Fragestellungen, insbesondere mit Stoff- und Energiebilanzen („Ökobilanzen"), beschäftigen.

In großen Teilen baut das Buch auf Erfahrungen zu Veranstaltungen mit einer ähnlichen Thematik auf, die ich im Laufe von zehn Jahren bei Lehraufträgen oder als Professor an der RWTH Aachen sowie kurzfristig auch an der Universität GHS Essen sammeln konnte. Außer der mathematischen Propädeutik für Wirtschaftswissenschaftler werden keine speziellen Kenntnisse vorausgesetzt. Ausnahmen bilden einzelne Textstellen, die sich dann aber immer nur auf Randaspekte beziehen und in der Regel als Exkurs oder durch eine kleinere Schrifttype gekennzeichnet sind. Zu hier bewußt knapp gehaltenen Darstellungen etablierter Konzepte und Modelle werden dem interessierten Leser weiterführende und vertiefende Literaturhinweise gegeben.

Die Kapitel des Buches setzen sich aus einzelnen Paragraphen zusammen, die jeweils als eine „Lektion" verstanden werden können, wobei ihr Umfang zwischen ein und vier Vorlesungs- und Übungsstunden schwankt. Indem einige Paragraphen folgenlos ausgelassen werden können, kann der Stoff des Buches sowohl Gegenstand einer einführenden Lehrveranstaltung von ca. vier Semesterwochenstunden als auch vertiefender Veranstaltungen von je nach Vorkenntnissen geringerem Umfang sein, wobei letztere von den Lehrenden nach Neigung um andere Aspekte ergänzt werden können.

Das Buch wäre ohne die direkte oder indirekte Unterstützung vieler Personen nicht zustande gekommen. Ihnen allen möchte ich hiermit herzlich danken und bei denen um Nachsicht bitten, die ich im folgenden nicht ausdrücklich erwähne. Zuallererst zu nennen sind einige geistige Groß- und Urgroßväter des Buches. Viel verdankt es *Tjalling C. Koopmans*, dem Begründer der Aktivitätsanalyse, sowie *Waldemar Wittmann*, der sie in einer verallgemeinerten Fassung in der deutschen Betriebswirtschaftslehre bekannt gemacht hat. Unverkennbar ist in Kapitel C der Einfluß von *Heiner Müller-Merbach* mit seiner konstruktiv ausgerichteten, sachbezogenen Typologie der Input/Output-Prozesse und seiner Kritik an der herrschenden Produktions- und Kostentheorie. Darüber hinaus haben die Pionierwerke von *Heinrich von Stackelberg* über die „Theorie der Produktionsrichtung", von *Paul Riebel* über „Die Kuppelproduktion" sowie von *Heinz Strebel* über „Umwelt und Betriebswirtschaft" meine Überlegungen stark motiviert und ebenfalls beeinflußt. Da das Buch die Grundgedanken dieser „Ahnen" zwar aufnimmt, jedoch eigenständig weiterentwickelt, weiß ich allerdings nicht, ob sie mit ihrem geistigen Enkelkind zufrieden sind.

Während der Zeit der redaktionellen Erstellung des Buches haben alle Mitarbeiter meines Lehrstuhls mit großem Engagement und äußerster Sorgfalt dazu beigetragen, daß mein ursprüngliches Typoskript mitsamt den Abbildungsskizzen in eine - wie ich meine - schon fast professionelle, druckreife Form transformiert wurde. Auch diejenigen, die nicht unmittelbar an der Redaktionsarbeit beteiligt waren, haben dadurch, daß sie Aufgaben der anderen Mitarbeiter mit übernommen und ihnen so den Rücken frei gehalten haben, indirekt ebenfalls zum Gelingen beigetragen. Inhaltlich habe ich bei der Diskussion des Typoskripts von meinen Mitarbeitern, insbesondere den Herren Dipl.-Kfm. *Rolf Jacobs*, Dipl.-Kfm. *Rainer Souren* und Dipl.-Inform. *Matthias Weiner*, in vielen Detailaspekten fruchtbare Anregungen erhalten. Die Hauptlast bei der Erstellung der Formeln und beim Layout des Textes haben Herr *Frank Böhr* und Frau *Janny Franken* getragen, während Frau *Christine Bollmann* fast alle Abbildungen angefertigt hat. Dies wäre nicht möglich gewesen ohne die stete, fachkundige Unterstützung durch Herrn Dipl.-Inform. *Matthias Weiner* in allen DV-relevanten Aspekten. Besonderer Dank gilt Herrn Dipl.-Kfm. *Rainer Souren* für seine unermüdliche federführende Rolle bei der Redaktionsarbeit.

Außerdem gebührt dem Springer-Verlag und hier besonders Herrn Dr. *Werner Müller* mein Dank für die fruchtbare Zusammenarbeit und die Aufnahme des Buches in ihre Lehrbuchreihe.

Dieses Buch widme ich in tiefer Verbundenheit meiner Familie.

Aachen, im Juli 1992 *Harald Dyckhoff*

Inhaltsübersicht

Vorwort zur 2. Auflage	V
Vorwort zur 1. Auflage	VI
Inhaltsverzeichnis	XI
Symbolverzeichnis	XIX

Kapitel A: Grundlagen einer ökonomischen Theorie betrieblicher Produktion — 1

§ 1 Betriebliche Produktionssysteme	3
§ 2 Betriebswirtschaftliche Modellbildung (Exkurs)	21
§ 3 Theorie betrieblicher Produktion	33

Kapitel B: Allgemeine statisch-deterministische Theorie — 45

§ 4 Technologie: Menge der Produktionsmöglichkeiten	47
§ 5 Präferenzen des Produzenten	61
§ 6 Eigenschaften der Technologie und ihrer Ergebnisse	73
§ 7 Produktionsfunktion: Effiziente Produktion	89
§ 8 Eigenschaften der Produktionsfunktion	101
§ 9 Erfolgsmaximale Produktion	115
§10 Eigenschaften erfolgsmaximaler Produktion	135

Kapitel C: Lineare statisch-deterministische Theorie — 153

§11 Lineare Technologien	155
§12 Elementare Technologien	183
§13 Einstufige Technologien	209
§14 Nicht endlich generierbare Technologien	239
§15 Mehrstufige Technologien	265
§16 Zyklische Technologien	293
§17 Gemischttypige Technologien	315

Kapitel D: Dynamisch-stochastische Theorie und Produktionsmanagement — 329

§18 Erweiterungen der Theorie (Ausblick)	331
§19 Produktionsmanagement (Skizze)	351

Literaturverzeichnis	357
Stichwortverzeichnis	371

Inhaltsverzeichnis

Kapitel A: Grundlagen einer ökonomischen Theorie betrieblicher Produktion ... 1

§ 1 Betriebliche Produktionssysteme ... 3

1.1 Wirtschaftssystem und Umwelt ... 3
1.2 Objekte wirtschaftlichen Handelns ... 5
1.3 Abgrenzung betrieblicher Produktion ... 6
    1.3.1 Betrieb und Unternehmung ... 7
    1.3.2 Produktionsbegriffe ... 8
    1.3.3 Reduktion als „umgekehrte" Produktion ... 9
1.4 Produktionssystem ... 11
    1.4.1 Produktion als Input/Output-Prozeß ... 11
    1.4.2 Eigenschaften des Output ... 13
    1.4.3 Eigenschaften des Input ... 15
    1.4.4 Eigenschaften des Throughput ... 18

§ 2 Betriebswirtschaftliche Modellbildung (Exkurs) ... 21

2.1 Begriffsbildung ... 21
2.2 Modellbegriffe und Modellarten ... 23
    2.2.1 Abstraktionsstufen ... 24
    2.2.2 Realitätsbezug und Meßbarkeitsstufen ... 24
    2.2.3 Verwendungszweck und Modellökonomie ... 26
    2.2.4 Subjektivität und „Verzerrung" ... 27
    2.2.5 Weitere Differenzierungen von Modellarten ... 29
2.3 Theoriebegriff und Theoriebildung ... 31

§ 3 Theorie betrieblicher Produktion ... 33

3.1 Aktuelle Herausforderungen an eine Theorie betrieblicher Produktion ... 33
3.2 Abriß der historischen Entwicklung ... 34
    3.2.1 Klassische Theorie ... 34
    3.2.2 Ausgangspunkte der modernen Theorie ... 35
    3.2.3 Moderne empirische und herrschende Theorie ... 35
    3.2.4 Moderne analytische Theorie ... 36
    3.2.5 Jüngste Entwicklungen ... 37

3.3	Ein neuer Ansatz	38
	3.3.1 Integration von Produktionstheorie und Produktionsmanagement	38
	3.3.2 Stärkerer Praxisbezug durch konstruktive Ausrichtung	39
	3.3.3 Sachbezogene Typologie von Produktionsmodellen	40
	3.3.4 Umweltorientierter Ausbau des theoretischen Fundaments	41
3.4	Produktionstheorie und Theorie der Unternehmung	43

Kapitel B: Allgemeine statisch-deterministische Theorie 45

§ 4 Technologie: Menge der Produktionsmöglichkeiten 47

4.1	Objektarten	47
4.2	Aktivität als Input/Output-Prozeß	48
4.3	Technologie und Produktionskorrespondenz	50
4.4	Grafische Darstellung	51
4.5	Brutto- oder Netto-Prinzip?	57
	4.5.1 Input und Output als Nutz- oder Wirkpotentiale	58
	4.5.2 Die Problematik der systemfremden Potentialnutzung (Exkurs)	58
	4.5.3 Allgemeine Aktivitätsanalyse in der Flußversion	60

§ 5 Präferenzen des Produzenten 61

5.1	Erfolgsfunktion	61
5.2	Mehrdimensionale Ergebnisfunktion	62
	5.2.1 Ergebnisse der Produktion	62
	5.2.2 Dominanz von Produktionen	64
5.3	„Normalfall": Ergebnisfunktion eines speziellen Typs	65
	5.3.1 Gut, Übel und Neutrum	65
	5.3.2 Produkt, Redukt und Produktionsfaktor	66
	5.3.3 Realer Aufwand und Ertrag	68
	5.3.4 Zur Allgemeinheit des Normalfalls	69
5.4	Relativität und Subjektivität der Präferenzen	69
5.5	Externe Effekte und soziale Zusatz„kosten"	70

§ 6 Eigenschaften der Technologie und ihrer Ergebnisse 73

6.1	Grundannahmen	73
	6.1.1 Unmöglichkeit eines Schlaraffenlandes	73
	6.1.2 Irreversibilität der Produktion	77
	6.1.3 Möglichkeit ertragreicher Produktion	79
	6.1.4 Abgeschlossenheit der Produktion	79
	6.1.5 Weitere Grundannahmen geringeren Allgemeinheitsgrades	80
6.2	Spezielle Technologieformen	82
	6.2.1 Zunehmende, abnehmende und konstante Skalenerträge	82
	6.2.2 Additive, lineare und konvexe Technologien	83
6.3	Beschränkte Produktionsmöglichkeiten	85
6.4	Technologie oder Ergebnismenge?	87

§ 7 Produktionsfunktion: Effiziente Produktion — 89

- 7.1 Schwaches Erfolgsprinzip: Effizienz — 89
- 7.2 „Ökonomische" versus „ökologische" Effizienz — 91
- 7.3 Implizite Produktionsfunktion — 92
- 7.4 Explizite Produktionsfunktionen — 94
  - 7.4.1 Input- und Outputfunktionen — 94
  - 7.4.2 Aufwands- und Ertragsfunktionen — 96
- 7.5 Bekannte Typen von Produktionsfunktionen — 97
  - 7.5.1 Neoklassische Produktionsfunktion — 97
  - 7.5.2 Lineare Input/Output-Funktion — 98
  - 7.5.3 Technische Verbrauchsfunktion — 99
  - 7.5.4 Weitere betriebliche Produktionsfunktionen — 100

§ 8 Eigenschaften der Produktionsfunktion — 101

- 8.1 Limitationalität: Starre Produktion — 101
  - 8.1.1 Input- und Outputlimitationalität — 101
  - 8.1.2 Verallgemeinerte Limitationalität — 102
  - 8.1.3 Spezialfall: Faktorlimitationalität — 103
- 8.2 Variable Produktion — 104
  - 8.2.1 Relative und absolute Variabilität — 104
  - 8.2.2 Isoquanten — 106
  - 8.2.3 Komplementarität und Substitutionalität — 107
- 8.3 Partielle Kompensationsmaße — 110
  - 8.3.1 Grenzproduktivität und Substitutionsrate — 111
  - 8.3.2 Elastizitäten und Durchschnittsmaße — 112
- 8.4 Totale Kompensationsmaße — 113

§ 9 Erfolgsmaximale Produktion — 115

- 9.1 Starkes Erfolgsprinzip — 115
- 9.2 Bewertungsansätze — 117
  - 9.2.1 Präferenzunabhängigkeit: Kosten und Leistungen — 118
  - 9.2.2 Lineare Erfolgsfunktion: Konstante Preise — 119
  - 9.2.3 Objektive Bewertung? — 119
  - 9.2.4 Ökonomische, soziale und ökologische Bewertung — 121
- 9.3 Kompatibilität von Starkem und Schwachem Erfolgsprinzip — 121
  - 9.3.1 Kompatibilität im allgemeinen Fall — 121
  - 9.3.2 Kompatibilität im Normalfall — 122
  - 9.3.3 Kosten und Leistungen als bewerteter realer Aufwand und Ertrag — 123
- 9.4 Inverse Kompatibilität — 124
  - 9.4.1 Erfolgsmaximalität effizienter Produktion? — 124
  - 9.4.2 Preistheorem — 126
- 9.5 Erfolgsmaximalität bei beschränkter Produktion — 128
  - 9.5.1 Emissionsgrenze als Produktionsschranke — 128
  - 9.5.2 Opportunitätskosten und Schattenpreis — 133

§10 Eigenschaften erfolgsmaximaler Produktion — 135

10.1 Indirekte Erfolgsfunktionen — 135
10.2 Charakterisierung bei bekannter Produktionsfunktion — 136
10.3 Charakterisierung bei unbekannter Produktionsfunktion — 138
    10.3.1 Nichtlineare Restriktionen — 138
    10.3.2 Beschränkte Objektquantitäten — 140
    10.3.3 Schattenpreise der Engpässe — 141
10.4 Erfolgsmaximale Produktion bei Limitationalität — 143
10.5 Erfolgsmaximale Produktion bei Variabilität — 145
    10.5.1 Fixe und variable Erfolgsbeiträge — 145
    10.5.2 Minimalkostenkombination — 147
    10.5.3 Kostenfunktion einer neoklassischen Einprodukt-Technologie — 147
    10.5.4 Maximalleistungs- und sonstige Optimalkombinationen — 151

Kapitel C: Lineare statisch-deterministische Theorie — 153

§11 Lineare Technologien — 155

11.1 Grundlegende Eigenschaften — 155
11.2 Endlich generierbare Technologien — 157
    11.2.1 Produktionsprozeß — 159
    11.2.2 Basisaktivität und elementarer Prozeß — 161
    11.2.3 Technologiematrix — 162
    11.2.4 Linear beschränkte Produktionsmöglichkeiten — 164
11.3 Effizienz — 166
    11.3.1 Effiziente Kombinationen von Basisaktivitäten — 166
    11.3.2 Sinnvolle Basisaktivitäten — 168
    11.3.3 Elimination nicht effizienter Basisaktivitäten — 170
11.4 Erfolgsmaximale Produktion — 173
    11.4.1 Preistheorem — 173
    11.4.2 Lineares Produktionsmodell — 176
    11.4.3 Erfolgsmaximierung bei einem einzigen Engpaß — 178
    11.4.4 Minimalkostenkombination — 179
    11.4.5 Umsatzmaximierung — 180
11.5 Lineare Produktionsmodelle in der Praxis — 182

§12 Elementare Technologien — 183

12.1 Begriffe, Darstellungsformen und grundlegende Strukturtypen — 183
    12.1.1 Verschiedene Darstellungsformen — 183
    12.1.2 Berücksichtigung der drei Objektkategorien — 186
    12.1.3 Elementare Strukturtypen — 187

12.2	Eine Aufwandsart und eine Ertragsart	191
	12.2.1 Ein Faktor und ein Produkt	191
	12.2.2 Ein Faktor und ein Redukt	193
	12.2.3 Ein Abprodukt und ein Produkt	194
	12.2.4 Ein Abprodukt und ein Redukt	195
12.3	Mehrere Aufwandsarten und eine Ertragsart	196
	12.3.1 Mehrere Faktoren und ein Produkt	196
	12.3.2 Analoge Typen mit Übeln und Neutra	199
12.4	Eine Aufwandsart und mehrere Ertragsarten	201
	12.4.1 Ein Faktor und mehrere Produkte	201
	12.4.2 Analoge Typen mit Übeln und Neutra	204
12.5	Mehrere Aufwandsarten und mehrere Ertragsarten	204
	12.5.1 Mehrere Faktoren und mehrere Produkte	204
	12.5.2 Analoge Typen mit Übeln und Neutra	205

§13 Einstufige Technologien 209

13.1	Begriffe, Darstellungsformen und grundlegende Strukturtypen	209
13.2	Inputlimitationale Produktion	213
	13.2.1 Mengenmodell	213
	13.2.2 Kostenmodell für Gütertechnologie	215
	13.2.3 Dualität und verallgemeinerte Wertmodelle	216
13.3	Outputlimitationale Produktion	218
13.4	Verfahrenswahl bei der Herstellung eines Output	221
	13.4.1 Mengenmodell	221
	13.4.2 Prozeßspezifisches Kostenmodell für Gütertechnologie	225
13.5	Verfahrenswahl bei der Nutzung eines Input	228
13.6	Sonstige einstufige Produktion mit Verfahrenswahl	229
	13.6.1 Zuschneide- und Packprozesse	229
	13.6.2 Mehrere Output- bzw. Inputarten	231
13.7	Voll elastische Produktion	234
	13.7.1 Elastizität versus Freiheitsgrade	234
	13.7.2 Transport-, Verteilungs- und Einsammlungsprozesse	235
13.8	Sonstige einstufige Produktion	237

§14 Nicht endlich generierbare Technologien 239

14.1	Begriffe, Darstellungsformen und grundlegende Strukturtypen	239
	14.1.1 In Grenzen frei oder parametrisch variierbare Produktion	239
	14.1.2 Erweiterter Prozeß- und Verfahrensbegriff	240
14.2	In Grenzen frei variierbare Outputherstellung	241
14.3	In Grenzen frei variierbare Inputnutzung	246

14.4 Parametrisch variierbare Outputherstellung ... 248
    14.4.1 Parametrisch definierte Basisaktivitäten ... 249
    14.4.2 Zeitliche und intensitätsmäßige Anpassung ... 249
    14.4.3 Intensitätssplitting ... 254
    14.4.4 Quantitative Anpassung (ohne Fixkostensprünge) ... 255
    14.4.5 Vor- und Endkombination ... 261
14.5 Parametrisch variierbare Inputnutzung ... 261
14.6 Technische Produktionsmodelle ... 262

§15 Mehrstufige Technologien 265

15.1 Begriffe, Darstellungsformen und grundlegende Strukturtypen ... 265
    15.1.1 Produktionsstufen: Innenverflechtungen des Produktionssystems ... 265
    15.1.2 Außenverflechtungen des Produktionssystems ... 267
    15.1.3 Wahl zwischen Innen- und Außenverflechtungen ... 268
    15.1.4 Grundtypen ... 269
15.2 Inputlimitationale Produktion ... 270
    15.2.1 Variable Innen- und Außenverflechtungen ... 270
    15.2.2 Fixer Primärinput der derivativen Inputarten ... 274
15.3 Outputlimitationale Produktion ... 277
15.4 Verfahrenswahl bei der Outputherstellung ... 281
    15.4.1 Arbeitsgangweise Kalkulation ... 281
    15.4.2 Alternativkalkulation ... 283
    15.4.3 Vorteilhaftigkeit verschiedener Modellformulierungen ... 286
15.5 Verfahrenswahl bei der Inputnutzung ... 286
15.6 Voll elastische Produktion, insbesondere Umladeprozesse ... 290
15.7 Sonstige mehrstufige Produktion ... 292

§16 Zyklische Technologien 293

16.1 Begriffe, Darstellungsformen und grundlegende Strukturtypen ... 293
16.2 Einstufige Zyklen ... 296
    16.2.1 Elementare Prozesse ... 296
    16.2.2 Kombinative Prozesse ... 300
16.3 Mehrstufige Zyklen ... 301
    16.3.1 Endliche Verfahrenswahl ... 302
    16.3.2 Unendliche Verfahrenswahl ... 304
    16.3.3 Starre Produktion ... 307
16.4 Innerbetriebliche Leistungsverflechtung ... 310
16.5 Innerbetriebliche Leistungsverrechnung ... 312

§17 Gemischttypige Technologien 315

17.1 Begriffe, Darstellungsformen und Systemdenken ... 315
17.2 Rohölraffination ... 318
17.3 Entsorgungskosten und Emissionsgrenzen ... 323
17.4 Betriebsmodelle ... 325

Kapitel D: Dynamisch-stochastische Theorie und Produktionsmanagement   329

§18 Erweiterungen der Theorie (Ausblick)   331

    18.1 Spezielle nichtlineare Aspekte   331
       18.1.1 Nichtlineare Präferenzen   332
       18.1.2 Nichtlineare Technologien   336
       18.1.3 Nichtlineare Restriktionen   340
    18.2 Dynamische Erweiterungen   341
       18.2.1 Ein dynamisches Grundmodell   342
       18.2.2 Weiterführende Anmerkungen   345
    18.3 Stochastische Erweiterungen   347

§19 Produktionsmanagement (Skizze)   351

Literaturverzeichnis   357

Stichwortverzeichnis   371

Symbolverzeichnis

a	Inputkoeffizient	ε	Skalenelastizität
A	Inputmatrix	λ	Niveaugröße
b	Outputkoeffizient	ρ	Steuergröße bzw. Prozeß
B	Outputmatrix	σ	Nebenbedingung
c	spezif. Primärkosten		
d	spezif. Deckungs- bzw. Erfolgsbeitrag	$\mathbb{N}$	Menge der natürlichen Zahlen
		$\mathbb{N}_0$	Menge der natürlichen Zahlen einschließlich der Null
e	Ergebnis bzw. spezif. Erlös		
E	Ergebnismenge	$\mathbb{R}$	Menge der reellen Zahlen
G	Gesamtbedarfsmatrix	$\mathbb{R}_+$	Menge der nichtnegativen reellen Zahlen
H	Gesamtausbeutematrix		
i, j	Indices für Input- bzw. Outputarten	$\mathbb{R}_-$	Menge der nichtpositiven reellen Zahlen
I	Einheitsmatrix	$\emptyset$	leere Menge
k	spezif. Kosten, Stückkosten bzw. Index für Objektarten		
		$\in$	Elementzeichen
K	Gesamtkosten	$\subset$	Teilmengenzeichen
K'	Grenzkosten	$\cap$	Schnittoperator
l	spezif. (Sekundär-) Leistung	$\cup$	Vereinigungsoperator
L	Leistung	$\setminus$	Exklusionsoperator
L'	Grenzleistung		
M	Technologiematrix	$\succ$	strikte Präferenz
M	Menge der Inputarten	$\succeq$	schwache Präferenz
N	Menge der Outputarten	$\sim$	Indifferenz
p	Preis		
$\mathcal{P}$	Ergebnisfunktion	grad	Gradient
R	Menge der Restriktionen	lg	dekadischer Logarithmus
t	Zeitindex	∞	Unendlich
T	Technologie (-menge)		
v	Durchsatz	$\square$	Beispielanfang
w	Erfolg	■	Beispielende
w'	Grenzerfolg		
x	(Primär-) Input		
y	(Primär-) Output		
z	Netto-Output		
Z	Produktionsmöglichkeitenmenge		

Kapitel A

Grundlagen einer ökonomischen Theorie betrieblicher Produktion

Produktion ist die Kernfunktion jeder Unternehmung. Als solche ist sie Erfahrungsobjekt verschiedener Disziplinen, insbesondere der Wirtschafts- und der Ingenieurwissenschaften. Hier wird ein betriebswirtschaftlicher Standpunkt eingenommen. Somit stehen die ökonomischen Aspekte der Produktion im Zentrum. Naturwissenschaftliche und technische sowie gesellschaftliche Gegebenheiten spielen eine wesentliche Rolle, jedoch nur insoweit, wie sie die für wirtschaftliche Analysen relevanten Rahmenbedingungen beeinflussen. Im Unterschied zur Volkswirtschaftslehre, die in der Mikroökonomie die Unternehmung als kleinste produzierende Einheit betrachtet, untersucht die Betriebswirtschaftslehre neben der Unternehmung als Ganzem auch geeignet abzugrenzende Teile wie Werke, Produktionsanlagen, Werkstätten oder einzelne Arbeitsplätze. Sie bilden sogenannte betriebliche Produktionssysteme. Ihre ökonomische Analyse definiert die *Produktionswirtschaftslehre* als eine funktionsorientierte Spezielle Betriebswirtschaftslehre.

Gegenstand des Buches ist die betriebliche *Produktionstheorie*. Sie kennzeichnet wesentliche Grundzüge der Produktionswirtschaft und liefert theoretische Grundlagen sowohl für eine Erklärung real auftretender Phänomene (deskriptive bzw. explikative Theorie) als auch für Gestaltungsempfehlungen in der betrieblichen Praxis (präskriptive Theorie). Wegen der Komplexität und Vielgestaltigkeit betrieblicher Produktionssysteme kann die Produktionstheorie allerdings nur dann allgemeingültige Aussagen machen, wenn sie sich auf ein gewisses Abstraktionsniveau begibt. Als Hilfsmittel bedient sie sich dazu formaler Modelle. Sie bilden gleichzeitig die logische Basis computergestützter Systeme der Produktionsplanung und -steuerung (PPS).

Abgesehen von einer ansatzweisen Diskussion dynamischer und stochastischer Erweiterungen und einem kursorischen Überblick über das Produktionsmanagement in Kapitel D beschränkt sich die Untersuchung auf die statische und deterministische Produktionstheorie. Kapitel B hat die allgemeine, Kapitel C die praktisch unmittelbar bedeutsame lineare Theorie zum Thema. Es wird eine in sich geschlossene Theorie angestrebt, die sich geradlinig und ohne Brüche von den allgemeinen Grundbegriffen und Grundannahmen bis hin zu praxisnahen Modellen entwickelt und dabei soweit wie möglich aus der Literatur bekannte Ansätze harmonisch integriert. Die hier entwickelte Theorie zeichnet sich gegenüber traditionellen Ansätzen der Produktions- und Kostentheorie darüber hinaus durch drei Besonderheiten aus:

- Durch die Wahl geeigneter Grundbegriffe wird das Theoriegebäude im Hinblick auf eine organische Integration ökonomisch relevanter Umweltschutzaspekte erweitert, und zwar in der Weise, daß traditionelle Denkmuster als Spezial- oder Grenzfälle nach wie vor gültig bleiben und somit ein Rückgriff auf und ein Vergleich mit Ergebnissen der bislang herrschenden Theorie möglich sind.

- Es wird keine ausdrückliche Zweiteilung in einerseits Produktionstheorie und andererseits Kostentheorie vorgenommen. Produktionstheorie im hier verstandenen Sinne umfaßt außer den reinen Mengenmodellen außerdem Wertmodelle, insbesondere Kosten- und Leistungsmodelle, und daraus abgeleitete Aussagen.

- Die konsequente Einhaltung des prozeßorientierten Ansatzes der Aktivitätsanalyse ermöglicht in Kapitel C den konstruktiven Aufbau der linearen Theorie ausgehend von elementaren bis hin zu komplexen Technologien.

In diesem einführenden Kapitel werden nachfolgend einige begriffliche, methodologische und historische Grundlagen der Produktionstheorie behandelt. Der erste Paragraph (§1) befaßt sich mit betrieblichen Produktionssystemen, ihrer Stellung innerhalb umfassenderer Systeme, ihren Eigenschaften sowie damit in Verbindung stehenden Grundbegriffen. Danach werden grundsätzliche Fragen betriebswirtschaftlicher Modellbildung angesprochen (§2). Im letzten Teil der Einführung werden Gegenstand und Stellung der Produktionstheorie in der Betriebswirtschaftslehre weiter erläutert, ihre historische Entwicklung skizziert und begründet, warum sie eine wichtige Grundlage für *umweltorientierte* Analysen ist (§3).

Ergänzende und vertiefende Literaturhinweise zum Buch

Wegen der genannten Besonderheiten gibt es keine unmittelbar vergleichbare Lektüre. Die folgenden Lehrbücher der betrieblichen Produktionstheorie decken zusammen einen Großteil des Stoffes ab und bieten in einigen Aspekten zusätzliche Informationen. Allerdings weichen sie zum Teil erheblich von der hier vertretenen Auffassung ab (vgl. §3):

Busse von Colbe/Laßmann 1991; Danø 1966; Dellmann 1980; Fandel 1991a; Kistner 1981; Schweitzer/Küpper 1974; Steffen 1983; Wittmann 1968

Weitere Informationen, insbesondere auch zur volkswirtschaftlichen Produktionstheorie, enthalten außer den gängigen Lehrbüchern zur Mikroökonomie insbesondere:

Dorfman/Samuelson/Solow 1958; Eichhorn 1978; Eichhorn/Shephard/Stehling 1979; Färe 1988; Hesse/Linde 1976; Krelle 1969; Pasinetti 1988; Schneider 1934; Shephard 1970; von Stackelberg 1932

Überblicke über die (Industrielle) Produktionswirtschaftslehre und ihre Einordnung in die Betriebswirtschaftslehre bzw. speziell die Industriebetriebslehre geben außer den gängigen Lehrbüchern der Allgemeinen Betriebswirtschaftslehre u.a.:

Busse von Colbe/Laßmann 1991; Heinen 1991; Kern 1990; Schneeweiß 1992b; Schweitzer 1990; Strebel 1984

Grundsätzliche Einblicke in die betriebliche und volkswirtschaftliche Umweltökonomie generell sowie insbesondere mit Bezug auf die Produktion geben u.a.:

Ayres 1978; Ethridge 1973; Faber/Niemes/Stephan 1983; Faber/Proops 1990; Georgescu-Roegen 1971; Hanssmann 1976; Kreikebaum 1992; Meffert/Kirchgeorg 1993; Rentz 1979; Seidel/Menn 1988; Siebert 1978; Steger 1992; Strebel 1980; Wagner 1990b; Weimann 1991; Wicke 1989; Wicke et al. 1992

Hinsichtlich der mathematischen Vorkenntnisse wird das Wissen vorausgesetzt, das in den gängigen Lehrbüchern der Wirtschaftsmathematik behandelt wird.

Literaturhinweise zu Kapitel A

Ergänzungen zur allgemeinen Einführung des Kapitels A mit teilweise anderer Auffassung finden sich insbesondere in:

Busse von Colbe/Laßmann 1991; Schneider 1987

Weitere Hinweise werden gezielt am Ende der Paragraphen sowie zu Beginn der anderen Kapitel gegeben.

Paragraph 1
Betriebliche Produktionssysteme

Die moderne Produktion ist ein komplexes, kaum noch überschaubares Wirkungsgefüge, insbesondere bei großen Unternehmungen mit einem breiten und tiefen Erzeugnisspektrum, räumlich verteilten Standorten und unterschiedlichen Produktionstypen. Um Übersicht zu gewinnen, ist der Systemgedanke hilfreich (zu verschiedenen Arten von Systemansätzen vgl. *Müller-Merbach 1992*).

In der allereinfachsten Vorstellung ist ein *System* ein „gegliedertes Ganzes", d.h. ein Gebilde, das durch eine Hülle von seiner Umgebung abgegrenzt oder abgegrenzt gedacht ist und selber aus einer Menge von Elementen (Bestandteilen) besteht, die über feste Beziehungen zwischen ihnen aufeinander einwirken (vgl. *Rapoport 1988*, S. 78 und 134, sowie *DIN 19226*). Indem innerhalb eines Systems verschiedene Teilgebilde abgegrenzt und identifiziert werden, erhält man *Subsysteme*. Durch die Beschränkung auf bestimmte Arten von Beziehungen innerhalb eines Systems werden *Teilsysteme* definiert. Durch Fortführung des Strukturierungsprozesses kann schrittweise die Betrachtungsgenauigkeit verfeinert werden, ohne den Bezug zum Ganzen zu verlieren (siehe später §17).

Unternehmungen oder allgemeiner Betriebe werden in der Produktionstheorie als Produktionssysteme aufgefaßt. Einerseits sind sie nach außen hin in ein wirtschaftliches, ein gesellschaftliches und ein natürliches Umsystem, ihre *Umwelt*, eingebettet, in der sie agieren, wobei es zu engen Wechselwirkungen kommt. Andererseits können sie selber im Inneren schrittweise in kleinere, miteinander vernetzte Subsysteme und diese wieder in noch kleinere aufgegliedert werden.

Hier soll zunächst der Begriff des betrieblichen Produktionssystems näher eingegrenzt und erläutert werden. Dazu ist es notwendig, grundsätzlich auf Elemente und Strukturen von Produktionssystemen sowie damit in Zusammenhang stehende Grundbegriffe einzugehen.

1.1 Wirtschaftssystem und Umwelt

Die gängige Vorstellung vom Wirtschaften ist die einer menschlichen Tätigkeit, welche sich zwischen den beiden Polen Produktion und Konsumtion abspielt sowie in und zwischen Wirtschaftseinheiten stattfindet (vgl. *von Stackelberg 1932*, S. 1). Wirtschaftseinheiten, auch Wirtschaftssubjekte genannt, sind - zumindest gedanklich - abgrenzbare, individuell identifizierbare Personen oder von Menschen gelenkte, weitgehend unabhängig und planvoll handelnde Einrichtungen (Institutionen) innerhalb eines umfassenden Wirtschaftssystems (ökonomisches System). Zwischen ihnen und den sie umgebenden, noch umfassenderen Systemen Gesellschaft (Soziosphäre) und Natur (Ökosphäre) finden *Transaktionen* statt, bei denen Objekte materieller oder immaterieller Art ausgetauscht werden. Die Abb. 1.1 illustriert diese Zusammenhänge.

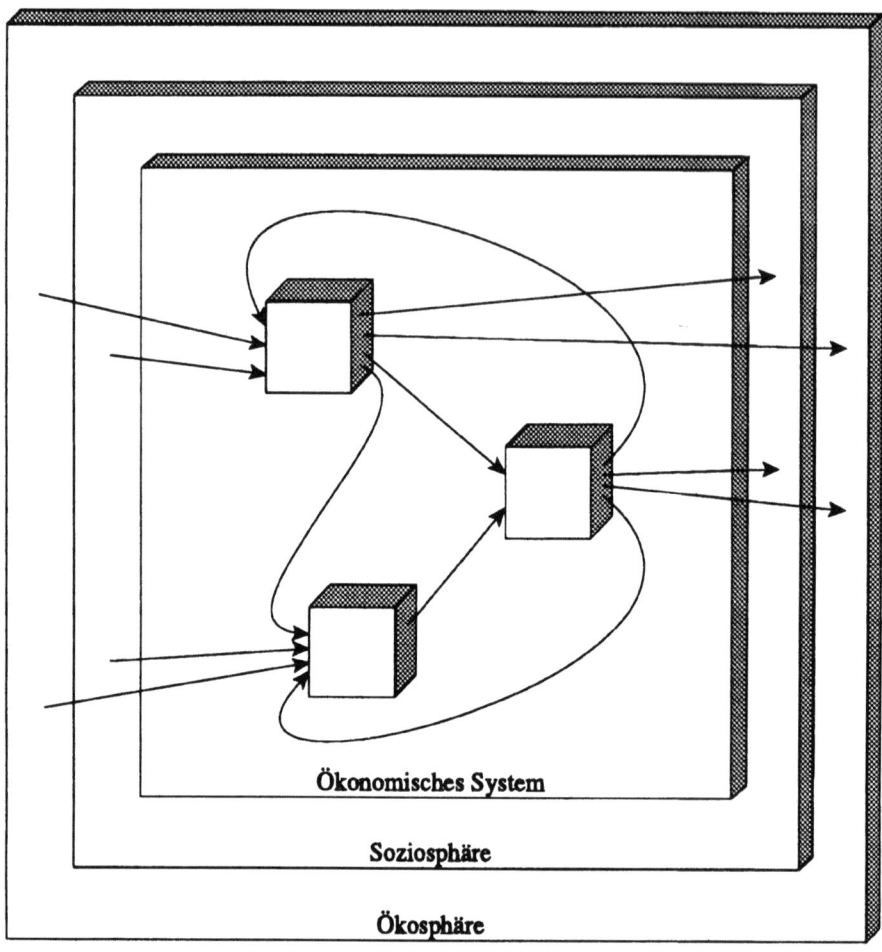

Abb. 1.1: Wirtschaftseinheiten als Bestandteile verschieden weit gefaßter „Umwelten"

Die Wirtschaftseinheiten stellen die Elemente des ökonomischen Systems dar. Sie sind über die Transaktionen miteinander und mit der gesellschaftlichen wie natürlichen Umwelt eng verflochten. Eine Wirtschaftseinheit besitzt also verschiedene Umwelten: eine wirtschaftliche, eine gesellschaftliche und eine natürliche Umwelt. Wenn einfach von „*Umwelt*" und „Umweltschutz" die Rede ist, so ist damit üblicherweise die natürliche Umwelt gemeint. Darunter wird die „Gesamtheit der den menschlichen Lebensraum umfassenden natürlichen Gegebenheiten" verstanden (*Siebert 1978*, S. III). Der menschliche Lebensraum ist sicherlich weiter als der gesellschaftliche Bereich anzusetzen, soll aber hier vereinfachend mit der Soziosphäre gleichgesetzt werden.

Das ökonomische System ist in der Soziosphäre und diese wiederum in der Ökosphäre eingebettet. Umgekehrt kann man sie auch als aufeinander aufbauende Schichten ansehen, die jeweils die Grundlage für die darüber liegenden Schichten bilden. Gesellschaftliche

Aktivitäten in der Soziosphäre - einschließlich aller wirtschaftlichen! - können nur in den von der Ökosphäre gesetzten Rahmenbedingungen stattfinden, welche insbesondere die Naturgesetze und die jeweils gegebene „Ausstattung" und „Qualität" des räumlich-zeitlichen Lebensraumes umfassen, also etwa die verfügbaren Bodenschätze oder das vorhandene Klima. Wirtschaftliche Aktivitäten haben außerdem noch die jeweils geltenden gesellschaftlichen Rahmenbedingungen zu beachten. Diese „Spielregeln" der Gesellschaft können als Gesetzestexte kodifiziert sein, z.B. Betriebsverfassungsgesetz oder Umweltgesetzgebung, oder aber auf ethischen Normen und eingespielten Verhaltensweisen beruhen. Soweit sie im Hinblick auf das ökonomische System eigens geschaffen wurden, dienen sie zur Koordination der Handlungen der einzelnen Wirtschaftseinheiten, d.h. zur Organisation des Wirtschaftssystems (vgl. *Steinmann/Schreyögg 1990*, S. 65ff.).

1.2 Objekte wirtschaftlichen Handelns

Die Transaktionen zwischen den Wirtschaftseinheiten untereinander und mit ihrer Umwelt beziehen sich auf die Hingabe oder den Empfang von *Objekten*. Materielle Objekte werden auch *Sachobjekte* genannt; bei ihnen handelt es sich um Stoffe oder Energie. *Immaterielle Objekte* sind Dienste (einschließlich Arbeit), Rechte oder Informationen.

Ein Objekt ist insbesondere durch seine Qualität sowie Ort und Zeit seiner Verfügbarkeit bestimmt. Die Qualität wird durch Eigenschaften physischer, technologischer, funktioneller, ästhetischer oder symbolischer Art definiert. Objekte, die für eine Wirtschaftseinheit von Belang sind, befinden sich grundsätzlich in ihrem Verfügungs- oder Wirkungsbereich. Sie sind in gewissen Grenzen von anderen Wirtschaftseinheiten oder der Umwelt beziehbar oder an sie übertragbar.

Aus der Natur entnehmen die Wirtschaftseinheiten hauptsächlich materielle Objekte, immaterielle allenfalls als Informationen. Von der Gesellschaft beziehen sie vornehmlich öffentlich zugängliche immaterielle Objekte wie beispielsweise Bildung, Sicherheit, Nutzungsrechte oder Verkehrsinfrastruktur. Zum Teil sind diese von anderen Wirtschaftseinheiten geschaffen worden, z.B. Erkenntnisse industrieller Grundlagenforschung oder öffentliche Gebäude. Bei einer marktwirtschaftlichen Organisation des Wirtschaftssystems findet im wesentlichen jedoch ein selbständiger Austausch zwischen den verschiedenen Wirtschaftseinheiten statt. Schließt man den Staat in diese Austauschbeziehungen mit ein, so ergibt sich der sogenannte „Wirtschaftskreislauf". Er ist allerdings nur in bezug auf die monetären Werte der getauschten Objekte geschlossen. Real handelt es sich um einen zur Natur hin offenen Kreislauf, indem auf der einen Seite nicht nur materielle Objekte der Natur entnommen werden, sondern andererseits auch „verbrauchte" Objekte in Form von Abfällen, Abwässern, Abgasen, Lärm und Abstrahlung letztlich wieder als *Emissionen* an die Natur zurückgegeben werden und dort zu *Immissionen* führen.

Die Transaktionen haben den Zweck, Objekte für eine Wirtschaftseinheit verfügbar zu machen bzw. sie aus dem Verfügungsbereich zu entfernen. Dies ist nicht räumlich, sondern im Sinne eines Aneignens oder Übereignens zu verstehen. Letztlich handelt es sich nicht um die Dinge an sich, sondern um die Eigentums- oder Nutzungsrechte an ihnen. Dabei darf aber nicht verkannt werden, daß mit Rechten an einem Objekt regelmäßig auch Pflichten verbunden sind, insbesondere die Verantwortung, Schäden zu vermeiden. Pflichten eines Wirtschaftssubjekts ergeben sich aus den Rechten anderer Subjekte, die von seinen Handlungen betroffen sind.

Der Wunsch eines Subjektes, über ein Objekt verfügen zu können, beruht auf den dem Objekt anhängenden Nutzungsmöglichkeiten (Objekt als Nutzenbündel), die dazu dienen können, Bedürfnisse des Subjektes zu befriedigen. So dienen Personenkraftwagen nicht nur dem Transport, sondern darüber hinaus eventuell auch dem Prestige des Fahrers, als Aufbewahrungsort oder als Schlafstätte. Das Beispiel des Autos mit den durch es verursachten Umweltschäden verdeutlicht gleichzeitig, daß Objekten nicht nur positive sondern auch negative Eigenschaften beigemesssen werden können. Überwiegen die üblen die guten Aspekte, wie im Falle eines schrottreifen Fahrzeugs, so werden aus solchen Objekten „bewegliche Sachen, deren sich der Besitzer entledigen will oder deren geordnete Entsorgung zur Wahrung des Wohls der Allgemeinheit, insbesondere zum Schutze der Umwelt, geboten ist" (so die Abfalldefinition in §1 des Abfallgesetzes von 1986).

Aus der subjektiven Sicht einer Wirtschaftseinheit kann man demnach grob vereinfachend drei Kategorien relevanter Objekte unterscheiden: Ein *Gut* ist für sie ein Objekt, das sie besitzen möchte; ein *Übel* ist eines, das sie nicht haben bzw. aus ihrem Verfügungsbereich (Verantwortungsbereich) entfernen möchte; und gegenüber einem *Neutrum* ist sie - im Rahmen gewisser Fühlbarkeitsschwellen - indifferent. Diese Einteilung ist nicht nur subjektiv, indem ein anderes Wirtschaftssubjekt oder sogar die Gesellschaft im allgemeinen zu einer anderen Einschätzung kommen kann. Sie ist selbst im Hinblick auf ein und dasselbe Subjekt relativ dadurch, daß dessen Einteilung von den konkreten Bedingungen der jeweiligen Situation abhängen kann (vgl. ausführlicher §5.4).

Eine entscheidende Einflußgröße dafür ist die lokale Häufigkeit, in der Objekte einer Art vorkommen. So wäre bei der Rauchgasentschwefelung anfallender Gips (sogenannter REA-Gips) aus der Sicht des betreffenden Kohlekraftwerks nicht weiter störend und würde wohl als Neutrum eingestuft werden, wenn er nur in kleinen Mengen anfallen würde. In mittleren Mengen fände sich möglicherweise eine lukrative Absatzmöglichkeit auf dem lokalen Markt für Baustoffe, so daß er für das Kraftwerk ein Gut wäre. In großen Mengen ist er jedoch wegen der hohen Transportaufwendungen nicht mehr absetzbar und muß unter Aufwand deponiert werden; er wird dann als Übel betrachtet.

Das ökonomische Problem bei den Transaktionen von Objekten besteht darin, daß Objekte nicht ohne weiteres angeeignet oder abgegeben werden können. Für den Empfang von Gütern oder die Abgabe von Übeln müssen in der Regel andere Güter hergegeben werden. Es kommt vor, daß das, was das abgebende Subjekt als Übel ansieht, vom empfangenden Subjekt als Gut empfunden wird. Abfallbörsen sind der Versuch, solche Transaktionen zu unterstützen. Der *Wert* eines Objektes wird aber nicht nur durch die unmittelbaren Nutzungsmöglichkeiten bestimmt (*Gebrauchswert*), sondern auch durch den Wert, den andere Wirtschaftseinheiten ihm beimessen (*Tauschwert*). Er wird üblicherweise in Einheiten eines allgemeinen Tauschmittels, genannt *Geld*, gemessen. Beides beeinflußt den subjektiven Wert eines Objektes und damit die Stärke der Präferenz des Subjektes, über das Objekt verfügen zu können bzw. nicht verfügen zu müssen. Übel besitzen einen negativen subjektiven Wert.

1.3 Abgrenzung betrieblicher Produktion

Transaktionen verändern die Objekte an sich nicht, nur ihre „Besitzverhältnisse". Eine Veränderung von Objekten heißt *Transformation*. Bei einer rein räumlichen oder zeitlichen

Transformation spricht man auch von *Transfer*. In der Natur von selbst ablaufende Transformationen sind kein Gegenstand ökonomischer Analysen. Von Interesse sind vielmehr die von Wirtschaftseinheiten hervorgerufenen und grundsätzlich „in ihnen", d.h. in ihrem Verfügungsbereich, stattfindenden Transformationen. Dabei werden Objekte in andere, d.h. qualitativ, räumlich oder zeitlich veränderte Objekte umgewandelt. *Produktion* heißt ein Transformationsprozeß dann, wenn er durch Menschen veranlaßt und zielgerichtet gelenkt sich systematisch vollzieht und dabei mehr Werte schafft als vernichtet. Dagegen ist Konsumtion regelmäßig mit einer überwiegenden Wertevernichtung verbunden.

1.3.1 Betrieb und Unternehmung

Vereinfacht bedeuten Konsum(tion) Handeln zur unmittelbaren Befriedigung eigener Bedürfnisse und Produktion Handeln zur Befriedigung fremder Bedürfnisse oder zur mittelbaren - etwa zeitlich verschobenen - Befriedigung eigener Bedürfnisse. Eine strenge Abgrenzung von Produktion und Konsumtion ist praktisch kaum möglich und letztlich willkürlich. Real muß man sie als „zwei Seiten einer Medaille" auffassen, nämlich als werteerzeugenden bzw. wertevernichtenden Aspekt ein und derselben Aktivität. Eine Trennung in die beiden Pole „Produktion" und „Konsumtion" ist nur mittels einer idealisierenden Betrachtung möglich, wie sie für theoretische Untersuchungen erforderlich und daher üblich ist. Aber auch dann noch ist Produktion ein Prozeß der Werteschaffung, der untrennbar mit einer Wertevernichtung als „Kehrseite der Medaille" verbunden ist (ähnlich *Immler 1989*, S. 200). Eine Produktion ohne Wertevernichtung gäbe es nur im „Schlaraffenland", das ökonomisch aber kaum relevant wäre (näher dazu §6.1.1).

Wirtschaftseinheiten, die sich hauptsächlich der Werteschaffung (*Wertschöpfung*) verschrieben haben, heißen *Betriebe*. In idealisierender Sichtweise sind Betriebe produzierende und Haushaltungen konsumierende Wirtschaftseinheiten im Rahmen eines gesamtwirtschaftlichen Systems, beispielsweise einer Volkswirtschaft. Kennzeichnend für Betriebe sind weiterhin das Prinzip der Wirtschaftlichkeit (ökonomisches Prinzip) und die Wahrung des finanziellen Gleichgewichts. Ein in einer Marktwirtschaft autonom agierender und erwerbswirtschaftlich orientierter, d.h. auf Gewinnerzielung angelegter, Betrieb wird als *Unternehmung* oder Unternehmen bezeichnet. Hier sollen die Bezeichnungen Betrieb und Unternehmung weitgehend synonym gebraucht werden.

Die genannten und weitere Kennzeichnungen von Betrieben und Unternehmungen gehen zurück auf *Gutenberg (1951*, S. 457ff.; vgl. *Busse von Colbe/Laßmann 1991*, S. 16ff.). Auf das ökonomische Prinzip sowie den Gewinnbegriff wird später noch eingegangen. Das Prinzip der Wahrung des finanziellen Gleichgewichts besagt, daß der Betrieb ständig über so viel gesetzlich oder vertraglich anerkannte Zahlungsmittel verfügen muß, daß er seinen Zahlungsverpflichtungen nachkommen kann. Es spielt in erster Linie nur für dynamische Betrachtungen eines ganzen Betriebs eine Rolle. In einem engen Sinn wird unter „Betrieb" in der Praxis häufig auch nur eine räumlich abgegrenzte Produktionseinheit verstanden.

Ulrich (1970), der den Systemansatz für die deutschsprachige Betriebswirtschaftslehre nutzbar gemacht hat, faßt Unternehmungen als „produktive soziale Systeme" auf, d.h. „als von Menschen geschaffene reale Gebilde, welche u.a. aus Menschen bestehen und den Zweck verfolgen, irgendwelche ‚Leistungen' für die menschliche Gesellschaft bereitzustellen" (*Ulrich 1970*, S. 134). Der systemtheoretische Ansatz hat Wurzeln einerseits in der Biologie, der Kybernetik und Informationstheorie, andererseits in der Soziologie. Nach *Steinmann/Schreyögg (1990*, S. 57) „ ... gelingt es, mit dem systemtheoretischen Ansatz erstmals die *Außenbezüge* der Unternehmung *systematisch* zu erfassen und zum Gegenstand der Theorienbildung zu machen. Ausgangspunkt der Überlegungen ist eine komplexe und veränderliche Umwelt, in der zu handeln ohne eine signifikante (Komplexitäts-) Reduktionsleistung nicht möglich ist. Systeme werden als Handlungseinheiten begriffen, die die Probleme einer komplexen und veränderlichen Umwelt in einem kollektiven arbeitsteiligen Leistungsprozeß bewältigen, wenn sie ihren Erhalt gewährleisten wollen. Systeme, die die Umwelt unbeantwortet lassen, also kein Komplexitätsgefälle zwischen System und Umwelt aufbauen und erhalten, können nicht bestehen. Dies bedeutet, daß Systeme fortwährend vom Zerfall bedroht sind (Entropie).

‚Die Komplexität der Umwelt beantworten' heißt zunächst einmal, daß Systeme in sich Strukturen schaffen müssen, die eine Bewältigung der Umweltbezüge ermöglichen. Eine komplexe Umwelt erfordert eine entsprechend komplexe Binnenstruktur, um die vielfältigen Umweltbezüge erfassen und aufarbeiten zu können ... Das bekannteste Muster der Verarbeitung komplexer Umwelten ist die Herausbildung von Subsystemen, die eine Spezialisierung auf bestimmte Systemfunktionen ermöglichen ..."

Unternehmungen sind als offene, soziotechnische Systeme zu kennzeichnen. Als *offene* Systeme sind sie nicht nur Anpasser an die Anforderungen der Umwelt, sondern können in einem interaktiven Prozeß gestaltend auf sie einwirken. Insofern besitzen sie eine begrenzte Autonomie, in deren Rahmen sie zwischen verschiedenen Handlungsalternativen wählen können. Systeme mit sozialen Komponenten haben im Unterschied zu rein technischen Systemen keine empirisch erfahrbaren Grenzen. Die Grenzziehung ist im wesentlichen eine Leistung, die das System selbst erbringen muß: Es definiert sich selbst. Eine Unternehmung beispielsweise legt bestimmte Produkte und Märkte fest, für die sie produziert. Dieser Selektionsvorgang macht sie als System im Verhältnis zur Umwelt identifizierbar und damit unterscheidbar von anderen Unternehmungen (vgl. *Steinmann/Schreyögg 1990*, S. 57f.).

1.3.2 Produktionsbegriffe

Betriebliche Produktion geschieht in und durch Betriebe. Sie ist einerseits zu unterscheiden von werteschaffenden Tätigkeiten in Haushaltungen (Hobby, Liebhaberei) und andererseits von einer Betrachtung der Werteschaffung aus einer gesamtwirtschaftlichen Perspektive (volkswirtschaftliche Produktion). So verstanden ist betriebliche Produktion nahezu identisch mit der gesamten Betriebs- oder Unternehmenstätigkeit.

In der Betriebswirtschaftslehre werden jedoch verschiedene betriebliche Teilfunktionen differenziert, u.a. Absatz, Beschaffung, Finanzierung, Personalwesen und Unternehmensführung. Produktion *im engeren Sinne* sieht den Betrieb unter dem speziellen, funktionsorientierten Blickwinkel des werteschaffenden Transformationsprozesses. Produktion ist so auf die Kernfunktion der „*Leistungserstellung*" beschränkt, d.h. auf den physikalischen, chemischen, biologischen oder geistigen Prozeß der eigentlichen, betriebszweckbedingten Objektveränderungen.

Diese Definition ist - positiv gesehen - ziemlich flexibel und - negativ beurteilt - reichlich schwammig. Sie läßt verschiedene Abgrenzungen zu, je nachdem, was man zu den „eigentlichen, betriebszweckbedingten Objektveränderungen" rechnet. Bei weiter Abgrenzung könnten beispielsweise auch Tätigkeiten darunter subsumiert werden, die man üblicherweise dem Absatz („Leistungsverwertung") oder der Finanzierung zuordnet. Es gibt jedoch keine überzeugendere Definition. (Zur Kritik der Produktionsbegriffe siehe *Kruschwitz 1974*.)

Für die hier entwickelte Produktionstheorie ist eine genauere Abgrenzung auch unnötig. Sie läßt sich prinzipiell im weiten Sinne auf die gesamte Betriebstätigkeit beziehen - und besitzt von daher auch volkswirtschaftliche Relevanz. Insbesondere für die Analyse von Umweltaspekten ist eine weite Begriffsfassung zweckmäßig, da Umweltbelastungen bei allen betrieblichen Tätigkeiten auftreten können. Allerdings werden die späteren Produktionsmodelle meistens in einem engeren Sinne interpretiert; synonym werden dann für Produktion auch die Bezeichnungen *Erzeugung* und *Herstellung* verwendet.

Wegen der grundsätzlich engen Verwandtschaft können die später dargestellten Mengenmodelle sogar Konsumprozesse beschreiben. Prinzipielle Unterschiede ergeben sich erst bei den Wertmodellen.

Im Unterschied zu früheren Auffassungen von Produktion, die nur auf die Erstellung von Sachobjekten abstellten, wird heute überwiegend auch die Dienstleistungserstellung darunter gefaßt (*Kern 1990*, S. 1; *Bode/Zelewski 1992*). Der hier zugrundegelegte Begriff der Produktion „im ökonomischen Sinne" (*Kruschwitz 1974*) vermeidet Probleme, wie sie bei einer Definition als Faktorkombinationsprozeß (Produktion „im technischen Sinne") oder als Phase des Betriebsprozesses entstehen. Im einen Fall müßte erst einmal definiert werden, was ein Produktionsfaktor ist. Das bereitet schon bei der Beschränkung auf die Erstellung von Sachgütern Schwierigkeiten, weshalb man sich mit einer expliziten Aufzählung behilft. Noch problematischer wird es aber bei der Dienstleistungserstellung (*Corsten 1988*, S. 91ff.) oder bei der Berücksichtigung des Umweltschutzes (*Dyckhoff 1991a*). Ist etwa Abfall ein Produktionsfaktor oder andernfalls eine Sachleistung, ein Produkt? Bei der zweiten Begriffsfassung von Produktion als mittlere Phase des gesamten betrieblichen Wertschöpfungsprozesses gibt es die gleichen Abgrenzungsschwierigkeiten zur vorgelagerten Beschaffung, zum nachgelagerten Absatz und zu den anderen betrieblichen Funktionen wie bei dem obigen funktionsorientierten Begriff.

Die oft synonym benutzte Bezeichnung „*Fertigung*" wird hier nur ausnahmsweise gebraucht und dann in dem sehr engen, im Ingenieurbereich üblichen Sinn. Sie bezieht sich speziell auf „die Veränderung von Gestalt und Eigenschaften der eingesetzten Rohmaterialien, durch die ein sichtbarer Arbeitsfortschritt erzielt wird" (*Eversheim 1989*, S. 7, sowie *DIN 8580*). Dort unterscheidet man die Fertigung u.a. von der Montage sowie die Fertigungstechnik von der Verfahrenstechnik, der Energietechnik u.a.m.

1.3.3 Reduktion als „umgekehrte" Produktion

Im ökologischen Stoffkreislauf werden Produzenten, Konsumenten und Reduzenten (bzw. Destruenten) unterschieden (*Haber 1992*). Stark vereinfacht sind Produzenten die Pflanzen, die mit Hilfe des Sonnenlichts organische Substanzen aufbauen, welche von den Tieren in einer Nahrungskette konsumiert werden. Die bei der „Produktion" und der „Konsumtion" anfallenden, abgestorbenen organischen Stoffe pflanzlicher und tierischer Herkunft werden von Mikroorganismen in ihre Grundsubstanzen abgebaut und zu Humus bzw. werden den Pflanzen nach dieser Reduktion wieder als Baumaterial für einen erneuten Stoffkreislauf zur Verfügung gestellt. In einem geschlossenen ökologischen System werden die Stoffe somit vollständig rezykliert sowie im wesentlichen nur Sonnenenergie verbraucht und Abwärme an die Umgebung abgegeben.

War der Mensch in frühen Zeiten seiner Entwicklung noch Teil solcher geschlossenen ökologischen Systeme, so ist er es spätestens seit Beginn der Industrialisierung nicht mehr. Aufgrund der mit der Arbeitsteilung verbundenen lokalen Spezialisierung und Massenproduktion sowie durch das Entstehen von Ballungszentren ist die Natur immer weniger in der Lage, die örtlich und zeitlich konzentriert anfallenden Emissionen menschlicher Produktion und Konsumtion abzubauen. Damit wird deutlich, daß es nicht genügt, nur die Produktion (und den Konsum) industriell zu organisieren und die Reduktion nach wie vor der Natur zu überlassen.

Die bisherigen Entsorgungsstrategien, nämlich gezielte Deponierung an abgelegenen Orten (Konzentrationsstrategie) oder gezielte Verteilung in Luft und Wasser (Verdünnungsstrategie) stoßen an ihre Grenzen. Es ist notwendig, auch die Reduktion industriell zu organisieren oder zu früheren dezentralen, lokalen Stoffkreisläufen zurückzukehren. Ersteres deutet sich beispielsweise in der Automobilindustrie an, wenn versucht wird, Autos recyclinggerecht zu konstruieren und unter Einbeziehung der Lieferanten eine möglichst hohe Wiederverwertung zu erreichen. Letzteres wird langfristig kaum zu umgehen und mit der modernen Informations- und Kommunikationstechnik auch zu realisieren sein, jedoch wohl nur unter Aufgabe der zur Zeit vorherrschenden, regional stark differenzierten Arbeitsteilung und Spezialisierung.

In beiden Fällen werden Betriebe, die sich auf die Aufbereitung, die Weiterverwendung und -wertung sowie die „Beseitigung" spezialisieren, an Zahl und Bedeutung zunehmen. Ihr primäres Sachziel, besonders bei der Beseitigung (z.B. Müllverbrennung, Deponie), ist nicht die Hervorbringung von (Sach-) Gütern, d.h. die „Produktion" im eigentlichen Wortsinn, sondern die Vernichtung bzw. Umwandlung von Übeln, d.h. die *Reduktion* (*Dyckhoff 1991a, 1993b*).

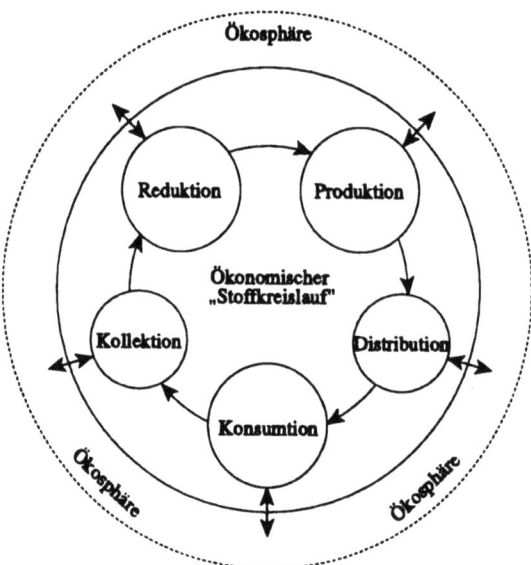

Abb. 1.2: Industrielle Reproduktionswirtschaft

Wie in der Abb. 1.2 schematisch dargestellt, vollzieht sich bei geeigneter Organisation des industriellen Wirtschaftssystems im Zeitablauf ein Stoffkreislauf von der eigentlichen Produktion und der Verteilung der Produkte (Distribution) über die Konsumtion und die Einsammlung der Reststoffe (Kollektion) bis zur Reduktion, die wiederum die Baustoffe für die erneute Produktion zur Verfügung stellt. Ein solches System heißt *Reproduktionswirtschaft*. Der Stoffkreislauf ist allerdings - im Unterschied zum Geldkreislauf - nicht vollständig, da er selbst bei weitgehender Annäherung an einen ökologischen Kreislauf kaum ohne die Belastung der natürlichen Umwelt durch ständige Rohstoffentnahmen und Emissionen auskommt (vgl. §6.1.2 sowie *Georgescu-Roegen 1971* zum auf Stoffe erweiterten Entropiebegriff).

Ein Reduktionsbetrieb unterscheidet sich im Kern also durch seine Zielsetzung vom üblichen Betrieb. Es geht weniger um die Versorgung mit Gütern als um die Entsorgung von Übeln. Andererseits kann man die Reduktion auch als eine mittelbare Befriedigung von Bedürfnissen durch Erstellung einer Dienstleistung, d.h. von daher als eine Produktion ansehen. Reduktionsbetriebe wären in dieser Sicht Dienstleistungsbetriebe. Sie kehren den ursprünglichen Herstellungsprozeß quasi um, um die Alt- und Ab(fall)produkte in wiederverwendbare Rohstoffe oder zumindest weniger schädliche Reststoffe umzuwandeln. Auch deshalb, weil so im Saldo eine Wertschöpfung (bzw. Verringerung der negativen Werte) vorliegt, ist Reduktion eine besondere Form von Produktion. Sie wird hier allerdings begrifflich von der Herstellung und der Erzeugung unterschieden.

Geht es um die Unterscheidung zwischen Hervorbringung von Gütern und Beseitigung von Übeln als Sachziel des Betriebes, so stellen Produktion und Reduktion unterschiedliche Sachverhalte dar (vgl. hierzu Abb. 1.2). Steht andererseits die Wertschöpfungsfunktion im Vordergrund, so ist die Reduktion als eine besondere Art der Produktion anzusehen. Im folgenden wird zumeist diese allgemeine Sichtweise gewählt.

1.4 Produktionssystem

Betriebe bzw. Unternehmungen werden in der Produktionswirtschaft in ihrer Funktion als Produktionssysteme betrachtet. Aber auch jeder „produktive", d.h. werteschaffende Teil eines Betriebes bildet ein *Produktionssystem*, sofern er die allgemeinen Charakteristika eines Systems aufweist. Er ist dann ein Sub- oder Teilsystem des Betriebes. Beispiele von Subsystemen sind ein Werk, eine einzelne Produktionsanlage, eine Baustelle oder ein einzelner Arbeitsplatz. Beispiel eines Teilsystems ist das betriebliche Materialflußsystem.

1.4.1 Produktion als Input/Output-Prozeß

Unabhängig davon, ob es sich um einen ganzen Betrieb oder nur um einen Betriebsteil handelt, können Produktionssysteme in gleicher Weise als *Input/Output-Systeme* (kurz: *I/O-Systeme*) oder auch Input/Throughput/Output-Systeme beschrieben werden. Die Abb. 1.3 stellt dies - quasi als Ausschnittsvergrößerung von Abb. 1.1 - abstrakt dar. *Input* sind die für die Transformation zu Beginn oder während des ablaufenden Prozesses von außen zugeführten und damit dem System zur Verfügung stehenden Objekte, die in der Regel dadurch eine Durchführung des Prozesses erst ermöglichen. *Output* sind die aus der Transformation resultierenden und nach außen abgegebenen Objekte, die entweder unmittelbar den Verfügungsbereich des Systems verlassen oder am Ende des Prozesses zur Verfügung stehen. *Throughput* sind sonstige den Transformationsprozeß beeinflussende Bedingungen und Eigenschaften des Produktionssystems. Input wird auch als Einsatz, Eintrag oder Einwirkung, Output als Ausbringung, Austrag oder Auswirkung bezeichnet. Die Vorstellung eines Input/Output-Prozesses ist intuitiv eingängig und wird plastisch, wenn man sich ein großes Chemiewerk oder eine Raffinerie vor Augen führt: In den Rohrleitungen fließen die Objektströme; Ströme, die in eine Produktionsanlage hineinfließen, sind Input, solche, die herausfließen, Output; die Anlage als Transformator mit ihren konkreten Eigenschaften, z.B. Temperatur und Druck, bestimmt den Throughput.

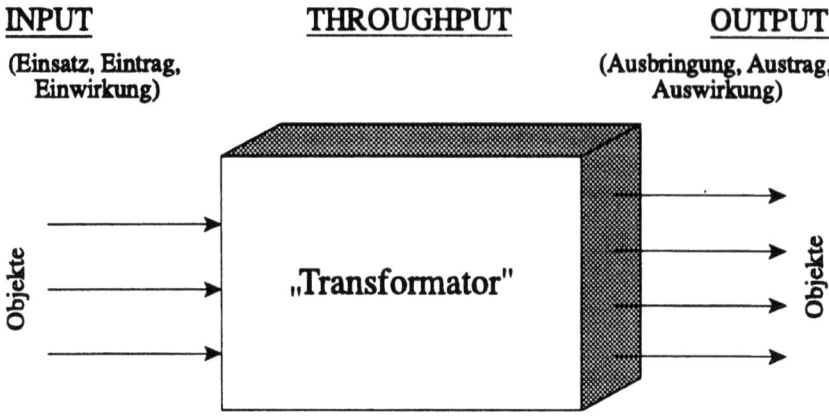

Abb. 1.3: Transformation als Input/Output-Prozeß

Zur Illustration zeigt Abb. 1.4 einen Ausschnitt der Stoff- und Energiebilanz eines rheinischen Braunkohlekraftwerks (nach *RWE 1986*, S. 19). *Stoff- und Energiebilanzen* sind zur Analyse betrieblicher Belastungen der natürlichen Umwelt nötig (*Strebel 1992*). Sie beziehen sich auf das Teilsystem der betrieblichen Stoff- und Energieflüsse, das insoweit als Produktionssystem den Betrachtungsgegenstand umweltorientierter Analysen bildet. Für das Sachziel der Erzeugung von 1 kWh Strom werden 4,5 m^3 Luft, 2,3 l Rohwasser und 1,13 kg Rohkohle der Natur entnommen bzw. von anderen Produktionssystemen (hier Bergbaubetriebe) bereitgestellt und umgewandelt, so daß anschließend neben dem eigentlichen *Produkt* Strom noch 1,5 l Schwaden, 5,4 m^3 Abgase, 0,8 l Abwasser und 68 g Asche entweder unmittelbar an die Natur zurück- oder anderweitig abgegeben werden. Unbeachtet bleibt in der Abb. 1.4, daß sich die Abgase zu 27% aus Luftüberschuß, zu 47% aus Stickstoff der Verbrennungsluft, zu 15% aus Wasserdampf und zu 11% aus Kohlendioxid zusammensetzen und außerdem noch Restquantitäten von 4,5 g SO_2, 2,25 g NO_x, 0,14 g CO und 0,36 g Staub enthalten (*RWE 1986*, S. 19).

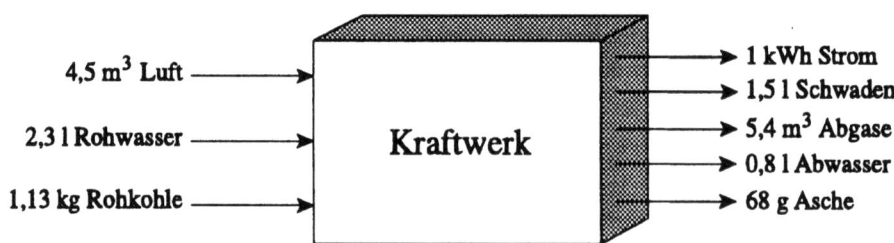

Abb. 1.4: Ausschnitt der Stoff- und Energiebilanz eines Kohlekraftwerks

Als weiteres Beispiel stellt die Abb. 1.5 die stofflichen Input- und Outputströme eines Hausmüllpyrolysereaktors vereinfacht dar (nach *Hillekamp 1984*, S. 221). Einziger Input ist der Hausmüll, der zu fünf verschiedenen Outputarten führt. Auch wenn diese zum Teil verwertbar sind, so sind die Hauptziele der Pyrolyse - wie auch der Müllverbrennung - die

Verringerung des Volumens abzulagernder Abfälle, die Schadstoffabgabe in möglichst kontrollierbarer Form sowie die Zerstörung bestimmter Schadstoffe (*Runge 1989*, S. 9; vgl. auch *Bilitewski et al. 1990*). Es handelt sich also speziell um ein *Reduktionssystem*.

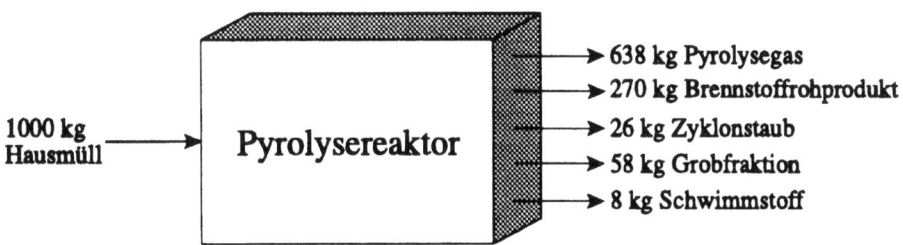

Abb. 1.5: Müllpyrolysereaktor als Reduktionssystem

Input und Output können aus dem ökonomischen Umsystem, der Soziosphäre oder der Ökosphäre stammen bzw. dorthin gelangen. Bei den Abb. 1.4 und 1.5 sind Input und Output materiell. Grundsätzlich können als Input und Output aber auch alle Arten immaterieller Objekte vorkommen, also Dienste, Rechte und Informationen. Allerdings kann es Schwierigkeiten bei der Vorstellung und Abgrenzung von Input, Throughput und Output geben.

1.4.2 Eigenschaften des Output

Produktionssysteme als *Erzeugungs-* oder *Herstellungssysteme* haben als Sachziel die Hervorbringung bestimmter Outputobjekte. Diese heißen *Haupt-* oder *Finalprodukte*. Alle anderen Outputobjekte des Transformationsprozesses sind *Nebenprodukte* oder *Outputfaktoren*. Güter als Finalprodukte oder als erwünschte Nebenprodukte stellen *Produkte im engeren Sinne* (auch: Gutprodukte) dar. Übel sind unerwünschte Nebenprodukte und werden *Abprodukte* genannt (vgl. §5.3.2).

Es gibt praktisch keine Produktion, bei der nur erwünschter Output entsteht. Naturwissenschaftlicher Hintergrund ist das *Entropiegesetz*, wonach vereinfacht formuliert bei jedem Transformationsprozeß die Entropie zwangsläufig zunimmt (vgl. §6.1.2). Entropie ist physikalisch ein Maß für die im System gebundene, nicht mehr verfügbare Energie, deren Zunahme demnach ein Nebenprodukt jeglicher Produktion - und Konsumtion - ist.

Informationstheoretisch ist Entropie ein Maß für die Unstrukturiertheit eines Systems und ihr Gegenteil, die *Syntropie* (*Dürr 1991*), ein Maß für die Strukturiertheit. Das Entropiegesetz besagt, daß ein isoliertes System zu weniger strukturierten Systemzuständen tendiert, d.h. zu denjenigen, die eine höhere Wahrscheinlichkeit besitzen und somit für den Beobachter keine Überraschung, d.h. einen geringeren Informationswert, bieten (vgl. *Rapoport 1988*, S. 122ff.).

Daß andere als die Finalprodukte bei (zielgerichteter) Produktion überhaupt anfallen, ist hauptsächlich der Tatsache zuzuschreiben, daß jegliche Produktion wegen des Entropiegesetzes eine Kuppelproduktion ist. Ein anderer Grund ist die mangelnde Beherrschbarkeit des Transformationsprozesses, der zu *Ausschuß* führen kann. Als *Kuppelprodukt* wird ein Output dann bezeichnet, wenn er im Produktionssystem technisch zwangsläufig bei der Herstellung einer anderen Outputart anfällt. Es ist unmöglich, gezielt nur die eine Produktart allein herzustellen; stets wird unvermeidlich die andere miterzeugt. Von *Kuppelproduktion im wei-*

ten Sinn wird gesprochen, wenn wenigstens eine beachtete Outputart als Kuppelprodukt entsteht. Aus rein physikalischer Sicht ist so verstandene Kuppelproduktion der Regelfall - und nicht ein Sonderfall, als der er in der traditionellen Produktions- und Kostentheorie behandelt wird. Es gibt naturwissenschaftlich gesehen keine andere Art der Produktion! Der weite Kuppelproduktionsbegriff ist damit aber für wirtschaftliche Analysen uninteressant. Bei engerer Begriffsfassung bezieht sich die Zwangsläufigkeit des Anfallens nur auf bestimmte Outputarten. Hier sollen unter *Kuppelproduktion (im engsten Sinn)* solche Fälle verstanden werden, bei denen mindestens eine Finalproduktart als Kuppelprodukt einer anderen Finalproduktart anfällt. Um dem üblichen Sprachgebrauch zu folgen, wird im folgenden der Kuppelproduktionsbegriff auch im weiten Sinn verwendet, soweit dadurch keine Mißverständnisse auftreten können.

In ähnlicher Weise sind auch bei Definitionen anderer outputbezogener Produktionstypen Unterscheidungen danach denkbar, ob sie sich nur auf die Finalprodukte (Hauptprodukte) oder auf alle Outputarten oder ggf. auch nur auf einen anderen bestimmten Teil der Outputarten beziehen. Hier soll wie oben grundsätzlich von der engsten Fassung, nämlich dem ausschließlichen Bezug auf die Finalprodukte, ausgegangen werden. So seien die Typen der *Einprodukt-* und *Mehrproduktproduktion* abhängig davon differenziert, wieviele verschiedene Arten von Finalprodukten entstehen. Zerfällt das Produktionssystem in mehrere unabhängige Subsysteme, wobei jedes genau ein Finalprodukt erzeugt, so liegt *unverbundene* oder parallele, andernfalls *verbundene* Produktion vor. Kuppelproduktion ist der eine Fall verbundener Produktion; der andere heißt konkurrierende oder *Alternativproduktion*. Bei eng verwandten Finalproduktarten spricht man von *Sortenproduktion*, sonst von *Artenproduktion*. Falls Strom das einzige Finalprodukt und die Emissionen Nebenprodukte sind, so handelt es sich im Beispiel des Kraftwerks in Abb. 1.4 um den Paradefall eines Einproduktbetriebs, als welcher herkömmliche Kraftwerke in der traditionellen produktionswirtschaftlichen Literatur häufig hingestellt werden.

Für die Gestaltung eines Produktionssystems von großer Bedeutung sind noch zwei weitere Unterscheidungsformen der Hauptprodukte. Nach dem Grad der Spezifizierung der Produkte durch die Kunden differenziert man *kundenindividuelle* von *Standarderzeugnissen*. Nach der Art der Auslösung der Produktion unterscheidet man *Bestellprodukte*, die nur auf einen konkreten Kundenauftrag hin hergestellt werden, von *Lagerprodukten*, die schon auf Verdacht produziert und auf Vorrat gehalten werden.

Die genannten Unterscheidungen des Output sind historisch im Hinblick auf die Erzeugung von Sachobjekten als Finalprodukte entwickelt worden und werden meistens nur im Zusammenhang mit der *Sachleistungsproduktion* benutzt. Bei der *Dienstleistungsproduktion*, die im weiteren Sinn auch die Erzeugung von Rechten und Informationen umfaßt, ist schon die Definition dessen, was eigentlich das oder die Finalprodukte sind, wegen der immanenten Immaterialität der Dienste, Rechte und Informationen sowie wegen ihrer Vielfältigkeit nur schwer in den Griff zu bekommen und in der Literatur von daher umstritten (vgl. *Corsten 1988*, S. 15ff.). Sie lassen sich nach ihrem Ansatzpunkt drei verschiedenen Gruppen zuordnen:

- *potentialorientiert*: Dienstleistung als Leistungsbereitschaft oder Leistungsversprechen des Produktionssystems an den potentiellen Nachfrager (z.B. Linienbus);

- *prozeßorientiert*: Dienstleistung als zeitraumbezogener Vorgang mit Synchronität von Erzeugung und Absatz („uno-actu-Prinzip"; z.B. Theateraufführung);

- *ergebnisorientiert*: Dienstleistung als immaterielles Objekt, dessen Wirkung sich beim Nachfrager oder an dem von ihm beigebrachten Objekt konkretisiert (z.B. Friseur oder Autoreparaturwerkstatt).

Die drei Ansätze kennzeichnen verschiedene Dimensionen des Dienstleistungsbegriffs, welche im Prinzip alle relevant sind, aber im konkreten Fall von unterschiedlich hoher Bedeutung sein können. Hinzu kommt, daß selbst von Industrieunternehmungen am Markt angebotene Produkte heute oft nicht mehr reine Sachobjekte sind, sondern über die gekoppelten Serviceleistungen auch immaterielle Komponenten umfassen („system-selling"). Letztlich sind sogar bewegliche Dinge wie Autos, Fernsehgeräte oder Kühlschränke nicht die eigentlichen Absatzobjekte, sondern vielmehr nur materielle „Vehikel" (Trägermedien), um dem Käufer bestimmte immaterielle Funktionen (Dienste) wie Transport, Unterhaltung oder Kühlung verfügbar zu machen (Produkte als Leistungsträger oder „Problemlösungen"; vgl. *Kern 1990*, S. 96ff.). Tab. 1.1 gibt einen Überblick über verschiedene outputorientierte Eigenschaften von Produktionssystemen.

Tab. 1.1: Outputbezogene Eigenschaften von Produktionssystemen

Merkmal	Ausprägungen		
Sachzielbezug der Outputobjekte	Haupt-/Finalprodukte	Nebenprodukte/ Outputfaktoren	
Erwünschtheitsgrad der Outputobjekte	(Gut-)Produkte/ Produkte i.e.S.	Abprodukte	neutrale Produkte
Anzahl Finalproduktarten	Einproduktproduktion	Mehrproduktproduktion	
Verwandtschaftsgrad der Finalproduktarten	Sortenproduktion	Artenproduktion	
Verbundenheitsgrad	verbundene Produktion	parallele/unverbundene Produktion	
Art der Verbundenheit	Kuppelproduktion	konkurrierende Produktion/ Alternativproduktion	
Produktspezifizierung	kundenindividuelle Produktion	Standarderzeugnisproduktion	
Auslösung der Produktion (Auftragstyp)	Bestellproduktion	Lagerproduktion	
Dimensionen des Dienstleistungsbegriffs	potentialorientiert	prozeßorientiert	ergebnisorientiert

1.4.3 Eigenschaften des Input

Produktionssysteme als *Reduktions-* oder *Beseitigungssysteme* haben als Sachziel die Vernichtung bestimmter Inputobjekte. Sie heißen *Haupt-* oder *Finalredukte* (eigentlich „Reduzenden"; vgl. §5.3.2). Inputobjekte eines Produktionssystems, die keine Hauptredukte sind, heißen *Inputfaktoren* oder *Nebenredukte*. Der Einsatz von Gütern ist eigentlich unerwünscht, aber für die Durchführung der Produktion regelmäßig unvermeidbar; Güter als Inputfaktoren sind *Faktoren im engeren Sinne* (auch: Gutfaktoren).

Inputfaktoren werden in der Produktionswirtschaftslehre in vielerlei Hinsicht klassifiziert (sogenannte Faktorsysteme). Für grundlegende produktionstheoretische Analysen sind nicht alle Klassifizierungen von unmittelbarer Bedeutung, so daß im folgenden nur einige der wichtigsten angesprochen werden. (Das gilt im Prinzip auch für Output und Throughput! Für ausführlichere Klassifikationen der Faktoren vgl. im folgenden insbesondere *Busse von Colbe/Laßmann 1991, Corsten 1988* und *Kern 1990*.)

Von grundlegender Bedeutung ist die Unterscheidung in einerseits *Gebrauchsobjekte*, auch *Bestandsobjekte* oder *Potentialfaktoren* genannt, und andererseits *Verbrauchsobjekte*, auch *Repetierfaktoren* genannt. Erstere sind Inputfaktoren, die im Transformationsprozeß ihre Qualität nur unwesentlich verändern und damit am Ende des Prozesses wieder zur Verfügung stehen. Demgegenüber gehen Verbrauchsobjekte im Transformationsprozeß unter und können nachfolgend nicht mehr wiederverwendet werden.

Schon die direkte Gegenüberstellung dieser beiden Begriffe macht deutlich, daß eine solch dichotome Einteilung - wie immer in solchen Fällen - eine Schwarz-Weiß-Kennzeichnung bedeutet, zwischen denen in der Realität viele Grautöne vorkommen. Letztlich unterliegen alle materiellen Inputobjekte mehr oder minder starken qualitativen Veränderungen. Umgekehrt kann keine Materie und Energie verschwinden, sie verändert nur ihre Form und ihre Eigenschaften. So gesehen sind alle Sachobjekte Potentialfaktoren, die nur umgewandelt werden können und dabei ihr Nutzungspotential verbrauchen. „Verbrauchsfaktoren" sind in dieser Sicht Inputobjekte, deren ursprüngliche Nutzungsmöglichkeit nach einmaligem Gebrauch, d.h. hier nach dem Ende des Produktionsprozesses, aufgebraucht ist. Werkzeuge können so abhängig von der Stärke ihres Verschleißes sowohl Ge- als auch Verbrauchsobjekte sein. Bedenkt man jedoch andererseits, daß ein Objekt außer durch seine qualitativen Eigenschaften auch noch durch Ort und Zeit seiner Verfügbarkeit definiert ist, so gibt es streng genommen nur Repetierfaktoren, weil schon rein zeitlich das Objekt am Beginn des Transformationsprozesses nicht mehr mit dem am Ende übereinstimmt. Dennoch sind solch idealisierende Klassifizierungen wie die obige und auch noch weitere für theoretische Überlegungen nützlich und auch in der Praxis unumgänglich.

Die Unterscheidung in Ge- und Verbrauchsobjekte ist wichtig für die Frage, inwieweit in bezug auf ein solches Objekt im Rahmen des Transformationsprozesses ein „Werteverzehr" vorliegt. Für Repetierfaktoren ist sie in der Regel einfacher zu beantworten, indem der gesamte Aufwand für die Beschaffung des Objekts dem Produktionsprozeß zugerechnet wird („Aufwand" hier im Sinne einer Hergabe von Gütern bzw. Entstehung von Übeln; vgl. §5.3.3). Demgegenüber ist der Beschaffungsaufwand eines Potentialfaktors nur der gesamten Dauer zurechenbar, in der er dem Produktionssystem zur Verfügung steht. Ein zusätzliches Abgrenzungsproblem bei der Zurechnung eines Werteverzehrs entsteht bei Gebrauchsobjekten oft noch dadurch, daß sie bei enger Festlegung der Bilanzhülle eines Produktionssystems auch außerhalb des Systems eingesetzt werden können, so daß sogenannte Opportunitätskosten zu berücksichtigen sind (ausführlicher dazu §4.5.2 und §9.5.2).

Potentialfaktoren gehen - mehr oder minder - unverändert aus dem Transformationsprozeß hervor. Insofern sind sie sowohl Input wie Output des Prozesses. Üblicherweise wird jedoch von den physikalischen Objekten abstrahiert und nur die von ihnen „abgegebene Leistung" (*Gutenberg 1951*, S. 326) als Input betrachtet. Da diese Leistung nicht beobachtbar ist, wird hilfsweise die Zeit gemessen, für die sie im Prozeß eingesetzt werden, bei geistig oder körperlich arbeitenden Personen etwa in „Mannstunden", bei Betriebsmitteln wie Maschinen etwa in „Maschinenstunden". Von solchen aktiven Potentialfaktoren mit Abgabe von Werkverrichtungen in den Produktionsprozeß werden die passiven ohne Abgabe von Werkverrichtungen unterschieden, womit einerseits hauptsächlich Grundstücke, Gebäude und allgemeine Einrichtungsgegenstände, aber auch Spezialwissen (Know how) und dauerhafte Rechte gemeint sind. Bei manchen Faktoren kann das Potential durch den Einsatz in der Produktion sogar zunehmen, etwa bei neu eingestellten Arbeitskräften oder neu in Betrieb genommenen Anlagen aufgrund von Lern- oder Einfahreffekten.

Repetierfaktoren gehen als selbständige Objekte im Produktionsgeschehen unter oder verändern ihre Qualität derart, daß sie zu Objekten anderer Art bzw. zum Bestandteil eines neuen Objekts werden. Sie werden weiter unterschieden danach, ob sie substantiell in die Produkte eingehen oder nicht. Zur ersten Gruppe gehören

Rohstoffe, Werkstoffe, Bauteile, Hilfsstoffe und Erzeugnisdienste, zur zweiten insbesondere Betriebsstoffe (z.B. Schmierstoffe) und Betriebsdienste. Die Erzeugnis- und Betriebsdienste gleichen in technischer Hinsicht den Werkverrichtungen der Potentialfaktoren. Wirtschaftlich besteht der Unterschied darin, daß im einen Fall am Markt Dienstleistungen nach Bedarf bezogen, im anderen Fall die Potentiale einmalig als Ganze angeschafft werden.

Zu diesen weiteren Einteilungen der Potential- und Repetierfaktoren in jeweils zwei Fälle ist wie zuvor festzuhalten, daß sie nur die extremen Ausprägungen einer Fülle von Zwischenfällen darstellen. So stellt sich die Frage, was denn genau die unscharfen Kennzeichnungen bedeuten: Geben Werkzeuge Werkverrichtungen ab? Und: Gehen Werbeposter für eine Theateraufführung, die nachher an Interessenten verkauft werden, substantiell in die Produkte ein? Die Problematik besonders im zweiten Fall besteht in der Abgrenzung dessen, was alles als Produkt angesehen wird. Hintergrund beider Einteilungen ist auch hier der Versuch einer Differenzierung verschiedener Formen eines Werteverzehrs im Produktionsprozeß, der allerdings im folgenden keine Rolle spielt.

Wichtig ist im weiteren die Unterscheidung der Objekte nach dem Grad der Autonomie der Disponierbarkeit über sie. *Externe* Faktoren entziehen sich einer autonomen Disponierbarkeit dadurch, daß sie von außen bestimmt sind. Sie gehören nicht zum Verfügungsbereich des Produzenten und damit nicht eigentlich zum Produktionssystem. Darunter fallen von Kunden beigestellte Objekte, direkte Dienstleistungen Systemfremder, indirekte Unterstützungsleistungen durch den Staat und allgemein die Gesellschaft sowie die Beanspruchung und Einwirkung der natürlichen Umwelt. (Die auf *Maleri 1991* zurückgehende Definition des externen Faktors ist enger als die hier verwendete.) Ein wesentlicher Unterschied bei den *internen* Faktoren ergibt sich dadurch, daß diese in der Regel vom Produzenten in der erforderlichen Ausprägung beschaffbar sind, oft auf einem entsprechenden Markt (z.B. Rohstoffmarkt, Investitionsgütermarkt oder Arbeitsmarkt).

Historisch spielt die Unterscheidung in den dispositiven Faktor, die Elementarfaktoren und die Zusatzfaktoren eine bedeutende Rolle. Die Einteilung in die beiden ersten Gruppen geht auf *Gutenberg (1951)*, die Erweiterung um die dritte Gruppe auf *Busse von Colbe/Laßmann (1991)* zurück. Unter dem *dispositiven* Faktor wird die leitende Tätigkeit (Geschäftsleitung) verstanden, die bestimmten Managementfunktionen entspricht (Planung, Organisation, Kontrolle, Personalführung). Im Zusammenhang mit Produktionssystemen soll hier abstrakt von dem *Produzenten* gesprochen werden, der das System zielgerichtet lenkt. Je nach Abgrenzung des Produktionssystems kann es sich um die Unternehmensleitung, um einen Betriebs- oder Werksleiter oder etwa um einen Meister, der einer Werkstatt vorsteht, handeln. Die Aufgabe des dispositiven Faktors besteht nach *Gutenberg (1951)* darin, die *Elementarfaktoren* nach einem frei gewählten Ziel zu kombinieren. Diese setzen sich hauptsächlich zusammen aus der *objektbezogenen*, körperlichen oder geistigen *Arbeit*, den *Betriebsmitteln* (inklusive Betriebsstoffe) und den *Be- und Verarbeitungsobjekten*. Letztere werden gebildet von den Werkstoffen (Vorprodukte, Rohstoffe, Hilfsstoffe) sowie außerdem den beigestellten Objekten. Zu den *Zusatzfaktoren* als der dritten Gruppe gehören Nutzungen solcher (im allgemeinen externer) Faktoren, welche quantitativ kaum erfaßbar oder abgrenzbar sind. Dies sind insbesondere Leistungen von Staat, Kommunen, Verbänden, Kreditinstituten und Versicherungen, für die Steuern, Gebühren, Beiträge, Prämien, Honorare und Zinsen zu zahlen sind. Besonders bei Steuern und Beiträgen stehen den Nutzungen der externen Faktoren keine unmittelbar zurechenbaren Zahlungen gegenüber. Oft handelt es sich bei solchen Faktoren um sogenannte öffentliche Güter; das sind Objekte, deren Nutzung grundsätzlich allen Mitgliedern einer Gesellschaft möglich ist (z.B. öffentliche Straßen und Gebäude, Luft, Allgemeinwissen). Ihre Nutzung ist, wenn überhaupt, nicht direkt zu entgelten; vielmehr werden vom Staat mehr oder minder pauschal Steuern und Abgaben erhoben. Ein unmittelbarer Verursachungszusammenhang dieser Ausgaben mit der Nutzung solcher

Objekte ist daher kaum gegeben. Kennzeichen vieler aus der Natur bezogener externer Faktoren ist es dagegen, daß für sie überhaupt kein Entgelt zu zahlen ist. Tab. 1.2 gibt einen Überblick über verschiedene inputorientierte Eigenschaften von Produktionssystemen.

Tab. 1.2: Inputbezogene Eigenschaften von Produktionssystemen

Merkmal	Ausprägungen		
Sachzielbezug der Inputobjekte	Haupt-/Finalredukte		Inputfaktoren/ Nebenredukte
Veränderung der Qualität im Transformationsprozeß	Gebrauchsobjekte/ Potentialfaktoren		Verbrauchsobjekte/ Repetierfaktoren
Abgabe von Werkverrichtungen durch Gebrauchsobjekte	aktive Potentialfaktoren		passive Potentialfaktoren
substantieller Eingang der Verbrauchsobjekte in das Produkt	substantiell in das Produkt eingehende Repetierfaktoren		nicht substantiell in das Produkt eingehende Repetierfaktoren
Grad der Autonomie der Disponierbarkeit	externe Faktoren		interne Faktoren
historische Gliederung nach *Gutenberg* bzw. *Busse von Colbe/Laßmann*	dispositiver Faktor	Elementarfaktoren	Zusatzfaktoren
Art der Elementarfaktoren	objektbezogene Arbeit	Betriebsmittel	Be- und Verarbeitungsobjekte

1.4.4 Eigenschaften des Throughput

Während die für Input und Output definierten Begriffe auf die Außenbezüge eines Produktionssystems abstellen (Außenverflechtung als Transaktionen, die den Kontakt zur Umwelt herstellen), ist mit Throughput der eigentliche Transformationsprozeß gemeint. Er stellt auf die inneren Zusammenhänge der Bestandteile des Produktionssystems ab (Innenverflechtung). Eine strenge Abgrenzung zu Input und Output ist aber nicht immer möglich (und auch nicht nötig). So wird die Schwierigkeit der Abgrenzung zum Output beim prozeßorientierten Dienstleistungsbegriff deutlich. Auf der anderen Seite werden immer mehr Bestandteile des Produktionssystems, die kurzfristig Throughput sind, bei längerfristiger Betrachtung zu Input, beispielsweise durch die Beschaffung neuer Produktionsanlagen oder die Einstellung neuen Personals.

Objekte innerhalb des Produktionssystems, die Einfluß auf die Produktion nehmen, werden als *Throughputfaktoren* bezeichnet. Zusammen mit den Inputfaktoren und den Outputfaktoren bilden sie die *Produktionsfaktoren*. Produktionsfaktoren sind relevante, mittelbare (Bestimmungs- und Einfluß-)Faktoren der Produktion und damit im weitesten Sinne Mittel zur Erreichung der Sachziele des Produktionssystems, also zur Erzeugung der Hauptprodukte oder zur Beseitigung der Hauptredukte.

Ein Produktionssystem besteht allgemein aus Produktiveinheiten als seinen Elementen, die durch Beziehungen in Form von Stoff-, Energie- und Informationsflüssen sowie durch Personen- und Maschinenbewegungen miteinander verbunden sind und bestimmte Produktionsaufgaben zu lösen haben (vgl. *Zäpfel 1982*, S. 7ff.). Eine *Produktiveinheit* ist in der Regel eine zeitlich-räumliche Einheit bestimmter Personen, Maschinen oder sonstiger Produktionsanlagen, die bestimmte Arbeitsgänge durchführt und damit zur Erfüllung des Produktionszwecks des ganzen Systems beiträgt. *Arbeitsgänge* sind eindeutige Abschnitte im Ablauf des gesamten Transformationsprozesses eines Produktionssystems. Produktiveinheiten, die nicht weiter unterteilt und damit „Atome" des betrachteten Systems sind, heißen *Produktionsstellen*.

Anstelle von Produktiveinheiten spricht man auch von *Arbeitssystemen*. Es macht deutlich, daß Produktiveinheiten gegebenenfalls selber wieder als Subsysteme des Gesamtsystems aufgefaßt und weiter untergliedert werden können. Ein konkretes Beispiel sind die modernen computergestützten „Flexiblen Fertigungssysteme", die aus miteinander über Informations- und Transport„systeme" verketteten Bearbeitungszentren und angekoppelten, automatisch betriebenen Werkstück- und Werkzeugspeichern bestehen (*Eversheim 1989, Tempelmeier/Kuhn 1992*). Sie und andere vollautomatische Produktiveinheiten, wie z.B. Industrieroboter, kommen zumindest zeitweise vollkommen ohne Bedienungspersonal aus.

Für die Charakterisierung des Throughput spielen vor allem zeitliche und räumliche Aspekte eine wichtige Rolle. Da diese im Kapitel D nur kurz angesprochen und auch traditionell kaum in der Produktions- und Kostentheorie erfaßt werden, seien an dieser Stelle lediglich die beiden wichtigsten erläutert. Einige nicht zeit- oder raumbezogene Charakterisierungen von Produktionssystemen werden ausführlich in Kapitel C behandelt (u.a. Strukturtypen, Stufigkeit und Verbundenheit der Produktion). Tab. 1.3 gibt einen Überblick über verschiedene throughputorientierte Eigenschaften von Produktionssystemen.

Der Wiederholungsgrad gibt an, wieviele Hauptprodukte einer Art in einem ununterbrochenen Prozeß hergestellt bzw. wieviele Hauptredukte einer Art beseitigt werden (*Repetitionstyp* oder „*Fertigungsart*"). Diese Zahl heißt *Auflage*, *Serie* oder *Los*. Man unterscheidet *Einzel-*, *Serien-* und *Massenproduktion* (Seriengröße gleich Eins bzw. größer Eins und begrenzt bzw. a priori unbegrenzt). Als zweites ist die räumliche Anordnung der Produktiveinheiten von sehr großer Bedeutung (*Anordnungstyp* oder „*Fertigungsprinzip*"). Neben Werkbank- und Baustellenproduktion sind heute besonders die Werkstatt-, die Fließ- und die Zentrenproduktion relevant. Bei der *Werkstattproduktion* sind Produktiveinheiten gleicher Funktion räumlich konzentriert, nämlich in einer sogenannten Werkstatt. Bei der *Fließproduktion* sind die Produktiveinheiten entsprechend dem Materialfluß hintereinander angeordnet (Extrem: Fließband). Die *Gruppen-* oder *Zentrenproduktion* versucht beide Prinzipien insofern zu kombinieren, als Gruppen ähnlicher Be- oder Verarbeitungsobjekte gebildet und die für sie notwendigen Produktiveinheiten räumlich konzentriert werden (vgl. *Eversheim 1989*, S. 25, *Hahn/Laßmann 1990*, S. 42ff.). Sie ist typisch für das moderne Konzept der *flexiblen Automatisierung*, welches versucht, die Vorteile der Werkstattproduktion bei der Produktvielfalt (Flexibilität) mit den Vorteilen der Fließproduktion bei der Erzielung größerer Produktquantitäten (Produktivität) durch eine geeignete Mischung beider Eigenschaften unter Verwendung moderner automatisch gesteuerter Produktiveinheiten zu verbinden.

Tab. 1.3: Throughputbezogene Eigenschaften von Produktionssystemen

Merkmal	Ausprägungen				
Wiederholungsgrad (Repetitionstyp/Fertigungsart)	Einzelproduktion	Serienproduktion		Massenproduktion	
räumliche Anordnung der Produktiveinheiten (Anordnungstyp/Fertigungsprinzip)	Werkstattproduktion	Zentrenproduktion	Fließproduktion	Werkbankproduktion	Baustellenproduktion
Anzahl zu durchlaufender Produktiveinheiten und ihre Vernetzung	einstufige Produktion		mehrstufige Produktion		zyklische Produktion
Struktur der Werkstoffbearbeitung (Vergenztyp/Produktionsstrukturtyp)	glatte/ durchgängige Produktion	konvergierende/ synthetische Produktion	divergierende/ analytische Produktion		austauschende/ umgruppierende Produktion

Literaturhinweise zu §1

Binswanger 1992; Corsten 1988; Große-Oetringhaus 1974; Güth 1992; Immler 1989; Kern 1979, 1990; Kosiol 1972; Kramer 1991; Kruschwitz 1974; Matschke/Lemser 1992; Riebel 1955, 1963; Schäfer 1978; Steinmann/Schreyögg 1990; Strebel 1980

Wichtige Begriffe und Aussagen in §1

Wirtschaftseinheit; Gut/Neutrum/Übel; Produktion, Reduktion; Input/Throughput/Output; Produktionssystem, Produktiveinheit; Stoff- und Energiebilanz; input-/output-/throughputbezogene Eigenschaften von Produktionssystemen; Kuppelproduktion

Wiederholungsfragen zu §1

1) Welche Umsysteme umgeben ein ökonomisches System, und welche Bestandteile enthalten diese Umsysteme?
2) Welche verschiedenen Klassifizierungsmöglichkeiten für Objektarten gibt es?
3) Auf welche verschiedenen Weisen läßt sich der Begriff „Produktion" definieren?
4) In welchem Verhältnis stehen die Begriffe Produktion und Reduktion zueinander?
5) Wie läßt sich grundsätzlich ein Produktionssystem darstellen?
6) Welche verschiedenen Typen von Produktionssystemen lassen sich durch input-, output- und throughputbezogene Kriterien unterscheiden?

Paragraph 2
Betriebswirtschaftliche Modellbildung (Exkurs)

Theorien über reale Sachverhalte bedienen sich verschiedener Hilfsmittel, um diese Sachverhalte zu erfassen und begreiflich zu machen. Zwei wesentliche Hilfsmittel sind Begriffe und Modelle. Während über den Begriff „Begriff" weitgehendes Einverständnis herrscht, gibt es für die Begriffe „Modell" und „Theorie" in der Betriebswirtschaftslehre nicht nur verschiedene, nebeneinander existierende Bedeutungsinhalte, sondern auch Kontroversen über deren wissenschaftliche und praktische Relevanz. Im folgenden sollen deshalb in der gebotenen Kürze die hier zugrundegelegten Bedeutungsinhalte skizziert werden. Diese Skizze erscheint notwendig, um den Zweck der später entwickelten produktionstheoretischen Überlegungen zu verdeutlichen.

2.1 Begriffsbildung

Die Ausführungen des vorangehenden, ersten Paragraphen haben im wesentlichen den Zweck, den Begriff des betrieblichen Produktionssystems und weitere, damit zusammenhängende, grundlegende Begriffe einzuführen. Ihre Bedeutungsinhalte wurden mit Hilfe anderer Begriffe näher beschrieben und damit eingegrenzt. Diese anderen Begriffe sind größenteils der Umgangssprache, teilweise aber auch anderen wissenschaftlichen Disziplinen, hier insbesondere der Mathematik (z.B. „Menge") und den Naturwissenschaften (z.B. „Entropie") entnommen.

Vereinfachend kann man unter einem *Begriff* „einen durch eine Vokabel bezeichneten Denkinhalt verstehen" (*Busse von Colbe/Laßmann 1991*, S. 44; vgl. zu den folgenden Erläuterungen ebenda, S. 44ff.). Begriffe sind Werkzeuge der wissenschaftlichen Analyse von Tatbeständen und müssen problemadäquat gebildet werden.

Gibt es mindestens einen Tatbestand, der gleichzeitig zum Umfang zweier Begriffe gehört, so überschneiden sie sich, beispielsweise bei Abfall als Kuppel- und Nebenprodukt. Ein Begriff A ist ein Oberbegriff eines Begriffes B bzw. B ist ein Unterbegriff von A, wenn die Menge der durch B erfaßten Tatbestände - im mathematischen Sinn - eine Teilmenge derjenigen von A ist. So ist Produktionsfaktor ein Oberbegriff von Betriebsmittel. Ein Oberbegriff heißt auch *Merkmal* des betrachteten Begriffs bzw. *Eigenschaft* der darunter fallenden Tatbestände. Die Menge aller Merkmale eines Begriffes bestimmt seinen *Inhalt*.

Die Definition eines Begriffes soll „ ... mehrere Objekte der Wirklichkeit zusammenfassen und diese anderen gegenüber abgrenzen. Diesen Zweck erreichen wir dadurch, daß wir die Merkmale bestimmen, die ein Objekt aufweisen muß, um unter diesen Begriff zu fallen. Da in der Regel mehrere Merkmale angeführt werden, können wir den Begriff auch als Kurzformel bezeichnen. Wir führen einen neuen Begriff ein und definieren diesen mit Hilfe einiger schon bekannter Begriffe.

Die Wirklichkeit läßt sich allerdings auf recht unterschiedliche Weise klassifizieren. Es gibt keine in der Natur der Sache liegenden Definitionen. Diese beruhen vielmehr auf einer Konvention, sie werden nach Zweckmäßigkeitsgesichtspunkten ausgewählt und dienen vor allem der gegenseitigen Verständigung ... Das heißt aber auch: Wir können Begriffen nicht schlechthin Zweckmäßigkeit oder Unzweckmäßigkeit zusprechen. Ob uns ein Begriff zweckmäßig erscheint, hängt von der Art des Problems ab, das es gerade zu lösen gilt." (*Külp 1967*, S. 16f.)

Die Schärfe eines Begriffes ergibt sich aus der Eindeutigkeit der Festlegung seiner Merkmale. Obwohl in der Wissenschaft eine möglichst große Schärfe angestrebt wird, resultieren Grenzen aus der diesbezüglichen Unzulänglichkeit von Sprachen, besonders der Umgangssprache. Jede Unschärfe von Merkmalen pflanzt sich unweigerlich auf den zu erklärenden Begriff fort. Deshalb lassen sich Unschärfen nicht vermeiden:

„Jede Theorie muß mit einigen unerläuterten Grundbegriffen anfangen ... Mit unerläuterten, d.h. umgangssprachlich unscharfen Grundbegriffen anzufangen, ist notwendig, weil das Zurückführen eines Begriffs auf einen anderen (seine modellmäßige Explikation) einmal beendet werden muß, sonst entsteht ein ‚unendlicher Regreß'. Aber die in eine Theorie eingehenden unerläuterten Grundbegriffe müssen Beobachtungssachverhalte sein: Es muß ungefähr klar sein, was von der Wirklichkeit damit gemeint ist ... [Sie] dürfen nur am Rande der zu entwickelnden Theorie stehen. Sie müssen den Untersuchungsgegenstand in einem ersten Anlauf eingrenzen. Den jeweiligen Untersuchungsgegenstand selbst ... darf man nicht als unerläuterten Grundbegriff ... einführen. Vielmehr ist der Untersuchungsgegenstand möglichst exakt durch Abhängigkeiten zu anderen Sachverhalten zu kennzeichnen."(*Schneider 1985*, S. 467)

Erschwert wird die gegenseitige Verständigung selbst innerhalb einer wissenschaftlichen Disziplin noch dadurch, daß zum einen für denselben Begriffsinhalt verschiedene Worte (Bezeichnungen, Vokabeln, Namen, Ausdrücke) verwendet werden (Synonyme), während umgekehrt viele Wörter mehrfache Bedeutungen haben, d.h. mit verschiedenen Begriffsinhalten belegt sind (Homonyme). Eine eineindeutige Zuordnung von Worten und Inhalten läßt sich am ehesten in formalen Wissenschaften (Mathematik, Informatik) und dort erreichen, wo auch in der Praxis begriffliche Präzision angestrebt wird (Recht, Medizin, Technik, z.B. DIN).

In der Wirtschaftswissenschaft ist eine solche Normierung nur bedingt erstrebenswert. Wirtschaftliche Phänomene lassen sich nämlich aufgrund der Komplexität menschlichen Verhaltens im Unterschied etwa zu den Naturwissenschaften nur schwer exakt beschreiben. Darüber hinaus führen die raschen Veränderungen der Wirtschaftssysteme in der jüngsten Zeit dazu, daß Begriffe „veralten", weil sie nicht mehr zweckmäßig sind, und so ein stures Festhalten an ihnen die wissenschaftliche Entwicklung hemmen kann. Ein Beispiel einer solchen Veränderung ist die Erweiterung des Begriffsinhaltes der Produktion von der reinen Sachgütererzeugung auf die Dienstleistungserstellung.

In diesem Lehrbuch werden zur besseren Vergleichbarkeit mit anderen Texten bewußt einige Synonyme für Begriffe angegeben, z.B. Erzeugung und Herstellung bzw. Betrieb und Unternehmung, und des öfteren zur Vermeidung sprachlicher Eintönigkeit auch benutzt, allerdings nur dort, wo die Gefahr von Mißverständnissen gering ist. Andererseits wird trotz einiger sprachlicher Umständlichkeiten auf die mehrdeutige Verwendung eventuell mißverständlicher Homonyme soweit wie vertretbar verzichtet. So wird „Menge" bis auf zwei Ausnahmen („Mengenmodell" und „mengenmäßig") durchgehend nur im Sinne der Mathematik verwendet, während für eine Anzahl von Maßeinheiten die Bezeichnung „Quantität" benutzt wird. Umgekehrt ist „Produkt" im ökonomischen Sinn zu verstehen und nicht mathematisch als Ergebnis einer Multiplikation.

Des weiteren wird im folgenden eine eher abstrakte Bezeichnungsweise bevorzugt. Sie hat zwar den Nachteil einer intuitiv geringeren Verständlichkeit, birgt dafür aber weniger die Gefahr eines nur scheinbaren, anstelle eines wirklichen Verstehens, wie es im Falle einer starken Verwendung von umgangssprachlichen und damit „praxisnahen" Ausdrücken der Fall sein kann. Umgekehrt wird jedoch auch von einer starken Formalisierung (die etwa die Werke von *Wittmann 1968*, *Shephard 1970* und *Färe 1988* auszeichnet) im Interesse einer besseren Zugänglichkeit abgesehen. Dies bedeutet allerdings eine Gratwanderung, die im Ergebnis stets nur einen Kompromiß zugunsten oder zu Lasten der einen bzw. der anderen Seite darstellt. Zur Erleichterung des Verständnisses werden die abstrakten Ausführungen von häufigen Beispielen und grafischen Illustrationen begleitet.

2.2 Modellbegriffe und Modellarten

Unter einem *Modell* kann man allgemein die sinnhafte Abbildung eines oder mehrerer ähnlicher Systeme (Urbilder, Originale) auf ein anderes System (Abbild, Bild) verstehen. Oft ist mit Modell auch nur das Abbild selbst gemeint, d.h. ein abgegrenztes Gebilde, das aus einer Menge von Elementen und Relationen zwischen ihnen besteht. Sinnhaft ist die Abbildung dann, wenn aus der Kenntnis und Analyse des Abbilds im Hinblick auf bestimmte verfolgte Zwecke Rückschlüsse auf das oder die Originale gezogen werden können. Kriterium für die Güte eines Modells ist demnach letztlich immer der Zweck, den der Modellanalytiker mit ihm erreichen will. Die Abb. 2.1 veranschaulicht die Beziehungen zwischen Originalsystem, Bildsystem und Analytiker (Modellkonstrukteur bzw. -benutzer).

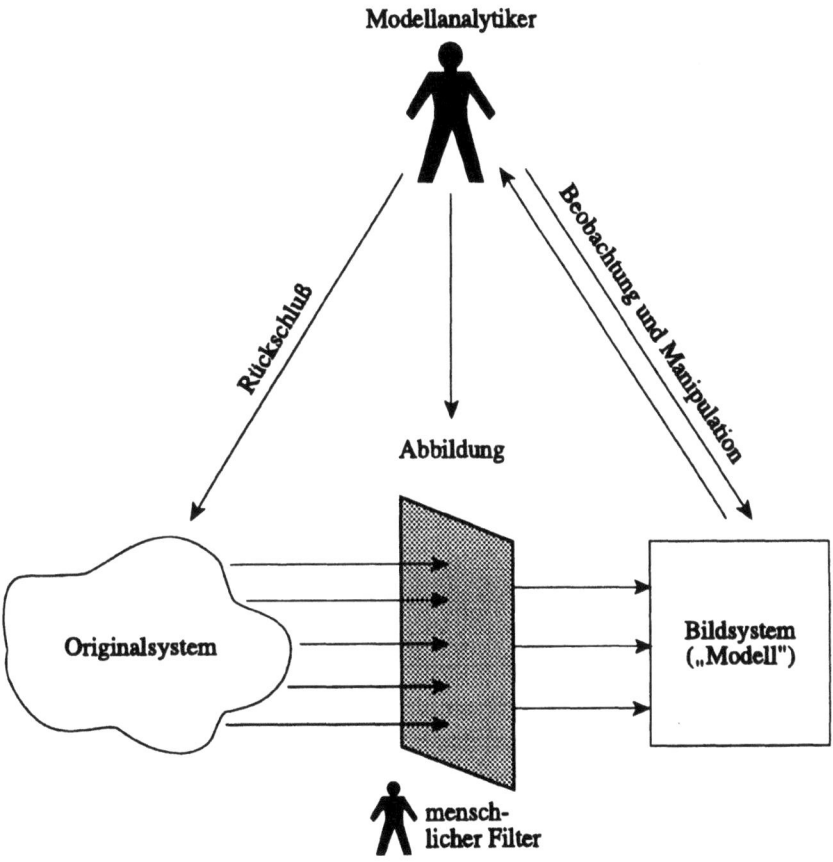

Abb. 2.1: Beziehungen zwischen Original, Modell und Analytiker

Ein *konkretes* Modell bezieht sich auf ein einzelnes, raum-zeitlich spezifiziertes empirisches Original, ein *allgemeines* Modell, auch *Modelltyp* genannt, auf eine Mehrheit von Originalsystemen. Ein allgemeines Modell erhebt somit einen übersituativen Geltungsanspruch. Es definiert seinen empirischen Gegenstand durch sich selbst und enthält damit Typisierungen möglicher oder auch nur denkbarer Originalsysteme (vgl. *Bretzke 1980*, S. 10f., mit Bezug auf Entscheidungsmodelle).

2.2.1 Abstraktionsstufen

Nur in seltenen Fällen stellt das Bild eine identische Nachbildung eines Originals dar (*gegenständliches* oder „*ikonisches*" Modell). Beispiele dafür sind Prototypen, etwa im Flugzeug- oder Automobilbau. So dienen auch Fahrzeugexemplare, die Crashtests unterzogen werden, als ikonische Modelle für alle Serienfahrzeuge, um an ihnen die Auswirkungen eventueller Unfälle zu studieren. In den meisten Fällen wird das Bildsystem vom Analytiker aber so konstruiert, daß es nach Möglichkeit einfacher als das oder die Originalsysteme ist (*abstraktes* Modell). Eine solche Vereinfachung durch Konzentration auf wesentliche und Weglassen unwesentlicher Aspekte (Abstraktion, Verkürzung) kann zwingend sein, weil das Originalsystem überhaupt nicht zu analysieren ist bzw. sich seine Analyse, die immer einen Eingriff in das System bedeutet, verbietet (z.B. Puppen als Ersatzmodelle für Menschen bei Crashtests). Oft wird jedoch ein einfacheres Modell benutzt, weil es besser und billiger handhabbar oder übersichtlicher ist. Übersichtlichkeit ist besonders aus didaktischen Gründen ein Vorteil, indem sie ein Verstehen des Originalsystems erst ermöglicht und die Kommunikation zwischen Menschen erleichtert.

Abstrakte Modelle können analog oder symbolisch sein. Ein *analoges* Modell stellt ein Originalsystem durch ein physikalisches System dar, bei dem sich einige physikalische Eigenschaften vom Original unterscheiden (z.B. ein Automodell aus Holz für Tests im Windkanal). Solche Modelle sind in der Wirtschaftswissenschaft selten (Ausnahmen: aus Holz oder anderem Material nachgebildete „Ertragsgebirge" oder die Darstellung des Steiner/Weber-Modells der transportkostenminimalen Standortplanung durch ein entsprechendes System aus durch Fäden verbundenen Gewichten, in deren Schwerpunkt der gesuchte Standort liegt).

Typisch für die Wirtschaftswissenschaft sind *symbolische* Modelle. Sie bilden das Original in ein System ab, das mittels formaler Zeichen gebildet ist. Dabei differenziert man *verbale* Modelle, d.h. solche in natürlicher Umgangs- oder Fachsprache, von *formalen* Modellen, d.h. solchen in künstlicher, meist aus kurzen abstrakten Zeichen bestehender Sprache (vgl. *Hanssmann 1978*, S. 75). Die Syntax einer bestimmten „Modellsprache" bestimmt die Regeln, welche Zeichen erlaubt sind und wie sie zusammengestellt werden dürfen; die Semantik bestimmt die Bedeutungsinhalte der Zeichen oder Zeichenkonstellationen. Beispielsweise stellt ein mathematisches Gleichungssystem allein noch kein Modell dar. Hierzu bedarf es zusätzlich semantischer Angaben, wie die verwendeten Symbole zu interpretieren sind.

2.2.2 Realitätsbezug und Meßbarkeitsstufen

Grob vereinfachend lassen sich nach ihrem Realitätsbezug Real- und Idealmodelle unterscheiden. *Realmodelle* bilden reale Systeme ab, d.h. Gegenstände der Realität und deren Beziehungen. *Idealmodelle* bestehen aus unverbindlichen Annahmen ohne (direkten) Realitätsbezug und erheben keinen Anspruch auf empirischen Gehalt. Beide Modellarten müssen der Forderung nach logischer Widerspruchsfreiheit genügen. Von Realmodellen wird darüber hinaus gefordert, daß sie empirisch überprüfbar sind, wobei hierunter regelmäßig ihre prinzipielle Falsifizierbarkeit verstanden wird.

Realmodelle auf der einen Seite und „irreale" Idealmodelle auf der anderen bilden die beiden Extreme eines Kontinuums formaler Modelle mit variierendem Grad an Realitätsbezug. Die in der Betriebswirtschaftslehre verwendeten allgemeinen Modelle liegen innerhalb dieses Kontinuums, wobei ihre Einordnung nach dem Umfang ihrer empirischen Überprüfbarkeit vorgenommen wird. Der Grad des Realitätsbezugs ergibt sich durch das Ausmaß, in dem den Symbolen über sogenannte Korrespondenzregeln empirischer Gehalt zugewiesen wird. Solche Korrespondenzregeln sind definitorische Aussagen sowie Meßvorschriften. Da es kaum „hundertprozentige" Realmodelle gibt, handelt es sich letztlich stets um mehr oder minder realitätsbezogene (Ideal-) Modelle, d.h. um Modelle, die überwiegend durch gutbewährte Hypothesen fundiert sind (Realmodelle im weiteren Sinn) oder die nur wenige Korrespondenzregeln und Plausibilitätsannahmen aufweisen (Idealmodelle im weiteren Sinn).

Formale Modelle lassen sich des weiteren nach dem Grad der vorausgesetzten Meßbarkeit einteilen in qualitative und quantitative Modelle. *Quantitative* Modelle basieren wesentlich auf quantitativen Begriffen, d.h. auf Symbolen, denen über festgelegte Meßvorschriften Zahlenwerte zugewiesen werden. Alle anderen können als *qualitative* Modelle bezeichnet werden. Sie sind eher strukturierender Art. Hierzu sind die Methoden der Klassifizierung und der Typenbildung sowie die Darstellung von Wirkungszusammenhängen und anderen Beziehungen zum Beispiel mittels Grafiken zu rechnen. Es wäre ein Irrtum, quantitative mit mathematischer Modellierung gleich zu setzen, weil letztere sehr wohl auch rein strukturelle Formulierungen umfaßt (z.B. die Graphentheorie). Mathematische Modellierung ist weitgehend gleichbedeutend mit formaler Modellierung.

Quantitative Modelle haben in der Betriebswirtschaftslehre traditionell eine große Bedeutung. Das gesamte Rechnungswesen beruht darauf. Eine Bilanz oder eine Gewinn- und Verlustrechnung sind nichts anderes als konkrete quantitative Modelle der betrachteten Unternehmung als dem zugrundeliegenden Originalsystem. Bewertungsansätze und Bilanzierungsregeln entsprechen Meßvorschriften bzw. Korrespondenzregeln. Im Unterschied etwa zur Physik hat sich die Wirtschaftswissenschaft insgesamt - von Ausnahmen einzelner Teilgebiete abgesehen - bisher allerdings noch kaum systematisch mit der Messung ökonomischer Größen auseinandergesetzt und allgemeine Einheiten- und Größenartensysteme entwickelt (vgl. *Kampkötter 1981*, S. 12ff.).

Als *ökonomische Größe* kann die quantitative, d.h. reellwertige Ausprägung einer meßbaren, wirtschaftlich relevanten Eigenschaft von Objekten, Vorgängen oder Zuständen verstanden werden (z.B. Preis oder Quantität eines Gutes, Bearbeitungsdauer eines Werkstücks auf einer Maschine oder Anlagevermögen einer Aktiengesellschaft am Bilanzstichtag). Bei der Messung wird der Eigenschaft mit Hilfe einer Meßvorschrift ein Zahlenwert zugeordnet. Dabei gibt es verschieden starke Niveaus von Meßskalen (vgl. *Pfanzagl 1971, Dyckhoff 1986, Schneeweiß 1991*, S. 40ff.):

- *Nominales Meßniveau*: Die Zuordnung ist rein klassifikatorisch (z.B. Benennung dreier verschiedener Güterarten mit den Zahlen 1, 2 und 3 oder mit anderen Namen, etwa Brot, Kuchen und Milch). Es ist nur eine Aussage darüber möglich, ob zwei Objekte hinsichtlich der betrachteten Eigenschaft gleich- oder verschiedenartig sind.

- *Ordinales Meßniveau*: Aufgrund der Zuordnung von Zahlenwerten wird eine Rangordnung der Objekte erzeugt (z.B. Platzziffern einer Rangliste der größten deutschen Unternehmen). Aus den zugeordneten Zahlen ist ein Vergleich der Objekte anhand der betrachteten Eigenschaft möglich (z.B. „größer", „teurer", „schöner").

- *Kardinales Meßniveau*: Aufgrund der Zuordnung von Zahlenwerten können Aussagen über die Abstände verschiedener Ausprägungen und damit über ihre Stärke gemacht werden (z.B. Umsätze oder Beschäftigtenzahlen von Unternehmen).

Mit zunehmendem Skalenniveau können die Zahlenwerte relativ zueinander immer weniger verändert werden. Nominalskalen sind invariant gegenüber allen injektiven Transformationen, Ordinalskalen gegenüber allen streng monoton wachsenden Transformationen der Skalenwerte. Bei kardinalem Meßniveau kann weiter differenziert werden in Intervallskala, Verhältnisskala und Absolutskala. *Intervallskalen* sind invariant gegenüber positivlinearen Transformationen; bei ihnen können lediglich noch Nullpunkt und Maßeinheit frei gewählt werden. *Verhältnisskalen* sind invariant gegenüber proportionalen Transformationen; sie besitzen einen natürlichen, feststehenden Nullpunkt und erlauben nur noch die freie Wahl der Maßeinheit. Bei einer *Absolutskala* dürfen die Werte überhaupt nicht verändert werden.

Bei *quantitativen* Modellen *im engeren Sinne* wird ein kardinales Meßniveau vorausgesetzt. Bei einer weiteren Begriffsfassung ist dagegen auch ein ordinales Meßniveau erlaubt. In der Produktionstheorie ist hinsichtlich der Quantitäten von Objekten generell ein kardinales Meßniveau unterstellt, während in bezug auf die Bewertung von Produktionen auch ein nur ordinales Niveau möglich ist.

2.2.3 Verwendungszweck und Modellökonomie

Abstraktionsgrad und Realitätsbezug sind keine identischen Charakteristika von Modellen. Es kann durchaus sein, daß abstraktere Modelle einen größeren Realitätsbezug aufweisen. So wird möglicherweise die Computersimulation eines Fahrzeugunfalls zu realitätsnäheren Resultaten führen als eine Analogsimulation mit einem „echten" Miniaturmodell des Fahrzeugs. Auch die Stärke der Formalisierung sagt noch nichts über die Realitätsnähe aus. Ein verbales Modell wie die Bauernregeln des Hundertjährigen Kalenders ist wohl weniger realitätsnah als das formale Modell der vorabendlichen Wetterkarte. Allerdings können durch die Unschärfe verbaler Modelle manche Bedeutungsinhalte erfaßt werden, die in einem formalen Modell verloren gehen. Hierauf ist bei der praktischen Anwendung formaler Modelle besonders zu achten.

Abstraktionsgrad und Realitätsbezug allein sind kein Maßstab für die Güte eines Modells. Entscheidend dafür ist der mit dem Modell verfolgte Zweck. Solche Zwecke und damit auch die Modelle lassen sich drei bzw. vier Aussagekategorien zuordnen (vgl. *Bitz 1977*, *Rieper 1992*):

- *Beschreibungsmodell* (deskriptives, Erfassungs- oder Ermittlungsmodell): Es beschreibt systematisch einen realen Sachverhalt, ohne aber allgemeine Gesetzmäßigkeiten zu formulieren (z.B. Bilanz oder Betriebsabrechnungsbogen).

- *Erklärungsmodell* (explikatives oder nomologisches Modell) und *Prognosemodell*: Ein Erklärungsmodell ist ein Beschreibungsmodell, das zumindest partiell durch allgemein gültigere Hypothesen begründet ist und Anspruch auf empirische Wahrheit erhebt (z.B. Erfahrungskurve). Es enthält zwei Gruppen miteinander verknüpfter ökonomischer Größen: die „erklärenden" und die „zu erklärenden" Größen. So kann über die Preis-Absatz-Funktion eines Monopolisten der Absatz des Produktes durch den gesetzten Preis erklärt werden. Umgekehrt genügt die Kenntnis des Preises zur Prognose des Absatzes. Erklärungsmodelle sind deshalb als Prognosemodelle nutzbar, wenn die erklärenden Größen bekannt sind und die zu erklärenden noch in der Zukunft liegen.

- *Entscheidungsmodell* (präskriptives Modell): Es basiert auf einem Beschreibungs- oder Erklärungsmodell und verknüpft dies mit bestimmten Zielvorstellungen des Modellbenutzers über anzustrebende reale Sachverhalte. Beispielsweise kann aus der Preis-Absatz-Funktion in Verbindung mit dem Ziel der Umsatzmaximierung der umsatzmaximale Preis bestimmt werden. Aus einem Entscheidungsmodell sollen Aussagen über die zielgerechte Gestaltung des Originalsystems abgeleitet werden. Bei rein instrumentaler Anwendung werden die Ziele des über das Originalsystem disponierenden Entscheidungsträgers zugrundegelegt; man spricht dann von einem *pragmatisch-präskriptiven* Entscheidungsmodell. Werden die Ziele dagegen vom Modellkonstrukteur oder von anderer Seite vorgegeben, etwa aufgrund moralischer Postulate, so spricht man von einem (*ethisch-*) *normativen* Modell.

Bei einem Entscheidungsmodell lassen sich mehrere Gruppen ökonomischer Größen unterscheiden. „*Daten*" oder *Umweltgrößen* sind solche, welche vom Entscheidungsträger, der das Originalsystem steuert, nicht beeinflußt werden können, sondern in irgendeiner Weise vorgegeben sind. Die unmittelbar beeinflußbaren Größen nennt man *Instrumentvariablen* oder *Steuergrößen*. *Ergebnisvariablen* sind das Resultat der Festlegung der Instrumentvariablen und der Realisierung bestimmter Umweltgrößen. *Zielvariablen* sind solche Ergebnisgrößen, an deren Werten der Entscheidungsträger ein unmittelbares Interesse hat.

Die Tatsache, daß ein Modell Ziele des Entscheidungsträgers berücksichtigt, besagt noch nicht, daß es sich um ein Entscheidungsmodell handelt. Es kann genau so gut ein Erklärungsmodell sein, welches aus den Zielen und anderen erklärenden Größen das Verhalten des Entscheidungsträgers zu explizieren versucht. Zu welcher Aussagekategorie ein Modell gehört, kann dem Modell selbst nur bedingt angesehen werden. Dazu bedarf es letztlich der zusätzlichen Angabe des mit ihm verfolgten Zwecks. Somit kann es sehr wohl sein, daß dasselbe Modell sowohl als Erklärungs- wie auch als Prognosemodell bzw. Entscheidungsmodell dienen kann.

Aus dem Zweck, dem ein Modell zu dienen hat, ergibt sich außerdem ein Kriterium für die bei der Modellkonstruktion und -verwendung einzusetzenden Mittel (*Modellökonomie*). Der Aufwand für die Konstruktion und die Nutzung eines Modells soll in einem vertretbaren Verhältnis zu dem erreichbaren Ertrag im Hinblick auf den verfolgten Zweck stehen. Dies ist Ausdruck eines ökonomischen Prinzips auf der Metaebene der Modellbildung. Ein computergestütztes Lagerhaltungsmodell, das im praktischen Einsatz zu Einsparungen von 1000 DM an monatlichen Lagerkosten führt, andererseits aber die EDV- und Personalkosten monatlich um 2000 DM erhöht, ist unwirtschaftlich. Auch im wissenschaftlichen Bereich sollte sich der mit einem Modell verbundene Aufwand durch den mit ihm erzielbaren Erkenntnisfortschritt in Forschung oder Lehre rechtfertigen lassen.

2.2.4 Subjektivität und „Verzerrung"

Betriebswirtschaftliche Modelle können die Realität in zweifacher Hinsicht subjektiv und „verzerrt" wiedergeben, einmal in bezug auf die handelnden Personen des zu modellierenden Originalsystems, zum anderen in bezug auf den Modellanalytiker.

Sofern Erklärungs- oder Prognosemodelle tatsächliches menschliches Verhalten darstellen oder pragmatisch-präskriptive Entscheidungsmodelle Gestaltungsempfehlungen im Sinne des Entscheidungsträgers geben sollen, muß die Modellbildung von der subjektiven Realitätswahrnehmung bzw. den subjektiven Zielen der handelnden Personen ausgehen. Dies gilt auch dann, wenn aus Sicht des Modellkonstrukteurs oder der Modellanwender die handelnden Subjekte die Realität nicht „richtig" wahrnehmen oder wenn ihre Ziele für „falsch" gehalten werden. So könnte etwa eine Erklärung, warum eine Unternehmung nicht umweltfreundlich produziert hat, darauf beruhen, daß die Unternehmensleitung die Relevanz der Umweltproblematik für die Unternehmenspolitik fehleingeschätzt oder bewußt eine destruktive Umweltpolitik betrieben hat. Anders ist dies bei normativen Entscheidungsmodellen, da hier den handelnden Personen eine fremde Zielsetzung aufoktroyiert wird und ihre subjektive Sicht unmittelbar keine Rolle spielt (mittelbar wohl, wenn es um die Realisierung der angestrebten Lösung geht, z.B. über geeignete Anreize). Das Faktum, daß Menschen mit eigenem Willen Einfluß auf das Verhalten des Originalsystems nehmen bzw. sogar Bestandteile des Systems sind, konstituiert aber in jedem Fall einen wesentlichen Unterschied wirtschaftswissenschaftlicher und generell sozialwissenschaftlicher Modelle im Vergleich zu naturwissenschaftlichen Modellen. Dies illustriert die Abb. 2.2.

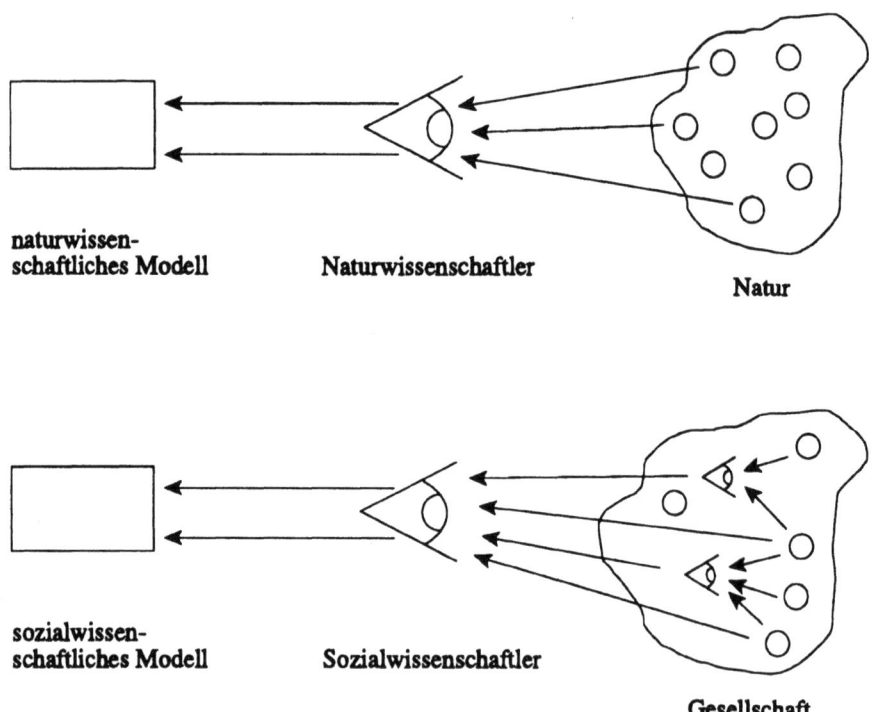

Abb. 2.2: Unterschiedliche Erfahrungsgegenstände von Natur- und Sozialwissenschaften

Gemeinsam ist sozial- wie naturwissenschaftlichen Modellen dagegen der auf sie wirkende und sie mitbestimmende Einfluß des Modellkonstrukteurs, d.h. seiner individuellen Realitätswahrnehmung, seiner Fähigkeiten, seines theoretischen und praktischen Vorverständnisses sowie seiner Ziele. Diese Determinanten wirken wie ein Filter verzerrend und selektierend bei der Modellkonstruktion (vgl. Abb. 2.1). Eine absolut objektive Modellbildung gibt es daher nicht. Die Objektivität eines Modells kann nur gradueller Natur sein, wobei der Objektivitätsgrad davon abhängt, wieviele bzw. welche anderen Modellkonstrukteure zu einem gleichen oder zumindest ähnlichen Modell eines darzustellenden Originalsystems bei gleicher Zwecksetzung kommen.

Der durch den Modellkonstrukteur bewirkte Verzerrungseffekt beruht darauf, daß er sich quasi zwischen der empirischen Wirklichkeit und dem künstlichen Modell befindet. Realität ist für ihn stets die „erfahrene" Realität, d.h. die Vorstellung über diese, welche sich als ein *inneres* Modell der Wirklichkeit vermittelt. Beim Modellierungsprozeß wird zunächst die Wirklichkeit durch Wahrnehmungen und Interpretationen in ein inneres Modell transformiert und erst danach dieses mittels Sprache und Zeichen in ein *äußeres* Modell überführt. Das äußere Modell läßt intersubjektive Kommunikation zu. Es wird geformt einerseits durch die innere Repräsentanz der Wirklichkeit im Menschen, welche durch seine Unschärfe verursachenden Wahrnehmungs- und Vorstellungsmöglichkeiten bestimmt wird, und andererseits durch die Darstellungs- und Gestaltungsmöglichkeiten des Modellbildners. Diese menschlichen Einflüsse verzerren die originalen Attribute, so daß das (äußere) Modell keine „strukturtreue" (homomorphe oder gar isomorphe) Abbildung der Wirklichkeit sein muß, sondern lediglich Ähnlichkeit mit ihr aufweist (*Viefhues 1982*, S. 72ff.).

2.2.5 Weitere Differenzierungen von Modellarten

Je nachdem, inwieweit das eigentlich interessierende Originalsystem durch das Modell erfaßt ist, spricht man bei vollständiger Erfassung der relevanten Zusammenhänge von einem *Totalmodell*, andernfalls von einem *Partialmodell*. Partialmodelle beziehen sich somit auf Sub- oder Teilsysteme des Originalsystems. Betriebswirtschaftliche Modelle sind regelmäßig Partialmodelle, indem sie nur einen sachlich und zeitlich begrenzten Ausschnitt einer Unternehmung während ihrer Lebensdauer darstellen. Die Aufstellung eines Totalmodells scheitert meist an der Komplexität des Originalsystems und der Unvollständigkeit der Information. Die Konsequenz von Partialmodellen ist jedoch, daß sachliche oder zeitliche Interdependenzen zu Teilen des Ursprungsystems existieren, welche vom Partialmodell nicht erfaßt sind. Diese Abhängigkeiten werden von der Systemgrenze (Bilanzhülle) des Partialmodells durchschnitten und definieren damit die *Schnittstellen* zur Umgebung des Modells bzw. Modellsystems. Je mehr Schnittstellen existieren bzw. je gravierender sie im Hinblick auf den Untersuchungszweck sind, um so mehr müssen die aus dem Modell abgeleiteten Aussagen diesbezüglich relativiert werden.

Ein ganz wesentlicher Aspekt von Modellen ist ihr Zeitbezug. Sie beziehen sich grundsätzlich auf einen bestimmten Zeitraum, der zu einem Zeitpunkt der Vergangenheit, Gegenwart oder Zukunft beginnt und entweder *endlich* oder *unendlich* ist. Betriebswirtschaftliche Modelle haben - im Unterschied zu vielen volkswirtschaftlichen Modellen - meistens einen endlichen Horizont. Ein Zeitraum, der endet, bevor das Originalsystem aufhört zu existieren, bedeutet stets, daß es sich um ein Partialmodell handelt. Kann der Zustand des Modellsystems **während** des Betrachtungszeitraums (Periode) nicht variieren, wohl aber zu Anfang oder am Ende der Periode, so liegt ein *statisches* oder *einperiodiges* Modell vor. Andernfalls handelt es sich um ein *zeitablaufbezogenes* Modell, das in zweierlei Weise unterschieden werden kann. Ein *zeitkontinuierliches* Modell stellt den Zeitablauf stetig dar; bei einem *zeitdiskreten* oder *mehrperiodigen* Modell verändert sich die Zeit sprunghaft in größeren Schritten. Erfaßt das Modell dabei zeitübergreifende Beziehungen, so spricht man von einem *dynamischen* Modell. Im einfachsten Fall besteht diese übergreifende Beziehung in der Bedingung, daß der Zustand des Modellsystems am Ende einer Teilperiode gleich dem Zustand des Systems am Beginn der Folgeperiode ist (*Erhaltungssatz*, z.B. Lagerbilanzgleichung).

Ökonomische Größen, die Eigenschaften eines Systems zu einem bestimmten Zeitpunkt beschreiben, heißen *momentane Größen* (auch: Zustandsgrößen); solche, die sich auf einen bestimmten Zeitraum beziehen, heißen *Dauer-* oder *Periodengrößen*. Beispiele von Periodengrößen sind Gewinn, Umsatz und die von einem Kraftwerk erzeugte Energie. Momentane Größen können Bestands- oder Stromgrößen sein. *Bestandsgrößen* beschreiben Systemmerkmale, die „zeitlos" in dem Sinne sind, daß für ihre Feststellung oder Messung die Zeitdimension grundsätzlich keine Rolle spielt. Solche Größen sind beispielsweise Vermögenswerte und Vorratsquantitäten. Es ist dabei unerheblich, daß faktisch für die Feststellung bzw. Messung selber - z.B. im Rahmen einer Inventur - Zeit gebraucht wird. *Stromgrößen* stellen dagegen Merkmale dar, die grundsätzlich zeitraumbezogen sind, der zugrundeliegende Zeitraum jedoch fiktiv als unendlich klein unterstellt ist. Sie werden meist aus Periodengrößen gewonnen, für die die Periodendauer gegen Null konvergiert. Typische Beispiele sind Geschwindigkeit, Intensität und die physikalische Leistung (Energie bzw. Arbeit pro Zeiteinheit). Die Periodengrößen wiederum sind häufig als Veränderung von Bestandsgrößen von Beginn bis zum Ende der Periode definiert, so der Periodengewinn als Differenz von End- und Anfangsvermögen.

Die Handels- und die Steuerbilanz einer Unternehmung sind quantitative Modelle aus reinen Bestandsgrößen, da sie zu einem bestimmten Zeitpunkt allein die Vermögenswerte und ihre Herkunft (nach teilweise voneinander abweichenden Bewertungsvorschriften als Korrespondenzregeln) darlegen. Unter der *Stoff- und Energiebilanz* einer Unternehmung oder allgemein eines Produktionssystems versteht man dagegen analog zur Gewinn- und Verlustrechnung ein quantitatives Modell aus reinen Periodengrößen, welches dem gesamten stofflichen und energetischen Eintrag den entsprechenden Austrag während des zugrunde gelegten Zeitraumes gegenüberstellt (*Strebel 1992, Hofmeister 1989, Schnitzer 1991*).

Bei einem *deterministischen* Modell sind alle Größen des Modells sicher, d.h. ihre konkreten Ausprägungen sind vor ihrem Eintreten im Prinzip eindeutig bekannt oder vom Modellbenutzer eindeutig feststellbar bzw. festlegbar. Man spricht auch von „einwertigen Erwartungen", weil zu jedem Zeitpunkt nur ein im vorhinein bekannter oder bestimmbarer Modellzustand eintreten kann. Da die zu planende Zukunft grundsätzlich unsicher ist, stellt dies bei Entscheidungsmodellen eine Abstraktion dar, die tendenziell um so schwerer begründbar ist, je weiter der Planungshorizont in die Zukunft reicht. Nicht deterministische („indeterministische") Modelle berücksichtigen dies, indem einige Größen als Zufallsvariablen aufgefaßt werden, die rein zufällig einen von mehreren möglichen Werten annehmen („mehrwertige Erwartungen"). In der Regel beschränkt sich dies auf die Daten als den nicht disponiblen Größen, wobei die Fälle endlich oder unendlich vieler Umweltkonstellationen unterschieden werden. Sogenannte „gemischte Strategien", die in der Spieltheorie behandelt werden, sind aber Beleg dafür, daß auch die Steuergrößen Zufallsvariablen sein können. Bei *stochastischen* Modellen liegen für die Zufallsvariablen Wahrscheinlichkeitsverteilungen vor.

Eine weitere wichtige Unterscheidung betrifft die Linearität der mathematischen Beziehungen in einem Modell. Ein *lineares* Modell im engeren Sinne enthält nur rein lineare Funktionen bei der Verknüpfung der verschiedenen ökonomischen Größen. In weiterer Begriffsfassung braucht sich die Linearität nur auf einige bestimmte Größen zu beziehen (so wie später in Kapitel C). Alle anderen Modelle sind dann - im engeren oder weiteren Sinne -

nichtlinear. Nichtlinearität kann auf progressiven oder degressiven Kurvenverläufen oder auch auf einer mangelnden beliebigen Teilbarkeit bei der quantitativen Messung ökonomischer Größen beruhen.

Außer den genannten gibt es noch weitere Differenzierungen von Modellarten. Hier sind jedoch nur die in Tab. 2.1 zusammengestellten von besonderer Bedeutung.

Tab. 2.1: Wichtige Modellarten

Merkmal	Ausprägungen			
Geltungsanspruch	Konkretes Modell		Allgemeines Modell/ Modelltyp	
Realitätsbezug	Realmodell		Idealmodell	
Abstraktionsgrad	gegenständ-lich/ikonisch	analog	symbolisch	
			verbal	formal
Meßbarkeit	qualitativ		quantitativ	
Skalenniveau	nominal	ordinal	kardinal	
Aussagekategorie	Beschreibungs-modell	Erklärungs- oder Prognosemodell	Entscheidungs-modell	
Kategorien ökonomischer Größen	Nicht disponible oder Umweltgrößen	Instrumentvariablen/Steuer-größen	Ergebnis-variablen	Zielvariablen
Vollständigkeit (bzgl. Original)	Totalmodell		Partialmodell	
Zeitbezug	einperiodig/statisch		mehrperiodig, insb. dynamisch	
Vollständigkeit der Information	deterministisch		stochastisch	
Charakter der Modellbeziehungen	linear		nichtlinear	

2.3 Theoriebegriff und Theoriebildung

„Eine zweckorientierte Gesamtheit von Grundannahmen (Axiome, Prämissen) und Schlußfolgerungen (Theoreme), die sich auf ein Modell oder eine Gesamtheit von Modellen beziehen, heißt eine *Theorie*. Die Zweckorientierung von empirischen Theorien besteht in ihrer Aufgabe, dem Menschen zu helfen, sich in einem bestimmten Bereich der unübersichtlichen Wirklichkeit zurechtzufinden und sie - so weit wie möglich - nach seinen Wünschen zu gestalten. Eine empirische Theorie sollte daher sowohl einen *Erklärungswert* besitzen (Erkenntnisinteresse, semantischer Aspekt) als auch *Prognose-* und *Gestaltungsmöglich-*

keiten eröffnen (praktisches Interesse, pragmatischer Aspekt). Die Schlußfolgerungen einer Theorie werden auf deduktiv-logischem Weg aus den vorgegebenen Prämissen abgeleitet. Dabei soll die Anbindung an die Gesetze der Logik gewährleisten, daß die aufzustellende Theorie der Grundforderung jeden wissenschaftlichen Arbeitens nach *Widerspruchsfreiheit* genügt (syntaktischer Aspekt)" *(Busse von Colbe/Laßmann 1991, S. 48).*

Variieren die Grundannahmen und Modelle zu ein und demselben Erfahrungsgegenstand, so können somit verschiedene Theorien resultieren, insbesondere wenn den Theorien unterschiedliche Zweckorientierungen zugrunde liegen.

Literaturhinweise zu §2

Bitz 1977; Bretzke 1980; Geoffrion 1987; Hanssmann 1978; Rieper 1992; Schmidt/Schor 1987; Schneeweiß 1992a; Schneider 1987

Wichtige Begriffe und Aussagen in §2

Begriff, Modell, Theorie; Subjektivität und „Verzerrung" bei der Modellbildung; Modellökonomie; Modellarten gemäß Tab. 2.1

Wiederholungsfragen zu §2

1) Was versteht man unter den Begriffen „Begriff", „Modell" und „Theorie"?
2) Welche unterschiedlichen Modellarten gibt es? Nach welchen Kriterien lassen sich Modelle untergliedern?
3) Welche unterschiedlichen Meßniveaus können in Modellen berücksichtigt werden?
4) Warum unterliegen gerade betriebswirtschaftliche Modelle einer gewissen Subjektivität bzw. „Verzerrung"?

Paragraph 3
Theorie betrieblicher Produktion

Das Modell eines Produktionssystems heißt *Produktionsmodell*. Betriebliche Produktionsmodelle können grundsätzlich jeglicher der vorgenannten Arten sein. Üblicherweise bedient sich die betriebswirtschaftliche Produktionstheorie jedoch allgemeiner, quantitativer (und damit formaler) realitätsbezogener Partialmodelle, wobei bislang statische und deterministische Modelle vorherrschen. Computergestützte Produktionsplanung und -steuerung (PPS) basiert zwangsläufig auf formalen Produktionsmodellen, weil Computern (ohne „Künstliche Intelligenz") anders nicht mitgeteilt werden kann, was sie tun sollen.

Die in diesem Buch entwickelte Theorie betrieblicher Produktion soll allgemeine Grundlagen für eine Lehre der Produktionswirtschaft schaffen, die sowohl dem Erkenntnisinteresse wie auch dem praktischen Interesse genügen. Gravierende Unterschiede zur traditionellen Produktions- und Kostentheorie ergeben sich daraus, daß dem *praktischen* Interesse ein vergleichsweise größeres Gewicht beigemessen und eine *umweltorientierte* Verallgemeinerung angestrebt wird.

3.1 Aktuelle Herausforderungen an eine Theorie betrieblicher Produktion

Die umwälzenden technischen und organisatorischen Entwicklungen in Verbindung mit verschärftem internationalen Wettbewerb auf vielen Märkten sowie die Herausforderungen zum Schutz der natürlichen Umwelt haben im letzten Viertel dieses Jahrhunderts die Produktion als Kernfunktion der Unternehmung wieder ins Zentrum der Unternehmenspolitik rücken lassen. Im Zusammenhang mit der Flexiblen Automation wird sogar von einer „Dritten Industriellen Revolution" gesprochen. Die betriebliche Produktionswirtschaftslehre hat deshalb stark an Bedeutung gewonnen. Dies äußert sich in einer raschen Entwicklung der Theorie und Praxis des Produktionsmanagements, insbesondere der Produktionsplanung und -organisation. Demgegenüber scheint die Produktions- und Kostentheorie - als der zweite Bereich in der traditionellen Einteilung der Produktionswirtschaftslehre - vergleichsweise zu stagnieren und hinsichtlich ihrer Entwicklung in eine Phase „abnehmender Ertragszuwächse" geraten zu sein.

Erst in jüngster Zeit gibt es Anzeichen einer neuen Entwicklung, mit Schwerpunkten bei der Einbeziehung der Dienstleistungsproduktion und von Aspekten des Umweltschutzes sowie bei der Dynamisierung der Produktions- und Kostentheorie. Es stellt sich jedoch die Frage, ob dies ausreicht, um die sich zur Zeit rasch verbreitende Lücke zwischen den beiden traditionellen Teilgebieten der Produktionswirtschaftslehre schließen zu können. Oder sind nicht grundsätzliche Änderungen im Selbstverständnis der Produktions- und Kostentheorie notwendig, um nicht langfristig zu einem verstaubten Fossil zu verkommen, dem lediglich eine didaktische Funktion im Rahmen des Studiums der Betriebswirtschaftslehre zukommt?

Hier wird ein integrativer Ansatz gewählt in der Hoffnung, damit zu einer Schließung der Kluft zwischen Produktions- und Kostentheorie auf der einen Seite und Produktionsmanagement (-politik, -planung etc.) auf der anderen beitragen zu können. *Produktionstheorie* wird dabei umfassend verstanden als eine *theoretische Grundlage der Produktionswirtschaftslehre*, die die traditionelle Produktions- und Kostentheorie - wie sie etwa bei *Schweitzer/ Küpper (1974)* und *Fandel (1991a)* zum Ausdruck kommt - erweitert in Richtung auf die Schaffung allgemeiner Grundlagen des Produktionsmanagements, ohne selber deshalb schon eine Theorie des Produktionsmanagement sein zu wollen und zu können. Am ehesten kommen dieser Auffassung noch die von *Danø (1966)* bzw. *Busse von Colbe/Laßmann (1991)* verfolgten Ansätze nahe.

Gleichzeitig wird versucht, die traditionelle Produktions- und Kostentheorie auf ein neues Fundament zu stellen, so daß sie für Fragen der Schonung der natürlichen Umwelt besser zugänglich ist. Stoff- und Energiebilanzen oder „Ökobilanzen" sind nämlich letztlich Produktionsmodelle und damit Gegenstand der Produktionstheorie. Allerdings erfordert eine organische Integration von Umweltschutzüberlegungen die Neuformulierung und Erweiterung begrifflicher und konzeptioneller Grundlagen der traditionellen Produktions- und Kostentheorie mit weitreichenden Konsequenzen für eine Reihe gewohnter Begriffe (*Dyckhoff 1991a*).

3.2 Abriß der historischen Entwicklung

Die Zweckorientierung, das Selbstverständnis und der Aufbau der vorherrschenden Produktions- und Kostentheorie sind immer noch stark geprägt von ihren volkswirtschaftlichen Ursprüngen. Um das besser nachvollziehen zu können, ist eine Skizze ihrer historischen Entwicklung sinnvoll.

3.2.1 Klassische Theorie

Versuche, die Zusammenhänge zwischen Aufwand und Ertrag von Produktionen zu erfassen, stammen schon aus dem Mittelalter (vgl. hierzu und zum Folgenden mit entsprechenden Quellenverweisen *Wittmann 1975* und *Bleimann 1981*). Größeren Bekanntheitsgrad erreicht haben erst einige Abhandlungen aus dem 18. Jahrhundert über Ertragsverläufe in der Landwirtschaft (u.a. *Turgot*) und im Gewerbe (*Smith*). Allerdings beschäftigte die frühen Ökonomen weniger die Transformation von Gütern als vielmehr die Frage nach der Entstehung und Verteilung von Reichtum, gebildet aus den (physischen) Güterquantitäten eines Landes. Im 19. Jahrhundert wurden die Untersuchungen auf den industriellen Bereich ausgedehnt (*Say*, *Mill*). Strenger gefaßte Ansätze erschienen nach Einführung der mathematischen Methode in die Ökonomie dann gegen Ende des 19. Jahrhunderts (*Walras*, *Wicksteed*), insbesondere zu den Produktionsgleichungen der Gleichgewichtstheorie. In großen Schritten ausgebaut wurde die Produktionstheorie in den 30er Jahren des 20. Jahrhunderts, unter maßgeblicher Beteiligung deutscher und skandinavischer Ökonomen (*von Stackelberg*, *Zeuthen*, *E. Schneider*, *Frisch* und *Carlson*). Bahnbrechend wirkte zur gleichen Zeit auch der Kreis des Wiener mathematischen Kolloquiums (*K. Menger*, *Schlesinger*, *Wald*, *von Neumann*). Daneben finden sich immer wieder einzelne isolierte Leistungen (u.a. *Cobb/ Douglas*, *Remak*, *Leontief*).

3.2.2 Ausgangspunkte der modernen Theorie

Aber erst nach dem Zweiten Weltkrieg geschah eine entscheidende Wende in zweierlei, nämlich analytischer und empirischer Hinsicht (vgl. *Bleimann 1981*). So erfuhr die Produktionstheorie eine streng logische Grundlegung (Axiomatisierung), die zu einer Abkehr vom klassischen Begriff der Produktionsfunktion führte und besonders durch die Arbeiten von *Koopmans (1951)* und - im deutschen Sprachraum - *Wittmann (1968)* zur Aktivitätsanalyse sowie von *Shephard (1970)* zur Theorie der Produktionskorrespondenzen geprägt ist. Die Promotoren dieser als „analytisch" gekennzeichneten Richtung sind überwiegend - wie auch die früheren Ökonomen - volkswirtschaftlich orientiert. Demgegenüber sind die Autoren der sich parallel entwickelnden, stärker „empirischen" Richtung einerseits Ingenieure und Naturwissenschaftler, andererseits Betriebswirte. Für die erste Gruppe sind besonders die „Engineering Production Functions" von *Chenery (1949)*, *Ferguson (1950)* u.a.m. sowie die Betriebsmodellansätze von *Pichler (1953a,b)* hervorzuheben; auf der anderen Seite nimmt *Gutenberg (1951)* mit dem ersten Band „Die Produktion" seines dreibändigen Hauptwerkes für die deutsche Betriebswirtschaftslehre eine überragende Rolle ein. *Gutenberg (1951)* hat damit in der Bundesrepublik Deutschland eine Entwicklung der Produktions- und Kostentheorie ausgelöst, die international kein Gegenstück findet.

3.2.3 Moderne empirische und herrschende Theorie

Die von *Gutenberg (1951)* vorgeschlagene „Produktionsfunktion vom Typ B" - als Antithese zur klassischen, ertragsgesetzlichen Produktionsfunktion „vom Typ A" - weist für betriebliche Zwecke eine hohe Realitätsnähe auf. In der Folgezeit wurde dieses Modell von vielen Autoren verbessert und weiterentwickelt (u.a. *Heinen, Kilger, Kloock, Pressmar, Küpper*). Mit „traditioneller" oder „(vor)herrschender" Produktions- und Kostentheorie ist hier in erster Linie die so skizzierte Entwicklungsrichtung gemeint. Ihre historische Bedeutung liegt in dem hohen Verdienst, zum ersten Mal eine Produktionstheorie formuliert zu haben, die auf die speziellen Belange der Betriebswirtschaftslehre eingeht - ohne ihre volkswirtschaftlichen Ursprünge zu verleugnen. Sie bot die Grundlage für viele darauf aufbauende Entwicklungen in der deutschsprachigen Betriebswirtschaftslehre, insbesondere in der Kostenrechnung (z.B. Grenzplankostenrechnung), welche international ihresgleichen suchen.

Auch wenn ihr wichtiger Beitrag zum heutigen Wissensstand nicht in Frage gestellt wird, so scheint diese Entwicklung zwischenzeitlich an die Grenzen wissenschaftlicher Fruchtbarkeit zu stoßen. Mit zunehmender Verallgemeinerung der entwickelten Produktionsmodelle nahm nämlich die ursprüngliche Realitätsnähe als besonderer Vorzug dieser Entwicklungsrichtung wieder ab. Außerdem ist keine sachgerechte Systematik zu erkennen („Typen C, D, E ..."). Auf sie geht auch die strikte Trennung in (rein mengenmäßige) Produktionstheorie einerseits und (wertmäßige) Kostentheorie andererseits zurück. Nach wie vor präsent ist ebenfalls der von *Gutenberg* erhobene Anspruch, allgemeine empirische Gesetzmäßigkeiten hinsichtlich der Bestimmungsfaktoren des Faktorverbrauchs und der Faktorkosten zu ermitteln und so diese mengen- und wertmäßigen Zusammenhänge zu erklären. (Dabei scheinen sich die Autoren dieser Richtung wissenschaftstheoretisch dem kritischen Rationalismus verbunden zu fühlen; vgl. zu dieser Sichtweise besonders *Schweitzer/Küpper 1974*.) Somit handelt es sich in erster Linie um Erklärungsmodelle. Natürlich können aus Erklärungsmodellen auch Hinweise für eine zielgerechte Gestaltung von Produktionssystemen abgeleitet werden. Aber derartige Überlegungen werden dem Bereich der Produktionsplanung, der Produktionspolitik oder dem Produktionsmanagement zugeordnet (vgl. die entsprechenden Ausführungen z.B. bei *Adam 1990* und *Fandel 1991a*).

Mit Ausnahme des *Lerngesetzes* (*Wright 1936*) haben die naturwissenschaftlich-technischen Arbeiten keinen starken Widerhall in der Betriebswirtschaftslehre gefunden. Die Engineering Production Functions werden zwar des öfteren gewürdigt (z.B. *Zschocke 1974, Dellmann 1980, Fandel 1991a*), allerdings ohne bisher wirklich in die Theorie integriert worden zu sein. Demgegenüber hat der Ansatz von *Pichler* (*1953a,b*), nachdem er lange Zeit ignoriert wurde, immerhin in den 60er Jahren mit den Arbeiten zu Betriebsmodellen von *Wartmann, Laßmann* u.a. eine Parallele gefunden (vgl. *Schulz 1987*, S. 27). Letztere haben auf dieser Grundlage eine Betriebsplankostenrechnung entwickelt (vgl. *Busse von Colbe/ Laßmann 1991*). Bei dieser Entwicklungsrichtung der Produktions- und Kostentheorie scheint das praktische Interesse im Vergleich zur vorherrschenden Theorie einen höheren Stellenwert zu besitzen.

3.2.4 Moderne analytische Theorie

Die Aktivitätsanalyse ist von *Koopmans* (*1951*) in engem Zusammenhang mit der Theorie der Linearen Programmierung entwickelt worden (vgl. auch *Dorfman et al. 1958*). Zusammen mit der von *Shephard* schon in den 50er Jahren konzipierten Theorie der Produktionskorrespondenzen (*Shephard 1970, Färe 1988*) verkörpert sie die analytische Entwicklungsrichtung auf Basis mengentheoretischer Modelle (vgl. *Bleimann 1981*).

Obwohl beide eine enge Verwandtschaft aufweisen und ihre Modelle teilweise ineinander überführbar sind, unterscheiden sie sich doch gravierend in ihrem jeweiligen Ausgangspunkt. Bei den Produktionskorrespondenzen bilden mengenwertige Funktionen das Basiskonzept, welche jeweils für einen Vektor von Inputquantitäten die damit möglichen Vektoren von Outputquantitäten beschreiben, oder umgekehrt („Outputkorrespondenz" bzw. „Inputkorrespondenz"). Basiskonzept der Aktivitätsanalyse ist die Technologie als Menge möglicher Aktivitäten, wobei eine einzelne Aktivität einen Produktionsprozeß als Vektor von Input- und Outputquantitäten darstellt. Mit Stücklisten, Arbeitsplänen oder Schnittmustern als Beispielen von Basisaktivitäten wird deutlich, daß über diese Prozesse unmittelbar technische Zusammenhänge beschrieben werden, die in der Produktion selbst wie im Denken der Techniker und Unternehmer über die Produktion eine wichtige Rolle spielen (vgl. *Knolmayer 1973*). Im Ansatz ist die Aktivitätsanalyse daher realitätsnäher als die Theorie der Produktionskorrespondenzen und intuitiv sogar besser verständlich als das traditionelle Konzept der Produktionsfunktion, weshalb sie in den neueren Lehrbüchern zur Produktions- und Kostentheorie eine zentrale Stellung einnimmt (*Kistner 1981, Fandel 1991a*).

Die Lineare Aktivitätsanalyse nach *Koopmans* (*1951*) - als Spezialfall der später entwickelten Allgemeinen Aktivitätsanalyse (vgl. *Wittmann 1968, Dyckhoff 1993a*) - besitzt darüber hinaus wegen ihrer Nähe zur Linearen Programmierung und zu den linearen Produktionsmodellen des Produktionsmanagements eine hohe Praxisrelevanz. Infolge der zuvor genannten strikten Trennung zwischen Produktions- und Kostentheorie einerseits sowie Produktionsmanagement andererseits wird dieser enge Bezug allerdings bisher kaum genutzt, um eine Theorie betrieblicher Produktion zu konzipieren, die ausgehend von einigen Grundannahmen systematisch bis hin zu praxisnahen Modellen fortschreitet.

3.2.5 Jüngste Entwicklungen

Bei den jüngsten Entwicklungen der Produktions- und Kostentheorie kann man unterscheiden in solche methodischer und solche inhaltlicher Art.

Methodisch zeigt sich zum einen eine deutliche Tendenz zu den mengentheoretischen Modellansätzen (vgl. *Kistner 1981, Färe 1988, Fandel 1991a*), zum anderen eine stärker präskriptive Orientierung (vgl. *Turetschek 1981, Haupt 1987, Dyckhoff 1988*). Es bedeutet keinen Widerspruch zur letzten Feststellung, daß gleichzeitig in einigen Arbeiten auf eine weitere empirische Fundierung der Theorie hingearbeitet wird (etwa *Teusch 1983, Dyckhoff 1988*). Die Tendenz zu mengentheoretischen Ansätzen wird begleitet von kritischen Diskussionen und Integrationsversuchen der verschiedenen Modell- bzw. Theorieansätze (*Bleimann 1981, Kampkötter 1981, Zelewski 1992*).

Eine relativ große Gruppe von Arbeiten betrifft die Dynamisierung der Modellansätze und damit eine stärkere Verbindung zur Investitions- und Wachstumstheorie (u.a. *Stöppler 1975, Stepan 1981, Troßmann 1983, May 1992*). Teilweise sind diese Überlegungen gekoppelt mit Fragen des Ablaufmanagements (*Küpper 1980, Seelbach 1983, Haupt 1987*). Die Ansätze zur Dynamisierung der Produktionstheorie haben mit der Schwierigkeit zu kämpfen, daß die Komplexität der Modelle stark zunimmt, ohne daß der Erkenntniszuwachs damit Schritt hält.

Die Dynamisierung der Theorie läßt sich auch als inhaltliche Erweiterung verstehen. Daneben zeichnen sich drei weitere inhaltliche Schwerpunkte ab. Einer betrifft die Theorie der Dienstleistungsproduktion, die teilweise grundsätzlich (*Maleri 1991, Altenburger 1980, Corsten 1985, Gerhardt 1987, Bode/Zelewski 1992*), teilweise branchenbezogen erarbeitet wird, insbesondere für Handel (*Holler 1990*), Banken (*Haak 1982*) und Versicherungen (*Seng 1989*). Die Hauptschwierigkeiten bestehen in der Vielfaltigkeit der Dienstleistungen und ihrer schlechten Quantifizierbarkeit (Meßbarkeit).

Der zweite Schwerpunkt bezieht sich auf die Einbeziehung des Umweltschutzes in die Produktionstheorie (u.a. *Strebel 1981, Kistner 1983, Jahnke 1986, Plein 1989, Dinkelbach 1990, Dinkelbach/Piro 1989, 1990, Dyckhoff 1991a, 1993c*). Während sich hinsichtlich der quantitativen Modellierung keine neuartigen Aspekte ergeben, treten jedoch Schwierigkeiten bei den unterstellten Zielen und Wertansätzen auf. Außerdem wird deutlich, daß die Kuppelproduktion - als wichtigste Ursache der Umweltbelastung neben der Rohstoffausbeutung - einer eingehenderen produktionstheoretischen Behandlung bedarf (vgl. *Fandel 1981, Müller-Merbach 1981, Dyckhoff 1988*; zur volkswirtschaftlichen Sicht *Brägelmann 1991*).

Als weiterer Schwerpunkt kann noch der Bereich „Information und Produktion" angesehen werden (*Stöppler 1985, Seng 1989*), der auch mit der produktionstheoretischen Fundierung der Plankostenrechnung in Zusammenhang steht (*Dörner 1984*). Daneben werden noch vereinzelt andere Aspekte behandelt (z.B. die Leistungsverflechtung von *Schulz 1987*). Insgesamt ist aber festzustellen, daß die jüngsten produktionstheoretischen Entwicklungen noch nicht einmal Schritt halten mit den gegenwärtigen, zum Teil dramatischen Veränderungen in der Realität betrieblicher Produktion - die u.a. mit folgenden Stichworten beschrieben werden können: Flexible Automation, Computerintegrierte Produktion (CIM), PPS-Systeme, Just-in-Time, Lean-Production. Geschweige denn können sie die vorher schon bestehende Lücke zwischen Theorie und Praxis schließen.

Eine Ursache für dieses Defizit mag auch sein, daß die Produktions- und Kostentheorie sich weitgehend auf den deutschen Sprachraum beschränkt und die wenigen internationalen Beiträge eher volkswirtschaftlich orientiert sind (z.B. *Färe 1988*). Dieses Manko beruht hauptsächlich auf der Wissenschaftsorganisation in den englischsprechenden Ländern, in denen das „Production and Operations Management" im wesentlichen den Ingenieurwissenschaften zugeordnet ist und das „Business Administration" kaum Produktionsfragen behandelt. Dieser Umstand führt dazu, daß für eine intensive internationale Diskussion produktionstheoretischer Themen aus betriebswirtschaftlicher Sicht die „kritische Masse" fehlt.

3.3 Ein neuer Ansatz

Die in den folgenden Kapiteln vorgestellte Theorie betrieblicher Produktion setzt an einigen der zuvor aufgezeigten Defizite der herrschenden Produktions- und Kostentheorie an. Es ist kaum möglich, in einem Anlauf alle Defizite zu beseitigen. Ziel ist es vielmehr, ein geschlossenes Konzept darzustellen, das aufzeigen soll, in welcher Richtung eine substantielle Weiterentwicklung der Theorie möglich sein könnte, und das als Grundlage für eine intensive wissenschaftliche Diskussion verschiedener Detailfragen dienen kann. Der vorgeschlagene Ansatz zeichnet sich dabei durch folgende Eigenschaften aus: Er ist

- integrativ,
- konstruktiv,
- sachbezogen und
- umweltorientiert.

3.3.1 Integration von Produktionstheorie und Produktionsmanagement

Die drei erstgenannten Eigenschaften zielen auf eine *Produktionstheorie als Grundlage der Produktionswirtschaft* ab. Um die aufgezeigte Lücke zwischen der herrschenden Produktions- und Kostentheorie einerseits und der Lehre vom Produktionsmanagement andererseits längerfristig schließen zu können, ist m.E. die Aufhebung der strengen Trennung zwischen ihnen notwendig.

Kilger (1983, S. 145) stellt im Hinblick auf die Kuppelproduktion fest, daß Aussagen sich nicht mehr auf einzelne Produktionsstellen beschränken könnten und die Erlöse der Kuppelprodukte zu berücksichtigen wären. Er fragt sich, ob daraufhin überhaupt noch produktions- und kosten*theoretische* Aussagen möglich sind. Möglicherweise sei die Produktions- und Kostentheorie hier nur in der Lage, Bauelemente für eine „Theorie der Produktionsplanung" zur Verfügung zu stellen.

An *Kilger*s Ausführungen wird deutlich, daß die mit der strengen Trennung verbundenen Schwierigkeiten verschiedentlich wohl gesehen werden, aber bisher daraus noch nicht die Konsequenz gezogen worden ist, sie aufzugeben. Zumindest ist es notwendig, auch die Erlöswirkungen der Produktion zu berücksichtigen und außer einer Kostentheorie auch eine *Leistungs-* oder *Erlöstheorie* zu etablieren, die ein theoretisches Fundament für die heutige Kosten- und Leistungsrechnung - auch Kosten- und Erlösrechnung genannt - bietet. Man könnte dann von einer „Produktions- und Erfolgstheorie" sprechen (*Dyckhoff 1988*). Hier soll aber in Anlehnung an andere Autoren, insbesondere *Wittmann (1968)*, Produktionstheorie so umfassend verstanden werden, daß sie neben mengenmäßigen auch wertmäßige Betrachtungen und damit eine solche „Kosten- und Leistungstheorie" enthält. Zur Unterscheidung von der herrschenden Auffassung wird die Bezeichnung „Theorie betrieblicher Produktion" bevorzugt.

Die im folgenden vorgestellte Theorie betrieblicher Produktion basiert konzeptionell auf dem mengentheoretischen Ansatz der *Aktivitätsanalyse* und baut ihn systematisch bis hin zu praxisnahen Produktionsmodellen aus. Der von *Wittmann (1968)* und *Fandel (1991a)* begonnene Weg wird damit konsequent weitergegangen. Die so resultierende Theorie ist sowohl analytisch wie empirisch.

3.3.2 Stärkerer Praxisbezug durch konstruktive Ausrichtung

Man muß nicht gleich so weit gehen und „Produktionstheorie als Theorie der Produktionsplanung" (*D. Schneider 1964*; vgl. derselbe *1987*, S. 288) verstehen, um im Rahmen der Produktionstheorie auch Entscheidungsmodelle zu behandeln. Es ist letztlich eine Frage des vom Modellanalytiker verfolgten Zwecks, ob ein und dasselbe Modell einmal als Erklärungs- oder das andere Mal als Entscheidungsmodell eingesetzt wird. Bei den hier vorgestellten Modellen wird dies grundsätzlich offen gelassen. Im Hinblick auf den bisher doch eher dürftigen Erklärungsgehalt der traditionellen Produktions- und Kostentheorie, zumindest gemessen an ihrem eigenen Anspruch, allgemeine Gesetzmäßigkeiten abzuleiten, erscheint diesbezüglich eine bescheidenere Zielsetzung angemessen.

Auch wenn später auf derartige „Gesetzmäßigkeiten" eingegangen wird (z.B. das Ertragsgesetz), so liegt hier der Schwerpunkt eher darauf, theoretische Grundlagen zu schaffen, die ein besseres Verständnis der Produktion aus betriebswirtschaftlicher Sicht erlauben und gleichzeitig Hilfestellungen zur zielgerechten Gestaltung von Produktionssystemen in der Praxis geben. Insofern wird die Interpretation der vorgestellten Modelle als Entscheidungsmodelle oder auch nur als Bausteine produktionswirtschaftlicher Entscheidungsmodelle bevorzugt.

Nach *Lenz (1987*, S. 277) ist ein *Entscheidungsmodell* definiert als „eine idealisierende Abbildung einer in bestimmter Weise ausschnitthaft gesehenen, realen Handlungsabsichtssituation, die als Problem empfunden wird, in einer überwiegend mathematischen Struktur mit einer bestimmten Interpretation der darin vorkommenden Symbole als Instrument-, Umwelt- und Zielvariablen, wobei ein Problemlösungsverfahren für die Struktur existiert, so daß eine oder mehrere Problemlösungen als logische Implikationen abgeleitet werden kann bzw. können".

Entscheidungsmodelle sind nach *Bretzke (1980,* S. 33ff.) Komplexitätsreduktionen (im Sinne der Systemtheorie), die Entscheidungsprobleme überhaupt erst entscheidbar machen. *Probleme* sind subjektiv wahrgenommene Abweichungen zwischen Erreichtem und Erwünschtem, verbunden mit einem ursprünglichen Mangel an Wissen über Möglichkeiten, diese Lücke zu schließen. Der empirische Ort, an dem ein Problem zu lokalisieren ist, ist das Bewußtsein irgendeines Subjektes. Das „Wesen" eines wirklichen Problems besteht dabei gerade in seinem Mangel an Struktur. „Wohlstrukturierte" Probleme sind somit eigentlich keine Probleme. Es ist das wesentliche Kennzeichen eines geeigneten Entscheidungsmodells, eine subjektiv als schlechtstrukturiert empfundene Entscheidungssituation in eine wohlstrukturierte zu überführen:

„Probleme kann man nicht einfach *erkennen*, man muß sie *definieren*, wobei die Definition, soweit sie als solche reflektiert wird, selbst wieder als komplexes Problem erscheint ... Entscheidungsmodelle können nicht .. als *Rekonstruktionen* unabhängig vorgegebener Strukturkomplexe gedacht werden, sie sind vielmehr als *Konstruktionen* zu denken, mit denen einem Problem regelmäßig eine Eigenschaft hinzugefügt wird, die ihm ursprünglich nicht zukam: Entscheidbarkeit. ... Es wird deutlich, daß in Entscheidungsmodellen Entscheidungsprobleme nicht *abgebildet*, sondern schlichtweg *beseitigt* werden.

Im Zuge der Konstruktion eines Entscheidungsmodells erfährt ein Problem einen Zuwachs an Bestimmtheit, der schließlich in einer völligen Entproblematisierung der ursprünglichen Fragestellung gipfelt. Das fertige Entscheidungsmodell beschreibt kein *Problem* mehr..., sondern nur noch eine (Rechen-) *Aufgabe*. Mit der Konstruktion eines Entscheidungsmodells wird ein komplexes, relativ unscharfes und konturloses Ursprungsproblem ... durch ein triviales Problemsurrogat ersetzt, in bezug auf das dann einzelne Handlungsalternativen als ‚Optima' ausgezeichnet werden können. Der ‚entscheidende' Beitrag zur Problemlösung besteht folglich nicht in der Anwendung eines Algorithmus auf das fertige Modell, sondern in der Konstruktion dieses Modells." (*Bretzke 1980*, S. 35f.).

Knolmayer (1980, S. 21f.) empfindet den Modellbau als wissenschaftlich fundierte Kunst: Einerseits ist eine vollständige wissenschaftliche Begründung des zu realisierenden Objektmodells unmöglich; insofern kann auf Kreativität, Intuition und Fingerspitzengefühl des Modellkonstrukteurs nicht verzichtet werden. Andererseits scheinen jedoch empirisch (in der Praxis) und insbesondere experimentell (durch Metasimulationen) gewonnene Befunde als Grundlage für Tendenzaussagen bei der Übertragung auf verwandte Entscheidungssituationen verwendbar. Gutbewährte Theorien sind eine große Hilfe für die Modellkonstruktion.

In einem bisher zu wenig beachteten Aufsatz hat *Müller-Merbach (1981*, S. 21f.) zwar den insgesamt hohen Entwicklungsstand der Produktionstheorie anerkannt, gleichzeitig aber auch auf ihre Unvollkommenheit in verschiedener Hinsicht hingewiesen und Verbesserungsvorschläge gemacht. So fehle „eine *konstruktive Ausrichtung* im Sinne einer Unterstützung der Konstruktion von Input-Output-Modellen für die betriebswirtschaftliche und volkswirtschaftliche Praxis" (*Müller-Merbach 1981*, S. 22). In seinem Aufsatz entwickelt *Müller-Merbach* Konstruktionsregeln für solche Modelle und führt u.a. sogenannte Input-Output-Graphen ein, welche die bekannten Gozinto-Graphen verallgemeinern und als Hilfsmittel zur systematischen Modellkonstruktion dienen können. Die hier in Kapitel C vorgestellte Lineare Produktionstheorie ist von *Müller-Merbachs* Ansatz stark beeinflußt und angeregt, weicht aber im Aufbau und Detail deutlich davon ab.

3.3.3 Sachbezogene Typologie von Produktionsmodellen

Ein weiterer Vorwurf von *Müller-Merbach (1981*, S. 21) betrifft den Mangel an „*sachbezogene[n] Typologien*, die das Gesamtverständnis von Input-Output-Prozessen ermöglichen und einen geschlossenen Überblick über die Input-Output-Modelle fördern. Die historisch orientierte Klassifikation (Typ A bis E) leistet das nicht." Dabei versteht *Müller-Merbach (1981*, S. 19f.) unter einem *Input/Output-Modell* eine quantitative Darstellung der Zusammenhänge zwischen den Inputquantitäten und Outputquantitäten eines Leistungserstellungsprozesses, den er mit dem Begriff der Produktionsfunktion gleichsetzt.

Auch wenn die Begriffe im folgenden zum Teil anders definiert werden, so wird hier der gleichen Intention wie bei *Müller-Merbach (1981)* gefolgt. Die zu behandelnden Produktionsprozesse bzw. ihre Modelle ergeben sich aus einer sachbezogenen Systematik.

In der Gliederung des Buches finden sich dementsprechend bewußt keine Hinweise auf die historische Zuordnung bestimmter Modelle zu ihren „Erfindern" (wohl aber im Text und im Stichwortverzeichnis). Besonders deutlich wird das in Kapitel C, das insoweit auch von *Müller-Merbachs* Typologie angeregt ist, sich in der Sache jedoch stark von ihr unterscheidet. Um die Unterschiede offensichtlich zu machen, wird gelegentlich bewußt auf seine Beispiele zurückgegriffen.

In anderen Fällen dient der Rückgriff auf Literaturbeispiele dazu, dem Leser den Übergang auf die Originalquellen zu erleichtern (und umgekehrt). Das ist sinnvoll, weil in diesem Buch so weit wie möglich eine einheitliche, durchgehende Symbolik benutzt wird. Dadurch weicht sie zwangsläufig in den meisten Fällen von den Symbolen ab, die im Zusammenhang mit bestimmten historischen Modellen üblich sind.

Bei den verschiedenen Produktionstypen in Kapitel C werden die mengenmäßigen und wertmäßigen Beziehungen (Mengen- und Wertmodelle) zusammen behandelt. Der sonst üblichen Zweiteilung in Produktionstheorie und in Kostentheorie (hier: Erfolgstheorie) wird somit nicht gefolgt (ebenso *Steffen 1983*; allerdings aus anderen Gründen, als *Kilger 1983*, S. 105 und 145, sie nennt).

Bei der Darstellung wird wenig Wert auf die Ableitung gesetzesähnlicher Aussagen gelegt, und zwar aufgrund der schon früher genannten erheblichen Zweifel an ihrer empirischen Allgemeingültigkeit. Mit den behandelten Modellen können vielmehr im Sinne einer Komplexitätsreduktion folgende Zwecke verfolgt werden (vgl. *Schmidt/Schor 1987*, S. 24ff.):

- Schaffung bzw. Erhöhung der Transparenz realer Produktionsphänomene
- Erklärungen im Prinzip
- Erprobung von Formulierungs- und Beweisverfahren
- Erleichterung der Kommunikation
- Einsatz als Heuristik oder als didaktisches Mittel.

Nicht die Modelle an sich werden thematisiert, sondern eher die ihnen zugrunde liegenden (Problemlösungs-) Ideen. Die Modelle stellen in erster Linie Entwürfe möglicher Welten oder Weltsichten dar, die auf diese Weise Interpretationen der Realität anbieten, ein Vokabular für die Kommunikation über reale Probleme liefern sowie Vorschläge zur Strukturierung von Erfahrung präsentieren und so die Orientierung der handelnden Subjekte erleichtern (vgl. *Schmidt/Schor 1987*, S. 26ff.). Indem nicht ein (zwangsläufig begrenzter) Vorrat „fertiger" Modelle präsentiert wird, sondern die vorgestellten Produktionsmodelle als „Modellelemente" aufgefaßt werden (wie die Maschinenelemente im Maschinenbau), welche über bestimmte Konstruktionsregeln zu umfassenderen Modellen ausgebaut werden können, soll der Prozeß einer eigenständigen Konstruktion sowohl innerer wie äußerer Modelle unterstützt werden.

Eine systematische, sachbezogene Typologie von Modellen verhilft zu einem besseren Überblick über reale Zusammenhänge als eine solche, die sich an historischen Entwicklungen orientiert und von daher eher der Gefahr unterliegt, schlecht nachvollziehbar und lückenhaft zu sein. Auf die Lückenhaftigkeit, die zur Vernachlässigung einiger Produktionstypen geführt hat, hat *Müller-Merbach (1981)* ebenfalls schon hingewiesen. Ein solcher, im Zusammenhang mit dem Umweltschutz immer wichtiger werdender Typ ist die Kuppelproduktion.

3.3.4 Umweltorientierter Ausbau des theoretischen Fundaments

Eine Theorie betrieblicher Produktion, die darauf abzielt, eine Grundlage für Analysen zur Schonung der natürlichen Umwelt zu bilden, muß die Kuppelproduktion als Regelfall ansehen, und nicht als „Sonderfall", als der sie in der herrschenden Produktions- und Kostentheorie hingestellt wird (vgl. *Strebel 1981*). Schon *Jevons (1879*, S. 198) hat - im Zuge seiner Kritik an *Mill* - festgestellt: „ ... these cases of joint production, far from being ‚some peculiar cases' form the general rule, to which it is difficult to point out any clear or important exceptions". (Zur Behandlung der Kuppelproduktion durch die klassischen und frühen neoklassischen Ökonomen siehe *Kurz 1986*.) Mit dem Text aus der Werbung einer großen deutschen Pharmaunternehmung kann man auch sagen: „Alles, was wirkt, hat auch Nebenwirkungen!" (ZEIT-Magazin Nr.48/1991).

Im Hinblick auf Kuppelproduktion hat sich die betriebliche Produktionstheorie seit dem fundamentalen Werk von *von Stackelberg (1932)* kaum noch substantiell weiter-, teilweise sogar rückentwickelt. Schuld daran trägt hauptsächlich die Selbstbegrenzung der herrschenden Produktions- und Kostentheorie (vgl. §3.3.1). Dabei hätte die äußerst kenntnisreiche und detaillierte Beschreibung realer Phänomene der Kuppelproduktion durch *Riebel (1955)*, die auch heute noch sehr aktuell ist, hinreichend Anlaß geboten, sich auch theoretisch mit ihnen auseinanderzusetzen. Von wenigen Ausnahmen abgesehen, hat es Fortschritte nur im Bereich der Produktionsplanung gegeben, aber auch hier nur begrenzt (vgl. *Fandel 1981, Müller-Merbach 1981, Dyckhoff 1988*).

Im Zusammenhang mit Fragen des Umweltschutzes gibt es außer der Kuppelproduktion noch eine Reihe weiterer Aspekte, die zu einem grundsätzlichen Umdenken anregen (*Dyckhoff 1991a*). Besonders betroffen sind einige Grundbegriffe und Prinzipien der traditionellen Theorie, und zwar nicht nur der Produktions- und Kostentheorie, sondern darüber hinaus der betriebswirtschaftlichen Theorie generell. Eine zentrale Rolle nehmen dabei die Begriffe Verbrauch und Gut sowie das Ökonomische Prinzip ein (vgl. *Ayres/Kneese 1969, Dyckhoff 1992*).

Die Verwendung der Bezeichnung „Verbrauch" wird von *Ayres/Kneese (1969*, S. 284) mit Blick auf das Naturgesetz der Massenerhaltung kritisiert: „Almost all of standard economic theory is in reality concerned with services. Material objects are merely the vehicles which carry some of these services, and they are exchanged because of consumer preferences for the services associated with their use or because they can help to add value in the manufacturing process. ... We are tempted to suggest that the word consumption be dropped entirely from the economist's vocabulary as being basically deceptive. It is difficult to think of a suitable substitute, however. At least, the word consumption should not be used in connection with goods, but only with regard to services or flows of ‚utility'."

Die ausschließliche Konzentration der Betriebswirtschaftstheorie auf *Güter* als „Mittel mit Merkmalen der Eignung für Verwendungszwecke" (*Kromschröder/Lehmann 1985*, S. 178), die als *wirtschaftliche* Güter außerdem u.a. für Tauschprozesse verfügbar und im Verhältnis zum bestehenden Bedarf knapp sind (*Busse von Colbe/Laßmann 1991*, S. 72), setzt der Theorie Scheuklappen auf bzw. führt zu begrifflichen Verrenkungen, wie etwa bei „unerwünschten Gütern". Aus diesem Grund wird hier der Grundbegriff *Objekt* benutzt (vgl. *Kosiol 1972*, S. 108: „Güter als Objekte wirtschaftlichen Handelns"), der aus den drei Kategorien Güter, Übel und Neutra besteht (vgl. §1 und §5). Diese begriffliche Erweiterung zieht eine Fülle von Konsequenzen für andere gewohnte Begriffe nach sich. Bei den hier vorgenommenen Definitionen von Begriffen (schwerpunktmäßig in Kapitel B) wurde folgenden Leitlinien gefolgt:

- Änderung von gewohnten Begriffsinhalten nur soweit wie nötig;
- Begriffserweiterungen möglichst so, daß sie im Falle reiner Gütertechnologien mit dem gewohnten Inhalt zusammenfallen;
- Begriffsverallgemeinerungen möglichst im Sinne ihrer ursprünglichen Bedeutung.

Beispielsweise wird der Begriff „Limitationalität" im ursprünglichen Sinne von *Frisch (1932)* verallgemeinert. Die Verallgemeinerung ist notwendig, weil in die Definition die Forderung nach Effizienz der Produktion eingeht und zuvor schon der Effizienzbegriff zu verallgemeinern ist. Letzterer betrifft das sogenannte mengenmäßige „Ökonomische Prinzip" oder hier besser: Erfolgsprinzip, welches im Hinblick auf die nicht durch Marktpreise erfaßbaren externen Effekte der Produktion eine zentrale Stellung in der hier formulierten Theorie einnimmt. Um umständliche Fallunterscheidungen für die drei Objektkategorien Gut, Übel und Neutrum zu vermeiden, werden die Begriffe Aufwand und Ertrag in einem mengenmäßigen Sinn gegenüber ihrer üblichen Verwendung in der Produktionstheorie verallgemeinert, so daß die traditionelle Input/Output-Betrachtungsebene („Objektebene") von einer Aufwand/Ertrag-Ebene („Ergebnisebene") überlagert wird.

Zelewski (1992) übersieht bei seiner Kritik an *Dyckhoff* (*1991a, 1992*), daß es sich hierbei nicht um einen „technischen Trick", sondern um die Unterscheidung zweier Betrachtungsebenen handelt, wobei die Input/Output-Ebene im allgemeinen nicht vernachlässigt ist (vgl. Abb. B.1, *Dyckhoff 1993c* und *Zelewski 1993*).

Das mengenmäßige Erfolgsprinzip beinhaltet schon eine - wenn auch noch schwache - Präferenzaussage. Im Gegensatz zur traditionellen Produktions- und Kostentheorie kann man in einer umweltorientierten Theorie nicht allein von Bewertungen mittels Marktpreisen ausgehen. Um auch die ökologischen Wirkungen von Emissionen und Rohstoffverbräuchen berücksichtigen zu können, muß die Theorie grundsätzlich für nicht monetäre Bewertungsansätze offen sein, etwa in der Art der Äquivalenzkoeffizienten von *Müller-Wenk* (*1978*) oder der „Schadschöpfungsrechnung" von *Schaltegger/Sturm* (*1992*). Allgemeiner formuliert sind außer den im engeren Sinne „betriebswirtschaftlichen" Kosten auch die externen bzw. sozialen Kosten prinzipiell zu beachten (vgl. *Picot 1977, Kloock 1993, Roth 1992*; näher dazu §5.5).

Die im folgenden formulierte Theorie läßt beliebige Präferenzen zu (vgl. die Typisierung ideologischer Positionen bei *Hitzler 1992*). Allerdings wird im Sinne einer einzelwirtschaftlichen Betrachtung von den Präferenzen des Produzenten ausgegangen. Abhängig von den Unternehmensgrundsätzen und den Zielen des Managements kann Umweltschutz ein eigenständiges Ziel bilden („Formalziel"; besser: Fundamentalziel) oder auch nicht, und die gewählte Umweltpolitik kann defensiv oder offensiv bzw. passiv oder aktiv sein (vgl. *Frese/Kloock 1989, Kreikebaum 1991*). Einerseits muß es nämlich über geeignete Modellformulierungen möglich sein, anhand logisch abgeleiteter Aussagen das Verhalten von Unternehmungen dahingehend zu überprüfen, ob das tatsächliche Verhalten mit etwaigen verkündeten umweltfreundlichen Zielen der Unternehmensleitung vereinbar ist. Andererseits sollten aber auch Modelle aufstellbar sein, aus denen man die „Rationalität" eines umweltschädlichen Verhaltens erklären kann (so *Rückle/Terhart 1986*).

3.4 Produktionstheorie und Theorie der Unternehmung

Es ist nicht beabsichtigt, eine „alternative" Theorie zu entwickeln. Vielmehr besteht der Leitgedanke darin, die herrschende Produktions- und Kostentheorie so zu verallgemeinern, daß sie als Spezial- oder Grenzfall nach wie vor gültig bleibt.

So wie die Theorie betrieblicher Produktion im hier zugrundegelegten Verständnis nur theoretische Grundlagen einer Produktionswirtschaft ausbreitet, ohne selber schon eine umfassende (Theorie der) Produktionswirtschaft zu sein, so kann ihre umweltorientierte Erweiterung auch nur theoretische Grundlagen für eine Umweltwirtschaft zur Verfügung stellen. Konkrete Fragestellungen der Produktionswirtschaft oder der Umweltwirtschaft haben im folgenden eher Beispielcharakter und werden nicht systematisch behandelt. Andererseits ist die vorgestellte Theorie diesbezüglich ausbaufähig.

Eine andere Frage stellt sich in bezug auf die Theorie der Unternehmung. In der klassischen und der frühen neoklassischen Mikroökonomie ist die Theorie der Unternehmung weitgehend eine Produktionstheorie. Die Unternehmung wird mit einer Produktionsfunktion identifiziert. Diese Sichtweise hat sich mit dem Aufkommen der Neuen Institutionenökonomik in der jüngeren Zeit grundlegend geändert (*Richter 1990*). Die Existenz von Unternehmungen und anderen Institutionen wird über Konzepte wie Transaktionskosten, Verfügungsrechte, Verringerung von Einkommensunsicherheiten u.a.m. versucht zu erklären.

„Problematisch an der institutionenökonomischen Sichtweise der Unternehmung ist .., daß sie ins andere Extrem fällt und die technische Seite (die Input-Output-Seite) praktisch unberücksichtigt läßt. Dagegen läßt die produktionsorientierte Unternehmenstheorie mit ihren Fortentwicklungen im Operations Research, in der Industriebetriebslehre oder in der Wirtschaftsinformatik die Vertragsaspekte völlig außer acht. Beide Seiten sind wichtig. Inwieweit Chancen bestehen, daß die beiden Teile zusammenwachsen, kann ich nicht beurteilen" (*Richter 1991*, S. 424).

Die hier entwickelte Theorie betrieblicher Produktion hat mit der Neuen Institutionenökonomik - bei allen sonstigen Unterschieden - gemeinsam, anstelle der traditionellen Annahme der Gewinnmaximierung die allgemeinere und zur Theorie des Haushalts symmetrische Prämisse der *Nutzenmaximierung* zugrundezulegen. Sie unterscheidet sich insofern wesentlich von ihr, als die unterstellten Präferenzen nicht auf die einzelnen Individuen, sondern entweder auf die gesamte Unternehmung als Wirtschaftseinheit oder ggf. auf eine im Hinblick auf Produktionsentscheidungen selbständige Teileinheit bezogen sind, deren Leitung „Produzent" genannt wird. Dafür muß - ähnlich wie in der Neuen Institutionenökonomik - in Kauf genommen werden, daß die verallgemeinerte Theorie zunächst einmal eher einen Denkrahmen bildet und spezifischere Aussagen nur durch weitergehende Konkretisierung der Prämissen, d.h. insbesondere der Präferenzen erzielt werden können (*Dyckhoff 1993b*). Vollkommen neu ist die Unterstellung der Nutzenmaximierung aber auch für die bisherige Produktionstheorie nicht (vgl. *Scheper 1981*).

Literaturhinweise zu §3

Ayres/Kneese 1969; Bleimann 1981; Dyckhoff 1991a, 1993c; Fandel 1991b; Kampkötter 1981; Müller-Merbach 1981; Riebel 1955; Schneider 1987; Staehle/Nork 1992; Strebel 1980; Wittmann 1975; Zelewski 1993

Wichtige Begriffe und Aussagen in §3

Produktionsmodell; Theorie betrieblicher Produktion; Historische Entwicklung: Klassische und moderne empirische bzw. analytische Theorie; Schwerpunkte jüngster Entwicklungen; Charakteristika des neuen Ansatzes

Wiederholungsfragen zu §3

1) Wie verlief die historische Entwicklung in der Produktionstheorie? Mit welchen Namen ist diese Entwicklung verbunden?
2) Welche neuen Ansatzpunkte können zu einer Weiterentwicklung der Produktionstheorie führen?
3) Wie könnte ein umweltorientierter Ausbau der Produktionstheorie vollzogen werden?

Kapitel B
Allgemeine statisch-deterministische Theorie

Wie in der produktionstheoretischen Literatur überwiegend üblich und für erste, einführende Überlegungen auch zweckmäßig, beschränken sich die Untersuchungen der folgenden Kapitel B und C auf eine statische und deterministische Betrachtungsweise. Außer zeitlichen und informationalen werden auch räumliche und organisatorische Aspekte der Produktion weitgehend vernachlässigt. (Auf Weiterentwicklungen in derartige Richtungen wird in Kapitel D kurz eingegangen.)

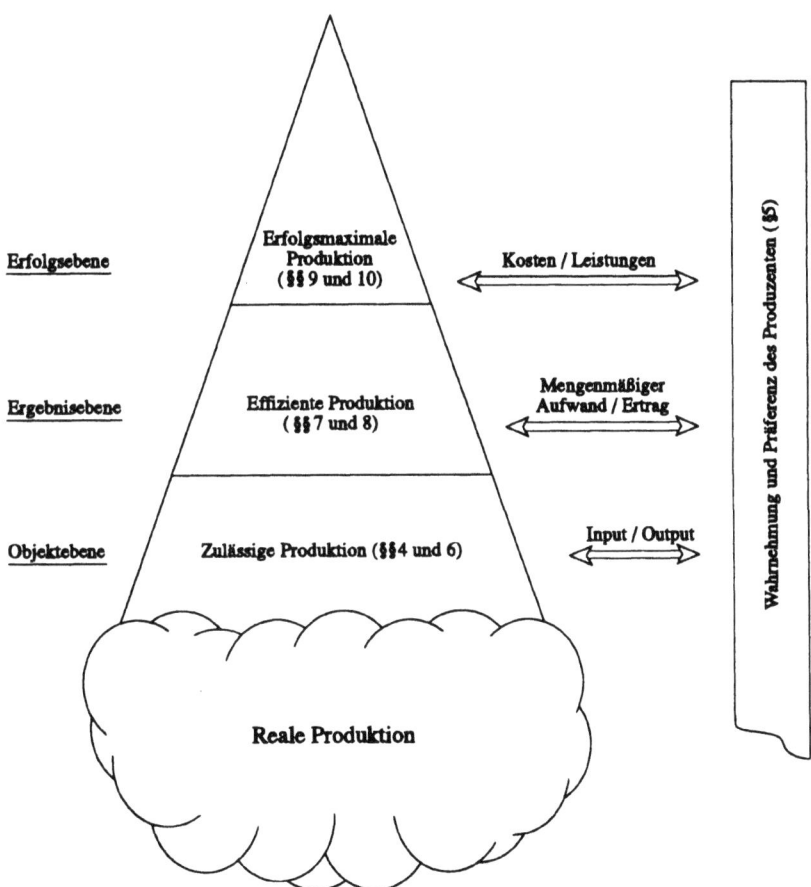

Abb. B.1: Aufbau und Struktur des Kapitels B

Dagegen wird im Unterschied zur traditionellen Produktionstheorie von vornherein eine Erweiterung im Hinblick auf Überlegungen zum Schutze der natürlichen Umwelt vorgenommen. Die Erweiterung hat gravierende Konsequenzen für die verwendete Terminologie und die abgeleiteten Aussagen. So ist - anders als sonst in der ökonomischen Theorie üblich (vgl. z.B. *Bohr 1979*) - bei dem hier gewählten Ansatz „Gut" kein unerläuterter Grundbegriff mehr („primitive notion"; zur Begriffsbildung vgl. §2.1). Vielmehr wird der Begriff „Gut" aus dem hier verwendeten Grundbegriff „Objekt" abgeleitet (vgl. §1.2). Gleichberechtigt neben ihn tritt der Begriff des „Übels". Infolgedessen müssen die meisten Begriffe der traditionellen Produktionstheorie verallgemeinert werden (u.a. Effizienz, Produktionsfunktion, Limitationalität, Kosten).

Die Abb. B.1 gibt einen Überblick über den Aufbau dieses Kapitels. Die reale Produktion wird (von unten nach oben) in drei Stufen abnehmender Differenzierung bei gleichzeitig zunehmender Wertaggregation dargestellt. Ausgangspunkt ist die Input/Output-Ebene (Objektebene), in der die Produktionsmöglichkeiten als Technologiemengen für die vom Produzenten wahrgenommenen Objektarten modelliert werden (§4). Explizite Annahmen über eine mehrdimensionale Präferenzstruktur des Produzenten (§5) sind notwendig, um unter Bezug auf einige grundlegende Naturgesetze und sonstige Rahmenbedingungen ökonomisch relevante Eigenschaften der zulässigen Produktionen und ihrer Ergebnisse auf der (noch mengenmäßigen) Aufwand/Ertrag-Ebene (Ergebnisebene) auszumachen (§6). Im Sinne eines schwachen Erfolgsprinzips sind die effizienten Produktionen auf dieser Ebene optimal (§7) und definieren so Produktionsfunktionen mit unterschiedlichen Eigenschaften (§8). Erst auf der Kosten/Leistungen-Ebene (Erfolgsebene) als letzter Stufe ist über den Begriff des Erfolgs als eindimensionaler Präferenzstruktur (§5) durch ein Starkes Erfolgsprinzip (§9) eine eindeutige Charakterisierung bester, nämlich erfolgsmaximaler Produktion für die jeweilige Technologie möglich (§10).

Literaturhinweise zu Kapitel B

Wegen des hier neu vorgestellten umweltorientierten Ansatzes gibt es keine Literatur, die den Inhalt des Kapitels B vollständig abdeckt. Aspekte des neuen Ansatzes sind dargestellt in:
Dyckhoff 1988, 1991a, 1992, 1993b, c; Dyckhoff/Souren 1993

Sieht man von der umweltorientierten Erweiterung ab, so finden sich in den folgenden Quellen Darstellungen und Übersichten der allgemeinen Aktivitätsanalyse, die dem Inhalt des Kapitels B am nächsten kommen:
Bol/Opitz 1977; Dyckhoff 1993a; Eichhorn 1978; Fandel 1991a; Wittmann 1968, 1975

Weitere statisch-deterministische Aussagen zur allgemeinen Aktivitätsanalyse und zur mit ihr verwandten Theorie der Produktionskorrespondenzen enthalten (mit Ausnahme solcher Quellen, die auf Themen späterer Kapitel eingehen):
Bleimann 1981; Bol 1973; Färe 1988; Eichhorn/Shephard/Stehling 1979; Henn/Opitz 1972; Kampkötter 1981; Opitz 1971; Schönfeld 1964; Schulz 1987; Shephard 1970; Teusch 1983; Turetschek 1981

Hinsichtlich anderer produktionstheoretischer Ansätze siehe §3.2 und die Literaturhinweise zum Buch in Kap. A. Von nicht nur historischem Interesse, insbesondere hinsichtlich der Theorie bzw. Praxis der für den Umweltschutz besonders wichtigen Kuppelproduktion, sind außerdem:
von Neumann 1937; Remak 1929; Riebel 1955; von Stackelberg 1932

Hinsichtlich jüngerer produktionstheoretischer Arbeiten zur Umweltproblematik siehe §3.2.5.

Paragraph 4
Technologie: Menge der Produktionsmöglichkeiten

Die Aktivität eines Produktionssystems besteht in der Produktion, d.h. in der zielgerichteten, Werte schaffenden Transformation von Inputobjekten in Outputobjekte. Die Menge T aller grundsätzlich möglichen Aktivitäten wird als Technologiemenge oder kurz als *Technologie* bezeichnet. Sie repräsentiert somit das im Produktionssystem enthaltene technische und organisatorische Wissen. Davon unterschieden werden kann gegebenenfalls die *Produktionsmöglichkeitenmenge* als diejenige Teilmenge einer Technologie, welche in der konkreten Situation aufgrund bestimmter Bedingungen nur realisiert werden kann. Dies könnten etwa beschränkte Kapazitäten von Ressourcen, fehlende Abschaltmöglichkeiten einer Produktionsanlage oder bestimmte Emissionsgrenzwerte sein. Eine scharfe Abgrenzung beider Begriffe soll an dieser Stelle nicht vorgenommen werden. Im Vordergrund stehen die Technologien und ihre Eigenschaften. Aus diesen lassen sich Eigenschaften zugehöriger, enger definierter Produktionsmöglichkeitenmengen ableiten.

4.1 Objektarten

Bei Input und Output sind in der Regel einige Objekte mehr oder weniger ähnlich. Abhängig von der gegebenen Entscheidungssituation werden solchermaßen ähnliche Objekte vom Produzenten nicht weiter unterschieden und zu jeweils homogenen Klassen, den *Objektarten*, zusammengefaßt. Die Einteilung der Objektarten ist im wesentlichen zweckbedingt. Beispielsweise wird ein Automobilhersteller bei einer langfristigen, strategischen Planung nur grob zwischen wenigen Typen von Nutzfahrzeugen oder Personenkraftwagen differenzieren, bei der kurzfristigen Produktionssteuerung jedoch sehr genau die verschiedenen Ausstattungsvarianten beachten. In der Entsorgung werden Abfallgegenstände nach ihrer Materialart und nicht nach ihrer Form oder ihrer (ehemaligen) Funktion sortiert.

Neben ihren qualitativen Eigenschaften ist eine Objektart außerdem durch den Ort und die Zeit ihrer Verfügbarkeit bestimmt. Ort und Zeit sind zwar die beiden wichtigsten Merkmale im Rahmen räumlicher bzw. dynamischer Betrachtungen, wie sie insbesondere für die Logistik kennzeichnend sind. Im Einklang mit der herrschenden Produktionstheorie wird hier zunächst von räumlichen und zeitlichen Aspekten abstrahiert, indem Produktionsort und Produktionsperiode nicht näher lokalisiert bzw. spezifiziert werden.

Wie in §2 grundsätzlich begründet, finden in Produktionsmodellen nicht alle in der Realität vorkommenden Objekte und Objektarten explizit Beachtung. Die *beachteten* Objektarten seien mit $k = 1, 2, ..., \kappa$ durchnumeriert. Insbesondere werden üblicherweise nur solche Objektarten modelliert, welche sich quantitativ messen lassen. Das bedeutet natürlich eine erhebliche Einschränkung hinsichtlich vieler bei der Produktion relevanter Objektarten, etwa der dispositiven und Zusatzfaktoren auf der Inputseite oder der Dienstleistungen auf der Outputseite. Andererseits ist es in bezug auf die für Umweltschutzaspekte wesentlichen, materiell-energetischen Objektarten nicht so gravierend. Stoff- und Energiebilanzen basieren auf der Annahme quantitativer Meßbarkeit.

4.2 Aktivität als Input/Output-Prozeß

In einer vereinfachenden, zeitlich diskreten Sichtweise werden zur Beschreibung der Aktivität eines Produktionssystems für jede Objektart k (maximal) zwei Werte für die an der Aktivität beteiligten *Objektquantitäten* verwendet. Dabei bezeichnet x_k den *Input*, d.h. diejenige Quantität, welche dem Produktionssystem zu Beginn oder während der Produktionsperiode von seiner Umgebung (oder der vorangegangenen Periode) zur Verfügung gestellt wird. Mit y_k wird der *Output* bezeichnet, worunter man diejenige Quantität versteht, welche vom Produktionssystem am Ende oder im Laufe der Produktionsperiode an die Umgebung (oder die nachfolgende Periode) abgegeben wird. Abb. 4.1 illustriert dies (als Präzisierung von Abb. 1.3).

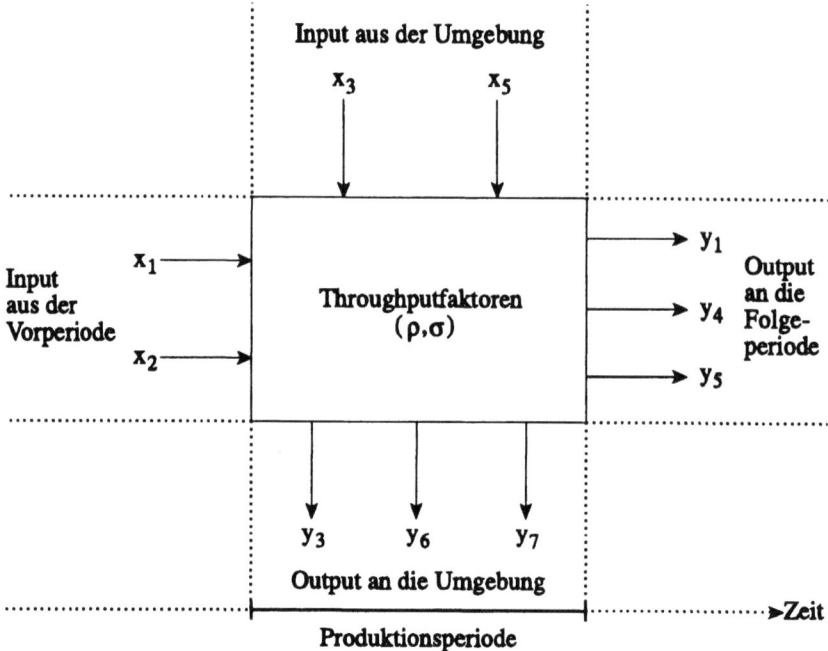

Abb. 4.1: Aktivität als Input/Output-Prozeß

Quantitäten werden durch reelle, meist nichtnegative Zahlen dargestellt, die bei Stückobjekten eigentlich ganzzahlig sind. Da diese Einschränkung regelmäßig methodische Schwierigkeiten aufwirft, ist es bei großen Stückzahlen oft zweckmäßig, näherungsweise von reellwertigen Zahlen auszugehen und nicht ganzzahlige Werte bei Bedarf auf- oder abzurunden. Die damit unterstellte beliebige Teilbarkeit der Objekte einer Art ist dagegen naheliegend für Schüttobjekte wie Sand oder für die Messung von Potentialfaktoren anhand ihrer Nutzungsdauer.

Die Input- und Outputquantitäten aller beachteten Objektarten in einer Liste zusammengefaßt ergeben den Input/Output-Vektor

§4 Technologie: Menge der Produktionsmöglichkeiten

$$(\bar{x}, \bar{y}) = (x_1, ..., x_\kappa; y_1, ..., y_\kappa),$$

auch Produktionspunkt oder kurz *Produktion* genannt. Bei dieser Betrachtungsweise wird die Aktivität des Produktionssystems nur durch äußere Einflüsse und Wirkungen identifiziert, nicht aber der eigentliche Transformationsprozeß aufgezeichnet. Deshalb wird diese „Black box-Darstellung" bei Bedarf um weitere Größen, nämlich *Throughput*- oder *Durchsatzfaktoren*, ergänzt, die innere Einflüsse und Wirkungen des Produktionssystems beschreiben:

$$(\bar{x}, \rho, \sigma, \bar{y}) = (x_1, ..., x_\kappa; \rho_1, ..., \rho_\chi; \sigma_1, ..., \sigma_\psi; y_1, ..., y_\kappa).$$

Vom Produzenten beeinflußbare Durchsatzfaktoren sind durch ρ_q symbolisiert und heißen (betriebliche) *Steuergrößen*; andernfalls heißen sie (exogene, betriebliche) *Nebenbedingungen*, bezeichnet mit σ_q (vgl. Abb. 4.1). Steuergrößen können beispielsweise die Intensität, mit der eine Maschine betrieben wird, oder die Temperatur und der Druck bei einem chemischen Prozeß sein. Nebenbedingungen sind etwa die Außentemperatur und Feuchtigkeit der Luft, tarifliche Regelungen für den Einsatz der Arbeitskräfte oder gesetzliche Auflagen in bezug auf Emissionsgrenzwerte. Die Steuergrößen gehören zu den für den Produzenten *disponiblen*, die Nebenbedingungen zu den *indisponiblen Einflußgrößen* der Produktion. Weitere Einflußgrößen sind die Input- und Outputquantitäten, die als interne Faktoren disponibel und als externe Faktoren nicht (autonom) disponibel sind.

Üblicherweise treten nicht alle beachteten Objektarten sowohl als Input wie auch als Output auf. Die zugehörigen Quantitäten im Input/Output-Vektor weisen in solchen Fällen den Wert Null auf. Gilt dies für alle relevanten Aktivitäten, so können die entsprechenden Koordinaten eliminiert werden. Die aus $\bar{x}$ und $\bar{y}$ resultierenden Input- bzw. Output-Vektoren x und y, auch genannt *Input*- bzw. *Outputprogramm*, haben dann unterschiedliche Dimensionen μ und ν, kleiner als κ.

Beispiel 4.1 (vgl. *Czap 1982*): ❑
Ein Raffineriebetrieb hat Verträge zur Lieferung von 45000 t Super-Benzin und 16000 t leichtem Heizöl. Diese Produkte können aus Rohöl selbst erstellt oder aber unmittelbar am Spotmarkt zugekauft werden. Als Zusatz für das Mischen des Super-Benzins kann noch hoch-oktanige Leichtgas-Fraktion erworben werden. Bei der Produktion fallen zwei Sorten Abfall an, die beseitigt werden müssen.

Ignoriert man weitere an der Produktion beteiligte Objekte, z.B. die Destillationsanlage für das Rohöl, so interessieren hier nur die Quantitäten der sechs Objektarten Super-Benzin (Symbol: 1 oder *S*), leichtes Heizöl (2 oder *H*), Rohöl (3 oder *R*), Light-Gasoline (4 oder *L*) Abfallsorte I (5 oder *A1*) und Abfallsorte II (6 oder *A2*). Ein somit 12-dimensionaler Input/Output-Vektor bestünde aus den Elementen:

$x_1 = S_{in} = ?,\qquad x_2 = H_{in} = ?,\qquad x_3 = R_{in} = ?,$

$x_4 = L_{in} = ?,\qquad x_5 = A1_{in} = 0,\qquad x_6 = A2_{in} = 0;$

$y_1 = S_{out} = 45000,\qquad y_2 = H_{out} = 16000,\qquad y_3 = R_{out} = 0,$

$y_4 = L_{out} = 0,\qquad y_5 = A1_{out} = ?,\qquad y_6 = A2_{out} = ?.$

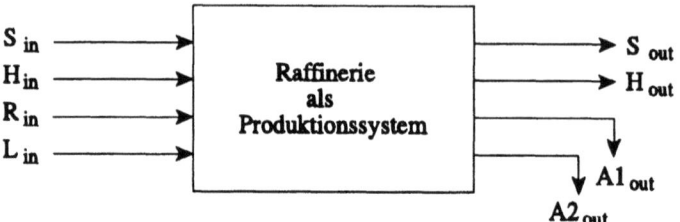

Abb. 4.2 Raffineriebetrieb als Input/Output-Prozeß

Unter Vernachlässigung der Nullelemente kann der Input/Output-Vektor demnach verkürzt wie folgt geschrieben werden (vgl. Abb. 4.2):

$$(x, y) = (x_1, x_2, x_3, x_4; y_1, y_2, y_5, y_6)$$
$$= (S_{in}, H_{in}, R_{in}, L_{in}; S_{out}, H_{out}, A1_{out}, A2_{out}).$$

Da die Erfüllung der Lieferverpflichtung durch Zukauf ein reines Handelsgeschäft ist, kann es von Interesse sein, nur die tatsächlich selbst erzeugten Quantitäten und den zugehörigen Verbrauch zu bestimmen. Sie ergeben sich als Saldo z_k von Output und Input:

$$z = (z_1, z_2, z_3, z_4, z_5, z_6)$$
$$= (S_{out} - S_{in}, H_{out} - H_{in}, -R_{in}, -L_{in}, A1_{out}, A2_{out}).$$ ∎

4.3 Technologie und Produktionskorrespondenz

Die beiden Formulierungen im Beispiel unterscheiden sich durch ihr Darstellungsprinzip. Eine plastische Vorstellung davon gewinnt man bei materiellen Verbrauchsfaktoren, z.B. bei dem Inhalt eines Öltanks einer Raffinerie oder bei einer Müllhalde vor einer Müllverbrennungsanlage. Der jeweils am Anfang und Ende verfügbare Bestand bildet den Input bzw. Output als *Bruttoquantität*. Der Saldo

$$z_k = y_k - x_k$$

beschreibt über die Bestandsveränderungen die quantitativ meßbaren Auswirkungen einer Aktivität des Produktionssystems und somit Input und Output nach dem *Netto-Prinzip*: Für $z_k > 0$ liefert die Objektart k netto einen Output, für $z_k < 0$ netto einen Input, und für $z_k = 0$ ist sie per Saldo an der Produktion nicht beteiligt. Diese Darstellungsweise der Aktivitäten, nämlich

$$z = (z_1, ..., z_k),$$

heißt auch *Flußversion*; der Input/Output-Vektor (x, y) basiert hingegen auf dem Brutto-Prinzip und wird auch *Bestandsversion* genannt (vgl. *Nikaido 1968*, S. 182). Unter Berücksichtigung der zuvor genannten Prämissen können Technologien bzw. Produktionsmöglichkeitenmengen nun wie folgt in beiden Versionen definiert werden, wobei sie gegebenenfalls noch um etwaige Durchsatzfaktoren zu ergänzen sind:

$$T_{Brutto} = T_B = \{(x, y) \in \mathbb{R}_+^{\mu+\nu} \mid (x, y) \text{ ist technisch realisierbar}\}$$

$$T_{Netto} = T_N = \{z \in \mathbb{R}^\kappa \mid z \text{ ist technisch realisierbar}\}$$

Die brutto als Input bzw. Output in der Technologie tatsächlich vorkommenden der κ beachteten Objektarten heißen *Input-* oder *Einsatzsortiment* bzw. *Output-* oder *Ausbringungssortiment* (der Dimensionen μ bzw. ν). Die zugehörigen Input- bzw. Output-Vektoren x und y heißen analog *Input-* oder *Einsatz(faktor)programm* (oder *-kombination*) bzw. *Output-, Produkt-* oder *Erzeugnisprogramm*. Im Zusammenhang mit mehrstufigen Technologien (§15) wird präziser von *Primärinput* bzw. *Primäroutput* gesprochen. Ein die Produktion beschreibender Vektor (x, y) oder z kann aus der planerischen Sicht des Produzenten auch als *Produktionsprogramm* bezeichnet werden.

Aus der Bestandsversion einer Technologie lassen sich zwei weitere Mengen ableiten, zum einen die *Outputmöglichkeitenmenge*

$$OUT(x) = \{y \in \mathbb{R}_+^\nu \mid (x, y) \in T_B\} = \{y \in \mathbb{R}_+^\nu \mid y \text{ ist mit } x \text{ erzeugbar}\},$$

zum anderen die *Inputmöglichkeitenmenge*

$$IN(y) = \{x \in \mathbb{R}_+^\mu \mid (x, y) \in T_B\} = \{x \in \mathbb{R}_+^\mu \mid x \text{ ist für } y \text{ einsetzbar}\}.$$

Die mengenwertigen Abbildungen $\mathcal{T}_{out} : x \to OUT(x)$ und $\mathcal{T}_{in} : y \to IN(y)$ heißen *Output-* bzw. *Inputkorrespondenz*. Sie bilden den Ausgangspunkt und die Grundbegriffe der Theorie der *Produktionskorrespondenzen* (vgl. §3.2.4). Umgekehrt läßt sich in ähnlicher Weise aus einer vorgegebenen Produktionskorrespondenz eine zugehörige Technologie in der Bestandsversion ableiten (vgl. *Bleimann 1981*, S. 197; mathematisch stellt die Technologie den Graphen der Produktionskorrespondenz dar). Somit sind die Aktivitätsanalyse und die Theorie der Produktionskorrespondenzen prinzipiell ineinander überführbar, und es ist eine Frage der Zweckmäßigkeit, welchen Ansatz man wählt.

4.4 Grafische Darstellung

Für zwei oder drei Objektarten lassen sich Produktionsmöglichkeitenmengen grafisch darstellen, wie im folgenden an einigen Beispielen gezeigt werden soll.

Beispiel 4.2: □
Die Abb. 4.3 veranschaulicht die folgende Technologie mit nur je einem Input und Output, links die Bestands-, rechts die Flußversion:

$$T_B = \{(x, y) \in \mathbb{R}_+^2 \mid y \leq 1000\sqrt{x}\} \quad \text{bzw.}$$

$$T_N = \{(z_1, z_2) \in \mathbb{R}^2 \mid z_1 \leq 0, \; 0 \leq z_2 \leq 1000\sqrt{-z_1}\}$$

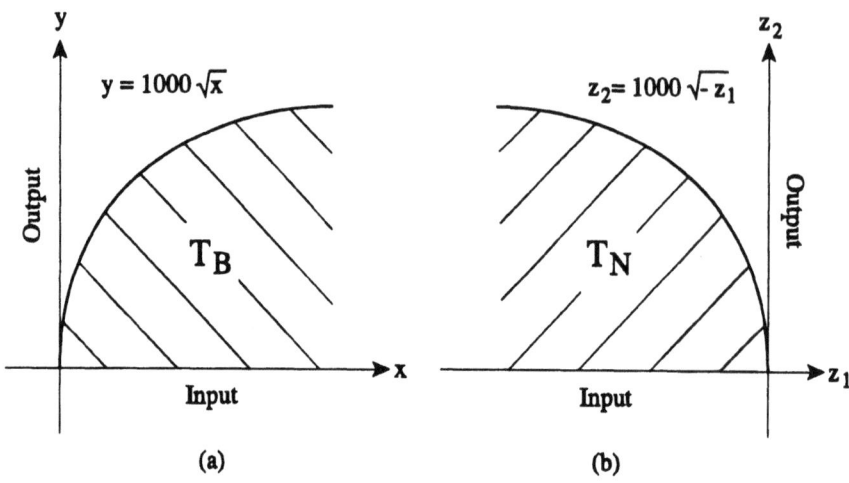

Abb. 4.3: Zweidimensionale Technologie: (a) Bestandsversion (Brutto-Prinzip) und (b) Flußversion (Netto-Prinzip)

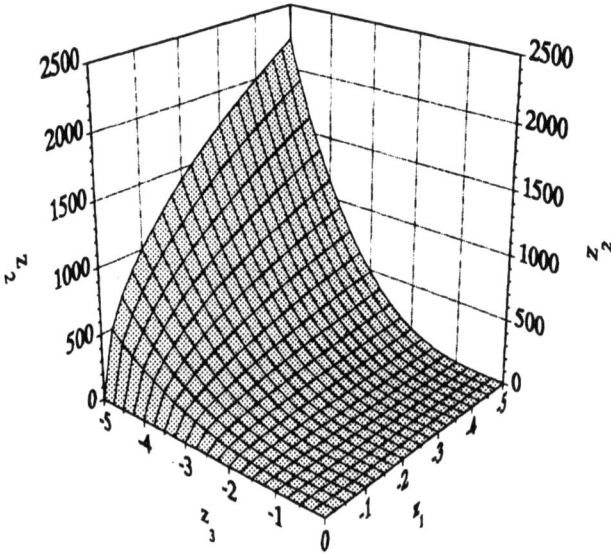

Abb. 4.4: Dreidimensionale Technologie (Ertragsgebirge)

Beispiel 4.3:

In der Abb. 4.4 ist als dreidimensionales Gebilde die folgende Technologie in Flußversion skizziert:

$$T_N = \{(z_1, z_2, z_3) \in \mathbb{R}^3 \mid 0 \leq z_2 \leq 8(-z_1)^{0.5}(-z_3)^3, z_1 \leq 0, z_3 \leq 0\}$$

Man erkennt die Objektarten 1 und 3 als Input, während 2 Output ist. Das geometrische Gebilde wird häufig als „*Ertragsgebirge*" bezeichnet, wobei der Begriff des Ertrags erst in §5.3.3 definiert wird. Gibt man den Input $z_3 = -5$ fest vor, so erhält man einen Schnitt durch das Ertragsgebirge parallel zur z_1-z_2-Ebene. Dies entspricht exakt der Technologie des Beispiels 4.2 und somit dem rechten Teil der Abb. 4.3. Man spricht von „*partieller Faktorvariation*".

Die Frage, welche Inputprogramme, d.h. Kombinationen der Inputobjekte, zu einem gewünschten Output $y_2 = z_2 = 8$ führen, wird durch die in Abb. 4.5 dargestellte Inputmöglichkeitenmenge beantwortet. Die Art der Darstellung wird als Input(faktor)diagramm bezeichnet. Mit $x_1 = -z_1$ und $x_3 = -z_3$ lautet die zugehörige formale Beschreibung:

$$IN(8) = \{(x_1, x_3) \in \mathbb{R}_+^2 \mid x_1 \geq (x_3)^{-6}\}$$

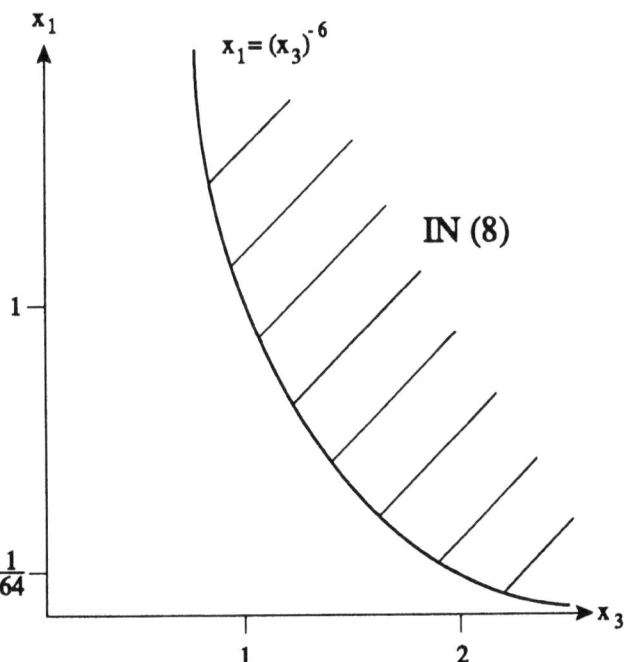

Abb. 4.5: Inputdiagramm zu Beispiel 4.3

Beispiel 4.4: ❏

Für die folgende vierdimensionale Technologie mit zwei Input- und zwei Outputarten

$$T_B = \{(x_1, x_2, y_3, y_4) \in \mathbb{R}_+^4 \mid 2y_3 + 4y_4 \leq x_1,\ 5y_3 + 7y_4 \leq x_2\}$$

zeigt bei festliegendem Inputprogramm $x_1 = 16$ und $x_2 = 35$ die Abb. 4.6 das Outputdiagramm der zugehörigen Outputmöglichkeitenmenge:

$$OUT(16, 35) = \{(y_3, y_4) \in \mathbb{R}_+^2 \mid 2y_3 + 4y_4 \leq 16,\ 5y_3 + 7y_4 \leq 35\}$$ ∎

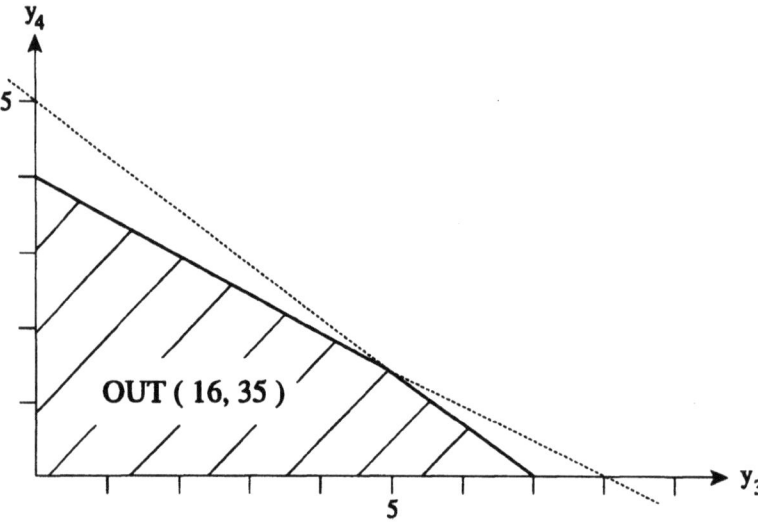

Abb. 4.6: Outputdiagramm zu Beispiel 4.4

Beispiel 4.5: ❏

Industriebetriebe versorgen sich oft selbst zu einem großen Teil mit der für den eigentlichen Produktionsprozeß benötigten Energie. Bei dem Verfahrensprinzip der Kraft-Wärme-Kopplung (KWK) besteht ein solches innerbetriebliches (Energie-) Produktionssystem im wesentlichen aus einem Dampfkessel, einer Turbine und einem Generator (*Funk 1990*). Der im Dampfkessel erzeugte Frischdampf wird über die Turbine geleitet, um auf diese Weise gleichzeitig elektrische Energie („Kraft") in Form elektrischen Stroms sowie Wärmeenergie in Form von Prozeßdampf als verschiedene (Objekt-) Arten von Nutzenergien bereitzustellen. Strom und Dampf sind dann zwangsläufig gemeinsam anfallende Outputobjektarten, also Kuppelprodukte. Zwei mögliche Technologien (besser wäre eigentlich die Bezeichnung „Techniken") der Kraft-Wärme-Kopplung sind die Gegendruckturbine und die Entnahmekondensationsturbine.

Die Abb. 4.7 zeigt für einen realistischen Fall das Outputdiagramm einer Gegendruckturbine (*Funk 1990*, S. 93). Die Quantität der Objektart Kraft wird gemessen durch die elektrische Leistung P in MegaWatt [MW], die der Wärme durch den Massenstrom d in Tonnen Dampf je Stunde [t_w/h]. Formal bestehe folgender Zusammenhang:

$$OUT_G = \left\{ (P,d) \in \mathbb{R}_+^2 \;\middle|\; \begin{array}{l} (P,d) = (0,0) \text{ oder} \\ d = \left\{ \begin{array}{ll} 14 + 5{,}1P & \text{für } 0 \leq P \leq 20 \\ -124 + 12P & \text{für } 20 \leq P \leq 21{,}5 \end{array} \right. \end{array} \geq 90{,}5 \right\}$$

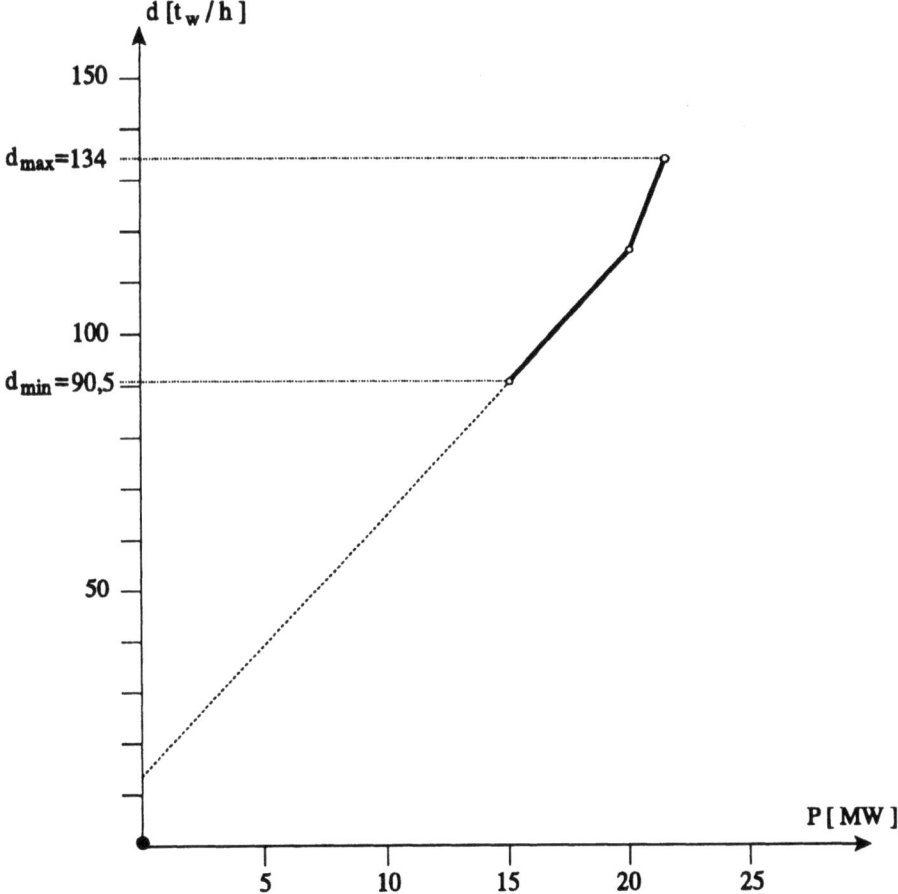

Abb. 4.7: Starre Kraft-Wärme-Kopplung bei Gegendruckturbine

Das Outputdiagramm stellt alle möglichen Kraft-Wärme-Kombinationen dar, wenn vorausgesetzt wird, daß die Quantitäten aller anderen Objektarten des Produktionssystems, z.B. der Brennstoffverbrauch, beliebig variiert werden können (und hier unbeachtet bleiben). Bei ruhendem Produktionssystem wird nichts produziert ($P = 0$; $d = 0$). Im Falle einer sogenannten Blockschaltung, d.h. wenn Dampfkessel und Turbine zusammengeschaltet sind, muß technisch bedingt eine Mindestkapazität des Dampfkessels ($d_{min} = 90{,}5$) beachtet werden, die bei Betrieb des Produktionssystems zu einer Outputkombination ($P = 15$; $d = 90{,}5$) als Minimalleistung führt. Mit wachsender Leistung - und steigendem Brennstoffverbrauch - steigen die Outputquantitäten entlang der sogenannten „Gegendrucklinie" bis zur Maximalleistung an der Kapazitätsgrenze ($P = 21{,}5$; $d = 134$). Im Falle der in der Industrie üblichen Sammelschienenschaltung kann die Turbine über das ganze Lastintervall von $P = 0$ bis $P = 21{,}5$ betrieben werden; die entsprechende Verlängerung der Gegendrucklinie ist in Abb. 4.7 gestrichelt eingezeichnet.

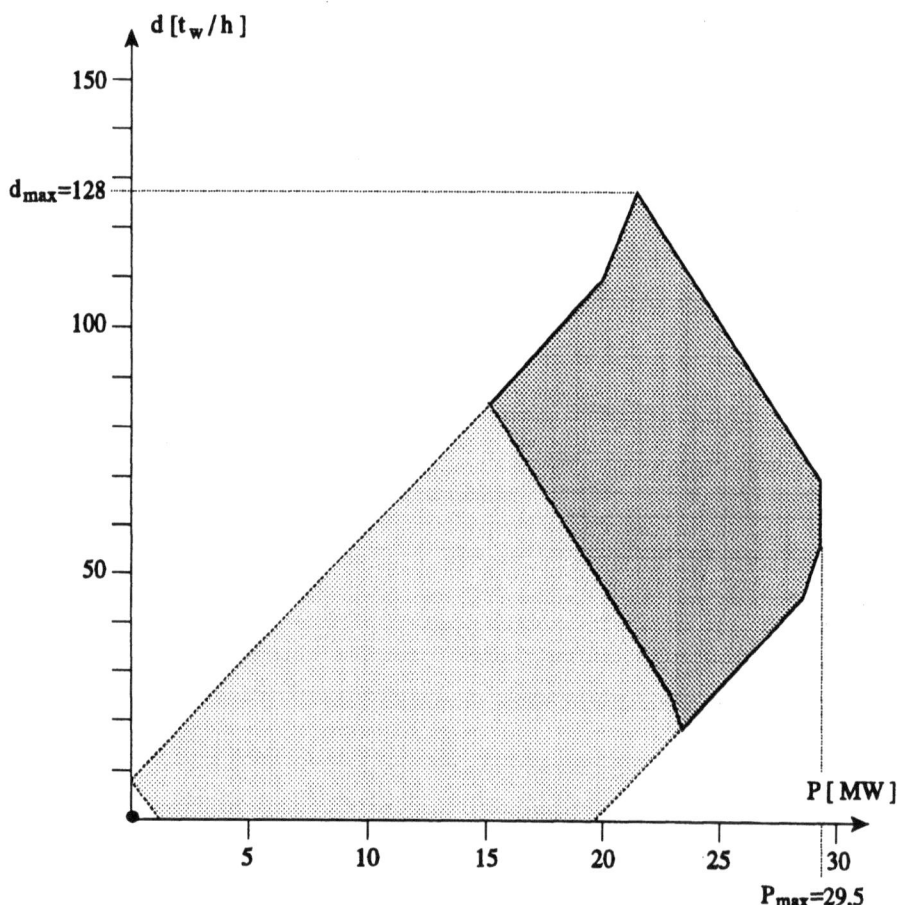

Abb. 4.8: Variable Kraft-Wärme-Kopplung bei Entnahmekondensationsturbine

Bei der Gegendruckturbine handelt es sich um starre Kuppelproduktion (mit Ausnahme von $P = 0$ und $d = 14$ bei Sammelschaltung). Jede Erhöhung bzw. Verminderung der elektrischen Leistung P bedingt zwangsweise eine gleichgerichtete Veränderung der Wärmelei-

§4 Technologie: Menge der Produktionsmöglichkeiten

stung d. Ein breiteres Spektrum möglicher Outputkombinationen bietet die Entnahmekondensationsturbine. Ein entsprechendes Outputdiagramm variabler Kuppelproduktion von Kraft und Wärme ist in Abb. 4.8 skizziert (vgl. *Funk 1990*, S. 105). Es ist bestimmt durch folgende Outputmöglichkeiten, wobei im Fall der Sammelschienenschaltung zusätzlich noch der hellgrau schraffierte Bereich hinzukommt, bei dem auch eine alleinige Stromerzeugung möglich ist.

$$OUT_E = \left\{ (P,d) \in \mathbb{R}^2_+ \left| \begin{array}{l} (P,d) = (0,0) \quad \text{oder} \\ P = P_G + P_K \leq 29{,}5; \; d = d_G - d_K \quad \text{mit} \\ d_G = \left\{ \begin{array}{ll} 14 + 5{,}1 P_G & \text{für } 0 \leq P_G \leq 20 \\ -124 + 12 P_G & \text{für } 20 \leq P_G \leq 21{,}5 \end{array} \right\} \geq 90{,}5 \\ \text{und} \\ d_K = \left\{ \begin{array}{ll} 6 + 7{,}375 P_K & \text{für } 0 \leq P_K \leq 8 \\ -35 + 12{,}5 P_K & \text{für } 8 \leq P_K \leq 8{,}5 \end{array} \right\} \end{array} \right. \right\} \quad \blacksquare$$

4.5 Brutto- oder Netto-Prinzip?

Zwischen der Bestands- und der Flußversion bestehen folgende Beziehungen (vgl. *Schulz 1987*, S. 120):

- Ist $(x, y) \in T_B$, so gilt für die geeignet (um Nullen) erweiterten Vektoren $\bar{x}$ und $\bar{y}$: $z = \bar{y} - \bar{x} \in T_N$.
- Ist $z \in T_N$, so existiert mindestens ein Paar $(x, y) \in T_B$ (oft sogar sehr viele!), für deren geeignete Erweiterungen $\bar{x}$ und $\bar{y}$ gilt: $z = \bar{y} - \bar{x}$.

Im allgemeinen beinhaltet die Flußversion gegenüber der Bestandsversion einen Informationsverlust, weil nach dem Brutto-Prinzip verschiedene Darstellungen einer Produktion nach dem Netto-Prinzip identisch sein können. Beide Darstellungen sind allerdings äquivalent, wenn es unter den beachteten Objektarten keine gibt, die brutto sowohl Input wie auch Output ist. Dies trifft für die Beispiele 4.2 bis 4.5 zu, nicht für Beispiel 4.1.

Die Differenz zwischen Output und Input einer Objektart zu bilden, setzt voraus, daß die Objekte beider Kategorien tatsächlich als homogen angesehen werden können. Geht man von einer nicht zu vernachlässigenden Dauer der Produktionsperiode aus, so gilt das strenggenommen nicht. Idealisiert handelt es sich nämlich bei Input und Output um Objekte, die im ersten Fall zu Beginn, im zweiten Fall am Ende der Periode verfügbar sind, die also zu verschiedenen Zeiten existieren. Falls diese Zeitspanne für die Beurteilung der Produktion relevant ist, liegen eigentlich zwei verschiedene Objektarten vor. Mithin gäbe es keine Objektart, die sowohl Input wie Output ist. Bei einer dynamischen Betrachtung sind also beide Versionen stets äquivalent.

In diesem Buch werden beide Darstellungsversionen verwendet, also sowohl die Bestandsversion (Brutto-Prinzip) als auch die Flußversion (Netto-Prinzip). Die Entscheidung, welche der beiden Versionen im Einzelfall angewendet wird, wird dabei stets aus pragmatischen Überlegungen heraus getroffen. Sofern Input und Output als verschiedene Objektarten angesehen werden, ergeben sich inhaltlich keine Unterschiede. Ob andernfalls ein etwaiger Informationsverlust des Netto-Prinzips von Bedeutung ist, hängt von der zu untersuchenden Fragestellung ab.

4.5.1 Input und Output als Nutz- oder Wirkpotentiale

Entscheidend ist, wie der Brutto-Input und der Brutto-Output ökonomisch interpretiert werden, insbesondere im Hinblick auf Potentialfaktoren. Intuitiv hat man beim Input die Vorstellung von etwas, das als Strom (-größe) in die Produktion eingeht. Bei Maschinen und Arbeitskräften betrachtet man demzufolge üblicherweise die aktive Betriebs- oder Arbeitszeit (z.B. in Maschinen- oder Arbeitsstunden) als Input und nicht die Maschine oder die Arbeitskraft selbst. Ein Output der Objektarten Maschine und Arbeitskraft erscheint bei dieser Sichtweise wenig sinnvoll, sieht man vom Maschinenbau oder der Personalausbildung ab, die hier nicht gemeint sind.

Die hier favorisierte Interpretation versteht - wie früher schon angedeutet - unter dem Brutto-Input einer Produktionsperiode das Nutz- oder Wirkpotential, das dem Produktionssystem für die Periode von seiner Umgebung (inkl. Vorperiode) zur Verfügung gestellt ist. Der Brutto-Output derselben Objektart ist dann das Potential, das vom Produktionssystem in der Produktionsperiode der Umgebung (inkl. Folgeperiode) zur Verfügung gestellt wird. Die Differenz von Brutto-Output und Brutto-Input, der Netto-Output bzw. Netto-Input, gibt demnach an, inwieweit die beiden Potentiale im Saldo differieren. Die Aussagekraft dieser Größen ist situationsabhängig. Zwei Fragen sind zu berücksichtigen:

- Welcher Anteil des Brutto-Input ist zur Durchführung der Produktion notwendig, nur der Netto-Input oder mehr?

- Kann der nicht benötigte Teil eines Brutto-Input anderweitig eingesetzt werden, sei es in der betrachteten oder einer späteren Periode?

Zum Teil werden diese Fragen in den folgenden Paragraphen systematisch untersucht, zum Teil sind hiervon aber auch Aspekte berührt, die über den Stoff des Buches hinausgehen, sei es, daß sie Grundfragen ökonomischer Theoriebildung betreffen oder aber ein vertieftes Verständnis der dynamischen Produktionstheorie erfordern. Deshalb sollen im folgenden nur einige Schlaglichter auf die Problematik geworfen werden.

4.5.2 Die Problematik der systemfremden Potentialnutzung (Exkurs)

Kein Netto-Input eines unverzichtbaren Brutto-Input liegt dann vor, wenn das Nutzpotential am Periodenende unverändert, d.h. Brutto-Output gleich Brutto-Input ist. Beispiele sind ein dauerhaft erworbenes Patent für ein bestimmtes Produktionsverfahren oder ein Katalysator in einem chemischen Prozeß, wenn man davon absieht, daß selbst Katalysatoren - wenn auch meist sehr langsam - verschmutzt und damit „verbraucht" werden. Weitere Beispiele bilden viele der externen Faktoren bei der Dienstleistungsproduktion, etwa das mit einer Hypothek zu belegende Grundstück des Kreditkunden einer Bank oder das Originalmanuskript eines Autors für einen Buchverlag.

Falls eine Produktion nur einen Teil eines Brutto-Input benötigt, liegt eine nicht voll ausgenutzte Faktorkapazität vor. Bei materiellen Verbrauchsfaktoren ist dann der Lagerbestand für die betrachtete Periode mehr als ausreichend. Unterstellt man, daß die überflüssige Quantität außerhalb des Produktionssystems zum Vorteil des Produzenten eine Verwendung finden könnte (z.B. dadurch, daß er sie noch nicht erworben und die eingesparten finanziellen Mittel bei einer Bank angelegt hätte - Stichwort: „Kapitalbindungskosten"!), so erscheint bei statisch-deterministischer Sichtweise ein solches Verhalten nicht rational. Bei dynamischer oder stochastischer Betrachtung kann dies durchaus vernünftig sein. Derartige Überlegungen ergeben sich beispielsweise bei der Losgrößenplanung oder bei der Bestimmung von Sicherheitsbeständen (vgl. Kapitel D).

Die Verwendung unausgenutzter Faktorkapazitäten außerhalb des vorgegebenen Produktionssystems kann ohne zusätzliche Informationen über die Umwelt des Produktionssystems überhaupt nicht und ohne explizite Einbeziehung der relevanten Umwelt (also z.B. der Kapitalanlagemöglichkeiten) nicht „exakt" beurteilt werden. Wir haben es mit der unlösbaren Problematik der eigentlich notwendigen, aber prinzipiell unmöglichen Aufstellung eines Totalmodells zu tun (vgl. §2.2.5). Man behilft sich deshalb mit gewissen pauschalen Annahmen über die Auswirkungen außerhalb des Systems befindlicher Handlungsmöglichkeiten (z.B die Revisionshypothese von *Bohr/Schwab 1984* oder Opportunitätskostenansätze; vgl. §9.5.2).

Von besonderer Bedeutung sind diese Aussagen für die Gebrauchsobjekte. Ihre vorgehaltene Kapazität (Brutto-Input) beruht auf längerfristigen Überlegungen und kann kaum kurzfristig angepaßt werden. Bei einer entsprechend kurzen Produktionsperiode müssen also Annahmen über alternative Verwendungsmöglichkeiten getroffen werden. Gibt es keine Alternativen, so werden ihre Opportunitätskosten mit Null angesetzt. Beispielsweise werden eine Werkshalle und das zugehörige Grundstück wohl nur selten vorübergehend vermietet werden können (Ausnahme z.B.: Eine Filmgesellschaft will in der Werkshalle einen Film drehen).

Wichtig ist in diesem Zusammenhang die sachliche und zeitliche Abgrenzung des Produktionssystems, die „Bilanzhülle". Aus zeitlicher Sicht kann die heutige Nutzung spätere Nutzungen beeinträchtigen, etwa bei Verschleiß von Maschinen oder Werkzeugen. In diesem Fall wird das am Ende der Periode (noch) verfügbare Potential, der Brutto-Output, durch den Produktionseinsatz gesenkt; es liegt ein Netto-Input vor. Umgekehrt kann es aber auch zu einem erhöhten Brutto-Output und damit einem Netto-Output eines Gebrauchsobjekts kommen, so beispielsweise bei einer Arbeitskraft, deren bisherige Tätigkeit aufgrund technischen Fortschritts entfallen ist und die an einem neuen Arbeitsplatz angelernt wird und dort Erfahrung sammelt. Wenn die Arbeitskraft unkündbar und nicht anderweitig einsetzbar ist, ist nur der Netto-Output relevant. Umgekehrt kann ein rein zeitlicher Verschleiß einer Maschine zwar zu einem Netto-Input führen, der aber unvermeidbar ist, weshalb er bei allen Produktionen einer Technologie in gleicher Weise auftritt und somit in der Regel irrelevant ist.

Bei der sachlichen Abgrenzung muß beispielsweise beachtet werden, daß die Produktionskapazität einer Mehrzweckmaschine nicht unbedingt mit dem Brutto-Input gleich zu setzen ist. Werden nämlich nicht alle alternativ herstellbaren Produktarten (explizit) beachtet, so ist Brutto-Input nur der für die beachteten Produktarten verfügbare Teil der Kapazität. Der restliche Teil gehört ebenso wie die anderen Produktarten nicht mehr zum ausgegrenzten Produktionssystem. Setzt man für diesen Teil pauschal einen bestimmten Maschinenstundensatz für die damit erzielbaren Nettoerlöse an, so führt ein Brutto-Input zu einer Verringerung der als Rest verfügbaren Kapazität und damit zu Opportunitätskosten im Sinne entgangener anderweitiger Erlöse.

4.5.3 Allgemeine Aktivitätsanalyse in der Flußversion

Im weiteren Verlauf dieses Kapitels über die allgemeine statisch-deterministische Produktionstheorie (§§5-10) werden die Produktionsmöglichkeiten im allgemeinen in der Flußversion, d.h. nach dem Netto-Prinzip dargestellt. Wie zuvor festgestellt bedeutet das keine Einschränkung der Allgemeinheit, wenn Input und Output als verschiedene Objektarten angesehen werden. Dadurch daß die Flußversion einen (Netto-) Input als negative Zahl kennzeichnet, lassen sich manche Aussagen einfacher formulieren. Das Netto-Prinzip ist auch von *Koopmans (1951)* in seinem Aufsatz „Analysis of production as an efficient combination of activities" benutzt worden, mit dem er die Aktivitätsanalyse begründet hat. Es ist bis heute die übliche Darstellungsform, im Unterschied zur Theorie der Produktionskorrespondenzen, die das Brutto-Prinzip zugrunde legt.

Literaturhinweise zu §4

Bleimann 1981; Eichhorn 1993; Färe 1988; Nikaido 1968, insbesondere §12; Schulz 1987; Shephard 1970; Stepan 1993; Strebel 1984; Teusch 1983

Wichtige Begriffe und Aussagen in §4

Aktivität, Technologie, Produktionsmöglichkeitenmenge, Outputmöglichkeitenmenge, Inputmöglichkeitenmenge; Einflußgrößen der Produktion; Brutto-Prinzip/Netto-Prinzip

Wiederholungsfragen zu §4

1) Wodurch wird eine Objektart bestimmt?
2) Was versteht man unter Input und Output einer Objektart?
3) Was versteht man unter Throughput- oder Durchsatzfaktoren? Wo liegt in diesem Zusammenhang der Unterschied zwischen Steuergrößen und Nebenbedingungen? Welche Throughputfaktoren könnte der in Beispiel 4.1 beschriebene Raffinerieprozeß enthalten?
4) Wie sind die Begriffe Technologie und Produktionskorrespondenz definiert? Welcher Zusammenhang besteht zwischen beiden?
5) Was versteht man unter der Input- und der Outputmöglichkeitenmenge?
6) Wodurch unterscheiden sich Fluß- und Bestandsversion einer Aktivität? Wo liegt hierbei der Unterschied zwischen Brutto- und Netto-Prinzip?
7) Welcher Informationsverlust kann zwischen Fluß- und Bestandsversion auftreten, und unter welchen Umständen tritt dieser auf?

Paragraph 5

Präferenzen des Produzenten

Die einzelnen Aktivitäten sind in den Augen des Produzenten, der ein Produktionssystem lenkt, nicht gleichwertig. Für einige Produktionen wird eine höhere Präferenz bestehen als für andere. Es wird unterstellt, daß der Produzent grundsätzlich in der Lage ist, die Aktivitäten $z \in T$ hinsichtlich ihrer Güte miteinander zu vergleichen. Für je zwei Produktionen z^1 und z^2 gilt somit entweder

$$z^1 \succ z^2 \quad \text{oder} \quad z^1 \sim z^2 \quad \text{oder} \quad z^2 \succ z^1$$

wobei die Symbole $\succ$ und $\sim$ die strikte Präferenz bzw. Indifferenz bedeuten, im ersten Fall also der Produzent z^1 der Alternative z^2 vorzieht. (Schwache) Präferenz $\succeq$ liegt vor, wenn strikte Präferenz oder Indifferenz gilt.

5.1 Erfolgsfunktion

Eine Funktion $w: T \to \mathbb{R}$ mit $w(z) = w(z_1, ..., z_\kappa)$, welche die Präferenz des Produzenten numerisch repräsentiert:

$z^1 \succ z^2 \Leftrightarrow w(z^1) > w(z^2)$

$z^1 \sim z^2 \Leftrightarrow w(z^1) = w(z^2)$

$z^1 \succeq z^2 \Leftrightarrow w(z^1) \geq w(z^2)$

und somit die Güte der Produktion im Sinne eines Nutzens für den Produzenten mißt, wird als *Erfolgsfunktion* (vgl. *Laux/Franke 1970*) oder auch als *Wertschöpfungsfunktion* bzw. *Wertfunktion* zur Technologie T bezeichnet. Notwendig für die Existenz einer solchen Funktion ist die Transitivität der Präferenzrelation $\succeq$, wonach für je drei Produktionen z^1, z^2 und z^3 gilt:

Aus $z^1 \succeq z^2$ und $z^2 \succeq z^3$ folgt $z^1 \succeq z^3$.

Sieht man von Sonderfällen wie insbesondere lexikografischen Präferenzordnungen ab, so ist in der Regel die Existenz einer Erfolgsfunktion aufgrund der obigen Voraussetzungen der Vollständigkeit und Transitivität der Präferenzrelation garantiert (*Bamberg/Coenenberg 1992*, S. 32).

Allerdings ist die Erfolgsfunktion damit keineswegs eindeutig bestimmt. Setzt man nicht mehr voraus, so ist nur ein *ordinales Meßniveau* der Produktionsgüte definiert. Jede streng monoton wachsende Transformation $\bar{w} = \phi(w)$ der Erfolgsfunktion, z.B. $\bar{w} = 3w$ oder $\bar{w} = (w)^7$, repräsentiert ebenfalls die Präferenzordnung. Es wird nur festgestellt, ob eine Produktion besser, schlechter oder gleich gut wie eine andere ist, nicht jedoch, um wieviel besser oder schlechter. Die Bestimmung von Wertunterschieden erfordert ein *kardinales Meßniveau*. Erfolgsfunktionen, die das leisten, sind bis auf lineare, streng monoton wachsende Transformationen $\bar{w} = \alpha w + \beta$, $\alpha > 0$, eindeutig. In diesem Fall können höchstens noch der Nullpunkt und die

Maßeinheit der Gütemessung frei gewählt werden (vgl. §2.2.2). Wie später noch erläutert wird (§10.5.1), stellen der durch eine Produktion (sicher) erzielbare Gewinn bzw. Deckungsbeitrag zwei aus kardinaler Sicht äquivalente Erfolgsfunktionen dar, die sich nur durch ihren Nullpunkt unterscheiden, vorausgesetzt sie werden in den gleichen Geldeinheiten gemessen.

Die Existenz einer Präferenzordnung oder sogar einer Erfolgsfunktion muß noch nicht bedeuten, daß der Produzent sie explizit kennt; möglicherweise ist er sich ihrer a priori nicht bewußt, oder es fehlen ihm noch Informationen, so daß nur partielle Präferenzaussagen möglich sind. In den drei nächsten Paragraphen wird deshalb zunächst von solchen schwächeren Präferenzannahmen ausgegangen.

5.2 Mehrdimensionale Ergebnisfunktion

Anstelle einer eindimensionalen Erfolgsfunktion wird vorerst eine *Ergebnisfunktion* $\mathcal{P}: T \to \mathbb{R}^\xi$, mit $\xi \in \mathbb{N}$, im Sinne einer mehrdimensionalen Präferenzfunktion unterstellt. Bevor sie in §5.3 näher spezifiziert wird, seien einige damit zusammenhängende Begriffe definiert.

5.2.1 Ergebnisse der Produktion

Der Vektor $\mathcal{P}(z) = e = (e_1, ..., e_\xi)$ heißt *Ergebnis(vektor)* zur Produktion z, die projizierte Technologie $E = \mathcal{P}(T)$ heißt *Ergebnismenge* zur Technologie T.

Man kann zwei Hauptgruppen möglicher Teilergebnisse e_i unterscheiden, zum einen monetäre (finanzielle) Ergebnisarten, zum anderen solche realer (mengenmäßiger) Natur. Ein Beispiel soll dies verdeutlichen.

Beispiel 5.1: ❑
Ein Produkt R wird mittels zweier Einsatzfaktoren A und B hergestellt, wobei ein Schadstoff S unvermeidbar anfällt. Die Technologie des betrachteten Produktionssystems sei wie folgt bestimmt:

$$T = \{(z_A, z_B, z_R, z_S) \mid z_A \leq -2z_R,\ z_B \leq -3z_R,\ z_S \geq 4z_R \geq 0\}$$

Für eine Mengeneinheit (ME) der beiden Faktoren müssen jeweils $p_A = 5$ bzw. $p_B = 10$ Geldeinheiten (GE) ausgegeben werden; der erzielbare Erlös je Mengeneinheit des Produktes hängt von der Absatzmenge ab: $p_R = 340 - 0{,}3 z_R$; der Schadstoff hat keine ausgabewirksamen Wirkungen: $p_S = 0$. Der Produzent interessiert sich für den „Gewinn" als einziger monetärer Ergebnisgröße (der erst in §9 für die Zwecke dieser Untersuchung allgemein definiert und ausführlicher behandelt wird):

$$e_G = p_A z_A + p_B z_B + p_R z_R + p_S z_S = 5 z_A + 10 z_B + (340 - 0{,}3 z_R)\, z_R$$
$$\leq (-10 - 30 + 340 - 0{,}3 z_R)\, z_R = (300 - 0{,}3 z_R)\, z_R.$$

§5 Präferenzen des Produzenten 63

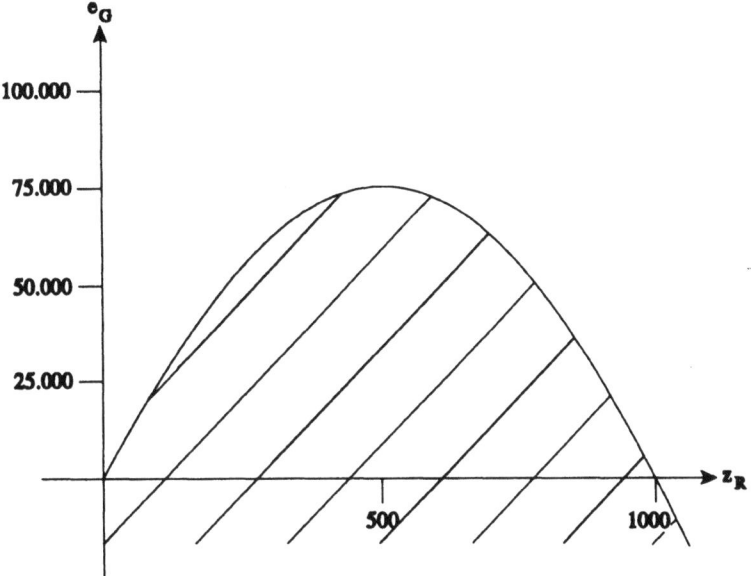

Abb. 5.1: Gewinnmöglichkeiten im Beispiel 5.1

Die vorstehende Ungleichung sowie der gekennzeichnete Bereich in Abb. 5.1 beschreiben die möglichen Gewinne in Abhängigkeit von der Produktquantität. Verluste können nur im Bereich $0 \leq z_R \leq 1000$ vermieden werden. Ein maximaler Gewinn $e_G = 75000$ wird bei sparsamen Faktoreinsätzen mit der Produktquantität $z_R = 500$ erreicht.

Während der Gewinn eine vom Produzenten positiv beurteilte (monetäre) Ergebnisgröße ist, kann es sein, daß ihm die Schadstoffemission - obwohl monetär ohne Auswirkungen - aus Gründen des Umweltschutzes nicht gleichgültig ist. Sie ist dann eine negativ beurteilte, reale Ergebnisgröße:

$$e_S = -z_S \leq -4z_R.$$

Die zur Technologie gehörige Ergebnismenge

$$E = \{(e_G, e_S) \mid e_G \leq (300 - 0{,}3z_R)z_R, \; e_S \leq -4z_R, \; z_R \geq 0\}$$

$$= \left\{ (e_G, e_S) \;\middle|\; e_G \leq \begin{cases} -(75 + 0{,}01875 e_S) \, e_S & ; \; -2000 \leq e_S \leq 0 \\ 75000 & ; \; e_S \leq -2000 \end{cases} \right\}$$

ist in Abb. 5.2 als ein Diagramm dargestellt, das die möglichen Kombinationen verschiedener Gewinne und Schadstoffquantitäten illustriert. Ein Produzent, der sowohl an hohem Gewinn wie an niedriger Schadstoffquantität interessiert ist, wird vernünftigerweise nur Produktionen realisieren, die zu Ergebnissen auf dem fett gezeichneten Rand der Ergebnismenge in Abb. 5.2 führen. ∎

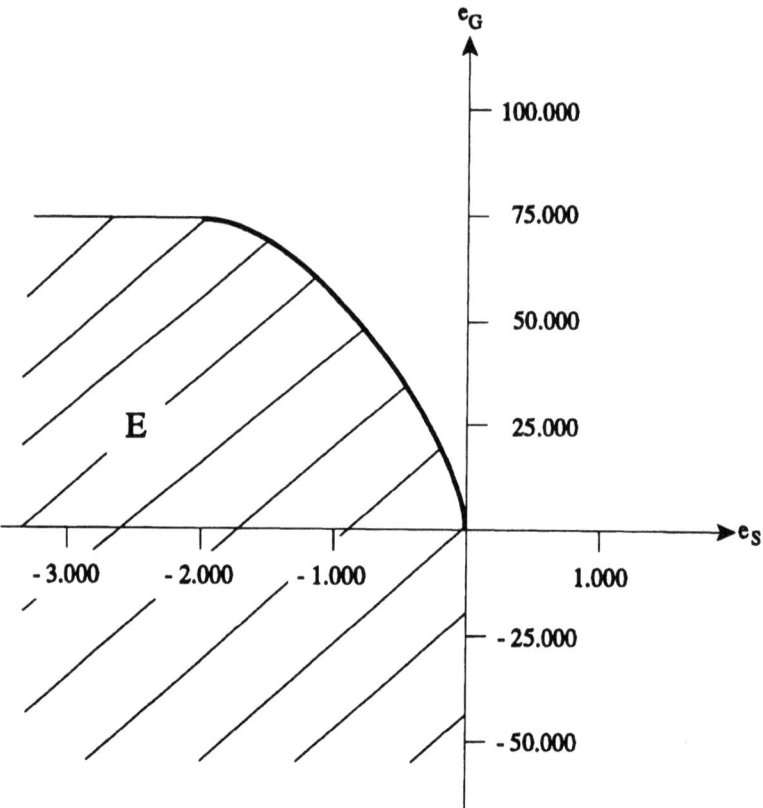

Abb. 5.2: Ergebnismenge im Gewinn-Schadstoff-Diagramm

5.2.2 Dominanz von Produktionen

Ein Ergebnis, das in Abb. 5.2 nicht auf dem fett gezeichneten Rand liegt, läßt sich stets dadurch verbessern, daß zu einer Produktion übergegangen wird, deren Ergebnis weiter rechts oder oben - man sagt auch „nordöstlich" - liegt. Ein derart verbesserbares Ergebnis und die zugrundeliegende Produktion heißen dominiert. Allgemein *dominiert* eine Produktion z^1 eine andere Produktion z^2, wenn für ihre Ergebnisse gilt:

$$e^1 = \mathcal{P}(z^1) \geq \mathcal{P}(z^2) = e^2 \quad \text{mit} \quad e^1 \neq e^2.$$

Die Verbindung des Dominanzbegriffs mit der Präferenz des Produzenten wird durch die folgende Implikation hergestellt:

$$z^1, z^2 \in T, \quad \mathcal{P}(z^1) \geq \mathcal{P}(z^2), \quad \mathcal{P}(z^1) \neq \mathcal{P}(z^2) \Rightarrow z^1 \succ z^2.$$

Demnach werden dominierende Produktionen stets dominierten vorgezogen. Formal liegt diesem Ansatz das Konzept des „Dominanzkegels" zugrunde (*Wolf 1989*). Die inhaltliche Bedeutung der Dominanz hängt dabei von der jeweiligen Ergebnisfunktion $\mathcal{P}$ ab.

5.3 „Normalfall": Ergebnisfunktion eines speziellen Typs

Um die Analyse nicht von vorneherein zu kompliziert zu gestalten, wird hier regelmäßig eine spezielle Präferenzannahme getroffen. Sie wird im folgenden Abschnitt definiert und als „Normalfall" bezeichnet. Im *Normalfall* ist die mehrdimensionale Ergebnisfunktion so spezifiziert, daß die Ergebnisvektoren nicht so sehr von den Produktionsvektoren abweichen: Ein (großer) Teil des Produktionsvektors bleibt unverändert, ein weiterer Teil wird lediglich mit -1 multipliziert, und der dritte Teil wird mit 0 multipliziert bzw. eliminiert.

5.3.1 Gut, Übel und Neutrum

Die κ beachteten Objektarten werden vom Produzenten in drei disjunkte, d.h. sich nicht überlappende Kategorien eingeteilt: *GUT*, *ÜBEL* und *NEUTRAL*, wobei die Anzahl der Güter- und Übelarten gleich ξ ist (mit $\xi \leq \kappa$). Objektarten der Kategorie *NEUTRAL* werden durch die Ergebnisfunktion unterdrückt, und für die beiden anderen Kategorien gilt nach geeigneter Neunumerierung:

$$e_l = \mathcal{P}_l(z) = z_l \quad \text{für} \quad l \in GUT$$

$$e_l = \mathcal{P}_l(z) = -z_l \quad \text{für} \quad l \in \ddot{U}BEL.$$

Beispiel 5.2: ❏
Der Produzent beachtet nur vier Objektarten, die er wie folgt beurteilt: $GUT = \{1, 2\}$, $\ddot{U}BEL = \{3\}$, $NEUTRAL = \{4\}$. Dann gilt für die beiden Aktivitäten $z^1 = (1; -2; 3; -4)$ und $z^2 = (1; -3; 4; 2)$: z^1 dominiert z^2 wegen:

$$e^1 = \mathcal{P}(z^1) = (1; -2; -3) \geq (1; -3; -4) = \mathcal{P}(z^2) = e^2, e^1 \neq e^2.$$ ■

Eine Produktion z^1 dominiert unter dieser Präferenzannahme eine andere Produktion z^2 also genau dann, wenn gilt (*Dyckhoff 1988*):

$$e_l^1 \geq e_l^2 \quad \text{für alle } l, \quad \text{d.h.} \quad z_l^1 \geq z_l^2 \quad \text{für alle } l \in GUT$$
$$z_l^1 \leq z_l^2 \quad \text{für alle } l \in \ddot{U}BEL,$$

und dabei in wenigstens einem Fall eine echte Ungleichung vorliegt.

Für Übelarten kehrt sich die Dominanzrichtung damit gegenüber den Güterarten um. In dem Input/Output-Diagramm einer Technologie drückt sich dies grafisch so aus, daß bessere Produktionen ceteris paribus bei Güterarten „nördlich" bzw. „östlich" und bei Übelarten „südlich" bzw. „westlich" liegen. Da Input ein negatives Vorzeichen besitzt, bedeutet das:

Es ist um so besser, wenn ceteris paribus bei Gütern der Output zu- oder der Input abnimmt bzw. umgekehrt bei Übeln der Output ab- oder der Input zunimmt, während die Quantitäten neutraler Objektarten keine Rolle spielen.

Beispiel 5.3: ❑

Setzt man in Beispiel 5.1 die Inputquantitäten fest zu: $z_A = -200$, $z_B = -450$, so ergibt sich die in Abb. 5.3(a) eingezeichnete Outputmöglichkeitenmenge. Falls der Produzent das Produkt R als Gut und den Schadstoff S als Übel beurteilt, so stellt die Abb. 5.3(b) den entsprechenden Schnitt durch die Ergebnismenge dar. Bessere Produktionen liegen im Output-Diagramm (a) jeweils in nordwestlicher, dagegen im zugehörigen Ergebnis-Diagramm (b) wie gehabt in nordöstlicher Richtung. ∎

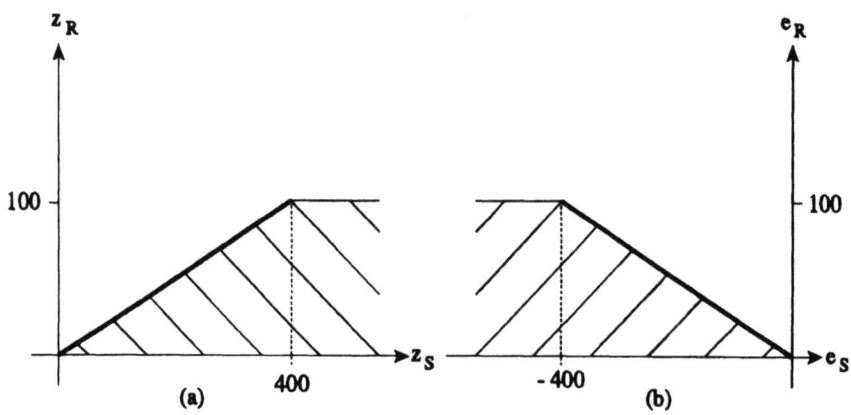

Abb. 5.3: (a) Output- und (b) Ergebnis-Diagramm zu Beispiel 5.3

5.3.2 Produkt, Redukt und Produktionsfaktor

Man kann demnach sagen, daß Güter (ceteris paribus) *erwünschte* und Übel *unerwünschte* Objekte sind, während der Produzent neutralen Objektarten gegenüber indifferent ist. Entsprechend gilt für die durch eine Produktion veränderten Potentiale der Objektarten: Erwünscht sind der Output an Gütern und der Input von Übeln, unerwünscht der Input von Gütern und der Output an Übeln, (a priori) belanglos sowohl Input wie auch Output der Neutra. Die Tab. 5.1 gibt eine Übersicht der unterschiedlichen Erwünschtheit der Objektveränderungen in einem Produktionsprozeß und legt gleichzeitig einige Bezeichnungen dieser verschiedenen Input- und Outputkategorien fest.

Für die Güter wird Input als Gutfaktor, Faktor im engeren Sinne oder - wenn keine Verwechslungsgefahr besteht - einfach als *Faktor* bezeichnet; erwünschter Output heißt entsprechend Gutprodukt, Produkt im engeren Sinne oder kurz *Produkt* oder auch *Erzeugnis*. Im weiteren Sinn ist jeder Output ein Produkt: Neutraler Output wird *Beiprodukt* und Übeloutput *Abprodukt* genannt. Auf der Inputseite wird ein neutrales Objekt analog zum Output als *Beifaktor* gekennzeichnet; ein Übelinput heißt *Redukt*.

Im weiteren Sinne könnte analog zu den Produkten jeder Input auch als Redukt bezeichnet werden, so wie in der Verfahrenstechnik die Ausgangsstoffe auch „Edukte" genannt werden (vgl. *Baerns et al. 1987*, S. 3). Hier wird der Begriff Redukt jedoch auf den erwünschten Input beschränkt. Eigentlich wäre dafür die Bezeichnung „Reduzendum" zutreffender. Aus Symmetriegründen zum erwünschten Output („Produkt") wird jedoch der Name „Redukt" vorgezogen.

Tab. 5.1: Input- und Outputkategorien

Objektkategorien Prozeßbezug	GUT	NEUTRUM	ÜBEL
INPUT	Faktor (i.e.S.)	Beifaktor	Redukt
OUTPUT	Produkt (i.e.S.)	Beiprodukt	Abprodukt

erwünscht — indifferent — unerwünscht

Redukte bilden neben den Produkten die zweite Kategorie durch Transformationen hervorgerufener, erwünschter Objektveränderungen (z.B. zu verbrennender Sondermüll). Es sind einige oder alle Produkte oder Redukte, weshalb der Transformationsprozeß ursprünglich überhaupt geplant und durchgeführt wird. Sie werden *Haupt-* oder *Finalprodukte* bzw. *-redukte* genannt (vgl. §1.4; auch Zweck- oder Zielprodukte bzw. -redukte). Die anderen Produkte oder Redukte sind erwünschte Nebenprodukte (Outputfaktoren) bzw. Inputfaktoren (Nebenredukte), die vom Produzenten gerne „in Kauf" genommen werden, ohne eigentliches Ziel des Betriebs des Produktionssystems zu sein (Betriebszweck). Wie in §1.3.3 festgestellt, handelt es sich im engeren Sinne nicht um einen Produktions-, sondern um einen Reduktionsprozeß - und damit um ein Reduktionssystem -, falls überwiegend Redukte den Betriebszweck bestimmen (z.B. Sondermüllverbrennungsanlage). Aus Gründen der sprachlichen Vereinfachung wird jedoch allgemein von Produktion im umfassenden Sinn geredet.

Auch bei weiter Begriffsfassung der Produktion sollen Redukte aber nicht zu den Produkten zählen. Allerdings könnte die mit der Vernichtung eines Übels (Redukt) untrennbar verknüpfte Dienstleistung als Produkt aufgefaßt werden. Letztlich ist es ein semantisches Problem und eine Frage der Zweckmäßigkeit, wie weit man den Begriff des Produkts faßt. Produkte im weiteren Sinn sind hier also außer den Hauptprodukten alle *Nebenprodukte*, d.h. die erwünschten Outputfaktoren, die (neutralen) Beiprodukte und die (unerwünschten) Abprodukte. Beiprodukte und Abprodukte zusammen ergeben den *Rückstand* einer Produktion. Anstelle von Rückstand spricht man auch von Residuum oder Rest. Rückstand kann aus physikalischer Sicht in unterschiedlichen materiellen oder energetischen Formen auftreten, z.B. als Reststoff, Restflüssigkeit, Restgas oder Restenergie. Im besonderen Fall der Abprodukte sind dann Bezeichnungen wie Abfall, Abwasser, Abluft, Abwärme geläufig. Neben der Abwärme sind weitere mögliche energetische Abprodukte die (Ab-) Strahlung, der Schall oder Erschütterungen. Abfall wird in der betriebswirtschaftlichen Literatur vielfach unabhängig von seiner konkreten Erscheinungsform gleichbedeutend mit den Abprodukten verwendet (vgl. *Müller 1991*; in der ostdeutschen Literatur ist die Bezeichnung Abprodukt schon länger geläufig, wenn auch mit teilweise verschiedenem Begriffsinhalt; vgl. *Bomba et al. 1989*).

Obwohl unerwünscht sind Faktoreinsätze normalerweise unverzichtbar, so wie Abprodukte in der Regel unvermeidlich sind. Andernfalls hätte man den „Stein der Weisen" gefunden, bzw. es würde sich um die Technologie eines „Schlaraffenlandes" handeln (vgl. §6.1.1). Auch der neutrale Input und Output kann ggf. unverzichtbar bzw. unvermeidlich sein. Alle Inputfaktoren und Nebenprodukte sind (im weitesten Sinne) Mittel zu dem Zweck, die Hauptprodukte zu erzeugen bzw. die Hauptredukte zu vernichten. Sie bilden *Produktionsfaktoren* und umfassen außer den Faktoren (im engeren Sinn) auf der Inputseite auch die Beifaktoren und die erwünschten Nebenredukte wie darüber hinaus auf der Outputseite die erwünschten Nebenprodukte, die Bei- und die Abprodukte.

(Gut-) Faktoren und Abprodukte werden als Produktionsfaktoren notgedrungen in Kauf genommen. Beifaktoren und Beiprodukte sind neutrale Produktionsfaktoren, an denen der Produzent kein originäres Interesse hat. Die in §4.2 definierten Durchsatz- oder Throughputfaktoren zählen ebenfalls zu den Produktionsfaktoren, indem sie als Steuergrößen und Nebenbedingungen das Zusammenwirken der anderen Produktionsfaktoren sowie der Hauptprodukte und Hauptredukte mitbestimmen. Im konkreten Fall kann es schwierig sein, Input-, Output- und Durchsatzfaktoren gegeneinander abzugrenzen.

5.3.3 Realer Aufwand und Ertrag

In der traditionellen Produktionstheorie heißt Input synonym auch Aufwand und Output auch Ertrag (vgl. *Wittmann 1968*, S. 2). Zum Ausdruck bringt es prägnant das „Ertragsgesetz", welches historisch den Ursprung der (volkswirtschaftlichen) Produktionstheorie bildet (vgl. §3.2.1).

Allerdings kennt die traditionelle ökonomische, insbesondere die betriebswirtschaftliche Theorie als „Objekte wirtschaftlichen Handelns" (*Kosiol 1972*, S. 108) auch nur die Güter. Zur Berücksichtigung der Objektkategorien ÜBEL und NEUTRAL erweist es sich als zweckmäßig, die Bezeichnungen Aufwand und Ertrag begrifflich von Input und Output zu unterscheiden, und zwar so, daß sie im speziellen Fall der traditionellen Theorie wieder zusammenfallen. Zur deutlichen Unterscheidung von den monetären (wertmäßigen) Begriffen des Externen Rechnungswesens soll von *realem* oder *mengenmäßigem Aufwand* und *Ertrag* gesprochen werden, wobei hier jedoch auf das Attribut „real" bzw. „mengenmäßig" verzichtet werden kann, da Mißverständnisse weitgehend ausgeschlossen sind.

(Realer) Aufwand ist somit jeder Input von Gütern, aber auch jeder Output an Übeln, (realer) Ertrag nicht nur jeder Output an Gütern, sondern auch jeder Input an Übeln; verkürzt geschrieben:

Aufwand	=	Gutinput und Übeloutput
	=	Faktoren (i.e.S.) und Abprodukte
Ertrag	=	Gutoutput und Übelinput
	=	Produkte (i.e.S.) und Redukte

Beispielsweise können bei einem mit Müll betriebenen Kraftwerk verbrauchtes Frischwasser und anfallendes Abwasser Aufwendungen sowie erzeugter Strom und verbrannter Müll Erträge sein. Produkte und Redukte bedeuten stets einen Ertrag, während Produktionsfaktoren mit Ausnahme der erwünschten Nebenprodukte und Nebenredukte entweder mit Aufwand verbunden (Faktoren und Abprodukte) oder aufwandneutral sind (Beifaktoren und -produkte).

Die Dominanz einer Produktion über eine andere beruht darauf, daß (real) keine geringeren Erträge und keine höheren Aufwendungen für die verschiedenen Objektarten resultieren und für wenigstens eine Objektart tatsächlich ein höherer Ertrag oder ein geringerer Aufwand gegeben ist; kürzer formuliert:

Es ist um so besser, wenn ceteris paribus der Ertrag zunimmt oder der Aufwand abnimmt.

5.3.4 Zur Allgemeinheit des Normalfalls

Die spezielle Ergebnisfunktion $\mathcal{P}$ des „Normalfalls" bildet den Input/Output-Vektor z in den Aufwand/Ertrag-Vektor $e = \mathcal{P}(z)$ als das Produktionsergebnis ab. Während bei z negative Zahlen einen Input und positive einen Output kennzeichnen, gilt dies bei e entsprechend für Aufwand und Ertrag. Bei einer reinen Güterbetrachtung, d.h. Vernachlässigung etwaiger Übel und Nichtbeachtung etwaiger Neutra, sind Aufwand und Ertrag identisch mit Input bzw. Output, d.h.: $e = \mathcal{P}(z) = z$. Es ist daher evident, daß trotz der Spezifität der obigen als Normalfall bezeichneten Präferenzannahme darauf aufbauende Analysen dennoch zu allgemeineren Aussagen als die traditionelle Theorie führen.

Andererseits muß deutlich vermerkt werden, daß die spezielle Präferenzannahme insofern restriktiv ist, als Objektarten durchgängig als gut, übel oder neutral eingestuft werden. Denn in vielen Fällen hängt die Nützlichkeit bzw. Schädlichkeit von Objektarten stark von den vorkommenden („abfallenden") Quantitäten ab (vgl. das Beispiel des REA-Gipses in §1.2).

Dieser Quantitätsabhängigkeit kann man jedoch häufig dadurch begegnen, daß die Analyse und damit auch der Realitätsbezug der Präferenzannahme auf einen für praktische Zwecke relevanten Teil der Technologie beschränkt werden (z.B. aufgrund gegebener Produktionsfaktorbeschränkungen). Sollte dennoch eine quantitätsabhängige Bewertung unumgänglich sein, so ist es wohl oft zweckmäßiger, unmittelbar auf die Präferenzen zurückzugreifen, am einfachsten in Gestalt einer Erfolgsfunktion.

5.4 Relativität und Subjektivität der Präferenzen

Die eventuelle Abhängigkeit der Beurteilung einer Objektart von ihrer verfügbaren Quantität ist nur ein, wenn auch wesentlicher Aspekt der generellen *Relativität* der Bewertung der Produktion. Sie ist in hohem Maß situationsbedingt, d.h. abhängig von Ort, Zeit und sonstigen Umständen, in der sich das betrachtete Produktionssystem befindet. An verschiedenen Orten, zu verschiedenen Zeiten oder bei anderweitig unterschiedlichen Bedingungen kann es zu - eventuell sogar extrem - verschiedenen Urteilen kommen. (Es handelt sich dann nämlich auch jeweils um andere Produktionssysteme und Umgebungen.)

Eng mit der Relativität zusammen hängt die *Subjektivität* der Beurteilung. Sie ist hier einzig und allein auf den Produzenten abgestellt, d.h. diejenige Person oder Instanz, die über die Aktivitäten des Produktionssystems entscheidet. Dem entspricht beispielsweise der subjektive Abfallbegriff des Abfallgesetzes der Bundesrepublik Deutschland: Abfälle sind „bewegliche Sachen, deren sich der Besitzer entledigen will" (§1 Abs.1 Satz 1 AbfG 1986; anders der objektive Begriff: „... oder deren geordnete Entsorgung zur Wahrung des Wohls der Allgemeinheit, insbesondere des Schutzes der Umwelt, geboten ist").

Die Sichtweise anderer Personen, insbesondere außenstehender und von den Produktionswirkungen betroffener, oder gar gesellschaftliche Normen sind unmittelbar ohne Belang. Mittelbar können sie dann Bedeutung haben, wenn sie auf die Steuerung des Produktionssystems durch den Produzenten Einfluß nehmen, sei es, daß sie Rahmenbedingungen setzen oder daß sie die Präferenzen des Produzenten verändern.

Die Relativität und Subjektivität der Beurteilung der Objekte wirtschaftlichen Handelns beruhen vornehmlich auch darauf, daß jedes Objekt grundsätzlich sowohl „gute" wie auch „üble" Aspekte aufweist - quasi wie die zwei Seiten einer Medaille (vgl. §1.2). Ein Auto wird zum Übel, wenn es schrottreif auf der Autobahn liegen bleibt, ein Grundstück, wenn auf ihm erhebliche Altlasten gefunden werden. Es hängt von den Präferenzen und situativen Gegebenheiten des Subjekts ab, ob die guten oder die üblen Aspekte überwiegen oder beide sich (im Rahmen gewisser Fühlbarkeitsschwellen) gerade ausgleichen. Beispiele von Objekten mit stark ambivalenten Beurteilungen sind Rauschgift und Plutonium.

Objekte können als Bündel von Verfügungsrechten und Verwendungsmöglichkeiten aufgefaßt werden, die untrennbar mit zugehörigen Verfügungspflichten (d.h. Rechten anderer Subjekte) und Verwendungszwängen verknüpft sind. Ein Gut zeichnet sich dadurch aus, daß der Produzent es in seiner Verfügungsgewalt haben möchte; ein Übel ist dagegen eine Last, d.h. ein Objekt, welches der Produzent aus seinem Verfügungsbereich entfernen möchte, um dafür keine Verantwortung übernehmen zu müssen.

Die Tatsache, daß Objekte als Gut oder Übel beurteilt werden, ist häufig dadurch bedingt, daß es dem Produzenten nicht ohne weiteres möglich ist, ein solches Objekt zu erhalten (Gut als knappes Objekt) bzw. abzugeben (Übel als hinderliches, schädliches Objekt); andernfalls wäre er indifferent oder würde es sogar vollkommen ignorieren. Neutrale Objekte finden in der Regel nur deshalb Beachtung, weil sie technisch oder organisatorisch eine Rolle für das Produktionssystem spielen (z.B. der Verschnitt eines Zuschneideprozesses); wirtschaftlich oder ökologisch sind sie in solchen Fällen aus Sicht des Produzenten oft vernachlässigbar (vgl. aber §6.3).

5.5 Externe Effekte und soziale Zusatz„kosten"

Die Definition der Kosten in der traditionellen Produktions- und Kostentheorie ist monetär orientiert (vgl. dazu *Fandel 1991a*, S. 219ff.). Für den pagatorischen Kostenbegriff liegt das auf der Hand, da er an die mit dem Verzehr von Gütern verbundenen Zahlungsströme anknüpft und auf den tatsächlich beobachtbaren Geldausgaben beruht. Weniger offensichtlich ist es für den üblichen „*wertmäßigen*" *Kostenbegriff*. Dieser im wesentlichen auf *Schmalenbach (1925)* zurückgehende Begriff zielt auf eine entscheidungsorientierte Bewertung des Güterverzehrs im Unternehmen ab. Wertansatz für den Faktoreinsatz bildet demzufolge eigentlich das (Grenz-) Nutzenkonzept, wodurch es gelingen soll, knappe Faktoren denjenigen Verwendungsmöglichkeiten zuzuführen, die gemäß den unternehmerischen Zielvorstellungen optimal sind. Das „Dilemma der Kostenbewertung" ergibt sich nun daraus, daß man die wertmäßigen Kosten erst kennt, wenn man die optimale Produktion schon ermittelt hat und sie dann aber überflüssig sind. Um diesem Dilemma zu entgehen, nimmt man der Einfachheit halber vollkommene Märkte mit vollständiger Konkurrenz für alle Faktoren an, verbunden mit der Unterstellung, die dort zu beobachtenden Preise würden in etwa die Grenznutzen der Faktoren widerspiegeln. Als Bewertungsmaßstab für einen Faktor wird der - in der Regel als konstant und positiv angenommene - Wiederbeschaffungspreis auf dem Beschaffungsmarkt gewählt. Er ist von daher monetär orientiert.

Die traditionelle Kostentheorie gründet somit nur auf solchen Kosten, die auf Zahlungen für die Beschaffung der Faktoren zurückführbar sind. In der mengenmäßigen Produktionstheorie werden konsequent auch nur diejenigen Faktoren beachtet, welche Kosten hervorrufen, sei es direkt bei der Beschaffung oder indirekt (als „Opportunitätskosten") wegen ihrer Knappheit aufgrund irgendwelcher Beschränkungen (vgl. §9.5.2). Die traditionelle Theorie vernachlässigt auf diese Weise alle Inputobjekte, für die keine Marktpreise existieren und die aus subjektiver, betrieblicher Sicht nicht knapp sind (*Strebel 1981*). Das Gleiche trifft auch für die Outputseite zu. Sie berücksichtigt somit von sich aus keine „externen Effekte" der Produktion.

Externe Effekte oder Externalitäten sind solche Wirkungen einer Aktivität, die die Produktions- oder Konsummöglichkeiten anderer Akteure in der Umgebung des Produktionssystems verändern, ohne daß sich dies vollständig und ausschließlich in relativen (Markt-) Preisen niederschlägt. Es sind direkte Beeinflussungen des Nutzens anderer Subjekte gewissermaßen am Preissystem vorbei, die deshalb durch den Preismechanismus auf Märkten auch nicht koordiniert werden können (*Weimann 1991*, S. 19). Externe Effekte können den Nutzen der anderen Subjekte steigern oder senken und werden dementsprechend als *positiv* bzw. *negativ* bezeichnet. Negative externe Effekte heißen auch „*externe Kosten*" oder „*soziale Zusatzkosten*" (*Roth 1992*, S. 162). Ein typisches Beispiel sind die von einer Produktion verursachten Veränderungen in der Natur, wenn sie von der Gesellschaft als schädlich angesehen werden.

Soweit im Zielsystem des Produzenten externe Effekte keine Rolle spielen, werden sie für ihn erst dadurch zu einem Aufwand oder Ertrag, d.h. einer Beeinflussung des Produktionsergebnisses, wenn die Gesellschaft die Rahmenbedingungen der Produktion so verändert, daß die externen Kosten (oder analog Leistungen) *internalisiert* werden. Dies kann durch zielwirksame staatliche Maßnahmen oder durch gesetzliche Beschränkungen der Produktionsmöglichkeiten erreicht werden. So wirken sich eine Abwasser- oder eine Abfallabgabe direkt auf das Gewinnziel der Unternehmung aus, während Emissionsgrenzwerte zu einer künstlich hervorgerufenen Verknappung des Produktionsfaktors Natur und damit über Opportunitätskosten zu einem internen Aufwand für die Nutzung dieses externen Faktors führen. Abwasser- und Abfallabgaben rufen als mit einem negativen Preis bewerteter, betriebszweckbedingter Output unmittelbar interne Kosten des Produzenten hervor.

Negative Preise sind auch schon in der traditionellen ökonomischen Theorie zugelassen (z.B. *Debreu 1976*) und ebenso wie künstliche Produktionsschranken nichts grundsätzlich Neues. Charakteristisch für die traditionelle Theorie ist aber die Prämisse eines gewinnmaximierenden bzw. spezieller kostenminimierenden Produzenten, wobei Gewinn und Kosten sich aus der

Bewertung der Güterquantitäten mit monetären Preisen ergeben. Andere Zielvorstellungen des Produzenten sind nicht zugelassen. *Strebel (1989, S. 87f.)* fordert deshalb, „das bisher unvollständige Bild ... auf den gesamten notwendigen Input und den gesamten entstehenden Output [zu erweitern] und nicht nur die mit Marktpreisen bewerteten Inputs und die traditionellen Sachziele der Produktion [zu beachten]". Wenn es stimmen sollte, daß Unternehmungen mit einer aktiven bzw. offensiven Umweltpolitik den Umweltschutz tatsächlich in den Rang eines mit dem Gewinnziel konkurrierenden Fundamentalziels erheben („Formalziel"; vgl. u.a. *Picot 1977, Frese/Kloock 1989, Raffée et al. 1992, Meffert/Kirchgeorg 1993*), dann muß eine ökonomische Theorie, die ein daraus folgendes Verhalten der Unternehmungen erklären oder ein solchen Zielen entsprechendes Verhalten gestalten helfen will, auch offen für andere Ziele sein.

Der allgemeinste, hier verfolgte Ansatz ist der der Nutzenmaximierung durch den Produzenten, wobei die Nutzenfunktion nicht spezifiziert ist und beliebige ökonomische, ökologische oder soziale Ziele für den Produzenten zuläßt. Insofern stellt er eine konsequente Verallgemeinerung und Anwendung der entscheidungsorientierten Bewertung nach *Schmalenbach (1925)* dar. Im übrigen sind Übel („undesired commodities") schon von *Koopmans (1951, S. 38f.)* in einer Fußnote erwähnt und als unerwünschter Output (nicht Input!) von *Shephard (1970)* und *Bol (1973)* am Rande behandelt worden.

Literaturhinweise zu §5

Adam 1993; Brockhoff 1982; Bunde/Zimmermann 1989; Dellmann 1980; Dyckhoff 1992; Engels 1962; Fuchs/Klose/Kramer 1991; Immler 1989; Kloock 1993; Müller 1991; Picot 1977; Raffée et al. 1992; Roth 1992; Schaltegger/Sturm 1992; Staehle/Nork 1992; Stähler 1992; Strebel 1978, 1980, 1981; Wagner 1990a, 1992

Wichtige Begriffe und Aussagen in §5

Erfolgsfunktion, Ergebnisfunktion; Dominanz; Normalfall; Input- und Outputkategorien; Produktionsfaktoren; realer Aufwand und Ertrag; Relativität und Subjektivität der Präferenzen

Wiederholungsfragen zu §5

1) Worin unterscheiden sich Produktions- und Ergebnisvektor einer Produktion?
2) Wann dominiert eine Produktion z^1 eine andere Produktion z^2? Was kann man in diesem Fall über die Präferenz des Produzenten bzgl. beider Produktionen sagen?
3) Was ist die als Normalfall bezeichnete Ergebnisfunktion! Welche Auswirkungen hat diese spezielle Ergebnisfunktion auf die Definition des Dominanzbegriffes?
4) Was ist der Unterschied zwischen den Objektkategorien Gut, Übel und Neutral?
5) Welchen Erwünschtheitsgrad weisen Input und Output eines Gutes, eines Übels und eines Neutrums auf? In welchem Zusammenhang stehen die Begriffe „Faktor (i.e.S.)", „Redukt", „Produkt" und „Abprodukt"?
6) Was versteht man unter den Begriffen realer bzw. mengenmäßiger Aufwand und Ertrag? Welche Objektkategorien fallen jeweils unter diese Begriffe? Wie lautet die Dominanzdefinition mit den Begriffen (realer) Aufwand und Ertrag?
7) Warum sind die Präferenzen bzgl. verschiedener Objektarten sowohl subjektiv als auch relativ? Von welchen Umständen hängt dabei die Relativität ab?

Paragraph 6
Eigenschaften der Technologie und ihrer Ergebnisse

Die Technologie ist in §4 als die Menge der aus technischer und organisatorischer Sicht grundsätzlich möglichen Produktionen eines Produktionssystems innerhalb einer Produktionsperiode definiert worden. Im Falle der hier zugrunde gelegten Flußversion (Netto-Prinzip; vgl. §4.5.3) ist sie formal eine Teilmenge des κ-dimensionalen reellen Zahlenraumes der beachteten Objektarten (Objektraum), d.h. $T \subset \mathbb{R}^\kappa$. Für den Normalfall des §5.3, der im folgenden unterstellt ist, ist die zugehörige Ergebnismenge eine Teilmenge des ξ-dimensionalen reellen Zahlenraumes der Güter- und Übelarten (Ergebnisraum), d.h. $E \subset \mathbb{R}^\xi$.

Nicht jede Teilmenge des $\mathbb{R}^\kappa$ bzw. $\mathbb{R}^\xi$ stellt jedoch eine Technologie bzw. Ergebnismenge dar. Einige Anforderungen an die Gestalt solcher Mengen ergeben sich unmittelbar aus naturgesetzlichen Gegebenheiten, andere resultieren aus Plausibilitätsüberlegungen ökonomischer Art. Eine entscheidende Rolle spielen dabei die Sichtweise und Präferenzen des Produzenten, d.h. die Art und Weise, wie er die Realität des Produktionssystems wahrnimmt und beurteilt (vgl. §2.2.4 und §5.4).

Trotz mancher kritischer Anmerkungen lassen sich einige Eigenschaften von Technologien und mehr noch ihrer Ergebnismengen dennoch als so grundlegend und allgemein kennzeichnen, daß sie hier von jeder Technologie bzw. ihrer zugehörigen Ergebnismenge vorausgesetzt werden. Davon zu unterscheiden sind zum einen spezielle Eigenschaften, die nur für besondere Technologieformen Geltung beanspruchen, sowie zum anderen bestimmte Veränderungen von Technologie- bzw. Ergebnismengen. Diese ergeben sich aus den Anforderungen und Bedingungen einer konkreten, aktuellen Entscheidungssituation und führen so zu Beschränkungen der zulässigen Produktionsmöglichkeiten, wie z.B. vom Produzenten vorab eingegangene Lieferverpflichtungen für bestimmte Produkte.

6.1 Grundannahmen

Wie schon erwähnt läßt sich selbst an den als grundlegend gekennzeichneten Eigenschaften Kritik üben, so daß es letztlich eine Frage der Zweckmäßigkeit ist, welche Annahmen getroffen werden. Hier sollen zwei Gruppen von Grundannahmen unterschiedlicher Priorität bzw. Akzeptabilität vorgestellt werden. Einige dieser Grundannahmen sind neuartig und stehen in diametralem Gegensatz zu den in der Literatur bisher üblichen.

6.1.1 Unmöglichkeit eines Schlaraffenlandes

Die beiden ersten Grundannahmen sind eng angelehnt an Naturgesetze, nämlich an die von *Rudolf Clausius* ca. 1865 aufgestellten beiden ersten Hauptsätze der Thermodynamik: der Energieerhaltungssatz und das Entropiegesetz (vgl. *Georgescu-Roegen 1971*, S. 129, *Faber/*

Niemes/Stephan 1983, S. 3). In Verbindung mit dem von *Einstein* formulierten Äquivalenzprinzip für Energie und Materie (präziser: Masse) gemäß der Gleichung

Energie = Masse · (Lichtgeschwindigkeit)²

handelt es sich bei dem Ersten Hauptsatz um einen umfassenden *Erhaltungssatz für Materie und Energie* in Erweiterung des Massenerhaltungssatzes der klassischen Mechanik (vgl. *Georgescu-Roegen 1971*, S. 5). Da im Unterschied zu den Kernfusionsprozessen in der Sonne auf der Erde Umwandlungen von Materie in Energie oder umgekehrt nur eine untergeordnete Rolle spielen und die Masse der (nicht-materiellen) Energie in üblichen Produktionsprozessen vernachlässigbar gering ist, können praktisch zwei separate Erhaltungssätze aufgestellt werden, einer für die Materie und ein zweiter für die Energie. Sie bilden die physikalische Grundlage für die in der Umweltökonomik formulierten Material-(Stoff-) bzw. Energiebilanzen (vgl. *Ayres 1978*, *Strebel 1992*), die wiederum nichts anderes sind als eine spezielle Art von Input/Output-Vektoren, wie sie in §4.2 definiert wurden.

So gesehen besagt der Erste Hauptsatz der Thermodynamik, daß in einem geschlossenen (Produktions-) System Materie bzw. Energie weder zu- noch abnehmen kann. Unter der Voraussetzung, daß die gesamte an der Produktion beteiligte Materie und Energie durch die κ beachteten Objektarten erfaßt sind, muß zwangsläufig gelten:

(T1a) Kein Output ohne Input: $T \cap \mathbb{R}^{\kappa}_{+} \subset \{0\}$

(T1b) Kein Input ohne Output: $T \cap \mathbb{R}^{\kappa}_{-} \subset \{0\}$.

Demnach sind Input/Output-Vektoren nicht möglich, die - mit Ausnahme des Null-Vektors, dem *Stillstand* $z = 0 = (0, 0, ..., 0)$ - nur aus nichtnegativen oder nur aus nichtpositiven Zahlen bestehen. Um ein Produkt zu erzeugen, bedarf es eines Input, und umgekehrt führt Faktoreinsatz stets zu einer Ausbringung. Entscheidend ist allerdings die oben genannte Voraussetzung! Beachtet man nicht alle Objektarten, so sind durchaus reine Output- oder reine Input-Vektoren denkbar. Die in §4.3 definierten Output- und Inputmöglichkeitenmengen stellen solche Mengen dar. Aus physikalischer Sicht handelt es sich dann immer um (Aus-) Schnitte oder Projektionen einer höher dimensionalen Technologie, die durch die mangelnde explizite Beachtung bestimmter Objektarten entstehen.

Hier zeigt sich schon bei der ersten Grundannahme ein gravierender Unterschied zwischen naturwissenschaftlicher und ökonomischer Theorie. Es wird in der Regel nämlich für den Produzenten entweder praktisch unmöglich oder zumindest kaum zweckmäßig oder von geringem Interesse sein, tatsächlich alle an einem Produktionsprozeß beteiligte Materie und Energie explizit zu beachten. Umgekehrt gibt es Objektarten wie beispielsweise Informationen und Rechte, die nicht materieller oder energetischer Natur sind und somit den Hauptsätzen der Thermodynamik nur bedingt unterliegen, aber dennoch als Input oder Output an Produktionsprozessen nicht nur beteiligt, sondern sogar von wesentlicher Bedeutung sind. In besonderem Maße trifft dies bei der Dienstleistungserstellung zu.

Die Grundannahmen *T1a* und *T1b* sind deshalb nicht zwingend für ökonomische Analysen. Wenn sie trotzdem aufrecht erhalten werden, so geschieht es aus drei Gründen: Zum einen soll damit betont werden, daß ökonomische Analysen naturgesetzliche Gegebenheiten prinzipiell in ihre Überlegungen einbeziehen müssen; zum zweiten wird mit *T1b* bewußt ein Gegensatz zu anderen in der Literatur üblichen Grundannahmen formuliert, der in §6.1.5

noch diskutiert werden wird; und drittens ist dies überhaupt möglich, weil es aus ökonomischer Sicht weniger auf die Gestalt der Technologie als auf die der zugehörigen Ergebnismenge ankommt.

Für die Ergebnismenge $E = \mathcal{P}(T)$ hat der Erste Hauptsatz der Thermodynamik deshalb eine geringere Bedeutung, weil nicht nur verschiedene Materie- und Energiearten vom Produzenten unbeachtet bleiben, sondern darüber hinaus weitere als neutral (im Sinne von §5.3.1) erklärt und damit auf der Ergebnisebene ignoriert werden, z.B. häufig der Sauerstoff in der Luft, die Abwärme oder andere ohne Aufwand zu beziehende Inputfaktoren bzw. zu beseitigende Emissionen. Die Ursache für eine zu $T1a$ analoge Grundannahme ist somit hauptsächlich ökonomischer Art.

(E1) Kein Ertrag ohne Aufwand: $E \cap \mathbb{R}_+^\xi \subset \{0\}$.

Die Forderung kann auch als „*Kein Schlaraffenland!*" bezeichnet werden. Den Namen verwendet man in der traditionellen Theorie ohne Übel und Neutra für $T1a$ mit Bezug auf das ursprüngliche Postulat C bei *Koopmans (1951*: „Impossibility of the Land of Cockaigne"), des Begründers der Aktivitätsanalyse. In dem dort behandelten Spezialfall nur mit Gütern („desired commodities" nach *Koopmans 1951*, S. 38) ist aber wegen $\mathcal{P}(T) = T$ jeder Output ein Ertrag und jeder Input ein Aufwand, so daß $T1a$ und $E1$ übereinstimmen. Die Berechtigung für $E1$ liegt in der ökonomischen Perspektive, für die „Schlaraffenländer", d.h. Technologien, mit denen Erträge erzielt werden können, ohne dafür Aufwand betreiben zu müssen, kein Erkenntnisgegenstand sind. (Damit ist nicht behauptet, daß es solche Technologien aus subjektiver Sicht einzelner Individuen nicht geben könne.) Umgekehrt wäre eine zu $T1b$ analoge Forderung „Kein Aufwand ohne Ertrag" ökonomisch nicht plausibel. Das folgende Beispiel zeigt, daß die Grundannahmen $T1a$ und $T1b$ bei entsprechender Definition von Gütern und Übeln nicht in Widerspruch zur Annahme $E1$ stehen.

Beispiel 6.1: ◻

Es sei folgende Technologie betrachtet:

$T = \{ (-2R;\ -0{,}5R;\ -0{,}5R;\ -3{,}5R;\ R;\ 0{,}5R;\ 5R) \mid R \geq 0 \}$

Näherungsweise wird mit T die Stoffbilanz eines Prozesses der Roheisenverhüttung dargestellt, bei dem pro Tonne Roheisen ($R = 1$) 2t Eisenerz, je 0,5t Kohle bzw. Zuschlag und 3,5t Luft verbraucht werden sowie neben dem Roheisen 0,5t Schlacke und 5t Gichtgas anfallen. Die Technologie genügt dem Massenerhaltungsprinzip (je 6,5t Input und Output pro Tonne erzeugten Roheisens) und damit insbesondere den Grundannahmen $T1a$ und $T1b$. Andere als die sieben genannten Objektarten werden nicht beachtet. Kann der Produzent die gasförmigen Materialien ohne finanzielle Entschädigung oder sonstigen Aufwand der Umgebung entnehmen bzw. sie an sie abgeben, während für die Beschaffung des Erzes, der Kohle und des Zuschlags sowie für die Beseitigung der Schlacke ein nicht vernachlässigbarer Aufwand zu treiben ist, so sei angenommen, daß bei rein „ökonomischer" Sichtweise Eisenerz, Kohle, Zuschlag und Roheisen zu den Gütern, Schlacke zu den Übeln sowie Luft und Gichtgas zu den Neutra rechnen. Die zu T gehörige Ergebnismenge stellt sich dann wie folgt dar:

$E = \{(-2R;\ -0{,}5R;\ -0{,}5R;\ R;\ -0{,}5R) \mid R \geq 0\}$

Ertrag ist somit einzig und allein das erzeugte Roheisen; für jede Tonne Ertrag muß ein Aufwand von 3,5 t betrieben werden (3 t Input und 0,5 t Output), so daß *E1* erfüllt ist. Bei einer „ökologischen" Sichtweise des Produzenten würden auch die Luft und das Gichtgas zum (realen) Aufwand gezählt. ∎

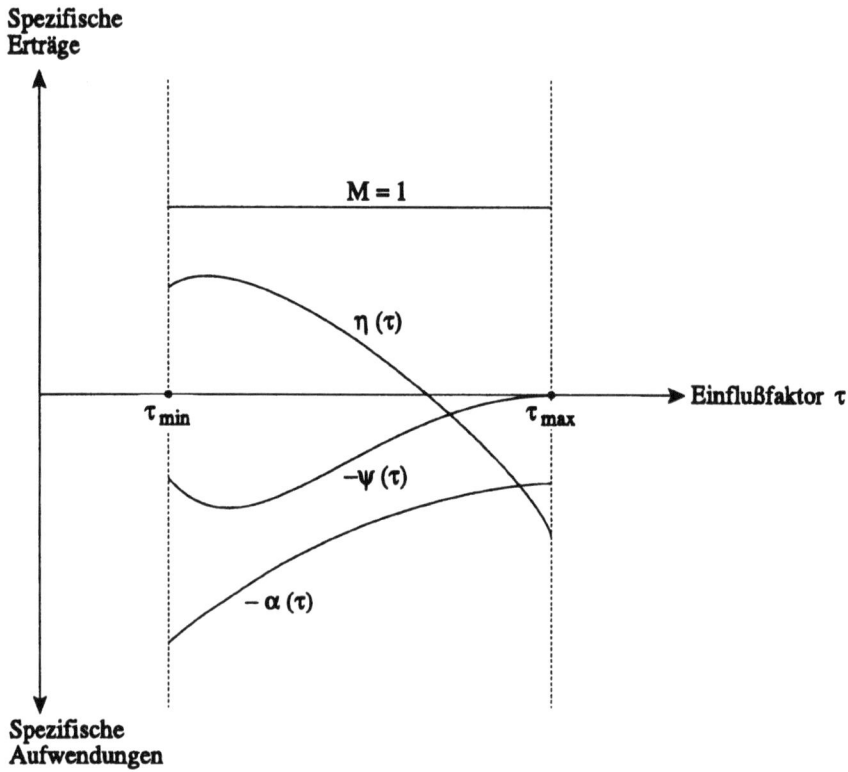

Abb. 6.1: Spezifische Ertrags- bzw. Aufwandsverläufe

Beispiel 6.2: ❑
Für den Betreiber einer Müllverbrennungsanlage sei im Hinblick auf eine bestimmte Entscheidungssituation die Nutzenergiebilanz des Verbrennungsprozesses im Vergleich zur erzielten volumenorientierten Verminderung der Feststoffe und dem Anfall an Giftstoffen von Interesse. Bezogen auf eine Quantitätseinheit Müll ($M = 1$) ist eine Restquantität α an Feststoffen (Asche) und eine Nettoerzeugung η an Nutzenergie erreichbar; beide spezifischen Werte hängen von der Verbrennungstemperatur τ als betrieblicher Einflußgröße ab. Die Energiebilanz ist bei niedriger Temperatur positiv ($\eta > 0$), bei hoher jedoch negativ ($\eta < 0$), weil dann mehr Energie eingesetzt werden muß als erzeugt wird. Allerdings fallen bei niedrigeren Temperaturen stark giftige Substanzen an (z.B. Dioxin), und zwar relativ

§6 Eigenschaften der Technologie und ihrer Ergebnisse

zur Quantität Müll in der spezifischen Höhe ψ. Die bei diesem Blickwinkel interessierende Technologie hat folgende allgemeine Gestalt:

$$T = \{ (-M, \alpha(\tau)M, \eta(\tau)M, \psi(\tau)M) \mid M \geq 0, \tau_{min} \leq \tau \leq \tau_{max} \},$$

wobei $\alpha(\tau) \geq 0$, $\eta(\tau) \in \mathbb{R}$, $\psi(\tau) \geq 0$ bestimmte, hier nicht näher konkretisierte Funktionen sind. Andere als die vier genannten Objektarten werden nicht beachtet. Die Technologie erfüllt beide Bedingungen *T1a* und *T1b* (*T1a* jedoch nicht mehr, wenn man die Objektart Müll als Input nicht beachten würde). Mit der Nutzenergie als einzigem Gut und den anderen drei beachteten Objektarten als Übeln ergibt sich folgende Ergebnismenge:

$$E = \{ (1, -\alpha(\tau), \eta(\tau), -\psi(\tau)) \cdot M \mid M \geq 0, \tau_{min} \leq \tau \leq \tau_{max} \}$$

Die vernichtete Müllquantität ist als erwünschter Input (Redukt) ein Ertrag, der Anfall an Asche und eventuell Giften als unerwünschter Output (Abprodukte) ein Aufwand; der Nutzenergiesaldo bildet bei einem Überschuß ($\eta > 0$) netto einen Ertrag - da erwünscht -, bei einem Defizit ($\eta < 0$) einen Aufwand - da unerwünscht. Die Grundannahme *E1* ist also auch erfüllt. Die Abb. 6.1 skizziert beispielhaft (fiktive) Verläufe der spezifischen Erträge oder Aufwendungen je eingesetzter Quantitätseinheit Müll in Abhängigkeit von der Temperatur. ■

Eine Technologie, die den Grundannahmen *T1a* und *T1b* genügt, könnte dennoch ein Schlaraffenland darstellen, dann nämlich, wenn der Input nur aus Übeln und der Output nur aus Gütern bestünde. Die Grundannahme *E1* schließt das aus.

6.1.2 Irreversibilität der Produktion

Umfassen die beachteten Objektarten alle an der Produktion beteiligte Energie und Materie, so besagt der Zweite Hauptsatz der Thermodynamik, auch Entropiegesetz genannt, daß innerhalb des Produktionssystems selbständig ablaufende Produktionsprozesse nicht umgekehrt werden können, d.h. irreversibel sind. Eine Umkehrung würde bedeuten, daß Input zu Output und Output zu Input würde, formal also ein Input/Output-Vektor mit -1 multipliziert würde. Der einzige umkehrbare Produktionsprozeß, so er zur Technologie gehört, ist als trivialer Prozeß der Stillstand $z = 0$:

(T2) *Input/Output-Irreversibilität*: $T \cap (-T) \subset \{0\}$.

Obwohl schon *Koopmans (1951)* diese Forderung als sein Postulat A aufgestellt hatte, hat erst *Georgescu-Roegen (1971)* die eigentliche Pionierarbeit geleistet, das Entropiegesetz in ökonomischen Zusammenhängen gründlich zu untersuchen. Er kritisiert die ökonomische Theorie, die bis heute durch das „mechanistische" Weltbild der Physik des Neunzehnten Jahrhunderts geprägt ist und die Weiterentwicklung der damaligen deterministischen Mechanik zur statistischen Mechanik der Thermodynamik des Zwanzigsten Jahrhunderts nicht wahrgenommen hat. Ohne Gültigkeit des Entropiegesetzes wären alle physikalischen Prozesse umkehrbar und gäbe es das Perpetuum Mobile. Erst dieses Gesetz verleiht der Zeit ihre eindeutige Richtung. *Georgescu-Roegen* bezeichnet es als das „ökonomischste" aller Naturgesetze. *Faber/Niemes/Stephan (1983*, S. 3) formulieren es so:

„Jeder realen wirtschaftlichen Aktivität liegt ein physikalischer Vorgang zugrunde, der die freie Energie verringert. Nur über diese kann der Mensch verfügen. Aufgrund des ersten Hauptsatzes kann Energie zwar weder erzeugt noch vernichtet werden, aber wegen des zweiten Hauptsatzes verringert sich in einem abgeschlossenen thermodynamischen System die freie, verfügbare Energie, und damit nimmt die nichtverfügbare Energie zu.

Ein Maß für diese nichtverfügbare Energie ist die Entropie des Systems. Man sagt auch, freie Energie entspricht niedriger Entropie: Bei jedem physikalischen Vorgang, zu denen ja auch die biologischen Vorgänge gehören, dissipiert eine Teilmenge der freien Energie. Sie ist für den Menschen nicht mehr verfügbar, das heißt, sie ist im System gebunden. Niedrige Entropie verwandelt sich somit stetig in hohe Entropie. Dieser Vorgang hält so lange an, bis die gesamte freie Energie eines Systems dissipiert und damit in gebundene Energie übergegangen ist. Ist dieser Zustand erreicht, dann ist das System im thermodynamischen Gleichgewicht. Handelt es sich dabei um Wärmeenergie, so bedeutet dieser Vorgang, daß nach seiner Beendigung überall im System die gleiche Temperatur herrscht. Es besteht somit keine Möglichkeit mehr, Wärme in Arbeit umzuwandeln.

Die Dissipation von freier Energie gibt einen Hinweis darauf, daß Entropie auch als ein Ordnungszustand interpretiert werden kann. Ist der Betrag an freier Energie (niedriger Entropiezustand) groß, dann ist der Ordnungszustand im System hoch. Beispiele dafür sind große Vorkommen von Kohle, Öl und Gas mit hohen Konzentrationen (niedrige Entropie)..."

Die Interpretation von Entropie als ein statistisches Maß für die Ordnung eines Systems erlaubt es, diesen Begriff auch auf andere, insbesondere ökonomische Zusammenhänge zu übertragen, die nicht unmittelbar materiell-energetischer Natur sind. *Georgescu-Roegen (1971)* spricht davon, daß es sich beim Leben in der Natur wie in der Ökonomie im Kern um einen Wettbewerb um Objekte möglichst niedriger Entropie handelt, die sich die verschiedenen Lebensformen (Organisationen) aneignen und für sich nutzbar machen wollen. Produktion wie auch Konsumtion (und Reduktion als Produktion im weiteren Sinne) bedeuten stets einen unwiederbringlichen *Verbrauch* an niedriger Entropie, die in Objekte höherer Entropie umgewandelt wird. Produktion kann deshalb nur stattfinden, weil dem Produktionssystem aus seiner Umgebung Objekte mit niedriger Entropie zugeführt werden. (Für den Planeten Erde als „Superproduktionssystem" handelt es sich hauptsächlich um die ständige Zuführung der Sonnenenergie.)

Wesentlich für die naturgesetzliche Gültigkeit von *T2* ist die erwähnte Vollständigkeit der Objektarten. Werden nicht alle Energie und Materie als Objektarten beachtet, so braucht *T2* aus naturgesetzlicher Sicht nicht mehr zu gelten. Beispielsweise ist es denkbar, einen Gegenstand in einem Produktionssystem zu montieren und wieder zu demontieren. Dies sind reversible Prozesse, sofern der dazu notwendige Aufwand (im zuvor definierten realen Sinn, z.B. Arbeitszeit, Energie, Abwärme oder Betriebsmittelverschleiß) vernachlässigt wird. Da ökonomische Modellbildung zweckorientiert und hier unter dem Blickwinkel des Produzenten als dem betrachteten Wirtschaftssubjekt erfolgt (vgl. §2), sind derartige Abweichungen und Verzerrungen bei der Abbildung der physikalischen Realität prinzipiell möglich. Insbesondere wäre es zulässig, Reversibilität in bezug auf die Ergebnismenge zu erlauben. Wenn im folgenden dennoch allgemein von Irreversibilität ausgegangen wird, so hat das den ökonomischen Hintergrund, daß reversible Prozesse praktisch ohne Bedeutung sind.

(E2) Aufwand/Ertrag-Irreversibilität: $E \cap (-E) \subset \{0\}$.

Formal besagen *T2* und *E2*, daß es keine Technologie oder Ergebnismenge gibt, bei der ein Input/Output-Vektor $z \neq 0$ bzw. ein Aufwand/Ertrag-Vektor $e \neq 0$ existiert, dessen Negation $-z$ bzw. $-e$ ebenfalls ein Element der Technologie bzw. Ergebnismenge ist. Für alle bisherigen Beispiele (der §§4-6) trifft das zu. Andernfalls wäre durch die Kombination beider Aktivitäten ein Perpetuum Mobile konstruiert: $z + (-z) = 0$ bzw. $e + (-e) = 0$.

6.1.3 Möglichkeit ertragreicher Produktion

Außer *T1a* und *T2* hat *Koopmans (1951)* mit seinem Postulat B explizit noch eine dritte Forderung aufgestellt, nach der jede Technologie wenigstens eine Aktivität enthält, bei der auch ein Output erzeugt wird. Sie sollte zum einen die trivialen Fälle ausschließen, daß die Technologie nur aus dem Stillstand bestünde ($T = \{0\}$) oder sogar leer wäre ($T = \emptyset$), d.h. nicht einmal Nichtstun möglich wäre. Beide Fälle sind in der Tat bisher nicht verboten. Zum anderen sollte die postulierte nichttriviale Aktivität nach *Koopmans* auch einen Output erzeugen, d.h. nicht nur aus Input bestehen. Letzteres ist hier aber schon wegen *T1b* ausgeschlossen, so daß lediglich noch der erste Aspekt von Bedeutung ist.

(T3) Möglichkeit nichttrivialer Produktion: $T \setminus \{0\} \neq \emptyset$.

Da die traditionelle Produktionstheorie nur Güter beachtet, verhinderte *Koopmans'* Postulat B gleichzeitig, daß die Technologie andernfalls „nur Güterveernichtung oder den trivialen Fall des Stillstands ... darstellt" (*Wittmann 1968*, S. 5). Damit sollte also auch sichergestellt werden, daß Gütererzeugung möglich ist. Bei Erweiterung der Theorie um Übel und Neutra ist jedoch außer dem Output an Gütern ebenfalls der Input von Übeln (zwecks Entsorgung) von Interesse. Mit anderen Worten: Es soll bei wenigstens einer Produktion ein Ertrag möglich sein, sei es ein Gutoutput oder ein Übelinput.

(E3) Möglichkeit ertragreicher Produktion: $E \setminus \mathbb{R}_{-}^{\xi} \neq \emptyset$.

Im Unterschied zu den vorangehenden Grundannahmen impliziert *E3* aufgrund der speziellen Präferenzannahme des Normalfalls gemäß §5.3 in diesem Fall *T3*, so daß *T3* eigentlich nicht gesondert gefordert werden müßte. Formal bedeutet *E3* die Existenz mindestens eines Ergebnisvektors e mit mindestens einem positiven Element $e_i > 0$.

6.1.4 Abgeschlossenheit der Produktion

Über seine drei expliziten Postulate hinaus sind bei *Koopmans' (1951)* rein linearer Aktivitätsanalyse noch weitere Annahmen implizit getroffen, von denen eine, nämlich die Abgeschlossenheit, üblicherweise auch bei nichtlinearen Analysen beibehalten wird. Abgeschlossenheit bedeutet mathematisch, daß die Häufungspunkte einer Technologie Elemente der Technologie sind, d.h. die Technologie enthält ihren Rand (vgl. *Wittmann 1968*; $cl(T)$ steht dabei im folgenden für „closure", d.h. Abschließung).

(T4) Abgeschlossenheit (von T im $\mathbb{R}^{\kappa}$) : $cl(T) = T$.

Diese Annahme ist plausibel, besonders im Hinblick auf die in der Realität beschränkten Faktorkapazitäten. Es ist praktisch nur selten der Fall, daß man eine bestimmte Produktion beliebig nahe approximieren kann, ohne sie selber aber realisieren zu können. Auch hier zeigt sich wieder ein Unterschied zwischen Natur- und Wirtschaftswissenschaften. Denn in der Natur kommen Phänomene mit unerreichbaren Randpunkten durchaus vor. Es ist ausgerechnet der Dritte Hauptsatz der Thermodynamik, der besagt, daß 0° Kelvin oder ein minimales Entropieniveau nicht möglich sind („Nernst's Law": *Georgescu-Roegen 1971*). Die Begründung für *T4* ist in erster Linie in Erwägungen mathematisch-methodischer Zweckmäßigkeit zu sehen. Aufgrund der Stetigkeit der unterstellten speziellen Ergebnisfunktion $\mathcal{P}$ (gemäß §5.3) überträgt sich die Abgeschlossenheit der Technologie auch auf die zugehörige Ergebnismenge, so daß die folgende Eigenschaft keine Annahme, sondern eine Konsequenz darstellt.

(E4) Abgeschlossenheit (von E im $\mathbb{R}^{\xi}$) : $cl(E) = E$.

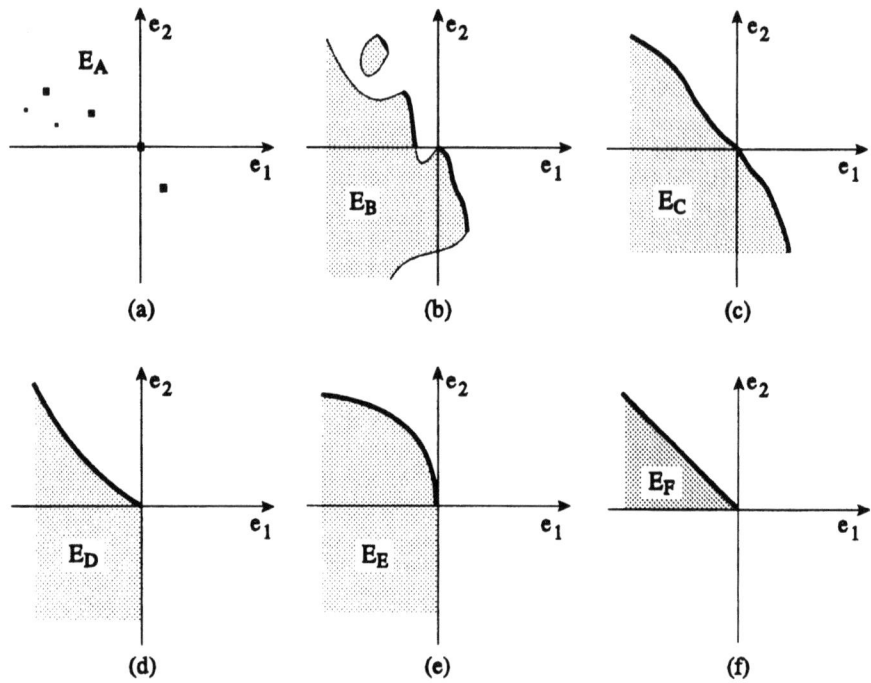

Abb. 6.2: Zweidimensionale Ergebnismengen

In Abb. 6.2 sind sechs verschiedene, zweidimensionale Ergebnismengen ($\xi = 2$) skizziert, die allesamt den Grundannahmen *E1* bis *E4* genügen. (Auf die fetter gezeichneten Punkte auf den Rändern wird erst in §7.1 eingegangen.) Sofern Technologien wie in der traditionellen Theorie nur aus Gütern bestehen, können die eingezeichneten Mengen auch Technologien repräsentieren. Dann sind außerdem *T1a* bis *T4*, mit Ausnahme von *T1b*, in allen Fällen erfüllt. *T1b* gilt hingegen nur für die Technologien der Diagramme (a) und (f) in Abb. 6.2.

6.1.5 Weitere Grundannahmen geringeren Allgemeinheitsgrades

Die Technologien bzw. Ergebnismengen der Abb. 6.2 haben darüber hinaus die Eigenschaft, daß Stillstand möglich ist. Für Technologien im Sinne grundsätzlich möglicher Produktionen ist es in der Regel sinnvoll und auch üblich, eine entsprechende Annahme *T5* allgemein zu treffen. Aus *T5* folgt wegen $\mathcal{P}(0) = 0$ unmittelbar auch *E5*.

(T5) Möglichkeit des Stillstandes: $0 \in T$.

(E5) Möglichkeit der „Produktion" ohne Ergebnis: $0 \in E$.

Die Bedingung *T1b*: „Bei Input auch Output!" steht in diametralem Gegensatz zu der in der traditionellen Literatur üblichen Annahme „Input ohne Output ist beliebig möglich!": $\mathbb{R}^\kappa_- \subset T$. Danach wird sogar der gesamte negative Orthant des Güterraums als Bereich möglicher Produktionen betrachtet, wobei diese als Prozesse der Güterverwendung oder -verschwendung interpretiert werden. *Koopmans (1951, S. 52)* selber hat die Eigenschaft zwar nicht generell gefordert, benutzte sie aber zur eleganteren Formulierung zentraler Aussagen seiner linearen Aktivitätsanalyse. Der eklatante Widerspruch der Annahme gegen den Erhaltungssatz für Materie und Energie ist nur durch die fehlende Beachtung bestimmter Materie- oder Energiearten zu erklären. Das charakteristische Merkmal der Übel ist aber gerade der Mangel an Möglichkeiten, sie ohne Aufwand beseitigen zu können; andernfalls würde der Produzent sie schwerlich als Übel empfinden. Existieren jedoch keine Übel und Neutra, so ist die Annahme gleichbedeutend mit der folgenden Eigenschaft der Ergebnismenge:

(E6) Beliebiger Aufwand ohne Ertrag: $\mathbb{R}^\xi_- \subset E$.

Existieren dagegen Übel (und Neutra), so bringt *E6* zum Ausdruck, daß es durch ungeschicktes Verhalten beliebig möglich ist, Güter zu verbrauchen und Übel zu erzeugen, ohne dabei andere Güter herzustellen oder andere Übel zu vernichten. Sofern einige Objektarten nicht beachtet oder als Neutra ignoriert werden, stellt dies keinen Verstoß gegen *T1b* dar. Die Abb. 6.3 zeigt ein Beispiel einer Ergebnismenge, die *E6* genügt und eine „klassische" Gestalt besitzt.

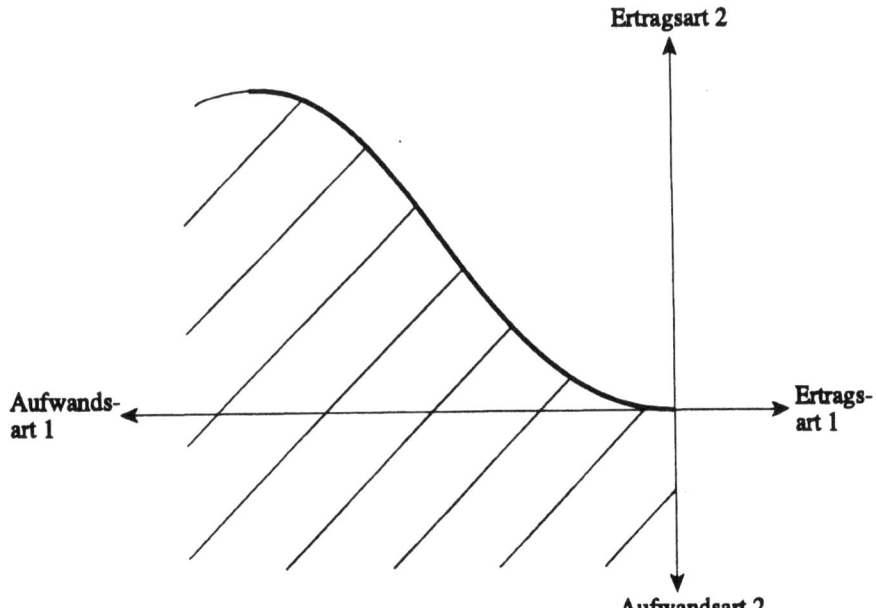

Abb. 6.3: Klassische Ergebnismenge

Die Annahme *E6* hat gravierende Konsequenzen. Zum einen folgen aus ihr die beliebige Teilbarkeit und Unbeschränktheit aller Aufwendungen und damit auch der Quantitäten der zugehörigen Objektarten. Zum anderen implizieren *E6* und *E2* (Irreversibilität) zusammen *E1* (Kein Schlaraffenland), so daß *E1* nicht mehr extra gefordert werden müßte (vgl. *Wittmann 1968*, S. 6, analog für reine Gütertechnologien). Setzt man *E5* voraus, so ergibt sich *E6* umgekehrt als Spezialfall aus der folgenden Bedingung.

(E7) Beliebige Verschlechterbarkeit: $e^1 \in E, \ e^2 \leq e^1 \ \Rightarrow \ e^2 \in E$.

Die *E7* entsprechende Bedingung für traditionelle Technologien, bei denen nur Güter beachtet werden, lautet:

$z^1 \in T, \ z^2 \leq z^1 \ \Rightarrow \ z^2 \in T$.

Sie ist unter dem Namen „Freie Verfügbarkeit" (free disposal) bekannt und besagt, daß jede Produktion in zulässiger Weise dadurch verändert werden kann, daß Faktoreinsätze erhöht oder Produktquantitäten gesenkt werden. Sie ist aus den gleichen Gründen wie bei dem zuvor diskutierten Spezialfall „Beliebiger Input ohne Output!" eine zwar verbreitete, aber problematische Annahme. Für sie bzw. ihr Analogon *E7* sprechen hauptsächlich mathematisch-methodische Vorteile (insbesondere ist *T* bzw. *E* dann zusammenhängend und dicht). Entsprechende Annahmen finden sich auch in der Theorie der Produktionskorrespondenzen, teilweise in etwas schwächerer Form (vgl. *Shephard 1970*, S. 178ff., *Teusch 1983*, S. 44f. oder *Schulz 1987*, S. 127f.).

Die Bedingungen „Beliebiger Input ohne Output" und „Freie Verfügbarkeit" sind kaum einsichtig. Sie beruhen auf der Vorstellung, daß alle (produzierten oder eingesetzten) Objekte verschwendet und weggeworfen werden können. Mit Blick auf die heutige Umweltproblematik können sie nicht ohne weiteres aufrecht erhalten werden. Vielmehr sollten Übelumwandlungs- und -beseitigungsaktivitäten explizit modelliert werden. Die Annahmen *E6* und *E7* lassen das zu, werden aber im folgenden nicht generell unterstellt.

6.2 Spezielle Technologieformen

Während die vorgenannten Eigenschaften den grundlegenden Charakter aller Technologien bzw. Ergebnismengen ausmachen, gibt es weitere, die jeweils spezielle Technologieformen definieren. In Kapitel C werden ausführlich verschiedene Typen linearer Technologien definiert und analysiert. An dieser Stelle sollen lediglich einige zusätzliche Eigenschaften von allgemeiner Bedeutung definiert und erläutert werden.

6.2.1 Zunehmende, abnehmende und konstante Skalenerträge

Gilt für $z \in T$ auch $\lambda z \in T$ für ein $\lambda > 0$, so definiert λ eine mögliche Veränderung des Niveaus (der Größe) der Produktion z. Bei einer solchen *Niveau-, Größen-* oder *Skalenvariation* werden alle Input- und Outputquantitäten proportional verändert, z.B. für $\lambda = 2$ verdoppelt, für $\lambda = 0,5$ halbiert. Bedeutet z beispielsweise die Herstellung von 30 Paar Schuhen mit $10 \, m^2$ Leder, 20 Arbeits- und 4 Maschinenstunden, so entspräche eine Niveauverdopplung der Herstellung von 60 Paar Schuhen mit $20 \, m^2$ Leder, 40 Arbeits- und 8

Maschinenstunden, eine Halbierung 15 Paar Schuhen mit 5 m² Leder, 10 Arbeits- und 2 Maschinenstunden. Ob solche Niveauvariationen möglich sind, hängt von der jeweiligen Technologie ab. Ist in einer Entscheidungssituation die Betriebsmittelausstattung des Produktionssystems unveränderbar gegeben, so kann eine Niveauerhöhung an einem überproportionalen Schmiermittelverbrauch bei der intensitätsmäßigen Anpassung der Maschinen und umgekehrt eine Niveausenkung an einem nicht zu unterschreitenden Minimalenergieverbrauch einer zeitlich nicht anpaßbaren Faktorkapazität, z.B. einem Hochofen, scheitern.

Eine Technologie T heißt:

- *größenprogressiv*, wenn Niveauerhöhungen ($\lambda > 1$),
- *größendegressiv*, wenn Niveausenkungen ($0 < \lambda < 1$),
- *größenproportional*, wenn jegliche Niveauvariationen ($\lambda > 0$)

für jede mögliche Produktion z beliebig möglich sind. Die Größenprogression bzw. -degression heißt *strikt*, wenn die Niveauerhöhungen bzw. -senkungen stets zu inneren Punkten der Technologie führen, also keine Randpunkte ergeben. Interpretiert man in der Abb. 6.2 die skizzierten Mengen als (Güter-) Technologien, so liegen die genannten Eigenschaften nur bei den Mengen der Diagramme (d) bis (f) vor, und zwar bei (d) Größenprogression, bei (e) Größendegression und bei (f) Größenproportionalität.

Größenproportionalität als gleichzeitige Größenpro- und -degression heißt auch *Linear-Homogenität*. Sie impliziert beliebige Teilbarkeit des Niveaus jeder Produktion und damit auch der Objektquantitäten. Wegen der Abgeschlossenheit der Technologie (T4) muß bei Größendegression und -proportionalität stets auch der Stillstand möglich sein (T5), da er als Ursprung des Objektraumes dem Grenzfall totaler Niveausenkung ($\lambda \to 0$) entspricht.

Wegen $\mathcal{P}(\lambda z) = \lambda \mathcal{P}(z)$ im Normalfall (§5.3) übertragen sich die vorgenannten Eigenschaften der Größenvariation von Technologien auf ihre zugehörigen Ergebnismengen. Die Ergebnismenge einer größenprogressiven Technologie ist also selber auch größenprogressiv. Insofern stellen die Bilder (d) bis (f) der Abb. 6.2 ebenso eine strikt größenprogressive, eine strikt größendegressive und eine linear-homogene Ergebnismenge dar. Im Zusammenhang mit Ergebnismengen kann man dann auch von zunehmenden, abnehmenden bzw. konstanten *Skalenerträgen* sprechen.

6.2.2 Additive, lineare und konvexe Technologien

Die Aussagen $z^1 \in T$ und $z^2 \in T$ bedeuten, daß jede der beiden Aktivitäten zur Technologie des betrachteten Produktionssystems gehört, d.h. prinzipiell allein für sich während der Produktionsperiode realisierbar ist. Im Rahmen der hier zugrunde liegenden statischen Analyse kann dabei nicht dahingehend differenziert werden, ob eine Aktivität die ganze oder nur einen Teil der Produktionsperiode in Anspruch nimmt und ob eine laufende Aktivität in irgendeiner Weise die „Kapazität" der Technologie voll oder nur teilweise belastet. Wird nur ein Teil der Periode in Anspruch genommen oder wird die Kapazität nur teilweise belastet, so ist vorstellbar, daß beide Aktivitäten nacheinander bzw. nebeneinander durchgeführt werden können. Sofern dies unabhängig voneinander geschieht, d.h. die eine Aktivität nicht die andere beeinflußt, addieren sich die Input- und Outputquantitäten für jede

Objektart einzeln zum gesamten jeweiligen Input und Output der Periode. Der Vektor $z^1 + z^2$ wird als die (Additiv-) *Kombination* der beiden Aktivitäten bezeichnet. Eine Technologie heißt *additiv*, wenn jede beliebige Kombination zweier möglicher Produktionen wieder eine mögliche Produktion ergibt: Aus $z^1 \in T$ und $z^2 \in T$ folgt $z^1 + z^2 \in T$.

Additive Technologien lassen es zu, daß man ein und dieselbe Produktion z beliebig oft wiederholt bzw. parallel zueinander ausführt („kopiert"). Dies gilt natürlich nur prinzipiell, weil man praktisch immer an bestimmte Beschränkungen stößt (siehe §6.3). Nach λ-facher Kombination von z mit sich selbst ($\lambda \in \mathbf{N}$), ergibt sich λz als mögliche Produktion. Additive Technologien erlauben also ganzzahlige Vervielfachungen des Skalenniveaus (als eine schwache Version von Größenprogression).

Beispiel 6.3: ☐
Um ein Paar Schuhe herzustellen, stehen zwei verschiedene Verfahren zur Wahl, ein arbeitsintensives mit 40 Arbeits- und 8 Maschinenminuten sowie ein kapitalintensives mit je 20 Arbeits- und Maschinenminuten:

$$z^1 = (-40, -8, 1) \; ; \; z^2 = (-20, -20, 1).$$

Werden nun $\lambda^1 = 30$ Schuhe nach dem arbeitsintensiven und $\lambda^2 = 15$ nach dem kapitalintensiven Verfahren hergestellt, so ergibt sich für die insgesamt 45 Paar Schuhe ein Arbeitseinsatz von 1500 Minuten und ein Maschineneinsatz von 540 Minuten:

$$\lambda^1 z^1 + \lambda^2 z^2 = (-1500, -540, 45).$$ ■

Die Eigenschaft der Vervielfachbarkeit ist wesentlich schwächer als die formal ähnliche der Größenproportionalität (Linear-Homogenität); im einen Fall gilt $\lambda = 1, 2, 3, ...$, im zweiten $\lambda > 0$ und damit beliebige Teilbarkeit (wie zuvor schon erwähnt). Vervielfachbarkeit ist erst in Verbindung mit Größendegression äquivalent zu Größenproportionalität. Eine Technologie heißt *linear*, wenn sie additiv und größendegressiv - und damit auch größenproportional - ist. Da wegen der Abgeschlossenheit dann auch der Stillstand zur Technologie gehört, sind lineare Technologien folgendermaßen charakterisiert:

$$z^1 \in T, \; z^2 \in T, \; \lambda^1 \geq 0, \; \lambda^2 \geq 0 \; \Rightarrow \; \lambda^1 z^1 + \lambda^2 z^2 \in T.$$

Die Menge im Diagramm (f) der Abb. 6.2 repräsentiert eine lineare (Güter-) Technologie bzw. deren zugehörige Ergebnismenge. Da die so definierten linearen Technologien grafisch Kegel darstellen, spricht man auch von (konvexen) Kegeltechnologien. Wegen der Grundannahmen T2 (Irreversibilität) und T5 (Stillstand möglich) handelt es sich um spitze Kegel mit der Spitze im Ursprung des Objektraums.

Lineare Technologien spielen in der Praxis eine sehr große Rolle, was in Kapitel C noch deutlich werden wird. Zwar ist die Realität in der Regel nichtlinear, jedoch läßt sie sich oft unter Zuhilfenahme von Input- und Outputbeschränkungen mittels linearer Technologien approximieren, besonders dann, wenn die approximierten nichtlinearen Technologien konvex sind. Eine Technologie heißt *konvex*, wenn gilt:

$$z^1 \in T, \; z^2 \in T, \; \lambda^1 \geq 0, \; \lambda^2 \geq 0, \; \lambda^1 + \lambda^2 = 1 \; \Rightarrow \; \lambda^1 z^1 + \lambda^2 z^2 \in T.$$

Grafisch bedeutet es, daß die Strecke zwischen je zwei Punkten einer Technologie ganz zur Technologie gehört. Der Ausdruck $\lambda^1 z^1 + \lambda^2 z^2$ heißt *Konvexkombination* der Aktivitäten z^1 und z^2, wobei die Parameter λ^1 und λ^2 den jeweiligen Bruchteil angeben, mit dem eine Aktivität zum Zuge kommt. Zwei mögliche Produktionen lassen sich also nicht beliebig kombinieren, sondern nur jeweils anteilig. In gewisser Weise wird damit der Beschränktheit von Produktionsperiode und -kapazitäten Rechnung getragen. In der Abb. 6.2 sind nur die (Güter-) Technologien bzw. Ergebnismengen der Diagramme (e) und (f) konvex.

Lineare Technologien sind stets konvex. Konvexe Technologien mit möglichem Stillstand sind größendegressiv und weisen demnach nichtzunehmende Skalenerträge auf. Außerdem setzen sie die Teilbarkeit der Objektquantitäten voraus. Konvexität besitzt für die Charakterisierung erfolgsmaximaler Produktionen eine Reihe mathematisch-methodischer Vorteile (z.B. beim Preistheorem in §9.4.2).

Wegen $\mathcal{P}(z^1 + z^2) = \mathcal{P}(z^1) + \mathcal{P}(z^2)$ im Normalfall ist die zu einer additiven Technologie gehörende Ergebnismenge selber auch additiv. Entsprechend zur Größenvariation gilt dies dann auch für die Linearität und die Konvexität von Technologie und zugehöriger Ergebnismenge.

6.3 Beschränkte Produktionsmöglichkeiten

Die Technologie(menge) stellt diejenigen Produktionen dar, die mit dem Produktionssystem in der Produktionsperiode **prinzipiell** möglich sind. Man kann sich dies so vorstellen, als ob das Produktionssystem (bisher) nur als „Blaupause" existiert und (noch) keinerlei Beschränkungen hinsichtlich der einzusetzenden Inputquantitäten - einschließlich der Produktionsanlagen! - und der zu erzeugenden Outputquantitäten zu berücksichtigen sind. Sinnvoll kann diese Vorstellung im Rahmen der langfristigen, strategischen Unternehmensplanung sein, wenn es beispielsweise darum geht, welche Fabriken und wieviele zur Herstellung eines neuen Produktes errichtet werden sollen (vgl. Kap. D).

In der kurz- bis mittelfristigen, operativen Produktionsplanung (vgl. Kap. D) sind jedoch durch die strategischen Entscheidungen die Rahmenbedingungen festgelegt, innerhalb derer noch Wahlfreiheiten bestehen. Insbesondere sind regelmäßig Standorte bestimmt und Investitionen in Produktionsanlagen getätigt sowie häufig auch längerfristige, verbindliche Verträge mit Arbeitskräften und Lieferanten abgeschlossen, im Rahmen des Just-in-time-Konzepts neuerdings vermehrt auch mit Kunden. Hieraus ergeben sich vordisponierte Mindesteinsatz- oder -ausbringungsquantitäten. Aus ihnen resultiert ein fixer Aufwand oder Ertrag der Produktionsperiode. Umgekehrt sind maximale Input- und Outputquantitäten eine Folge von Engpässen auf den Beschaffungs- und Absatzmärkten sowie vorgegebener Emissionsgrenzwerte oder Ressourcennutzungen. Derartige in den externen Rahmenbedingungen einer konkreten Entscheidungssituation begründete Beschränkungen der prinzipiell möglichen Produktionen definieren die *Rand-, Rahmen-, Neben-* oder *Umgebungsbedingungen* $R \subset \mathbb{R}^K$, auch genannt *Restriktionen* der Produktion.

Erst Technologie und Restriktionen zusammen determinieren die **tatsächlich** möglichen, genannt *zulässige* oder *durchführbare* Produktionen in Gestalt der *Produktionsmöglichkeitenmenge* $Z = T \cap R$.

In ihrer einfachsten und häufigsten Form bilden die Restriktionen *absolute* Schranken für einzelne der Input- oder Outputquantitäten: $z_k \geq \underline{z}_k$ oder $z_k \leq \bar{z}_k$. Da einerseits in der Realität immer Schranken existieren - wenn auch unter Umständen sehr große und damit gegebenfalls irrelevante - und andererseits formal auch $\underline{z}_k = -\infty$ und $\bar{z}_k = +\infty$ gesetzt werden kann, können durch absolute Schranken gebildete Restriktionen allgemein wie folgt formuliert werden:

$$R = \{(z_1, ..., z_\kappa) \in \mathbb{R}^\kappa \mid \underline{z}_k \leq z_k \leq \bar{z}_k \text{ für } k = 1, ..., \kappa\}$$

$$= \{z \in \mathbb{R}^\kappa \mid \underline{z} \leq z \leq \bar{z}\}$$

Relative Schranken sind besonders bei gesetzlichen Emissionsgrenzwerten anzutreffen, bei denen in bezug auf eine Outputart k (Trägersubstanz) ein bestimmter Schadstoff s maximal nur zu einem vorgegebenen Anteil σ enthalten sein darf: $z_s \leq \sigma z_k$ (z.B. 3,5% Kohlenmonoxid im Abgas eines Fahrzeugs ohne Katalysator). Entsprechende relative Untergrenzen sind ebenfalls von großer Bedeutung, beispielsweise hinsichtlich bestimmter Qualitätsmerkmale aus Mischungsprozessen resultierender Produkte (z.B. Oktanzahl bei Benzin). Auf diese und andere Arten von Beschränkungen soll erst an späteren Stellen fallweise näher eingegangen werden.

Im Normalfall (vgl. §5.3) übertragen sich die genannten sowie generell alle linearen Restriktionen analog auf den Ergebnisraum, sofern sie sich nicht auf Neutra beziehen. Existieren jedoch Restriktionen für neutrale Objekte, z.B. Emissionsgrenzwerte für Abgase oder Entnahmeschranken für Kühlwasser aus einem Fluß, so wirken sich diese in der Regel indirekt auch einschränkend auf die Aufwendungen und Erträge aus und können deshalb nicht ignoriert werden, auch wenn der Produzent unmittelbar an ihnen kein Interesse hat. Bei dauerhaften Engpässen kann es geschehen, daß aus dem betreffenden Neutrum für den Produzenten ein Gut (Kühlwasser) oder ein Übel (Abgas) wird.

Beispiel 6.4:
Ein Output y wird mit den beiden Inputs x und n hergestellt, und zwar gemäß folgender Technologie:

$$T = \{(-x, -n, y) \mid x = 0{,}75y, \; n = 0{,}25y, \; y \geq 0\}.$$

Als Restriktion sei allein eine absolute Beschränkung des Input n gegeben:

$$R = \{(-x, -n, y) \mid x \in \mathbb{R}, \; y \in \mathbb{R}, \; n \leq 100\}.$$

Wird n nun als Neutrum eingestuft - und die beiden anderen beachteten Objektarten als Güter -, so gilt:

$$E = \mathcal{P}(T) = \{(-x, y) \mid x = 0{,}75y, \; y \geq 0\},$$

$$\hat{R} = \mathcal{P}(R) = \mathbb{R}^2,$$

$$\hat{E} = \mathcal{P}(T \cap R) = \{(-x, y) \mid x = 0{,}75y, \; 0 \leq y \leq 400\}. \quad\blacksquare$$

Das Beispiel illustriert die folgende Beziehung für die *beschränkte Ergebnismenge* $\hat{E}$ als Menge der zulässigen Aufwand/Ertrag-Vektoren:

$\hat{E} = \mathcal{P}(T \cap R) \subset \mathcal{P}(T) \cap \mathcal{P}(R) = E \cap \hat{R}$, wobei i.a. $\hat{E} \neq E \cap \hat{R}$.

Somit können beschränkte neutrale Objektarten nicht ohne weiteres ignoriert werden. Das Gleiche trifft für beschränkte Objektarten zu, die (bislang) nicht explizit beachtet wurden.

6.4 Technologie oder Ergebnismenge?

Faßt man die bisherigen Aussagen zusammen, so läßt sich feststellen, daß zwischen Technologien und Ergebnismengen, d.h. zwischen der Objektebene und der Ergebnisebene viele Gemeinsamkeiten bestehen. Bei den diskutierten speziellen Eigenschaften liegen vollkommen analoge Verhältnisse vor. Etwa die Hälfte der Grundannahmen stimmt formal überein; dort, wo es Unterschiede gibt, sind die Grundannahmen an die Ergebnismengen formal identisch mit denjenigen, die in der traditionellen Theorie ohne Übel und Neutra für die reinen Gütertechnologien aufgestellt worden sind. In diesem Spezialfall ist die Technologie aber gleich der Ergebnismenge. Abweichungen gegenüber der traditionellen Theorie sind bei den Grundannahmen also nur auf der Objektebene zu sehen, die für ökonomische Analysen jedoch von geringerer Bedeutung ist. Gravierende, nicht vernachlässigbare Unterschiede liegen hinsichtlich auftretender Restriktionen vor, und zwar dann, wenn sie sich auf neutrale (oder nicht beachtete) Objektarten beziehen. Dann genügt es nicht, sich nur mit der Ergebnismenge zu beschäftigen; vielmehr muß - zumindest mittelbar - Bezug auf die Technologie genommen werden.

Solange man lediglich die grundlegenden Produktionsstrukturen ohne Berücksichtigung sonstiger Nebenbedingungen aus ökonomischer Sicht studieren will, ist es demnach im Normalfall gemäß §5.3 hinreichend, sich auf die Ergebnismengen zu konzentrieren. Aussagen zu Ergebnismengen gelten unmittelbar auch für reine Gütertechnologien. Bei Relevanz von Übeln und Neutra müssen die auf der Ergebnisebene gewonnenen Aussagen auf die Objektebene rückübersetzt und dort nur neu interpretiert werden.

Literaturhinweise zu §6

Ayres 1978; Binswanger 1992; Dyckhoff 1993a, b; Faber/Niemes/Stephan 1983; Färe 1988; Georgescu-Roegen 1971; Koopmans 1951

Wichtige Begriffe und Aussagen in §6

Grundannahmen an Technologien (*T1 - T4*) und Ergebnismengen (*E1 - E4*); Skalenerträge, Größendegression, Größenprogression, Größenproportionalität; Additivität; Linearität; Konvexität; Produktionsmöglichkeitenmenge; Restriktionen (insb. für neutrale Objekte)

Wiederholungsfragen zu §6

1) Welche allgemeinen Grundannahmen an Technologien bzw. Ergebnismengen gibt es?
2) Welche naturwissenschaftliche und ökonomische Bedeutung hat die Grundannahme „Unmöglichkeit eines Schlaraffenlandes"?
3) Worauf gründet sich die Annahme der Irreversibilität?
4) Welche Unterschiede ergeben sich für die Grundannahmen in bezug auf die Technologie zu denen in bezug auf die Ergebnismenge?
5) Was bedeuten die Begriffe „größenproportional", „größendegressiv" und „größenprogressiv"? In welchem Zusammenhang stehen diese Begriffe zum Begriff der Skalenerträge? Was versteht man unter Linear-Homogenität?
6) Was versteht man unter „additiven", „linearen" und „konvexen Technologien"?
7) Welchen Einfluß haben Restriktionen auf die Produktionen? Worin besteht der Unterschied zwischen einer Technologie und einer Produktionsmöglichkeitenmenge?
8) Unter welchen Umständen sind neutrale Objekte für den Produzenten relevant?

Paragraph 7

Produktionsfunktion: Effiziente Produktion

Um Aussagen über die Güte der Produktionen einer Technologie oder einer Produktionsmöglichkeitenmenge treffen zu können, bedarf es Informationen über die Präferenzen derjenigen Instanz, die die Beurteilung vornimmt bzw. in deren Interesse sie vorgenommen werden soll. Für betriebswirtschaftliche Analysen, die nicht ethisch-normativ motiviert sind, ist das Verhalten bzw. Interesse des Produzenten maßgeblich (vgl. Kap. A). Bei unvollständiger Kenntnis der Präferenzen sind auch nur schwache Aussagen über die Güte, insbesondere die Wirtschaftlichkeit der einzelnen Produktionsaktivitäten möglich. Als „gute" Aktivitäten werden sich die effizienten Produktionen erweisen, die einem Schwachen Erfolgsprinzip genügen. Sie führen zum Begriff der Produktionsfunktion und damit zusammenhängenden speziellen Eigenschaften von Technologien.

7.1 Schwaches Erfolgsprinzip: Effizienz

Mit Hilfe einer mehrdimensionalen Ergebnisfunktion ist über den in §5.2.2 definierten Dominanzbegriff eine partielle Präferenzordnung der Aktivitäten eines Produktionssystems bestimmt. Gut bzw. nicht mehr verbesserbar in diesem Sinn sind dann die nicht dominierten Produktionen. Eine mögliche oder zulässige Produktion, die nicht durch irgendeine andere mögliche bzw. zulässige Produktion dominiert wird, wird *effizient* genannt. Für eine effiziente Produktion $z^* \in T$ und für den zugehörigen effizienten Ergebnisvektor $e^* = \mathcal{P}(z^*) \in E$ gilt demnach:

$$z \in T, \quad \mathcal{P}(z) \geq \mathcal{P}(z^*) \quad \Rightarrow \quad \mathcal{P}(z) = \mathcal{P}(z^*),$$

bzw.

$$e \in E, \quad e \geq e^* \quad \Rightarrow \quad e = e^*.$$

Effiziente Produktion zeichnet sich dadurch aus, daß eine weitere Ertragssteigerung oder Aufwandsminderung nicht mehr möglich sind, ohne gleichzeitig anderweitig den Ertrag zu senken oder den Aufwand zu erhöhen. Für den Produzenten wäre es unvernünftig, eine ineffiziente Produktion zu realisieren, weil es definitionsgemäß wenigstens eine bessere Alternative gibt. Die Forderung nach effizienter Produktion entspricht somit einem entscheidungslogischen Rationalprinzip und wird als *Schwaches Erfolgsprinzip* bezeichnet. Im Normalfall (gemäß §5.3) kann auch von einem *realen* oder *mengenmäßigen* Erfolgsprinzip gesprochen werden.

Grafisch bedeutet Effizienz, daß im Ergebnisraum „nordöstlich" eines effizienten Ergebnispunktes (-vektors) kein anderer Punkt der Ergebnismenge liegt. Bei einer (entsprechend *E4* in §6.1.4) abgeschlossenen Ergebnismenge liegen effiziente Punkte somit immer auf dem nordöstlichen Rand der Ergebnismenge. Die Menge E^{eff} der effizienten Ergebnisvektoren wird deshalb als *Effizienter Rand* von E bezeichnet.

In den Abbildungen 5.2, 6.2 und 6.3 ist für die skizzierten Ergebnismengen der jeweilige Effiziente Rand fett eingezeichnet. Zur weiteren Verdeutlichung sind in der Abb. 7.1 nur die Effizienten Ränder der Ergebnismengen der Abb. 6.2 dargestellt.

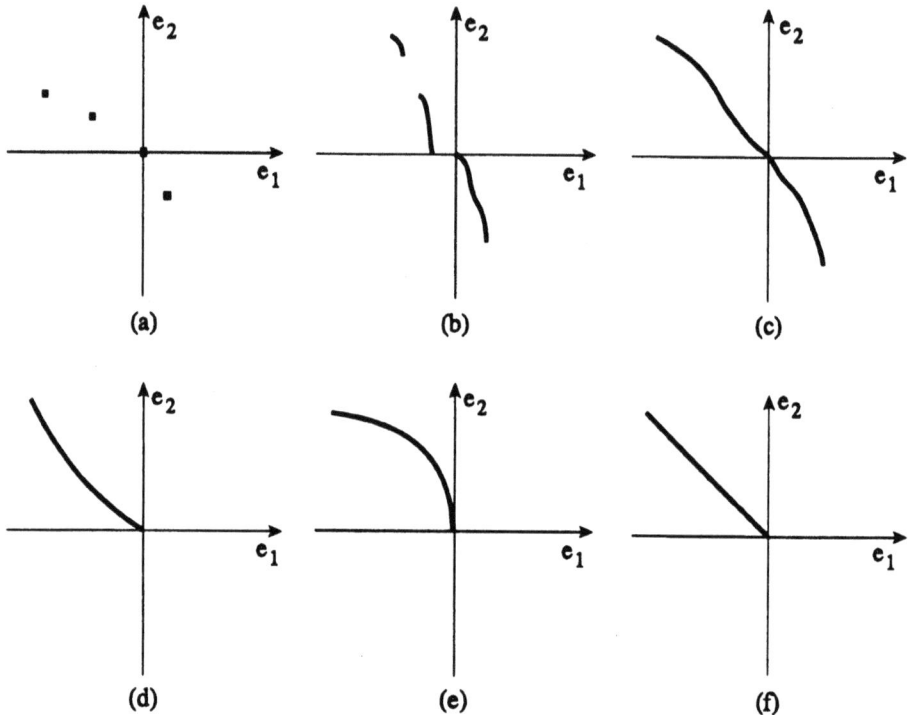

Abb. 7.1: Effiziente Ränder (zu den Ergebnismengen der Abb. 6.2)

Es kommt nicht nur vor, sondern wird eher die Regel sein, daß verschiedene Produktionen zu demselben Ergebnis führen. In einem solchen Fall existieren zu einem effizienten Aufwand/Ertrag-Vektor mehrere verschiedene ursprüngliche Input/Output-Vektoren, die alle effizient sind. Im Normalfall (gemäß §5.3) bedeutet es, daß die betreffenden Vektoren sich hinsichtlich der neutralen Objektarten, nicht jedoch in bezug auf die Güter- und Übelarten unterscheiden. Beispielsweise kümmert es einen Stahlproduzenten, der Kühlwasser ohne Aufwand einem Fluß entnimmt und den kein ökologisches Gewissen plagt, nicht, wieviel Kühlwasser er verschwendet. Auch in solchen Fällen bilden die effizienten Produktionen Randpunkte der Technologie (weil in jeder noch so kleinen Umgebung Punkte außerhalb der Technologie liegen); man kann deshalb die Menge T^{eff} der effizienten Input/Output-Vektoren analog den *Effizienten Rand* von T nennen.

Das Verbot eines Schlaraffenlandes (gemäß *E1*) ist gleichbedeutend mit der Effizienz des Produktionsergebnisses $e = 0$, sofern es (entsprechend *E5*) realisierbar ist. Im Normalfall (§5.3) ist ein (entsprechend *T5*) möglicher Stillstand also stets effizient, ebenso jede andere Produktion z mit $\mathcal{P}(z) = 0$.

7.2 „Ökonomische" versus „ökologische" Effizienz

Der Effizienzbegriff, so wie er hier definiert ist, bezieht sich auf eine gegebene Technologie oder Produktionsmöglichkeitenmenge sowie auf eine gegebene mehrdimensionale Ergebnisfunktion. Es ist unmittelbar einsichtig, daß bei Änderung der Produktionsmöglichkeiten zuvor effiziente Aktivitäten ineffizient werden können oder umgekehrt ineffiziente effizient. Der gleiche Sachverhalt trifft aber auch bei einer Änderung der Präferenz des Produzenten zu.

Beispiel 7.1:
Aus einem Rohstoff als Faktor ($k = 1$) wird ein Produkt ($k = 2$) hergestellt, wobei ein Beiprodukt ($k = 3$) anfällt. Die Produktionsanlage kann in zwei Geschwindigkeitsstufen ($s \in \{I, II\}$) „gefahren" werden. Bei durchgehender Beibehaltung einer Stufe sind die maximalen Produktquantitäten während der Produktionsperiode durch folgende Input/Output-Vektoren gegeben:

$$z^I = (-3; 2; 1), \quad z^{II} = (-6; 4; 1).$$

Wird eine Geschwindigkeitsstufe nur über einen Bruchteil λ^s der Periode (mit $0 \leq \lambda^s \leq 1$) beibehalten, so sind der zugehörige Input und Output durch $\lambda^s z^s$ bestimmt. Durch Kombination der beiden Stufen im Sinne einer zeitlichen Nacheinanderschaltung ergibt sich die folgende (konvexe) Technologie:

$$T = \{z \mid z = \lambda^I z^I + \lambda^{II} z^{II};\ \lambda^I + \lambda^{II} \leq 1;\ \lambda^I, \lambda^{II} \geq 0\}.$$

Rohstoff und Produkt sind Güter, das Beiprodukt kann als Neutrum ignoriert werden (vgl. §5.3.2). Da sich die Input/Output-Relationen der Güter bei beiden Fahrstufen nicht unterscheiden - Stufe *II* braucht für dieselben Güterquantitäten nur die Hälfte der Zeit von Stufe *I* -, können alle möglichen Produktionsergebnisse schon durch die zeitliche Anpassung der Produktionsanlage bei alleiniger Wahl der Stufe *II* realisiert werden:

$$E = \{\lambda^{II} \cdot (-6; 4) \mid 0 \leq \lambda^{II} \leq 1\}.$$

Grafisch stellt die Ergebnismenge die Strecke zwischen den Punkten (0; 0) und (-6; 4) dar. Man kann auch sagen: Effiziente Aktivitäten resultieren aus Kombinationen von Stillstand und Fahrstufe *II*. Die gesamte Ergebnismenge und damit auch die gesamte Technologie sind demnach effizient: $T^{eff} = T$.

Im Zuge technischen Fortschritts oder neuer Kundenbedürfnisse können sich überraschend lukrative Vermarktungschancen für das Beiprodukt ergeben, die den Produzenten veranlassen, seine Präferenz für diesen Output dahingehend zu ändern, daß er ihn als erwünschtes Nebenprodukt und damit ebenfalls als Gut einstuft. Nunmehr ist die Ergebnismenge identisch mit der Technologie: $E = T$. Aber nicht mehr jede Produktion ist effizient. Für bis zu 2 Mengeneinheiten des Produktes als Hauptprodukt ist es immer günstiger, allein die Fahrstufe *I* zu benutzen. Würden 2 Einheiten des Hauptprodukts nur mit Stufe *II* erzeugt, so würden anstelle von 1 nur 0,5 Mengeneinheiten des Nebenprodukts gleichzeitig entstehen, d.h. die Aktivität $0{,}5 z^{II}$ wird von z^I dominiert. ∎

Beispiel 7.2:

Unter Energieeinsatz (Faktor $k = 1$) wird Sondermüll (Redukt $k = 2$) in Reststoffe umgewandelt, die als harmlos angesehen und dementsprechend ignoriert werden. Außer dem Stillstand sind nur zwei Aktivitäten möglich. In beiden Fällen wird eine Quantitätseinheit Sondermüll vernichtet (Ertrag), jedoch einmal unter Einsatz (Aufwand) von zwei, das andere Mal von drei Energieeinheiten:

$$E = \{(-2; 1), (-3; 1), (0; 0)\}.$$

Die zweite Aktivität ist ineffizient, weil sie von der ersten dominiert wird. Anders sieht es aus, wenn plötzlich festgestellt wird, daß im Rückstand der ersten Aktivität hochgiftige Anteile enthalten sind (etwa Dioxin), welcher deshalb nunmehr als Übel eingestuft wird (Abprodukt $k = 3$). Dagegen sind im Rückstand der zweiten Aktivität weiterhin keine giftigen Anteile zu erkennen, so daß Output dieser Art unverändert als harmlos gilt (Beiprodukt $k = 4$). Folglich sind nun alle Aktivitäten der Technologie

$$\tilde{T} = \{(-2; -1; 3; 0), (-3; -1; 0; 4), (0; 0; 0; 0)\}$$

effizient. Die zugehörige Ergebnismenge hat sich nämlich wie folgt geändert:

$$\tilde{E} = \{(-2; 1; -3), (-3; 1; 0), (0; 0; 0)\}. \quad \blacksquare$$

Die Beispiele verdeutlichen, daß die Effizienz bzw. Ineffizienz einer Produktion in Abhängigkeit von der Beurteilung einer einzigen Objektart umschlagen kann. Zwischen ökonomischer Effizienz und ökologischer Effizienz kann also im allgemeinen ein Dissens bestehen. „Ökonomisch" bezeichnet ein Verhalten, das sich bei der Einstufung von Objektarten als Güter, Übel oder Neutra lediglich an deren finanziellen (monetären) Auswirkungen orientiert, während ein „ökologisches" Verhalten die Auswirkungen auf die natürliche Umwelt berücksichtigt (siehe ausführlich §9.2.4). Die Forderung nach ökonomischer Effizienz, d.h. das ökonomisch motivierte Schwache Erfolgsprinzip, heißt *mengenmäßiges* oder *reales Wirtschaftlichkeitsprinzip*.

7.3 Implizite Produktionsfunktion

Die in Abb. 7.1 dargestellten Effizienten Ränder zweidimensionaler Ergebnismengen beschreiben mehr oder minder komplizierte funktionale Zusammenhänge zwischen Aufwand und Ertrag einer Produktion. Derartige funktionale Verläufe sind die Graphen sogenannter Produktionsfunktionen. Explizite Darstellungen der Abhängigkeit einzelner Ertrags- oder Aufwandsarten von anderen sind nur in Ausnahmefällen möglich. Im allgemeinen lassen sich die Verläufe der Effizienten Ränder nur durch implizite Produktionsfunktionen abbilden.

Eine Funktion $f: \mathbb{R}^\kappa \to \mathbb{R}$ heißt *(implizite) Produktionsfunktion* zur Technologie T und Präferenzstruktur $\mathcal{P}$ oder kurz *Input/Output-Funktion* (I/O-Funktion), wenn sie genau die effizienten Produktionen z in die Null abbildet:

$$f(z) = 0 \iff z \in T^{\text{eff}}.$$

Eine Funktion $g: \mathbb{R}^\varsigma \to \mathbb{R}$ heißt *(implizite) Produktionsfunktion* zur Ergebnismenge $E = \mathcal{P}(T)$ oder auch *Aufwand/Ertrag-Funktion* (A/E-Funktion), wenn sie genau die effizienten Produktionsergebnisse e in die Null abbildet:

§7 Produktionsfunktion: Effiziente Produktion

$g(e) = 0 \Leftrightarrow e \in E^{\mathit{eff}}$.

Die Bedingungen $f(z) = 0$ und $g(e) = 0$ werden *Produktionsgleichungen* genannt. Die vorstehenden Definitionen sind nicht konstruktiv, so daß es im konkreten Fall schwierig sein kann, sie explizit anzugeben.

Beispiel 7.3:
Um das zu demonstrieren, wird die noch sehr einfache, zweidimensionale, effiziente Ergebnismenge des Beispiels 7.1, die grafisch der Strecke zwischen den Punkten (0; 0) und (-6; 4) entspricht, betrachtet. Eine diesen Effizienten Rand korrekt wiedergebende Produktionsfunktion hat folgende Gestalt:

$$g(e_1, e_2) = |4e_1 + 6e_2| + \max\{0; e_1\} + \max\{0; -e_1 - 6\}.$$

Da der absolute Betrag „$|.|$" und das Maximum „$\max\{0; .\}$" von Null und einer anderen Zahl stets nichtnegative Werte liefern, kann die Produktionsfunktion g als Summe nichtnegativer Zahlen nur dann gleich Null sein, wenn jeder Summand gleich Null ist. Für den ersten Summanden trifft dies genau dann zu, wenn gilt: $4e_1 = -6e_2$. Damit wird eine Gerade durch die Punkte (0; 0) und (-6; 4) beschrieben. Der zweite Summand ist nur dann ungleich Null, wenn e_1 positiv ist, weshalb $e_1 \leq 0$ gelten muß. Für den dritten Summanden ergibt sich analog: $e_1 \geq -6$. Die Produktionsfunktion beschreibt somit die gesuchte Strecke. Es sind aber auch viele andere Darstellungsformen möglich. ∎

Die Produktionsfunktionen f und g sind nicht eindeutig bestimmt. Jede Transformation $\tilde{f} = \phi(f)$ bzw. $\tilde{g} = \phi(g)$ mit „$\phi(\lambda) = 0 \Leftrightarrow \lambda = 0$" stellt wieder eine Produktionsfunktion zur selben Technologie und Präferenzstruktur bzw. zur selben Ergebnismenge dar. Allerdings sind f und g nicht unabhängig voneinander. Aus jeder Aufwand/Ertrag-Funktion g kann eine korrespondierende Input/Output-Funktion f wie folgt gewonnen werden:

$$f(z) = |g(\mathcal{P}(z))| + |h(z)| \qquad \text{mit } h(z) = 0 \Leftrightarrow z \in T.$$

Beispiel 7.4:
In Fortführung des Falls einer neutralen Objektart $k = 3$ aus Beispiel 7.1 ist in Beispiel 7.3 eine Aufwand/Ertrag-Funktion angegeben worden. Durch Nachrechnen läßt sich zeigen, daß die folgende Funktion eine korrespondierende Input/Output-Funktion ist:

$$f(z_1, z_2, z_3) = |4z_1 + 6z_2| + \max\{0; z_1\} + \max\{0; -z_1 - 6\} + \max\{0; 2z_3 - z_2\}$$
$$+ \max\{0; z_2 - 4z_3\} + \max\{0; z_3 - 1\}.$$
∎

Wie das Beispiel zeigt, treten Beiprodukte (und -faktoren) im allgemeinen in Produktionsfunktionen in Erscheinung, und zwar um die Durchführbarkeit der Produktion zu garantieren.

In der traditionellen Theorie ohne Übel und Neutra stimmen beide Arten von Produktionsfunktionen überein. Bei Beachtung von Übeln oder Neutra können andererseits im Normalfall die Aussagen der traditionellen Theorie hinsichtlich Eigenschaften von Technologien formal auf die Eigenschaften der Ergebnismengen übertragen werden. Eine solche Aussage ist die, wonach bei abgeschlossenem Effizienten Rand die Produktionsfunktion stetig ist (vgl. *Bleimann 1981*, S. 141). Wenn E^{eff} eine abgeschlossene Menge ist, so ist demnach die zugehörige Aufwand/Ertrag-Funktion g stetig. Sofern auch $\mathcal{P}$ und h stetig sind (ersteres gilt im Normalfall), trifft dasselbe damit auf die korrespondierende Input/Output-Funktion f zu. Weil unstetige Funktionen sehr unangenehme Eigenschaften haben können und deshalb schlecht handhabbar sind, wird die Stetigkeit der Produktionsfunktion üblicherweise sogar zum Definitionsmerkmal erhoben (vgl. *Bleimann 1981*, S. 140).

Beispiel 7.5: ❑

In Abb. 7.1 ist der Effiziente Rand des Diagramms (b) nicht abgeschlossen, nämlich bei Annäherung des mittleren Kurvenstücks an die e_1-Achse. Die Unstetigkeit besteht darin, daß zwar bei Objektart 2 ein kontinuierlicher Übergang von Aufwand zu Ertrag möglich ist, bei Objektart 1 aber gleichzeitig damit ein Sprung von Null zu einem Mindestaufwand verbunden ist. Bei der Lücke im oberen linken Quadranten ist demgegenüber für keine der beiden Objektarten eine kontinuierliche Entwicklung möglich.

In den fünf anderen Fällen der Abb. 7.1 ist der Effiziente Rand jeweils abgeschlossen, so daß eine stetige Produktionsfunktion existieren muß. Dies gilt auch für die diskrete Menge (a), wie anhand des Effizienten Randes aus Beispiel 7.2 demonstriert werden kann. Für $E^{\mathit{eff}} = \{(-2;\,1),\,(0;\,0)\}$ gilt nämlich beispielsweise:

$$g(e_1, e_2) = (|e_1 + 2| + |e_2 - 1|) \cdot (|e_1| + |e_2|).$$ ∎

Bei linearen Technologien ist der Effiziente Rand immer abgeschlossen (*Bol 1973*, S. 45 f.), so daß stets eine stetige Produktionsfunktion existiert.

7.4 Explizite Produktionsfunktionen

Im allgemeinen kann eine (implizite) Produktionsgleichung nicht nach einer der beteiligten Objektquantitäten aufgelöst werden. Gelingt es doch, so heißen

$$z_k = f_k(z_1, \ldots, z_{k-1}, z_{k+1}, \ldots, z_\kappa)$$

$$e_l = g_l(e_1, \ldots, e_{l-1}, e_{l+1}, \ldots, e_\xi)$$

explizite Input/Output-Funktion bzw. *explizite Aufwand/Ertrag-Funktion* (der betreffenden Objektart). Gilt für alle effizienten Produktionen stets entweder $z_k < 0$ oder $z_k > 0$, so spricht man von einer *Inputfunktion* bzw. *Outputfunktion*, analog von einer *Aufwandsfunktion* oder *Ertragsfunktion* für $e_l < 0$ bzw. $e_l > 0$.

7.4.1 Input- und Outputfunktionen

Eine Objektart k heißt *intermediär*, wenn es mindestens eine Produktion mit $z_k < 0$ und eine andere mit $z_k > 0$ gibt, d.h. wenn sich für sie sowohl eine Verringerung wie auch ein Zuwachs der Objektquantität während der Produktionsperiode ergeben kann. Intermediarität kann auf die gesamte Technologie oder nur auf eine bestimmte Teilmenge, z.B. den

Effizienten Rand, bezogen sein. In den Diagrammen (a) bis (c) der Abb. 7.1 sind jeweils beide Objektarten 1 und 2 intermediär (bezüglich des Effizienten Randes), in den Diagrammen (d) bis (f) ist keine intermediär (sofern die Ergebnismengen der Abb. 7.1 als Technologien interpretiert werden dürfen).

Existiert bei effizienter Produktion unter den vorkommenden Objektarten keine intermediäre, d.h. sind die Vorzeichen der Quantitäten auf dem Effizienten Rand jeweils eindeutig, so werden üblicherweise nur nichtnegative Zahlen verwendet. Dazu sortiert man die Objektarten, numeriert sie neu, so daß $i = 1, ..., m$ die *Inputarten* und $j = m+1, ..., m+n$ die *Outputarten* sind (mit $m+n = \kappa$), und setzt: $x_i = -z_i \geq 0$, $y_j = z_j \geq 0$. Produktionsgleichung sowie Input- und Outputfunktionen können dann wie folgt formuliert werden:

$$f(x, y) = f(x_1, ..., x_m; y_{m+1}, ..., y_{m+n}) = 0;$$

$$x_i = f_i(x_1, ..., x_{i-1}, x_{i+1}, ..., x_m; y_{m+1}, ..., y_{m+n}),$$

$$y_j = f_j(x_1, ..., x_m; y_{m+1}, ..., y_{j-1}, y_{j+1}, ..., y_{m+n}).$$

Dabei ist die Nichtnegativität der Quantitäten des *Input-Vektors* $x = (x_1, ..., x_m)$ und des *Output-Vektors* $y = (y_{m+1}, ..., y_{m+n})$ vorausgesetzt. Anstelle einer durchgehenden Numerierung der Outputarten im Anschluß an die Inputarten ist oft eine eigenständige Numerierung gebräuchlich; es gilt dann: $y = (y_1, ..., y_n)$. Im folgenden werden beide Schreibweisen benutzt.

Obwohl ähnlich zu den Symbolen der Bestandsversion (vgl. §4.2) sind die Quantitäten x_i und y_j zunächst nur als Nettogrößen zu verstehen, nämlich als Betrag des Saldos von Brutto-Output und Brutto-Input (vgl. §4.5.3). Andererseits können sie bei Bedarf in der Tat auch Bruttogrößen repräsentieren; dazu brauchen die Quantitäten zu Beginn und am Ende der Produktionsperiode nur jeweils verschiedenen Objektarten zugerechnet zu werden (vgl. §4.5). Dann gibt es definitionsgemäß keine intermediären Objekte (und es gilt: $m = \mu$, $n = \nu$ für μ und ν aus §4.2).

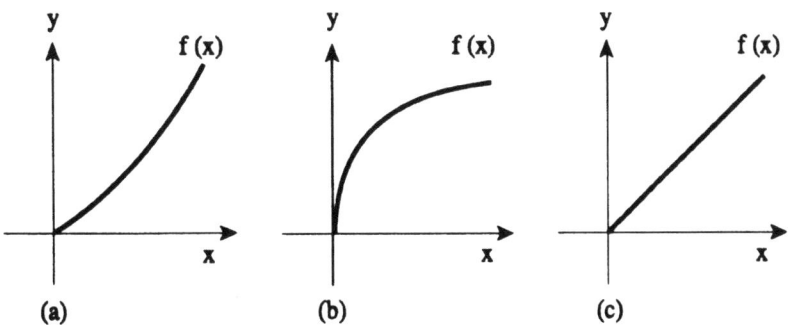

Abb. 7.2: Drei Output- oder Produktfunktionen

Beispiel 7.6: ❑

Im (extremen) Spezialfall, daß nur ein (Gut-) Faktor und ein (Gut-) Produkt Beachtung finden, deren Quantitäten durch x und y beschrieben sind, hat die zugehörige Output- oder Produktfunktion die Gestalt: $y = f(x)$. Wegen der unterstellten Effizienz muß sie streng monoton steigend sein, so daß auch die zugehörige Input- oder Faktorfunktion (als Inverse von f) existiert: $x = f^{-1}(y)$. Die Abb. 7.2 stellt drei Beispiele dar, die den Effizienten Rändern der drei unteren Diagramme der Abb. 7.1 entsprechen. Ein konkretes Beispiel für den mittleren (degressiven) Funktionsverlauf der Abb. 7.2 gibt das Beispiel 4.2 (vgl. Abb. 4.3) mit: $y = 1000\sqrt{x}$. ∎

7.4.2 Aufwands- und Ertragsfunktionen

Intermediäre Objektarten werden im folgenden nur ausnahmsweise betrachtet. Im Regelfall ohne intermediäre Objekte sind die Objektarten demnach eindeutig in Inputarten und Outputarten eingeteilt. Setzt man darüber hinaus noch die als Normalfall gekennzeichnete spezielle Präferenzannahme voraus (§5.3), so gibt es insgesamt sechs Klassen von Objektarten, die sich aus der Kombination der Einteilung in Input und Output mit der Unterscheidung in Gut, Übel und Neutrum ergeben und die in Tab. 5.1 angegebenen Bezeichnungen tragen. Durch die eindeutige Zuordnung jeder beachteten Objektart k zu einer dieser sechs Klassen ist gleichzeitig auch klar, ob es sich um Aufwand (Faktor oder Abprodukt) oder Ertrag (Produkt oder Redukt) oder um keines von beiden (Beifaktor oder Beiprodukt) handelt. Ebenso wie beim Input ist es deshalb auch nicht mehr notwendig, Aufwand als negative Zahl darzustellen.

Mit der **Konvention**, unter den genannten Voraussetzungen nichtnegative Zahlen für die Quantitäten sowohl bei Input und Output wie auch bei Aufwand und Ertrag zu verwenden, stimmt für jede nicht neutrale Objektart k der Zahlenwert auf der Objektebene mit dem auf der Ergebnisebene überein. Die Symbole x_i und y_j können somit nicht nur als Input- bzw. Outputquantität, sondern bei Gütern und Übeln je nachdem gleichzeitig als Aufwands- bzw. Ertragsquantität verstanden werden. Auf die Einführung und Verwendung gesonderter Symbole für die sechs einzelnen Objektklassen wird deshalb verzichtet. Als Konsequenz kann es geschehen, daß für eine Güter- oder Übelart zwischen der Input- bzw. Outputfunktion einerseits und der Aufwands- bzw. Ertragsfunktion andererseits **formal** kein Unterschied mehr besteht. Für neutrale Objektarten kann es aber definitionsgemäß keine Aufwands- oder Ertragsfunktionen geben.

Beispiel 7.7: ❑
Für die folgende Technologie

$$T = \{(x_1, x_2, y_3, y_4) \mid x_1 = \frac{3}{4}y_3,\ x_2 = \frac{1}{2}y_3,\ y_4 = \frac{1}{4}y_3,\ y_3 \geq 0\}$$

seien Inputart 1 ein (Gut-) Faktor, Inputart 2 ein Beifaktor, Outputart 3 ein (Gut-) Produkt und Outputart 4 ein Abprodukt. Die gesamte Technologie ist somit effizient ($T^{\it eff} = T$). Bei vorausgesetzter Nichtnegativität der Variablen lautet eine implizite Input/Outputfunktion:

§7 Produktionsfunktion: Effiziente Produktion

$$f(x_1, x_2, y_3, y_4) = |x_1 - \frac{3}{4}y_3| + |x_2 - \frac{1}{2}y_3| + |y_4 - \frac{1}{4}y_3|.$$

Eine korrespondierende implizite Aufwand/Ertrag-Funktion erhält man durch Streichung des zweiten Summanden, wobei die Symbole für die Objektquantitäten nunmehr als Aufwand oder Ertrag zu interpretieren sind. Aus ihr lassen sich zwei explizite Produktionsfunktionen ableiten, und zwar zwei Aufwandsfunktionen für den Faktor und das Abprodukt:

$$x_1 = \frac{3}{4}y_3, \quad y_4 = \frac{1}{4}y_3.$$

Beide Aufwandsfunktionen zusammen sind äquivalent zur (impliziten) Produktionsgleichung für den Effizienten Rand der Ergebnismenge. Gleichzeitig stellen sie eine Inputfunktion (speziell: Faktorfunktion) und eine Outputfunktion (speziell: Abproduktfunktion) dar. Um jedoch den Effizienten Rand der Technologie vollständig darzustellen, fehlt noch als dritte explizite Produktionsfunktion die Inputfunktion für den Beifaktor:

$$x_2 = \frac{1}{2}y_3. \qquad \blacksquare$$

7.5 Bekannte Typen von Produktionsfunktionen

In der Wirtschaftstheorie ist eine Reihe spezieller Typen expliziter Produktionsfunktionen gebräuchlich. Drei mit besonderer historischer Bedeutung werden hier kurz vorgestellt und später ausführlicher behandelt. Auf die älteste, nämlich die ertragsgesetzliche oder klassische Produktionsfunktion wird allerdings erst in §8.3 eingegangen.

7.5.1 Neoklassische Produktionsfunktion

Beispiel 7.8: ❑
Im Beispiel 4.3 seien alle drei Objektarten Güter. Mit $x_1 = -z_1$, $x_2 = -z_3$, $y = z_2$ lautet eine Produktionsgleichung für den Effizienten Rand:

$$|y - 8(x_1)^{\frac{1}{2}}(x_2)^3| + \max\{0; -x_1\} + \max\{0; -x_2\} = 0.$$

Die linke Seite der Gleichung definiert die zugehörige implizite Produktionsfunktion. Dabei stellen die beiden rechten Summanden die Nichtnegativität der Faktoreinsätze sicher. Setzt man dies (wegen fehlender intermediärer Objekte) generell voraus, d.h. engt man von vorneherein den Definitionsbereich der Input- und Outputquantitäten auf den Bereich nichtnegativer Zahlen ein, so können die beiden rechten Summanden entfallen. Die verbleibende Gleichung läßt sich dann äquivalent umformen in eine explizite Produktionsfunktion, nämlich die Output- oder Produktfunktion:

$$y = 8(x_1)^{\frac{1}{2}}(x_2)^3. \qquad \blacksquare$$

Die vorstehende konkrete Outputfunktion gehört zu einem in der Volkswirtschaftslehre gebräuchlichen Typ neoklassischer Produktionsfunktionen, der nach den erstmaligen Verwendern als *Cobb/Douglas-Produktionsfunktion* bezeichnet wird (*Cobb/Douglas 1928*):

$$y = \alpha_0 \cdot (x_1)^{\alpha_1} \cdot \ldots \cdot (x_m)^{\alpha_m}.$$

Üblicherweise mißt dabei y den gesamten Output einer Volkswirtschaft oder eines bestimmten wirtschaftlichen Sektors („Bruttosozialprodukt"), während die Faktorquantitäten x_i sich auf die Aggregate Arbeit, Kapital, Boden u.a.m. beziehen. Für betriebswirtschaftliche Zwecke sind solche Produktionsfunktionen aus zwei Gründen kaum brauchbar: Zum einen ist die unabhängige Produktion eines einzigen Produktes (*Einproduktproduktion*) nur sehr selten gegeben. Klassische, in der Literatur anzutreffende Beispiele aus der Grundstoff- und Energiewirtschaft erweisen sich unter dem Aspekt des Umweltschutzes bei genauerem Hinsehen als Fälle der Produktion mehrerer Outputarten (u.U. sogar *Mehrproduktproduktion* wie z.B. bei der Kraft/Wärme-Kopplung; vgl. Bsp. 4.5). Unter dem Gesichtspunkt des Entropiegesetzes (§6.1.2) gibt es stets mehrere Outputarten, falls die nicht mehr nutzbare Energie als Objektart beachtet wird.

Der zweite kritische Punkt betrifft die sehr weitgehenden Möglichkeiten, im Rahmen der Cobb/Douglas-Produktionsfunktion Quantitäten verschiedener Faktoren gegeneinander zu verändern (zu „substituieren"; vgl. §8.2.3), ohne die Outputquantität zu beeinträchtigen. Im betrieblichen Zusammenhang ist dies i.d.R. nur bei langfristigen Betrachtungen sinnvoll, wenn durch Investitionen in neue Produktionsanlagen, eine veränderte Personalqualifikation oder eine Reorganisation das Produktionssystem grundlegend umgestaltet werden kann (vgl. Kap. D). Bei der kurz- bis mittelfristigen Produktionsplanung sind die Faktoreinsatzverhältnisse mehr oder minder eingeschränkt („limitiert"; vgl. §8.1).

7.5.2 Lineare Input/Output-Funktion

Im Unterschied zu den Cobb/Douglas- und weiteren Produktionsfunktionen der (neo-)klassischen Wirtschaftstheorie ist eine andere Klasse volkswirtschaftlicher Produktionsfunktionen nicht substitutional. Sie wurde schon im neunzehnten Jahrhundert im Zusammenhang mit den Anfängen der Gleichgewichtstheorie eingeführt (u.a. von *Walras 1881*) und von *Leontief* (*1951*) in den dreißiger Jahren dieses Jahrhunderts zur *Input/Output-Analyse* der Sektoren der US-amerikanischen Volkswirtschaft verwendet (vgl. §3.2.1). Allgemein hat sie die folgende Gestalt spezieller Inputfunktionen:

$$x_i = a_{i,m+1} y_{m+1} + \ldots + a_{i,m+n} y_{m+n} = \sum_{j=m+1}^{m+n} a_{ij} y_j \qquad \text{für } i = 1, \ldots, m.$$

Das gesamte System aus m Inputfunktionen bildet die (*Walras-*) *Leontief-Produktionsfunktion*. Dabei ist a_{ij} ein *Inputkoeffizient* (in der Literatur auch „Produktionskoeffizient" genannt), der angibt, wieviele Quantitätseinheiten des Input i für die Herstellung einer Einheit des Output j bei effizienter Produktion eingesetzt werden müssen. Mit Hilfe der Matrix A der Inputkoeffizienten a_{ij} (*Bedarfsmatrix*) sowie des Inputvektors x und des Outputvektors y läßt sich das obige Gleichungssystem auch vektoriell schreiben:

$$x = A \cdot y.$$

Beispiel 7.9:

Im Beispiel 4.4 seien sowohl die beiden Inputarten 1 und 2 wie auch die beiden Outputarten 3 und 4 Güter. Mit Blick auf Abb. 4.6 erkennt man, daß zur Beschreibung des Effizienten Randes in der Definition der Technologie die beiden Ungleichungen durch Gleichungen ersetzt werden müssen:

$$x_1 = 2y_3 + 4y_4 \qquad \text{oder vektoriell:} \quad \begin{pmatrix} x_1 \\ x_2 \end{pmatrix} = \begin{pmatrix} 2 & 4 \\ 5 & 7 \end{pmatrix} \cdot \begin{pmatrix} y_3 \\ y_4 \end{pmatrix}$$
$$x_2 = 5y_3 + 7y_4$$

Es sind Inputfunktionen des Leontief-Typs. Sie sind äquivalent zu der folgenden (impliziten) Produktionsgleichung:

$$|x_1 - 2y_3 - 4y_4| + |x_2 - 5y_3 - 7y_4| = 0.$$

Die Beispiele 7.7 und 7.9 verdeutlichen, daß - unter Voraussetzung der Nichtnegativität der Quantitäten - aus der impliziten Darstellung durch eine einzige Produktionsgleichung mehrere, im Fall der Leontief-Produktionsfunktion m explizite Produktionsfunktionen abgeleitet werden können.

7.5.3 Technische Verbrauchsfunktion

Die in §7.5.1 diskutierten Mängel substitutionaler Produktionsfunktionen der klassischen Wirtschaftstheorie hat *Gutenberg (1951)* zum Anlaß genommen, um in Antithese zu ihnen - die er als *Typ A* kennzeichnete - eine neue Klasse von Funktionen - „*vom Typ B*" - vorzuschlagen (vgl. §3.2.3). Sie baut auf der Leontief-Produktionsfunktion auf.

Die *Gutenberg-Produktionsfunktion* ist ebenfalls durch einen Satz von Inputfunktionen, den sogenannten *Verbrauchsfunktionen*, dargestellt. Der Einfachheit halber wird nur ein einzelnes Produkt betrachtet. Die wesentliche Erweiterung gegenüber der Leontief-Produktionsfunktion besteht in der Einführung bestimmter Durchsatzfaktoren (vgl. §4.2) bei der Beschreibung der Produktherstellung auf einer einzelnen Maschine. *Gutenberg (1951)* unterscheidet einen „Datenkranz" von Nebenbedingungen („z-Situation") und weitere Einflußgrößen, die den Betriebszustand der Maschine charakterisieren. Die neben der *Produktionsdauer* λ wichtigste Steuergröße ist die *Intensität* ρ, d.h. die Geschwindigkeit, mit der die Maschine betrieben wird. Mißt man die Intensität durch die pro Zeiteinheit hergestellte Produktquantität, so ist die Gutenberg-Produktionsfunktion in ihrem Kern durch folgendes Gleichungssystem beschrieben:

$$x_i = a_i(\rho) \cdot y \quad \text{mit} \quad y = \rho \cdot \lambda \quad \text{für} \quad i = 1, ..., m.$$

Die Inputkoeffizienten hängen für bestimmte Verbrauchsfaktoren, wie z.B. Energie oder Schmierstoff, von der Intensität ab, weshalb die Funktionen $a_i(\rho)$ als *spezifische Verbrauchsfunktionen* bezeichnet werden. Die Gutenberg-Produktionsfunktion erlaubt es aufgrund ihrer Konstruktion, die Auswirkungen verschiedener *Anpassungsformen* an Beschäftigungsschwankungen zu analysieren, besonders die zeitliche, intensitätsmäßige und quantitative Anpassung (siehe §14.4).

7.5.4 Weitere betriebliche Produktionsfunktionen

Im Anschluß an *Gutenberg (1951)* wurden weitere spezielle Typen betrieblicher Produktionsfunktionen von verschiedenen Autoren vorgeschlagen (vgl. §3.2.3 sowie z.B. die Übersicht bei *Fandel 1991a*). Unglücklicherweise wurden einige von ihnen in Weiterführung der *Gutenberg*'schen Bezeichnungsweise mit Buchstaben des Alphabets benannt („Produktionsfunktionen vom Typ C, D etc.") und wegen des impliziten Alleinvertretungsanspruchs andere dadurch aus dem Blickfeld gedrängt, die deshalb keine angemessene Beachtung erlangten. Auf diese Weise blieb beispielsweise die etwa zeitgleich zu *Gutenberg* entwickelte *Pichler-Produktionsfunktion* lange kaum beachtet (*Pichler 1953a,b*; vgl. §17.4 und *Zschocke 1974*).

In diesem Buch wird auf eine Auswahl wichtiger betrieblicher Produktionsfunktionen näher eingegangen, insbesondere die zuvor genannten. Betont werden muß allerdings, daß die meisten Funktionen ursprünglich postuliert wurden, ohne auf Effizienzüberlegungen zu fußen. Die Lösung dieser - häufig als „technisches Maximierungsproblem" bezeichneten - Voroptimierung der Produktion wurde implizit unterstellt. Die hier verfolgte mengentheoretische Betrachtungsweise setzt demgegenüber unmittelbar bei den möglichen (und nicht schon bei den effizienten) Produktionen an. Sie gewann erst mit dem auf *Koopmans (1951)* u.a. aufbauenden Werk von *Wittmann (1968)* in der deutschsprachigen Betriebswirtschaftslehre Bedeutung. Ihr Vorzug liegt darin, nicht nur Inkonsistenzen bei der Formulierung von Produktionsfunktionen vermeiden zu helfen, sondern ggf. sogar auf die in vielen praktischen Fällen schwierige Aufstellung einer Produktionsfunktion vollkommen verzichten zu können.

Literaturhinweise zu §7

Bleimann 1981; Bol 1973; Dinkelbach 1991; Dinkelbach/Piro 1989, 1990; Dyckhoff 1992; Shephard 1970, insb. Chapter 9

Wichtige Begriffe und Aussagen in §7

Produktionsfunktion (in den verschiedenen Darstellungsformen); Effizienz (Schwaches Erfolgsprinzip, insb. Schwaches Wirtschaftlichkeitsprinzip); Intermediarität; Cobb-Douglas-Produktionsfunktion; Leontief-Produktionsfunktion; Gutenberg-Produktionsfunktion

Wiederholungsfragen zu §7

1) Was besagt das Schwache Erfolgsprinzip? Wie verhält es sich zum mengenmäßigen Wirtschaftlichkeitsprinzip? Wie lautet eine verbale und eine formale Beschreibung des Begriffs der Effizienz?
2) Wie muß sich die Präferenzstruktur eines Produzenten ändern, damit effiziente Produktionen ineffizient werden und umgekehrt?
3) Was ist unter Intermediarität einer Objektart zu verstehen?
4) Worin unterscheiden sich die Begriffe „implizite Produktionsfunktion" und „explizite Produktionsfunktion"? Auf welche Weise läßt sich eine implizite in eine explizite Produktionsfunktion überführen?
5) Welche historisch wichtigen Typen spezieller Produktionsfunktionen gibt es?
6) Welcher Zusammenhang besteht zwischen der Leontief- und der Gutenberg-Produktionsfunktion?

Paragraph 8

Eigenschaften der Produktionsfunktion

Die äquivalente Überführung einer impliziten Produktionsfunktion in eine oder mehrere explizite Funktionen ist nur für bestimmte Technologietypen möglich, im allgemeinen aber nicht. Beispiele solcher Typen sind in §7.5 vorgestellt worden. Eine systematische Typologie für lineare Technologien ist ausführlicher Gegenstand des Kapitels C. Die Typologie basiert wesentlich auf den nachfolgend definierten Begriffen und Eigenschaften von Produktionsfunktionen, also Eigenschaften effizienter Produktion. Dabei wird generell vom Normalfall gemäß §5.3 ausgegangen, d.h. der Existenz von Güter-, Übel- und neutralen Objektarten.

8.1 Limitationalität: Starre Produktion

Ohne intermediäre Objekte kann die Produktionsgleichung des Effizienten Randes der Technologie wie folgt allgemein formuliert werden:

$$f(x, y) = f(x_1, ..., x_m; y_{m+1}, ..., y_{m+n}) = 0.$$

Bei einer Leontief-Produktionsfunktion (gemäß §7.5.2) läßt sich die Produktionsgleichung in m lineare Inputfunktionen auflösen, welche nur von den Outputquantitäten abhängen. Durch Fixierung des Output ist der Input eindeutig bestimmt. Ein solcher Zusammenhang trifft beispielsweise auf Montageprozesse mit festen Stücklisten oder auf Mischungsprozesse mit festen Rezepturen zu.

8.1.1 Input- und Outputlimitationalität

Eine Technologie heißt in bezug auf die jeweilige Präferenzstruktur *inputlimitational* oder *outputseitig determiniert*, wenn für jeden möglichen Output-Vektor y höchstens ein möglicher Input-Vektor x existiert, so daß (x, y) eine effiziente Produktion ist, d.h. $f(x, y) = 0$ zutrifft. Im umgekehrten Fall heißt sie *outputlimitational* oder *inputseitig determiniert*.

Bei Inputlimitationalität gibt es dann m Inputfunktionen $f_i(y)$ derart, daß die Produktionsgleichung äquivalent durch folgende Bedingungen beschrieben wird:

$$x_i = f_i(y) \quad \text{für } y \in Y^{\mathit{eff}} \text{ und } i = 1, ..., m.$$

Dabei ist $Y^{\mathit{eff}} = \{ y \mid \text{Es gibt ein } x \text{ mit } f(x, y) = 0 \}$ die Menge der effizienten Output-Vektoren. Bei Outputlimitationalität lauten die analogen Bedingungen:

$$y_j = f_j(x) \quad \text{für } x \in X^{\mathit{eff}} \text{ und } j = m+1, ..., m+n \text{ mit}$$

$$X^{\mathit{eff}} = \{ x \mid \text{Es gibt ein } y \text{ mit } f(x, y) = 0 \}.$$

Limitationalität impliziert somit die Existenz expliziter Produktionsfunktionen. Ihr Definitionsbereich kann allerdings eingeschränkt sein, um ineffiziente Ausgangswerte auszuschließen. Bei Inputlimitationalität und effizienter Produktion ist die Inputseite durch eine (geeignete) Vorgabe der Outputseite determiniert; bei Outputlimitationalität verhält es sich genau umgekehrt.

Beispiel 8.1: ◻

Für die Technologie des Beispiels 7.7 liegen simultan Input- und Outputlimitationalität vor. Denn einerseits gilt:

$$Y^{\mathit{eff}} = \{(y_3, y_4) \mid y_4 = \frac{1}{4}y_3, \; y_3 \geq 0\}$$

$$x_1 = \frac{3}{4}y_3, \; x_2 = \frac{1}{2}y_3 \quad \text{für } (y_3, y_4) \in Y^{\mathit{eff}}, \text{ d.h. für } y_3 \geq 0;$$

und andererseits:

$$X^{\mathit{eff}} = \{(x_1, x_2) \mid x_2 = \frac{2}{3}x_1, \; x_1 \geq 0\}$$

$$y_3 = \frac{4}{3}x_1, \; y_4 = \frac{1}{3}x_1 \quad \text{für } (x_1, x_2) \in X^{\mathit{eff}}, \text{ d.h. für } x_1 \geq 0.$$ ■

8.1.2 Verallgemeinerte Limitationalität

In einem verallgemeinerten Sinn kann Limitationalität auf jede Auswahl von Objektarten bezogen werden, wenn bei (beliebiger) Vorgabe effizienter Quantitäten für diese Objektarten die Quantitäten einer anderen Gruppe von Objektarten zwangsläufig eindeutig festgelegt sind. So sind im vorangehenden Beispiel durch Vorgabe nichtnegativer Werte für eine der vier Objektarten die Quantitäten der restlichen drei Objektarten „limitiert".

Eine Gruppe G_1 von Objektarten limitiert eine andere Gruppe G_2 von Objektarten $(G_1, G_2 \subset \{1, ..., \kappa\}, G_1 \cap G_2 = \emptyset)$, wenn bei effizienter Produktion durch die Vorgabe von Quantitäten für die erste Gruppe die Quantitäten der zweiten Gruppe determiniert sind. Bei dieser Definition spielen die restlichen Objektarten - die weder zur ersten noch zur zweiten Gruppe gehören - keine Rolle. Bei geeigneter Numerierung der Objektarten gemäß $G_1 = \{1, ..., k\}, G_2 = \{k+1, ..., k+l\}, k+l \leq \kappa$, bedeutet Limitationalität formal, daß für die limitierten Objektarten explizite Produktionsfunktionen folgender Art existieren:

$$z_{k+j} = f_j(z_1, ..., z_k) \quad \text{für } j = 1, ..., l.$$

Dabei dürfen die Objektquantitäten $z_1, ..., z_k$ nur Werte im Bereich möglicher Produktionen annehmen.

Beispiel 8.2: ◻

In den (aufeinander aufbauenden) Beispielen 7.1, 7.3 und 7.4 limitiert das Produkt den Faktor Rohstoff, und umgekehrt. Das Beiprodukt wird dagegen nicht limitiert und limitiert selber auch keine andere Objektart. ■

Insbesondere können als Gruppen die Aufwands- und die Ertragsarten gewählt werden. Limitieren die zu Erträgen führenden Objektarten (Produkte und Redukte) diejenigen, welche mit Aufwendungen verbunden sind (Faktoren und Abprodukte), so kann man von *Aufwandslimitationalität* (*der Erträge*) sprechen. Umgekehrt läßt sich die *Ertragslimitationalität* (*der Aufwendungen*) definieren. Hierbei ist die Irrelevanz der Neutra als den restlichen Objektarten wichtig, weil ihre Quantitäten häufig selbst bei festliegenden Aufwendungen und Erträgen noch variieren können (vgl. Bsp. 8.2).

Beispiel 8.3:   ❑
Beim Zuschneiden von Materialien fester Gestalten, z.B. Blech, Papier, Glas, Textilien, in kleinere Teile entstehen neben den erwünschten Abmessungen auch solche Stücke, für die der Produzent keine weitere Verwendung hat (vgl. §13.5). Dieser als Verschnitt bezeichnete Rückstand bildet ein Beiprodukt, wenn er ohne weiteren Aufwand beseitigt werden kann. Die genaue Zusammensetzung des Verschnitts aus Stücken unterschiedlicher Abmessungen, die eigentlich zu verschiedenen Beiproduktarten gehören, ist dann für die Planung des Zuschneideprozesses ohne Belang, d.h. sie hat keinen Einfluß auf seine Effizienz und damit auch nicht auf die Frage einer etwaigen Aufwands- oder Ertragslimitationalität.   ■

Da die Hauptprodukte und -redukte den eigentlichen Betriebszweck des Produktionssystems bilden, ist es von besonderem Interesse, inwieweit sie andere Objektarten, also die Produktionsfaktoren limitieren. Für solchermaßen limitationale Objektarten ist die Planung ihrer Quantitäten vergleichsweise einfach, weil sie sich aus den Quantitäten der Hauptprodukte und -redukte unmittelbar ableiten lassen.

Limitationalität wird üblicherweise als eine Eigenschaft der Technologie verstanden und nicht auf Produktionsmöglichkeitenmengen bezogen. Bei beschränkter Produktion können allerdings ähnliche Phänomene auftreten.

Beispiel 8.4:   ❑
Mit den nichtnegativen Symbolen A, B und Y für die Quantitäten des Arbeitseinsatzes, des verfügbaren Bodens und des erzeugten landwirtschaftlichen Produkts sei ein landwirtschaftliches Produktionssystem durch folgende Gütertechnologie beschrieben:

$$T = \{(-A, -B, Y) \mid 0 \leq Y \leq f(A, B), 0 \leq A, 0 \leq B\}.$$

Bei effizienter Produktion muß dann notwendigerweise gelten: $Y = f(A, B)$, z.B. im speziellen Fall einer Cobb/Douglas-Produktfunktion: $Y = \sqrt{A \cdot B}$. Der Einsatz des Bodens als Faktor sei fest vorgegeben: $B = \bar{B}$, und der Faktor Arbeit sei nur beschränkt verfügbar: $A \leq \bar{A}$. Solange der Arbeitseinsatz jedoch noch gesteigert werden kann, begrenzt („limitiert") der Boden nicht die Produktion, obwohl hier durch Vorgabe der Produktquantität auch die Arbeitsquantität bestimmt ist.   ■

8.1.3 Spezialfall: Faktorlimitationalität

In der traditionellen Literatur, die nur Gütertechnologien untersucht, wird der Begriff Limitationalität im engen Sinne von Inputlimitationalität verstanden und auch als „Limitationalität der Faktoren" bezeichnet. Sie liegt vor, wenn in T^{eff} „keine Produktionen mit gleichen Produkt-, aber unterschiedlichen Faktorquantitäten enthalten sind" (*Wittmann 1968*, S. 102).

Eingeführt in die Wirtschaftstheorie wurde der Terminus Limitationalität von *Frisch (1932,* S. 64; vgl. *Wittmann 1968,* S. 46) im Rahmen preistheoretischer Überlegungen: „Die Produktfunktionen zerfallen in zwei Hauptklassen, je nachdem ob das technische Gesetz der Produktivität, das in Frage steht, ein *limitationales* oder ein *kompensatorisches* Gesetz ist. Im ersten Fall ist die Menge jedes Produktionsfaktors einzig und allein eine bestimmte Funktion der erzeugten Menge ... Im zweiten Fall gibt es irgendeine Möglichkeit der Substitution ... Ein noch allgemeinerer Fall liegt vor, wenn die Produktfunktion *Ringe* von limitationalen Faktoren und Ringe von kompensatorischen Faktoren enthält..." (Hervorhebungen im Original!)

8.2 Variable Produktion

Wenn zum Teeren eines Straßenstücks von 200 m Länge entweder 4 Arbeiter und zwei Teermaschinen oder aber 20 Arbeiter und eine Teermaschine eingesetzt werden können, so sind die Arbeiter und Teermaschinen als Faktoren nicht limitational; sie sind variabel und können sich gegenseitig kompensieren, indem ein Faktor den anderen (teilweise) substituiert. (Faktor-) Limitationalität wird im Rahmen von Gütertechnologien üblicherweise als logisches Gegenteil der (Faktor-) Substitutionalität definiert (vgl. *Wittmann 1968,* S. 46). Für den hier zugrunde gelegten weiteren Begriff wird Limitationalität als Gegenstück - nicht unbedingt logisches Gegenteil - zur Variabilität angesehen. Variabilität als Kompensationsfähigkeit verschiedener Objektarten kann sich speziell in Komplementarität oder in Substitutionalität ausdrücken.

Die Gütertechnologie des Beispiels 8.4 ist variabel in bezug auf jede positive Festlegung einer der drei Güterquantitäten. Einerseits ist sie (faktor-) substitutional, weil ein und dieselbe Produktquantität durch verschiedene effiziente Kombinationen der Faktoren Arbeit und Boden erzeugt werden kann. Andererseits ist sie auch komplementär, weil für einen konstanten Einsatz des Faktors Boden ein erhöhter Arbeitseinsatz zu einer größeren Ausbringung des Produktes führt.

8.2.1 Relative und absolute Variabilität

Wenn eine Gruppe von Objektarten nicht von einer anderen Gruppe limitiert wird, dann bedeutet das, daß innerhalb der ersten Gruppe Variationen der Quantitäten möglich sind, ohne die Effizienz der Produktion zu gefährden und die Objektquantitäten der zweiten Gruppe zu berühren. Eine Ertragserhöhung oder Aufwandsminderung bei einer Objektart ist jedoch zwingend mit einer Ertragssenkung oder Aufwandssteigerung für mindestens eine andere Objektart verbunden, sei es eine Objektart der ersten Gruppe oder eine der restlichen. Bei einer nicht limitationalen Gruppe von Objektarten können so Quantitäten einiger Objektarten u.U. auf „Kosten" dritter variiert werden. Variabilität verlangt, daß diese „dritten" Objektarten nur aus derselben Gruppe (absolute Variabilität) oder allenfalls noch aus den neutralen restlichen Objektarten (relative Variabilität) stammen dürfen.

Eine Gruppe von Objektarten heißt *(absolut) variabel,* wenn **innerhalb** der Gruppe Veränderungen der Quantitäten bei Festhalten der Quantitäten **aller** anderen (beachteten) Objektarten **außerhalb** der Gruppe möglich sind, ohne die Effizienz der Produktion zu gefährden. Sie heißt *variabel relativ zu* einer anderen Gruppe, wenn innerhalb der ersten Gruppe Veränderungen bei Festhalten der Objektquantitäten der zweiten Gruppe sowie aller restlichen Güter- und Übelarten möglich sind, ohne die Effizienz der Produktion zu gefähr-

§8 Eigenschaften der Produktionsfunktion

den. Bei relativer Variabilität dürfen also außer den Quantitäten der betrachteten Gruppe noch die Quantitäten solcher neutraler Objektarten variieren, die nicht zur zweiten (festgehaltenen) Bezugsgruppe gehören.

Die Definition relativer Variabilität - zusätzlich zur absoluten Variabilität - ist notwendig, wenn man auch die Variationsmöglichkeiten bei Festhalten bestimmter, aber nicht aller **Neutra** analysieren will. Als solche fixen Neutra kommen in Frage: ein vorgegebener Output eines Beiprodukts (z.B. aufgrund von Emissionsgrenzwerten) oder ein vorgegebener Input eines Beifaktors (z.B. der Einsatz einer Spezialmaschine, für die es keine sonstigen Verwendungsmöglichkeiten mehr gibt, die aber auch keine Belastung darstellen).

Unter Voraussetzung nichtnegativer Quantitäten für Input und Output verhalten sich zwei variable Objektarten *substitutional* zueinander, wenn eine Quantitätssteigerung der einen mit einer Senkung der anderen verbunden ist. Im umgekehrten Fall paralleler Entwicklungen der Quantitäten sind sie *komplementär*.

Beispiel 8.5: ❏

In Erweiterung des Beispiels 7.7 seien einige Objektarten der Technologie feiner differenziert. Neben dem Faktor 1 gibt es nunmehr zwei Beifaktorarten 2 und 3 und neben dem Produkt 4 (vormals Nr. 3) zwei Abproduktarten 5 und 6. Der Effiziente Rand der Technologie werde durch folgende expliziten Produktionsfunktionen beschrieben:

$$x_1 = \frac{3}{4} y_4, \quad y_4 = 4(y_5)^{\frac{1}{2}}(y_6)^3, \quad y_4 = x_2 + x_3.$$

Die Gruppe der Güter (Faktor und Produkt) wird zum einen von der Gruppe der Abprodukte, zum anderen von der Gruppe der Beifaktoren limitiert. Faktor und Produkt limitieren sich gegenseitig.

Die durch den Beifaktor 2 und das Abprodukt 5 gebildete Gruppe ist nicht limitational bezüglich der Güter, weil Veränderungen durch die restlichen Objektarten (Beifaktor 3 bzw. Abprodukt 6) aufgefangen werden können. Sie ist aber auch nicht variabel, weil die Veränderungen nicht (innerhalb dieser Gruppe) kompensiert werden können, ohne das andere Abprodukt zu berühren.

Umgekehrt sind auch die Güter nicht variabel, wohl aber eine aus den Gütern sowie einem Abprodukt gebildete Gruppe relativ zu jedem der beiden Beifaktoren. Faktor und Produkt verhalten sich dann komplementär zueinander.

Absolut variabel sind lediglich einmal die Gruppe der Abprodukte sowie auch die der Beifaktoren; sie verhalten sich substitutional zueinander. Die Abb. 8.1 zeigt für verschiedene Werte der Produktquantität, welche Substitutionen möglich sind, links für die Abprodukte, rechts für die Beifaktoren. ■

Sieht man von der Fixierung neutraler Objektarten ab, braucht für die relative Variabilität einer Objektgruppe - analog zur absoluten - keine Bezugsgruppe mehr genannt werden, da es sich dann immer um alle restlichen Güter- und Übelarten handelt. Wenn überhaupt keine neutralen Objektarten beachtet werden, stellt die variierte Gruppe gerade die Komplementmenge zur festgehaltenen dar.

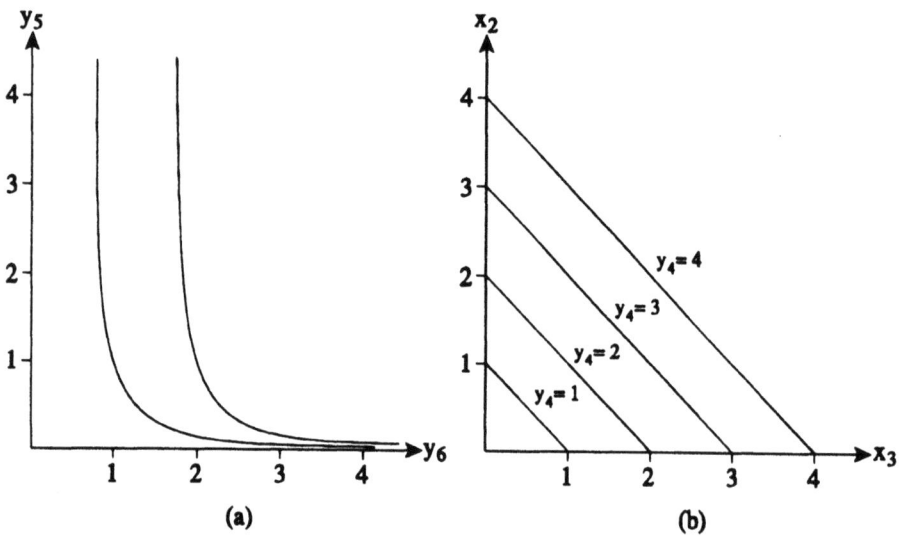

Abb. 8.1: Substitution entlang Isoquanten

Im folgenden wird außer der absoluten Variabilität hauptsächlich nur derjenige *Hauptfall relativer Variabilität* betrachtet, bei dem alle restlichen Güter- und Übelarten festgehalten werden, alle restlichen Neutra aber noch variieren dürfen.

8.2.2 Isoquanten

Die Kurven in den beiden Diagrammen der Abb. 8.1 beschreiben unterschiedliche Kombinationen der auf den Achsen aufgetragenen Abprodukte bzw. Beifaktoren, die bei effizienter Produktion jeweils zu derselben Produktquantität führen. Sie werden deshalb Isoquanten genannt, und zwar genauer: Produktisoquanten der Abprodukte bzw. der Beifaktoren.

Allgemein bezeichnen *Isoquanten* den geometrischen Ort aller Kombinationen der Quantitäten einer Gruppe von Objektarten bei Festhalten der Quantitäten aller anderen Güter- und Übelarten und bei Voraussetzung effizienter Produktion. Dabei auftretende Auswirkungen auf „restliche" neutrale Objektarten werden ignoriert. Es handelt sich also um den oben genannten „Hauptfall" relativer Variabilität.

Man spricht von Faktorisoquanten, wenn die Quantitäten aller Faktoren festgehalten werden. Analoge Bezeichnungen gelten bei Fixierung aller Produkte, aller Redukte oder aller Abprodukte, aber auch aller Beiprodukte oder Beifaktoren. Prinzipiell kann es sich um eine beliebige Gruppe fixierter Objektarten handeln.

Isoquanten vermitteln einen graphischen Eindruck über die verbleibenden Variationsmöglichkeiten trotz vorgegebener Beschränkungen, etwa im Fall des Diagramms 8.1a hinsichtlich der Möglichkeit, Quantitäten des einen Abprodukts zu vermindern, indem sie durch solche des anderen Abprodukts ersetzt werden, ohne dabei die Produktausbringung zu senken. Bei Limitationalität besteht die Isoquante aus einem einzigen Punkt.

Isoquanten sind definitionsgemäß stets Teil des Effizienten Randes der Technologie. (Z.B. ist der Rand des Input-Diagramms der Abb. 4.5 eine Produktisoquante, falls alle Objekte Güter sind.) Wenn der Effiziente Rand aus diskreten Punkten besteht oder Sprünge aufweist (z.B. bei Abb. 7.1a und 7.1b), so ist auch eine Variation der zugehörigen Objektarten nur *diskret* oder *sprunghaft* möglich. Die Isoquanten der Abb. 8.1 illustrieren dagegen Formen *kontinuierlicher* Variabilität, und zwar der Substitution.

Bei den Beifaktoren der Abb. 8.1b ist eine *totale* (*vollständige*) Substitution möglich (da die Isoquanten die Achsen schneiden), bei den Abprodukten der Abb. 8.1a nur eine *partielle* Substitution. Jedes der beiden Abprodukte ist demnach *unvermeidlich*. Die starke Krümmung der Isoquanten für die Abprodukte zeigt, daß ein verminderter Anfall des einen Abprodukts durch einen überproportional erhöhten Anfall beim zweiten „erkauft" werden muß. Bei einem Input, der nur partiell ersetzbar ist, spricht man auch von einem *unverzichtbaren* oder (*technisch*) *wesentlichen* Input (*Dyckhoff 1983b*).

Die Abb. 8.2 zeigt acht weitere Beispiele möglicher Isoquantenverläufe. Dabei sind in jedem Fall zwei verschiedene Isoquanten skizziert (eine durchgezogen, die andere gestrichelt, bzw. volle Punkte oder Kreise), die sich ergeben, wenn von anderen vorgegebenen Quantitäten der festgehaltenen Gruppe von Objektarten ausgegangen wird. Welche Objektquantitäten festgehalten werden, ist offen gelassen. Wohl sind an den Achsen verschiedene Kombinationen der vier sich auf Güter und Übel beziehenden Input- und Outputklassen aufgetragen. Bei Variation von Produkten wie im Beispiel der Abb. 8.2a heißen die Isoquanten auch *Transformationskurven*.

In den Diagrammen (a) bis (d) der Abb. 8.2 liegt jeweils Substitutionalität vor (dreimal kontinuierlich und einmal diskret). Abprodukt 2 in Diagramm (c) ist vermeidbar. Die Produkte 1 und 2 in Diagramm (a) sind *alternativ*, da jedes auch allein hergestellt werden kann. Fällt eine Outputart zwangsläufig mit einer anderen an, d.h. berührt die Isoquante nicht die zugehörige Achse, so handelt es sich um ein *Kuppelprodukt* (vgl. §1.4.2). Zwei erwünschte Kuppelprodukte verhalten sich zueinander substitutional, ein Abprodukt zu einem (Gut-) Produkt komplementär - wie in Diagramm (g) -, sofern sie überhaupt variabel sind (*variable*, *elastische* oder *flexible* Kuppelproduktion). Andernfalls sind sie wie in Diagramm (h) limitational (*starre* Kuppelproduktion). Die drei Diagramme (e) bis (g) skizzieren durch den steigenden Verlauf der Isoquanten Fälle der Komplementarität. Diagramm (e) zeigt, wie mit zunehmendem Faktoreinsatz die erzeugte Produktquantität - unterproportional - wächst; bei (f) ist das Redukt auch ohne den Faktor in einem gewissen Umfang beseitigbar.

Isoquanten, bei denen gleichzeitig neutrale Objektarten und eine Güter- oder Übelart variiert werden, sind nicht sinnvoll, weil dies der Voraussetzung effizienter Produktion widerspricht. Derartige Isoquanten können allenfalls senkrecht zur Achse des betreffenden Gutes oder Übels verlaufen. Für Beifaktoren und Beiprodukte untereinander können Isoquanten ein vollkommen anderes Aussehen haben, z.B. Flächen bilden, weil ihre Variationen unmittelbar keinen Einfluß auf die Effizienz haben.

8.2.3 Komplementarität und Substitutionalität

Die bisherigen Darstellungen betrachten die Variation innerhalb einer Gruppe, die lediglich aus zwei Objektarten besteht. Prinzipiell sind Isoquanten für beliebig viele Objektarten

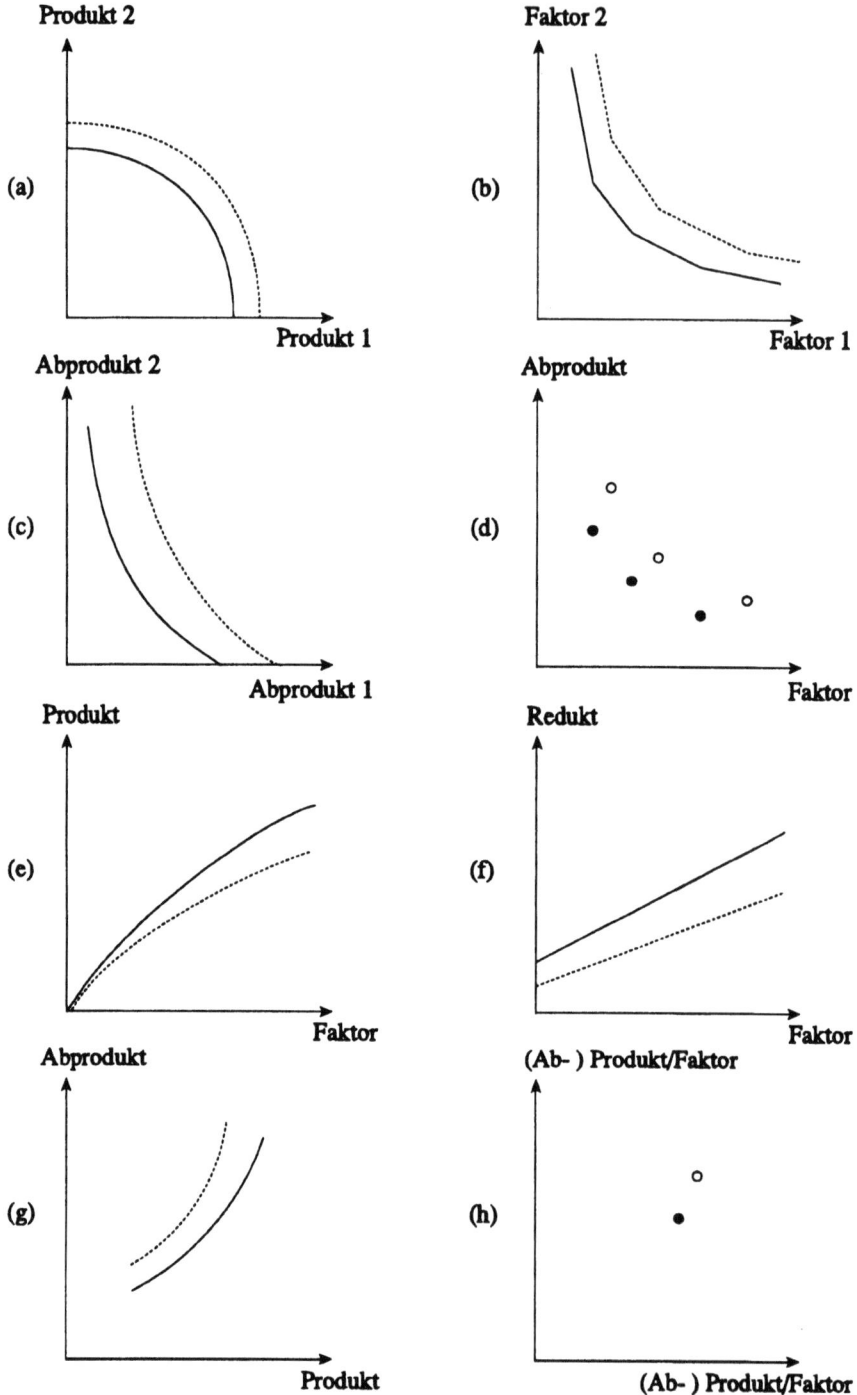

Abb. 8.2: Beispiele substitutionaler (a-d), komplementärer (e-g) und limitationaler (h) Isoquanten

§8 Eigenschaften der Produktionsfunktion

definiert. Sie weisen jedoch im allgemeinen komplexere Kompensationsbeziehungen zwischen den verschiedenen Objektarten auf und lassen sich kaum noch grafisch veranschaulichen. Deshalb soll hier darauf verzichtet und nur der Fall zweier Objektarten i und j systematisiert werden. Dazu werden zunächst drei grundlegende Fälle unterschieden:

(i) i und j sind Inputarten;
(ii) i und j sind Outputarten;
(iii) i ist eine Input-, j eine Outputart.

Diese drei Basisfälle können noch weiter aufgeschlüsselt werden, je nachdem, ob es sich um Güter, Übel oder Neutra handelt. Wegen der vorausgesetzten Effizienz der Produktion kann Variabilität zwischen i und j bei Festhalten aller anderen Güter- und Übelarten nur in bestimmten Kombinationen i/j vorkommen. Sie sind in Tab. 8.1 mittels einer Matrix gekennzeichnet.

Tab. 8.1: Beziehungen zwischen Objektkategorien

i \ j	Faktor	Produkt	Abprodukt	Redukt	Beifaktor	Beiprodukt
Faktor	-	+	-	+	×	×
Produkt	+	-	+	-	×	×
Abprodukt	-	+	-	+	×	×
Redukt	+	-	+	-	×	×
Beifaktor	×	×	×	×	+/-	+/-
Beiprodukt	×	×	×	×	+/-	+/-

Die Matrix ist symmetrisch, da es nicht auf die Reihenfolge der Objektarten i/j oder j/i ankommt. Die Symbole + und - in der Matrix kennzeichnen eine komplementäre bzw. substitutionale Beziehung zwischen den betreffenden Objektkategorien. Das Symbol +/- bei den Kombinationen neutraler Objektarten verdeutlicht die Ambivalenz dieser Beziehungen. Das Symbol × für die Kombination einer Güter- oder Übelart mit einer neutralen Objektart besagt - wie zuvor schon festgestellt -, daß zwischen diesen Kategorien keine Variabilität bestehen kann. Das trifft für 16 der 36 Kombinationen zu. Von den verbleibenden 20 Kombinationen sind die vier mit +/- gekennzeichneten aus Sicht des Produzenten a priori uninteressant, weil damit keine Veränderungen bei den Erträgen und Aufwendungen verbunden sind.

Von Bedeutung sind somit nur die 16 Kombinationen im oberen linken Teil der Matrix, welche die Güter- und Übelarten betreffen. Wegen der Symmetrie handelt es sich letztlich nur um zehn unterschiedliche Fälle, sechs substitutionale und vier komplementäre:

Substitutionalität:
Faktor/Faktor, **Produkt/Produkt**, Redukt/Redukt, Abprodukt/Abprodukt, Faktor/Abprodukt (bzw. Abprodukt/Faktor), Produkt/Redukt (bzw. Redukt/Produkt);

Komplementarität:
Faktor/Produkt (bzw. **Produkt/Faktor**), Faktor/Redukt (bzw. Redukt/Faktor), Produkt/Abprodukt (bzw. Abprodukt/Produkt), Abprodukt/Redukt (bzw. Redukt/Abprodukt).

Demgegenüber kommen bei reinen Gütertechnologien nur die vier schattierten Kombinationen links oben in der Matrix vor; sie führen auf die drei fett hervorgehobenen Fälle, die üblicherweise unter den Begriffen der *Faktorsubstitution*, der *Produkttransformation* und der *Faktorproduktivität* abgehandelt werden.

Durch die zusätzlichen sieben Fälle bei Berücksichtigung der Übel nimmt die Komplexität aber nicht in gleichem Maße zu, weil die zugehörigen Isoquantenverläufe prinzipiell auch schon in den drei traditionellen Fällen vertreten sind. Es genügt deshalb für eine einführende produktionstheoretische Darstellung, exemplarisch die drei traditionellen Fälle ausführlicher zu behandeln und aus ihnen auf die neuen Fälle zu schließen.

8.3 Partielle Kompensationsmaße

Beim Übergang von einem zu einem zweiten Punkt einer Isoquante ergibt sich für jede der beteiligten Objektarten k eine Differenz $\Delta x_k = x_k^2 - x_k^1$ oder $\Delta y_k = y_k^2 - y_k^1$ der Input- bzw. Outputquantitäten, die deren Veränderungen beschreiben. Die Abb. 8.3 illustriert den Basisfall (iii) von §8.2.3 bei einem komplementären Verlauf der Isoquante. Bei i/j kann es sich also um eine Faktor/Produkt- oder eine Redukt/Abprodukt-Kombination handeln. Unterstellt sei die erste Kombination. Die dargestellte Isoquante entspricht im übrigen dem Effizienten Rand der Ergebnismenge in Abb. 6.3.

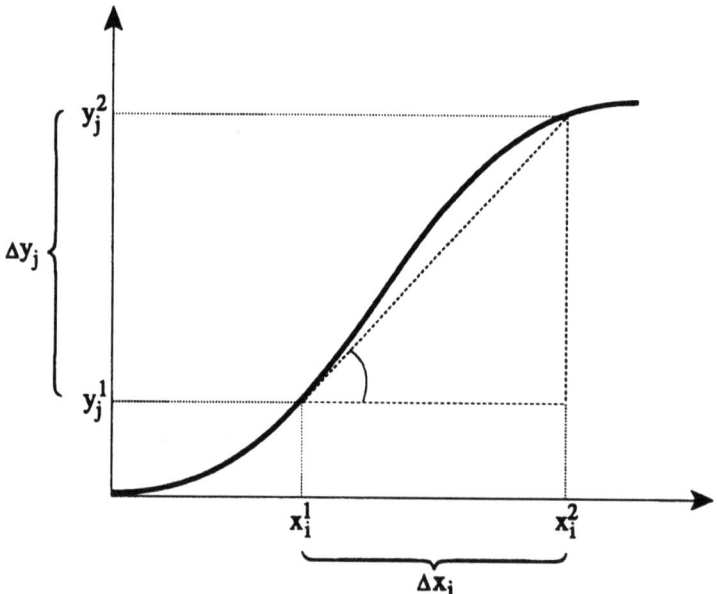

Abb. 8.3: Ertragsgesetzlicher Verlauf einer Isoquante

Betrachtet man die relativen Veränderungen der Objektarten i und j, so definiert der Quotient der beiden zugehörigen Differenzen ihr „Ausgleichsverhältnis". Bei Komplementarität - wie im Falle der Abb. 8.3 - ist der Quotient positiv, bei Substitutionalität negativ. Die drei möglichen Basisfälle gemäß (i) bis (iii) sind (vgl. §8.2.3):

$$\frac{\Delta x_j}{\Delta x_i}, \frac{\Delta y_j}{\Delta y_i}, \frac{\Delta y_j}{\Delta x_i}.$$

8.3.1 Grenzproduktivität und Substitutionsrate

Für stetig differenzierbare Isoquanten kann durch Annäherung des zweiten Punktes an den ersten der Grenzübergang vollzogen und auf diese Weise der Differenzenquotient in einen Differentialquotienten überführt werden:

$$\frac{dx_j}{dx_i}, \frac{dy_j}{dy_i}, \frac{dy_j}{dx_i}.$$

Dieser Grenzwert entspricht der Steigung der Isoquanten im ersten Punkt und definiert so das lokale Ausgleichsverhältnis der beiden variierten Quantitäten. Er sei allgemein als *Kompensationsrate* bezeichnet. Bei einer negativen Kompensationsrate wird deren positiver Betrag auch *Substitutionsrate* („Grenzrate der Substitution") oder ggf. *Transformationsrate* genannt. Bei einer positiven Kompensationsrate heißt das Verhältnis der Ertragskomponente zur Aufwandskomponente, also Produkt oder Redukt zu Faktor bzw. Abprodukt, *(partielle) Grenzproduktivität* oder *(relativer) Grenzertrag* des Aufwands, im umgekehrten Fall *(relativer) Grenzaufwand* für den Ertrag.

In der Abb. 8.3 beschreibt dy_j/dx_i demnach den Grenzertrag des Faktors i hinsichtlich der Erzeugung des Produktes j. Der Verlauf der Isoquante zeigt anfangs zunehmende, später abnehmende Grenzerträge. Er wird üblicherweise als „ertragsgesetzlich" bezeichnet und ist typisch für die *klassischen* Produktionsfunktionen, mit denen ursprünglich der landwirtschaftliche Ertrag in Abhängigkeit vom Arbeitseinsatz bei vorgegebener Fläche des bewirtschafteten Bodens beschrieben wurde (*Turgot 1766, von Thünen 1842*; vgl. *Wittmann 1968*, S. 36ff., *Fandel 1991a*, S. 69ff.; siehe auch §3.2.1 und Bsp. 8.4).

Grenzproduktivitäten sind marginalanalytische Aussagen darüber, wie sich ein Ertrag relativ zu einem Aufwand (oder umgekehrt) verändert. Bei einer Produktfunktion $y_j = f_j(x_1, ..., x_m)$ berechnen sie sich als erste partielle Ableitung $\partial f_j/\partial x_i$. Die Zunahme oder Abnahme der Grenzerträge ergibt sich aus der zweiten partiellen Ableitung gemäß der Krümmung der Isoquante. Kennzeichnend für die sogenannten *neoklassischen* Produktionsfunktionen - wie z.B. die Cobb/Douglas-Funktionen für $\alpha_i < 1$ - sind abnehmende Grenzerträge (bei den Produkt/Faktor-Variationen) und abnehmende Substitutionsraten (bei den Faktor/Faktor-Variationen). Nicht zunehmende (bzw. abnehmende) Substitutionsraten sind bei einem (streng) konvexen, fallenden Verlauf der Isoquante gegeben („Quasikonkavität"; vgl. *Dyckhoff 1983a*, S. 210ff.), z.B. in den Abb. 8.1a und 8.2b.

Beispiel 8.6: ❑

Für den Effizienten Rand des Beispiels 8.5 erhält man durch Bildung des totalen Differentials folgende Beziehungen:

$$dx_1 = \frac{3}{4}dy_4, \quad dy_4 = 2(y_5)^{-\frac{1}{2}}(y_6)^3 \, dy_5 + 12(y_5)^{\frac{1}{2}}(y_6)^2 \, dy_6, \quad dy_4 = dx_2 + dx_3.$$

Festhalten der Produktquantität (oder auch der Faktorquantität) hat zur Folge (für $y_4 > 0$):

$$dy_4 = 0, \quad dx_1 = 0, \quad 0 = y_6 \, dy_5 + 6y_5 \, dy_6, \quad 0 = dx_2 + dx_3.$$

Variabel, und zwar substituierbar, im oben definierten Sinn sind zum einen die Abprodukte 5 und 6, zum anderen die Beifaktoren 2 und 3 (vgl. Abb. 8.1). Ihre Substitutionsraten ergeben sich zu:

$$-\frac{dy_5}{dy_6} = 6\frac{y_5}{y_6} = \frac{3(y_4)^2}{8(y_6)^7}, \quad -\frac{dx_2}{dx_3} = 1.$$

Wird alternativ die Quantität eines Abprodukts oder eines Beifaktors fixiert (etwa wegen eines Emissionsgrenzwerts oder eines begrenzten Ressourcenbezugs), so limitiert dies noch nicht den Faktoreinsatz und die Produktausbringung. Beispielsweise folgt aus $dy_5 = 0$ und $dx_2 = 0$ (für $y_4 > 0$):

$$dx_1 = \frac{3}{4}dy_4, \quad dy_4 = 12(y_5)^{\frac{1}{2}}(y_6)^2 \, dy_6, \quad dy_4 = dx_3.$$

Veränderungen von Faktoreinsatz ($dx_1 \neq 0$) oder Produktausbringung ($dy_4 \neq 0$) sind nun zwar noch möglich, haben aber komplementäre Auswirkungen auf das Abprodukt 6 und den Beifaktor 3. Die Gruppe bestehend aus Faktor und Produkt ist also nicht variabel. Eine **partielle** Grenzproduktivität für die Faktor/Produkt-Kombination existiert nicht. Die folgenden Grenzaufwendungen der Produktausbringung sind somit im Sinne der Variabilität einer Gruppe zu verstehen, die aus Produkt, Faktor, Abprodukt 6 und Beifaktor 3 besteht (vierdimensionale Isoquante):

$$\frac{dx_1}{dy_4} = \frac{3}{4}, \quad \frac{dy_6}{dy_4} = \left(12(y_5)^{\frac{1}{2}}(y_6)^2\right)^{-1}, \quad \frac{dx_3}{dy_4} = 1.$$
∎

Es ist zu beachten, daß Grenzproduktivitäten und Substitutionsraten - als „positiver" bzw. „negativer" Fall der Kompensationsrate (oder Kompensationsgeschwindigkeit) - definitionsgemäß immer nichtnegative Zahlen sind. (Die Grenzproduktivität entlang eines Effizienten Randes kann niemals negativ sein!) Wenn ohne ergänzende Hinweise von einer „Substitutionsrate" die Rede ist, so ist immer die zwischen zwei Faktoren gemeint. Entsprechend bezieht sich die Bezeichnung „Transformationsrate" gemeinhin auf die Substitutionsrate zweier Produkte.

8.3.2 Elastizitäten und Durchschnittsmaße

Anstelle von Kompensationsmaßen, die sich als Relationen von Objektquantitäten in ihren jeweiligen Maßeinheiten berechnen, werden auch andere verwendet, die als dimensionslose Größen definiert sind. *Elastizitäten* sind Verhältnisse marginaler prozentualer Veränderungen. Beispiele sind die *Produktionselastizität*, die *Substitutionselastizität* oder der *Komplementaritätsgrad* (vgl. *Krelle 1969, Fandel 1991a*; siehe auch *Dyckhoff 1983a*, S. 208ff.). Diese Größen spielen in betriebswirtschaftlichen Untersuchungen üblicherweise keine Rolle,

§8 Eigenschaften der Produktionsfunktion

insbesondere wegen der mangelnden stetigen Differenzierbarkeit der vorherrschend stückweise linearen Isoquanten. Für ein grundsätzliches Verständnis produktionswirtschaftlicher Zusammenhänge können sie aber durchaus eine didaktische Funktion besitzen.

Neben marginalanalytischen sind auch Produktivitätsmaße im Sinne von Durchschnittsgrößen gebräuchlich. Sie beziehen sich allerdings gewöhnlich auf den Fall, in dem nur ein einziges Hauptprodukt in der Quantität y erzeugt wird. Für die Faktor/Produkt-Beziehungen geben die Quotienten

$$\frac{y}{x_i} \quad \text{und} \quad \frac{x_i}{y}$$

zum einen die *(durchschnittliche) Produktivität* oder den *Durchschnittsertrag* des Faktors *i* sowie zum anderen als Kehrwert den *(durchschnittlichen) Inputkoeffizienten* oder *Durchschnittsaufwand* bezüglich Faktor *i* an. Entsprechend lassen sich auch durchschnittliche Abprodukt/Produkt-, Redukt/Faktor- sowie weitere Relationen definieren.

8.4 Totale Kompensationsmaße

Bei den vorstehenden Kompensationsmaßen handelt es sich um Begriffe einer *Partialanalyse*, die immer nur zwei Objektarten in Beziehung zueinander setzen. Eine *Totalanalyse* untersucht die Auswirkungen der simultanen Änderung einer Gruppe von Objektquantitäten auf die restlichen beachteten Objektarten. Marginalanalytisch läßt sich eine solche Analyse mit Hilfe des totalen Differentials durchführen. Im Falle einer differenzierbaren impliziten Produktionsfunktion $f(x_1, ..., y_{m+n})$ muß gelten:

$$\frac{\partial f}{\partial x_1} \cdot dx_1 + ... + \frac{\partial f}{\partial x_m} \cdot dx_m + \frac{\partial f}{\partial y_{m+1}} \cdot dy_{m+1} + ... + \frac{\partial f}{\partial y_{m+n}} \cdot dy_{m+n} = 0.$$

Aus der Produktfunktion $y = \bar{f}(x_1, ..., x_m)$ eines einzelnen Produkts ergibt sich das totale (absolute) Grenzprodukt als Summe der partiellen (absoluten) Grenzprodukte (mit $\partial y / \partial x_i = \partial \bar{f} / \partial x_i$):

$$dy = \frac{\partial y}{\partial x_1} \cdot dx_1 + ... + \frac{\partial y}{\partial x_m} \cdot dx_m.$$

Bei einer simultanen Variation aller Inputquantitäten, die proportional ist zu den jeweiligen (Ausgangs-) Quantitäten, müssen die prozentualen Änderungen aller Inputarten übereinstimmen:

$$\frac{dx_i}{x_i} = \frac{d\lambda}{\lambda} \quad \text{für } i = 1, ..., m.$$

λ ist der *Proportionalitäts-, Skalen-* oder *Niveaufaktor*. Für die obige Einproduktfunktion läßt sich dann mit wenigen Umformungen folgende *Skalenelastizitätsgleichung* ableiten, die auch als „Wicksell-Johnson-Theorem" bekannt ist:

$$\varepsilon \equiv \frac{\frac{dy}{d\lambda}}{\frac{y}{\lambda}} = \frac{\frac{\partial y}{\partial x_1}}{\frac{y}{x_1}} + \ldots + \frac{\frac{\partial y}{\partial x_m}}{\frac{y}{x_m}} = \varepsilon_1 + \ldots + \varepsilon_m$$

Sie besagt, daß die *Skalenelastizität* ε, d.h. die Reagibilität der Produktausbringung auf eine simultane proportionale Veränderung aller Inputquantitäten, gleich der Summe der Produktionselastizitäten ε_i der m Inputarten ist.

Skalen- und Produktionselastizitäten sind im allgemeinen abhängig von den jeweiligen Inputquantitäten. Ausnahmen bilden die Skalenelastizität homogener Produktionsfunktionen und die Produktionselastizitäten der Cobb/Douglas-Funktionen. Im letzteren Fall gilt: $\varepsilon_i = \alpha_i$, im ersten Fall: $\varepsilon = h$. Dabei ist h der *Homogenitätsgrad* der obigen Produktfunktion, wenn für alle $\lambda > 0$ und $y = \bar{f}(x)$ folgende Gleichung gilt:

$$\lambda^h \cdot y = \lambda^h \cdot \bar{f}(x) = \bar{f}(\lambda x_1, \ldots, \lambda x_m).$$

Ein Homogenitätsgrad $h = 1$ entspricht linear-homogener Produktion, d.h. konstanten Skalenerträgen oder Größenproportionalität. Die Fälle $h > 1$ und $h < 1$ bedeuten gleichmäßig zunehmende bzw. abnehmende Skalenerträge, d.h. spezielle Formen der Größenprogressivität bzw. Größendegressivität (vgl. §6.2.1).

Beispiel 8.7:
Für Cobb/Douglas-Produktfunktionen gilt gemäß der Skalenelastizitätsgleichung: $h = \alpha_1 + \ldots + \alpha_m$, im Beispiel 7.8 also: $h = 0,5 + 3 = 3,5 > 1$.

Literaturhinweise zu §8

Adam 1993; Dyckhoff 1983a, Anhang Ö.1; Hesse/Linde 1976; Kampkötter 1981; Krelle 1969

Wichtige Begriffe und Aussagen in §8

Limitationalität (in den verschiedenen Varianten); absolute Variabilität, Substitutionalität (totale versus partielle), Komplementarität; Isoquanten; Grenzproduktivität, Substitutionsrate; Homogenitätsgrad

Wiederholungsfragen zu §8

1) Wie läßt sich Limitationalität allgemein charakterisieren?
2) Was versteht man unter Variabilität; welchen Unterschied weist sie zur Limitationalität auf?
3) Welche Arten der Variabilität gibt es? Wodurch unterscheiden sich diese?
4) Was ist eine Isoquante? Welchen Verlauf weisen Isoquanten bei Substitutionalität bzw. Komplementarität auf?
5) Welche Kombinationen von Objektarten verhalten sich substitutional, welche komplementär?
6) Welche Kompensationsmaße gibt es? Welche Bedeutung haben sie?
7) Was versteht man unter dem Homogenitätsgrad? Welchen Homogenitätsgrad haben homogene größenproportionale, größendegressive und größenprogressive Technologien?

Paragraph 9

Erfolgsmaximale Produktion

Produktionsfunktionen beschreiben effiziente Aktivitäten des Produktionssystems. Effizienz stellt eine Minimalanforderung an rationale Produktion im Sinne des Schwachen Erfolgsprinzips dar. Sie ist eine notwendige Bedingung, aber im allgemeinen noch nicht hinreichend, um die Optimalität der Produktion zu gewährleisten. Dazu bedarf es eines Starken Erfolgsprinzips als Verschärfung des Schwachen Prinzips. Der hier verfolgte Ansatz beruht auf der Erfolgsmaximalität der Produktion. Ähnlich den Produktionsfunktionen lassen sich dann Erfolgsfunktionen definieren, die in Spezialfällen Kosten- oder Leistungsfunktionen genannt werden.

9.1 Starkes Erfolgsprinzip

Das Schwache Erfolgsprinzip basiert auf dem Dominanzbegriff und unterstellt damit die Existenz einer partiellen Präferenzordnung des Produzenten (§7.1). Der Effiziente Rand entspricht der Menge der in diesem Sinne „besten", weil nicht dominierten, möglichen Produktionen. Wegen der Unvollständigkeit der Präferenzordnung gibt es meistens sehr viele effiziente Aktivitäten in einer Technologie (oder ggf. auch in einer Produktionsmöglichkeitenmenge). Ein rationales Management des Produktionssystems erfordert in aller Regel aber eine stärkere Eingrenzung des Begriffs „beste" Produktion, um in konkreten Situationen zu einer eindeutigen Entscheidung zu gelangen.

Bei einer partiellen Präferenzordnung sind die „besten" Alternativen im allgemeinen nicht miteinander vergleichbar, dagegen wohl bei einer vollständigen Präferenzordnung, und zwar so, daß Indifferenz vorliegt: Eine so verstandene beste Produktion ist gleichwertig zu jeder anderen besten Produktion - falls überhaupt noch weitere existieren - und besser, d.h. höherwertig, als jede andere mögliche Produktion. Am besten sind also die Aktivitäten mit dem höchsten „Wert", der hier als maximaler *Erfolg* der Produktion bezeichnet wird (vgl. §5.1). So gesehen kann man das *Starke Erfolgsprinzip* als Prinzip der *Erfolgsmaximalität* formulieren, welches auf einer vollständigen, transitiven und üblicherweise auch stetigen Präferenzrelation aufbaut, die äquivalent durch eine stetige Erfolgsfunktion charakterisiert ist (§5.1).

Auch die impliziten Produktionsfunktionen sind in einem gewissen, wenn auch sehr rudimentären Sinn Bewertungsfunktionen. Sie treffen nur eine grobe Unterscheidung in „gute", nämlich effiziente, und „schlechte", nämlich ineffiziente, Aktivitäten des Produktionssystems. Bei einer impliziten Produktionsfunktion f gilt für die effizienten Produktionen z: $f(z) = 0$, für die ineffizienten: $f(z) \neq 0$. Grundsätzlich läßt es sich sogar immer erreichen, die Produktionsfunktion so zu formulieren, daß für alle Elemente z einer Technologie T gilt: $f(z) \leq 0$. Dann sind die effizienten Aktivitäten die Maxima der impliziten Produktionsfunktion.

Wie schon erwähnt, genügt die rudimentäre Bewertung über mehrdimensionale Ergebnisfunktionen $\mathcal{P}(z)$ nur in besonderen Fällen - insbesondere bei limitationaler Produktion (siehe §10.4) - für eine eindeutige (optimale) Produktionsentscheidung. Eine weitergehende Bewertung, die zu einer vollständigen Präferenzordnung (Rangfolge) der möglichen Produktionen führt, erhält man über eine stetige, eindimensionale Erfolgsfunktion $w(z)$. Wegen ihrer Stetigkeit und der Abgeschlossenheit der Technologie (§6.1.4) existiert bei beschränkter (endlicher) Technologie stets ein Erfolgsmaximum mit einer oder ggf. mehreren zugehörigen, d.h. erfolgsmaximalen, Produktionen.

Beispiel 9.1: ❑

Im Beispiel 5.1 mit der Technologie

$$T = \{(z_A, z_B, z_R, z_S) \mid z_A \leq -2z_R, z_B \leq -3z_R, z_S \geq 4z_R \geq 0\}$$

kann jede der beiden Ergebnisfunktionen

$$e_G = 5z_A + 10z_B + (340 - 0{,}3z_R)z_R \quad \text{und} \quad e_S = -z_S,$$

also der „Gewinn" bzw. die (negative) Schadstoffquantität, auch eine Erfolgsfunktion sein, falls die Produktion ausschließlich mit ihr bewertet wird (und nicht mit beiden gleichzeitig im Sinne einer zweidimensionalen Ergebnisfunktion wie in Beispiel 5.1). Erfolgsmaximal bezüglich der ersten Funktion ($w(z) = e_G(z)$), d.h. „gewinnmaximal" mit $e_G = 75000$, ist dann jede Produktion $z = (-1000; -1500; 500; z_S)$ für $z_S \geq 2000$. Erfolgsmaximal bezüglich der zweiten Funktion ($w(z) = e_S(z)$), d.h. schadstoffminimal mit $e_S = 0$, ist jede „Produktion" $z = (z_A; z_B; 0; 0)$ für $z_A \leq 0, z_B \leq 0$.

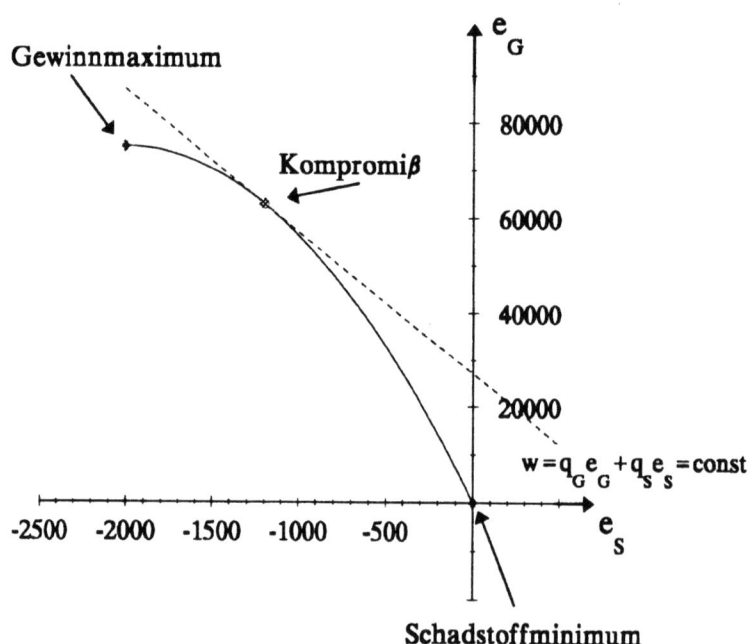

Abb. 9.1: Effiziente Gewinn-Schadstoff-Kombinationen

Anmerkung: Die letztgenannten Aktivitäten mit beliebigem Input ohne jeglichen Output - und damit die ganze Technologie - widersprechen der Grundannahme *T1b* (§6.1.1). Es muß demnach noch wenigstens eine weitere Outputart existieren, die jedoch vom Produzenten nicht beachtet wird. Ohne substantielle Änderung der obigen Ergebnisse ließe sich die Verletzung von *T1b* durch Einführung dieser fünften Objektart aufheben.

Der Gewinn als ökonomisches Ergebnis und die Schadstoffquantität als ökologisches Ergebnis stehen in diesem Fall in einem Konflikt zueinander. Eine Erfolgsfunktion, die nur eines der beiden Ergebnisse e_G und e_S berücksichtigt und damit alleine den Gewinn maximiert bzw. alleine die Schadstoffquantität minimiert, stellt jeweils eine sehr einseitige Bewertung der Produktion dar. Abgesehen von - direkt oder indirekt wirkenden - gesetzlichen und moralischen Einflüssen steht es dem Produzenten allerdings grundsätzlich völlig frei, welchen Präferenzen er folgt. Will er sowohl den Gewinn wie auch die Schadstoffquantität bei der Bewertung der verschiedenen Produktionsmöglichkeiten berücksichtigen, so kann man die beiden Ergebnisgrößen e_G und e_S als zwei eigenständige Ziele des Produzenten auffassen, die er beide maximieren möchte. Die effizienten Kombinationen beider Ziele ergeben sich als der Effiziente Rand der Ergebnismenge in Abb. 5.2 und sind in Abb. 9.1 dargestellt.

Eine Möglichkeit - unter vielen anderen -, beide Ziele „unter einen Hut zu bringen", besteht darin, sie je mit einem positiven Gewicht q_G bzw. q_S zu multiplizieren und danach zu einer gemeinsamen Erfolgsgröße zu addieren:

$$w = q_G e_G + q_S e_S = q(e).$$

In Abb. 9.1 liegen alle Gewinn-Schadstoff-Kombinationen mit demselben Erfolg jeweils auf einer Geraden mit der Steigung $-q_S/q_G$. Sie heißt *Erfolgsisoquante*. Eingezeichnet ist in Abb. 9.1 diejenige Gerade mit dem größten Erfolg. Sie berührt den Effizienten Rand in einem Punkt, der den erfolgsmaximalen Kompromiß zwischen beiden Zielen darstellt. Setzt man ohne Einschränkung der Allgemeinheit $q_G = 1$, so ergibt sich (nach wenigen Umformungen) die Erfolgsfunktion zu

$$w(z) = 5z_A + 10z_B + (340 - 0{,}3z_R)z_R - q_S z_S.$$

Je nach Wahl des Parameters q_S variiert die Steigung der Geraden in Abb. 9.1 und damit auch der Kompromißpunkt auf dem Effizienten Rand. Ein niedriges Gewicht q_S führt zu einem Kompromiß in der Nähe des Gewinnmaximums, ein hohes Gewicht zu einem in der Nähe des Schadstoffminimums. Für $0 \leq q_S \leq 75$ ergibt sich (als Resultat entsprechender Berechnungen) folgende erfolgsmaximale Produktion:

$$-\frac{1}{2}z_A = -\frac{1}{3}z_B = \frac{1}{4}z_S = z_R = 500 - \frac{20}{3}q_S.$$

Die beiden Extrema bilden das Gewinnmaximum für $q_S = 0$ mit $z_R = 500$ und das Schadstoffminimum für $q_S = 75$ mit $z_R = 0$. Der in Abb. 9.1 eingezeichnete Kompromiß entspricht $q_S = 30$ mit $z_R = 300$, $e_S = -1200$ und $e_G = 63000$. ∎

9.2 Bewertungsansätze

Im voranstehenden Beispiel baut die Erfolgsfunktion auf zwei Ergebnisgrößen auf, die als eigenständige Ziele des Produzenten aufgefaßt werden können. In bezug auf diese Ergebnisse hat sie eine sehr einfache, nämlich lineare Gestalt. Ein häufig begangener Fehler besteht darin, die Zielgewichte q_l unabhängig von den Bandbreiten der vorkommenden Zielerreichungsgrade e_l zu sehen (vgl. *Eisenführ/Weber 1993*; eine solche Unabhängigkeit wäre wohl bei einer Erfolgsfunktion gegeben, die invariant gegenüber Veränderungen der Maßeinheiten der Ziele ist, siehe *Dyckhoff 1986*). Schon das obige Beispiel macht klar, daß die Wahl $q_G = q_S = 1$ nicht unbedingt als „Gleichgewichtung" von Gewinn und Schadstoff interpretiert werden kann.

9.2.1 Präferenzunabhängigkeit: Kosten und Leistungen

In bezug auf die Objektquantitäten z_k ist die Erfolgsfunktion in Beispiel 9.1 nicht mehr linear, sondern quadratisch. In ihrer allgemeinen Form $w(z) = w(z_1, ..., z_K)$ ist lediglich Stetigkeit vorausgesetzt. Um eine solche Funktion praktisch aufzustellen, sind verschiedene Vorgehensweisen möglich. Bewährt sind Methoden auf der Basis einer Zielhierarchie, die sukzessive in mehreren Stufen die Objektquantitäten zu übergeordneten Ergebnissen aggregiert, bis auf der höchsten Stufe alle Ergebnisse in dem gesuchten Gesamtwert verdichtet sind. In Beispiel 9.1 sind die vier Objektarten zunächst in zwei Ergebnisarten und diese dann in den Gesamterfolg aggregiert worden. Grundsätzlich sind aber alle Methoden anwendbar, die in der Entscheidungstheorie für die Unterstützung von Mehrzielentscheidungen entwickelt worden sind (siehe z.B. *Bamberg/Coenenberg 1992*, *Dinkelbach 1982*, *Eisenführ/Weber 1993*, *Schneeweiß 1991*).

Spezielle Formen der Erfolgsfunktion setzen zusätzliche Annahmen über die Präferenzen des Produzenten voraus. Bei Präferenzunabhängigkeit der Objektarten (im Sinne der Multiattributiven Werttheorie, siehe z.B. *Eisenführ/Weber 1993*) hat die Erfolgsfunktion eine *additiv-separable* Gestalt:

$$w(z) = w_1(z_1) + ... + w_K(z_K).$$

Diese Funktionen bewerten die einzelnen Objektarten jeweils unabhängig von den anderen und addieren anschließend die Teilerfolge. Der *Teilerfolg* $w_k(z_k)$, auch *Erfolgsbeitrag* genannt, beschreibt den Beitrag der Objektart k zum Gesamterfolg $w(z)$ der Produktion z. Üblicherweise wird durch $w(z) = 0$ die Meßlatte für Erfolg oder Mißerfolg normiert. Ein positiver Teilerfolg heißt dann auch *wertmäßiger Ertrag* oder *Leistung* und ein negativer *wertmäßiger Aufwand* oder *Kosten*. In der Regel werden die Kosten selber als positive Zahlen dargestellt.

Hinweis: Die im Rahmen des betrieblichen Rechnungswesens vorgenommene Unterscheidung von (wertmäßigem) Ertrag und Leistung sowie (wertmäßigem) Aufwand und Kosten erübrigt sich hier, weil bei dieser theoretischen Betrachtung alle Aktivitäten des Produzenten annahmegemäß „betriebszweckbezogen" sind bzw. nicht zwischen Betriebszweck und sonstigen Zwecken unterschieden wird (vgl. §9.3.3).

Da bei der obigen additiv-separablen Erfolgsfunktion einer einzelnen Objektart k ein Teilerfolg definitiv zugerechnet werden kann, der sozusagen von ihr verursacht wird, kann man auch von dem *Einzelerfolg* oder der *Einzelleistung* bzw. den *Einzelkosten* der Objektart sprechen. Ist die Erfolgsfunktion nicht additiv-separabel und somit keine Zurechenbarkeit gegeben, so spricht man vom *Gemeinerfolg* oder von *Gemeinleistung* bzw. *Gemeinkosten*, etwa für $w(z) = w_{1,2}(z_1, z_2) + ...$ mit $w_{1,2}(z_1, z_2) < 0$ von den Gemeinkosten der Objektarten 1 und 2.

Direkte Effekte einer Objektart auf die Bewertung einer anderen sind bei additiv-separablen Erfolgsfunktionen ausgeschlossen. Bei positiven Effekten wäre der Gesamterfolg größer als die Summe der Teilerfolge, bei negativen kleiner. Positive Effekte können sich beispielsweise beim Kauf zweier Verbrauchsfaktorarten ergeben, wenn sie gemeinsam von einem Lieferanten bezogen werden, der daraufhin einen zusätzlichen Rabatt gewährt. Negative Bewertungseffekte können auftreten, wenn die gemeinsame Emission zweier allein für sich harmloser Outputarten aufgrund chemischer Reaktionen zu giftigen Auswirkungen in der Umwelt führt. Solche **Bewertungs**effekte (aus Sicht des Produktionssystems) dürfen nicht mit **realen** Effekten innerhalb des Produktionssystems verwechselt werden, wie sie etwa als zunehmende oder abnehmende Skaleneffekte in der Produktion eintreten.

9.2.2 Lineare Erfolgsfunktion: Konstante Preise

Additiv-separable Erfolgsfunktionen bedingen zwar die Präferenzunabhängigkeit der Objektarten, lassen aber noch zu, daß die Bewertung einer Objektart je Quantitätseinheit schwankt. So nimmt in Beispiel 9.1 bei der (additiv-separablen) Erfolgsfunktion $w(z)$ der Wert einer Einheit des Produktes R mit der Quantität linear ab. Ein quantitätsunabhängiger Erfolg je Objekteinheit ist nur bei *linearen* Erfolgsfunktionen - und deren kardinal bzw. ordinal äquivalenten Umformungen - mittels eines konstanten Gewichtungsfaktors p_k gegeben:

$$w(z) = p_1 z_1 + \ldots + p_K z_K.$$

Deren Erfolgsisoquanten bilden bei zwei Objektarten Geraden. Ihre relative Steigung in bezug auf zwei Objektarten i und j ist durch das Verhältnis p_j/p_i oder dessen Kehrwert bestimmt. Es gibt die *subjektive Kompensationsrate* an, d.h. dasjenige Austauschverhältnis, bei dem simultane Veränderungen beider Objektquantitäten den Erfolg der Produktion nicht beeinflussen. Das Austauschverhältnis ist somit ein relativer Preis im subjektiven Empfinden des Produzenten:

$$-\frac{dz_i}{dz_j} = \frac{\frac{\partial w}{\partial z_j}}{\frac{\partial w}{\partial z_i}} = \frac{p_j}{p_i}.$$

Da die Erfolgsfunktion nach Multiplikation mit einer beliebigen positiven Konstanten nach wie vor dieselbe Präferenzordnung repräsentiert, kann auch jedes einzelne Gewicht p_k als ein *subjektiver Preis* - im Sinne eines (Präferenz-) Wertes je Objekteinheit - aufgefaßt werden.

Bei einem positiven Preis ($p_k > 0$) führt Input ($z_k < 0$) zu Kosten und Output ($z_k > 0$) zu Leistungen; bei einem negativen Preis ist es genau umgekehrt (siehe auch §9.3.3).

9.2.3 Objektive Bewertung?

Die Erfolgsfunktion $w(z)$ gibt zwar die subjektiven Präferenzen des Produzenten wieder. Die Präferenzen selber können aber durch objektive, äußere Gegebenheiten geprägt sein. So beruht im Beispiel 9.1 die Bewertung der Objektquantitäten für die beiden Inputarten A und B sowie für den Output R auf Marktpreisen.

Marktpreise sind (frei gebildete) Tauschverhältnisse der betreffenden Objektart in bezug auf eine allgemein als Tauschgut anerkannte Objektart, die als *Geld* bezeichnet wird. Getauscht wird zwischen dem Produzenten und anderen Partnern innerhalb eines Wirtschaftssystems, für das das betrachtete Produktionssystem ein Subsystem bildet. Betrachtet man eine ganze Unternehmung als Produktionssystem innerhalb einer Marktwirtschaft, so sind mögliche Tauschpartner die Arbeitnehmer, die Kunden und Lieferanten, die Banken und Versicherungen, staatliche Institutionen u.a.m. Man spricht von den *Absatzpreisen* der Produkte und den *Beschaffungspreisen* der Faktoren. Sie sind positiv, indem für die Hingabe des Produktes Geld empfangen bzw. für den Empfang des Faktors Geld hingegeben wird.

Handelt es sich bei dem Produktionssystem um einen Teil eines Betriebes, z.B. um ein Werk, eine Produktionsanlage oder einen einzelnen Arbeitsplatz, dann findet ein freiwilliger Tausch innerhalb des Betriebes nur selten statt (allenfalls zwischen sogenannten Profit-Centern). Als Führer des Produktionssystems, d.h. als Produzent, ist die Betriebsleitung anzusehen. Die Bewertung von Input und Output des Produktionssystems erfolgt dann mit Hilfe von der Betriebsleitung festgelegter sogenannter *Verrechnungspreise*, die aus den Tauschverhältnissen des ganzen Betriebes mit seinen Marktpartnern abgeleitet werden. Ein Austausch von Objektarten gegen Geld findet innerbetrieblich faktisch nur selten statt.

Innerbetriebliche Verrechnungspreise sind weniger objektiv als Marktpreise, da sich die außerbetrieblichen Transaktionen, aus denen sie sich ableiten, nur in Sonderfällen unmittelbar dem betrachteten Produktionssystem - als Teil des Betriebes - zuordnen lassen und mehr oder minder willkürliche Zurechnungen erfolgen. Objektivität kann nur insoweit vorliegen, als die Bewertungsansätze intersubjektiv nachvollziehbar sind.

Als „objektive" Bewertungsansätze lassen sich dagegen die vom Staat dem Betrieb quasi als außerbetriebliche Verrechnungspreise von außen vorgegebenen *Abgaben* und *Gebühren* verstehen. Hier erwirbt der Betrieb bestimmte Rechte, so bei der Abwasserabgabe das Recht, Abwasser einer bestimmten Quantität und Qualität in einen nahe gelegenen Fluß einleiten zu dürfen. Das Abwasser wird jedoch nicht gegen Geld getauscht, sondern für das an die Natur abgegebene Abwasser muß parallel Geld an den Staat abgeführt werden. Die Abwasserabgabe ist so gesehen ein *negativer Preis* eines Output. Das Gleiche trifft umgekehrt beim Input für die Gebühr zu, die der Betreiber einer Müllverbrennungsanlage für den angelieferten Müll kassiert.

Die Größe $p_S = -q_S$ in Beispiel 9.1 ist ein negativer Preis des erzeugten Schadstoffes S. Sie könnte einer staatlichen Abfallabgabe entsprechen und wäre dann eine objektive Bewertung. Objektiv im Sinne von intersubjektiv nachvollziehbar wäre auch ein Bewertungsansatz, der die ökologische Schädlichkeit einer Emission aufgrund generell festgelegter und anerkannter Regeln zum Ausdruck bringt, z.B. mittels eines „ökologischen Äquivalenzkoeffizienten" (*Müller-Wenk 1978*) oder anderer Bewertungsansätze (*Schaltegger/Sturm 1992*). Immer möglich ist ein subjektiver Bewertungsansatz. So kann ein innerbetrieblicher Verrechnungspreis als *Lenkpreis* Anreize für eine umweltorientierte Planung und Kontrolle des (innerbetrieblichen) Produktionssystems schaffen. Bei denjenigen Objektarten, welche nicht auf Märkten gehandelt werden (z.B. öffentliche Güter) oder die seitens der Gesellschaft nicht anderweitig generell bewertet werden, ist eine subjektiv gewählte Bewertung oft der einzig gangbare Weg.

Im folgenden wird von unterschiedlichen Erfolgsfunktionen ausgegangen. Sie werden als gegeben unterstellt und sind selber nicht Gegenstand der Untersuchung. Die Bewertung wird durch den Produzenten vorgenommen und ist prinzipiell subjektiv, wird aber auch objektive Elemente enthalten, soweit diese existieren. So sind Marktpreise „harte" Fakten, um die ein Unternehmen in einer Marktwirtschaft kaum herumkommt, will es nicht seine Existenz riskieren (vgl. *Staehle/Nork 1992*).

9.2.4 Ökonomische, soziale und ökologische Bewertung

Soweit die Bewertung im direkten oder auch nur indirekten Zusammenhang mit monetären Transaktionen steht, soll von einer *ökonomischen Bewertung* gesprochen werden. Die „Spielregeln" einer sozialen Marktwirtschaft sehen den ökonomischen Erfolg aber nicht als einziges Ziel vor; unternehmerisches Handeln muß auch gesellschaftlich legitimiert sein, etwa durch die Schaffung und den Erhalt von Arbeitsplätzen (*Steinmann/Schreyögg 1990*). Bei einer „öko-sozialen" Marktwirtschaft sollte das Handeln dementsprechend ökologisch rational sein, d.h. nicht die eigenen Lebensgrundlagen und die der Mitwelt gefährden. Gemäß diesen Grundsätzen können neben ökonomischen auch *soziale* und *ökologische* Aspekte in die Bewertung einer Produktion einfließen.

Je nach der Bewertungsgrundlage kann somit von ökonomischen, sozialen oder ökologischen Erfolgen bzw. Leistungen und Kosten gesprochen werden. Ohne weiteren Zusatz ist üblicherweise die ökonomische Bewertung gemeint. Bei einer rein ökonomischen Bewertung wird der Erfolg speziell als *Gewinn* bezeichnet, falls er positiv ist, und als Verlust, falls er negativ ist.

9.3 Kompatibilität von Starkem und Schwachem Erfolgsprinzip

Das Starke Erfolgsprinzip soll eine Verschärfung des Schwachen Prinzips sein. Es muß gewährleistet sein, daß jede erfolgsmaximale Produktion auch effizient ist. Oder umgekehrt ausgedrückt: Eine ineffiziente Produktion darf nie erfolgsmaximal sein!

9.3.1 Kompatibilität im allgemeinen Fall

Das Schwache Erfolgsprinzip fordert die Effizienz der Produktion. Eine Produktion ist effizient genau dann, wenn sie bzw. ihr Ergebnis nicht von einer anderen möglichen Produktion dominiert wird. Das Ergebnis ist im allgemeinen Fall (gemäß §5.2) durch eine beliebige mehrdimensionale Ergebnisfunktion $\mathcal{P}: T \to \mathbb{R}^\xi$ mittels

$$\mathcal{P}(z) = e = (e_1, ..., e_\xi)$$

definiert. Dominanz von z^1 über z^2 bedeutet:

$$e^1 = \mathcal{P}(z^1) \geq \mathcal{P}(z^2) = e^2 \quad \text{mit } e^1 \neq e^2.$$

Für die Präferenzrelation muß dann gelten: $z^1 \succ z^2$. Damit eine Erfolgsfunktion $w(z)$ diese Präferenzrelation repräsentiert, muß gelten:

$$w(z^1) > w(z^2).$$

Kompatibilität des Starken mit dem Schwachen Erfolgsprinzip liegt demnach vor, wenn folgende Implikation zutrifft:

$$\mathcal{P}(z^1) \geq \mathcal{P}(z^2), \mathcal{P}(z^1) \neq \mathcal{P}(z^2) \implies w(z^1) > w(z^2).$$

Jede Erfolgsfunktion, die in der folgenden Weise indirekt über die mehrdimensionale Ergebnisfunktion dargestellt werden kann:

$$w(z) = q(\mathcal{P}(z)),$$

genügt der Kompatibilitätsbedingung genau dann, wenn $q\colon \mathbb{R}^\xi \to \mathbb{R}$ mit $q(e) = w$ eine streng monoton wachsende Funktion der einzelnen Ergebnisgrößen e_l ist. Im Beispiel 9.1 gilt:

$$q(e) = q_G e_G + q_S e_S \quad \text{mit} \quad q_G > 0, \, q_S > 0.$$

9.3.2 Kompatibilität im Normalfall

Als „Normalfall" werden in dieser Darstellung theoretischer Grundlagen einer umweltorientierten Produktionswirtschaft die speziellen Ergebnisfunktionen des in §5.3 eingeführten Typs angesehen. Dominanz von z^1 über z^2 ist somit gleichbedeutend mit:

$z_k^1 \geq z_k^2$ für jede Güterart k,

$z_k^1 \leq z_k^2$ für jede Übelart k,

mit wenigstens einer echten Ungleichung und beliebigen Quantitäten der neutralen Objektarten.

Aufgrund der Kompatibilitätsbedingung muß bei dieser Voraussetzung stets $w(z^1) > w(z^2)$ gelten. Definitionsgemäß ist damit die Erfolgsfunktion $w(z)$ streng monoton wachsend bezüglich der Güterarten, streng monoton fallend bezüglich der Übelarten und konstant bezüglich der neutralen Objektarten. Bei einer differenzierbaren Erfolgsfunktion ist dafür eine hinreichende und auch nahezu notwendige Bedingung:

$\dfrac{\partial w}{\partial z_k} > 0$ für jede Güterart k,

$\dfrac{\partial w}{\partial z_k} < 0$ für jede Übelart k und

$\dfrac{\partial w}{\partial z_k} = 0$ für jede neutrale Objektart k.

Der *Grenzerfolg* von Güterarten ist also positiv, der von Übelarten negativ und der neutraler Objektarten gleich Null. Im Sonderfall einer linearen Wertfunktion

$$w(z) = p_1 z_1 + \dots + p_K z_K$$

ist die Kompatibilität äquivalent zu folgenden Eigenschaften der Preise (im Sinne subjektiver Werte je Objekteinheit): Aus der Sicht des Produzenten ist der subjektive Preis eines

Gutes positiv und der eines Übels negativ; ein Neutrum hat subjektiv keinen Preis (siehe aber §9.5.2):

$p_k > 0$ für jede Güterart k,

$p_k < 0$ für jede Übelart k und

$p_k = 0$ für jede neutrale Objektart k.

9.3.3 Kosten und Leistungen als bewerteter realer Aufwand und Ertrag

Kosten als negativer Teilerfolg $p_k z_k$ resultieren subjektiv also entweder aus bewertetem Faktoreinsatz ($p_k > 0$, $z_k < 0$) oder bewertetem Abproduktanfall ($p_k < 0$, $z_k > 0$). Leistungen als positiver Teilerfolg entsprechen entweder bewerteter Produktausbringung ($p_k > 0$, $z_k > 0$) oder bewerteter Reduktvernichtung ($p_k < 0$, $z_k < 0$). Kosten sind demgemäß bewerteter realer Aufwand, d.h. „wertmäßiger Aufwand"; Leistungen sind bewerteter realer Ertrag, d.h. „wertmäßiger Ertrag". Die im Rechnungswesen übliche - und nicht unkritische - Unterscheidung von Kosten und (wertmäßigem) Aufwand sowie Leistungen und (wertmäßigem) Ertrag gemäß ihrer Betriebszweckbezogenheit ist hier ohne Belang, da alle Aktivitäten des Produktionssystems bei dem unterstellten rationalen Verhalten des Produzenten zweckbedingt sind.

Gegenüber der traditionellen Sicht, Kosten nur als bewerteten Gütereinsatz (bzw. Güter-„verbrauch") zu definieren, kommt hier noch die bewertete Übelentstehung hinzu. Zwar berücksichtigt auch die traditionelle Theorie gelegentlich entsprechende Kosten, z.B. für Abfall. Es geschieht jedoch ohne Erweiterung des Kostenbegriffs. Als Gütereinsatz werden dann die aus dem Abfall resultierende Belastung der Umwelt oder die zur Beseitigung des Abfalls notwendigen Faktoren angesehen.

Diese Vorgehensweise ist aber umständlich, da sie den zweiten Schritt vor dem ersten tut. So ist die Quantität einer Abgasemission oft sehr genau meßbar (z_k), ihre Bewertung das eigentliche Problem (p_k). Es bedeutet eine unnötige zusätzliche Erschwerung, wenn man den Kostenbegriff nicht an der Emission selber, sondern an der mit ihr verbundenen Immission in der Umwelt festmacht, die in der Regel sehr vielgestaltig und kaum quantifizierbar ist (z.B. Waldschäden). Zu dem Bewertungsproblem handelt man sich noch ein (weiteres) Meßproblem ein.

Da ein „richtiger" Bewertungsansatz für soziale oder ökologische Kosten schon an grundsätzlichen Problemen scheitert, ist mit der hier gewählten Vorgehensweise viel gewonnen. Denn dadurch können wenigstens die Übelquantitäten als relativ harte Fakten ausgewiesen werden, z.B. in Form einer sogenannten „Ökobilanz". Auf einer solchen Grundlage ist es dann möglich, die Quantitäten mit geschätzten - eventuell alternativen - Wertansätzen zu belegen.

Analog zu den Kosten sind Leistungen nicht nur das bewertete Ergebnis der Güterausbringung, sondern ebenso der Übelvernichtung. Wenn beispielsweise in der chemischen Industrie Abprodukte in relativ großem Umfang in betriebseigenen Kraftwerken zusammen mit Faktoren als Redukte eingesetzt und verbrannt werden, um Prozeßwärme und u.U. auch Strom zu erzeugen, so bedeutet die Umwandlung der Übel zunächst einen realen Ertrag, der bei Bewertung mit einem Verrechnungspreis zu einer innerbetrieblichen Leistung wird.

Der Übergang vom Schwachen zum Starken Erfolgsprinzip entspricht einem Wechsel von der Ergebnisebene zur darüber liegenden Erfolgsebene, d.h. von den mehrdimensionalen realen zu den eindimensionalen wertmäßigen Aufwendungen und Erträgen.

9.4 Inverse Kompatibilität

Kompatibilität bezieht sich auf die Verträglichkeit des Starken mit dem Schwachen Erfolgsprinzip an und für sich, d.h. für beliebige Technologien. Es ist eine Beziehung, die sich allein auf der Werteebene abspielt. Bei bestimmten Technologieformen kann eine Verträglichkeit auch schon bei schwächeren Eigenschaften der Erfolgsfunktion gegeben sein. Wenn im Extremfall etwa die ganze Technologie effizient ist (wie im Beispiel 7.1), so könnte die Erfolgsfunktion im Hinblick auf ihre Verträglichkeit beliebig sein.

9.4.1 Erfolgsmaximalität effizienter Produktion?

Kompatibilität besagt: Wenn die Erfolgsfunktion die vorausgesetzten Monotonieeigenschaften besitzt, dann ist jede erfolgsmaximale Produktion auch effizient. Umgekehrt gilt (bei gegebener Wertfunktion!) natürlich nicht, daß jede effiziente Produktion auch erfolgsmaximal ist. Andernfalls hätte man durch den Übergang vom Schwachen zum Starken Erfolgsprinzip nichts gewonnen.

Allerdings kann jede effiziente Produktion in der Tat auch erfolgsmaximal sein, wenn dazu nur jeweils die Erfolgsfunktion in geeigneter Weise, d.h. in Abhängigkeit von $\hat{z}$, der effizienten Produktion, gewählt wird („*inverse Kompatibilität*"). Trivialerweise gilt das immer für folgende Erfolgsfunktion:

$$w(z) = - \| z - \hat{z} \| = -|z_1 - \hat{z}_1| - \dots - |z_K - \hat{z}_K|.$$

Derartige Funktionen vermitteln aber keine neuen Einsichten, weil sie die Kenntnis der charakterisierten effizienten Produktion voraussetzen. Interessanter sind solche Erfolgsfunktionen, die $\hat{z}$ nicht explizit enthalten. Sie liefern implizit eine Charakterisierung der jeweiligen effizienten Produktion (vgl. *Dyckhoff 1982*).

Beispiel 9.2: ❑
Eine solche Charakterisierung ist schon in Beispiel 9.1 benutzt worden. Jeder Punkt des Effizienten Randes in Abb. 9.1 kann auch erfolgsmaximal sein, und zwar genau dann, wenn die Steigung der Erfolgsisoquanten gerade der Tangente an den Effizienten Rand in diesem Punkt entspricht. Dazu muß nur q_S in dem Bereich von 0 bis 75 variiert werden. Mit anderen Worten: Jeder effizienten Produktion ist ein bestimmtes Gewichtsverhältnis q_G/q_S zugeordnet, für das sie erfolgsmaximal ist. ∎

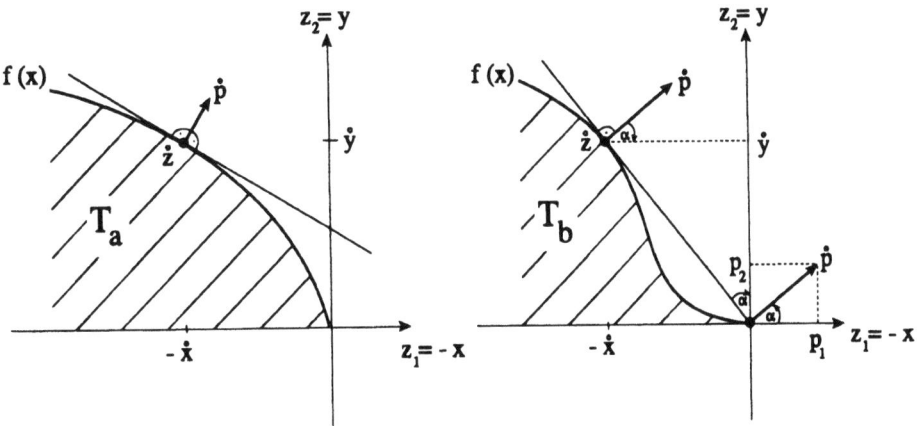

Abb. 9.2: Preisgerade an (a) neoklassische bzw. (b) ertragsgesetzliche Produktionstechnologie

Beispiel 9.3:
Der Produzent beachtet für die Darstellung der möglichen Produktionen nur zwei Objektarten, welche beide Güter sind und deren produktiver Zusammenhang durch folgende Technologie beschrieben ist:

$$T = \{(-x, y) \mid 0 \leq y \leq f(x), x \geq 0\}.$$

Demnach gibt es kein intermediäres Objekt, sondern einen Faktor in der Quantität x und ein Produkt in der Quantität y. Die Funktion $f(x)$ sei streng monoton steigend und stetig differenzierbar. Die Abb. 9.2 stellt zwei derartige Technologien dar, eine neoklassische (a) und eine ertragsgesetzliche (b).

Effizienter Rand ist in beiden Fällen die gesamte Begrenzungskurve im zweiten Quadranten. Unter Voraussetzung der Nichtnegativität beider Quantitäten ist er durch die Produktfunktion $y = f(x)$ vollständig beschrieben.

Auf beiden Kurven ist jeweils eine effiziente Produktion $\mathring{z} = (-\mathring{x}, \mathring{y})$ hervorgehoben. Die Steigung der Produktfunktion $\partial y / \partial x = f'(\mathring{x})$ bestimmt die Kompensationsrate der Produktion in diesem Punkt, d.h. wegen der Komplementarität von Faktoreinsatz und Produktausbringung die Grenzproduktivität (§8.3.1). Wählt man nun eine lineare Erfolgsfunktion für die beiden Güter:

$$w = p_1 z_1 + p_2 z_2 = p_2 y - p_1 x,$$

mit positiven, subjektiven Preisen p_k derart, daß deren Verhältnis gerade der Grenzproduktivität gleicht, d.h. $p_1/p_2 = f'(\mathring{x})$, dann ist $\mathring{z}$ auch erfolgsmaximal.

Der Preisvektor $\mathring{p} = (p_1, p_2)$ steht senkrecht auf der Erfolgsisoquante und zeigt in die Richtung des stärksten Erfolgsanstiegs. Im rechten Diagramm (b) ist der Punkt $\mathring{z}$ zur Illustration exemplarisch so gewählt, daß die Erfolgsisoquante durch den Ursprung geht; daher muß für ihre Steigung gelten: $p_1/p_2 = \mathring{y}/\mathring{x} = f'(\mathring{x})$. Man erkennt an den eingezeichneten Winkeln deutlich den Zusammenhang zwischen der Grenzproduktivität und dem subjektiven Preisverhältnis.

In Diagramm (a) ist jede effiziente Produktion jeweils erfolgsmaximal für eine lineare Erfolgsfunktion geeigneter Steigung. Je mehr produziert wird, um so geringer ist die Grenzproduktivität und damit das zugehörige Verhältnis des Faktorpreises zum Produktpreis. Oder umgekehrt formuliert: Je teurer das Produkt im Vergleich zum Faktor ist, um so mehr wächst die Produktion.

Im rechten Diagramm (b) sind nur $\mathring{z}$ und effiziente Punkte ausgeweiteterer Produktion - d.h. solche im konkav verlaufenden Bereich links oberhalb - auch erfolgsmaximal für eine lineare Erfolgsfunktion, deren Steigung der Grenzproduktivität entspricht. Der Ursprung ist sogar für jedes Preisverhältnis $p_1/p_2 \geq \mathring{y}/\mathring{x}$ erfolgsmaximal. Dagegen können die effizienten Produktionen im teilweise konvex verlaufenden Bereich zwischen dem Ursprung 0 und dem Punkt $\mathring{z}$ für keine lineare Erfolgsfunktion erfolgsmaximal sein, d.h. bei keinem wie auch immer bestimmten Preisverhältnis. ∎

9.4.2 Preistheorem

Die anhand des Beispiels vorgetragenen Beobachtungen lassen sich mit Hilfe der Theorie mehrfacher Zielsetzungen, speziell der Vektormaximumtheorie, verallgemeinern. Jede einzelne Ergebnisgröße e_l ist aus Sicht des Produzenten nämlich ein Ziel, das es zu maximieren gilt:

$$\text{„max"} \{e \mid e = \mathcal{P}(z), z \in T\} = \text{„max"} E.$$

Effiziente Produktionen sind so gesehen vektormaximale Punkte der Ergebnismenge, und zwar Randpunkte.

Anmerkung: Nach einem grundlegenden Satz der Mathematik existiert bei einer konvexen Ergebnismenge E zu jedem Randpunkt $\mathring{z}$ eine Hyperebene im $\mathbb{R}^k$ durch diesen Punkt, so daß E nur in einem der beiden durch die Hyperebene gebildeten Halbräume liegt (vgl. *Nikaido 1968*, S. 28). Beispielsweise sind im Diagramm 9.2a $T_a = E_a$ eine konvexe Menge und die eingezeichnete Preisgerade eine solche Hyperebene. Da effiziente Ergebnisse spezielle Randpunkte sind, nämlich solche in „nordöstlicher" Richtung, haben auch die zugehörigen Hyperebenen bestimmte Orientierungen. Der sogenannte Hauptsatz der Vektormaximumtheorie nutzt das aus, indem er die Hyperebene als Isoquante einer zu maximierenden, linearen Funktion auffaßt und feststellt, daß alle ihre Koeffizienten q_l nichtnegativ und wenigstens einer positiv sind (vgl. *Dinkelbach 1982*, S. 177). Schließt man noch sogenannte uneigentlich effiziente Punkte als „pathologische" Fälle aus, so sind alle Koeffizienten positiv.

Im Normalfall (gemäß §5.3) mit $e_l = z_l$ für die Güterarten l und $e_l = -z_l$ für die Übelarten l folgt aus dem Hauptsatz der Vektormaximumtheorie das

Preistheorem:

(a) Seien T eine **konvexe** Technologie und $\mathring{z}$ eine effiziente Produktion für den Normalfall. Dann gibt es ein zugehöriges Preissystem $\mathring{p} \neq 0$, bei dem Güterpreise nichtnegativ, Übelpreise nichtpositiv und Preise neutraler Objekte gleich Null sind, so daß für

$$w(z) = \mathring{p}z = \mathring{p}_1 z_1 + \ldots + \mathring{p}_K z_K \quad \text{gilt:}$$

$$w(\mathring{z}) \geq w(z) \quad \text{für alle } z \in T.$$

(b) Ist bei gleichen Voraussetzungen $\hat{z}$ eigentlich effizient, so gibt es (wenigstens) ein derartiges Preissystem mit positiven Güterpreisen und negativen Übelpreisen.

Eigentlich effizient ist jede effiziente Produktion, die nicht uneigentlich effizient ist. *Uneigentlich effizient* ist eine effiziente Produktion, bei der die Kompensationsrate zwischen zwei Ergebnisarten gleich Null ist (*Dyckhoff 1983a*, Anhang M.1.3). Ein Beispiel für uneigentliche Effizienz bietet bei der ertragsgesetzlichen Technologie in Abb. 8.3 der Endpunkt maximaler Produktion. Bei ihm ist die zugehörige Preisgerade (Erfolgsisoquante) parallel zu einer Achse. Bei linearen Technologien sind im Normalfall (§5.3) alle effizienten Produktionen auch eigentlich effizient.

Bei reinen Gütertechnologien, wie in der traditionellen Theorie, reduziert sich das Preistheorem auf den Spezialfall, bei dem alle Objektarten (a) nichtnegative bzw. (b) positive Preise besitzen. Da Übelquantitäten nicht maximiert, sondern minimiert werden sollen, ist ihr Preis (a) nichtpositiv bzw. (b) negativ. Neutrale Objektarten dürfen in der Regel keinen Preis aufweisen, weil sonst die Erfolgsmaximalität der effizienten Produktion gefährdet ist.

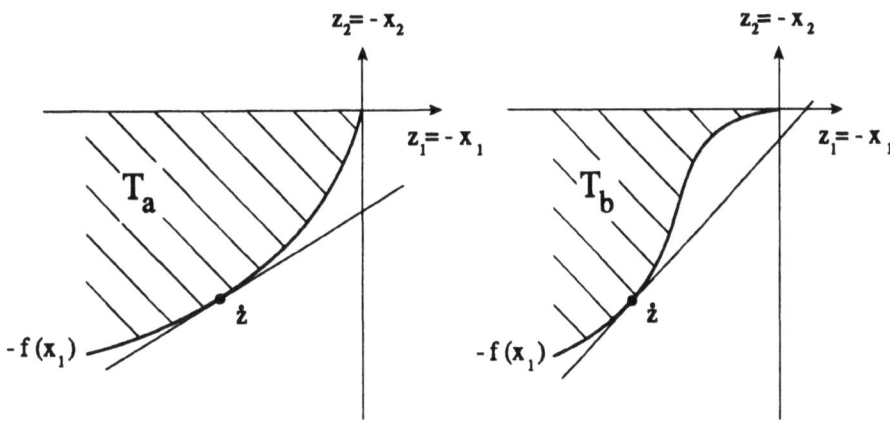

Abb. 9.3: Preisgerade an (a) neoklassische bzw. (b) ertragsgesetzliche Reduktionstechnologie

Beispiel 9.4: ❑
Reduktquantitäten x_2 (z.B. Müll) werden unter Einsatz von Faktorquantitäten x_1 (z.B. Brennstoffe) in Beiproduktquantitäten y (z.B. Asche) umgewandelt. Der technologische Zusammenhang ist wie folgt:

$$T = \{(-x_1, -x_2, y) \mid 0 \leq x_2 \leq f(x_1), y \geq \rho x_2, x_1 \geq 0\}.$$

Bei Voraussetzung der Nichtnegativität der Quantitäten, $\rho > 0$ und einer streng monotonen Funktion $f(x_1)$ ist der Effiziente Rand der Ergebnismenge durch die Input- oder Reduktfunktion $x_2 = f(x_1)$ beschrieben. Die beiden Verläufe der Abb. 9.3 analog zu Abb. 9.2 können entsprechend als (a) neoklassisch bzw. (b) ertragsgesetzlich gekennzeichnet werden. Im ersten Fall sind die Grenzerträge des Faktoreinsatzes (bei der Reduktvernichtung) abnehmend, im zweiten Fall zunächst zunehmend und erst danach abnehmend.

Im Unterschied zu Abb. 9.2 haben die Preisgeraden in den effizienten Punkten $\hat{z}$ einen steigenden Verlauf, so daß die Preise unterschiedliche Vorzeichen besitzen müssen, und zwar einen negativen für das Redukt und einen positiven für den Faktor. Würde das Beiprodukt einen von Null abweichenden Preis haben, wäre die Erfolgsmaximalität von $\hat{z}$ nicht gesichert. ∎

Das Preistheorem stellt eine Beziehung her zwischen einerseits den Kompensationsraten der Produktion auf dem Effizienten Rand (Grenzproduktivität oder Substitutionsrate) und andererseits den Kompensationsraten entlang einer korrespondierenden Erfolgsisoquante (Preisverhältnis). Die einer bestimmten effizienten Produktion auf diese Weise zugeordneten Preise p_k werden *Effizienzpreise* genannt.

Effizienzpreise geben an, wie die subjektiven Präferenzen beschaffen sein müssen bzw. sein können, damit eine bestimmte Produktion aus Sicht des Produzenten erfolgsmaximal ist. Ist es möglich, die Erfolgsfunktion des Produzenten von außen in diesem Sinn zu beeinflussen, so können die Effizienzpreise auch als *Verrechnungspreise* oder *Lenkpreise* angesehen werden. Vom Staat dem Betrieb vorgegebene Abgaben und Gebühren sind *externe* Verrechnungspreise, von der Betriebsleitung festgelegte Preise *interne* Verrechnungspreise. Effizienzpreise als „Technologiepreise" (*Wittmann 1968*, S. 127) zu bezeichnen, wäre nicht ganz zutreffend, weil sie nicht nur durch die Technologie T, sondern auch durch die Ergebnisfunktion $\mathcal{P}$ bestimmt sind.

9.5 Erfolgsmaximalität bei beschränkter Produktion

Bei den bisherigen, grundsätzlichen Überlegungen zur Erfolgsmaximalität waren außer der Konvexität beim Preistheorem keine besonderen Eigenschaften der Technologie vorausgesetzt worden. Selbst von den in §6 angeführten Grundannahmen wurde im wesentlichen nur benutzt, daß T eine abgeschlossene, nicht leere Menge ist. Von daher gelten die bisherigen Aussagen im Grundsatz für beliebige Mengen, insbesondere für solche, die aufgrund vorliegender Restriktionen R als Teilmengen zulässiger (oder „durchführbarer") Produktionen aus der Menge aller technisch prinzipiell möglichen Produktionen resultieren. Diese Teilmengen $Z = T \cap R$ werden Produktionsmöglichkeitenmengen genannt (vgl. §6.3).

9.5.1 Emissionsgrenze als Produktionsschranke

Beispiel 9.5: ❑
In Fortführung des Beispiels 9.4 für den neoklassischen Verlauf einer idealisierten Müllverbrennung sei nunmehr angenommen, das Beiprodukt dürfe nur bis zu einer maximalen Emissionsgrenze $\bar{y}$ an die Umwelt abgegeben werden. Es gilt:

$R = \{(-x_1, -x_2, y) \mid y \leq \bar{y}\}$.

Die Abb. 9.4 stellt im rechten Teil die aus Abb. 9.3a bekannte neoklassische Reduktfunktion $x_2 = f(x_1)$ dar. Die eigentlich senkrecht auf der x_1-x_2-Ebene stehende y-Achse ist im Bild nach links „geklappt" worden. Der Strahl $y = \rho x_2$ beschreibt den minimalen Beipro-

§9 Erfolgsmaximale Produktion

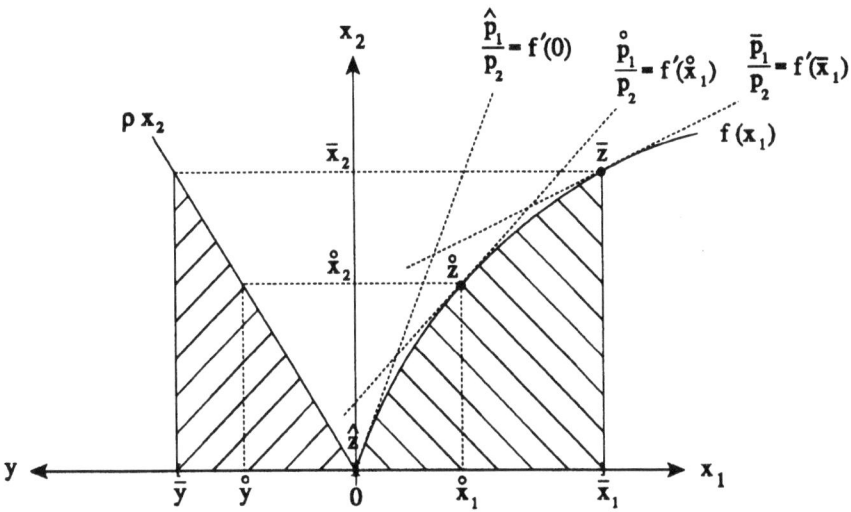

Abb. 9.4: Erfolgsmaximalität bei Emissionsgrenze

duktanfall für jeweilige Mülleinsätze. Die zulässigen Kombinationen aus Mülleinsatz und Beiproduktanfall entsprechen dem durch die Emissionsgrenze definierten rechtwinkligen und schraffierten Dreieck, dessen Hypothenuse auf dem Strahl liegt. Wegen der Emissionsgrenze ist auch der Mülleinsatz beschränkt: $x_2 \leq \bar{x}_2 = \bar{y}/\rho$. Hieraus leitet sich mit der Inversen der Reduktfunktion eine obere Schranke für den Faktoreinsatz ab: $x_1 \leq \bar{x}_1 = f^{-1}(\bar{x}_2)$. Der schraffierte Bereich im rechten Teil der Abb. 9.4 enthält alle zulässigen Kombinationen aus Faktor- und Redukteinsatz.

In Abb. 9.4 sind drei effiziente Aktivitäten hervorgehoben: $\hat{z} = 0 = (0,0,0)$, $\overset{\circ}{z} = (-\overset{\circ}{x}_1, -\overset{\circ}{x}_2, \overset{\circ}{y})$, $\bar{z} = (-\bar{x}_1, -\bar{x}_2, \bar{y})$. Zu diesen sind im x_1-x_2-Diagramm jeweils die zugehörigen erfolgsmaximalen Preisgeraden eingezeichnet. Da es nur auf das Verhältnis der Preise ankommt, kann ein Preis fest vorgegeben werden, z.B. $p_2 = 1$. Wie aus der Abbildung deutlich wird, muß bei effizienter Produktion z mit dem Faktoreinsatz x_1 für die Effizienzpreise gelten:

$$f'(x_1) \leq \frac{p_1}{p_2}, \quad \text{wenn } x_1 = 0;$$

$$f'(x_1) = \frac{p_1}{p_2}, \quad \text{wenn } 0 < x_1 < \bar{x}_1;$$

$$f'(x_1) \geq \frac{p_1}{p_2}, \quad \text{wenn } x_1 = \bar{x}_1.$$

Solange die Produktion an keine Grenze stößt – und der Effiziente Rand differenzierbar ist („keine Ecken hat") – stimmen wie zuvor die Kompensationsraten der Produktion mit denen des Erfolgs überein, d.h. hier, die Grenzproduktivität entspricht dem Preisverhältnis. An den Grenzen gilt das nicht mehr unbedingt. Stillstand ist erfolgsmaximal, wenn die Grenzproduktivität nie größer ist als das Faktor/Redukt-Preisverhältnis, wenn mit anderen Worten also ein zusätzlicher Einsatz einer Einheit des Brennstoffs nicht mehr zusätzlichen Müll verbrennt als diese Einheit Brennstoff dem Produzenten an verbranntem Müll wert ist.

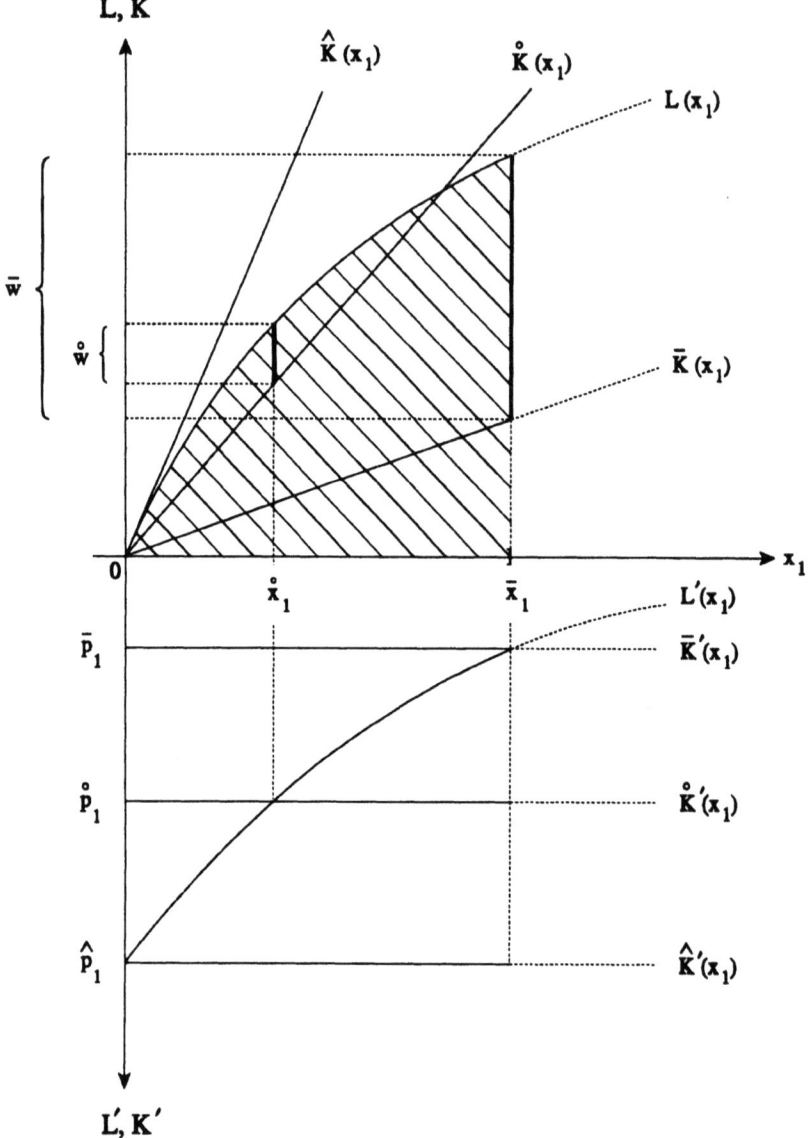

Abb. 9.5: Opportunitätskosten einer Produktionsschranke

Umgekehrt ist eine Produktion (bzw. Reduktion) an der Emissionsgrenze erfolgsmaximal, wenn das Preisverhältnis nie größer ist als die im zulässigen Bereich vorkommenden Grenzproduktivitäten.

Da im Beispiel der Redukteinsatz durch den Faktoreinsatz limitiert ist, genügt es, den erfolgsmaximalen Faktoreinsatz zu bestimmen. Somit ergibt sich bei gegebenen Preisen folgende Optimierungsaufgabe:

§9 Erfolgsmaximale Produktion

max $\{w \mid w = p_2 f(x_1) - p_1 x_1, 0 \leq x_1 \leq \bar{x}_1\}$

oder mit $L(x_1) = p_2 f(x_1)$ und $K(x_1) = p_1 x_1$ anders formuliert:

Maximiere $w = L(x_1) - K(x_1)$, so daß $0 \leq x_1 \leq \bar{x}_1$!

Als Teilerfolge sind L Leistungen und K (eigentlich $-K$) Kosten. Gemäß den oben grafisch begründeten Beziehungen muß bei erfolgsmaximaler Produktion gelten:

$$w' = L'(x_1) - K'(x_1) \begin{cases} \leq 0 & \text{für } x_1 = 0; \\ = 0 & \text{für } 0 < x_1 < \bar{x}_1; \\ \geq 0 & \text{für } x_1 = \bar{x}_1. \end{cases}$$

Der Grenzerfolg w' des Faktoreinsatzes ist bei erfolgsmaximaler Produktion im Inneren des zulässigen Bereichs also gleich Null, d.h. die Grenzleistung L' ist gleich den Grenzkosten K'. An den Grenzen des zulässigen Bereichs ist die Grenzleistung kleiner oder gleich den Grenzkosten (keine Produktion) bzw. größer oder gleich (maximale Produktion).

Diese Beziehungen sind im unteren Teil der Abb. 9.5 grafisch dargestellt. Bei festgelegtem Reduktpreis p_2 sind durch die drei oben genannten effizienten Produktionen $\hat{x}$, $\overset{\circ}{x}$ und $\bar{x}$ drei Faktorpreise $\hat{p}$, $\overset{\circ}{p}$ und $\bar{p}$ bestimmt, für die sie erfolgsmaximal sind. Grenzleistung und Grenzkosten stimmen nur solange überein, wie sich der Faktorpreis im Intervall von $\hat{p}$ bis $\bar{p}$ bewegt. Außerhalb dieses Preisintervalls gibt es keinen Schnittpunkt zwischen Grenzleistungs- und Grenzkostenkurve innerhalb des zulässigen Bereichs.

Im oberen Teil der Abb. 9.5 sind außer der Leistungsfunktion $L(x_1)$ für den vorgegebenen Reduktpreis die drei Kostenfunktionen $K(x_1)$ für die drei unten eingezeichneten Faktorpreise aufgetragen. Für jeden der drei zugehörigen erfolgsmaximalen Faktoreinsätze ist der senkrechte Abstand zwischen der Leistungskurve und dem jeweiligen Kostenstrahl maximal. Dabei gilt $\hat{w} = 0$; die beiden anderen maximalen Erfolge $\overset{\circ}{w}$ und $\bar{w}$ sind auf der Ordinate gekennzeichnet.

Aus der Abb. 9.5 wird deutlich, wie sich mit sinkendem Faktorpreis der (maximale) Erfolg innerhalb des Bereichs zulässiger effizienter Faktoreinsätze erhöht. Sinkt der Faktorpreis unter den Betrag $\bar{p}_1$, so darf der Faktoreinsatz nicht weiter gesteigert werden, weil dadurch sonst die Emissionsgrenze für das Beiprodukt überschritten würde. Die Abb. 9.6 zeigt einen solchen unzulässigen Faktoreinsatz $\overset{\circ}{x}_1$ oberhalb des maximal zulässigen Faktoreinsatzes $\bar{x}_1$, der sich bei einem Faktorpreis $\overset{\circ}{p}_1 < \bar{p}_1$ ergeben würde.

Ohne Emissionsgrenze würde aus der Senkung des Faktorpreises von $\bar{p}_1$ auf $\overset{\circ}{p}_1$ in Abb. 9.6 folgende (maximale) Erfolgssteigerung resultieren:

$$\overset{\circ}{w} - \bar{w} = (L(\overset{\circ}{x}_1) - \overset{\circ}{K}(\overset{\circ}{x}_1)) - (L(\bar{x}_1) - \bar{K}(\bar{x}_1))$$

$$= (L(\overset{\circ}{x}_1) - L(\bar{x}_1)) + (\bar{K}(\bar{x}_1) - \overset{\circ}{K}(\bar{x}_1)) - (\overset{\circ}{K}(\overset{\circ}{x}_1) - \overset{\circ}{K}(\bar{x}_1))$$

$$\equiv \Delta L + \bar{\Delta K} - \overset{\circ}{\Delta K} > 0.$$

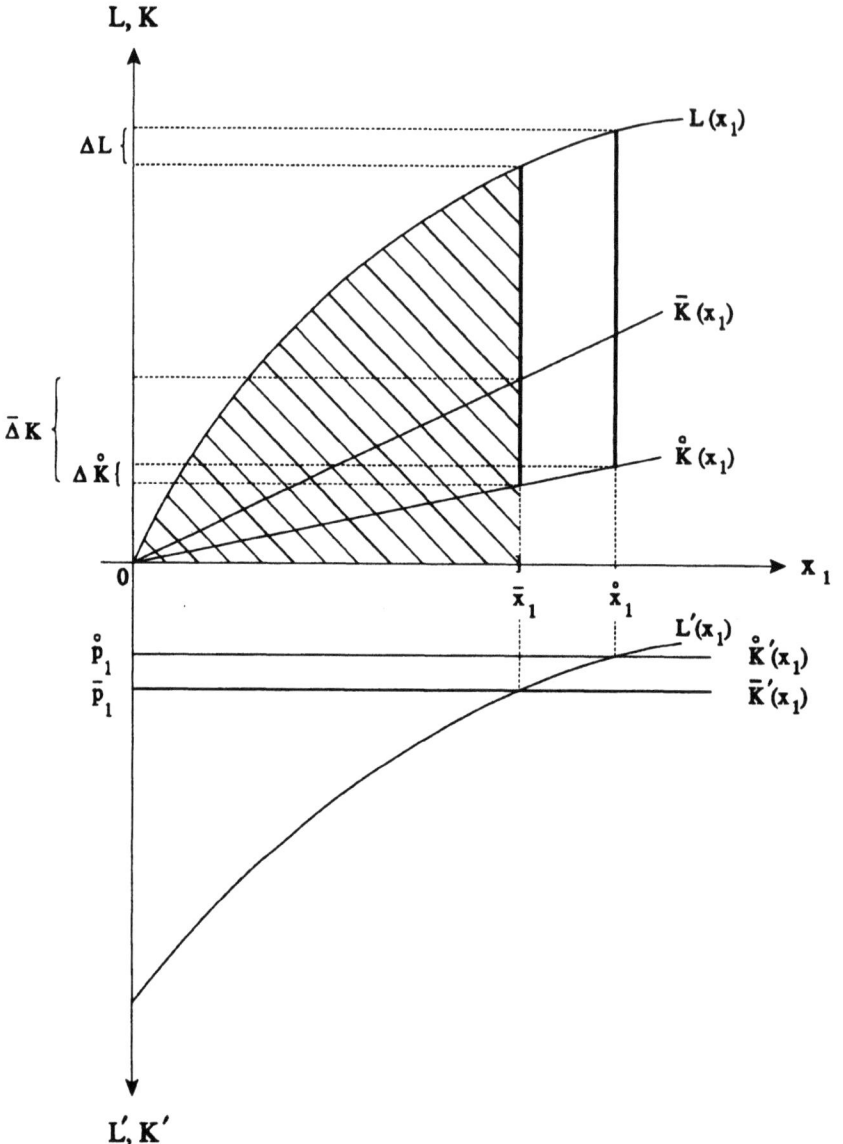

Abb. 9.6: Erfolgsmaximalität bei Faktorbeschränkung

Eine Erfolgssteigerung ohne Beachtung der Emissionsgrenze würde demnach auf drei Teileffekten beruhen: einer Leistungssteigerung $\Delta L > 0$ aufgrund der vermehrten Reduktvernichtung, einer Kostensenkung $\overline{\Delta K} > 0$ aufgrund des geringeren Faktorpreises (bei gleich bleibendem Faktoreinsatz) sowie einer Kostensteigerung $-\Delta \overset{\circ}{K} < 0$ aufgrund des erhöhten Faktoreinsatzes (für den gesunkenen Faktorpreis). Wegen der Emissionsgrenze darf aber der Faktoreinsatz nicht erhöht werden. Ein von $\overline{p}_1$ auf $\overset{\circ}{p}_1$ gesunkener Faktorpreis führt deshalb faktisch lediglich zu einer Steigerung des maximalen Erfolges aufgrund der Kostensenkung bei gleich gebliebener Leistung:

$$\bar{\Delta}w = (L(\bar{x}_1) - \overset{\circ}{K}(\bar{x}_1)) - (L(\bar{x}_1) - \bar{K}(\bar{x}_1)) = \bar{K}(\bar{x}_1) - \overset{\circ}{K}(\bar{x}_1) = \bar{\Delta}K > 0.$$

Die Erfolgssteigerung ohne Emissionsgrenze muß höher sein als diejenige mit Grenze. Andernfalls würde der Faktoreinsatz bei einer Preissenkung ohne Emissionsgrenze nicht erhöht werden. Somit folgt:

$$\tilde{\Delta}w \equiv (\overset{\circ}{w} - \bar{w}) - \bar{\Delta}w = \Delta L - \Delta \overset{\circ}{K} > 0.$$

∎

9.5.2 Opportunitätskosten und Schattenpreis

Die Differenz $\tilde{\Delta}w$ in Beispiel 9.5 bezeichnet diejenige Erfolgssteigerung, die bei dem Faktorpreis $\overset{\circ}{p}_1$ ohne die Emissionsgrenze noch zusätzlich möglich wäre. Es handelt sich um einen der Produktionsbeschränkung zurechenbaren *entgangenen Erfolg*, d.h. um sogenannte *Opportunitätskosten*. Im Beispiel resultieren sie aus dem nicht realisierbaren Leistungszuwachs ΔL, soweit er den zugehörigen Kostenzuwachs $\Delta \overset{\circ}{K}$ übersteigt.

Das Beiprodukt des Beispiels 9.5 ist in den Augen des Produzenten neutral, sein subjektiver (Präferenz-) Preis somit gleich Null. Solange die Emissionsgrenze noch nicht erreicht ist, wird der Produzent das Beiprodukt bei seinen Überlegungen zur Gestaltung der Produktion nicht explizit einbeziehen. Wird die Produktion jedoch durch die Beschränkung dauerhaft beeinträchtigt, kann es sein, daß er seine Einschätzung ändert und aus dem Bei- ein Abprodukt wird, weil es Opportunitätskosten verursacht.

Aus gesamtwirtschaftlicher oder auch innerbetrieblicher Sicht ist für die Steuerung des Produzentenverhaltens die Frage von großem Interesse, wie hoch der Preis einer Objektart sein muß, damit die gleiche Wirkung erzielt wird wie durch eine Produktionsbeschränkung (unter sonst gleichen Bedingungen). Ein entsprechender Preis(zuschlag) heißt *Schattenpreis* der Produktionsschranke. Er gibt damit gleichzeitig an, um wieviel sich der (maximale) Erfolg erhöht, wenn die Schranke um eine (marginale) Quantitätseinheit gelockert wird.

Beispiel 9.6:   ❑
In Fortführung des Beispiels 9.5 sei der Reduktpreis p_2 wie zuvor fest gegeben, und $\bar{p}_1$ sei wieder derjenige Faktorpreis, bei dem das Beiprodukt gerade an die Emissionsgrenze $\bar{y}$ stößt. Demnach gilt:

$$p_2 f'(\bar{x}_1) = \bar{p}_1.$$

Für höhere Faktorpreise liegt der Beiproduktanfall unter der Grenze, und der Schattenpreis der Emissionsgrenze ist gleich Null.

Für den Faktorpreis gelte jedoch: $p_1 < \bar{p}_1$. Die Emissionsgrenze ist dann eine *bindende Restriktion*, und der Schattenpreis ist ungleich Null. Um seine Höhe zu bestimmen, sei angenommen, daß die Emissionsgrenze aufgehoben, dafür jedoch y nunmehr ein Abprodukt mit dem Preis $p_3 < 0$ sei. Wie groß muß p_3 sein, damit bei erfolgsmaximaler Produktion gilt: $y = \bar{y}$?

Die entsprechende Optimierungsaufgabe lautet (unter Berücksichtigung der Tatsache, daß wegen der Kompatibilität die Produktion effizient zu sein hat):

$$\max \{w \mid w = p_2 f(x_1) - p_1 x_1 + p_3 \rho f(x_1), \quad x_1 \geq 0\}.$$

Damit der Faktoreinsatz $\bar{x}_1$ erfolgsmaximal ist, muß gelten:

$$(p_2 + p_3 \rho) f'(\bar{x}_1) = p_1.$$

Aufgelöst nach dem gesuchten Schattenpreis der Emissionsgrenze $\bar{y}$ ergibt sich folgende Bestimmungsgleichung für $p_1 < \bar{p}_1$:

$$p_3 = \frac{p_1 - p_2 f'(\bar{x}_1)}{\rho f'(\bar{x}_1)} = \frac{p_2}{\rho \bar{p}_1} \cdot (p_1 - \bar{p}_1) < 0.$$

Aus der ersten Gleichung läßt sich unter Berücksichtigung von $\bar{x}_1 = f^{-1}(\bar{y}/\rho)$ der Schattenpreis als lineare Funktion des Faktorpreises p_1 unmittelbar berechnen. Bei sinkendem Faktorpreis (und konstantem Reduktpreis) wird die Emissionsgrenze zu einem immer stärkeren *Engpaß*, wodurch der Betrag des (negativen) Schattenpreises immer mehr zunimmt. Im Grenzfall $p_1 = 0$ wird der bisherige Gutfaktor Brennstoff zu einem „kostenlosen" Beifaktor, und der Schattenpreis der Emissionsgrenze (des Abproduktes) ist allein bestimmt durch $p_3 = -p_2/\rho$, d.h. negativ proportional zum Reduktpreis. ■

Literaturhinweise zu §9

Adam 1993; Bohr 1985; Dellmann 1980; Dyckhoff 1992; Immler 1989; Lücke 1973, insb. Kap. 5; Roth 1992; Schönfeld 1964; Stöppler/Fischer/Rogalski 1992; Turetschek 1981; Wittmann 1968

Wichtige Begriffe und Aussagen in §9

Erfolgsmaximalität (Starkes Erfolgsprinzip); Preistheorem; Erfolgsbegriffe: Kosten, Leistungen, Preis, Gewinn, Grenzerfolg, Einzel- und Gemeinkosten; Kompatibilität (im Normalfall); Effizienzpreis; Opportunitätskosten, Schattenpreis

Wiederholungsfragen zu §9

1) Worin besteht der Unterschied zwischen dem Schwachen und dem Starken Erfolgsprinzip?
2) Worin drückt sich die Kompatibilität zwischen Schwachem und Starkem Erfolgsprinzip aus?
3) Was versteht man unter einem objektiven Bewertungsansatz?
4) Wie lassen sich Kosten und Leistungen herleiten?
5) Welche Aussagen macht das Preistheorem? Welchen Voraussetzungen unterliegt es?
6) Was versteht man unter einem Schattenpreis?
7) Unter welchen Voraussetzungen stimmen Kompensationsrate der Produktion und des Erfolgs überein? Wann weichen sie voneinander ab?

Paragraph 10
Eigenschaften erfolgsmaximaler Produktion

In §9 sind allgemeingültige Aussagen über erfolgsmaximale Produktion getroffen worden. Einschränkende Annahmen über die Technologie oder über die Nebenbedingungen der Produktion erlauben weitergehende Resultate. In diesem Paragraphen sollen die Fälle limitationaler und variabler Produktion sowie einige speziellere Technologietypen analysiert werden. Eine ausführliche Untersuchung linearer Technologien ist Gegenstand des anschließenden Kapitels C. Für diese Analysen werden Bedingungen benötigt, die erfolgsmaximale Produktion operational charakterisieren.

10.1 Indirekte Erfolgsfunktionen

Aus systematischen Gründen ist es zweckmäßig, zunächst eine implizite Funktion maximalen Erfolgs in Analogie zur Produktionsfunktion bei effizienter Produktion zu definieren. Eine implizite Produktionsfunktion $f(z)$ beschreibt mittels der Produktionsgleichung $f(z) = 0$ genau den Effizienten Rand einer Technologie (§7.3). Vollkommen analog könnte auch eine „implizite Maximalerfolgsfunktion" $g(z)$ definiert werden: $g(z) = 0$ genau dann, wenn z erfolgsmaximal ist.

Bei stetiger Erfolgsfunktion w und abgeschlossener, beschränkter Technologie T - oder auch Produktionsmöglichkeitenmenge Z - gibt es stets ein endliches Maximum des Erfolgs:

$$w_{max} = \max \{w(z) \mid z \in T\} < \infty.$$

In Anbetracht der Kompatibilitätsbedingung (§9.3), wonach jede erfolgsmaximale Produktion z effizient ist, d.h. $f(z) = 0$ gilt, läßt sich eine implizite Maximalerfolgsfunktion deshalb grundsätzlich immer wie folgt definieren:

$$g(z) = |w(z) - w_{max}| + |f(z)| = 0.$$

Die Null als Bildelement, das bei der impliziten Produktionsfunktion die effizienten von den ineffizienten Punkten und bei der impliziten Maximalerfolgsfunktion die erfolgsmaximale(n) von den nicht erfolgsmaximalen separiert, ist im übrigen willkürlich gewählt. Auch jede andere feste reelle Zahl würde den gleichen Dienst leisten (*Bleimann 1981*, S. 140, Fußnote 2). Es wäre prinzipiell sogar möglich, die Konstante für jede Technologie und Erfolgsfunktion individuell festzulegen, etwa wie folgt:

$$\bar{g}(z) = |w(z) - w_{max}| + |f(z)| + w_{max} = w_{max}.$$

Die Funktion $\bar{g}$ würde dann als Bildwert gerade den maximalen Erfolg angeben. Praktisch ist damit wenig gewonnen, weil zur konkreten Aufstellung der Funktion sowohl die Produktionsfunktion wie auch der maximale Erfolg bekannt sein müßten.

Von zentralem Interesse sind dagegen Funktionen g und h, die in Abhängigkeit von den a priori gegebenen bzw. anderen bekannten Daten der betrachteten Situation das Erfolgsmaximum w_{max} und die erfolgsmaximale Produktion $\hat{z}$ bestimmen (sofern letzte eindeutig ist). Grundlegende Daten sind die Technologie T und etwaige Nebenbedingungen R des Produktionssystems sowie die Erfolgsfunktion w des Produzenten:

$$g(T, R, w) = w_{max} = w(\hat{z}), \quad h(T, R, w) = \hat{z}.$$

Die Funktion g ist eine explizite Maximalerfolgsfunktion und heißt *Indirekte Erfolgsfunktion*. In Situationen, in denen nur einige Teile des gesamten Erfolgs variabel sind, während die restlichen Teilerfolge aufgrund gegebener Daten feststehen, spricht man von *Minimal-* oder *Indirekten Kostenfunktionen* und *Maximal-* oder *Indirekten Leistungsfunktionen*, falls alle variablen Teilerfolge negativ bzw. alle positiv sind. In der Literatur werden für diese Begriffe synonym auch die Kurzbezeichnungen Kosten- bzw. Leistungsfunktion verwendet.

10.2 Charakterisierung bei bekannter Produktionsfunktion

Ist zwar die implizite Produktionsfunktion, nicht aber der maximale Erfolg bekannt, dann führt die folgende Charakterisierung erfolgsmaximaler Produktion weiter:

$$w_{max} = \max \{ w(z) \mid f(z) = 0 \}.$$

Mit λ als Lagrange-Multiplikator lautet die dieser Optimierungsaufgabe zugeordnete Lagrange-Funktion:

$$\mathfrak{L} = w(z) + \lambda \cdot f(z).$$

Bei differenzierbaren Funktionen w und f ergeben sich mit Hilfe der Lagrange-Methode folgende Bedingungen an die erfolgsmaximale Produktion (wobei **grad**$_z$ den Gradienten bezüglich z, d.h. den Vektor der ersten partiellen Ableitungen, bezeichnet):

$$\textbf{grad}_z \, \mathfrak{L} = \textbf{grad}_z \, (w(z) + \lambda \cdot f(z)) = 0, \text{ d.h.}$$

$$\frac{\partial w}{\partial z_k} = -\lambda \cdot \frac{\partial f}{\partial z_k} \quad \text{für } k = 1, ..., \kappa.$$

Bei konkaven Funktionen w und f sind diese Bedingungen zusammen mit $f(z) = 0$ nicht nur notwendig, sondern auch hinreichend, d.h. äquivalent zur obigen Charakterisierung erfolgsmaximaler Produktion (vgl. *Gal et al. 1988*, S. 194ff.). Mittels dieser $\kappa+1$ Gleichungen ließe sich somit eine implizite Maximalerfolgsfunktion formulieren, die die Kenntnis des Erfolgsmaximums nicht voraussetzt.

Da wegen der Kompatibilitätsbedingung (§9.3.2) für neutrale Objektarten $\partial w/\partial z_k = 0$ und außerdem in der Regel $\lambda \neq 0$ gilt, folgt: $\partial f/\partial z_k = 0$. D.h. **differenzierbare** (implizite) Produktionsfunktionen hängen nicht von den neutralen Objektarten ab. (Dies trifft für beschränkte neutrale Objektquantitäten nicht unbedingt zu.)

Indem die Gleichungen für je zwei Objektarten i und j dividiert werden, erhält man die schon in §9.4 grafisch abgeleiteten Beziehungen, wonach bei erfolgsmaximaler Produktion im Innern des zulässigen Bereichs die Kompensationsrate der Produktion gleich der Kompensationsrate des Erfolgs sein muß, d.h. die Steigung des Effizienten Randes entspricht im Erfolgsmaximum der Steigung der Erfolgsisoquante:

$$\frac{\frac{\partial f}{\partial z_i}}{\frac{\partial f}{\partial z_j}} = -\frac{dz_j}{dz_i} = \frac{\frac{\partial w}{\partial z_i}}{\frac{\partial w}{\partial z_j}}.$$

An den Grenzen des zulässigen Bereichs der Produktion gelten diese Bedingungen nicht unbedingt mit Gleichheit, sondern nur als entsprechende Ungleichung (vgl. §9.5 und §10.3).

Beispiel 10.1: ❑

In Konkretisierung des Beispiels 9.3 sei der Effiziente Rand der Zwei-Güter-Technologie durch eine neoklassische Produktfunktion vom Cobb/Douglas-Typ beschrieben; die Erfolgsfunktion sei linear:

$$w_{max} = \max\{w = 3y - x \mid y = 2\sqrt{x},\ x \geq 0\}.$$

Streng genommen ist die (nicht extra formulierte) implizite Produktionsfunktion wegen der Nichtnegativitätsbedingung an den Faktor ($x \geq 0$) nicht differenzierbar. Da Stillstand aber nicht erfolgsmaximal ist - wie man leicht überprüft -, kann die obige Optimierungsaufgabe unter der Prämisse positiver Quantitäten folgendermaßen umgeschrieben werden:

$$w_{max} = \max\{w = 3y - x \mid 2\sqrt{x} - y = 0\}.$$

Sie hat damit eine Gestalt, auf die die Lagrange-Methode angewendet werden kann. Demnach muß für die Kompensationsraten gelten (mit $z_1 = -x$, $z_2 = y$):

$$\frac{\frac{\partial f}{\partial y}}{-\frac{\partial f}{\partial x}} = \frac{-1}{\frac{-1}{\sqrt{x}}} = \sqrt{x} \stackrel{!}{=} \frac{\frac{\partial w}{\partial y}}{-\frac{\partial w}{\partial x}} = \frac{3}{1} = 3.$$

Links steht der Kehrwert der Grenzproduktivität (dx/dy), rechts das Verhältnis des Produktpreises zum Faktorpreis (p_2/p_1). Bei erfolgsmaximaler Produktion werden also 9 Einheiten des Faktors eingesetzt und daraus 6 Einheiten des Produkts hergestellt. Der Erfolg beträgt $3 \cdot 6 - 9 = 9$ Geldeinheiten.

Anstatt über die Lagrange-Methode hätte man bei diesem einfachen Beispiel das Ergebnis auch direkt durch Einsetzen von $y = 2\sqrt{x}$ in die Erfolgsfunktion erzielen können: $w = 6\sqrt{x} - x$. Indem dann die erste Ableitung gleich Null gesetzt wird ($w' = 0$), kommt man zu demselben Ergebnis. ■

Für Produktionssysteme der betrieblichen Praxis ist die implizite Produktionsfunktion nur selten differenzierbar (§7.3). Allerdings ist es häufig möglich, sie durch ein System von expliziten Produktionsfunktionen äquivalent zu beschreiben, welche nicht nur differenzierbar, sondern sogar linear sind (z.B. bei der Leontief-Produktionsfunktion in §7.5.2). Die in der Praxis verwendeten Stücklisten und Arbeitspläne stellen in ihren einfachen Formen nichts anderes als Grundmuster linearer Faktorfunktionen dar (vgl. §12.3). In solchen Fällen ist der Effiziente Rand nicht nur durch eine einzige, sondern durch mehrere, dafür aber einfachere Gleichungen der Form $f_s(z) = 0$ beschrieben. Mit $f(z) = (f_1(z), ..., f_s(z))$ lautet die Optimierungsaufgabe:

$$w_{max} = \max\{w(z) \mid f_s(z) = 0 \ \text{für}\ s = 1, ..., S\} = \max\{w(z) \mid f(z) = \mathbf{0}\}.$$

Die zugehörige Lagrange-Funktion weist nunmehr für jede der S Gleichungsrestriktionen einen Multiplikator λ_s auf; mit $\Lambda = (\lambda_1, ..., \lambda_S)$ gilt:

$$\mathcal{L} = w(z) + \lambda_1 \cdot f_1(z) + ... + \lambda_s \cdot f_s(z) = w(z) + \Lambda \cdot f(z).$$

Die partiellen Ableitungen nach den einzelnen Objektquantitäten liefern wie zuvor notwendige Bedingungen für Erfolgsmaximalität: $\partial \mathcal{L}/\partial z_k = 0$. Unter bestimmten weiteren Voraussetzungen, die insbesondere Konvexitätseigenschaften betreffen, sind diese κ Bedingungen zusammen mit den S Bedingungen $f_s(z) = 0$ auch hinreichend für erfolgsmaximale Produktion (vgl. *Gal et al. 1988*; *Takayama 1985*). Auch hieraus ließe sich wieder unmittelbar eine implizite Maximalerfolgsfunktion formulieren.

10.3 Charakterisierung bei unbekannter Produktionsfunktion

Die Aufstellung einer handhabbaren Produktionsfunktion erfordert die - zumindest implizite - Charakterisierung genau der effizienten Produktionen. Im folgenden Kapitel C wird sich dieses Vorhaben als unter Umständen sehr aufwendig herausstellen. Um lediglich das Erfolgsmaximum - als eine unter vielen effizienten Produktionen - zu bestimmen, ist es von daher häufig zweckmäßiger, auf die Ermittlung der Produktionsfunktion ganz - oder ggf. auch nur teilweise - zu verzichten und unmittelbar an der Technologie T bzw. der Produktionsmöglichkeitenmenge Z anzusetzen. Da die Menge $Z = T \cap R$ zulässiger Produktionen auch der Technologie entsprechen kann - nämlich dann, wenn keine Restriktionen an das Produktionssystem existieren ($R = \mathbb{R}^{\kappa}$) -, sei im folgenden ohne Beschränkung der Allgemeinheit von Z ausgegangen.

10.3.1 Nichtlineare Restriktionen

Sowohl die Technologie wie auch etwaige sonstige Restriktionen lassen sich oft durch ein System von Ungleichungen der folgenden Form darstellen:

$$Z = \{z \in \mathbb{R}^{\kappa} \mid f_s(z) \geq 0 \text{ für } s = 1, ..., S\} = \{z \in \mathbb{R}^{\kappa} \mid f(z) \geq 0\}.$$

Gleichungsrestriktionen $f_s(z) = 0$ können dabei formal durch zwei Ungleichungen der Art: $f_s(z) \geq 0$, $-f_s(z) \geq 0$ erfaßt werden. Die Optimierungsaufgabe zur Bestimmung des Erfolgsmaximums hat dann allgemein folgende Gestalt:

$$w_{max} = \max \{w(z) \mid f_s(z) \geq 0 \text{ für } s = 1, ..., S\} = \max \{w(z) \mid f(z) \geq 0\}.$$

Die Lagrange-Funktion $\mathcal{L}$ zu dieser Optimierungsaufgabe ist identisch mit der zu den Gleichungsrestriktionen in §10.2:

$$\mathcal{L} = w(z) + \lambda_1 \cdot f_1(z) + ... + \lambda_s \cdot f_s(z) = w(z) + \Lambda \cdot f(z),$$

wobei zur verkürzten Schreibweise wieder gilt: $\Lambda = (\lambda_1, ..., \lambda_S)$ und $f(z) = (f_1(z), ..., f_S(z))$. Allerdings sind nunmehr lediglich Verallgemeinerungen der Lagrange-Methode anwendbar (vgl. *Domschke/Drexl 1991*, S. 164ff.; *Kistner 1993*, S. 102ff.).

Eine hinreichende Bedingung für eine erfolgsmaximale Produktion $\hat{z}$ ist die *Sattelpunkteigenschaft* des kombinierten Vektors $(\hat{z}, \hat{\Lambda})$ bezüglich der Lagrange-Funktion:

$$\mathcal{L}(z, \hat{\Lambda}) \leq \mathcal{L}(\hat{z}, \hat{\Lambda}) \leq \mathcal{L}(\hat{z}, \Lambda) \quad \text{für alle } z \in \mathbb{R}^{\kappa} \text{ bzw. } \Lambda \in \mathbb{R}^{S}_{+}.$$

Diese Eigenschaft wiederum ist äquivalent zu den folgenden Bedingungen (mit $\hat{\Lambda} \geq 0$):

(a) $\mathcal{L}(\hat{z}, \hat{\Lambda}) = \max \{ \mathcal{L}(z, \hat{\Lambda}) \mid z \in \mathbb{R}^{\kappa} \}$;

(b) $\hat{\Lambda} \cdot f(\hat{z}) = 0$ bzw. $\hat{\lambda}_s \cdot f_s(\hat{z}) = 0$ für $s = 1, ..., S$;

(c) $f(\hat{z}) \geq 0$ bzw. $f_s(\hat{z}) \geq 0$ für $s = 1, ..., S$.

Bedingung (c) ist lediglich eine Wiederholung der Zulässigkeitsrestriktionen; (b) ist als Bedingung vom *komplementären Schlupf* bekannt („complementary slackness"): Für jede nicht bindende Restriktion ($f_s(\hat{z}) > 0$) ist der Lagrange-Multiplikator gleich Null. Dabei kann λ_s als Schattenpreis der Restriktion s interpretiert werden. Bei einer bindenden Restriktion ($f_s(\hat{z}) = 0$) ist der Schattenpreis in der Regel positiv. Sie wird als *Engpaß* bezeichnet. Bei Gültigkeit von (b) und (c) ist eine Produktion, welche gemäß (a) die Lagrange-Funktion maximiert, auch erfolgsmaximal; wegen (b) gilt: $\mathcal{L}(\hat{z}, \hat{\Lambda}) = w_{max}$.

Jede erfolgsmaximale Produktion muß zwar auch zulässig sein, aber nicht unbedingt den Bedingungen (a) und (b) genügen. Hierzu bedarf es im allgemeinen gewisser zusätzlicher Voraussetzungen, von denen es verschiedene Versionen gibt (siehe z.B. *Dyckhoff 1983a*, S. 227ff. und die dort genannte Literatur). In der Regel ist folgende doppelte Voraussetzung hilfreich:

Konvexitätsbedingung:
Die Erfolgsfunktion w und die Restriktionsfunktionen f_s sind konkav. (Bei konkaven Restriktionsfunktionen $f_s(z) \geq 0$ ist die zulässige Menge konvex.)

Schlupfbedingung („*Slater-Bedingung*"):
Es gibt eine Produktion mit Schlupf bei jeder nichtlinearen Restriktion (d.h. für diese Produktion sind allenfalls die linearen Restriktionen bindend).

Unter Voraussetzung der Konvexitäts- und der Schlupfbedingung gilt das folgende

Sattelpunkttheorem:
Eine Produktion $\hat{z}$ ist genau dann erfolgsmaximal, wenn für die Restriktionen nichtnegative Schattenpreise $\hat{\Lambda} \geq 0$ existieren, so daß $(\hat{z}, \hat{\Lambda})$ ein Sattelpunkt der Lagrange-Funktion ist, d.h. den Bedingungen (a) bis (c) genügt.

Bei stetiger Differenzierbarkeit der Erfolgsfunktion sowie der Restriktionsfunktionen folgen aus der Bedingung (a) die bekannten Bedingungen der Lagrange-Methode an die partiellen Ableitungen der Lagrangefunktion:

(d) $grad_z \, \mathcal{L}(\hat{z}, \hat{\Lambda}) = 0$ bzw. $\dfrac{\partial w(\hat{z})}{\partial z_k} + \sum_{s=1}^{S} \hat{\lambda}_s \cdot \dfrac{\partial f_s(\hat{z})}{\partial z_k} = 0$ für $k = 1, ..., \kappa$.

Bei Gültigkeit der Konvexitätsbedingung sind die Bedingungen (a) und (d) sogar äquivalent, so daß im Sattelpunkttheorem (a) durch (d) ersetzt werden kann. Es heißt dann *Kuhn/Tucker-Theorem*.

10.3.2 Beschränkte Objektquantitäten

Üblicherweise sind viele der Restriktionen reine Nichtnegativitätsbedingungen der Art: $f_k(z) = z_k = y_k \geq 0$ bzw. $f_k(z) = -z_k = x_k \geq 0$. Gilt beispielsweise generell $z \geq 0$, d.h. $z \in \mathbb{R}_+^\kappa$, so werden diese Nichtnegativitätsbedingungen bei Aufstellung der Lagrange-Funktion nicht berücksichtigt. In den vorangehenden Überlegungen ergeben sich dadurch nur Änderungen bei dem Definitionsbereich der Objektquantitäten in den entsprechenden Bedingungen. Bei Differenzierbarkeit und Konkavität erhält man so die beiden folgenden äquivalenten Bedingungen:

(a′) $\mathcal{L}(\hat{z}, \hat{\Lambda}) = \max \{\mathcal{L}(z, \hat{\Lambda}) \mid z \in \mathbb{R}_+^\kappa\}$;

(d′) $grad_z \, \mathcal{L}(\hat{z}, \hat{\Lambda}) \geq 0, \quad \hat{z} \cdot grad_z \, \mathcal{L}(\hat{z}, \hat{\Lambda}) = 0$.

Nach (d′) gilt für $\hat{z}_k > 0$: $\partial \mathcal{L}/\partial z_k = 0$, für $\hat{z}_k = 0$: $\partial \mathcal{L}/\partial z_k \geq 0$. Diese Bedingung ist in §9.5.1 grafisch motiviert worden. Sie ist analog zu (b) und (c), wenn man die Identität $grad_\Lambda \mathcal{L}(z, \Lambda) = f(z)$ berücksichtigt. Die Bedingungen (d′), (b) und (c) werden als *Kuhn/Tucker-Bedingungen* bezeichnet.

Sind alle Objektquantitäten durch obere und untere Schranken begrenzt (z.B. Lieferverpflichtungen, Absatzschranken, Emissionsgrenzen, beschränkte Faktorkapazitäten), so kann die Optimierungsaufgabe folgendermaßen formuliert werden:

$$w_{max} = \max \{w(z) \mid f(z) \geq 0, \; \underline{z} \leq z \leq \overline{z}\}.$$

Die Lagrange-Funktion bleibt formal unverändert, ebenso die Bedingungen (b) und (c); (a) bzw. (a′) wird dagegen abgeändert zu:

(a″) $\mathcal{L}(\hat{z}, \hat{\Lambda}) = \max \{\mathcal{L}(z, \hat{\Lambda}) \mid \underline{z} \leq z \leq \overline{z}\}$.

Die entsprechende Bedingung an die partiellen Ableitungen der Lagrange-Funktion nimmt folgende Gestalt an (vgl. §9.5.1):

(d″) $\dfrac{\partial \mathcal{L}(\hat{z}, \hat{\Lambda})}{\partial z_k} \begin{cases} \leq 0 & \text{für } \hat{z}_k = \underline{z}_k, \\ = 0 & \text{für } \underline{z}_k < \hat{z}_k < \overline{z}_k, \\ \geq 0 & \text{für } \hat{z}_k = \overline{z}_k. \end{cases}$

Beispiel 10.2: ❑

Es sei wieder die Zwei-Güter-Technologie des Beispiels 10.1 betrachtet; allerdings wird nicht von effizienter Produktion ausgegangen. Des weiteren wird für den Faktor eine Beschränkung durch $\overline{x} = 4$ angenommen. Die Optimierungsaufgabe zur Bestimmung erfolgsmaximaler Produktion lautet:

$$\max \{w = 3y - x \mid 2\sqrt{x} - y \geq 0; \; 0 \leq x \leq 4, \; 0 \leq y\}.$$

Es gibt hier nur eine einzige nichtlineare Restriktion, die zudem konkav ist, so daß die Konvexitätsbedingung erfüllt ist. Auch der Schlupfbedingung wird genügt, beispielsweise bei der Produktion $(-x; y) = (-1; 1)$. Damit die Lagrange-Funktion

§10 Eigenschaften erfolgsmaximaler Produktion

$$\mathcal{L}(x, y; \lambda) = (3y - x) + \lambda \cdot (2\sqrt{x} - y)$$

für $(\hat{x}, \hat{y}; \hat{\lambda})$ die Sattelpunkteigenschaft besitzt, muß gelten:

(a'') $\quad w_{max} = \mathcal{L}(\hat{x}, \hat{y}; \hat{\lambda}) = \max \{ (3y - x) + \hat{\lambda} \cdot (2\sqrt{x} - y) \mid 0 \leq x \leq 4, \ 0 \leq y \}$;

(b) $\quad \hat{\lambda} \cdot (2\sqrt{\hat{x}} - \hat{y}) = 0$;

(c) $\quad 2\sqrt{\hat{x}} - \hat{y} \geq 0$.

Wäre $\hat{\lambda} = 0$, so müßten gemäß (a'') $\hat{y}$ so groß und $\hat{x}$ so klein wie möglich sein; wegen (c) folgt daraus: $2\sqrt{\hat{x}} = \hat{y}$. Das gilt wegen (b) aber auch für $\hat{\lambda} > 0$. Somit reduziert sich (a'') zu:

$$w_{max} = \max \{ 6\sqrt{x} - x \mid 0 \leq x \leq 4 \}.$$

Hieraus ergibt sich der erfolgsmaximale Faktoreinsatz zu $\hat{x} = 4$ mit einem Produktausstoß $\hat{y} = 4$ und einem Erfolg $w_{max} = 8$.

Zu diesem Resultat kann man auch auf dem folgenden Weg kommen: Weil für $x = 1$ und $y = 1$ ein Erfolg $w = 2$ erzielt wird, kann Stillstand, d.h. $x = 0$ und $y = 0$ mit $w = 0$, nicht erfolgsmaximal sein. Für $x > 0$ ist die Lagrange-Funktion aber stetig differenzierbar, so daß (a'') ersetzt werden kann durch:

$$\frac{\partial \mathcal{L}}{\partial x} = -1 + \hat{\lambda} \cdot (\hat{x})^{-\frac{1}{2}} \begin{cases} = 0 & \text{für } 0 < \hat{x} < 4, \\ \geq 0 & \text{für } \hat{x} = 4; \end{cases}$$

(d'')

$$\frac{\partial \mathcal{L}}{\partial y} = 3 - \hat{\lambda} \begin{cases} \leq 0 & \text{für } \hat{y} = 0, \\ = 0 & \text{für } \hat{y} > 0. \end{cases}$$

Also gilt: $\hat{\lambda} \geq 3 > 0$. Wegen (b) und $\hat{x} > 0$ folgt daraus: $\hat{y} = 2\sqrt{\hat{x}} > 0$. Mit (d'') gilt dann: $\hat{\lambda} = 3$. Eingesetzt in (d'') sieht man, daß die Gleichung $\sqrt{\hat{x}} = 3$ für $0 < \hat{x} < 4$ nicht zutreffen kann, weshalb $\hat{x} = 4$ als erfolgsmaximaler Faktoreinsatz gelten muß. ∎

10.3.3 Schattenpreise der Engpässe

Wegen $w_{max} = \mathcal{L}(\hat{z}, \hat{\lambda})$ kann (d'') auch wie folgt geschrieben werden:

$$\frac{\partial w_{max}}{\partial z_k} \begin{cases} \leq 0 & \text{für } \hat{z}_k = \underline{z}_k, \\ = 0 & \text{für } \underline{z}_k < \hat{z}_k < \overline{z}_k, \\ \geq 0 & \text{für } \hat{z}_k = \overline{z}_k. \end{cases}$$

Im mittleren Fall stellen die Schranken an die Quantität einer Objektart k keine echte Einschränkung dar. Der maximale Erfolg wird durch diese Schranken nämlich nicht beeinträchtigt. Sowohl die untere wie auch die obere Schranke könnten weiter eingeengt werden, und zwar soweit, bis sie der Quantität bei erfolgsmaximaler Produktion entsprechen.

In den beiden anderen Fällen ist die Quantität der Objektart k identisch mit der unteren bzw. oberen Schranke. Ein Sonderfall liegt vor, wenn diese Quantität auch ohne die Schranke gewählt würde, wenn also erfolgsmaximale Quantität und Schranke zufällig übereinstimmen. Sieht man von diesem Sonderfall ab, so stellt die betreffende Schranke einen Engpaß dar. Ohne die Schranke würde eine andere Objektquantität gewählt und damit ein größerer Erfolg erzielt werden. Ein größerer Zahlenwert der Schranke würde demnach zu einer Veränderung des maximalen Erfolgs führen, und zwar zu einer Senkung im Falle der unteren Schranke und zu einer Erhöhung im Falle der oberen Schranke. Im ersten Fall handelt es sich nämlich um eine weitere Verschärfung, im zweiten um eine Lockerung des Engpasses. Bei entgegengerichteter Änderung der Schranke ändert sich der maximale Erfolg entsprechend in die gegenteilige Richtung.

Die Stärke dieser Änderung des maximalen Erfolgs bei marginaler (infinitesimaler) Betrachtungsweise ist gerade durch die obige partielle Ableitung gegeben. Für die in §10.1 definierte (unbekannte) Indirekte Erfolgsfunktion $g(T, R, w)$, für welche die Objektschranken $\underline{z}_k$ und $\bar{z}_k$ einen Teil der exogen gegebenen Nebenbedingungen R des Produktionssystems darstellen, gilt somit:

$$\frac{\partial g}{\partial \underline{z}_k} = \frac{\partial w_{max}}{\partial \underline{z}_k} = \frac{\partial \mathcal{L}(\hat{z}, \hat{\Lambda})}{\partial z_k} \leq 0 \quad \text{bzw.}$$

$$\frac{\partial g}{\partial \bar{z}_k} = \frac{\partial w_{max}}{\partial \bar{z}_k} = \frac{\partial \mathcal{L}(\hat{z}, \hat{\Lambda})}{\partial z_k} \geq 0.$$

Diese Werte geben also an, wie (in erster Näherung) der maximale Erfolg von einer Änderung der jeweiligen Schranke beeinflußt wird. Sie sind positiv bei einer Lockerung und negativ bei einer Verschärfung des Engpasses, wenn man von dem oben genannten Sonderfall absieht, bei dem sie gleich Null sein können. Ist eine Lockerung der Schranke nicht „kostenlos" möglich, so besagen die obigen partiellen Ableitungen, wieviel eine Lockerung um eine Quantitätseinheit der Objektart in Erfolgseinheiten maximal kosten dürfte, damit sich die Lockerung noch lohnt. Insofern sind sie als (Grenz-) Preise der Engpässe interpretierbar und werden als *Schattenpreise* bezeichnet (vgl. §9.5.2).

Beispiel 10.3: ❑

In Beispiel 10.2 gilt für die Faktorkapazität $\bar{x} = 4$ als obere Schranke: $\partial w_{max}/\partial \bar{x} = -1 + 3/\sqrt{4} = 1/2$. Wird der Erfolg etwa in Einheiten von 1000 DM gemessen, so dürften für eine Kapazitätserweiterung, z.B. durch Anmietung, nicht mehr als 500 DM je Faktoreinheit ausgegeben werden. ■

Beschränkungen sind üblicherweise nicht nur unmittelbar für die Objektquantitäten, sondern auch indirekt über andere Nebenbedingungen gegeben. Um das zu verdeutlichen, sei angenommen, die zulässigen Produktionen seien wie folgt bestimmt:

$$Z = \{z \in \mathbb{R}^K \mid f(z) \geq r, \underline{z} \leq z \leq \bar{z}\}.$$

§10 Eigenschaften erfolgsmaximaler Produktion

Formal lassen sich diese Restriktionen mittels $\bar{f}_s(z) = f_s(z) - r_s \geq 0$ wieder in die bisher übliche Form bringen. Von daher ergeben sich also keine neuen Gesichtspunkte für die Bestimmung des Erfolgsmaximums. Die Lagrange-Funktion lautet:

$$\mathscr{L} = w(z) + \Lambda \cdot (f(z) - r) = w(z) + \lambda_1 \cdot (f_1(z) - r_1) + \ldots + \lambda_s \cdot (f_s(z) - r_s).$$

In ähnlicher Weise wie zuvor gilt nun:

$$\frac{\partial g}{\partial r_s} = \frac{\partial w_{max}}{\partial r_s} = \frac{\partial \mathscr{L}(\hat{z}, \hat{\Lambda})}{\partial r_s} = -\hat{\lambda}_s \leq 0.$$

Die den Restriktionen zugeordneten Lagrange-Multiplikatoren sind also ebenfalls als Schattenpreise interpretierbar. Sie geben die Opportunitätskosten der Schranke r_s in Erfolgseinheiten je Kapazitätseinheit an („envelope theorem"; vgl. *Intriligator 1971*, S. 60; *Takayama 1985*, S. 137ff.; *Dyckhoff 1983a*, S. 237).

Beispiel 10.4

In den Beispielen 10.2 und 10.3 kann die obere Schranke für den Faktoreinsatz auch als eine Restriktion der Art $f_2(x, y) = -x \geq -4$ aufgefaßt werden. Für die Lagrange-Funktion

$$\mathscr{L}(x, y; \lambda_1, \lambda_2) = (3y - x) + \lambda_1 \cdot (2\sqrt{x} - y) + \lambda_2 \cdot (4 - x)$$

müssen im Erfolgsmaximum die Bedingungen (a'), (b) und (c) oder auch (d') gelten. Da $x = 0$ nicht optimal sein kann, folgt mit (d'): $\partial \mathscr{L}/\partial x = -1 + \hat{\lambda}_1/\sqrt{x} - \hat{\lambda}_2 = 0$. Mit einer Argumentation wie in Beispiel 10.3 ergibt sich daraus wieder: $\hat{\lambda}_2 = 1/2$. ■

10.4 Erfolgsmaximale Produktion bei Limitationalität

Definitionsgemäß (§8.1.2) limitiert eine Gruppe von Objektarten eine andere Gruppe, wenn bei effizienter Produktion eine Festlegung der Quantitäten der ersten Gruppe „automatisch" auch zu einer Fixierung der Quantitäten der zweiten Gruppe führt. Da nach der Kompatibilitätsbedingung (§9.3) jede erfolgsmaximale Produktion effizient sein muß, brauchen die Quantitäten limitierter Objektarten bei der Bestimmung des Erfolgsmaximums nicht **explizit** berücksichtigt zu werden. Sind nämlich erst einmal die erfolgsmaximalen Quantitäten der anderen Objektarten ermittelt, so lassen sich aus ihnen die zugehörigen Quantitäten der limitierten Objektarten grundsätzlich unmittelbar berechnen. Voraussetzung dafür ist allerdings, daß die entsprechenden expliziten Produktionsfunktionen bekannt sind.

Wenn die ersten k Objektarten die nachfolgenden l Objektarten limitieren, so genügt die Kenntnis erfolgsmaximaler Werte für die Quantitäten der limitierenden Objektarten $\{1, \ldots, k\}$ und der restlichen Objektarten $\{k+l+1, \ldots, \kappa\}$ sowie folgender Funktionen (§8.1.2):

$$z_{k+j} = f_j(z_1, \ldots, z_k) \quad \text{für } j = 1, \ldots, l.$$

Beispiel 10.5: ◻

Für das Beispiel 6.1 der Roheisenverhüttung sei bekannt, daß maximal 1000 Tonnen Roheisen in der Planungsperiode herstellbar seien und jede produzierte Tonne einen positiven Beitrag zum Erfolg leiste. Dann läßt sich ohne Beachtung der sonstigen Objektarten sofort feststellen, daß es erfolgsmaximal ist, 1000 Tonnen Roheisen zu erzeugen. Aus diesen 1000 Tonnen können daraufhin mittels der zugehörigen Stoffbilanz der benötigte Input und die anfallenden Nebenprodukte berechnet werden. ∎

In der Praxis vieler Industriezweige ist es im Rahmen eines sukzessiven Planungskonzeptes üblich - wenn auch nicht immer vernünftig -, die herzustellenden Produktquantitäten unmittelbar den vorliegenden oder erwarteten Kundenaufträgen gleich zu setzen: $y_j = \bar{y}_j$ für $j = m+1, ..., m+n$. Die notwendige Quantität eines Faktors i, der durch die Produkte limitiert ist, ergibt sich aus der entsprechenden Faktorfunktion:

$$x_i = f_i(y_{m+1}, ..., y_{m+n}).$$

Im speziellen Falle einer Leontief-Produktionsfunktion sind alle Faktorquantitäten durch lineare Faktorfunktionen bestimmt:

$$x_i = \sum_{j=m+1}^{m+n} a_{ij} y_j \quad \text{für } i = 1, ..., m.$$

Beispiel 10.6: ◻

In Beispiel 7.9 sind die beiden Faktoren 1 und 2 gemäß einer Leontief-Produktionsfunktion durch die beiden Produkte 3 und 4 limitiert. Falls die Produktausbringungen durch exogene Vorgaben wie folgt festgelegt sind: $y_3 = 80$ und $y_4 = 50$, errechnen sich die zugehörigen Faktoreinsätze zu:

$$x_1 = 2y_3 + 4y_4 = 2 \cdot 80 + 4 \cdot 50 = 360$$

$$x_2 = 5y_3 + 7y_4 = 5 \cdot 80 + 7 \cdot 50 = 750.$$

∎

Derartige linear-inputlimitationale Zusammenhänge sind typisch für viele Montageprozesse, bei denen die Produkte sich aus verschiedenen Teilen in genau vorgeschriebenen Quantitäten zusammensetzen. Die Angabe der für eine Einheit des Produktes j benötigten Teile in der Form $(a_{1j}, ..., a_{mj})$ bezeichnet man in der Praxis üblicherweise als *Stückliste* oder entsprechend in der chemischen Industrie bei Mischungsprozessen als *Rezeptur*. Bei effizienter Produktion kann eine Erfolgsverbesserung nur über eine Veränderung der Produktausbringungen als den limitierenden Quantitäten erzielt werden. Die Leontief-Produktionsfunktion wird in §13.2 ausführlich behandelt.

Bei Aufwandslimitationalität (§8.1.2) und effizienter Produktion erübrigt sich also die Kostenminimierung, weil in diesen Fällen durch vorgegebene reale Erträge der Redukte und Produkte die realen Aufwendungen der Faktoren und Abprodukte eindeutig bestimmt sind, da es immer nur eine einzige effiziente Produktion für die vorgegebenen Produkt- bzw. Reduktquantitäten gibt.

Beispiel 10.7:
Ein Hersteller technischer Gase erzeugt aus Wasser mittels Hydrolyse Wasserstoff und Sauerstoff und vertreibt sie als Produkte zu positiven Nettoerlösen am Markt. Da Sauerstoffmoleküle (O_2) sechzehn mal schwerer sind als Wasserstoffmoleküle (H_2) und aus zwei Molekülen Wasser (H_2O) gemäß chemischen Gesetzen zwei Wasser- und ein Sauerstoffmolekül entstehen, liegt ein starrer Kuppelproduktionsprozeß vor, bei dem pro Kilogramm Wasserstoff gleichzeitig acht Kilogramm Sauerstoff zwangsläufig anfallen. Jedes andere Verhältnis als 1:8 der Massen beider Produkte läßt sich nicht mit effizienter Produktion vereinbaren (von technischen Restriktionen und sonstigen Nebenbedingungen einmal abgesehen). ■

Beispiel 10.8:
Ein Unternehmen, das sich auf die Entschärfung ausgedienter Waffen spezialisiert hat (Redukte), kann bei effizienter Produktion und einem Anteil Stahl von z.B. 80% je Tonne eingeschmolzener Waffen auch nur genau diese Quantität als Produkt im Verhältnis zur eingesetzten Quantität an Material erzeugen, nicht mehr und nicht weniger. Um 1000 t Stahl herzustellen, benötigt es 100000/80 = 1250 t Waffen. Eine Vorgabe, aus x Tonnen Waffen 1000 Tonnen Stahl zu produzieren, wäre ineffizient für $x > 1250$ und nicht realisierbar für $x < 1250$ (es sei denn, man könnte anderen Schrott beifügen). ■

Im allgemeinen kann also für willkürlich vorgegebene Objektquantitäten nicht unbedingt von einer effizienten Produktion ausgegangen werden. Man erwartet deshalb auch nur eine eingeschränkte Effizienz und spricht in diesem Zusammenhang von „Aufwandseffizienz" oder bei reinen Gütertechnologien von „Inputeffizienz" oder „effizienten Faktorkombinationen".

10.5 Erfolgsmaximale Produktion bei Variabilität

Im Gegensatz zur Limitationalität existieren bei Variabilität einer Gruppe von Objektarten noch Freiheitsgrade, die zur Erfolgsmaximierung ausgenutzt werden können und müssen.

10.5.1 Fixe und variable Erfolgsbeiträge

Sind einige Objektquantitäten durch die Randbedingungen R der Produktion entweder vollkommen festgelegt oder aber doch zumindest absolut durch eine nicht zu unterschreitende Schranke begrenzt (z.B. Lieferverpflichtung eines Produktes oder vordisponierter Einsatz eines Faktors), so entstehen dadurch bei separabler Erfolgsfunktion Erfolgsbeiträge in konstanter Höhe für alle zulässigen Produktionen. Derartige fixe Erfolgsbeiträge stellen somit konstante positive oder negative Summanden dar. Im positiven Fall werden sie *fixe Leistungen*, im negativen Fall *fixe Kosten* oder *Fixkosten* genannt. Die anderen Erfolgsbeiträge, deren Höhe von den Objektquantitäten abhängt, heißen *variable Leistungen* bzw. *variable Kosten*. Insgesamt setzt sich der Erfolg demnach aus folgenden variablen und fixen Beiträgen zusammen:

$$w(z) = w^v(z) + w^f = (L^v(z) - K^v(z)) + (L^f - K^f)$$

Für die Ermittlung des Erfolgsmaximums spielen die fixen Erfolgsbeiträge keine Rolle, so daß es genügt, die variablen Beiträge zu maximieren.

(**Hinweis**: Diese Aussage gilt nicht mehr unbedingt bei Unsicherheit über die Daten der Planungsperiode und fehlender Risikoneutralität des Produzenten; vgl. *Dyckhoff 1991c*.)

Handelt es sich bei w um den ökonomischen Erfolg, d.h. um den Gewinn, so wird der variable Erfolgsbeitrag w^v als *Deckungsbeitrag* bezeichnet. Sind die Fixkosten höher als die fixen Leistungen, so muß der Deckungsbeitrag zumindest die Differenz $L^f - K^f$ übersteigen, um einen Gewinn zu erzielen. Andernfalls entsteht ein Verlust.

Bei einer linearen Erfolgsfunktion $w(z) = w_1 z_1 + \ldots + w_\kappa z_\kappa$ führen alle diejenigen Objektarten zu fixen Leistungs- oder Kostenanteilen, deren Quantitäten im Rahmen der zulässigen Produktionen nicht den Wert Null annehmen können.

Eine lineare Erfolgsfunktion impliziert aufgrund der Kompatibilitätsbedingung (§9.3.2) den Normalfall (§5.3), wonach Objektarten mit einem positiven Preis Güter, mit einem negativen Preis Übel und solche ohne Preis Neutra sind. Ohne intermediäre Objekte (§7.4.1) kann man die Objektarten dann eindeutig, d.h. quantitätsunabhängig, in die sechs bekannten Kategorien einordnen und ihre Quantitäten und Preise durch positive Zahlen darstellen, nämlich auf der Inputseite in den Quantitäten $x_i = -z_i$:

- die Faktoren ($i = 1, \ldots, q$) mit den Preisen $c_i = w_i$,
- die Redukte ($i = q+1, \ldots, q+r$) mit den Preisen $e_i = -w_i$
- und die Beifaktoren ($i = q+r+1, \ldots, m$) mit den Preisen 0,

sowie auf der Outputseite in den Quantitäten $y_j = z_j$:

- die Produkte ($j = m+1, \ldots, m+p$) mit den Preisen $e_j = w_j$,
- die Abprodukte ($j = m+p+1, \ldots, m+p+s$) mit den Preisen $c_j = -w_j$
- und die Beiprodukte ($j = m+p+s+1, \ldots, m+n$) mit den Preisen 0

(wobei $m+n = \kappa$). Auf diese Weise werden die positiven Erfolgsbeiträge der Redukte und Produkte sowie die negativen Beiträge der Faktoren und Abprodukte explizit gemacht:

$$w = L(x^r, y^p) - K(x^q, y^s) = (e^r x^r + e^p y^p) - (c^q x^q + c^s y^s)$$
$$= (e_{q+1} x_{q+1} + \ldots + e_{q+r} x_{q+r} + e_{m+1} y_{m+1} + \ldots + e_{m+p} y_{m+p})$$
$$- (c_1 x_1 + \ldots + c_q x_q + c_{m+p+1} y_{m+p+1} + \ldots + c_{m+p+s} y_{m+p+s}).$$

Dabei sind

$x^r = (x_{q+1}, \ldots, x_{q+r})$, $\qquad e^r = (e_{q+1}, \ldots, e_{q+r})$

$y^p = (y_{m+1}, \ldots, y_{m+p})$, $\qquad e^p = (e_{m+1}, \ldots, e_{m+p})$

$x^q = (x_1, \ldots, x_q)$, $\qquad c^q = (c_1, \ldots, c_q)$

$y^s = (y_{m+p+1}, \ldots, y_{m+p+s})$, $\qquad c^s = (c_{m+p+1}, \ldots, c_{m+p+s})$

die Vektoren der (nichtnegativen) Quantitäten und Preise für die Redukte, Produkte, Faktoren bzw. Abprodukte. In den beiden folgenden Abschnitten dieses Paragraphen sei von einer linearen Erfolgsfunktion mit diesen Symbolen ausgegangen.

10.5.2 Minimalkostenkombination

Für vorgegebene Quantitäten $\bar{x}^r$ und $\bar{y}^p$ der Redukte bzw. Produkte sind sämtliche möglichen Leistungen fix und höchstens noch die Kosten variabel. Erfolgsmaximierung bedeutet dann Kostenminimierung. Die so ermittelbaren Objektquantitäten werden *Minimalkostenkombination* genannt.

Sind die Faktoren und Abprodukte variabel bezüglich der Redukte und Produkte (§8.2.1), so sind auch die Kosten und damit der Erfolg noch variabel. Die Optimierungsaufgabe der Bestimmung minimaler Kosten läßt sich allgemein wie folgt formulieren:

$$\min \{ K(x^q, y^s) \mid z = (-x^q, -\bar{x}^r, -x^b, \bar{y}^p, y^s, y^b) \in Z \}.$$

Dabei genügt es, die variablen Kosten zu minimieren; x^b und y^b sind die Beifaktoren und Beiprodukte; $Z = T \cap R$ ist die Menge der zulässigen Produktionen aufgrund der zugrunde liegenden Technologie T und der Randbedingungen R und hat häufig die im Abschnitt §10.3 behandelten Formen, die durch Gleichungs- oder Ungleichungsrestriktionen beschrieben sind. Die dort angestellten Überlegungen zur Charakterisierung erfolgsmaximaler Produktion gelten vollkommen analog auch für den hier betrachteten Spezialfall, daß die Redukt- und Produktquantitäten fixiert sind. Entsprechend wird die Lagrange-Funktion nicht mehr bezüglich dieser Größen optimiert.

Beispielsweise gelten für den einfachsten Fall ohne Randbedingungen und bei effizienter Produktion mit der impliziten Produktionsfunktion f:

$$\min \{ c^q x^q + c^s y^s \mid f(-x^q, -\bar{x}^r, -x^b, \bar{y}^p, y^s, y^b) = 0 \}$$

die in §10.2 mit Hilfe der Lagrange-Methode abgeleiteten Beziehungen für die Kompensationsraten nur noch für die Faktoren und Abprodukte.

Die Indirekte Kostenfunktion $\hat{K}(...)$ beschreibt die Abhängigkeit der minimal erreichbaren Kosten von den exogenen Einflußgrößen der jeweiligen Entscheidungssituation (§10.1). Wenn aus dem Kontext klar ist, daß es sich um die Minimalkosten handelt, wird üblicherweise abkürzend nur von der „Kostenfunktion" $\hat{K}(...)$ gesprochen. Die Parameter der Entscheidungssituation des Produzenten als den Argumenten der (Indirekten) Kostenfunktion heißen *(Kosten-) Einflußgrößen*. Die wichtigsten Einflußgrößen sind die vorgegebenen Produkt- und Reduktquantitäten, durch die die *Beschäftigung* des Produktionssystems festgelegt wird, die Faktor- und Abproduktpreise sowie die Parameter der zugrunde liegenden Technologie.

10.5.3 Kostenfunktion einer neoklassischen Einprodukt-Technologie

Betrachtet sei eine Cobb/Douglas-Technologie mit einem Produkt in der Quantität y und q Faktoren in den Quantitäten x_i (§7.5.1). Für eine vorgegebene Produktquantität $\bar{y}$ lautet dann die Kostenminimierungsaufgabe:

$$\min \{ c_1 x_1 + ... + c_q x_q \mid \bar{y} - \alpha_0 \cdot (x_1)^{\alpha_1} \cdot ... \cdot (x_q)^{\alpha_q} = 0 \}.$$

Mit Hilfe der Lagrange-Methode folgt daraus notwendigerweise:

$$c_i = \frac{\partial K}{\partial x_i} = -\lambda \cdot \frac{\partial f}{\partial x_i} = \lambda \cdot \frac{\alpha_i}{x_i} \cdot \alpha_0 \cdot (x_i)^{\alpha_1} \cdot \ldots \cdot (x_q)^{\alpha_q} = \lambda \cdot \frac{\alpha_i}{x_i} \cdot \bar{y}.$$

Für zwei Faktorarten h und i muß dann gelten:

$$x_h = \frac{\alpha_h \cdot c_i}{\alpha_i \cdot c_h} \cdot x_i$$

Eine Veränderung der Faktoreinsätze aufgrund einer Veränderung der Produktquantitäten muß bei Kostenminimalität demnach stets proportional erfolgen. Eingesetzt in die Kostenfunktion für die verschiedenen Faktorarten h ergibt sich nach ein paar Umformungsschritten:

$$\hat{K} = c_1 x_1 + \ldots + c_q x_q = \frac{\varepsilon}{\alpha_i} \cdot c_i x_i.$$

Dabei ist $\varepsilon = \alpha_1 + \ldots + \alpha_q$ als Summe der Produktionselastizitäten die Skalenelastizität der Cobb/Douglas-Technologie (§8.4). Die gesamten Kosten betragen für die Minimalkostenkombination also das ε/α_i-fache der alleinigen Kosten des Faktors i. Oder anders ausgedrückt: Der Anteil der Kosten eines Faktors an den Gesamtkosten ($c_i x_i / \hat{K}$) entspricht im Optimum gerade dem Verhältnis seiner Produktions- zur Skalenelastizität (α_i/ε). Je „produktiver" ein Faktor ist, um so mehr wird er eingesetzt und um so höher ist sein Kostenanteil.

Um die Faktoreinsätze zu bestimmen, setzt man in analoger Weise die proportionalen Einsätze für q-1 Faktoren in die Cobb/Douglas-Produktionsfunktion ein. Nach einigen Umformungen erhält man folgende Gleichung, die den optimalen Faktoreinsatz aus den ursprünglichen Daten errechnet (vgl. §10.1):

$$\hat{x}_i = h_i(T, R, w) = \frac{\alpha_i}{c_i} \cdot \left(\frac{\bar{y}}{\beta}\right)^{\frac{1}{\varepsilon}} \quad \text{mit} \quad \beta = \alpha_0 \cdot \prod_{i=1}^{q}\left(\frac{\alpha_i}{c_i}\right)^{\alpha_i}.$$

Der Parameter β beeinflußt alle Faktoreinsätze in gleicher Weise. Er kann in einem gewissen Sinn als Normierung verstanden werden. Veränderungen der Technologie, hier der Produktionselastizitäten α_i, oder der Erfolgsfunktion, hier der Faktorpreise c_i, wirken sich bezüglich β gleichmäßig auf die Faktoren aus. Vernachlässigt man diesen (normierenden) Einfluß, so läßt sich die obige Aussage noch verdeutlichen, wonach der kostenminimale Einsatz eines Faktors (in etwa!) proportional zu seiner Produktionselastizität und umgekehrt proportional zu seinem Preis ist.

Des weiteren hängt die Höhe der Einsätze aller Faktoren gleichmäßig von der vorgegebenen Produktausbringung - als Randbedingung - ab. Für $\varepsilon = 1$, d.h. bei konstanten Skalenerträgen, liegt Proportionalität vor (hier exakt, da β nicht von $\bar{y}$ abhängt). Dagegen wachsen die Faktoreinsätze überproportional für $\varepsilon < 1$, d.h. für abnehmende Skalenerträge, und unterproportional für $\varepsilon > 1$, d.h. zunehmende Skalenerträge. Beispielsweise führt für $\varepsilon = 0,5$ eine Verdoppelung des Ausstoßes zu einer Steigerung des Faktorbedarfs auf das Vierfache. Für $\varepsilon = 2$ genügen jedoch schon die doppelten Faktorquantitäten zu einer Vervierfachung der Produktquantitäten. Da die Kosten proportional zu den Faktoreinsätzen sind, verhalten sie sich entsprechend: linear für $\varepsilon = 1$, progressiv für $\varepsilon < 1$ und degressiv für $\varepsilon > 1$. Die

§10 Eigenschaften erfolgsmaximaler Produktion

Abb. 10.1 skizziert die unterschiedlichen Kostenverläufe. Allgemein gilt für die Indirekte Kostenfunktion der Cobb/Douglas-Technologie (vgl. §10.1):

$$\hat{K} = g(T, R, w) = \varepsilon \cdot \beta^{-\frac{1}{\varepsilon}} \cdot \bar{y}^{\frac{1}{\varepsilon}}$$

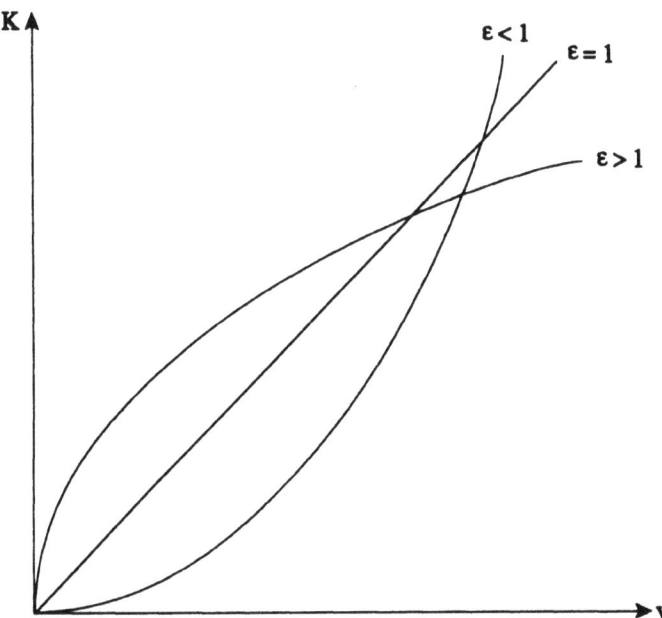

Abb. 10.1: Gesamtkostenverläufe der Cobb/Douglas-Technologie für verschiedene Skalenelastizitäten ε

Die Indirekte Kostenfunktion $\hat{K}(\bar{y}, \varepsilon, \beta)$ bzw. anders formuliert: $K(y, c_1, ..., c_q, \alpha_0, ..., \alpha_q)$ beschreibt die Abhängigkeit der minimal erreichbaren Kosten von den Einflußgrößen der Entscheidungssituation. Die wichtigste Einflußgröße ist die Ausbringung y, auch Beschäftigung genannt. Weitere wichtige Einflußgrößen sind die Faktorpreise c_i und die Parameter α_i der Cobb/Douglas-Technologie.

Wie schon zuvor bei den ursprünglichen (d.h. „direkten") Kosten können auch hier *variable* und *fixe* Kosten unterschieden werden. Sinnvoll werden diese Begriffe allerdings nur mit Bezug auf eine oder mehrere Einflußgrößen. Ohne weiteren Zusatz sind üblicherweise die ausbringungs- oder beschäftigungsvariablen und -fixen Kosten gemeint:

$$K(y) = K^v(y) + K^f.$$

Die Unterscheidung variabler und fixer (Minimal-) Kosten gilt nicht nur für Cobb/Douglas-Technologien, sondern allgemein für beliebige Technologien. Das Folgende trifft deshalb grundsätzlich für alle Produktionssysteme mit nur einem einzigen oder aber mehreren, unabhängig hergestellten Produkten - und analog Redukten - zu. Im letzten Fall zerfällt das

Produktionssystem in so viele voneinander unabhängige Teilsysteme, wie Produkte (Redukte) existieren, so daß jedes einzelne Teilsystem für sich allein betrachtet werden kann.

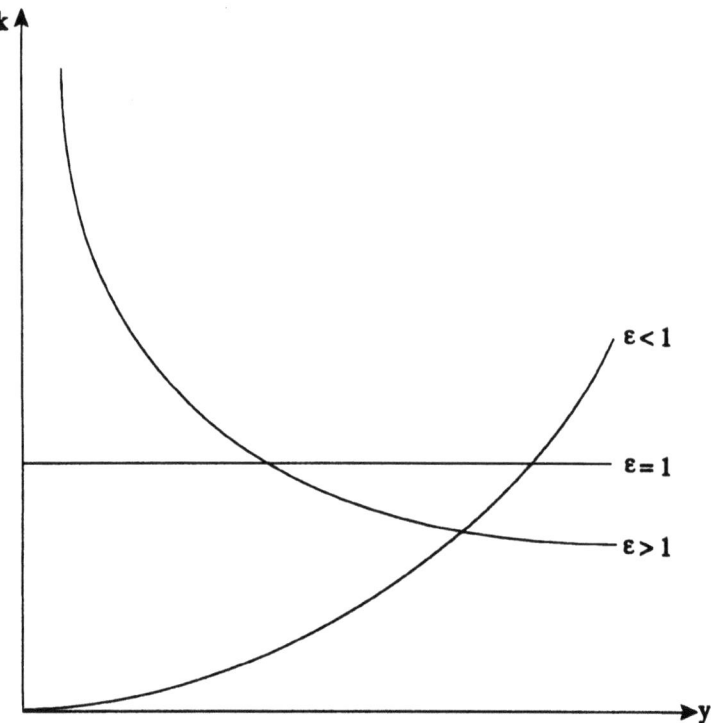

Abb. 10.2: Stückkostenverläufe der Cobb/Douglas-Technologie

Dividiert man die Gesamtkosten $K(y)$ durch die hergestellte Produktquantität y, so bezeichnet man den Quotienten $k(y) = K(y)/y$ als Durchschnittsgesamtkosten, Stückgesamtkosten oder kurz als *Stückkosten*. Die Größe $k(y)$ gibt an, wieviel die Erzeugung einer Produkteinheit kostet, wenn die Gesamtkosten der Produktion gleichmäßig auf alle hergestellten Produkteinheiten verteilt werden. Im speziellen Fall der Cobb/Douglas-Technologie gilt:

$$k(y) = (\varepsilon \cdot \beta^{-\frac{1}{\varepsilon}}) \cdot y^{\frac{1}{\varepsilon}-1}.$$

Demnach sind sie, wie Abb. 10.2 zeigt, konstant für $\varepsilon = 1$, wachsend für $\varepsilon < 1$ und fallend für $\varepsilon > 1$.

Entsprechend werden die Quotienten $k^v(y) = K^v(y)/y$ und $k^f(y) = K^f/y$ als *variable* bzw. *fixe Stückkosten* bezeichnet. Es gilt dann:

$$k(y) = k^v(y) + k^f(y)$$

Da die fixen Gesamtkosten definitionsgemäß konstant sind, fallen die fixen Stückkosten stets in Form einer Hyperbel mit wachsender Beschäftigung (ähnlich wie in Abb. 10.2 bei $\varepsilon > 1$). Der Verlauf der variablen Stückkosten ist unterschiedlich: Sie sind konstant/wachsend/fallend für proportionale/progressive/degressive variable Gesamtkosten. Abb. 10.2 kann hierzu als Beispiel dienen, weil bei der Cobb/Douglas-Technologie keine Fixkosten existieren und damit die variablen Kosten gleich den Gesamtkosten sind.

Unter den *Grenzkosten* $K'(y)$ versteht man die Kosten der letzten marginalen Outputeinheit, d.h. die relative Kostenänderung bei infinitesimaler Änderung der Einflußgrößen, formal also die erste Ableitung der Gesamtkosten nach der Produktquantität. Wegen $dK^f/dy = 0$ gilt für sie:

$$K'(y) = \frac{dK(y)}{dy} = \frac{dK^v(y)}{dy} + \frac{dK^f}{dy} = \frac{dK^v(y)}{dy}.$$

Wegen $K = k \cdot y$ gilt allgemein für den Zusammenhang zwischen Grenz- und Stückkosten:

$$K' = \frac{d(k \cdot y)}{dy} = k \cdot \frac{dy}{dy} + y \cdot \frac{dk}{dy} = k + y \cdot k'.$$

Beide stimmen für konstante Stückkosten ($k' = 0$) überein (Fall $\varepsilon = 1$ in Abb. 10.1 und 10.2).

10.5.4 Maximalleistungs- und sonstige Optimalkombinationen

Für vorgegebene Quantitäten $\bar{x}^q$ und $\bar{y}^r$ der Faktoren bzw. Abprodukte sind sämtliche möglichen Kosten fix und höchstens noch die Leistungen variabel. Erfolgsmaximierung bedeutet dann Leistungsmaximierung bzw. speziell Umsatz- oder Erlösmaximierung, falls die Preise der realen Erträge als Gelderlöse (Umsätze) interpretiert werden können. Die so ermittelten Objektquantitäten werden *Maximalleistungskombination* bzw. ggf. *Maximalumsatz-* oder *Maximalerlöskombination* genannt. Die Indirekte Leistungsfunktion $\hat{L}(...)$ - oder einfach nur Leistungsfunktion $L(...)$ - beschreibt die Abhängigkeit der maximalen Leistung von den Einflußgrößen der jeweiligen Entscheidungssituation, den *Leistungseinflußgrößen*.

Formal gesehen ist die Bestimmung der Maximalleistungskombination vollkommen analog zur Minimalkostenkombination: Aufwand und Ertrag nehmen hier in einem spiegelbildlichen Sinn vertauschte Rollen ein. Entsprechend kann man die Fälle der Ertragslimitationalität und der Ertragsvariabilität unterscheiden, wobei nur im zweiten Fall bei vorausgesetzter effizienter Produktion noch Freiheitsgrade zur Optimierung bestehen. Liegt bei den vorgegebenen Quantitäten der Aufwendungen schon eine Verletzung der Effizienz vor, kann auch hier im allgemeinen nur von einer eingeschränkten Effizienz im Sinne einer „Ertragseffizienz" oder im speziellen Fall reiner Gütertechnologien einer „Outputeffizienz" oder „effizienter Produktkombinationen" ausgegangen werden.

Im Unterschied zur Minimalkostenkombination spielt die Maximalleistungskombination in der Praxis keine bedeutende Rolle. Bei den üblichen sukzessiven Planungskonzepten wird nämlich ausgehend von den „Engpässen" her geplant, und das ist bei den heute regelmäßig existierenden sogenannten Käufermärkten meistens der Absatz der Produkte. Insoweit wird das Produktprogramm primär bestimmt, und die anderen Objektkategorien haben sich dann mit ihren Quantitäten mehr oder minder anzupassen. Diese Vorgehensweise ist typisch für die meisten computergestützten Konzepte der „Produktionsplanung und -steuerung" (PPS; vgl. Kap. D), die zudem im Rahmen der Material- und Kapazitätsbedarfsplanung überwiegend von linearer Inputlimitationalität ausgehen und Übel vernachlässigen (vgl. *Corsten/ Reiss 1991*).

Die Beschaffung von Faktoren hat allerdings in der ehemaligen DDR als Engpaß Bedeutung besessen, so daß dort der Gedanke der Maximalleistungskombination eher nahe lag, wobei jedoch der Gewinn als Erfolgsmaßstab nicht relevant war. Für viele unterentwickelte Länder bildet die Beschaffungsseite nach wie vor einen Engpaß. Im Hinblick auf den Umweltschutz wird in Zukunft auf jeden Fall die Beseitigung der anfallenden Abprodukte einen Engpaß darstellen, z.B. heute schon, wenn aufgrund von Auflagen strenge Emissionsgrenzwerte existieren. Aber auch dann ist es unrealistisch, die Planung vollkommen von den Abprodukten (und Faktoren) her „aufzuziehen". Die bisherige Dominanz des Absatzes wird jedoch dadurch verringert werden.

Engpaßstellen werden in Zukunft vermutlich in vielerlei Hinsicht auftreten, neben den Produkten insbesondere bei den Abprodukten oder bestimmten Faktoren (z.B. qualifizierte Arbeitskräfte), so daß es kein naheliegendes einheitliches Konzept für eine sukzessive, von den Engpaßstellen ausgehende Planung geben wird und unterschiedliche, der individuellen Situation angemessene Konzepte hierarchischer Natur mit stärkeren Elementen der Simultanplanung an Bedeutung gewinnen werden.

Die Minimalkostenkombination und die Maximalleistungskombination sind aus systematischen Gründen aber auch dann noch von Interesse, zum einen als Extremfälle, zum anderen auch als „Bausteine" oder Teilaspekte komplexerer und umfassenderer Optimalkombinationen der Objektquantitäten.

Literaturhinweise zu §10

Danø 1966; Fandel 1991a; von Stackelberg 1932; Varian 1985

Wichtige Begriffe und Aussagen in §10

Indirekte Erfolgsfunktion, insb. Kostenfunktion; Minimalkostenkombination; Kosteneinflußgrößen; fixe und variable Kosten, Deckungsbeitrag, Stückkosten, Grenzkosten

Wiederholungsfragen zu §10

1) Was kennzeichnet die Indirekte Erfolgsfunktion? Welcher Unterschied besteht zur Erfolgsfunktion aus §5?
2) Wie lassen sich die Schattenpreise einer Restriktion ermitteln, und was bedeuten sie?
3) Welcher Unterschied besteht bei der Bestimmung der erfolgsmaximalen Produktion bei Limitationalität bzw. Variabilität?
4) Welcher Unterschied besteht zwischen fixen und variablen Erfolgsbeiträgen? Warum spielen fixe Erfolgsbeiträge bei der Bestimmung des Erfolgsmaximums keine Rolle?
5) Was versteht man unter Kosteneinflußgrößen? Welche Kosteneinflußgrößen gibt es?
6) Aus welchen Gründen scheint die Untersuchung von Minimalkostenkombinationen realistischer als die von Maximalerlöskombinationen?

Kapitel C
Lineare statisch-deterministische Theorie

Wie früher erwähnt gibt es zwei eng miteinander verwandte Ansätze zur allgemeinen Beschreibung der betrieblichen Produktion, nämlich die Theorie der Produktionskorrespondenzen und die Aktivitätsanalyse. Hier bildet die Aktivitätsanalyse die Basis der theoretischen Betrachtungen. Der besondere Vorzug der Aktivitätsanalyse kommt erst in diesem Kapitel voll zum Tragen. Durch die Verwendung des Produktionsprozesses als zentralem Grundbegriff besitzt sie den Vorteil einer größeren Realitätsnähe. Prozesse repräsentieren jene technischen Zusammenhänge, die in der Praxis der Produktionsplanung und -steuerung in Hilfsmitteln wie Stücklisten, Rezepturen, Schnittmustern, Bauplänen oder Arbeitsplänen zum Ausdruck kommen und deshalb sowohl in der Produktion selbst wie im Denken der Techniker und Unternehmer über die Produktion eine wichtige Rolle spielen (vgl. §3.2.4).

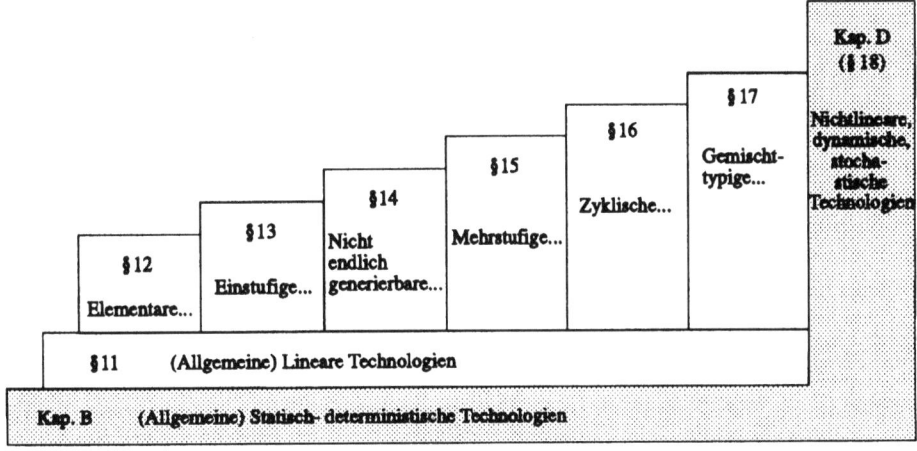

Abb. C.1: Aufbau der linearen statisch-deterministischen Theorie

Im folgenden werden die allgemeinen Aussagen des vorangehenden Kapitels B über statisch-deterministische Technologien für den sehr wichtigen Spezialfall linearer Technologien konkretisiert, bevor dann im Kapitel D Ansätze nichtlinearer, dynamischer und stochastischer Technologien angesprochen werden. Abb. C.1 beschreibt den Aufbau des Kapitels C. Im ersten Paragraphen (§11) steht die allgemeine Theorie linearer Technologien im Zentrum. Der Paragraph hat eine Brückenfunktion: Einerseits handelt es sich um eine teilweise Wiederholung und Vertiefung des Kapitels B nach grundsätzlich dem gleichen Schema und Aufbau, wie sie die frühere Übersicht der Abb. B.1 skizziert. Andererseits bildet er die Grundlage für die anschließende Betrachtung noch speziellerer Technologien. Die nachfolgenden Paragraphen (§§12-17) beginnen mit einfachsten elementaren Technologien, bauen aufeinander auf, indem sie stufenweise immer komplexere Typen grundlegender Produktionsstrukturen analysieren, und enden mit gemischttypigen Technologien, die betrieblichen Produktionssystemen schon ziemlich nahe kommen. Die Darstellung ist *konstruktiv* orientiert und soll Hilfestellungen für die selbständige Formulierung von Produktionsmodellen bieten. Ein wichtiges Instrument für diesen Zweck ist der Input/Output-Graph als Verallgemeinerung des bekannten Gozinto-Graphen.

Anstatt fertige Modelle in mehr oder minder begründeter Reihenfolge zu präsentieren, zeichnet sich der konstruktive Ansatz dadurch aus, daß er Modellelemente und ihre Verknüpfung zu größeren Modellen systematisch behandelt. Ein Vergleich mit der Natur kann dies am besten veranschaulichen: Komplexe organische Verbindungen setzen sich aus Molekülverbänden, diese aus bestimmten Molekülgruppen, diese wiederum aus einzelnen Molekülen und letztere aus nur wenigen verschiedenen Atomen zusammen. Letztlich wird die Vielfalt chemischer Verbindungen aus nur wenigen Elementen bzw. ihren Atomen generiert (und diese wiederum aus noch weniger Elementarteilchen).

Unter anderen werden in diesem Kapitel die gängigen Modelle der betrieblichen Produktions- und Kostentheorie behandelt oder zumindest eingeordnet. Wegen des andersartigen Ansatzes und der möglichst durchgängig eingehaltenen Symbolik weicht die Darstellung allerdings von der sonst üblichen ab. Um dennoch eine bessere Vergleichbarkeit herzustellen, wird bewußt auf Beispiele aus der Literatur zurückgegriffen.

Das Buch will ein theoretisches Fundament legen, auf dem umweltorientierte Produktionswirtschaft stattfinden kann. Da die Mengenmodelle in Kapitel C „neutral" im Hinblick auf Güter und Übel formuliert werden können, sind sie allgemeingültig anwendbar. Die Wertmodelle, deren Aufstellung prinzipiell keine Schwierigkeiten bereitet, werden meist nur für Gütertechnologien erläutert, da sie zum einen leichter verständlich sind und zum anderen eine bessere Vergleichbarkeit mit der traditionellen Produktions- und Kostentheorie zulassen. Die Umweltschutzproblematik wird also häufig nicht explizit - wohl aber implizit - berücksichtigt. Dabei zeigt sich, daß in jüngster Zeit publizierte umweltorientierte Beiträge zu Spezialthemen sich von ihrer Substanz her nahtlos in die hier entwickelte Theorie einbetten lassen.

Literaturhinweise zu Kapitel C:

Es gibt keine einzelne Quelle, die den gesamten Stoff abdeckt. Es soll aber betont werden, daß §11 sich inhaltlich weitgehend mit der Pionierarbeit von *Koopmans (1951)* deckt, mit der er die (Lineare) Aktivitätsanalyse begründet hat. Des weiteren ist der konstruktive Ansatz in §§12-17 inspiriert durch einen bisher viel zu wenig beachteten Aufsatz von *Müller-Merbach (1981)*. In der Art der Darstellung und im Detail gibt es jedoch starke Unterschiede zu beiden Quellen.

Abgesehen von der umweltorientierten Erweiterung wird ein Großteil des Stoffes in den Lehrbüchern der betrieblichen Produktions- und Kostentheorie oder der Produktionsplanung (-politik, -management) behandelt, in der Regel mit anderen Gewichtungen und in einigen Bereichen sehr viel ausführlicher, so u.a.:
Adam 1993; Busse von Colbe/Laßmann 1991; Danø 1966; Dellmann 1980; Fandel 1991; Kistner 1981; Wittmann 1968

Spezielle Quellen, die über einzelne Aspekte der linearen Produktions- und Kostentheorie vertiefte Einsichten vermitteln, sind größtenteils einige neuere Dissertationen:
Brägelmann 1991; Dorfman/Samuelson/Solow 1958; Kampkötter 1981; Pasinetti 1988; Schulz 1987; Turetschek 1981; Zschocke 1974

Arbeiten, die sich aus umweltorientierter Sicht umfassender mit dem Stoff des Kapitels auseinandersetzen, sind bisher kaum vorhanden, allenfalls noch:
Hanssmann 1976; Jahnke 1986; Plein 1989; Russell 1973

Umweltorientierte Beiträge zu einzelnen Aspekten leisten:
Dinkelbach 1990, 1991; Dinkelbach/Piro 1989, 1990; Ethridge 1973; Fandel 1981; Kistner 1983, 1989; Russell/Vaughan 1974; Zäpfel 1982, S. 118ff.

Paragraph 11
Lineare Technologien

Die grundsätzlichen Aussagen des Kapitels B werden in diesem Paragraphen für allgemeine lineare Technologien erweitert und konkretisiert, soweit sich dadurch neue Erkenntnisse ergeben. Bis auf die umweltorientierte Ergänzung um Übel und Neutra stimmt die Thematik somit in großen Teilen mit der Originalarbeit von *Koopmans (1951)* überein, mit der er die Aktivitätsanalyse begründete. Allerdings wird hier von einer Betrachtungsweise mittels der mathematischen Theorie konvexer Kegel abgesehen und stattdessen stärker Bezug auf Elemente der Theorie der Linearen Programmierung genommen, wie sie meistens in den Lehrbüchern der Wirtschaftsmathematik behandelt werden.

11.1 Grundlegende Eigenschaften

Lineare Technologien zeichnen sich gegenüber allgemeinen Technologien durch zwei spezielle Eigenschaften aus: Sie sind additiv und größenproportional (§6.2). Additivität bedeutet, daß jede beliebige Addition zweier Input/Output-Vektoren einer Technologie wieder zur Technologie gehört. Bei Größenproportionalität - auch Linear-Homogenität oder konstante Skalenerträge genannt - ist jegliche Niveauvariation von Input/Output-Vektoren der Technologie möglich. Mit $z^1, ..., z^\pi \in T$ und $\lambda^1, ..., \lambda^\pi \geq 0$ gilt dann für jede (nichtnegative) *Linearkombination* dieser Produktionen (vgl. Beispiel 6.3):

$$\sum_{\rho=1}^{\pi} \lambda^\rho z^\rho = \lambda^1 z^1 + \lambda^2 z^2 + ... + \lambda^\pi z^\pi \in T.$$

Lineare Technologien sind konvexe, abgeschlossene Mengen mit möglichem Stillstand (vgl. §6.2.2). Wegen der Größenproportionalität muß beliebige Teilbarkeit der Objektquantitäten vorausgesetzt werden können.

Mit der Abgeschlossenheit und dem möglichen Stillstand sind zwei Grundannahmen schon erfüllt und brauchen nicht mehr gefordert zu werden (*T4* bzw. *E4* in §6.1.4 und *T5* bzw. *E5* in §6.1.5). Die anderen Grundannahmen müssen dagegen explizit vorausgesetzt werden. Im Hinblick auf den in diesem Kapitel generell geltenden Normalfall gemäß §5.3 sei dies wie bisher von den Eigenschaften *E1*, *E2* und *E3* (§§6.1.1-3) der Ergebnismenge grundsätzlich angenommen. Bei reinen Gütertechnologien stimmen sie mit den drei ursprünglichen Postulaten von *Koopmans (1951)* überein. Zusätzlich seien die Grundannahmen *T1a*, *T1b*, *T2* und *T3* an die zugrundeliegende Technologie im Regelfall (der einzelne begründete Ausnahmen zuläßt) unterstellt. Von den sonst in der Literatur häufig geforderten Eigenschaften *E6* und *E7* wird dagegen weitgehend abgesehen (§6.1.5).

Beispiel 11.1: ⬜

Die Technologie des Beispiels 6.1 beschreibt näherungsweise die Stoffbilanz eines Prozesses der Roheisenverhüttung. Dabei ist

$$z^0 = (-2;\ -0{,}5;\ -0{,}5;\ -3{,}5;\ 1;\ 0{,}5;\ 5)$$

die Bilanz für die Erzeugung einer Tonne Roheisen. Mittels λz^0 für $\lambda \geq 0$ ist der größenproportionale Prozeß als Strahl vom Ursprung (Stillstand) des Objektraumes $\mathbb{R}^7$ durch den Punkt z^0 beschrieben. In Beispiel 6.1 entspricht der Strahl der gesamten Technologie; sie ist damit auch linear.

Nunmehr sei angenommen, daß der Verhüttungsprozeß nicht exakt diesem Prozeßstrahl entsprechen muß, sondern Abweichungen in begrenztem Ausmaß möglich sind, so daß die tatsächlichen Produktionen in einem gezielten Maß von diesem Strahl abweichen dürfen, und zwar um so mehr, je mehr produziert wird. Der Einfachheit halber sei fiktiv unterstellt, daß die maximal möglichen Abweichungen (größen-) proportional zur erzeugten Quantität Roheisen sind und daß sie für alle Objektarten die gleiche Höhe $\varepsilon\lambda$ besitzen, wobei ausgehend von einer Produktion auf dem ursprünglichen Prozeßstrahl die Abweichungen innerhalb einer Kugel mit eben dem Radius $\varepsilon\lambda$ liegen:

$$T = \{z \mid \|z - \lambda z^0\| \leq \varepsilon\lambda,\ \lambda \geq 0\}.$$

Dabei ist

$$\|z\| = \sqrt{\sum_{k=1}^{\kappa}(z_k)^2}$$

in diesem Fall das euklidische Abstandsmaß (präziser: „Norm"). Die Abb. 11.1 skizziert die Gestalt der Technologie für die drei Dimensionen der Objektarten Eisenerz ($k=1$), Kohle ($k=2$) und Roheisen ($k=5$) mit $\varepsilon = 0{,}1$. Es handelt sich um einen kreisförmigen Kegel mit der Spitze im Ursprung. Daß der Stillstand zur Technologie gehört, folgt aus $\lambda = 0$.

Es sei $z \in T$. Für den Nachweis der Größenproportionalität ist zu zeigen: $\alpha z \in T$ für $\alpha > 0$. Wegen $z \in T$ existiert ein $\lambda \geq 0$ mit: $\|z - \lambda z^0\| \leq \varepsilon\lambda$. Mit $\mu = \alpha\lambda$ gilt dann die geforderte Bedingung:

$$\|\alpha z - \mu z^0\| = \alpha\|z - \lambda z^0\| \leq \alpha\varepsilon\lambda = \varepsilon\mu.$$

Seien $z^1, z^2 \in T$, d.h. es gibt $\lambda^1, \lambda^2 \geq 0$ mit $\|z^\rho - \lambda^\rho z^0\| \leq \varepsilon\lambda^\rho$. Damit T additiv ist, muß gelten: $z^1 + z^2 \in T$. Setzt man $\mu = \lambda^1 + \lambda^2$, so folgt dies aus den nachstehenden Beziehungen:

$$\|(z^1 + z^2) - \mu z^0\| = \|(z^1 - \lambda^1 z^0) + (z^2 - \lambda^2 z^0)\|$$

$$\leq \|z^1 - \lambda^1 z^0\| + \|z^2 - \lambda^2 z^0\|$$

$$\leq \varepsilon\lambda^1 + \varepsilon\lambda^2 = \varepsilon\mu$$

Dabei resultiert die erste Ungleichung aus der sogenannten Dreiecksungleichung, wonach die Länge einer Summe zweier Vektoren nicht größer als die Summe der Einzellängen ist. ∎

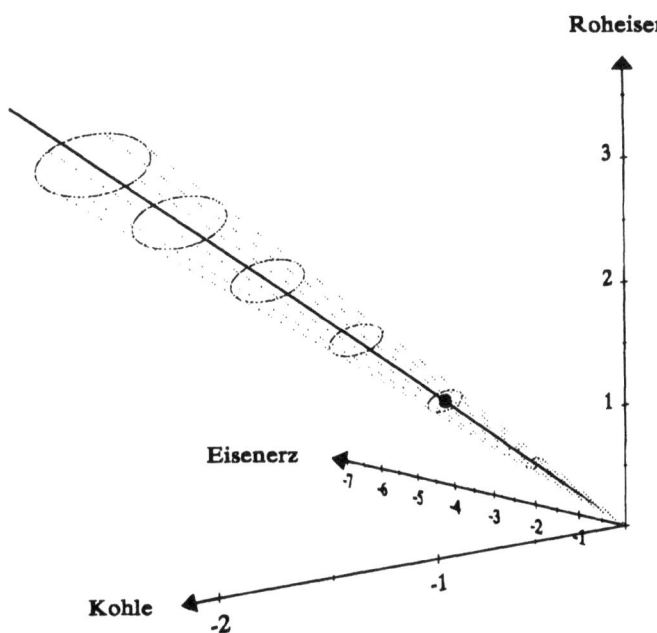

Abb. 11.1: Kreisförmige Kegeltechnologie

Es muß beachtet werden, daß die Eigenschaften der Additivität und der Größenproportionalität im allgemeinen nur für die Technologie zutreffen. Sie implizieren eine unbeschränkte Technologie. Reale Produktionsmöglichkeitenmengen sind dagegen aufgrund existierender Restriktionen regelmäßig beschränkt (§6.3) und deshalb nur begrenzt additiv und größenproportional. Viele Eigenschaften linearer Technologien bleiben jedoch erhalten, insbesondere dann, wenn die Restriktionen selber durch lineare Funktionen induziert sind (vgl. §11.2.4).

11.2 Endlich generierbare Technologien

Additivität und Größenproportionalität erlauben es bei einer linearen Technologie, aus einer Anzahl von möglichen Produktionen durch ihre Linearkombination neue mögliche Produktionen zu generieren. Das Zusammenwirken beider Eigenschaften läßt sich an folgendem einfachen Beispiel illustrieren.

Beispiel 11.2: ❏
Zwei Produktionen mit nur zwei Objektarten seien definiert als $z^1 = (-2; 1)$, $z^2 = (-3; 2)$. Abb. 11.2 zeigt in drei Diagrammen jeweils die Technologie, die aus diesen beiden Produktionen generiert werden kann, wenn (a) nur Additivität, (b) nur Größenproportionalität und (c) beides zutrifft.

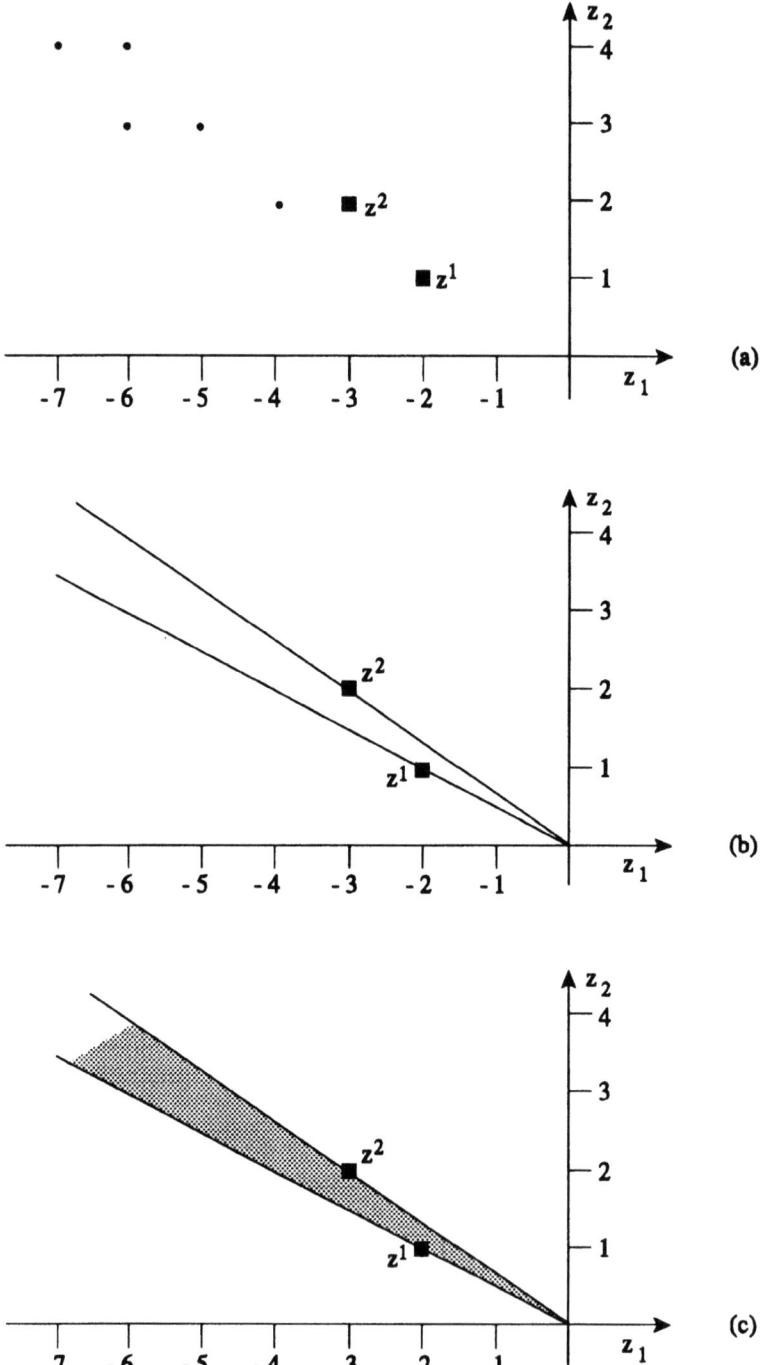

Abb. 11.2: (a) Additivität, (b) Größenproportionalität und (c) Linearität

Formal lauten die drei zugehörigen Technologien:

$T_a = \{\lambda^1 z^1 + \lambda^2 z^2 \mid \lambda^1, \lambda^2 \in \mathbf{N}_0; \lambda^1 + \lambda^2 > 0\}$

$= \{(-2; 1), (-3; 2), (-4; 2), (-5; 3), (-6; 3), (-6; 4),$

$(-7; 4), (-8; 4), (-8; 5), (-9; 5), (-9; 6), \ldots\}$

$T_b = \{\lambda^1 z^1 + \lambda^2 z^2 \mid \lambda^1, \lambda^2 \geq 0; \lambda^1 \cdot \lambda^2 = 0\}$

$= \{(-2\lambda^1; \lambda^1) \mid \lambda^1 \geq 0\} \cup \{(-3\lambda^2; 2\lambda^2) \mid \lambda^2 \geq 0\}$

$T_c = \{\lambda^1 z^1 + \lambda^2 z^2 \mid \lambda^1, \lambda^2 \geq 0\}$

$= \{(-2\lambda^1 - 3\lambda^2; \lambda^1 + 2\lambda^2) \mid \lambda^1, \lambda^2 \geq 0\}$ ∎

11.2.1 Produktionsprozeß

Die Technologien des Beispiels 11.2 werden durch geeignete Kombinationen der beiden zugrundeliegenden Aktivitäten z^1 und z^2 generiert bzw. „aufgespannt". Bei T_a können die beiden Aktivitäten immer nur in bestimmten Quantitätssprüngen durchgeführt und kombiniert werden. Eine natürliche Ursache ist immer dann gegeben, wenn eine der beteiligten Objektarten nur in ganzzahligen Einheiten vorkommt (z.B. „Stückzahlen" hergestellter Fahrzeuge oder eingesetzter Personen; vgl. §4.2).

Dagegen können bei T_b die Quantitäten zwar kontinuierlich variiert werden, jedoch nur durch proportionale Veränderung des Niveaus genau einer der beiden Aktivitäten. Es ergeben sich Strahlen, die jeweils einen *Produktionsprozeß* beschreiben und deshalb *Prozeßstrahlen* genannt werden; λ^ρ kennzeichnet das *Prozeßniveau*, d.h. den Umfang, in dem der Prozeß durchgeführt wird. T_b enthält nur *reine* Prozesse, d.h. solche, welche nur alternativ, aber nicht zusammen angewendet werden können.

Die lineare Technologie T_c entsteht durch die Kombination (im Sinne von Addition) aller Aktivitäten beider Prozeßstrahlen, d.h. die beiden Prozesse sind *kombinierbar* und ergeben dann *gemischte* Prozesse. Lineare Technologien, die auf diese Weise durch eine endliche Anzahl π von Aktivitäten aufgespannt werden, heißen *endlich generierbar* und lassen sich stets in der folgenden Form darstellen:

$$T = \left\{ \sum_{\rho=1}^{\pi} \lambda^\rho z^\rho \mid \lambda^\rho \geq 0, \quad \rho = 1, \ldots, \pi \right\}$$

Dabei hängt π von der jeweiligen Technologie ab und ist a priori nicht eindeutig. Dieselbe Technologie kann nämlich stets auch durch eine größere Anzahl generiert werden, indem eine weitere Aktivität hinzugefügt wird, die aus den ursprünglichen kombiniert werden kann. So wird T_c in Beispiel 11.2 auch von den drei Aktivitäten (-2; 1), (-3; 2) und (-5; 3) aufgespannt. Die dritte Aktivität ist überflüssig. Es genügt hier je eine Aktivität der beiden Ursprungsprozesse, die die extremalen Strahlen am Rande, d.h. die „Kanten" der Kegeltechnologie bilden.

Endlich generierbare lineare Technologien bilden sogenannte *konvexe polyedrische Kegel*. Die kreisförmige Kegeltechnologie des Beispiels 11.1 ist nicht endlich generierbar und damit nicht polyedrisch.

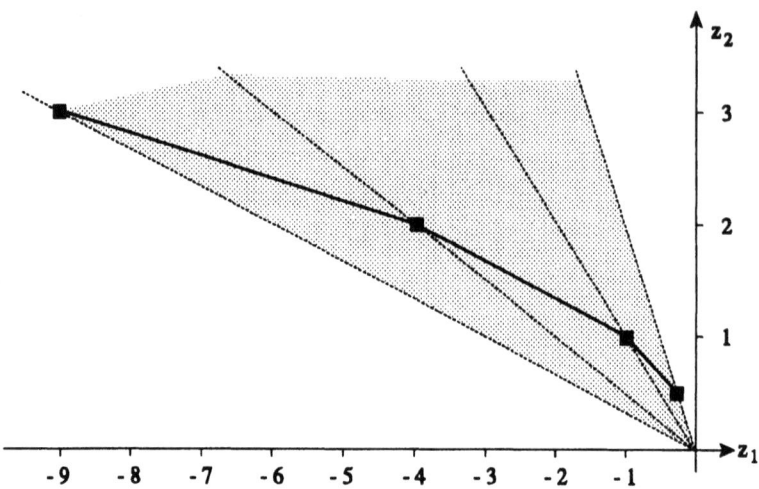

Abb. 11.3: Zweidimensionale Projektion einer Kegeltechnologie mit vier Basisaktivitäten

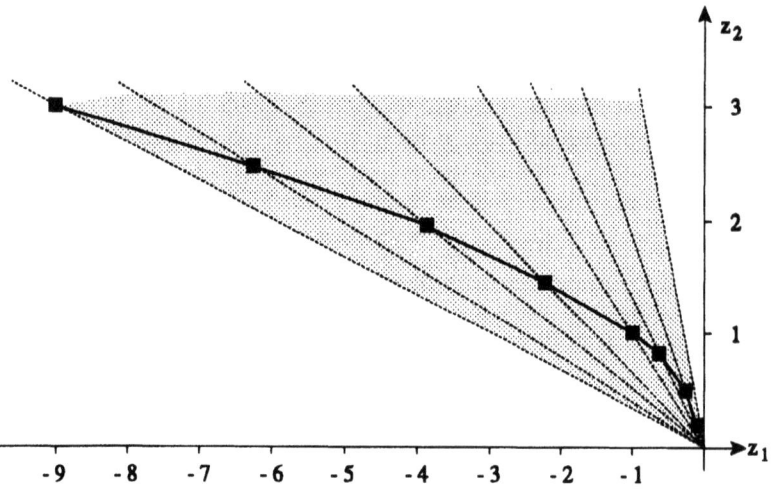

Abb. 11.4: Approximierte nichtlineare Technologie

Beispiel 11.3: ❑
Eine konvexe polyedrische Kegeltechnologie im dreidimensionalen Objektraum $\mathbb{R}^3$ wird von den folgenden vier Aktivitäten generiert, von denen keine durch eine nichtnegative Linear-

kombination der anderen ersetzt werden kann: (-¼; ½; 1), (-1; 1; 1), (-4; 2; 1) und (-9; 3; 1). Die Abb. 11.3 zeigt die Projektion des dreidimensionalen Kegels in die z_1-z_2-Ebene mit den gepunkteten Strahlen als Projektion der Kanten des Kegels und dem durchgezogenen Streckenzug zwischen den vier zugrundeliegenden Aktivitäten als Isoquante der dritten Objektart für die Quantität $z_3 = 1$. In der Abb. 11.4 sind der Technologie weitere aufspannende Aktivitäten ($-x_\rho$; y_ρ; 1) und damit Prozeßstrahlen hinzugefügt, wobei das Bildungsgesetz lautet: $x_\rho = (y_\rho)^2$. Je mehr dieser Aktivitäten die Technologie erweitern, um so mehr nähert sich die Isoquante dem Verlauf einer neoklassischen Produktionsfunktion vom Cobb/Douglas-Typ. Somit können durch lineare Technologien mit sehr vielen generierenden Aktivitäten nichtlineare Technologien approximiert werden. ∎

11.2.2 Basisaktivität und elementarer Prozeß

Man bezeichnet diejenigen Produktionen, aus denen eine endlich generierbare Technologie ursprünglich aufgespannt wird, als *Basisaktivitäten* oder auch *Grundaktivitäten* und die zugehörigen Prozesse als *elementare* Produktionsprozesse. (Reine Prozesse sind somit nicht kombinierbare, elementare Prozesse.) Bei einer Basisaktivität handelt es sich um eine Produktion, die auf natürliche, musterhafte oder „vorbildliche" (kanonische) Art eine elementare Verfahrensweise beschreibt. Beispiele sind Schnittmuster, Stücklisten, Rezepturen, Verwendungsnachweise oder Arbeitspläne. Verschiedene Grundtypen sind Gegenstand des nachfolgenden Paragraphen 12.

Beispiel 11.4: ❑
Zur Erzeugung eines gewissen Quantums „Punch Royal" sind folgende Inputquantitäten erforderlich:

3 Flaschen Rotwein,
1 Stück Hutzucker von der Größe einer kräftigen Männerfaust,
1 Flasche hochprozentiger Arrak,
1 dünn abgeschälte Orangenschale,
5 Nelken

(nach *G. Willinsky*: Das Buch der feinen Küche, 1961, S. 585; vgl. *Eisenführ 1989*; S. 63). Bei entsprechender Definition der Objektarten und ihrer Maßeinheiten lautet die Basisaktivität (wobei die Reihenfolge der Objektarten beliebig ist, aber festgelegt sein muß):

$$z^0 = \begin{pmatrix} 1 \\ -3 \\ -1 \\ -1 \\ -1 \\ -5 \end{pmatrix}$$

Setzt man diese Aktivität in die Praxis um, so wird die zweckorientierte Mißachtung einiger auftretender weiterer Objektarten deutlich. Beispielsweise sind das auf der Inputseite der Einsatz an körperlicher Arbeit und Wärmeenergie sowie auf der Outputseite die vier leeren Flaschen. ∎

Welche Objektarten in der Basisaktivität berücksichtigt werden, hängt von dem Zweck der mit dem Produktionsmodell beabsichtigten Untersuchung ab. *Stoffbilanzen (Materialbilanzen)* und *Energiebilanzen* elementarer Produktionsprozesse sind beispielsweise Basisaktivitäten - oder gegebenenfalls Ausschnitte derselben -, die möglichst alle, zumindest jedoch die für den Umweltschutz wesentlichen stofflichen Objektarten (Stoffarten) bzw. energetischen Objektarten (Energiearten) quantitativ zu erfassen versuchen. Durch die alleinige Angabe einer solchen Bilanz wird üblicherweise in der Literatur implizit eine lineare oder zumindest linear-homogene Technologie suggeriert (vgl. Bsp. 6.1 und 11.1).

Beispiele 11.5:
(a) Die in Abb. 1.5 dargestellte vereinfachte Stoffbilanz eines Müllpyrolysereaktors entspricht bei geeigneter Definition der Objektarten und ihrer Maßeinheiten der folgenden Basisaktivität:

(-1000; 638; 270; 26; 58; 8)

(b) Die Abb. 1.4 beschreibt die folgende Basisaktivität als Teil der Stoff- und Energiebilanz eines Braunkohlekraftwerks im Rheinland:

(1; -1,13; -4,5; -2,3; 68; 0,8; 5,4; 1,5)

Auch dann, wenn die Realität vermutlich oder sogar offensichtlich nicht linear ist, wird in der Praxis häufig zur Vereinfachung Linearität unterstellt. Für Planungszwecke - und ähnlich auch für Kontrollzwecke - wird dann mit standardisierten Größen gerechnet, sogenannten Plan-, Soll- oder Normwerten, die sich meistens aus den Durchschnittsgrößen der Ist-Werte vergangener Perioden ergeben und in die Zukunft extrapoliert werden.

Beispiel 11.6:
Aus den laufenden Aufzeichnungen des Handwerksbetriebes eines Dachdeckers geht hervor, daß in einer (repräsentativen) Woche 500 m² Dachfläche bedeckt wurden und dafür 45 Gesellen- und 60 Meisterstunden, je 65 Rollen Bitumenpappe und Aluminiumfolie, 2 Flaschen Propangas und 3 m³ Kies aufgewendet wurden. Als Zeilenvektor aufgelistet konstituieren diese Quantitäten eine Basisaktivität:

(500; -45; -60; -65; -65; -2; -3)

Die Reihenfolge der Objektarten kann zwar beliebig gewählt, muß aber festgelegt sein. Gleiches gilt für die Maßeinheiten der Objektquantitäten. Die obige Basisaktivität kann die Grundlage für gewinnorientierte Kalkulationen des Dachdeckers als dem Produzenten bieten, wenn unterstellt wird, daß der gesamte andere Input (z.B. der Propanbrenner) und Output (z.B. die Gas- und Lärmemissionen) nicht monetär wirksam werden.

11.2.3 Technologiematrix

Abgesehen von sehr einfachen („elementaren") Produktionssystemen sind lineare Technologien durch mehr als eine einzige Basisaktivität generiert. Schreibt man die möglichen Basisaktivitäten für die beachteten Objektarten als Spaltenvektoren nebeneinander (oder als

§11 Lineare Technologien

Zeilenvektoren untereinander), so wird die sich so ergebende Matrix (bzw. ihre transponierte Matrix) als *Technologiematrix* bezeichnet:

$$M = (z^1, z^2, ..., z^\pi) = \begin{pmatrix} z_1^1 & ... & z_1^\pi \\ \vdots & & \vdots \\ z_\kappa^1 & ... & z_\kappa^\pi \end{pmatrix}$$

Sie heißt *Basis* der Technologie T, wenn die Zahl π der Basisaktivitäten minimal ist. Im folgenden wird dies aber nicht unbedingt vorausgesetzt. Allerdings enthält die Technologiematrix nie den Stillstand, und keine zwei Basisaktivitäten sind identisch.

Beispiel 11.7 (vgl. *Fandel 1991a*, S. 46ff.): ❑
Ein lederverarbeitendes Unternehmen stellt Schuhe und Taschen unter Einsatz menschlicher Arbeit, Nähmaschinen und Leder her. Die folgende Tabelle gibt eine Übersicht über die quantitativen Zusammenhänge von Input und Output:

	Verfahren 1	Verfahren 2
Arbeit (Zeiteinheiten)	-5	-5
Nähmaschine (Zeiteinheiten)	-5	-1,875
Leder (Flächeneinheiten)	-3,75	-10
Schuhe (Anzahl Paare)	1	0
Taschen (Stückzahl)	0	1

Die senkrechten Zahlenreihen entsprechen den beiden Basisaktivitäten, so daß die Technologiematrix aus eben diesen beiden Spalten besteht:

$$M = \begin{pmatrix} -5 & -5 \\ -5 & -1,875 \\ -3,75 & -10 \\ 1 & 0 \\ 0 & 1 \end{pmatrix}$$

Die fünf waagerechten Reihen bestimmen die Bedeutung der jeweiligen Objektart für das Produktionssystem. Anhand der Vorzeichen erkennt man qualitativ, ob sie im jeweiligen Prozeß Input, Output oder nicht beteiligt ist. Bei wechselnden Vorzeichen handelt es sich um eine derivative Inputart oder Zwischenoutputart (näher dazu §15.1). Hier liegt der spezielle Fall vor, daß zum einen kein Zwischenoutput und zum anderen eine eineindeutige Beziehung zwischen den elementaren Prozessen und den Outputarten existiert. Solche Spezialfälle erlauben vereinfachte Darstellungen, auf die in den folgenden Paragraphen ausführlicher eingegangen wird (siehe speziell §13.2). ∎

Mit $\Lambda = (\lambda^1, ..., \lambda^\pi)'$ als Spaltenvektor der Prozeßniveaus ist die Technologie allgemein bestimmt durch:

$$T = \{z \mid z = M \cdot \Lambda, \Lambda \geq 0\}.$$

Die allgemeine Darstellung linearer Technologien erfolgt häufig auch so, daß bei Voraussetzung nichtnegativer Prozeßniveaus λ^ρ nur das Gleichungssystem $z = M \cdot \Lambda$ explizit angegeben wird. Sind zudem keine Zwischenoutputarten und auch keine intermediären Objektarten zu berücksichtigen, so werden die Objektquantitäten von Input und Output durch unterschiedliche Symbole gekennzeichnet und ebenfalls als nichtnegativ vorausgesetzt (vgl. §7.4.1).

Beispiel 11.8: ◻

Für Beispiel 11.7 lautet das zugehörige Gleichungssystem:

$$x_1 = -z_1 = 5\lambda^1 + 5\lambda^2$$
$$x_2 = -z_2 = 5\lambda^1 + 1{,}875\lambda^2$$
$$x_3 = -z_3 = 3{,}75\lambda^1 + 10\lambda^2$$
$$y_4 = z_4 = \lambda^1$$
$$y_5 = z_5 = \lambda^2$$

Wegen der eineindeutigen Beziehung zwischen Outputarten und elementaren Produktionsprozessen können die Prozeßvariablen eliminiert und das Gleichungssystem wie folgt vereinfacht werden, wobei alle Variablen nichtnegativ sind:

$$x_1 = 5y_4 + 5y_5$$
$$x_2 = 5y_4 + 1{,}875y_5$$
$$x_3 = 3{,}75y_4 + 10y_5$$

An dieser Form dreier linearer Inputfunktionen erkennt man, daß es sich um eine linear-inputlimitationale Technologie und somit um eine Leontief-Produktionsfunktion handelt. (Alle fünf Objektarten sind Güter!) ∎

11.2.4 Linear beschränkte Produktionsmöglichkeiten

Durch in der Praxis existierende Restriktionen R ist nur ein Teil der möglichen Produktionen T auch durchführbar (vgl. §6.3), und die Produktionsmöglichkeitenmenge $Z = T \cap R$ ist auf endliche Werte beschränkt. Häufig handelt es sich um untere oder obere Schranken für die Objektquantitäten:

$$\underline{z} \leq z \leq \bar{z}$$

oder unter Umständen analog auch für die Prozeßniveaus. (Fehlende Schranken können formal als $\pm\infty$ interpretiert werden.) Geometrisch wird so aus einem unbeschränkten konvexen Polyederkegel ein beschränktes konvexes Polyeder.

Beispiel 11.9: ◻

Dem lederverarbeitenden Unternehmen der Beispiele 11.7 und 11.8 stehen in der betrachteten Periode maximal nur 500 Arbeitseinheiten und 375 Nähmaschinenzeiteinheiten sowie 750 Einheiten Leder zur Verfügung. Gleichzeitig bestehen Lieferverpflichtungen für

§11 Lineare Technologien 165

mindestens 20 Paar Schuhe und 10 Taschen, die unbedingt eingehalten werden müssen. Es gilt also:

$\underline{z} = (-500;\ -375;\ -750;\ 20;\ 10)$

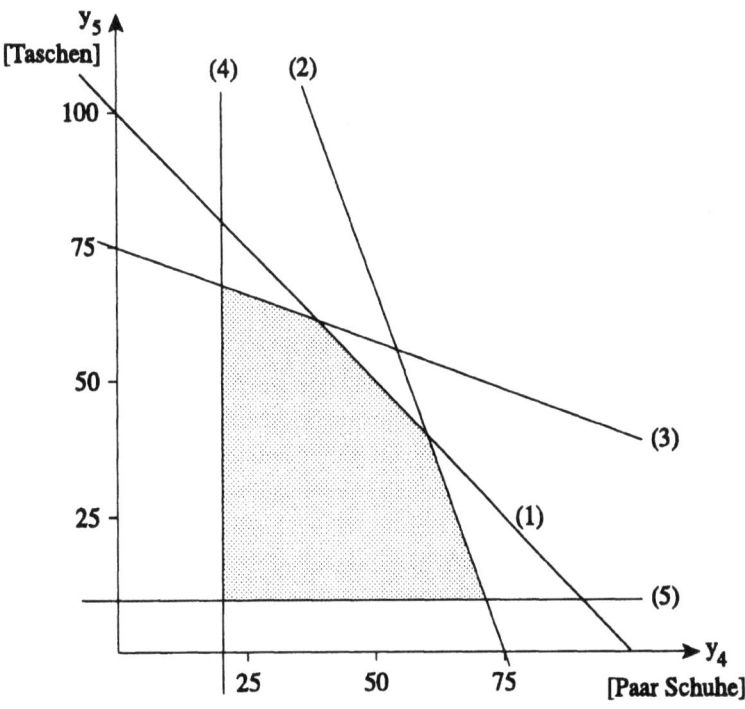

Abb. 11.5: Produktionsmöglichkeiten im Beispiel 11.9

Das dadurch erzeugte fünfdimensionale konvexe Polyeder der Produktionsmöglichkeitenmenge ist in Abb. 11.5 in die zweidimensionale y_4-y_5-Ebene projiziert und ergibt dort ein Fünfeck. Formal ist dieses Fünfeck durch fünf lineare Ungleichungen beschrieben:

(1) $5y_4 + 5y_5 \leq 500$
(2) $5y_4 + 1{,}875 y_5 \leq 375$
(3) $3{,}75 y_4 + 10 y_5 \leq 750$
(4) $y_4 \geq 20$
(5) $y_5 \geq 10$

■

11.3 Effizienz

Im unterstellten Normalfall gemäß §5.3 ist der Stillstand wegen $\mathcal{P}(0) = 0$ stets effizient
- sofern er zur Technologie gehört -, weil andernfalls sich sofort ein Widerspruch zur
Grundannahme *E1* der Unmöglichkeit eines Schlaraffenlandes ergeben würde.

Bei einer endlich generierbaren linearen Technologie sind außer dem Stillstand alle anderen
möglichen Produktionen aus den Basisaktivitäten kombinierbar. Es stellt sich die Frage,
welcher Zusammenhang zwischen effizienten Produktionen und den sie generierenden
Basisaktivitäten besteht.

11.3.1 Effiziente Kombinationen von Basisaktivitäten

Da im „Normalfall" die Ergebnisfunktion linear ist, gilt für jede Produktion z mit
$z = \lambda^1 z^1 + ... + \lambda^\pi z^\pi$:

$$\mathcal{P}(z) = \lambda^1 \mathcal{P}(z^1) + ... + \lambda^\pi \mathcal{P}(z^\pi).$$

Kann es sein, daß z effizient und eine der generierenden Basisaktivitäten ineffizient sind?
Mit anderen Worten: Kann eine „gute" Aktivität aus „schlechten" Aktivitäten kombiniert
sein? Um zu zeigen, daß dies für lineare Technologien nicht zutrifft (möglicherweise aber
aufgrund von Synergieeffekten bei nichtlinearen Technologien!), sei angenommen: z^1 ist
ineffizient. Dann existiert eine mögliche Aktivität z^0 mit $\mathcal{P}(z^0) \geq \mathcal{P}(z^1)$ und $\mathcal{P}(z^0) \neq \mathcal{P}(z^1)$.
Mit

$$\bar{z} = \lambda^1 z^0 + \lambda^2 z^2 + ... + \lambda^\pi z^\pi$$

folgt daraus:

$$\mathcal{P}(\bar{z}) = \lambda^1 \mathcal{P}(z^0) + \lambda^2 \mathcal{P}(z^2) + ... + \lambda^\pi \mathcal{P}(z^\pi)$$
$$\geq \lambda^1 \mathcal{P}(z^1) + \lambda^2 \mathcal{P}(z^2) + ... + \lambda^\pi \mathcal{P}(z^\pi) = \mathcal{P}(z)$$

und außerdem $\mathcal{P}(\bar{z}) \neq \mathcal{P}(z)$ für $\lambda^1 > 0$. Die Basisaktivität darf also höchstens dann ineffizient sein, wenn sie zur Generierung von z nicht benötigt wird ($\lambda^1 = 0$), wenn sie also nicht
echt (mit-)kombiniert wird. Demnach gilt:

Bei einer effizienten Kombination von Basisaktivitäten ist auch jede der echt kombinierten Basisaktivitäten effizient.

Das folgende Beispiel zeigt, daß nicht jede (echte) Kombination von Basisaktivitäten
effizient sein muß. Mit anderen Worten: Aus der Kombination „guter" Aktivitäten kann
auch eine „schlechte" entstehen.

Beispiel 11.10: ❑
Die Technologie sei durch folgende drei Basisaktivitäten generiert:

§11 Lineare Technologien

$$z^1 = \begin{pmatrix} 8 \\ 3 \\ -1 \end{pmatrix}, \ z^2 = \begin{pmatrix} 4 \\ 9 \\ -1 \end{pmatrix}, \ z^3 = \begin{pmatrix} 6 \\ 7 \\ -1 \end{pmatrix}.$$

Abb. 11.6 zeigt grau unterlegt die Projektion der Technologie in die z_1-z_2-Ebene mit den drei gestrichelten Prozeßstrahlen und den besonders hervorgehobenen Basisaktivitäten. Die beiden dunklen Dreiecke sind die Projektionen der Flächen innerhalb des Polyederkegels, für die $z_3 = -0{,}5$ bzw. $z_3 = -1$ gilt, die also einen konstanten Input aufweisen. Die Seiten jedes Dreiecks stellen jeweils echte Kombinationen nur zweier Basisaktivitäten dar. Im Innern der Dreiecke sind alle drei Basisaktivitäten echt kombiniert. Falls alle drei Objektarten Güter sind, erkennt man, daß jede der drei Basisaktivitäten für sich allein effizient ist. Nicht effizient sind dagegen die echten Kombinationen von z^1 und z^2 sowie diejenigen aller drei Basisaktivitäten. Beispielsweise gilt:

$$\frac{1}{2} z^1 + \frac{1}{2} z^2 = \frac{1}{2} \begin{pmatrix} 8 \\ 3 \\ -1 \end{pmatrix} + \frac{1}{2} \begin{pmatrix} 4 \\ 9 \\ -1 \end{pmatrix} = \begin{pmatrix} 6 \\ 6 \\ -1 \end{pmatrix} \leq \begin{pmatrix} 6 \\ 7 \\ -1 \end{pmatrix} = z^3 \quad \blacksquare$$

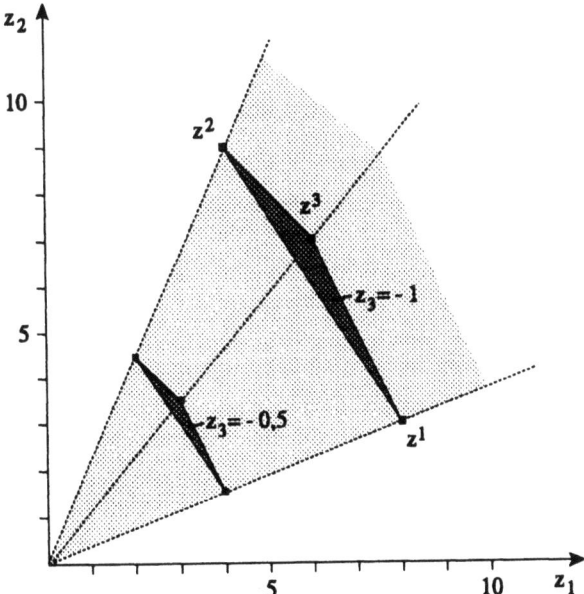

Abb. 11.6: Kombinationen dreier Basisaktivitäten

Im letzten Beispiel sind **alle** Kombinationen jeweils der Basisaktivitäten z^1 und z^3 bzw. z^2 und z^3 effizient. Daß das kein Zufall ist, geht aus der folgenden allgemeinen Aussage hervor, die aus dem noch zu behandelnden Preistheorem für lineare Technologien (§11.4.1) gefolgert werden kann:

*Ist eine echte Kombination bestimmter Basisaktivitäten effizient, so ist auch jede andere - auch unechte - Kombination **dieser** Basisaktivitäten effizient.*

Das Fazit der obigen Aussagen ist: Jede effiziente Aktivität, außer trivialerweise dem Stillstand, ist notwendigerweise aus effizienten Basisaktivitäten echt kombiniert. Nicht jede echte Kombination effizienter Basisaktivitäten ist effizient; falls sie jedoch effizient ist, dann gilt das auch für jede andere Kombination dieser Basisaktivitäten. Als Konsequenz der letzten Aussage ist für eine effiziente Basisaktivität auch der gesamte zugehörige elementare Prozeßstrahl effizient. (Für eine ausführlichere Charakterisierung des Effizienten Randes linearer Technologien mittels „Facetten" siehe z.B. *Wittmann 1968*, S. 107ff.)

11.3.2 Sinnvolle Basisaktivitäten

Nur in besonderen Fällen ist es möglich, den Effizienten Rand einer linearen Technologie in geschlossener Form durch eine Produktionsfunktion darzustellen. Da letztlich nur erfolgsmaximale Produktionen interessieren, wäre es denkbar, vollkommen auf die Betrachtung des Effizienten Randes und damit auf das Schwache Erfolgsprinzip zu verzichten und ausgehend von der Technologie bzw. der Produktionsmöglichkeitenmenge unmittelbar das Starke Prinzip zugrundezulegen.

Aus im wesentlichen zwei Gründen ist eine solche Vorgehensweise aber häufig nicht praktikabel. Zum einen kann es sein, daß die Erfolgsfunktion nicht vollständig bekannt ist, sei es, weil eine Bewertung grundsätzliche Schwierigkeiten macht, so etwa der anfallenden Emissionen, oder sei es, weil einige Daten zum Planungszeitpunkt noch nicht mit Sicherheit vorliegen, beispielsweise die Absatzerlöse. Der zweite Grund ist in einer Vereinfachung der praktischen Handhabung des Produktionsmodells zu sehen, besonders dann, wenn eine computergestützte Planung oder Kontrolle angestrebt wird. In beiden Fällen kann durch den Effizienzbegriff der Bereich relevanter Produktionen von vornherein eingegrenzt werden, ohne allerdings ineffiziente Produktion vollkommen ausschließen zu müssen.

Nach den Erkenntnissen des letzten Abschnitts genügt es, sich auf die effizienten Basisaktivitäten und ihre effizienten Kombinationen zu konzentrieren. Die effizienten Basisaktivitäten bilden eine Teilmenge der sinnvollen Basisaktivitäten. Eine Basisaktivität heißt *sinnvoll*, wenn sie von keiner anderen Basisaktivität der Technologie oder einem beliebigen Vielfachen einer anderen Basisaktivität dominiert wird. Man kann auch sagen: Bei einer sinnvollen Basisaktivität wird der zugehörige elementare Prozeß von keinem anderen elementaren Prozeß der Technologie dominiert.

Beispiel 11.11: ❏
In einer Papierfabrik werden Rollen der Standardbreite 3 Meter und einer gegebenen Länge der Breite nach in schmalere Rollen zur Erfüllung von Kundenaufträgen zugeschnitten. Für die Planungsperiode liegt Nachfrage nach den Breiten 105 cm, 57 cm und 39 cm in noch nicht genau bestimmter Höhe vor.

§11 Lineare Technologien

Zur Aufstellung eines Produktionsmodells wird in einem ersten Schritt 3 cm als kleinste, nicht weiter teilbare Breiteneinheit festgelegt. Die Standardbreite beträgt dann 100 Einheiten, und die Auftragsbreiten betragen 35, 19 und 13 Einheiten. Maximal kommen somit die Breiten $k = 1, ..., 100$ als relevante Objektarten in Frage. Ihre Quantität wird gemessen durch die Zahl Rollen der gegebenen Standardlänge oder durch die aufaddierte Gesamtlänge aller Rollen einer Breite.

Als Basisaktivität kann der Zuschnitt einer Rolle der Standardbreite in bestimmte schmalere Breiten angesehen werden. So definiert beispielsweise $z = (z_1, ..., z_{100})$ für $z_{100} = -1$ und $z_{13} = z_{19} = z_{33} = z_{35} = 1$ und ansonsten $z_k = 0$ eine Aktivität, bei der eine Standardrolle in je eine Teilrolle der Breiten 13, 19, 35 und eine Rolle der Restbreite 33 zugeschnitten wird. Die Basisaktivität repräsentiert einen elementaren Produktionsprozeß, bei dem Standardrollen in genau diese Teilbreiten zerlegt werden; sie bildet somit ein „(Schnitt-) Muster" für den elementaren Schneideprozeß. Die Menge aller möglichen Schnittmuster für das Zuschneiden der Standardbreite in ganzzahlige Teilbreiten ist definiert über die folgende Bedingung (Stoffbilanz):

$$z_{100} = -1; \quad \sum_{k=1}^{99} k z_k = 100 \quad \text{mit} \quad z_k \in \mathbf{N}_0 \quad \text{für} \quad k = 1, 2, ..., 99$$

Dies ergibt insgesamt 190569291 Muster (*Dyckhoff 1988*). Sie sind allesamt sinnvoll, falls die Rollen aller 99 potentiell möglichen Teilbreiten als Güter angesehen werden (z.B. bei Restbreiten wegen Lagerung und späterem Verkauf). Wegen der Unsicherheit über die weitere Verwendbarkeit werden Rollen in Breiten, für die aktuell keine Kundenaufträge vorliegen, jedoch üblicherweise als Neutra, d.h. als Beiprodukte, eingestuft. Muster mit Teilbreiten über 12 können dann nicht mehr sinnvoll sein, weil wenigstens eine der drei Auftragsbreiten hätte mehr erzeugt werden können. Sinnvoll sind nur diejenigen Muster, die der obigen Bedingung mit folgenden Einschränkungen genügen:

$z_k = 0$ für $k \in \{14, ..., 18, 20, ..., 34, 36, ..., 99\}$;

$$\sum_{k=1}^{12} k z_k \leq 12 \quad \text{(„Verschnitt")}.$$

Aus ergebnisorientierter Sicht, d.h. auf der Aufwand/Ertrag-Ebene, sind Muster, die hinsichtlich der Breiten 13, 19 und 35 als den drei einzigen (Gut-) Produktarten identisch sind, nicht zu unterscheiden. Die genaue Zusammensetzung der Restbreiten des Verschnitts interessiert hier nicht. Im Güterraum gibt es dann nur noch 12 unterschiedliche sinnvolle Muster $(e_{100}; e_{35}; e_{19}; e_{13})$, wobei in der folgenden Aufstellung unter dem jeweiligen Muster noch die kumulierte Verschnittbreite angegeben ist:

$$\begin{pmatrix} -1 \\ 2 \\ 1 \\ 0 \end{pmatrix} \begin{pmatrix} -1 \\ 2 \\ 0 \\ 2 \end{pmatrix} \begin{pmatrix} -1 \\ 1 \\ 3 \\ 0 \end{pmatrix} \begin{pmatrix} -1 \\ 1 \\ 2 \\ 2 \end{pmatrix} \begin{pmatrix} -1 \\ 1 \\ 1 \\ 3 \end{pmatrix} \begin{pmatrix} -1 \\ 1 \\ 0 \\ 5 \end{pmatrix} \begin{pmatrix} -1 \\ 0 \\ 5 \\ 0 \end{pmatrix} \begin{pmatrix} -1 \\ 0 \\ 4 \\ 1 \end{pmatrix} \begin{pmatrix} -1 \\ 0 \\ 3 \\ 3 \end{pmatrix} \begin{pmatrix} -1 \\ 0 \\ 2 \\ 4 \end{pmatrix} \begin{pmatrix} -1 \\ 0 \\ 1 \\ 6 \end{pmatrix} \begin{pmatrix} -1 \\ 0 \\ 0 \\ 7 \end{pmatrix}$$

$\quad\;\; 11 \qquad\;\; 4 \qquad\;\; 8 \qquad\;\; 1 \qquad\;\; 7 \qquad\;\; 0 \qquad\;\; 5 \qquad\;\; 11 \qquad 4 \qquad 10 \qquad 3 \qquad 9$

Nur diese zwölf Basisaktivitäten auf der Ergebnisebene haben für die Planung des Schneideprozesses unter den getroffenen Annahmen Bedeutung. Selbst wenn man berücksichtigt, daß sie jeweils stellvertretend für eine Mehrzahl äquivalenter Muster auf der Objektebene stehen, liegt die Gesamtzahl sinnvoller Muster doch deutlich niedriger als die Zahl überhaupt möglicher Muster. Man muß sich dabei aber über die Einstufung der Restbreiten als neutrale Objektarten im klaren sein. ∎

Das Konzept der sinnvollen Basisaktivität erlaubt mit relativ geringem Aufwand eine deutliche Eingrenzung des Bereichs relevanter Produktionen (*Dyckhoff 1988*). In der Praxis reicht dies oft schon aus, und eine weitere schrittweise Eingrenzung von kleineren Teilmengen der Technologie, die den Effizienten Rand und nach Möglichkeit kaum noch weitere Produktionen enthalten, erübrigt sich dann.

11.3.3 Elimination nicht effizienter Basisaktivitäten

Jede effiziente Basisaktivität ist auch sinnvoll. (Umgekehrt ist bei einer größenproportionalen, nicht additiven Technologie - wie T_b in Beispiel 11.2 - jede sinnvolle, einen reinen Produktionsprozeß generierende Basisaktivität auch effizient.) Definitionsgemäß können sinnvolle Basisaktivitäten bei linearen Technologien nur von einer echten Kombination mindestens zweier anderer Basisaktivitäten, d.h. nur von einem gemischten Prozeß, dominiert werden. Andererseits ist jede effiziente Produktion außer dem Stillstand eine echte Kombination effizienter und damit insbesondere sinnvoller Basisaktivitäten. Es ist demnach festzustellen, welche der sinnvollen Basisaktivitäten nicht effizient sind.

Beispiel 11.12: ❑

Jede der folgenden drei Basisaktivitäten (als Spalten der Technologiematrix), die zusammen eine vierdimensionale Technologie generieren, ist sinnvoll unter der Voraussetzung, daß die ersten drei Objektarten Güter und die vierte ein Übel ist:

$$\begin{pmatrix} 1 & 0 & 1 \\ 0 & 1 & 1 \\ -1 & -2 & -4 \\ 2 & 1 & 4 \end{pmatrix}$$

Die dritte Basisaktivität ist aber nicht effizient, da sie durch eine Kombination der beiden anderen dominiert wird. Es gilt nämlich $\mathcal{P}(z^1+z^2) \geq \mathcal{P}(z^3)$ mit Ungleichheit für die dritte und vierte Objektart (jeweils -3 > -4). ∎

Im vorangehenden Beispiel kommt der dritte elementare Produktionsprozeß nie zum Einsatz. Um Quantitäten der beiden Produkte 1 und 2 zu erzeugen, werden die beiden ersten elementaren Prozesse kombiniert, bei denen jeweils nur eine der beiden Produktarten hergestellt wird. Die Abb. 11.6 von Beispiel 11.10 zeigt dagegen den Fall dreier effizienter Basisaktivitäten einer Gütertechnologie.

Beispiel 11.13: ❑

Zur Herstellung eines Produktes 1 mit zwei Faktoren 2 und 3 stehen drei verschiedene Verfahren zur Verfügung, die in der folgenden Technologiematrix zusammengefaßt sind:

$$\begin{pmatrix} 1 & 1 & 1 \\ -1 & -3 & -4 \\ -5 & -4 & -1 \end{pmatrix}$$

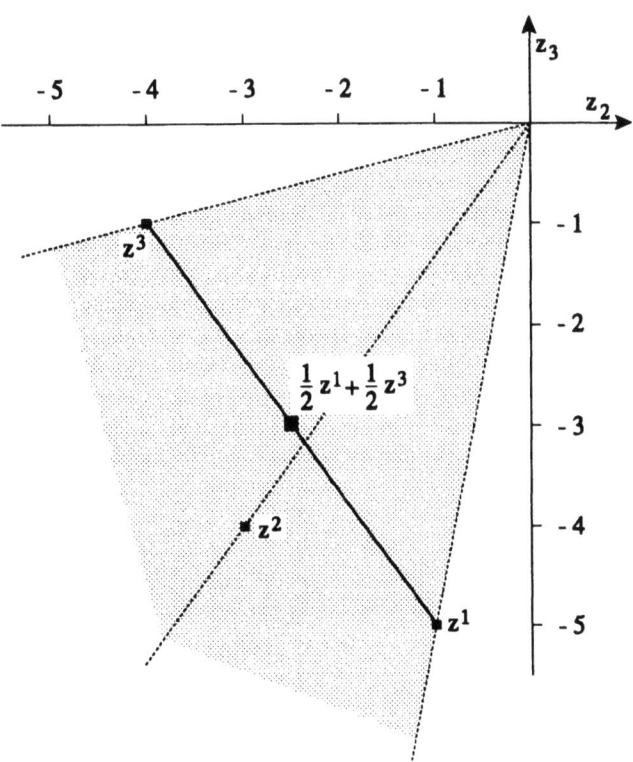

Abb. 11.7: Faktordiagramm mit dominierter Basisaktivität

Die Abb. 11.7 zeigt grau unterlegt die Projektion der Technologie in den Faktorraum mit den drei Basisaktivitäten und den zugehörigen Prozeßstrahlen. Die eingezeichnete Strecke zwischen z^1 und z^3 beschreibt alle Kombinationen dieser beiden Basisaktivitäten, bei denen genau eine Produkteinheit erzeugt wird. Bei entsprechender Kombination aller drei Basisaktivitäten würde sich ein Dreieck mit ihnen als Eckpunkten ergeben. Man erkennt, daß zwar alle drei Basisaktivitäten sinnvoll sind, z^2 jedoch nicht effizient ist. Beispielsweise wird sie von $0{,}5z^1 + 0{,}5z^3$ dominiert. ∎

Wenn in der Abb. 11.7 eine weitere Basisaktivität existieren würde, die genau auf der Verbindungsstrecke von z^1 und z^3 liegt - etwa die eingezeichnete auf der Hälfte -, so wäre diese zwar effizient, jedoch äquivalent zu der entsprechenden Kombination von z^1 und z^3. Es mag Gründe außerhalb des betrachteten Modellrahmens geben, den Einsatz eines elementaren Prozesses vor dem eines eigentlich äquivalenten gemischten Prozesses zu bevorzugen. Eher ist es jedoch umgekehrt, beispielsweise weil dadurch der (sprung-) „fixe" Aufwand für die Bereithaltung, den Wechsel oder sogar die Anschaffung einer Produktionsanlage entfallen können. Wenn dies allerdings tatsächlich für den Produzenten entscheidungsrelevant wäre, so müßte die betreffende, Aufwand bedeutende Objektart eigentlich im Modell Beachtung finden, so daß dann auch formal keine Äquivalenz, sondern Dominanz vorliegen würde. Deshalb sei vorerst angenommen, daß effiziente Basisaktivitäten, die äquivalent zu einer Kombination anderer Basisaktivitäten sind, aus der Matrix eliminiert werden können.

Beispiel 11.14: ❑

In Beispiel 11.11 sind von den zwölf sinnvollen Mustern im Ergebnisraum in der angegebenen Reihenfolge (von links nach rechts) die folgenden Muster dominiert: Nr. 5 durch die Kombination von Nr. 4 und Nr. 6, Nr. 8 durch die Kombination von Nr. 7 und Nr. 9, Nr. 10 durch die Kombination von Nr. 9 und Nr. 11. Effizient, jedoch äquivalent sind die Muster: Nr. 3 zur Kombination von Nr. 1 und Nr. 7, Nr. 9 zur Kombination von Nr. 7 und Nr. 11. Demnach ist sieben die minimale Anzahl von Basisaktivitäten, mit denen noch alle effizienten Produktionen generiert werden können. Die zugehörige Matrix lautet:

$$\begin{pmatrix} -1 & -1 & -1 & -1 & -1 & -1 & -1 \\ 2 & 2 & 1 & 1 & 0 & 0 & 0 \\ 1 & 0 & 2 & 0 & 5 & 1 & 0 \\ 0 & 2 & 2 & 5 & 0 & 6 & 7 \\ \hline 11 & 4 & 1 & 0 & 5 & 3 & 9 \end{pmatrix}$$

Unterhalb der einzelnen Basisaktivitäten sind wieder die zugehörigen kumulierten Verschnittbreiten angegeben.
∎

Die Bestimmung ineffizienter oder äquivalenter Basisaktivitäten ist nicht offensichtlich und erfordert einen gewissen Rechenaufwand. Er kann sich jedoch lohnen, besonders dann, wenn es sich um Routineplanungen mit Hilfe des aufzustellenden Produktionsmodells handelt, die in ähnlicher Form immer wieder vorkommen.

Beispiel 11.15: ❑

Ist im Fall der Papierfabrik das Spektrum der von den Kunden nachgefragten Rollenbreiten auf wenige Breiten begrenzt, im Beispiel auf die drei Breiten 13, 19 und 35, so beschreiben die sieben genannten effizienten Basisaktivitäten den relevanten Bereich der Technologie. Mit $\underline{y}_k$ sei die (noch unbekannte) von der Vertriebsabteilung an die Produktionsabteilung weitergeleitete Nachfrage der Planungsperiode für die Auftragsbreite k bezeichnet. Weiterhin sei dem Produktionsleiter von der Unternehmensleitung die Vorgabe gemacht, die vom Vertrieb genannte Nachfrage unbedingt zu befriedigen. Die Produktionsmöglichkeiten sind dann durch das folgende Ungleichungssystem beschrieben (mit $\lambda^p \geq 0$):

$$\lambda^1 + \lambda^2 + \lambda^3 + \lambda^4 + \lambda^5 + \lambda^6 + \lambda^7 = x_{100}$$
$$2\lambda^1 + 2\lambda^2 + \lambda^3 + \lambda^4 \qquad\qquad\qquad = y_{35} \geq \underline{y}_{35}$$
$$\lambda^1 \qquad + 2\lambda^3 + \qquad 5\lambda^5 + \lambda^6 \qquad = y_{19} \geq \underline{y}_{19}$$
$$\qquad 2\lambda^2 + 2\lambda^3 + 5\lambda^4 + \qquad 6\lambda^6 + 7\lambda^7 = y_{13} \geq \underline{y}_{13}$$

Die Beschränkung nur auf die sinnvollen oder sogar nur auf effiziente Basisaktivitäten und damit auf ausgewählte Teilmengen der Technologie soll begrifflich durch die Benennung der jeweiligen generierenden Matrix als *Produktionsmatrix* zum Ausdruck gebracht werden; die Bezeichnung Technologiematrix bleibt solchen Matrizen vorbehalten, mit denen die gesamte Technologie aufgespannt werden kann.

11.4 Erfolgsmaximale Produktion

Bei Berücksichtigung der Kompatibilitätsbedingung ist jede erfolgsmaximale Produktion auch effizient (§9.3). Dies gilt natürlich auch im Spezialfall linearer Technologien.

11.4.1 Preistheorem

Die umgekehrte Fragestellung, nämlich wie eine lineare Erfolgsfunktion

$$w(z) = pz = p_1 z_1 + \ldots + p_\kappa z_\kappa$$

definiert sein müßte, damit eine gegebene effiziente Produktion auch erfolgsmaximal ist (vgl. §9.4), behandelt das

Preistheorem:
(a) Für eine lineare Technologie T ist im Normalfall eine Produktion $\overset{\circ}{z}$ genau dann effizient, wenn mindestens ein Preissystem $\overset{\circ}{p}$ existiert mit positiven Preisen der Güter, negativen Preisen der Übel und dem Preis Null („kein Preis") für die Neutra, für welches der Erfolg maximal ist:

$$\overset{\circ}{p} \cdot \overset{\circ}{z} \geq \overset{\circ}{p} \cdot z \quad \text{für alle } z \in T.$$

(b) Der zugehörige maximale Erfolg ist gleich Null:

$$\overset{\circ}{p} \cdot \overset{\circ}{z} = 0.$$

(c) Für jede Basisaktivität z^p, die sich echt mit anderen Basisaktivitäten zu $\overset{\circ}{z}$ kombinieren läßt, gilt:

$$\overset{\circ}{p} \cdot z^p = 0.$$

Die Aussage (a) folgt aus dem allgemeinen Preistheorem in §9.4.2 unter Berücksichtigung der Fakten, daß lineare Technologien konvex sind und keine uneigentlich effizienten Aktivitäten enthalten. Da der Stillstand zur Technologie gehört, kann der maximale Erfolg nicht negativ sein; er kann aber auch nicht positiv sein, weil er sonst wegen der Größenproportionalität durch Vervielfachung der Produktion beliebig gesteigert werden kann, weshalb (b) gelten muß. Wegen (a) kann der (Verrechnungs-) Erfolg einer Basisaktivität nicht positiv sein, wegen (b) bei einem positiven Prozeßniveau dann aber auch nicht negativ, woraus (c) folgt.

Hinweis: Man kann die obigen Aussagen auch aus dem bekannten *Koopmans'schen Effizienzpreistheorem* (*Koopmans 1951*, S. 66; vgl. *Wittmann 1968*, S. 128) für Gütertechnologien herleiten, indem man anstelle der Technologie die zugehörige lineare Ergebnismenge betrachtet und auf sie das bekannte Preistheorem für Gütertechnologien anwendet. Bei der Rücktransformation der so gewonnenen Aussagen auf die zugrundeliegende Technologie erhalten die bis dahin positiven Preise der Erträge für die Übel ein negatives Vorzeichen, und die Preise der Neutra werden gleich Null gesetzt.

Das Preissystem $\hat{p}$ ist allein durch den Verlauf des Effizienten Randes im Punkt $\hat{z}$ bestimmt und wird deshalb - wie früher schon erwähnt (vgl. §9.4.2) - als *Effizienzpreissystem* bezeichnet. Es besagt rein fiktiv, wie die tatsächlichen Preise aussehen müßten, damit die (effiziente) Produktion $\hat{z}$ erfolgsmaximal ist. Die Beziehungen (b) und (c) des Theorems beinhalten, daß ein so definierter Preisvektor senkrecht (orthogonal) zum Produktionsvektor und zu jeder ihn generierenden Basisaktivität stehen muß.

Beispiel 11.16: ◻

Die Abb. 11.8 illustriert dies für den trivialen Fall des Beispiels 11.2 nur zweier Objektarten, die beide Güter sind (vgl. Abb. 11.2c). Effizient sind alle Produktionen auf dem zur Basisaktivität (-3; 2) gehörenden Prozeßstrahl. Im Punkt (-6; 4) steht senkrecht dazu der Preisvektor (2; 3). Er ist ebenfalls orthogonal zur Basisaktivität und zu jeder anderen Aktivität dieses Prozeßstrahls; seine Länge ist willkürlich, d.h. der Preis einer der beiden Güterarten kann beliebig positiv gewählt werden.

■

Beispiel 11.17: ◻

In Beispiel 11.10 ist eine dreidimensionale Kegeltechnologie definiert, die von drei Basisaktivitäten aufgespannt wird und somit auch drei Seitenflächen hat (welche selber wieder zweidimensionale Kegel sind; vgl. Abb. 11.6). Effizient sind alle Produktionen auf den drei Prozeßstrahlen sowie auf denjenigen beiden Seitenflächen, welche an den von z^3 generierten Prozeßstrahl grenzen.

Für die beiden effizienten Seitenflächen gibt es jeweils nur einen bis auf seine Länge eindeutigen Preisvektor (nämlich die „Normale"). Für die durch z^2 und z^3 aufgespannte Seitenfläche ist das: $p^2 = (1; 1; 13)$, für die andere: $p^1 = (2; 1; 19)$. Die Abb. 11.9 zeigt die Projektion der beiden Kegelseiten und ihrer Normalen in die z_1-z_2-Ebene sowie die Isoquante für $z_3 = -1$ als Streckenzug von z^1 über z^3 nach z^2.

Für die Aktivitäten der drei Prozeßstrahlen besitzen die Preisvektoren dagegen keine eindeutige Richtung. In Abb. 11.9 ist dies für z^3 durch die beiden eingezeichneten Grenzrichtungen als den Projektionen des erlaubten Bereichs angedeutet. Im Beispiel muß das Preisverhältnis der beiden Produkte demnach zwischen 1:1 und 2:1 liegen, damit z^3 erfolgsmaximal ist.

■

Von entscheidender Bedeutung für die Aussage (b) des Preistheorems, nämlich maximaler Erfolg gleich Null, ist die durch Größenproportionalität und Additivität bedingte unendliche Ausdehnbarkeit der Produktion bei gleichzeitig proportionaler Veränderung aller Größen.

§11 Lineare Technologien

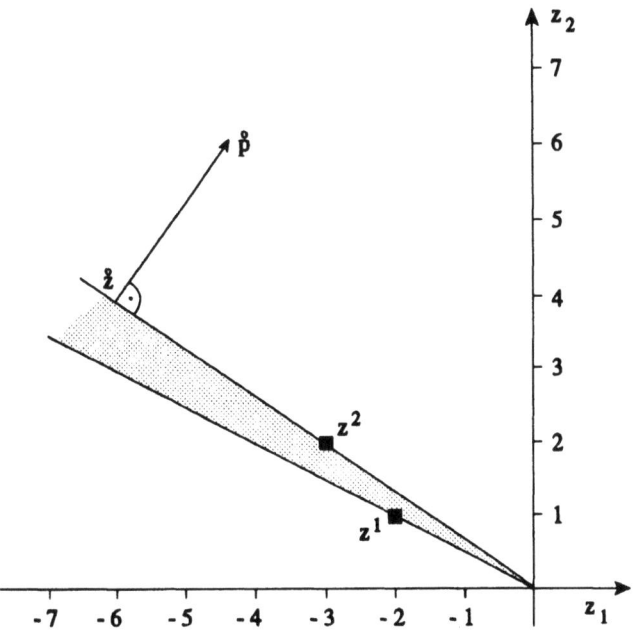

Abb. 11.8: Effizienzpreisvektor

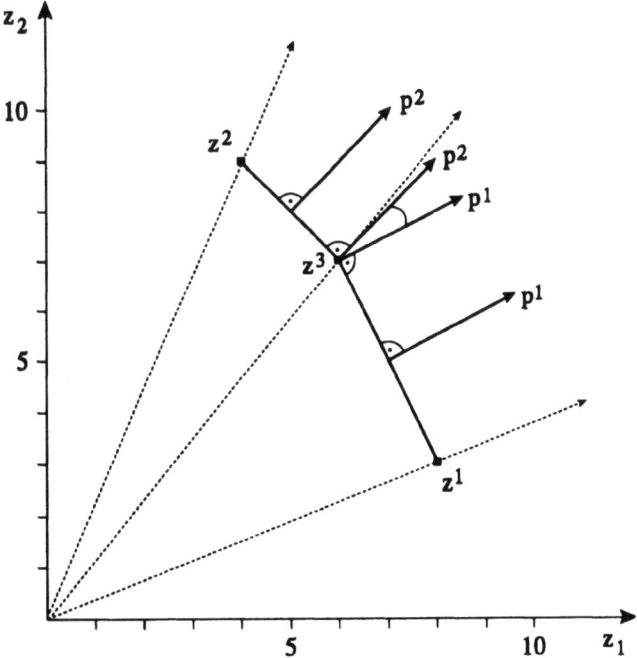

Abb. 11.9: Effizienzpreise entlang der Isoquante

Reale Produktionssysteme besitzen regelmäßig Beschränkungen, so daß die Produktionsmöglichkeitenmengen nicht grenzenlos sind. Dann gelten die obigen Aussagen (b) und (c) des Preistheorems nicht mehr, und hinsichtlich beschränkter neutraler Objektarten können Schattenpreise ins Spiel kommen (vgl. §9.5.2 und §10.3.3). Schattenpreise sind wie Effizienzpreise zwar ebenfalls fiktiv; sie stellen jedoch auf eine modifizierte Fragestellung ab, nämlich wie die Bewertung der Engpaßobjektart aussehen muß, damit dieselbe Produktion auch ohne diese Schranke erfolgsmaximal ist.

11.4.2 Lineares Produktionsmodell

Ohne Zwischenoutput und damit ohne intermediäre Objektarten können eindeutig Inputarten $i = 1, ..., m$ und Outputarten $j = m+1, ..., m+n$ identifiziert werden ($m+n = \kappa$). Mit den zugehörigen nichtnegativen Symbolen x_i und y_j für die Objektquantitäten gilt:

$$z = (-x_1, ..., -x_m; y_{m+1}, ..., y_{m+n})$$

Entsprechend können die Basisaktivitäten $\rho = 1, ..., \pi$ mittels ihrer nichtnegativen *Inputkoeffizienten* a_i^ρ und *Outputkoeffizienten* b_j^ρ dargestellt werden:

$$z^\rho = (-a_1^\rho, ..., -a_m^\rho; b_{m+1}^\rho, ..., b_{m+n}^\rho)$$

Dabei spielt es im Moment keine Rolle, ob es sich um alle möglichen, um die sinnvollen, um die effizienten oder sogar nur um einige ausgewählte Basisaktivitäten handelt. Bei Realisierung eines einzigen elementaren Prozesses bleiben die Verhältnisse aller Objektquantitäten konstant und entsprechen den jeweiligen Verhältnissen der Input- und Outputkoeffizienten. Wenn mehrere elementare Prozesse kombiniert werden, ergeben sich die Input- und Outputquantitäten gemäß dem folgenden Gleichungssystem, das zunächst die *Inputbilanzen* und danach die *Outputbilanzen* umfaßt ($\lambda^\rho \geq 0$):

$$
\begin{aligned}
x_1 &= a_1^1 \lambda^1 + ... + a_1^\pi \lambda^\pi \\
&\vdots \qquad \vdots \qquad \vdots \\
x_m &= a_m^1 \lambda^1 + ... + a_m^\pi \lambda^\pi \\
\hline
& b_{m+1}^1 \lambda^1 + ... + b_{m+1}^\pi \lambda^\pi = y_{m+1} \\
&\vdots \qquad \vdots \qquad \vdots \\
& b_{m+n}^1 \lambda^1 + ... + b_{m+n}^\pi \lambda^\pi = y_{m+n}
\end{aligned}
$$

Inputbilanzen

Outputbilanzen

Bei einer Bewertung von Input und Output mit konstanten Preisen, die positiv für die Faktoren ($1, ..., q$) und die Produkte ($m+1, ..., m+p$), negativ für die Redukte ($q+1, ..., q+r$) und die Abprodukte ($m+p+1, ..., m+p+s$) sowie gleich Null für die (restlichen) Beifaktoren ($q+r+1, ..., m$) und Beiprodukte ($m+p+s+1, ..., n$) sind, berechnet sich der gesamte Erfolg einer Produktion als Summe der Leistungen der Produkte und Redukte abzüglich der Summe der Kosten der Faktoren und Abprodukte (vgl. §10.5.1):

$$w = (L_p + L_r) - (K_q + K_s).$$

§11 Lineare Technologien

Mit nichtnegativen Symbolen für die Preise der Produkte (e_j), der Redukte (e_i), der Faktoren (c_i) und Abprodukte (c_j) gilt für die einzelnen Erfolgsbeiträge:

$$L_p = e_{m+1} y_{m+1} + \ldots + e_{m+p} y_{m+p}$$

$$= e_{m+1}(b^1_{m+1}\lambda^1 + \ldots + b^\pi_{m+1}\lambda^\pi) + \ldots + e_{m+p}(b^1_{m+p}\lambda^1 + \ldots + b^\pi_{m+p}\lambda^\pi)$$

$$= (e_{m+1} b^1_{m+1} + \ldots + e_{m+p} b^1_{m+p})\lambda^1 + \ldots + (e_{m+1} b^\pi_{m+1} + \ldots + e_{m+p} b^\pi_{m+p})\lambda^\pi$$

$$= l^1_p \lambda^1 + \ldots + l^\pi_p \lambda^\pi$$

$$L_r = \sum_{i=q+1}^{q+r} e_i x_i = \sum_{i=q+1}^{q+r} e_i \left(\sum_{\rho=1}^{\pi} a^\rho_i \lambda^\rho\right) = \sum_{\rho=1}^{\pi} \left(\sum_{i=q+1}^{q+r} e_i a^\rho_i\right)\lambda^\rho = \sum_{\rho=1}^{\pi} l^\rho_r \lambda^\rho$$

$$K_q = \sum_{i=1}^{q} c_i x_i = \sum_{i=1}^{q} c_i \left(\sum_{\rho=1}^{\pi} a^\rho_i \lambda^\rho\right) = \sum_{\rho=1}^{\pi} \left(\sum_{i=1}^{q} c_i a^\rho_i\right)\lambda^\rho = \sum_{\rho=1}^{\pi} k^\rho_q \lambda^\rho$$

$$K_s = \sum_{j=m+p+1}^{m+p+s} c_j y_j = \sum_{j=m+p+1}^{m+p+s} c_j \left(\sum_{\rho=1}^{\pi} b^\rho_j \lambda^\rho\right) = \sum_{\rho=1}^{\pi} \left(\sum_{j=m+p+1}^{m+p+s} c_j b^\rho_j\right)\lambda^\rho = \sum_{\rho=1}^{\pi} k^\rho_s \lambda^\rho$$

Die Leistungskoeffizienten l^ρ_p und l^ρ_r für die Produkte und die Redukte sowie die Kostenkoeffizienten k^ρ_q und k^ρ_s für die Faktoren und die Abprodukte geben an, welche *spezifischen Leistungen* bzw. *Kosten* bei einmaliger Durchführung der ρ-ten Basisaktivität, d.h. des ρ-ten elementaren Prozesses auf dem Niveau $\lambda^\rho = 1$, anfallen. Zusammengefaßt ergeben sie den *spezifischen Erfolgsbeitrag* des ρ-ten Prozesses, der im Falle eines rein ökonomischen Erfolgs auch als *spezifischer Deckungsbeitrag* bezeichnet wird:

$$d^\rho = (l^\rho_p + l^\rho_r) - (k^\rho_q + k^\rho_s).$$

Der gesamte Erfolg resultiert demnach aus der Summe der Einzelerfolge der verschiedenen elementaren Prozesse, die sich wiederum als Produkt des spezifischen Erfolgsbeitrags d^ρ mit dem Prozeßniveau λ^ρ ergeben:

$$w = w(\lambda^1, \ldots, \lambda^\pi) = \sum_{\rho=1}^{\pi} d^\rho \lambda^\rho$$

Bei Erfolgsmaximierung wird jeder Prozeß mit einem positiven spezifischen Erfolgsbeitrag auf dem höchstmöglichen Niveau ausgeführt. Bei unbeschränkten Produktionsmöglichkeiten wie im Fall einer linearen Technologie würde das aber einen unendlich großen Erfolg bedeuten. Im Hinblick auf das (Effizienz-) Preistheorem müßten Effizienzpreise e_k und c_k also so gewählt sein, daß gilt: $d^\rho \leq 0$ für alle $\rho = 1, \ldots, \pi$ sowie $d^\rho = 0$ für diejenigen Prozesse, aus denen sich die betrachtete effiziente Produktion echt kombiniert.

Falls bei gegebener linearer Erfolgsfunktion nur die Prozeßniveaus beschränkt sind, so wird jeder elementare Prozeß, dessen spezifischer Erfolgsbeitrag positiv ist, auf dem höchstmöglichen Niveau und jeder Prozeß, dessen Erfolgsbeitrag negativ ist, auf dem geringstmöglichen Niveau realisiert („gefahren" in der Prozeßchemie und Verfahrenstechnik).

11.4.3 Erfolgsmaximierung bei einem einzigen Engpaß

Bei nach unten oder oben beschränkten Input- und Outputquantitäten: $\underline{x}_i \leq x_i \leq \overline{x}_i, \underline{y}_j \leq y_j \leq \overline{y}_j$, werden elementare Prozesse mit negativem spezifischen Erfolgsbeitrag nur soweit durchgeführt, wie eine entsprechende positive untere Schranke $\underline{x}_i$ oder $\underline{y}_j$ dazu zwingt (z.B. eine Lieferverpflichtung). Prozesse mit positivem spezifischen Erfolgsbeitrag können wegen der oberen Schranken, z.B. Absatzgrenzen der Produkte oder Emissionsgrenzen der Beiprodukte, nur unter Abwägung ihrer relativen Vorteile durchgeführt werden. Dabei kommt es nicht auf die Höhe des spezifischen Erfolgsbeitrags absolut an, sondern vielmehr auf die Relationen zwischen den spezifischen Erfolgsbeiträgen und dem „Verbrauch" der Prozesse hinsichtlich der für die einzelnen Objektarten verfügbaren Kapazitäten.

Demonstriert sei das am einfachsten Fall, dem eines einzigen Engpasses. Der Einsatz des Input m sei nach oben begrenzt: $x_m \leq \overline{x}_m$. Die Erfolgsmaximierung kann dann folgendermaßen formuliert werden:

$$\max! \quad w = d^1\lambda^1 + \ldots + d^\pi\lambda^\pi,$$

$$\text{so daß} \quad a_m^1\lambda^1 + \ldots + a_m^\pi\lambda^\pi \leq \overline{x}_m$$

$$\text{und} \quad 0 \leq \lambda^\rho \leq \overline{\lambda}^\rho \quad \text{für } \rho = 1, \ldots, \pi.$$

Der Quotient $\bar{d}_m^\rho = d^\rho / a_m^\rho$ wird als *engpaßspezifischer Erfolgsbeitrag* des ρ-ten Prozesses bezeichnet. Er gibt diejenige Höhe des Erfolgsbeitrags an, die pro Quantitätseinheit des Input m mit dem ρ-ten Prozeß erzielt wird. Der Prozeß mit dem höchsten engpaßspezifischen Erfolgsbeitrag $\bar{d}_m^\rho$ bringt den maximalen Erfolg, wenn sein Prozeßniveau nicht vorher an die obere Grenze stößt. In diesem Fall werden die Prozesse sortiert nach absteigendem engpaßspezifischen Erfolgsbeitrag der Reihe nach soweit wie möglich durchgeführt, bis die Kapazität des Input erschöpft ist oder die Erfolgsbeiträge negativ werden. Bildet der Input m einen Engpaß, so stimmt sein Schattenpreis mit dem engpaßspezifischen Erfolgsbeitrag des zuletzt durchgeführten Prozesses überein.

Beispiel 11.18: ❏

In der früher behandelten Papierfabrik (siehe Bsp. 11.14) seien die Preise für Rollen der Standardbreite 100 und der Auftragsbreiten 35, 19 und 13 bekannt: $c_{100} = 100$, $e_{35} = 38$, $e_{19} = 21$, $e_{13} = 14$; alle anderen Preise sind Null. Die spezifischen Deckungsbeiträge der sieben effizienten Schnittmuster berechnen sich dann zu: $d^1 = -100 + 2 \cdot 38 + 1 \cdot 21 + 0 \cdot 14 = -3$, $d^2 = 4$, $d^3 = d^4 = 8$, $d^5 = d^6 = 5$, $d^7 = -2$. Je Standardrolle sinkt der Erfolg bei Muster 1 um drei Geldeinheiten und wächst bei Muster 2 um vier Einheiten.

In Frage kommen demnach nur die mittleren fünf Muster. Nur beschränkt verfügbare Rollen der Standardbreite 100 bilden dann einen Engpaß. Da die Inputkoeffizienten aller Muster für die Standardrollen gleich Eins sind, stimmen die engpaßspezifischen mit den (allgemeinen) spezifischen Deckungsbeiträgen überein: $\bar{d}_{100}^\rho = d^\rho$. Sofern die Muster nur in begrenzter Auflage durchgeführt werden können (was unrealistisch ist), wäre eine optimale Reihenfolge gemäß $\rho = 3, 4, 5, 6, 2$ gegeben. ∎

11.4.4 Minimalkostenkombination

Bei fest vorgegebenen Quantitäten der Produkte und Redukte sind die Leistungen L_p und L_r nicht mehr variabel. Es gilt:

$$\max! \{(\bar{L}_p + \bar{L}_r) - (K_q + K_s)\} = (\bar{L}_p + \bar{L}_r) - \min! \{K_q + K_s\}$$

Erfolgsmaximierung bedeutet dann Kostenminimierung. Allerdings ist die willkürliche Vorgabe **aller** Produkt- und Reduktquantitäten häufig nicht möglich, insbesondere dann nicht, wenn limitationale Beziehungen zwischen ihnen existieren. So kann eine Erdölraffinerie den Ausstoß an Benzin und Heizöl nicht unabhängig voneinander frei wählen, weil es sich um Kuppelprodukte handelt. In solchen Fällen müssen gewisse Überschüsse oder Fehlquantitäten in Kauf genommen werden, und eine Erfolgs- anstelle einer reinen Kostenbetrachtung ist angebracht. Ausnahmen sind jedoch möglich, wenn die Einstufung in die Kategorien Gut, Übel und Neutra von der Quantität abhängig gemacht wird.

Beispiel 11.19: ◻
Für die Produktionsmöglichkeitenmenge des Beispiels 11.15 der Papierfabrik:

$$\lambda^1 + \lambda^2 + \lambda^3 + \lambda^4 + \lambda^5 + \lambda^6 + \lambda^7 = x_{100}$$
$$2\lambda^1 + 2\lambda^2 + \lambda^3 + \lambda^4 = y_{35} \geq \underline{y}_{35}$$
$$\lambda^1 + 2\lambda^3 + 5\lambda^5 + \lambda^6 = y_{19} \geq \underline{y}_{19}$$
$$ 2\lambda^2 + 2\lambda^3 + 5\lambda^4 + 6\lambda^6 + 7\lambda^7 = y_{13} \geq \underline{y}_{13}$$

$$\lambda^1, ..., \lambda^7 \geq 0$$

sind zwei unterschiedliche Zielsetzungen der Kostenminimierung gebräuchlich:

(1) $\min! \; c_{100} x_{100}$ bzw.

$\min! \; x_{100} = \lambda^1 + ... + \lambda^7$

(2) $\min! \; c_1 y_1 + ... + c_{12} y_{12}$ bzw.

$\min! \; 1 y_1 + ... + 12 y_{12}$

$= 11\lambda^1 + 4\lambda^2 + 1\lambda^3 + 0\lambda^4 + 5\lambda^5 + 3\lambda^6 + 9\lambda^7$

Im ersten Fall werden die Materialkosten minimiert. Wenn wie hier nur eine Materialart als Faktor relevant ist, entspricht das einer Minimierung der Inputquantität, d.h. der Zahl zugeschnittener Rollen der Standardbreite 100. Überschüsse in den drei Auftragsbreiten 35, 19 und 13 werden formal ignoriert und ebenso wie die Restbreiten 1, ..., 12 als Beiprodukte behandelt.

Bei der zweiten Zielsetzung werden die Kosten der Restbreiten minimiert, wobei hier die Kosten speziell als proportional zur jeweiligen Restbreite angesetzt wurden, d.h. mit einem einheitlichen Preis je Breiteneinheit (und damit auch Flächeneinheit) Papier. Formal werden die Restbreiten 1, ..., 12 also wie Abprodukte behandelt. Dagegen bilden die Überschüsse in den drei Auftragsbreiten Beiprodukte (Preis Null), während die Standardbreite 100 als Beifaktor eingestuft ist.

Aufgrund des Materieerhaltungssatzes (§6.1.1) ist eine Minimierung der gesamten Masse des Input bei vorgegebenen Mindestquantitäten bestimmter Outputarten äquivalent zur Minimierung der Masse aller Rückstände, und umgekehrt. Bei rein flächenmäßiger Betrachtung wären beide obigen Zielsetzungen also äquivalent, wenn keine Überschüsse in den Auftragsbreiten zugelassen wären (näher dazu §13.6.1). Da dies hier nicht der Fall ist, stimmen die Lösungen für die beiden Zielsetzungen im allgemeinen nicht überein. Erkennen kann man es allein schon daran, daß bei der zweiten Zielsetzung der zum Muster $\rho = 4$ gehörende Prozeß „kostenlos" ist, im ersten Fall nicht. ∎

Bei der Aufstellung der Kostenfunktion - allgemein der Erfolgsfunktion - ist deshalb eine genaue Analyse der Erfolgswirksamkeit der verschiedenen Einflußfaktoren entscheidend für die Qualität der Modellbildung. Als generelle (Daumen-) Regel ist es empfehlenswert, die Erfolgswirkungen möglichst in ihrer ursprünglichen Form zu berücksichtigen und abgeleitete, indirekte Wirkungen soweit wie möglich zu vermeiden. Für das Beispiel heißt das eine Bevorzugung der ersten Zielsetzung, sofern die Materialkosten der entscheidende Erfolgsfaktor sind, und Kosten für die Restbreiten und Überschüsse, d.h. den Verschnitt, nur dann anzusetzen, wenn sie auch unmittelbar ihnen angelastet werden können, etwa als Reduktionskosten (Vernichtungskosten).

11.4.5 Umsatzmaximierung

Das spiegelbildliche Gegenstück zur Minimalkostenkombination elementarer Prozesse ist die Maximalleistungskombination (vgl. §10.5.4). Eine solche Vorgehensweise entspricht aber nur dann dem Starken Erfolgsprinzip, wenn die Kosten (weitgehend) feststehen und man versucht, „das Beste daraus zu machen". Typisch ist das für viele Dienstleistungsbereiche, die einen sehr hohen fixen Kostenblock für die Herstellung der Leistungsbereitschaft aufweisen, so daß die eigentliche Produktion kaum noch (variable) Kosten verursacht. Beispiele bieten Theateraufführungen oder Linienbusse (vgl. §10.5.1 und §14.4.5).

Was Kosten aus Sicht des Produzenten sind, hängt nach der hier zugrunde liegenden Definition (§9.2.1) allerdings von seinen Präferenzen ab. Aus Sicht der Unternehmensleitung (als Produzent) kann es zur Durchdringung eines bestimmten Marktes zeitweise vernünftig sein, allein die Umsatzerlöse der Produkte zu maximieren (und damit implizit den Input als kostenlos anzusehen).

Beispiel 11.20: ❏
Der Geschäftsführer des früher betrachteten lederverarbeitenden Unternehmens möchte den Umsatz der Schuhe und Taschen maximieren. Mindestens sollen jedoch 20 Paar Schuhe und 10 Taschen hergestellt werden, wobei maximal die in Beispiel 11.9 genannten Fertigungskapazitäten zur Verfügung stehen. Jedes Paar Schuhe bringt einen Erlös von 200 DM, jede Tasche 400 DM. Das Modell lautet demnach (vgl. Bsp. 11.9):

max! $L = 200y_4 + 400y_5$

unter den Nebenbedingungen:

$$\begin{aligned} 5y_4 + 5y_5 &\leq 500 \\ 5y_4 + 1{,}875y_5 &\leq 375 \\ 3{,}75y_4 + 10y_5 &\leq 750 \\ y_4 &\geq 20 \\ y_5 &\geq 10 \end{aligned}$$

In der Abb. 11.10 ist außer der schon aus Abb. 11.5 bekannten Produktmöglichkeitenmenge diejenige Umsatzisoquante eingezeichnet, die zu einem maximalen Umsatzerlös führt. Sie berührt die Produktmöglichkeitenmenge im Punkt $y_4 = 40$, $y_5 = 60$. Der maximale Erlös beträgt damit $L = 32000$ DM. ∎

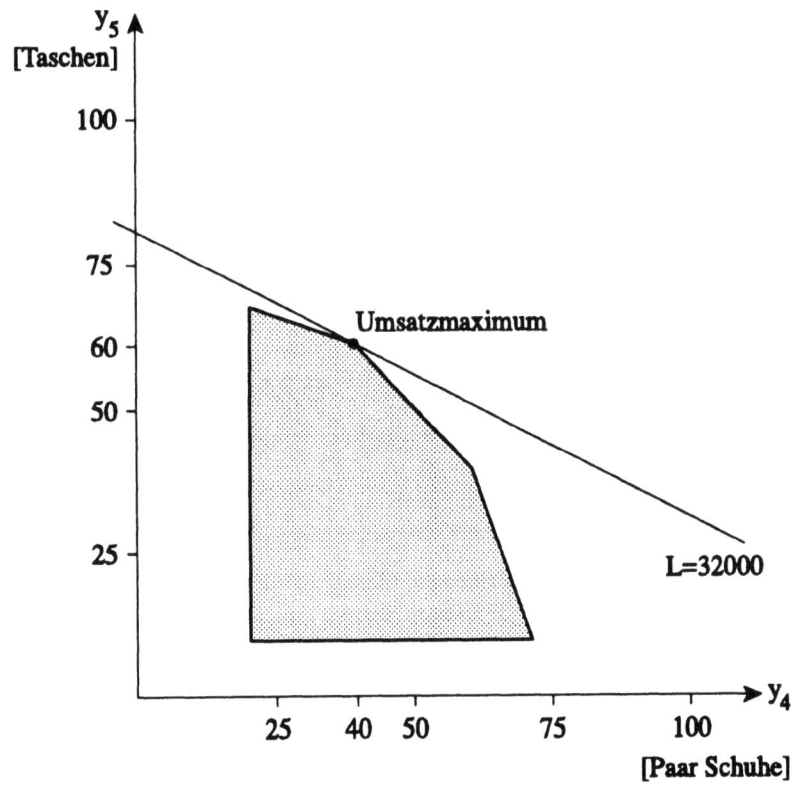

Abb. 11.10: Produktmöglichkeitenmenge und Umsatzisoqante zu Bsp. 11.20

11.5 Lineare Produktionsmodelle in der Praxis

Wie die letzten Beispiele zeigen, führen lineare Technologien mit linearen Restriktionen und Erfolgsfunktionen zu Modellformulierungen, die sich formal als Aufgaben der Linearen Programmierung darstellen lassen und mit den dafür verfügbaren Algorithmen gelöst werden können. Aufgaben mit mehreren Hundert Variablen und Nebenbedingungen können heute schon ohne Schwierigkeiten in wenigen Minuten oder Sekunden mit geeigneter Software auf einem Personal Computer gelöst werden (üblicherweise unter Verwendung von Weiterentwicklungen der Revidierten Simplexmethode). Großrechner bewältigen mehrere Tausend Nebenbedingungen und Zehntausende von Variablen. Die Benutzung derartiger Modelle gehört in einigen Branchen zur Routine geschulter Sachbearbeiter (z.B. in der Erdöl-, der chemischen und der Grundstoffindustrie). Für den Anwender spielen die verwendeten Algorithmen selbst keine Rolle. Er muß aber die Modelle richtig formulieren, d.h. zumindest die richtigen Daten eingeben, sowie die berechneten Lösungen und die zusätzlichen Informationen wie etwa Schattenpreise und Sensitivitätsbereiche richtig interpretieren (vgl. §9.5.2 und §10.3.3). Für das dafür notwendige Grundverständnis reicht jedoch die Auseinandersetzung mit einfachen Beispielen wie den obigen aus, die sich oft noch ohne Computer direkt - wie bei nur einem Engpaß - oder graphisch - wie bei nur zwei Variablen - analysieren und lösen lassen.

Literaturhinweise zu §11

Dorfman/Samuelson/Solow 1958; Dyckhoff 1988; Hildenbrand/Hildenbrand 1975; Kampkötter 1981; Kistner 1981, 1983; Koopmans 1951; Wittmann 1968

Wichtige Begriffe und Aussagen in §11

Linearkombination; Produktionsprozeß (insb. elementarer), Prozeßniveau; Basisaktivität (Schnittmuster, Stücklisten, Rezeptur, Arbeitsplan), Technologiematrix, Produktionsmatrix; Effiziente Kombinationen von Basisaktivitäten, Sinnvolle Basisaktivitäten; Preistheorem; Lineares Produktionsmodell; Input- und Outputkoeffizient; Inputbilanz, Outputbilanz; spezifischer und engpaßspezifischer Erfolgsbeitrag/Deckungsbeitrag

Wiederholungsfragen zu §11

1) Wodurch zeichnen sich lineare Technologien aus? Was versteht man in diesem Zusammenhang unter endlich generierbaren linearen Technologien?
2) Was ist unter einer Basisaktivität zu verstehen? In welchem Zusammenhang stehen Basisaktivitäten mit der Technologiematrix?
3) Was sind sinnvolle, was effiziente Basisaktivitäten?
4) Worin besteht der Unterschied zwischen einer Technologie- und einer Produktionsmatrix?
5) Welche Effizienzbeziehungen bestehen zwischen Basisaktivitäten und ihren Kombinationen?
6) Was versteht man unter einem engpaßspezifischen Erfolgsbeitrag? Wie läßt sich der maximale Erfolg mittels dieser Erfolgsbeiträge bestimmen?

Paragraph 12
Elementare Technologien

Die Unternehmung als umfassendes Produktionssystem, das in seiner natürlichen und gesellschaftlichen Umwelt agiert, kann schrittweise in kleinere, miteinander vernetzte Subsysteme und diese wieder in noch kleinere aufgegliedert werden (vgl. §1). Ziel einer solchen Aufgliederung ist eine abnehmende Komplexität der Subsysteme ohne allzu starke Zunahme der Interdependenzen zwischen ihnen. Im Idealfall gelingt es, die Subsysteme auf der letzten Aufgliederungsstufe auf einige wenige elementare Typen zurückzuführen, die sich leichter beschreiben, analysieren und steuern lassen. Umgekehrt lassen sich dann mit diesen elementaren Typen als „Bausteinen" sukzessiv komplexe Produktionssysteme zusammensetzen, vergleichsweise so, wie Ingenieure komplizierte Maschinen unter Verwendung einfacher „Maschinenelemente" konstruieren.

Da alle endlich generierbaren linearen Technologien - wie der Name sagt - aus einer endlichen Zahl von Basisaktivitäten zusammengesetzt werden können, liegt es nahe, die Basisaktivitäten als Bausteine anzusehen und sie einigen wenigen elementaren Grundtypen zuzuordnen. Dies soll in diesem Paragraphen geschehen. (Auf nicht endlich generierbare lineare Technologien wird speziell in Paragraph 14 eingegangen).

12.1 Begriffe, Darstellungsformen und grundlegende Strukturtypen

Eine lineare Technologie, die aus nur einer Basisaktivität generiert wird, entspricht einem elementaren Produktionsprozeß. Es gibt keinen Zwischenoutput und keine intermediären Objekte (vgl. §11.2.3; ausführlicher §15.1). Von jeder am Prozeß beteiligten Objektart kann eindeutig festgestellt werden, ob sie Input oder Output ist. Input und Output können sowohl als Nettogrößen im Sinne der Flußversion der Aktivitätsanalyse wie auch als Bruttogrößen im Sinne der Bestandsversion interpretiert werden (vgl. §4.5). Im letzten Fall brauchen Input und Output gleicher Art formal nur als verschiedene Objektarten definiert zu werden (was sie streng genommen aufgrund ihres unterschiedlichen Zeitbezugs auch sind).

12.1.1 Verschiedene Darstellungsformen

Zur einfacheren Darstellung sei hinsichtlich der Objektarten angenommen, daß nur diejenigen beachtet sind, die in der betrachteten Basisaktivität explizit auftreten, und daß mit m und n die Zahl der Input- bzw. Outputarten bezeichnet ist. Die Symbole a_i und b_j heißen *Inputkoeffizient* bzw. *Outputkoeffizient*; sie beschreiben die jeweilige Input- bzw. Outputquantität bei einmaliger Durchführung der Basisaktivität, d.h. bei einem Prozeßniveau $\lambda = 1$. Zur Vermeidung negativer Zahlen wird die Basisaktivität

$$z = (-a_1, ..., -a_m; b_{m+1}, ..., b_{m+n})$$

auch wie folgt als nichtnegativer *Input/Output-Vektor* (kurz: *I/O-Vektor*) dargestellt:

$(x, y) = (a_1, ..., a_m; b_{m+1}, ..., b_{m+n})$.

Eine andere Darstellungsform ist die *Input/Output-Tabelle* (kurz: *I/O-Tabelle*), wie man sie beispielsweise bei einer Stoff- und Energiebilanz („Ökobilanz") antrifft, bei der in zwei Spalten die Objektarten und ihre Quantitäten jeweils separat für Input („Eintrag") und Output („Austrag") aufgelistet sind:

Tab. 12.1: Input/Output-Tabelle eines elementaren Prozesses

IN		OUT	
Objektart 1:	a_1	Objektart $m+1$:	b_{m+1}
⋮	⋮	⋮	⋮
Objektart m:	a_m	Objektart $m+n$:	b_{m+n}

Anstelle einer tabellarischen ist häufig eine grafische Darstellung übersichtlicher. Die Abb. 12.1 zeigt einen entsprechenden *Input/Output-Graphen* (kurz: *I/O-Graph*) im Sinne eines Input/Output-Prozesses, bei dem der „Throughput" eine „Black box" bildet, d.h. die konkrete Ausformung des Durchsatzes nicht weiter aufgeschlüsselt ist.

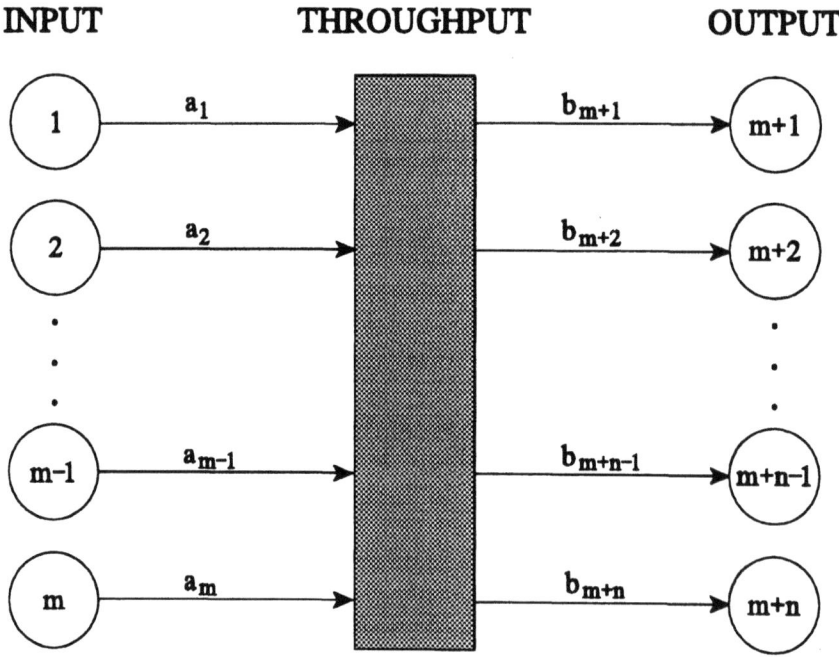

Abb. 12.1: Elementarer Input/Output-Graph

Beispiel 12.1:
Die I/O-Tabelle zu dem I/O-Vektor

$(x, y) = (a_1, a_2, a_3, a_4; b_5, b_6, b_7) = (2; 0,5; 0,5; 3,5; 1; 0,5; 5)$

des in Beispiel 6.1 definierten elementaren Prozesses der Roheisenverhüttung wird durch Tab.12.2 wiedergegeben. Die letzte Zeile zeigt, daß die Massenbilanz dieser Stoffbilanz ausgeglichen ist. Der zugehörige I/O-Graph ist in Abb. 12.2 dargestellt.

Tab. 12.2: I/O-Tabelle zu Beispiel 6.1 (Stoffbilanz)

IN	(Tonnen)	OUT	(Tonnen)
Eisenerz	2,0	Roheisen	1,0
Kohle	0,5	Schlacke	0,5
Zuschlag	0,5	Gichtgas	5,0
Luft	3,5		
Σ	6,5	Σ	6,5

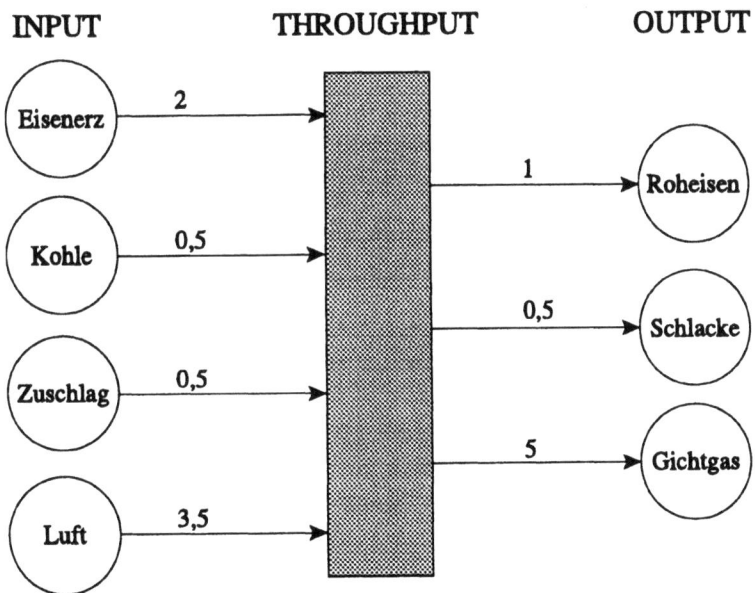

Abb. 12.2: I/O-Graph zu Beispiel 6.1

Die genannten Darstellungsformen gelten nicht nur für Stoffarten - wie im obigen Beispiel - sondern für jede beliebige Objektart, insbesondere also auch für immaterielle Objekte. Voraussetzung ist allerdings ihre quantitative Meßbarkeit (vgl. §4.1). Die Reihenfolge der

Objektarten kann prinzipiell beliebig gewählt werden. Hauptsache ist ihre eindeutige Kennzeichnung durch eine entsprechende Numerierung oder anderweitige Benennung. So sind in der Praxis abkürzende Buchstaben- und Zahlenkombinationen üblich, die sich aus dem Unternehmungszusammenhang ergeben und für den Modellnutzer leicht einprägsam sind.

12.1.2 Berücksichtigung der drei Objektkategorien

Im „Normalfall" ist es zweckmäßig, entprechend der Einteilung in §10.5.1 und §11.4.2 die Input- und Outputarten jeweils nach den Kategorien Gut, Übel und Neutral zu gruppieren und sie gemäß der I/O-Tabelle 12.3 darzustellen.

Tab. 12.3: Nach Objektkategorien gruppierte I/O-Tabelle

IN		OUT	
Faktoren		**Produkte**	
- Objektart 1:	a_1	- Objektart $m+1$:	b_{m+1}
⋮	⋮	⋮	⋮
- Objektart q:	a_q	- Objektart $m+p$:	b_{m+p}
Redukte		**Abprodukte**	
- Objektart $q+1$:	a_{q+1}	- Objektart $m+p+1$:	b_{m+p+1}
⋮	⋮	⋮	⋮
- Objektart $q+r$:	a_{q+r}	- Objektart $m+p+s$:	b_{m+p+s}
Beifaktoren		**Beiprodukte**	
- Objektart $q+r+1$	a_{q+r+1}	- Objektart $m+p+s+1$:	$b_{m+p+s+1}$
⋮	⋮	⋮	⋮
- Objektart m:	a_m	- Objektart n:	b_n

Tab. 12.4: Elementare Ergebnistabelle (A/E-Tabelle)

IN		OUT	
Faktoren		**Produkte**	
- Objektart 1:	a_1	- Objektart $m+1$:	b_{m+1}
⋮	⋮	⋮	⋮
- Objektart q:	a_q	- Objektart $m+p$:	b_{m+p}
Redukte		**Abprodukte**	
- Objektart $q+1$:	a_{q+1}	- Objektart $m+p+1$:	b_{m+p+1}
⋮	⋮	⋮	⋮
- Objektart $q+r$:	a_{q+r}	- Objektart $m+p+s$:	b_{m+p+s}

Im Hinblick auf reine Aufwand/Ertrag-Betrachtungen können die neutralen Objektarten bei der Darstellung des elementaren Prozesses ignoriert werden, sofern sie keinen Restriktionen unterliegen. Indem diese Objektarten aus den vorgenannten Darstellungsformen eliminiert werden, erhält man die zugehörigen Vektoren, Tabellen bzw. Graphen der realen Aufwendungen und Erträge, genannt *Ergebnisvektor*, *Ergebnistabelle* bzw. *Ergebnisgraph* (kurz auch: *A/E-Vektor*, *A/E-Tabelle*, *A/E-Graph*). Tab. 12.4 zeigt die zu Tab. 12.3 gehörende Ergebnistabelle.

Beispiel 12.2:   ☐

Die in der früheren Abb. 1.4 dargestellte Input/Output-Bilanz als Teil der Stoff- und Energiebilanz eines Braunkohlekraftwerks entspricht der I/O-Tabelle 12.5 (vgl. Bsp. 11.5b).   ■

Tab. 12.5: I/O-Tabelle eines Braunkohlekraftwerks

IN		OUT	
Faktoren		**Produkt**	
- Rohkohle [kg]	1,13	- Strom [kWh]	1
- Rohwasser [l]	2,3		
		Abprodukte	
		- Abwasser [l]	0,8
		- Asche [g]	68
Beifaktor		**Beiprodukte**	
- Luft [m^3]	4,5	- Schwaden [l]	1,5
		- Abgase [m^3]	5,4

Da hier alle Quantitäten als nichtnegative Zahlen erfaßt werden, besteht der prinzipielle Unterschied zwischen der reinen Input/Output-Betrachtung und der (mengenmäßigen) Aufwand/Ertrag-Betrachtung des Normalfalls lediglich noch in der Kennzeichnung der jeweiligen Objektart dahingehend, welcher Kategorie sie angehört. Aus diesem Grund wird in den folgenden Ausführungen dieses und der restlichen Paragraphen des Kapitels C nicht mehr streng zwischen den beiden Bewertungsebenen getrennt. (Falls der Normalfall gemäß §5.3 nicht vorliegt, ist natürlich eine differenziertere Unterscheidung notwendig.)

Es wird deshalb im folgenden generell von der I/O-Tabelle und dem I/O-Graphen gesprochen, auch dann, wenn man sich aufgrund der Einstufungen in die drei Objektkategorien eigentlich schon auf der Ergebnisebene befindet (vgl. Abb. B.1 auf S. 45).

12.1.3 Elementare Strukturtypen

Bei rein stofflichen Betrachtungen unterscheidet man in bezug auf den Materialfluß vier *Produktionsstrukturtypen* (*Vergenztypen*):

(12a) *glatte* (oder durchgängige) Produktion (1:1-*Typ*),
(12b) *konvergierende* (oder synthetische) Produktion (*m*:1-*Typ*),
(12c) *divergierende* (oder analytische) Produktion (1:*n*-*Typ*) sowie
(12d) *austauschende* (oder umgruppierende) Produktion (*m:n-Typ*).

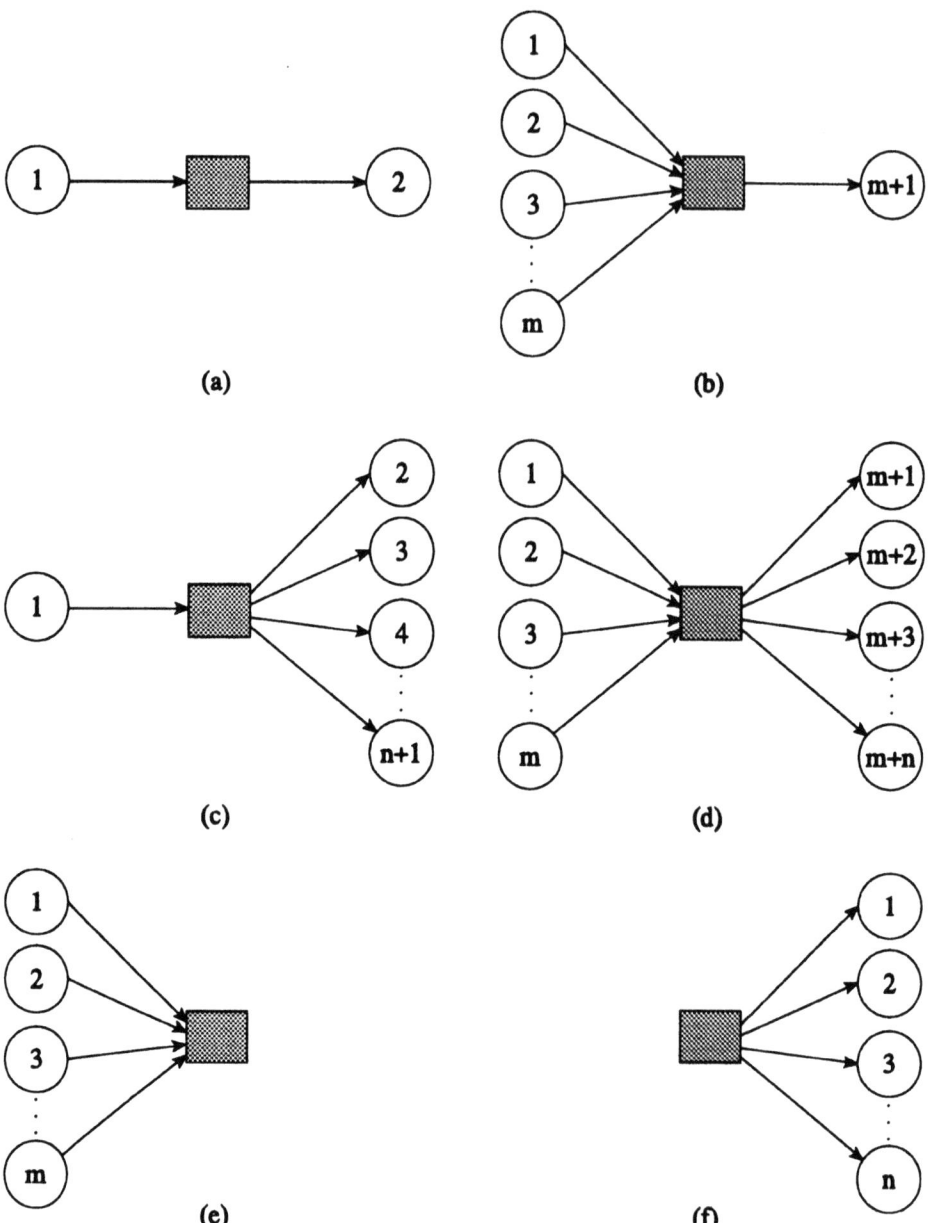

Abb. 12.3: Elementare (a-d) und degenerierte (e-f) Produktionsstrukturtypen

Die Abb. 12.3 skizziert mit den Diagrammen (a) - (d) die vier verschiedenen Typen für den **speziellen**, in diesem Paragraphen betrachteten **Fall** fester Verhältnisse der Input- und Outputquantitäten, d.h. konstanter Input- und Outputkoeffizienten. Die Koeffizienten selber sind in der Abb. 12.3 der Übersichtlichkeit halber nicht extra aufgeführt. Man spricht von den oben genannten vier Typen allerdings auch dann, wenn die Verhältnisse der Input- und Outputquantitäten variabel sind (siehe näher §§13ff.).

Die obige Einteilung in vier Typen bezieht sich in der Literatur üblicherweise nur auf stoffliche Objektarten. Sie kann in einem erweiterten Sinn auch auf beliebige Objektarten übertragen werden. Zur Vermeidung eventueller Mißverständnisse ist es allerdings besser, die Bezeichnungen „glatt", „konvergierend", „divergierend" und „austauschend" weiterhin nur auf die beachteten stofflichen Objektarten zu beziehen. Im allgemeinen wird hier von den Typen 1:1, m:1, 1:n und m:n gesprochen.

Während man bei reinen Gütertechnologien mit den vier eingeführten Typen auskommt, sind bei Einbeziehung von Übeln und Neutra zwei weitere, als *degeneriert* bezeichnete Typen denkbar, die ebenfalls in der Abb. 12.3 skizziert sind:

(12e) *vernichtende* Produktion (Produktions*senke*: m:0-*Typ*),
(12f) *schöpfende* Produktion (Produktions*quelle*: 0:n-*Typ*).

Es wird sich jedoch im folgenden zeigen, daß sie auf der Ergebnisebene formal auf die vier bisherigen Typen zurückgeführt werden können.

Physikalisch gesehen muß es bei einer Basisaktivität zwar immer wenigstens einen Input und wenigstens einen Output geben (vgl. die Grundannahmen *T1a* und *T1b* in §6.1.1); sie müssen allerdings in einem Produktionsmodell nicht beachtet sein, wenn der Produzent sie ignoriert. So gesehen wären bei den vorgenannten degenerierten Strukturtypen m:0 und 0:n sogar die Extremfälle nur eines einzigen Input (1:0) bzw. eines einzigen Output (0:1) denkbar.

In der Tat werden in der Literatur zur Aktivitätsanalyse Basisaktivitäten mit nur einem Input ohne Output eingeführt (Typ 1:0) und als Vernichtungs- oder Beseitigungsaktivitäten bezeichnet („disposal activities"; z.B. *Hildenbrand/Hildenbrand 1975* und *Kistner 1983*; vgl. *Kampkötter 1981*; S. 104). Sie dienen methodisch dazu, unerwünschte Kuppelprodukte anderer Prozesse zu „reduzieren" (in dem in §5.3.2 definierten Sinn). Dazu werden diese Aktivitäten mit einem „Vernichtungs-" oder „Beseitigungskostensatz" bewertet. Dies ist aber nur dann plausibel, wenn es für den Produzenten tatsächlich die Möglichkeit gibt, solche unerwünschten Kuppelprodukte gegen ein entsprechendes Entgelt (z.B. Abwasserabgabe oder Deponiegebühr) oder eine anderweitige, außerhalb (!) des betrachteten Produktionssystems liegende Beeinträchtigung des Erfolgs (z.B. Imageeinbuße oder Umweltschädigung) nach außen abzugeben.

Letztlich bedeutet die Verwendung einer derart degenerierten Basisaktivität, daß einige Wirkungen im Produktionsmodell nicht explizit über die Objektarten, sondern nur implizit über die Erfolgsfunktion berücksichtigt werden. Ob eine solche Vorgehensweise zweckmäßig ist, hängt davon ab, wie weit die Grenzen des betrachteten Produktionssystems gezogen werden (räumlich, zeitlich etc.) und welche Ziele die Untersuchung verfolgt. Für eine Produktionstheorie, die unter anderem das Zustandekommen von Kosten und Leistungen erklären will, ist es kaum akzeptabel, diejenigen Wirkungen nicht explizit zu machen, die **innerhalb** des Produktionssystems auftreten und aus Sicht des Produzenten Einfluß auf den Erfolg haben. Es geht ja gerade darum, mehr Transparenz über die (internen) Erfolgseinflußgrößen zu erhalten.

Aus diesen Gründen werden in diesem Paragraphen nur solche Basisaktivitäten analysiert, bei denen wenigstens eine Aufwandsart und wenigstens eine Ertragsart, insbesondere also mindestens zwei Objektarten vorkommen. Basisaktivitäten mit „Ertrag ohne Aufwand" verstoßen gegen die Grundannahme *E1* (§6.1.1), und solche mit „Aufwand ohne Ertrag" sind nicht sinnvoll, da sie vom Stillstand dominiert werden. Das schließt nicht unbedingt aus, daß in manchen Produktionsmodellen solche Basisaktivitäten auch Verwendung finden können. Eine gesonderte Untersuchung ist hier aber nicht notwendig, da keine zusätzlichen Erkenntnisse zu gewinnen sind und sie sich formal durch Erweiterung um geeignete Objektarten auch auf die anderen Fälle zurückführen lassen (beispielsweise mit Geld als Objektart für den monetären Aufwand oder Ertrag).

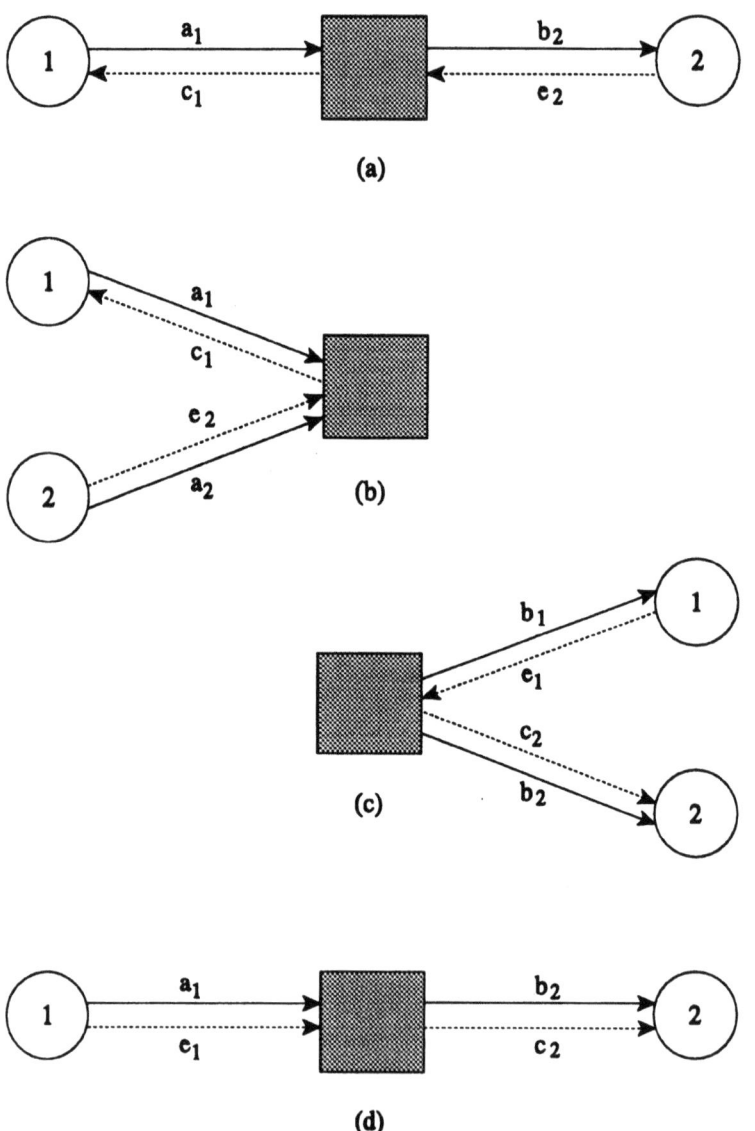

Abb. 12.4: Die vier einfachsten Prozeßtypen

12.2 Eine Aufwandsart und eine Ertragsart

Es gibt genau vier Fälle mit zwei Objektarten, von denen eine Aufwand und die andere Ertrag bedeuten:

(a) ein Faktor und ein Produkt (1:1),
(b) ein Faktor und ein Redukt (2:0),
(c) ein Abprodukt und ein Produkt (0:2) sowie
(d) ein Abprodukt und ein Redukt (1:1).

Sie sind in der Abb. 12.4 dargestellt. Eine genaue Erläuterung der Abbildung, insbesondere der gestrichelten Pfeile, erfolgt in den anschließenden Abschnitten.

Auch wenn in der Praxis regelmäßig mehr als zwei Objektarten zu Aufwendungen und Erträgen führen, so ist eine gesonderte Analyse der vier genannten Fälle aus zwei Gründen zweckmäßig. Zum einen ist ein Verständnis dieser einfachsten Fälle Voraussetzung für das Verständnis der nachfolgenden komplexeren Fälle. Zum anderen bilden solche Basisaktivitäten durchaus Bausteine komplexer Produktionsmodelle. Dabei kann ihre Erfolgswirksamkeit dann genau vorausgesagt werden, wenn die Erfolgsfunktion additiv-separabel bezüglich dieser beiden Objektarten ist, d.h. wenn sie nur Einzelkosten und Einzelleistungen, nicht aber Gemeinkosten oder Gemeinleistungen verursachen (vgl. §9.2.1).

12.2.1 Ein Faktor und ein Produkt

Dieser Fall entspricht dem Produktionsstrukturtyp 1:1 der Abb. 12.4a mit Objektart 1 als Faktor und Objektart 2 als Produkt (vgl. Abb. 12.3a). Für x_1 als Faktorquantität, y_2 als Produktquantität, a_1 als Input- oder Faktorkoeffizient, b_2 als Output- oder Produktkoeffizient sowie $\lambda \geq 0$ als Prozeßniveau lautet das Modell zur Beschreibung des zugehörigen elementaren Produktionsprozesses:

$$x_1 = a_1 \cdot \lambda$$

$$b_2 \cdot \lambda = y_2$$

Die beiden Gleichungen lassen sich durch Elimination von λ zu einer zusammenfassen:

$$x_1 = \frac{a_1}{b_2} \cdot y_2 = a_{1,2} \cdot y_2 \quad \text{oder anders geschrieben:} \quad y_2 = \frac{b_2}{a_1} \cdot x_1 = b_{2,1} \cdot x_1$$

Das Verhältnis $a_{1,2} = a_1/b_2$ gibt an, wieviele Einheiten des Faktors 1 notwendig sind, um eine Einheit des Produktes 2 zu erzeugen; es wird als *Produktionskoeffizient* bezeichnet. Der Kehrwert $b_{2,1} = b_2/a_1$ benennt die Produktquantität, die aus einer Faktoreinheit entsteht; er wird (*Faktor-*) *Produktivität* genannt. Üblicherweise ist dabei das Einheitsniveau der Basisaktivität so gewählt, daß $b_2 = 1$ gilt, d.h. für $\lambda = 1$ exakt eine Produkteinheit hergestellt wird. Bei dieser Normierung des Produktionsniveaus entspricht der Inputkoeffizient a_1 zahlenmäßig (nicht dimensionsmäßig!) dem Produktionskoeffizienten $a_{1,2}$ und sein Kehrwert $1/a_1$ der Produktivität $b_{2,1}$.

Dieser elementare Typ beschreibt eine glatte Produktion, wenn es sich bei Faktor und Produkt um Stoff- oder Energiearten handelt. Er ist also typisch für eine Stoff- oder Energieumwandlung. So rechnet man bei der Umwandlung von chemisch gebundener Energie in Wärmeenergie etwa mit einem Heizwert von $b_2 = 32$ MegaJoule (MJ) pro Kilogramm ($a_1 = 1$) verbrannter Steinkohle (vgl. *Funk 1990*, S. 46; gelegentlich dient der Prozeßtyp aus modelltechnischen Gründen auch nur der Dimensionsumrechnung für ein und dieselbe Objektart, etwa Liter in Kilogramm, ohne daß tatsächlich real eine Veränderung stattgefunden hat).

Außerhalb des engeren Bereichs der Sachgüterfertigung kann durch den Typ eine Vielfalt weiterer Prozesse beschrieben werden. Beispiele sind:

- die Zusammenfassung mehrerer Einheiten ein und derselben Produktart im Distributionsbereich eines Unternehmens zwecks Bildung größerer Verkaufs-, Lager- oder Transporteinheiten (homogene Packungen; vgl. *Isermann 1991*),

- das quantitative Wachstum einer Objektart von Periodenbeginn bis zum Periodenende, etwa in der Landwirtschaft bei biologischen Produktionsprozessen oder bei der Dienstleistungsproduktion einer Bank, wobei $b_{2,1}$ dann den Wachstumsfaktor kennzeichnet (bzw. den Zinsfaktor im Falle der Geldvermehrung durch eine Bank),

- die Durchführung einer Aufgabe durch mehrere Aufgabenträger, etwa wenn $a_1 = 4$ Personen eine ($b_2 = 1$) Sänfte tragen.

Bei einer linearen Erfolgsfunktion mit c_1 als Faktorpreis und e_2 als Produktpreis ergeben sich folgende Abhängigkeiten:

$$w = e_2 \cdot y_2 - c_1 \cdot x_1 = (e_2 \cdot b_2 - c_1 \cdot a_1) \cdot \lambda = d \cdot \lambda$$

$$= \left(e_2 - c_1 \cdot \frac{a_1}{b_2}\right) \cdot y_2 = (e_2 - k_2) \cdot y_2 = d_2 \cdot y_2$$

$$= \left(e_2 \cdot \frac{b_2}{a_1} - c_1\right) \cdot x_1 = (l_1 - c_1) \cdot x_1 = d_1 \cdot x_1$$

$$\text{mit} \quad d = b_2 \cdot d_2 = a_1 \cdot d_1, \quad k_2 = c_1 \cdot \frac{a_1}{b_2} = c_1 \cdot a_{1,2}, \quad l_1 = e_2 \cdot \frac{b_2}{a_1} = e_2 \cdot b_{2,1}$$

Die Koeffizienten d, d_2 und d_1 geben den jeweiligen *spezifischen Erfolgsbeitrag* pro Prozeßniveaueinheit, pro Produkteinheit bzw. pro Faktoreinheit wieder, im Falle eines rein ökonomisch definierten Erfolgs ("Gewinn") auch genannt *prozeßspezifischer, produktspezifischer* bzw. *faktorspezifischer Deckungsbeitrag*. Die Größen k_2 und l_1 sind die *Stückkosten* des Produkts bzw. die *Stückleistung* des Faktors. Die Stückkosten berechnen sich somit aus Faktorpreis und Produktionskoeffizient, die Stückleistung aus Produktpreis und Faktorproduktivität. Man beachte, daß hier fixe Erfolgsbeiträge keine Rolle spielen, da annahmegemäß nur rein lineare Technologien betrachtet werden (vgl. §10.5.1).

Interpretiert man den Erfolg speziell als eine zahlungsorientierte Größe, so läßt sich eine gewisse *Spiegelbildlichkeit* oder auch *Dualität* zwischen dem realen Objektfluß und dem monetären Wertefluß durch das Produktionssystem feststellen. In der Abb. 12.4a fließt der

Objektstrom vom Input 1 über den Throughput zum Output 2, d.h. von links nach rechts in Richtung der durchgezogenen Pfeile. Dagegen hat man sich den zugehörigen Geldstrom der Verkaufserlöse für die Produkteinheiten und der Beschaffungsausgaben für die Faktoreinheiten gegenläufig, d.h. von rechts nach links in Richtung der gestrichelten Pfeile, vorzustellen. Zu jedem objektbezogenen (durchgezogenen) Pfeil des I/O-Graphen, der einen Objektstrom darstellt, existiert ein gegenläufiger, „dualer" (gestrichelter) Pfeil eines zugehörigen („dualen") Erfolgsgraphen, der einen Werte- oder Erfolgsstrom repräsentiert. Für den Verkauf der Produkte erhält der Produzent als Gegenleistung einen Erlös; für den Einkauf der Faktoren muß er im Gegenzug Ausgaben tätigen. Die spiegelbildliche Symmetrie kommt auch in den obigen Formeln, wie im folgenden verdeutlicht, zum Ausdruck:

Mengenmodell	**Wertmodell**
$x_1 = a_{1,2} \cdot y_2$	$k_2 = c_1 \cdot a_{1,2}$
oder	oder
$y_2 = b_{2,1} \cdot x_1$	$l_1 = e_2 \cdot b_{2,1}$

12.2.2 Ein Faktor und ein Redukt

Dieser Fall entspricht dem Produktionsstrukturtyp 2:0 der Abb. 12.4b mit Objektart 1 als Faktor und Objektart 2 als Redukt (vgl. Abb. 12.3e). Mit den üblichen Symbolen nimmt das Modell für die Objektquantitäten nachstehende Form an:

$$x_1 = a_1 \cdot \lambda$$

$$x_2 = a_2 \cdot \lambda$$

oder zusammengefaßt:

$$x_1 = \frac{a_1}{a_2} \cdot x_2 = a_{1,2} \cdot x_2 \qquad \text{bzw. mit } a_{2,1} = 1/a_{1,2}: \qquad x_2 = \frac{a_2}{a_1} \cdot x_1 = a_{2,1} \cdot x_1$$

Die Größe $a_{1,2}$ gibt in diesem Fall an, wieviele Faktoreinheiten notwendig sind, um eine Redukteinheit zu vernichten; man kann sie somit als *Reduktionskoeffizienten* bezeichnen; der Kehrwert $a_{2,1}$ ist dann die (*Faktor-*) *Reduktivität*, d.h. die Reduktquantität, die mit einer Faktoreinheit entsorgt werden kann.

Es liegt der degenerierte Typ „Input ohne Output" vor, bei dem ein Redukt mit Hilfe eines Faktors beseitigt wird. Beispiele sind die Müllverbrennung unter Zusatz eines Brennstoffes oder die Abfalldeponierung mit Arbeitsaufwand. (Reduktionssysteme sind in diesen Beispielen die Müllverbrennungsanlage oder die Deponie.) Der in der Realität unvermeidliche Output wird hierbei vom Produzenten - und damit im Modell - entweder von vorneherein nicht beachtet oder als Beiprodukt eingestuft und ignoriert.

Der Einsatz des Faktors bedeutet (real) Aufwand, der des Redukts (real) Ertrag. Bei Bewertung der Objektquantitäten mit einem konstanten Preis sind c_1 der für die Beschaffung aufzubringende Faktorpreis und e_2 die für die Annahme des Redukts empfangene

Gebühr eines Entsorgungsunternehmens bzw. ein interner Verrechnungspreis. Der Erfolg berechnet sich zu:

$$w = e_2 \cdot x_2 - c_1 \cdot x_1 = (e_2 \cdot a_2 - c_1 \cdot a_1) \cdot \lambda = d \cdot \lambda$$

$$= (e_2 - k_2) \cdot x_2 = d_2 \cdot x_2$$

$$= (l_1 - c_1) \cdot x_1 = d_1 \cdot x_1$$

$$\text{mit} \quad d = a_2 \cdot d_2 = a_1 \cdot d_1, \quad k_2 = c_1 \cdot \frac{a_1}{a_2} = c_1 \cdot a_{1,2}, \quad l_1 = e_2 \cdot \frac{a_2}{a_1} = e_2 \cdot a_{2,1}$$

Bei den Größen d, d_2 und d_1 handelt es sich wieder um die spezifischen Erfolgsbeiträge (bzw. Deckungsbeiträge bei rein ökonomischer Erfolgsorientierung); d_2 ist nun allerdings der *reduktspezifische* Erfolgsbeitrag, und k_2 sind die Stückkosten des Redukts.

Auch hier läßt sich eine gewisse Dualität erkennen, die nun aber nicht mehr eine strenge Spiegelbildlichkeit zwischen dem Objektfluß und dem Wertfluß darstellt. So sind nämlich in Abb. 12.4b der durchgezogene und der gestrichelte Pfeil für das Redukt nicht gegenläufig, sondern gleichgerichtet. Während wie zuvor für den Empfang des Faktors Geld hingegeben wird, erhält man parallel mit dem Redukt einen Wertzuwachs, z.B. in Form einer Gebühr, die kassiert wird oder in Form eines innerbetrieblichen Verrechnungspreises. Die wesentlichen Zusammenhänge lauten zusammengefaßt:

Mengenmodell	Wertmodell
$x_1 = a_{1,2} \cdot x_2$	$k_2 = c_1 \cdot a_{1,2}$
oder	oder
$x_2 = a_{2,1} \cdot x_1$	$l_1 = e_2 \cdot a_{2,1}$

12.2.3 Ein Abprodukt und ein Produkt

Der dritte Fall entspricht dem Produktionsstrukturtyp 0:2 der Abb. 12.4c mit Objektart 1 als Produkt und Objektart 2 als Abprodukt (vgl. Abb. 12.3f). Analog wie zuvor erhält man:

$$b_1 \cdot \lambda = y_1$$

$$b_2 \cdot \lambda = y_2$$

oder

$$y_1 = \frac{b_1}{b_2} \cdot y_2 = b_{1,2} \cdot y_2 \quad \text{bzw.} \quad y_2 = \frac{b_2}{b_1} \cdot y_1 = b_{2,1} \cdot y_1$$

Die Größe $b_{2,1}$ gibt an, wieviele Einheiten des Abprodukts unvermeidlich je Produkteinheit anfallen; es ist ein *Koppelungskoeffizient*. Bei diesem degenerierten Typ „Output ohne Input" konzentriert sich die Betrachtung allein auf den (starren) Zusammenhang zwischen

§12 Elementare Technologien

Produkt und Abprodukt, also der pro Produkteinheit anfallenden Schadstoffquantität. Werden beide Objektquantitäten wieder mit einem konstanten Preis bewertet, e_1 für das Produkt und c_2 für das Abprodukt (z.B. Abfallabgabe), so ermittelt sich der Erfolg zu:

$$w = e_1 \cdot y_1 - c_2 \cdot y_2 = (e_1 \cdot b_1 - c_2 \cdot b_2) \cdot \lambda = d \cdot \lambda$$

$$= (e_1 - k_1) \cdot y_1 = d_1 \cdot y_1$$

$$= (l_2 - c_2) \cdot y_2 = d_2 \cdot y_2$$

$$\text{mit} \quad d = b_1 \cdot d_1 = b_2 \cdot d_2, \quad k_1 = c_2 \cdot \frac{b_2}{b_1} = c_2 \cdot b_{2,1}, \quad l_2 = e_1 \cdot \frac{b_1}{b_2} = e_1 \cdot b_{1,2}$$

Die vorstehenden Größen ergeben sich formal vollkommen analog wie in den beiden vorangehenden Fällen und können entsprechend interpretiert werden. So gibt die „Stückleistung" l_2 des Abprodukts an, wie hoch der Produkterlös ist, der pro „in Kauf genommener" Abprodukteinheit erzielt werden kann. Ist diese Leistung niedriger als die direkten Kosten c_2 des Abprodukts, so ist der abproduktspezifische Deckungsbeitrag d_2 negativ, und die Herstellung des Produkts würde sich von daher nicht lohnen. Auch hier läßt sich eine Dualität zwischen Mengen- und Wertmodell feststellen:

Mengenmodell	**Wertmodell**
$y_1 = b_{1,2} \cdot y_2$	$l_2 = e_1 \cdot b_{1,2}$
oder	oder
$y_2 = b_{2,1} \cdot y_1$	$k_1 = c_2 \cdot b_{2,1}$

12.2.4 Ein Abprodukt und ein Redukt

Der vierte Fall ist wie der erste vom Typ 1:1 (Abb. 12.4d), allerdings mit einem gleichgerichteten anstelle eines gegenläufigen Werteflusses. Betrachtet wird hier die Umwandlung einer schädlichen Objektart 1 in eine andere, im allgemeinen weniger schädliche Objektart 2. Während das Mengenmodell identisch mit dem des ersten Falls in §12.2.1 ist, ergeben sich Unterschiede hinsichtlich des Wertmodells. Es gilt nämlich:

$$w = e_1 \cdot x_1 - c_2 \cdot y_2 = (e_1 \cdot a_1 - c_2 \cdot b_2) \cdot \lambda = d \cdot \lambda$$

$$= (e_1 - k_1) \cdot x_1 = d_1 \cdot x_1$$

$$= (l_2 - c_2) \cdot y_2 = d_2 \cdot y_2$$

$$\text{mit} \quad d = a_1 \cdot d_1 = b_2 \cdot d_2, \quad k_1 = c_2 \cdot \frac{b_2}{a_1} = c_2 \cdot b_{2,1}, \quad l_2 = e_1 \cdot \frac{a_1}{b_2} = e_1 \cdot a_{1,2}$$

Gegenübergestellt haben Mengen- und Wertmodell folgende Formen:

Mengenmodell	Wertmodell
$x_1 = a_{1,2} \cdot y_2$	$l_2 = e_1 \cdot a_{1,2}$
oder	oder
$y_2 = b_{2,1} \cdot x_1$	$k_1 = c_2 \cdot b_{2,1}$

12.3 Mehrere Aufwandsarten und eine Ertragsart

Die zuvor behandelten vier einfachsten Fälle mit nur zwei Objektarten sind sich formal sehr ähnlich. Dies liegt daran, daß sie aus ergebnisorientierter Sicht bis auf die Numerierung identisch sind. In allen Fällen gibt es genau eine Aufwands- und genau eine Ertragsart. Die zugehörigen Ergebnisgraphen sind allesamt vom 1:1-Typ. In der Abb. 12.4 erkennt man dies daran, daß stets der eine gestrichelte Pfeil in den dunklen Kasten hinein- und der andere herausläuft.

Auch für mehr als zwei beachtete Objektarten kann es bei einer einzigen Aufwandsart und einer einzigen Ertragsart bleiben, nämlich dann, wenn alle weiteren Objektarten Neutra sind. Werden diese ignoriert, so ändern sich die Mengen- und Wertmodelle in §12.2 nicht prinzipiell. Um dennoch zu zeigen, welche Rolle Neutra in Produktionsmodellen spielen können, werden nachfolgend auch Beispiele unter Einschluß von Beiprodukten und Beifaktoren vorgeführt. In diesem Abschnitt werden die Überlegungen des §12.2 dahingehend erweitert, daß neben der einen Ertragsart mehrere Aufwandsarten vorkommen.

12.3.1 Mehrere Faktoren und ein Produkt

Zunächst soll von einer reinen Gütertechnologie ausgegangen werden. Der Ertrag entsteht dann durch das Produkt $m+1$, die Aufwendungen werden durch verschiedene Faktoren $1, ..., m$ hervorgerufen. Es handelt sich um den Strukturtyp m:1 der Abb. 12.3b. Mit den in §11.4.2 verwendeten Symbolen läßt sich analog zu §12.2.1 folgendes Modell für die Beziehungen der Input- und Outputquantitäten aufstellen:

$$x_1 = a_1 \cdot \lambda$$
$$\vdots \qquad \vdots \qquad b_{m+1} \cdot \lambda = y_{m+1}$$
$$x_m = a_m \cdot \lambda$$

Durch Elimination der Prozeßvariablen λ folgen hieraus m Faktorfunktionen $x_i = f(y_{m+1})$ des Leontief-Typs (vgl. §7.5.2) mit den Produktionskoeffizienten $a_{i,m+1} = a_i / b_{m+1}$:

§12 Elementare Technologien

$$x_1 = \frac{a_1}{b_{m+1}} \cdot y_{m+1} = a_{1,m+1} \cdot y_{m+1}$$
$$\vdots \qquad \vdots \qquad \vdots$$
$$x_m = \frac{a_m}{b_{m+1}} \cdot y_{m+1} = a_{m,m+1} \cdot y_{m+1}$$

Der Kehrwert $b_{m+1,i} = 1/a_{i,m+1}$ der Produktionskoeffizienten beschreibt die jeweilige Faktorproduktivität. Auch hier wird üblicherweise der Outputkoeffizient geeignet zu $b_{m+1} = 1$ normiert, so daß bei einem Prozeßniveau $\lambda = 1$ genau eine Produkteinheit erzeugt wird. I/O-Tabellen können dahingehend vereinfacht werden, daß nur noch die Inputspalte aufgeschrieben und der Name des Output in die Kopfzeile oder die Tabellenüberschrift aufgenommen wird. Das spätere Beispiel 12.3 illustriert das.

Allgemein bestimmen die Produktionskoeffizienten die *Bedarfe* für die verschiedenen Faktoren. Handelt es sich bei den Objektarten um Werkstoffe, so beschreibt der Typ eine konvergierende Fertigung, z.B. einen Montageprozeß oder einen Mischungsprozeß. Man nennt die wie oben normierte Basisaktivität $(a_1, ..., a_m; 1)$ dann *Stückliste* bzw. *Rezeptur*. In manchen Branchen sind auch andere Namen gebräuchlich. Handelt es sich nicht um Verbrauchsobjekte (Repetierfaktoren) sondern um Gebrauchsobjekte (Potentialfaktoren), so wird von *Arbeitsplänen* gesprochen (vgl. *Müller-Merbach 1981*, S. 43f., *Zäpfel 1991*).

Mit konstanten Faktorpreisen c_i und einem Produktpreis e_{m+1} ermittelt man den gesamten Erfolg zu:

$$w = e_{m+1} \cdot y_{m+1} - \sum_{i=1}^{m} c_i \cdot x_i = (e_{m+1} \cdot b_{m+1} - \sum_{i=1}^{m} c_i \cdot a_i) \cdot \lambda = d \cdot \lambda$$
$$= (e_{m+1} - \sum_{i=1}^{m} c_i \cdot a_{i,m+1}) \cdot y_{m+1} = (e_{m+1} - k_{m+1}) \cdot y_{m+1} = d_{m+1} \cdot y_{m+1}$$

$$\text{mit } \frac{d}{b_{m+1}} = d_{m+1} = e_{m+1} - k_{m+1}, \quad k_{m+1} = \sum_{i=1}^{m} c_i \cdot a_{i,m+1}$$

Die Koeffizienten d und d_{m+1} bestimmen den prozeßspezifischen bzw. den produktspezifischen Erfolgsbeitrag. Für $b_{m+1} = 1$ stimmen sie zahlenmäßig, jedoch nicht unbedingt dimensionsmäßig überein. Der spezifische Erfolgsbeitrag ist die Differenz aus der spezifischen Leistung und den spezifischen Kosten, im Falle des Produkts also die Differenz aus Produktpreis e_{m+1} und (variablen) Stückkosten k_{m+1}. Die Stückkosten setzen sich aus den Faktorpreisen und Produktionskoeffizienten aller Faktoren zusammen. Man spricht auch von der *Produktkalkulation*. Die Durchführung eines Prozesses führt nur dann zu einer Erfolgsverbesserung, wenn die Stückkosten unter dem Produktpreis liegen, d.h. wenn der spezifische Erfolgsbeitrag des Prozesses und damit auch des Produktes positiv sind.

So wie im speziellen Fall 1:1 des §12.2.1 liegt wieder eine spiegelbildliche Dualität vor, die sich in gegenläufigen Objekt- und Werteflüssen im I/O-Graphen (bzw. Erfolgsgraphen) niederschlägt. In der Abb. 12.3b kann zu jedem durchgezogenen Pfeil ein entgegengesetzter gestrichelter Pfeil für den Wertfluß eingezeichnet werden. In den nachstehenden wesentlichen Mengen- und Wertbeziehungen kommt diese Spiegelbildlichkeit allerdings nicht so deutlich zum Ausdruck:

Mengenmodell	Wertmodell
$x_i = a_{i,m+1} \cdot y_{m+1}, \quad i = 1, ..., m$	$k_{m+1} = \sum_{i=1}^{m} c_i \cdot a_{i,m+1}$

Beispiel 12.3 (*Eisenführ 1989*, S. 63): ❑
Das Produkt „Punch Royal" wird aus verschiedenen Ingredienzen gemischt, wie in dem I/O-Graph der Abb. 12.5 dargestellt (vgl. Bsp. 11.4). Außer im I/O-Graph sind die wesentlichen Daten auch in der Tabelle 12.6 zusammengestellt. Die zweite Spalte bestimmt die Mischungsrezeptur, die dritte die Faktorpreise und die vierte die verfügbaren Faktorkapazitäten.

Tab. 12.6: Daten für Punch Royal ($b_{PR} = 1$)

Faktorart i	Inputkoeff. a_i	Preis c_i	Kapazität $\bar{x}_i$
Rotwein	3 [Flaschen/PR]	4,50 [DM/Fl.]	73 [Fl.]
Hutzucker	1 [Stück/PR]	0,80 [DM/St.]	418 [St.]
Arrak	1 [Flasche/PR]	12,50 [DM/Fl.]	23 [Fl.]
Orangenschale	1 [Stück/PR]	0,40 [DM/St.]	14 [St.]
Nelke	5 [Stück/PR]	0,10 [DM/St.]	500 [St.]

Durch Vorgabe einer gewünschten Quantität y_{PR} Punch Royal sind die Faktorbedarfe unmittelbar aus dem Mengenmodell ableitbar. Für die verfügbaren Faktorkapazitäten sind die zulässigen Produktquantitäten bestimmt durch:

$$\begin{pmatrix} 3 \\ 1 \\ 1 \\ 1 \\ 5 \end{pmatrix} \cdot y_{PR} \leq \begin{pmatrix} 73 \\ 418 \\ 23 \\ 14 \\ 500 \end{pmatrix} \quad \text{mit } y_{PR} \geq 0$$

Den Engpaß dieser inputlimitationalen Produktionsbeziehung bilden die Orangenschalen. Maximal können demnach 14 Quantitätseinheiten Punch Royal hergestellt werden (vorausgesetzt, man bleibt bei dem Rezept). Es wäre ineffizient, alle verfügbaren Faktorkapazitäten „einzusetzen". Einsetzen ist dabei so zu verstehen, daß die Faktorquantitäten spurlos verloren gehen, d.h. am Periodenende nicht mehr zur Verfügung stehen, ohne in der Mischung Punch Royal enthalten zu sein (Faktorverschwendung).

§12 Elementare Technologien

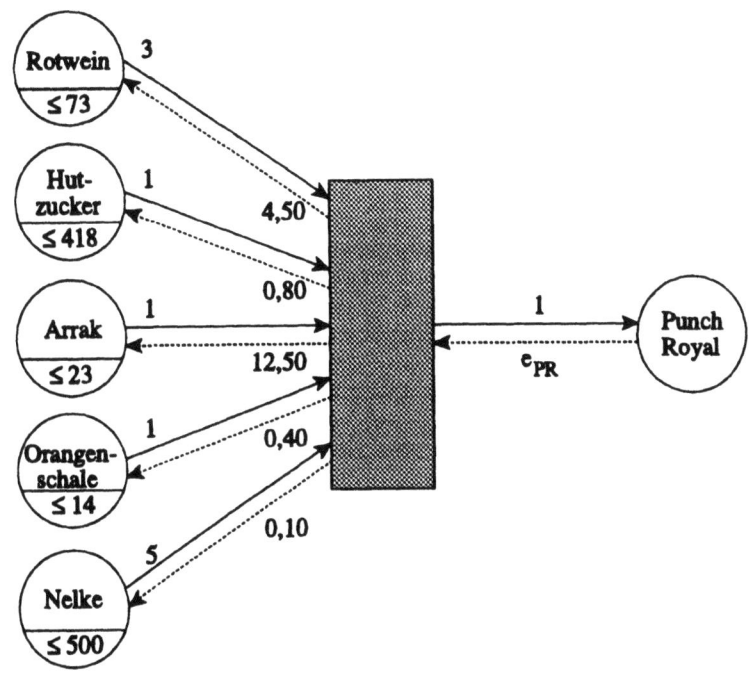

Abb. 12.5: I/O-Graph für Punch Royal (Bsp. 12.3)

Die Stückkosten (produktspezifischen Kosten) berechnen sich zu:

$k_{PR} = 4,5 \cdot 3 + 0,8 \cdot 1 + 12,5 \cdot 1 + 0,4 \cdot 1 + 0,1 \cdot 5 = 27,70$

Die (indirekte) Kostenfunktion lautet:

$K(y_{PR}) = k_{PR} \cdot y_{PR} = 27,7 \cdot y_{PR}$

∎

12.3.2 Analoge Typen mit Übeln und Neutra

Eine ausführliche Diskussion der verschiedenen Fälle mit einer Ertragsart und mehreren Aufwandsarten erübrigt sich aus zwei Gründen. Zum einen erschließen sie sich in Erweiterung der Fallunterscheidungen mit nur zwei Objektarten in §12.2 vollkommen analog zu dem vorangehend behandelten Fall mit m Faktoren und einem Produkt. Entscheidend ist die Übereinstimmung aller unterschiedlichen Fälle auf der Ergebnisebene (A/E-Ebene). Das folgende Beispiel 12.4 soll das demonstrieren. Zum zweiten sind sie Spezialfälle des allgemeinen Typs mit mehreren Ertrags- und Aufwandsarten, der in §12.5 behandelt wird.

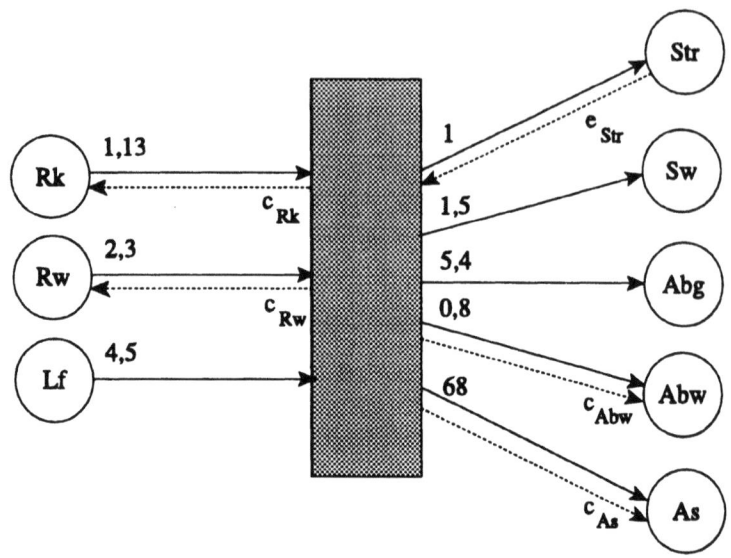

Abb. 12.6: I/O-Graph eines Braunkohlekraftwerks (Bsp. 12.4)

Beispiel 12.4 (Fortsetzung von Bsp. 12.2): ❑
Abb. 12.6 zeigt den zur I/O-Tabelle 12.5 gehörenden I/O-Graph eines Braunkohlekraftwerks. Die acht beachteten Objektarten sind durch abkürzende Buchstabenkombinationen symbolisiert. Zusätzlich sind neben den Mengenflüssen (durchgezogene Pfeile) auch Wertflüsse (gestrichelt) eingezeichnet. Schwaden (*Sw*) und Abgase (*Abg*) sind als Beiprodukte angenommen, so daß für sie keine Wertpfeile existieren, ebenso nicht für den Beifaktor Luft (*Lf*). Einziger Ertrag ist der produzierte Strom (*Str*) mit dem Preis e_{Str}. Aufwendungen resultieren einerseits von den Faktoren Rohkohle (*Rk*) und Rohwasser (*Rw*) mit den Preisen c_{Rk} und c_{Rw} und andererseits von den Abprodukten Abwasser (*Abw*) und Asche (*As*). Für Abwasser ist eine Abgabe c_{Abw} zu entrichten, und die Asche ist unter zusätzlichem Aufwand (außerhalb des Produktionssystems) abzutransportieren und zu deponieren, wofür ein Preis c_{As} angesetzt wird. Das Mengenmodell dieses elementaren Prozesses hat die folgende Gestalt:

$$
\begin{aligned}
x_{Rk} &= 1{,}13\lambda & 1\lambda &= y_{Str} \\
x_{Rw} &= 2{,}3\lambda & 1{,}5\lambda &= y_{Sw} \\
x_{Lf} &= 4{,}5\lambda & 5{,}4\lambda &= y_{Abg} \\
& & 0{,}8\lambda &= y_{Abw} \\
& & 68\lambda &= y_{As}
\end{aligned}
$$

Jede einzelne Objektart limitiert alle anderen. Von Interesse ist meistens, wie die Aufwendungen von dem (einzigen) Ertrag abhängen. Deshalb wird das Gleichungssystem nach y_{Str} als Einflußgröße aufgelöst:

Faktoraufwand	Abproduktaufwand
$x_{Rk} = 1{,}13 y_{Str}$	$y_{Abw} = 0{,}8 y_{Str}$
$x_{Rw} = 2{,}3 y_{Str}$	$y_{As} = 68 y_{Str}$

Beifaktoreinsatz	Beiproduktanfall
$x_{Lf} = 4{,}5 y_{Str}$	$y_{Sw} = 1{,}5 y_{Str}$
	$y_{Abg} = 5{,}4 y_{Str}$

Existiert etwa für die Abgase eine stündliche Emissionsgrenze $\bar{y}_{Abg} = 2{,}7 \cdot 10^6 \, m^3$, so läßt sich aus der letzten Bilanzgleichung (unten rechts) die maximal zulässige Stromerzeugung ermitteln; sie beträgt 500 MW.

Die aus den beachteten Aufwandsarten resultierenden Kosten einer Kilowattstunde Strom ergeben sich zu:

$$k_{Str} = \frac{K}{y_{Str}} = \frac{c_{Rk} x_{Rk} + c_{Rw} x_{Rw} + c_{Abw} y_{Abw} + c_{As} y_{As}}{y_{Str}}$$

$$= 1{,}13 c_{Rk} + 2{,}3 c_{Rw} + 0{,}8 c_{Abw} + 68 c_{As}$$

∎

12.4 Eine Aufwandsart und mehrere Ertragsarten

Elementare Prozesse mit nur einer Aufwandsart, aber mehreren Ertragsarten stellen das Gegenstück zu den zuletzt behandelten Prozessen dar. Wie sich zeigen wird, verhalten sie sich sehr ähnlich, eben „umgekehrt".

12.4.1 Ein Faktor und mehrere Produkte

Bei einer reinen Gütertechnologie liegt der in Abb. 12.3c skizzierte Strukturtyp 1:n vor. Unter Einsatz des Faktors 1 werden die Produkte 2, ..., $n+1$ erzeugt:

$$x_1 = a_1 \cdot \lambda \qquad \begin{aligned} b_2 \cdot \lambda &= y_2 \\ &\vdots \\ b_{n+1} \cdot \lambda &= y_{n+1} \end{aligned}$$

Hieraus lassen sich n lineare Produktfunktionen $y_j = f(x_1)$ mit den zugehörigen Produktivitäten $b_{j,1} = b_j / a_1$ ableiten:

$$y_j = b_{j,1} \cdot x_1, \quad j = 2, ..., n+1 \, .$$

Die Produktivität $b_{j,1}$ beschreibt die Quantität des Produkts j, die je Faktoreinheit erzeugt wird. Im Zusammenhang mit einem Rohstoff als Faktor spricht man auch von *Ausbeutekoeffizienten* (bzw. um *Rückstands-* oder *Emissionskoeffizienten* bei Bei- und Abprodukten).

Da die Produkte aufgrund der Technologie zwangsläufig anfallen, handelt es sich um Kuppelproduktion im weiten Sinn, und zwar um *starre Kuppelproduktion* wegen ihrer eindeutig bestimmten Quantitäten. Eine Normierung findet oft mittels $a_1 = 1$ statt, so daß bei einem Prozeßniveau $\lambda = 1$ genau eine Faktoreinheit eingesetzt wird.

Bei materiellen Objektarten heißt diese Art von Produktion divergent. Sie ist typisch für alle Prozesse, bei denen ein Ausgangsmaterial in unterschiedliche Bestandteile zerlegt wird. Beispiele sind alle Trenn-, Schneide- und Aufspaltungsprozesse mit festen Ausbeutekoeffizienten (vgl. *Riebel 1963*, S. 38). Sie treten insbesondere in der Grundstoff-, Lebensmittel- und chemischen Industrie sowie in der Landwirtschaft auf (z.B. Mineralölraffination, Schlachterei, Hydrolyse, Haustierhaltung).

Mit konstanten Produktpreisen e_j und einem Faktorpreis c_1 folgt für den gesamten Erfolg:

$$w = \sum_{j=2}^{n+1} e_j \cdot y_j - c_1 \cdot x_1 = \left(\sum_{j=2}^{n+1} e_j \cdot b_j - c_1 \cdot a_1 \right) \cdot \lambda = d \cdot \lambda$$

$$= \left(\sum_{j=2}^{n+1} e_j \cdot b_{j,1} - c_1 \right) \cdot x_1 = (l_1 - c_1) \cdot x_1 = d_1 \cdot x_1$$

mit $\quad \dfrac{d}{a_1} = d_1 = l_1 - c_1, \qquad l_1 = \sum_{j=2}^{n+1} e_j \cdot b_{j,1}$

Die Stückleistung l_1 des Faktors bestimmt die aus den gewonnenen Produkten erzielbaren Erlöse je Faktoreinheit. Ist sie höher als die direkten Kosten c_1, so ist der faktorspezifische Deckungsbeitrag positiv, und die Durchführung des elementaren Prozesses vergrößert den Erfolg.

Zeichnet man in den I/O-Graph der Abb. 12.3c auch die Werteflüsse ein, so erkennt man wieder die Gegenläufigkeit der Objekt- und Werteflüsse bei reinen Gütertechnologien. Bei dem Vergleich der nachstehenden wesentlichen Mengen- und Wertbeziehungen mit denen des umgekehrten Falls in §12.3.1 für einen Ertrag und mehrere Aufwendungen fällt die strukturelle Ähnlichkeit auf:

Mengenmodell	**Wertmodell**
$y_j = b_{j,1} \cdot x_1, \quad j = 2, ..., n+1;$	$l_1 = \sum_{j=2}^{n+1} e_j \cdot b_{j,1}$

Während in §12.3.1 die Stückkosten des Produkts kalkuliert werden konnten, ist es nun die Stückleistung des Faktors. In der Praxis werden trotzdem verschiedene Methoden zur *Kalkulation von Kuppelprodukten* angewendet (insbesondere Äquivalenzziffern-, Tragfähigkeits- und Restwertmethode). Logisch begründet ist allenfalls die *Restwertmethode*, wenn sie zur Kalkulation eines einzigen Hauptproduktes benutzt wird - also im engeren Sinn keine Kuppelproduktion vorliegt - und die Preise aller anderen Kuppelprodukte bekannt sind. Das obige Mengenmodell wird dazu so umgeformt, daß alle Objektquantitäten sich als

Funktion der Hauptproduktquantität darstellen. Eingesetzt in die Erfolgsfunktion folgt daraus, falls $n+1$ das Hauptprodukt ist:

$$w = (e_{n+1} - k_{n+1}) \cdot y_{n+1} = d_{n+1} \cdot y_{n+1}$$

mit $\quad k_{n+1} = c_1 \cdot \dfrac{a_1}{b_{n+1}} - \sum_{j=2}^{n} e_j \cdot \dfrac{b_j}{b_{n+1}} = c_1 \cdot a_{1,n+1} - \sum_{j=2}^{n} e_j \cdot b_{j,n+1}$

Die Stückkosten ergeben sich demnach aus den hauptproduktspezifischen Faktorkosten abzüglich den von den restlichen Kuppelprodukten erbrachten Leistungen. Der Preis e_{n+1} des Hauptproduktes darf nicht unter den so berechneten Stückkosten liegen, weil andernfalls Erfolgsminderungen resultieren.

Eine unabhängige Kalkulation mehrerer Kuppelprodukte ist dagegen nicht möglich, weil die Faktorkosten in bezug auf die einzelnen Kuppelprodukte (*variable*) *Gemeinkosten* sind, d.h. weil sie nicht von einem einzelnen, sondern von allen Kuppelprodukten gemeinsam verursacht werden. Es gibt daher keine „verursachungsgerechte" Aufteilung der Faktorkosten auf die einzelnen Kuppelprodukte; jede solche Gemeinkostenschlüsselung ist willkürlich. Sinnvoll und für viele Zwecke auch ausreichend ist lediglich die Kalkulation des Deckungsbeitrags d des gesamten *Kuppelproduktbündels* („*Kuppelproduktpäckchen*"; *von Stackelberg* 1932).

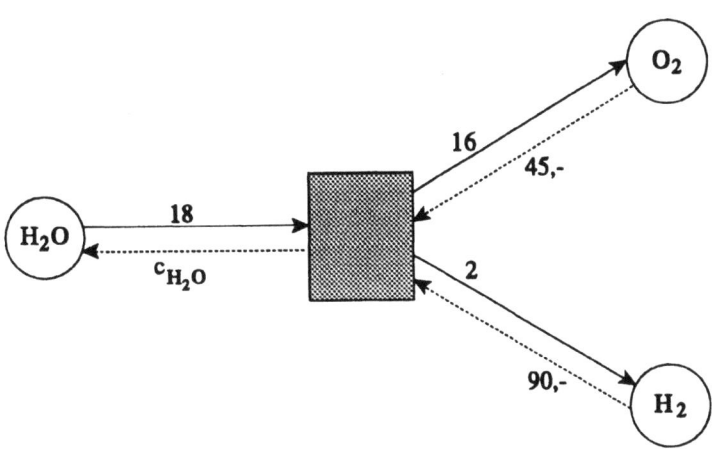

Abb. 12.7: I/O-Graph der Hydrolyse

Beispiel 12.5 (Fortsetzung von Bsp. 10.7): ❏
Der I/O-Graph in Abb. 12.7 stellt vereinfacht den Hydrolyseprozeß dar, bei dem aus 18 kg Wasser (H_2O) als Produkte Sauerstoff (O_2) mit 16 kg und Wasserstoff (H_2) mit 2 kg entstehen. Die Produktpreise betragen 45 DM/kg für Sauerstoff und 90 DM/kg für Wasserstoff. Mengen- und Wertmodell lauten dann:

$$y_{O_2} = \frac{8}{9} x_{H_2O}$$
$$y_{H_2} = \frac{1}{9} x_{H_2O}$$

$$l_{H_2O} = 45 \cdot \frac{8}{9} + 90 \cdot \frac{1}{9} = 50$$

Das Massenverhältnis der anfallenden Produkte beträgt starr 8:1. Pro Kilogramm zerlegtem Wasser kann ein Erlös von 50 DM erzielt werden. Eine Verteilung der - hier nicht angegebenen - Faktorkosten auf die beiden Kuppelprodukte (z.B. nach der Äquivalenzziffernmethode gemäß ihrem Massenanteil) ist nicht vernünftig begründbar. Ist Wasserstoff allerdings nur ein Nebenprodukt mit dem genannten Preis und betragen die gesamten Faktorkosten pro Kilogramm Wasser (inklusive weiterer Fertigungskosten) 42 DM, so bestimmt sich die Preisuntergrenze für das Hauptprodukt Sauerstoff zu 42 · 9/8 - 90 · 1/8 = 36 DM/kg. ∎

12.4.2 Analoge Typen mit Übeln und Neutra

Die in §11 des öfteren als Beispiele herangezogenen Schnittmuster sind Basisaktivitäten mit einem Faktor und in der Regel mehreren Produkt- und Beiproduktarten. Eine Vernachlässigung der Beiprodukte, des „Verschnitts", führt zu elementaren Prozessen des gerade zuvor untersuchten Typs.

Die Analyse elementarer Produktionsprozesse mit einer einzigen Aufwandsart und mehreren Ertragsarten zeigt schon im speziellen Fall reiner Gütertechnologien alle wesentlichen Eigenschaften dieses Typs auf. Wegen der Identität auf der Ergebnisebene gelten sie ähnlich auch in den allgemeinen Fällen von Technologien mit Übeln und Neutra. Auf eine eingehendere Diskussion soll deshalb an dieser Stelle verzichtet werden, zumal das in §12.5.2 noch zu behandelnde Beispiel mit mehr als einer Aufwandsart alle Aspekte des Sonderfalles mit nur einer Aufwandsart enthält.

12.5 Mehrere Aufwandsarten und mehrere Ertragsarten

Elementare Prozesse mit sowohl mehreren Aufwands- wie auch Ertragsarten stellen den allgemeinsten elementaren Strukturtyp dar. Sie enthalten die bisher behandelten Typen als Spezialfälle. Andererseits kommen gegenüber diesen Spezialfällen keine prinzipiell neuen Aspekte hinzu, so daß eine kurze Untersuchung des Typs nach dem bewährten Schema genügt.

12.5.1 Mehrere Faktoren und mehrere Produkte

Bei einer reinen Gütertechnologie liegt der in Abb. 12.3d skizzierte Strukturtyp $m{:}n$ vor. Unter Einsatz der Faktoren $1, ..., m$ werden die Produkte $m+1, ..., m+n$ erzeugt:

$$x_1 = a_1 \cdot \lambda \qquad\qquad b_{m+1} \cdot \lambda = y_{m+1}$$
$$\vdots \quad \vdots \qquad\qquad\qquad \vdots \quad \vdots$$
$$x_m = a_m \cdot \lambda \qquad\qquad b_{m+n} \cdot \lambda = y_{m+n}$$

Das Gleichungssystem läßt sich bei Bedarf zwar durch Elimination der Prozeßvariablen so umformen, daß sich nach beliebiger Wahl einer Objektart die Quantitäten aller anderen Objektarten als lineare Faktor- bzw. Produktfunktionen allein der Quantität dieser einen Objektart darstellen. Entsprechend der in §12.4.1 genannten Restwertmethode könnte so der Erfolgsbeitrag dieser Objektart ermittelt werden. Sinnvoll ist eine solche Vorgehensweise in der Regel aber nur dann, wenn die ausgewählte Objektart das eigentliche Sachziel der Produktion bildet und somit das alleinige Hauptprodukt (oder Hauptredukt bei Übeltechnologien) ist. In diesem Fall genügt es schon, die Input- und Outputkoeffizienten so zu normieren, daß der Outputkoeffizient des betreffenden Hauptproduktes gleich Eins ist. Im allgemeinen bietet eine weitere Umformung des obigen Produktionsmodells jedoch keine Vorteile.

Bei konstanten Preisen ergibt sich der gesamte Erfolg als mit dem Prozeßniveau vervielfachter spezifischer Erfolgsbeitrag:

$$w = \sum_{j=m+1}^{m+n} e_j \cdot y_j - \sum_{i=1}^{m} c_i \cdot x_i = \left(\sum_{j=m+1}^{n} e_j \cdot b_j - \sum_{i=1}^{m} c_i \cdot a_i \right) \cdot \lambda = d \cdot \lambda$$

Die Durchführung des Prozesses erhöht den gesamten Erfolg genau dann, wenn der spezifische Erfolgsbeitrag d positiv ist. Eine Kalkulation einzelner Produkte ist im allgemeinen nicht sinnvoll. Erst aus der Gesamtbetrachtung aller Produkte und Faktoren heraus entscheidet sich die Vorteilhaftigkeit des Prozesses.

Da nur Güter betrachtet werden, verlaufen die Wertflüsse genau entgegen den Objektströmen. In der Abb. 12.3d müßten die Wertpfeile also gegenläufig zu den Objektpfeilen eingezeichnet werden. Formal können Mengen- und Wertmodell wie folgt zusammengefaßt werden:

Mengenmodell	**Wertmodell**
$x_i = a_i \cdot \lambda, \quad i = 1, ..., m$ $b_j \cdot \lambda = y_j, \quad j = m+1, ..., m+n$	$d = \sum_{j=m+1}^{m+n} e_j \cdot b_j - \sum_{i=1}^{m} c_i \cdot a_i$

12.5.2 Analoge Typen mit Übeln und Neutra

Bei materiellen Objektarten beschreibt der Typ $m{:}n$ eine austauschende Produktion. Obwohl austauschende Produktion aufgrund der Erhaltungssätze der Physik in der Realität der Regelfall ist (vgl. §6.1.1), ist der Typ $m{:}n$ nur dann wirklich relevant, wenn der Produzent die verschiedenen Objektarten als Güter (oder Übel) und nicht als Neutra einstuft. Die bislang vorherrschende Dominanz des Typs $m{:}1$ in der betriebswirtschaftlichen Literatur kann nur damit erklärt werden, daß in den meisten Branchen bei den jeweiligen Produktionsverfahren alle Outputarten bis auf eine als Beiprodukte eingestuft werden oder sogar überhaupt unbeachtet bleiben (z.B. Abwärme, Abluft).

Das folgende Beispiel illustriert zum einen die notwendigen Modifikationen für die Erweiterung der Betrachtung um Übel und Neutra. Gleichzeitig wird exemplarisch demonstriert, welche Änderungen sich ergeben, wenn die Einstufungen in die drei Objektkategorien und damit auch die Objektpreise quantitätsabhängig sind.

Beispiel 12.6: ❏

Eine verstärkte Bedeutung werden in Zukunft industrielle *Reduktionsbetriebe* erlangen. Diese Betriebe sind darauf spezialisiert, Abprodukte anderer Betriebe oder von Haushaltungen so umzuwandeln, daß aus ihnen möglichst wiederverwendbare oder aber zumindest weniger schädliche Objektarten entstehen. Von großer Bedeutung ist dabei das Aufkommen an *Altprodukten*, d.h. ehemaligen Gütern des Produktions- oder Konsumbereichs, für die aufgrund Verschleisses, technischen Fortschritts oder Geschmackswandels in ihrer gegenwärtigen Form keine weitere Verwendungsmöglichkeit gegeben ist und die auch nicht unmittelbar der Natur überlassen werden können (z.B. Altautos). Aus der Sicht dieser Betriebe sind die umzuwandelnden Objekte in der Regel Redukte, zumindest dann, wenn für die Annahme eine Gebühr kassiert wird.

Vereinfachend sei für einen Planungszeitraum von einem Monat angenommen, ein solcher Reduktionsbetrieb kassiere für eine bestimmte Sorte von Altprodukten (Objektart 1, gemessen in Tonnen) einen festen Betrag $e_1 = 500\,DM/t$. Für die Umwandlung wird menschliche Arbeit als einziger Faktor eingesetzt (Objektart 2, gemessen in Arbeitsstunden), dessen Einsatz ebenfalls mit einem konstanten Preis, und zwar in Höhe von $c_2 = 80\,DM/h$, bewertet wird. Alle anderen Inputarten seien entweder nicht beachtet oder als Beifaktoren eingestuft. Exemplarisch sei nur eine Beifaktorart 3 beachtet (z.B. eine „abgeschriebene" Maschine, die keinen Engpaß darstellt, keinem Verschleiß unterliegt und auch nicht anderweitig verwendet werden kann).

Aus dem Redukt entstehen durch Zerlegung in seine Bestandteile vier Outputarten, nämlich zwei Produkte 4 und 5, ein neues Abprodukt 6 sowie ein Beiprodukt 7. Die Produkte können zu den Preisen $e_4 = 250\,DM/t$ bzw. $e_5 = 320\,DM/t$ verkauft werden, allerdings nur bis zu den maximalen Absatzquantitäten $\bar{y}_4 = 500\,t$ bzw. $\bar{y}_5 = 660\,t$. Darüber hinaus gehende Überschüsse müssen beseitigt werden und verursachen im einen Fall Kosten von $\bar{e}_4 = -20\,DM/t$ bzw. bringen im anderen Fall noch einen Resterlös von $\bar{e}_5 = 60\,DM/t$. Die Objektart 4 ist demnach eigentlich nur bis zur Absatzschranke ein Produkt, darüber ein Abprodukt. Für das Abprodukt 6 (z.B. Abwasser) muß eine konstante Abgabe in Höhe von $c_6 = 1200\,DM/t$ entrichtet werden.

Der I/O-Graph der Abb. 12.8 gibt eine Übersicht über die vorgenannten Daten, wobei die unterschiedliche Verwendung der beiden Produktarten durch zusätzliche Pfeile zum Ausdruck gebracht wird. Außerdem enthält der I/O-Graph die noch fehlenden Angaben über die Input- und Outputkoeffizienten des unterstellten elementaren Prozesses.

Das Mengenmodell des Prozesses kann nun wie gehabt aufgestellt werden, wobei für die beiden unterschiedlichen Verwendungsarten der Produkte jeweils zwei zusätzliche Variablen eingeführt werden:

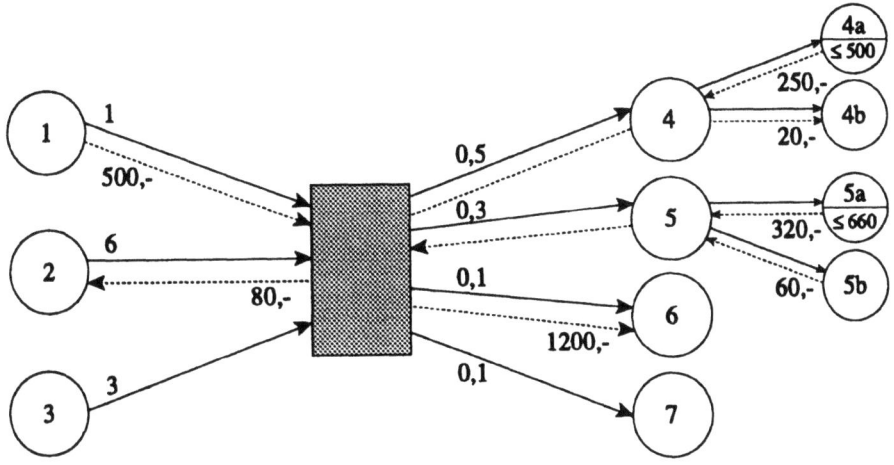

Abb. 12.8: Elementarer Reduktionsprozeß

$x_1 = \lambda$ $0{,}5\lambda = y_4$ $y_4 = y_{4a} + y_{4b}$

$x_2 = 6\lambda$ $0{,}3\lambda = y_5$ $y_5 = y_{5a} + y_{5b}$

$x_3 = 3\lambda$ $0{,}1\lambda = y_6$ $y_{4a} \leq 500$

 $0{,}1\lambda = y_7$ $y_{5a} \leq 660$

Aus dem Mengenmodell ergibt sich der gesamte Erfolg durch Bewertung der Quantitäten mit ihren Preisen:

$$w = 500x_1 - 80x_2 + (250y_{4a} - 20y_{4b}) + (320y_{5a} + 60y_{5b}) - 1200y_6$$

Solange die Absatzgrenzen der beiden Produkte noch nicht erreicht sind, gilt für ein erfolgsmaximales Verhalten $y_{4b} = 0$ und $y_{5b} = 0$. Diese Grenzen werden erreicht für $\lambda = 500/0{,}5 = 1000$ bei Produkt 4 und für $\lambda = 660/0{,}3 = 2200$ bei Produkt 5. Im Bereich $0 \leq \lambda \leq 1000$ gilt demnach folgende Erfolgsfunktion:

$$w = (500 - 80\cdot 6 + 250\cdot 0{,}5 + 320\cdot 0{,}3 - 1200\cdot 0{,}1)\cdot \lambda = 121\cdot\lambda = 121\cdot x_1$$

Der Grenzerfolg $w'(\lambda)$ des Prozesses ist demnach in diesem Bereich konstant und positiv; pro Tonne des Redukts erhöht sich der Gewinn um 121 DM. Im Bereich $1000 \leq \lambda \leq 2200$ kann dagegen schon keine Erfolgsverbesserung mehr erzielt werden; für den Grenzerfolg gilt nämlich:

$$w' = 500 - 80\cdot 6 - 20\cdot 0{,}5 + 320\cdot 0{,}3 - 1200\cdot 0{,}1 = -14$$

Er ist somit negativ mit -14 DM pro Tonne des Redukts. Über $x_1 = 2200$ hinaus sinkt er sogar auf -92 DM/t. ∎

Literaturhinweise zu §12

Ayres/Kneese 1969; Busse von Colbe/Laßmann 1991; Dyckhoff/Souren 1993; Heinen 1965; Müller-Merbach 1981; von Stackelberg 1932; Strebel 1992; Zäpfel 1991

Wichtige Begriffe und Aussagen in §12

Inputkoeffizient, Outputkoeffizient, I/O-Tabelle, I/O-Graph; Produktionsstrukturtypen; Produktionskoeffizient; spezifischer Erfolgsbeitrag; Stückkosten, Stückleistungen; Dualität zwischen Mengen- und Wertmodell; Koppelungskoeffizient; starre Kuppelproduktion, Ausbeutekoeffizient; Kalkulation von Kuppelprodukten: Restwertmethode

Wiederholungsfragen zu §12

1) Welche Darstellungsformen für elementare lineare Technologien gibt es? Welcher Zusammenhang besteht zwischen I/O-Graph und A/E-Graph?
2) Welche Strukturtypen gibt es? Worin besteht der Unterschied zwischen elementaren und degenerierten Strukturtypen?
3) Wie lauten Mengen- und Wertmodelle für die unterschiedlichen Produktionsstrukturtypen? Welche Zusammenhänge bestehen zwischen Mengen- und Wertmodellen eines Produktionstrukturtyps bzw. verschiedener Typen?
4) Wie verlaufen die Mengen- und Wertflüsse in den Graphen der unterschiedlichen Produktionsstrukturtypen?
5) Welcher Strukturtyp läßt sich durch eine Stückliste bzw. eine Rezeptur darstellen?
6) Welche Produktionsprozesse zeichnen sich durch den Produktionsstrukturtyp 1:n aus? Ist bei diesem Strukturtyp eine verursachungsgerechte Aufteilung der Faktorkosten möglich?

Paragraph 13
Einstufige Technologien

Elementare lineare Technologien sind identisch mit einem Prozeßstrahl. Der einzige Freiheitsgrad für die Entscheidung des Produzenten besteht in der Festlegung des Prozeßniveaus. Dadurch sind Input und Output und somit auch Aufwand und Ertrag eindeutig bestimmt. Größere Freiheitsgrade ergeben sich erst, wenn zwei oder mehr elementare Prozesse miteinander kombiniert werden können. Dann hat der Produzent zu entscheiden, welche elementaren Prozesse miteinander kombiniert werden und auf welchem jeweiligen Niveau das geschieht. In besonderen Fällen erhält man auf diese Weise einstufige lineare Technologien.

13.1 Begriffe, Darstellungsformen und grundlegende Strukturtypen

Einstufige Technologien sind dadurch gekennzeichnet, daß es keine Objektarten gibt oder sie jedoch nicht (explizit) beachtet werden, welche **innerhalb** des Produktionssystems sowohl Output wie auch Input sind (näher dazu §15). Im speziellen Fall einer endlich generierbaren linearen Technologie existiert dann keine Objektart, die zugleich Output einer Basisaktivität und Input einer anderen Basisaktivität ist.

Demnach können die Input- bzw. Outputarten der verschiedenen möglichen Basisaktivitäten zu zwei disjunkten Mengen zusammengefaßt und mit $i = 1, ..., m$ bzw. $j = m+1, ..., m+n$ numeriert werden. Es sei in diesem Paragraphen unterstellt, daß außer den vorkommenden Input- und Outputarten keine weiteren Objektarten beachtet werden ($m + n = \kappa$). Im Unterschied zu den elementaren linearen Technologien brauchen die Inputarten und Outputarten bei einstufigen Technologien aber nicht bei jeder möglichen Produktion tatsächlich aufzutreten.

Beispiel 13.1: ❑
Einem Produzenten stehen die folgenden drei Basisaktivitäten zur Verfügung:

$z^1 = (-4;\ -1;\ \ 0;\ \ \ \ 0;\ 5;\ 0;\ 0)$

$z^2 = (-2;\ -3;\ -5;\ \ \ \ 0;\ 2;\ 8;\ 0)$

$z^3 = (\ 0;\ \ \ 0;\ \ 0;\ -10;\ 0;\ 3;\ 7)$

Die ersten vier Objektarten sind Inputarten, die anderen drei Outputarten. Bei den drei elementaren Prozessen handelt es sich um die Strukturtypen 2:1, 3:2 und 1:2. In Prozeß 1 wird mittels der Inputarten 1 und 2 die Outputart 5 hergestellt, und zwar benötigt man für fünf Quantitätseinheiten (z.B. Tonnen) des Output vier Quantitätseinheiten des Input 1 und eine des Input 2. Die anderen beiden Prozesse sind divergierende Prozesse mit jeweils zwei Kuppelprodukten. Bei Prozeß 3 entstehen aus zehn Einheiten des Input 4 zwangsläufig sowohl drei Einheiten des Output 6 als auch sieben Einheiten des Output 7. Bei Prozeß 2 werden von den Inputarten 1, 2 und 3 zwei, drei bzw. fünf Einheiten gebraucht, um die Kuppelprodukte 5 und 6 in zwei bzw. acht Quantitätseinheiten zu erzeugen.

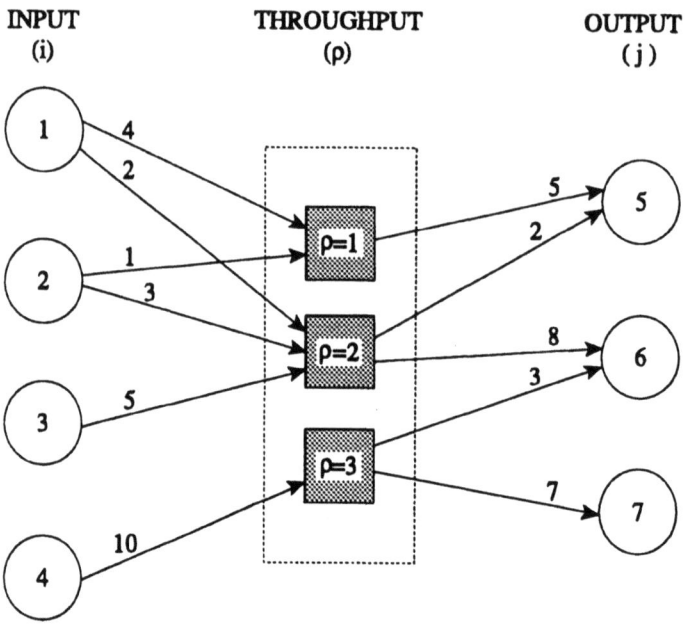

Abb. 13.1: I/O-Graph eines einstufigen Prozesses (Bsp. 13.1)

Tab. 13.1: I/O-Tabelle für das Beispiel 13.1

Objektarten	Prozeß 1	Prozeß 2	Prozeß 3
INPUT			
1	4	2	0
2	1	3	0
3	0	5	0
4	0	0	10
OUTPUT			
5	5	2	0
6	0	8	3
7	0	0	7

Der vorstehende Absatz gibt eine verbale Beschreibung (ein verbales Modell) einer einstufigen linearen Technologie mit vier Inputarten, drei Outputarten und drei elementaren Prozessen. Kürzer und prägnanter ist die (formale) mathematische Darstellung mittels der drei (Zeilen-) Vektoren als Basisaktivitäten. Noch übersichtlicher, wenn auch weniger platzsparend, ist die (ebenfalls formale) graphische Darstellung anhand des I/O-Graphen der Abb. 13.1. In ihm sind die drei einzelnen elementaren Prozesse kombiniert. Ebenso sind auch tabellarische Darstellungen möglich, etwa einzeln für jeden elementaren Prozeß wie bei der früheren Tab. 12.1 oder auf irgendeine Weise zusammengefaßt wie in der Tab. 13.1. Dabei können alle Objektquantitäten als nichtnegative Zahlen aufgeschrieben werden, wenn durch die Art der Darstellung klar ist, ob es sich um einen Input oder einen Output handelt.

Ein Modell der beteiligten Objektquantitäten („Mengenmodell") kann gewonnen werden, indem für jeden elementaren Prozeß ein eigenes Teilmodell aufgestellt wird und diese zu einem Gesamtmodell zusammengeführt („konsolidiert") werden. Der jeweilige elementare Prozeß wird dabei durch einen oberen Index gekennzeichnet:

Mengenmodell

- Prozeß 1: $x_1^1 = 4\lambda^1$, $x_2^1 = \lambda^1$; $y_5^1 = 5\lambda^1$

- Prozeß 2: $x_1^2 = 2\lambda^2$, $x_2^2 = 3\lambda^2$, $x_3^2 = 5\lambda^2$; $y_5^2 = 2\lambda^2$, $y_6^2 = 8\lambda^2$

- Prozeß 3: $x_4^3 = 10\lambda^3$; $y_6^3 = 3\lambda^3$, $y_7^3 = 7\lambda^3$

- Inputverwendung und Outputherkunft:

$$x_1 = x_1^1 + x_1^2, \quad x_2 = x_2^1 + x_2^2, \quad x_3 = x_3^2, \quad x_4 = x_4^3,$$

$$y_5 = y_5^1 + y_5^2, \quad y_6 = y_6^2 + y_6^3, \quad y_7 = y_7^3.$$

Da die prozeßbezogenen Objektquantitäten durch das jeweilige Prozeßniveau determiniert sind, können die drei Teilmodelle zu folgendem Gesamtmodell konsolidiert werden:

Konsolidiertes Mengenmodell

- Inputverwendung: $x_1 = 4\lambda^1 + 2\lambda^2$, $x_2 = \lambda^1 + 3\lambda^2$, $x_3 = 5\lambda^2$, $x_4 = 10\lambda^3$;

- Outputherkunft: $y_5 = 5\lambda^1 + 2\lambda^2$, $y_6 = 8\lambda^2 + 3\lambda^3$, $y_7 = 7\lambda^3$. ∎

Nach demselben Prinzip kann für das vorangehende Beispiel auch das zugehörige Wertmodell aufgestellt werden. Dazu bedarf es natürlich einer Zuordnung der Objektarten zu den drei Kategorien GUT, ÜBEL und NEUTRAL sowie einer weitergehenden Bewertung mittels einer Erfolgsfunktion. Wie das geschieht, wird in den nachfolgenden Abschnitten für mehrere *Grund(struktur)typen* einstufiger linearer Technologien vorgeführt und sollte spätestens am Ende des Paragraphen klar geworden sein. Eine Übersicht über folgende Grundtypen gibt die Abb. 13.2:

(13a) *inputlimitationale Produktion*
(13b) *outputlimitationale Produktion*
(13c) *Verfahrenswahl bei der Herstellung eines Output*
(13d) *Verfahrenswahl bei der Nutzung eines Input*
(13e) *voll elastische Produktion*
(13f) *sonstige variable Produktion*

Wie schon in §12 werden die Grundtypen bevorzugt für den Fall reiner Gütertechnologien behandelt. Die Argumentation ist dann einfacher, und die Ergebnisse können dennoch ohne große Schwierigkeiten auf die anderen Fälle von Technologien mit Übeln und Neutra übertragen werden. Einige Beispiele illustrieren die Aufstellung solcher Wertmodelle.

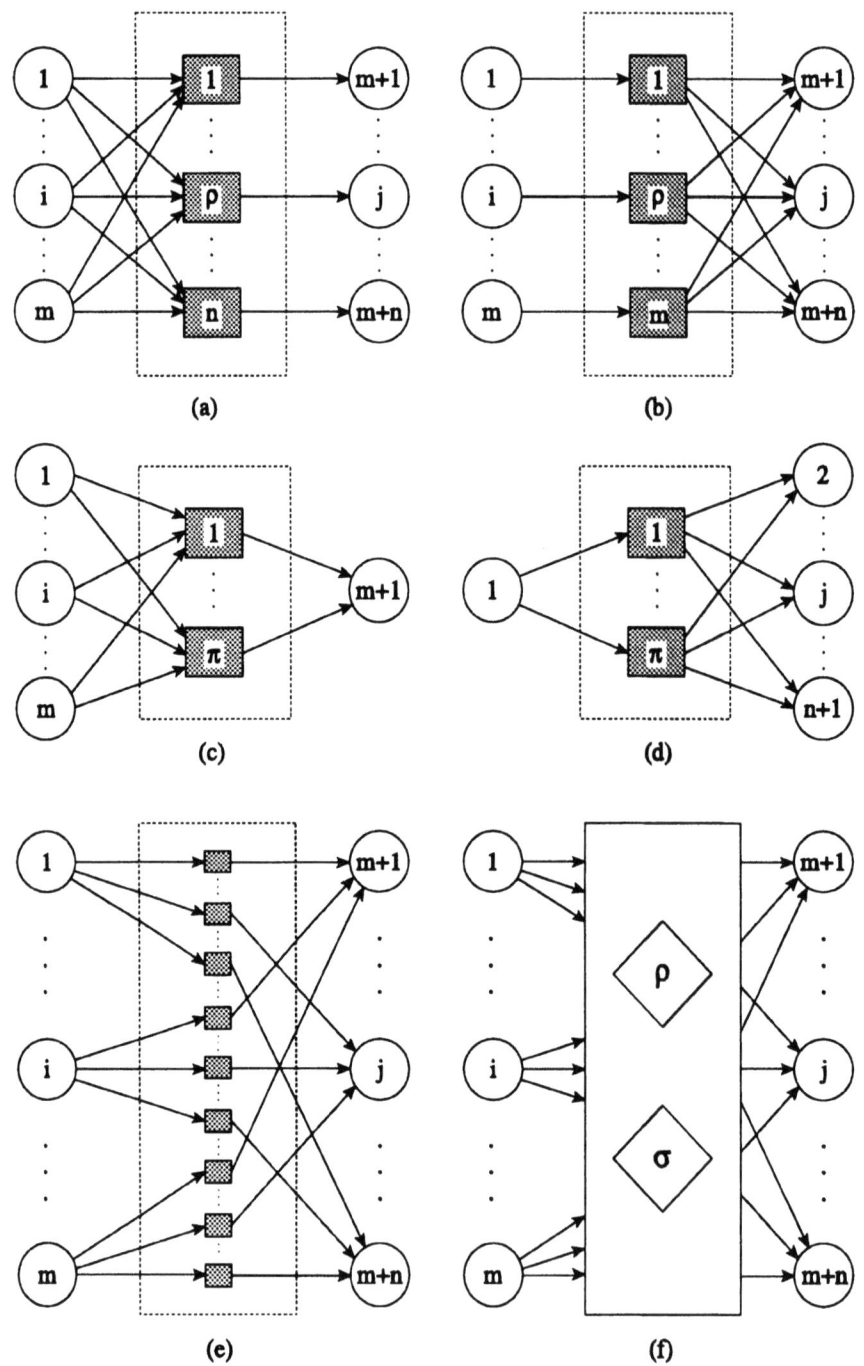

Abb. 13.2: Grundtypen einstufiger linearer Technologien

13.2 Inputlimitationale Produktion

Tritt eine Objektart nur in genau einer einzigen Basisaktivität auf, so gibt es in dem I/O-Graphen auch nur eine Kante (Pfeil) zwischen dem Knoten (Kreis), der die Objektart repräsentiert, und dem schraffierten Kasten (Viereck), der den elementaren Prozeß darstellt. Eine solche eineindeutige Beziehung zwischen einer Objektart k und einem elementaren Prozeß ρ hat zwei Konsequenzen: Einmal kann der Prozeß mit der Objektart identifiziert werden. Üblicherweise geschieht das durch die Normierung des Prozeßniveaus, so daß das Niveau $\lambda^\rho = 1$ einer Quantitätseinheit der Objektart entspricht, d.h. bei einem Input genau eine Einheit eingesetzt wird ($x_k = 1$) bzw. bei einem Output genau eine Einheit erzeugt wird ($y_k = 1$). Zum zweiten sind mit der Quantität der Objektart k gleichzeitig alle anderen Input- und Outputquantitäten des Prozesses ρ determiniert.

Der I/O-Graph der Abb. 13.2a zeichnet sich dadurch aus, daß bei allen Outputarten derartige eineindeutige Beziehungen zwischen Objektart und elementarem Prozeß bestehen. Die Prozesse insgesamt sind somit *outputseitig determiniert* (vgl. *Müller-Merbach 1981*, S. 30ff., hinsichtlich einer ähnlichen Terminologie und Vorgehensweise). Wie sich im folgenden zeigen wird, entspricht dies der Inputlimitationalität einer Gütertechnologie.

13.2.1 Mengenmodell

Beim outputseitig determinierten Strukturtyp der Abb. 13.2a stimmt die Anzahl elementarer Prozesse exakt mit der der Outputarten überein ($\pi = n$). Es ist deshalb zweckmäßig, die Basisaktivitäten so zu numerieren, daß für $\rho = 1, ..., n$ mit dem Prozeß ρ die Objektart $j = m+\rho$ hergestellt wird. Mit den üblichen Symbolen für die Input- und Outputquantitäten sowie Prozeßniveaus ergibt sich folgendes Modell:

- Elementare Prozesse ($\rho = 1, ..., n$): $\quad x_i^\rho = a_i^\rho \lambda^\rho, \; i = 1, ..., m; \; y_{m+\rho}^\rho = b_{m+\rho}^\rho \lambda^\rho$

- Inputverwendung ($i = 1, ..., m$): $\quad x_i = x_i^1 + ... + x_i^n$

- Outputherkunft ($j = m+1, ..., m+n$): $\quad y_j = y_j^{j-m}$

Durch Elimination der prozeßbezogenen Objektquantitäten kann das Modell konsolidiert werden. Dabei ist es vorteilhaft, die Niveaus der einzelnen Prozesse wie zuvor erwähnt zu normieren. Das heißt, die Outputkoeffizienten werden gleich Eins gesetzt, und die Inputkoeffizienten werden durch den jeweiligen Produktionskoeffizienten $a_{ij} = a_i^\rho/b_j^\rho$ mit $\rho = j-m$ ersetzt.

Konsolidiertes Mengenmodell

$$x_i = \sum_{j=m+1}^{m+n} a_{ij} y_j, \quad i = 1, ..., m.$$

Es handelt sich demnach tatsächlich um eine *inputlimitationale* (einstufige, lineare) Technologie. Die n Outputarten limitieren die m Inputarten. (Diese Aussage kann man sogar ohne Annahmen über die Zuordnung der Objektarten zu den drei Kategorien der Güter, Übel und

Neutra treffen.) Im Falle einer reinen Gütertechnologie entspricht das konsolidierte Modell der *Leontief-Produktionsfunktion*. Mit dem Inputvektor x, dem Outputvektor y und der *Bedarfsmatrix A*, die sich aus den Produktionskoeffizienten zusammensetzt, erhält man gemäß §7.5.2 folgende vektorielle Darstellung:

$$x = A \cdot y$$

In der Praxis sind regelmäßig nur beschränkte Inputquantitäten $\bar{x}_i$ verfügbar. Da auch für die Outputquantitäten Schranken vorliegen (können), hat die Produktionsmöglichkeitenmenge dann die folgende Gestalt:

$$Z = \{(x, y) \mid x = A \cdot y \leq \bar{x},\ \underline{y} \leq y \leq \bar{y}\}.$$

Beispiel 13.2: ❏
Die Abb. 13.3a zeigt den I/O-Graphen eines einstufigen, inputlimitationalen Produktionssystems. Das zugehörige konsolidierte Mengenmodell lautet:

$$\begin{aligned}
x_1 &= 5y_4 + 5y_5 \\
x_2 &= 5y_4 + 1{,}875y_5 \\
x_3 &= 3{,}75y_4 + 10y_5
\end{aligned} \quad \text{oder:} \quad \begin{pmatrix} x_1 \\ x_2 \\ x_3 \end{pmatrix} = \begin{pmatrix} 5 & 5 \\ 5 & 1{,}875 \\ 3{,}75 & 10 \end{pmatrix} \cdot \begin{pmatrix} y_4 \\ y_5 \end{pmatrix}.$$

Das Modell ist identisch mit dem der Beispiele 11.7-8 für ein lederverarbeitendes Unternehmen. Es genügt deshalb an dieser Stelle, auf die Beispiele 11.9 und 11.20 zu verweisen, in denen für das lederverarbeitende Unternehmen Produktionsbeschränkungen sowie eine Erfolgsfunktion eingeführt worden sind. ∎

Da es für jede Outputart nur einen elementaren Prozeß gibt, sind jede einzelne Basisaktivität sowie jede beliebige Kombination von Basisaktivitäten effizient, sofern es sich bei allen Objekten um Güter handelt. Inputlimitationalität entspricht dann Aufwandslimitationalität.

Ineffizienz kann bei Existenz von Übeln oder Neutra nur dadurch vorkommen, daß einzelne Basisaktivitäten an sich schon ineffizient sind. Das ist aber nur möglich, wenn sie durch den Stillstand dominiert werden, wenn also beispielsweise der (einzige) Output ein Beiprodukt oder - schlimmer noch - ein Abprodukt ist, während alle Inputarten Faktoren sind („Aufwand ohne Ertrag"). Solche elementaren Prozesse können jedoch von vorneherein als nicht sinnvoll eliminiert werden. Ein Bei- oder Abprodukt (als einziger Output) kann in einem sinnvollen elementaren Prozeß nur dann auftreten, wenn ein Redukt vernichtet wird. So gesehen könnte der I/O-Graph der Abb. 13.3a auch ein Reduktionssystem beschreiben, in dem das Redukt 1 mittels des Faktors 2 und des Beifaktors 3 in das Beiprodukt 4 und das Abprodukt 5 umgewandelt wird. Trotz Inputlimitationalität gäbe es in diesem Fall keine Aufwandslimitationalität, weil das Redukt 1 als der einzige Ertrag auf zwei verschiedene Weisen, nämlich einmal gemäß Prozeß 1 und zum anderen gemäß Prozeß 2 beseitigt werden kann (näher dazu Bsp. 13.4).

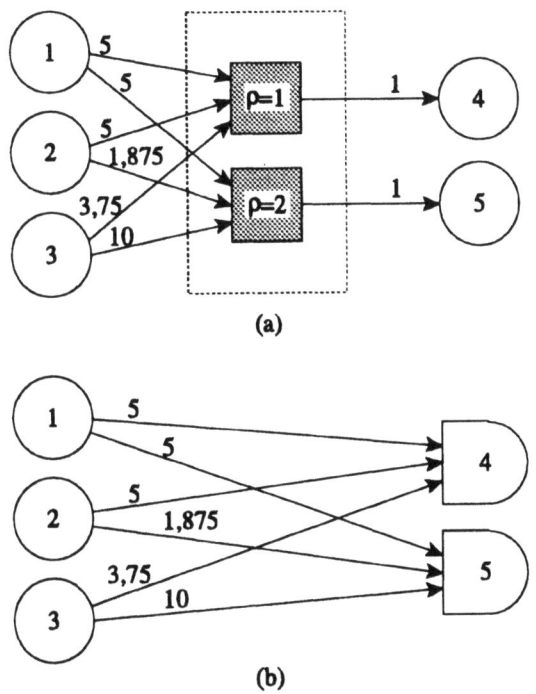

Abb. 13.3: Inputlimitationales einstufiges Produktionssystem:
(a) I/O-Graph und (b) Gozintograph

Die Abb. 13.3b illustriert eine zweite, verkürzte Darstellungsform outputseitig determinierter, d.h. inputlimitationaler, einstufiger linearer Produktionssysteme. Wegen der eineindeutigen Beziehung zwischen elementarem Prozeß und Output sind unter Weglassen des verbindenden Pfeils das jeweilige Viereck und der Kreis zu einem Knoten integriert, dessen linker Teil rechteckig ist und dessen rechter Teil einen Halbkreis bildet. In der Literatur wird eine ähnliche Art der Darstellung als *Gozintograph* bezeichnet (nach *Vazsonyi 1962*: „that part that *goes into* [this product]"), wobei üblicherweise nur kreisförmige Knoten benutzt werden, weil sich derartige Darstellungen stets nur auf den inputlimitationalen Typ beziehen und somit Verwechslungen mit anderen Typen nicht möglich sind. Gozintographen sind deshalb spezielle I/O-Graphen (vgl. *Müller-Merbach 1981*).

13.2.2 Kostenmodell für Gütertechnologie

Unter Berücksichtigung von §11.4.2 und §12.3 läßt sich das Wertmodell für den inputlimitationalen Grundtyp sowohl bei reinen Gütertechnologien wie auch bei Berücksichtigung von Übeln und Neutra relativ einfach formulieren. Für eine reine Gütertechnologie gilt, falls nur konstante Faktor- und Produktpreise den Erfolg beeinflussen:

$$w = \sum_{j=m+1}^{m+n} e_j y_j - \sum_{i=1}^{m} c_i x_i = \sum_{j=m+1}^{m+n} (e_j - k_j) y_j = \sum_{j=m+1}^{m+n} d_j y_j.$$

Dabei ist $d_j = e_j - k_j$ der spezifische Erfolgs- oder Deckungsbeitrag des Produkts j als Differenz von Erlös e_j und Stückkosten k_j. Letztere ergeben sich als Summe der mit den Faktorpreisen multiplizierten Produktionskoeffizienten:

Konsolidiertes Wertmodell (nur Güter)

$$k_j = \sum_{i=1}^{m} c_i a_{ij}, \quad j = m+1, ..., m+n.$$

Eine Erfolgssteigerung kann demnach immer dann erreicht werden, wenn die Quantität solcher Produkte erhöht wird, welche niedrigere Stückkosten als (Netto-) Erlöse verursachen. Die Produkte lassen sich also unabhängig voneinander kalkulieren. Diese Eigenschaft ist charakteristisch für inputlimitationale Produktion.

Das Wertmodell ist im wesentlichen ein Kostenmodell. Es erlaubt, die Faktorkosten (als Einzelkosten) auf die Produkte zuzurechnen. Ein entsprechendes Leistungsmodell, das eine Zurechnung der Erlöse auf die Faktoren erlauben würde, ist zum einen logisch nicht begründbar und wäre zum anderen auch nur von geringem praktischen Wert (es sei denn, die Beschaffung von Faktoren würde einen gravierenden Engpaß bilden). Sinnvoll ist dagegen die Deckungsbeitragsmaximierung für die zuvor genannte, beschränkte Produktionsmöglichkeitenmenge Z; ein solches Modell wird in der Literatur „*Standardansatz der Produktionsprogrammplanung*" genannt.

Beispiel 13.3 (Fortsetzung von Bsp. 13.2):   ❏
Das Kostenmodell zu Beispiel 13.2 hat folgende Gestalt:

$k_4 = 5c_1 + 5c_2 + 3{,}75c_3$
$k_5 = 5c_1 + 1{,}875c_2 + 10c_3$

oder vektoriell: $(k_4, k_5) = (c_1, c_2, c_3) \cdot \begin{pmatrix} 5 & 5 \\ 5 & 1{,}875 \\ 3{,}75 & 10 \end{pmatrix}$

Für $c_1 = 10$, $c_2 = 16$, $c_3 = 20$, $e_4 = 200$, $e_5 = 400$ berechnen sich die Stückkosten zu $k_4 = 205$, $k_5 = 280$. Somit führt die Herstellung des Produktes 4 je Quantitätseinheit (Paar Schuh) zu einer Erfolgsminderung von $d_4 = 200 - 205 = -5$ Einheiten (DM), während das Produkt 5 positiv mit $e_5 = 400 - 280 = 120$ zum Erfolg beiträgt.   ∎

13.2.3 Dualität und verallgemeinerte Wertmodelle

Wie schon bei den einzelnen elementaren Prozessen in §12.3.1 ist auch hier eine gewisse spiegelbildliche „Dualität" zwischen dem Mengenmodell und dem Wertmodell festzustellen,

§13 Einstufige Technologien

welche auf den gegenläufigen Objekt- und Werteströmen beruht. Bei geeigneter Definition von Preisvektoren lassen sich Mengen- und Wertmodell wie folgt gegenüberstellen (wobei Vektoren und Matrix in naheliegender Weise jeweils zu transponieren sind):

> **Mengen- und Wertmodell** (reiner Güterfall)
>
> $x = A \cdot y \qquad k = c \cdot A$

Das Mengenmodell ist outputseitig bestimmt, das Wertmodell inputseitig. Bei Existenz von Übeln und Neutra ändert sich das Wertmodell entsprechend den Werteströmen im I/O-Graphen. Die zuvor schon genannte andere Interpretation des Beispiels 13.2 im Sinne eines Reduktionssystems soll das exemplarisch demonstrieren.

Beispiel 13.4:
Für den I/O-Graph der Abb. 13.3 sei Objektart 1 ein Redukt mit dem Preis e_1, 2 ein Faktor mit Preis c_2, 3 ein Beifaktor, 4 ein Beiprodukt und 5 ein Abprodukt mit Preis c_5. Die Abb. 13.4 veranschaulicht den zugehörigen A/E-Graph, aus dem sich unmittelbar das zugehörige Wertmodell ableiten läßt:

- Erfolgsbeiträge der Prozesse $\rho = 1$ und $\rho = 2$:

$$d^1 = l_1^1 - k_2^1, \quad d^2 = l_1^2 - k_2^2 - k_5^2$$

- Leistungsquelle $i = 1$:

$$l_1^1 = 5e_1, \quad l_1^2 = 5e_1$$

- Kostensenken $i = 2$ und $j = 5$:

$$k_2^1 = 5c_2, \quad k_2^2 = 1{,}875 c_2; \quad k_5^2 = c_5$$

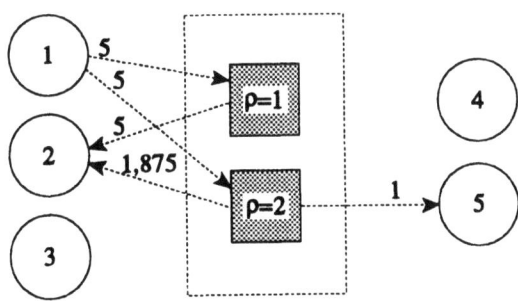

Abb. 13.4: A/E-Graph eines Reduktionssystems (Bsp. 13.4)

Durch weitere Zusammenfassung der Gleichungen ergibt sich das konsolidierte Wertmodell des Beispiels in Gestalt der prozeßspezifischen Erfolgsbeiträge:

$$d^1 = 5e_1 - 5c_2 \quad \text{und} \quad d^2 = 5e_1 - 1{,}875c_2 - c_5$$

■

13.3 Outputlimitationale Produktion

Da der zuvor behandelte Grundtyp sich aus der Kombination elementarer Prozesse des Typs $m{:}1$ ergibt, repräsentiert er in der Wirtschaftspraxis Montage-, Mischungs- und andere Produktionsprozesse, bei denen verschiedene Outputarten mittels jeweils einer bestimmten Stückliste, einer festen Rezeptur oder eines determinierten Arbeitsplans erzeugt werden. Dagegen betrifft der *inputseitig determinierte* Grundtyp der Abb. 13.2b den umgekehrten Fall, daß verschiedene Inputarten unabhängig voneinander eingesetzt werden und auf diese Weise zwangsläufig jeweils mehrere Kuppelprodukte entstehen. Beispiele solcher Kuppelproduktion sind vielfältig (vgl. §12.4.1 sowie *Riebel 1955* und *Müller-Merbach 1981*, S. 37).

Der I/O-Graph der Abb. 13.2b zeichnet sich dadurch aus, daß bei allen Inputarten eineindeutige Beziehungen zwischen Objektart und elementarem Prozeß bestehen. Diese spiegelbildliche Symmetrie zum outputseitig determinierten Grundtyp der Abb. 13.2a kommt auch in den Mengen- und Wertmodellen zum Ausdruck; sie erlaubt es im folgenden, die Analyse straffer zu gestalten.

Wegen der eineindeutigen Beziehung zwischen den Inputarten und den Basisaktivitäten werden deshalb beide mit derselben Numerierung $i = 1, ..., m$ bzw. $\rho = 1, ..., m$ versehen, so daß Inputart i allein im elementaren Prozeß $\rho = i$ eingesetzt wird. Analog zum umgekehrten Grundtyp (13a) erhält man folgende Beziehungen zwischen den Objektquantitäten:

Konsolidiertes Mengenmodell (nur Güter)

$$y_j = \sum_{i=1}^{m} b_{ji} x_i, \quad j = m+1, ..., m+n.$$

Die Ausbeute- bzw. Rückstands- oder Emissionskoeffizienten sind dabei definiert als Quotient $b_{ji} = b_j^\rho / a_i^\rho$ aus dem Output- und dem Inputkoeffizienten des zugehörigen elementaren Prozesses $\rho = i$. Die Technologie ist *outputlimitational*: Die m Inputquantitäten limitieren (determinieren) die n Outputquantitäten. In der traditionellen produktionstheoretischen Literatur ist dieser Typ kaum behandelt worden, wohl aber im Rahmen der Produktionsplanung (vgl. *Müller-Merbach 1981*, S. 38 und *Fandel 1981*).

Beispiel 13.5: ❑

Als Produktionssystem sei die Destillationsanlage („Top-Anlage") einer Erdölraffinerie betrachtet. In einer konkreten Planungsperiode können zwei verschiedene Rohöle 1 und 2 eingesetzt werden, um aus ihnen vier Produkte zu gewinnen: Top-Benzin (3), Petroleum (4), Mitteldestillat (5) und Rückstand (6). Die Abb. 13.5a zeigt den zugehörigen I/O-Graph mit den Input- und Outputkoeffizienten. Analog zum Gozinto-Graphen kann die Darstellung

§13 Einstufige Technologien

gemäß Abb. 13.5b vereinfacht werden. Eine solche Darstellung könnte man dann *Kamsautov-Graph* nennen („that product that *comes out of* this factor").

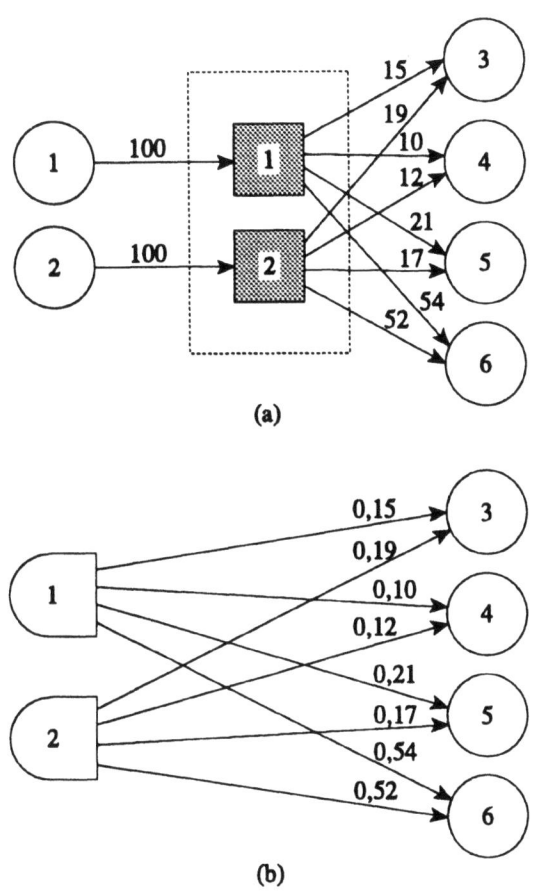

Abb. 13.5: Outputlimitationales, einstufiges Produktionssystem:
(a) I/O-Graph und (b) „Kamsautov"-Graph

Die folgenden Gleichungssysteme geben den quantitativen Zusammenhang zunächst für die Objektquantitäten und danach für die Objektwerte wieder. Dabei sind alle sechs Objektarten als Güter angenommen (auch der Rückstand!), und zwar mit konstanten Preisen:

$$y_3 = 0{,}15x_1 + 0{,}19x_2$$
$$y_4 = 0{,}10x_1 + 0{,}12x_2$$
$$y_5 = 0{,}21x_1 + 0{,}17x_2$$
$$y_6 = 0{,}54x_1 + 0{,}52x_2$$

oder:

$$\begin{pmatrix} y_3 \\ y_4 \\ y_5 \\ y_6 \end{pmatrix} = \begin{pmatrix} 0{,}15 & 0{,}19 \\ 0{,}10 & 0{,}12 \\ 0{,}21 & 0{,}17 \\ 0{,}54 & 0{,}52 \end{pmatrix} \cdot \begin{pmatrix} x_1 \\ x_2 \end{pmatrix}$$

bzw.

$$l_1 = 0{,}15e_3 + 0{,}10e_4 + 0{,}21e_5 + 0{,}54e_6$$
$$l_2 = 0{,}19e_3 + 0{,}12e_4 + 0{,}17e_5 + 0{,}52e_6$$

oder: $(l_1, l_2) = (e_3, e_4, e_5, e_6) \cdot \begin{pmatrix} 0{,}15 & 0{,}19 \\ 0{,}10 & 0{,}12 \\ 0{,}21 & 0{,}17 \\ 0{,}54 & 0{,}52 \end{pmatrix}$. ∎

Mit Hilfe des Mengenmodells kann im Beispiel für alle möglichen Einsatzkombinationen der beiden Rohölsorten berechnet werden, welche Ausbeuten der vier Kuppelprodukte zu erzielen sind. Umgekehrt ist es aber im allgemeinen nicht beliebig möglich, Quantitäten der vier Kuppelprodukte vorzugeben und daraus die benötigten Rohölquantitäten zu ermitteln: Entweder entstehen Fehlquantitäten, oder es werden Überschüsse produziert. Diesem Dilemma sehen sich die Erdölraffinerien gegenüber, wenn die Nachfragerelationen für die Kuppelprodukte saisonabhängig stark schwanken (im Winter mehr Heizöl, im Sommer mehr Benzin). Dem kann bei Outputsubstitutionalität besser begegnet werden (z.B. durch Crackanlagen; vgl. §13.5).

Das Wertmodell bei Outputlimitationalität ist im wesentlichen ein Leistungsmodell: Aus den Erlösen der Kuppelprodukte können über die Ausbeutekoeffizienten die spezifischen Leistungen der Einsatzstoffe abgeleitet werden. Sind sie höher als die Einstandspreise, so lohnt sich der Einsatz eines Rohöls. Sie bestimmen somit eine obere Grenze der Faktorpreise. Allgemein gilt:

Konsolidiertes Leistungsmodell (nur Güter)

$$l_i = \sum_{j=1}^{n} e_j b_{ji}, \quad i = 1, \ldots, m.$$

Das Wertmodell ist eine unmittelbar einleuchtende Verallgemeinerung desjenigen für einen einzelnen elementaren Prozeß vom Typ 1:n. Insofern gelten die in §12.4.1 angestellten Überlegungen über die Unmöglichkeit einer Ermittlung von Stückkosten für Kuppelprodukte (Produktkalkulation) auch hier. Im Unterschied zu früher kann nun zwischen verschiedenen „Kuppelproduktpäckchen" gewählt werden. Dafür tritt die Dualität von Mengenmodell und Wertmodell, wonach aufgrund der Gegenläufigkeit der Objekt- und Wertströme Input und Output ihre Rollen vertauschen, nunmehr auch bei der vektoriellen Darstellung offener zu Tage: Das Mengenmodell ist inputseitig, das Wertmodell outputseitig determiniert.

Mengen- und Wertmodell (reiner Güterfall)

$y = B \cdot x \qquad l = e \cdot B$

Gleichzeitig offenbaren die beiden vorstehenden Modelle für outputlimitationale Technologien nicht nur die ihnen eigene Symmetrie, sondern auch eine Symmetrie zu den zuvor behandelten Modellen für inputlimitationale Technologien (§13.2.3). Dort sind das Mengenmodell outputseitig und das Wertmodell inputseitig determiniert (vgl. *Müller-Merbach 1981*).

Wegen der Symmetrie der beiden Grundtypen (13a) und (13b) gelten die im Zusammenhang mit dem inputlimitationalen Typ angestellten Überlegungen zu beschränkten Produktionsmöglichkeiten, zur Effizienz und zur Berücksichtigung von Übeln und Neutra vollkommen analog: Sofern nicht schon elementare Prozesse (in trivialer Weise) durch den Stillstand dominiert sind, ist jede Produktion effizient. Übel und Neutra verändern nicht das Mengenmodell, wohl aber das Wertmodell.

Für reine Gütertechnologien sind Inputlimitationalität identisch mit Aufwandslimitationalität sowie Outputlimitationalität identisch mit Ertragslimitationalität. Bei Existenz von Übeln und Neutra fallen diese Begriffe auseinander. Allerdings entsprechen Aufwands- und Ertragslimitationalität auf der Ergebnisebene formal der Input- bzw. Outputlimitationalität. Dies erkennt man beispielsweise daran, daß der A/E-Graph bei Aufwandslimitationalität dieselbe Struktur aufweist wie der I/O-Graph bei Inputlimitationalität.

13.4 Verfahrenswahl bei der Herstellung eines Output

Die bislang behandelten Grundtypen (13a) und (13b) der Abb. 13.2 gehören beide zum einstufigen Strukturtyp $m{:}n$. Bei Materialien als Objektarten handelt es sich also um austauschende Produktion. Im Unterschied zum entsprechenden elementaren Strukturtyp bestehen jedoch keine festen Relationen zwischen den Input- und Outputquantitäten. Bei Typ (13a) können die Quantitäten aller Outputarten unabhängig voneinander beliebig gewählt werden. Die Produktion ergibt sich als Kombination elementarer Prozesse des Typs $m{:}1$ mit verschiedenen Outputarten.

Der Grundtyp (13c) der Abb. 13.2 stellt ebenfalls Kombinationen elementarer Prozesse des Typs $m{:}1$ dar, nun allerdings mit stets derselben Outputart. Deshalb ist auch diese „kombinative" Technologie vom Typ $m{:}1$. Bei stofflichen Objektarten liegt demnach weiterhin eine konvergierende Produktion vor. Der entscheidende Unterschied zum entsprechenden elementaren Typ besteht darin, daß verschiedene elementare Prozesse miteinander kombiniert werden können. Für den Produzenten gibt es dadurch in der Regel eine Vielzahl von Möglichkeiten, bestimmte Objektquantitäten zu realisieren. Die Produktion ist in diesem Sinne variabel oder *elastisch*.

13.4.1 Mengenmodell

Beim Strukturtyp (13c) der Abb. 13.2 gibt es π verschiedene *Verfahren*, d.h. Basisaktivitäten oder elementare Prozesse, in denen die m Inputarten kombiniert werden können, um ein und dieselbe Outputart $m+1$ zu erzeugen. Formal gelten folgende Beziehungen zwischen den Objektquantitäten und den Prozeßniveaus:

- Elementare Prozesse ($\rho = 1, ..., \pi$): $\quad x_i^\rho = a_i^\rho \lambda^\rho$, $\quad i = 1, ..., m$; $\quad y_{m+1}^\rho = b_{m+1}^\rho \lambda^\rho$

- Inputverwendung ($i = 1, ..., m$): $\quad x_i = \sum_{\rho=1}^{\pi} x_i^\rho$

- Outputherkunft ($j = m+1$): $\quad y_{m+1} = \sum_{\rho=1}^{\pi} y_{m+1}^\rho$

Unter Verwendung der prozeßspezifischen Produktionskoeffizienten $a_{i,j}^\rho = a_i^\rho / b_j^\rho$ für $j = m+1$ können die Gleichungen wie folgt zusammengefaßt werden:

Konsolidiertes Mengenmodell

$$x_i = \sum_{\rho=1}^{\pi} a_{i,m+1}^\rho y_{m+1}^\rho, \quad i = 1, ..., m;$$

$$\sum_{\rho=1}^{\pi} y_{m+1}^\rho = y_{m+1}.$$

Die Variable y_{m+1}^ρ beschreibt diejenige Teilquantität des Output, die mit dem Verfahren ρ hergestellt wird. Je nach Wahl der verwendeten Prozesse variieren die Einsatzquantitäten der Objektarten $i = 1, ..., m$ für einunddieselbe Outputquantität. Das frühere Beispiel 11.13 veranschaulicht diese Inputvariabilität. Gleichzeitig wird an dem Beispiel auch deutlich, daß einzelne Verfahren ineffizient sein können. Darüber hinaus war in §11.3.1 gezeigt worden, daß selbst Kombinationen effizienter Verfahren ineffizient sein können.

Um konkrete Aussagen über Effizienz treffen zu können, bedarf es der in §5 angesprochenen Informationen über die (partiellen) Präferenzen des Produzenten (oder einer anderen, die Produktion beurteilenden Instanz). Der Einfachheit halber sei zunächst wieder von einer reinen Gütertechnologie ausgegangen. Inputvariabilität bedeutet dann Faktorsubstitutionalität (vgl. §8.2.3 und Bsp. 11.13).

Beispiel 13.6 (vgl. *Eisenführ 1989*, S. 71ff.): ❏
In einem Arbeitsvorgang werden mehrere Holzteile fest miteinander verbunden. Vier Verfahren stehen zur Verfügung, die alle die Faktoren Leim (1) und Nägel (2) verbrauchen. Tab. 13.2 gibt eine Übersicht über die spezifischen Verbräuche je Einheit des Produktes (3).

Das Mengenmodell lautet demnach:

$$x_1 = 100 y_3^1 + 50 y_3^2 + 30 y_3^3 + 40 y_3^4$$

$$x_2 = 20 y_3^1 + 30 y_3^2 + 60 y_3^3 + 50 y_3^4$$

$$y_3^1 + y_3^2 + y_3^3 + y_3^4 = y_3$$

Tab. 13.2: Spezifische Verbräuche der vier Herstellungsverfahren

Faktor i	Verfahren			
	1	2	3	4
(1) Leim [g]	100	50	30	40
(2) Nägel [St.]	20	30	60	50

Die Abb. 13.6a stellt die vier Prozesse im Faktordiagramm dar. Die beiden punktierten Dreiecksflächen zwischen den Prozeßstrahlen bezeichnen diejenigen Prozeßkombinationen, bei denen im einen Fall 5, im anderen Fall 10 Produkteinheiten erzeugt werden. Es wird deutlich, daß das vierte Verfahren ineffizient ist, da es von einer Kombination des zweiten und dritten Verfahrens dominiert wird. So verbraucht Verfahren 4 für die Herstellung von 10 Produkteinheiten 400 g Leim und 500 Nägel, eine Kombination der Verfahren 2 und 3, bei der jeweils 5 Produkteinheiten erzeugt werden, dagegen insgesamt zwar auch 400 g Leim, aber nur 450 Nägel. Das vierte Verfahren braucht von daher nicht weiter betrachtet zu werden. Dagegen sind die Verfahren 1, 2 und 3 sowie ihre Kombination jeweils zweier „benachbarter" Verfahren (Prozeßstrahlen) effizient. Ineffizient sind alle Kombinationen, in denen das erste und das dritte Verfahren echt kombiniert sind, insbesondere auch Kombinationen aller drei Verfahren.

Effiziente Produktion erfordert also $y_3^4 = 0$ und $y_3^1 \cdot y_3^3 = 0$. Mit diesen zusätzlichen Bedingungen beschreibt das obige Mengenmodell den Effizienten Rand der Technologie. In Abb. 13.6a handelt es sich um die durchgezogen gezeichneten beiden Seiten der Dreiecksflächen, die somit eine Produktisoquante darstellen. In Abb. 13.6b sind nur noch die Produktisoquanten (nicht mehr die ineffizienten Verfahrenskombinationen) für die drei Quantitäten $y_3 = 5$, $y_3 = 10$ und $y_3 = 13$ eingezeichnet.

Formal erhält man aus dem Mengenmodell für die Kombination der Verfahren 1 und 2 durch Elimination der Variablen für die Produktteilquantitäten nach ein paar Umformungen eine Beziehung zwischen Produkt- und Faktorquantitäten:

$$x_2 = 40 y_3 - \frac{x_1}{5}$$

wobei aufgrund der Nichtnegativität der Teilquantitäten folgende Bedingungen gelten:

$$y_3^1 = -y_3 + \frac{x_1}{50} \geq 0$$

$$y_3^2 = 2 y_3 - \frac{x_1}{50} \geq 0$$

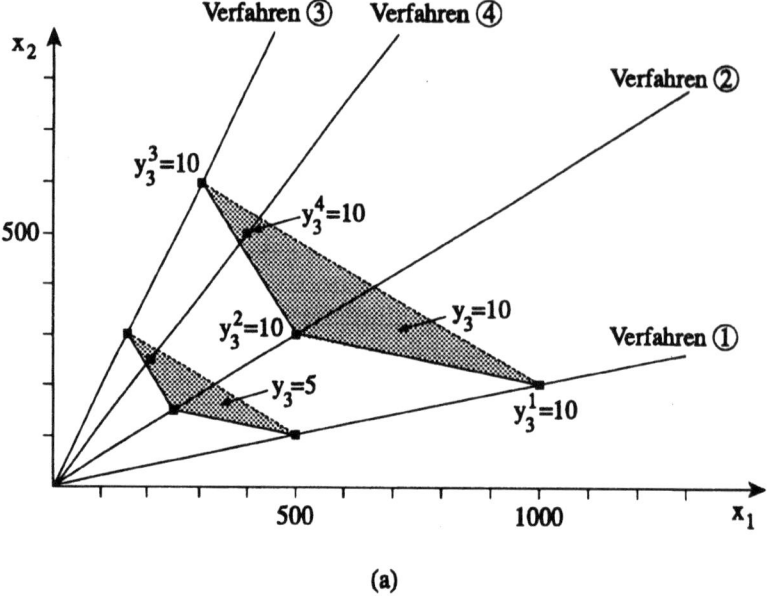

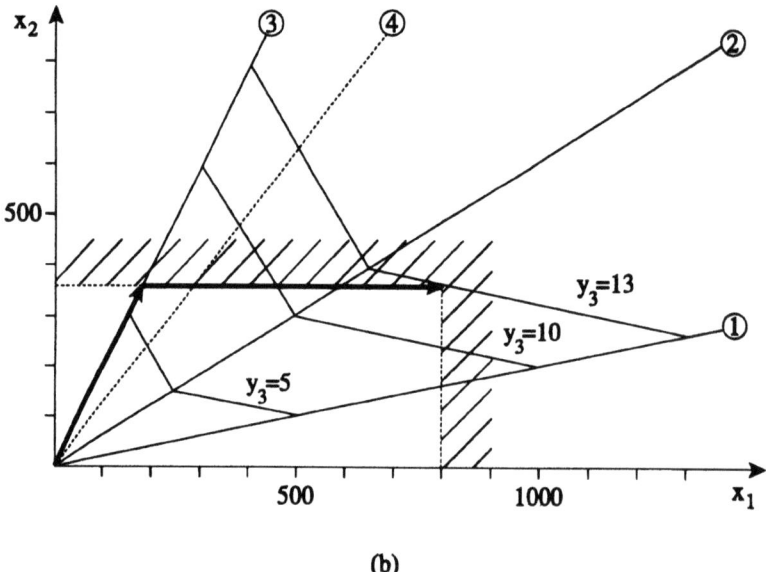

Abb. 13.6: Kombination von vier Herstellungsverfahren: (a) Prozeßstrahlen im Faktordiagramm und (b) Expansionspfad bei Faktorbeschränkungen

Der Substitutionsbeziehung ist zu entnehmen, daß im angegebenen Bereich 5 g Leim einen Nagel ersetzen können. Diese Substitutionsrate entspricht der konstanten Steigung der Produktisoquanten zwischen den beiden Prozeßstrahlen in Abb. 13.6. Analog lassen sich für die Kombinationen der Verfahren 2 und 3 folgende Beziehungen bestimmen:

$$x_2 = 105y_3 - \frac{3x_1}{2}$$

mit

$$y_3^2 = \frac{-3y_3}{2} + \frac{x_1}{20} \geq 0$$

$$y_3^3 = \frac{5y_3}{2} - \frac{x_1}{20} \geq 0$$

Beispielsweise erfordert die Herstellung von 10 Produkteinheiten mittels dieser beiden Verfahren den Einsatz von mindestens 300 g und höchstens 500 g Leim. Dabei ersetzen 2 g Leim 3 Nägel.

Sind die Faktoren mit 800 g Leim und 360 Nägeln nur beschränkt verfügbar, so verdeutlicht Abb. 13.6b, daß bei Verwendung nur jeweils eines einzigen Verfahrens stets ungenutzte Reste einer Faktorkapazität übrig bleiben. Die höchste Produktquantität wird mit 12 Einheiten bei Verfahren 2 erzielt. Noch mehr, nämlich 13 Einheiten, lassen sich nur erreichen, wenn mit dem ersten Verfahren 3 und mit dem zweiten 10 Produkteinheiten hergestellt werden. In diesem Fall werden beide Kapazitäten zu 100% ausgenutzt. Das läßt sich jedoch dann nicht mehr garantieren, wenn die Kombination der Faktorkapazitäten im Faktordiagramm außerhalb des Bereichs möglicher Verfahrenskombinationen liegt, so etwa für 200 g Leim und 500 Nägel oder für 1200 g Leim und 150 Nägel. ∎

Die anhand des Beispiels verdeutlichten Aussagen lassen sich mit Hilfe der Theorie der Linearen Programmierung (Optimierung) auch allgemein formulieren. Für die konkrete Berechnung bei mehr als zwei Faktoren und mehr als einem Engpaß benötigt man dann allerdings in der Regel Computerunterstützung. Es soll hier genügen, die Aufgabe der *Produktmaximierung bei Faktorbeschränkungen* allgemein zu formulieren:

$$\text{max!} \quad y_{m+1} = \sum_{\rho=1}^{\pi} y_{m+1}^\rho,$$

$$\text{so daß} \quad \sum_{\rho=1}^{\pi} a_{i,m+1}^\rho \, y_{m+1}^\rho \leq \bar{x}_i, \quad i = 1, ..., m;$$

$$\text{und} \quad y_{m+1}^\rho \geq 0, \quad \rho = 1, ..., \pi.$$

13.4.2 Prozeßspezifisches Kostenmodell für Gütertechnologie

Ausgehend von konstanten Faktorpreisen c_i und einem konstanten Produktpreis e_{m+1} lassen sich prozeßspezifische Stückkosten des Produkts ermitteln; der Erlös des Produktes führt bei jedem Verfahren zu derselben spezifischen Leistung.

Beispiel 13.7 (Fortsetzung von Bsp. 13.6): ☐
Bei Faktorpreisen von 0,02 DM/g für den Leim und 0,01 DM/St für die Nägel ermittelt man folgende Kosten für die drei effizienten Verfahren (für Verfahren 4 würde sich $k_3^4 = 1{,}30$ ergeben):

$$k_3^1 = 0{,}02 \cdot 100 + 0{,}01 \cdot 20 = 2{,}20$$

$$k_3^2 = 0{,}02 \cdot 50 + 0{,}01 \cdot 30 = 1{,}30$$

$$k_3^3 = 0{,}02 \cdot 30 + 0{,}01 \cdot 60 = 1{,}20$$

Die spezifischen Herstellungskosten des Produkts (bezogen auf Leim und Nägel) sind bei Verfahren 3 am niedrigsten. Es ist deshalb für eine Erfolgsmaximierung zwingend, soweit wie möglich dieses Verfahren zu benutzen. Ein Ausweichen auf andere Verfahren kann allerdings bei Faktorbeschränkungen notwendig sein. Die Abb. 13.6b zeigt fett eingezeichnet den sogenannten *Expansionspfad*, wenn nur 800 g Leim und 360 Nägel verfügbar sind. Bei bis zu 360/60 = 6 Produkteinheiten wird nach wie vor nur das billigste Verfahren verwendet. Wegen der dann knappen Nägel ist eine weitere Steigerung der Produktion nur noch möglich, wenn anstelle des Verfahrens 3 verstärkt das Verfahren 2 benutzt wird. Ab 360/30 = 12 Produkteinheiten muß völlig auf das billigste Verfahren verzichtet werden, und das teuerste Verfahren 1 kommt zum Zuge, weil es vergleichsweise weniger von den knappen Nägeln und mehr von dem ausreichender verfügbaren Leim verbraucht. Bei 13 Produkteinheiten ist eine weitere Produktionausweitung nicht mehr möglich, weil dann auch der Leim zum Engpaß wird.

In Abb. 13.6 ist zur besseren Übersichtlichkeit davon abgesehen worden, Kostenisoquanten einzuzeichnen. Andernfalls würde sofort offensichtlich, warum der elementare Prozeß 3 am billigsten ist: Die Kostenisoquanten (Substitutionsrate 2) verlaufen steiler als die Produktisoquanten (Substitutionsraten 1:5 und 3:2)!

Solange kein Faktor zum Engpaß wird, entsprechen die (minimalen) Stückkosten des Produkts denen des billigsten Herstellungsprozesses, also 1,20 DM/St. Muß wegen Faktorbeschränkungen auf teurere Verfahren ausgewichen werden, so erhöhen sich die Stückkosten des Produkts zunehmend. Wenn wie oben 360 Nägel den Engpaß bilden, so können nur 6 Produkteinheiten mit dem Verfahren 3 erzeugt werden. Um eine siebte Produkteinheit herzustellen, muß das Verfahren 2 verwendet werden. Da es nur halb so viele Nägel verbraucht, können je Produkteinheit, die nicht mit dem Verfahren 3 erzeugt wird, bei gleichem Verbrauch an Nägeln zwei Einheiten mit dem Verfahren 2 hergestellt werden. Jede weitere Produkteinheit kostet demnach $2 \cdot 1{,}30 - 1 \cdot 1{,}20 = 1{,}40$ DM. Das heißt, die *Grenzkosten* sind um 0,20 DM/St höher als die variablen Stückkosten des Verfahrens 3 und um 0,10 DM/St höher als die des Verfahrens 2. Der Betrag 0,20 DM/St stellt die Opportunitätskosten des Faktorengpasses bezüglich des Produktes dar.

Ab 12 Produkteinheiten muß von Verfahren 2 auf Verfahren 1 umgestiegen werden. Um den Verbrauch an Nägeln konstant zu halten, muß man für drei Produkteinheiten, die man mit dem Verfahren 1 mehr produziert, zwei Einheiten weniger mit dem Verfahren 2 herstellen. Die Grenzkosten einer Produkteinheit lauten somit: $3 \cdot 2{,}20 - 2 \cdot 1{,}30 = 4{,}00$ DM. Die Opportunitätskosten des Nägelengpasses betragen nunmehr $4{,}00 - 1{,}20 = 2{,}80$ DM je Produkteinheit. Die Abb. 13.7 veranschaulicht diese Zusammenhänge anhand des Gesamt- und des Grenzkostenverlaufs. ∎

§13 Einstufige Technologien

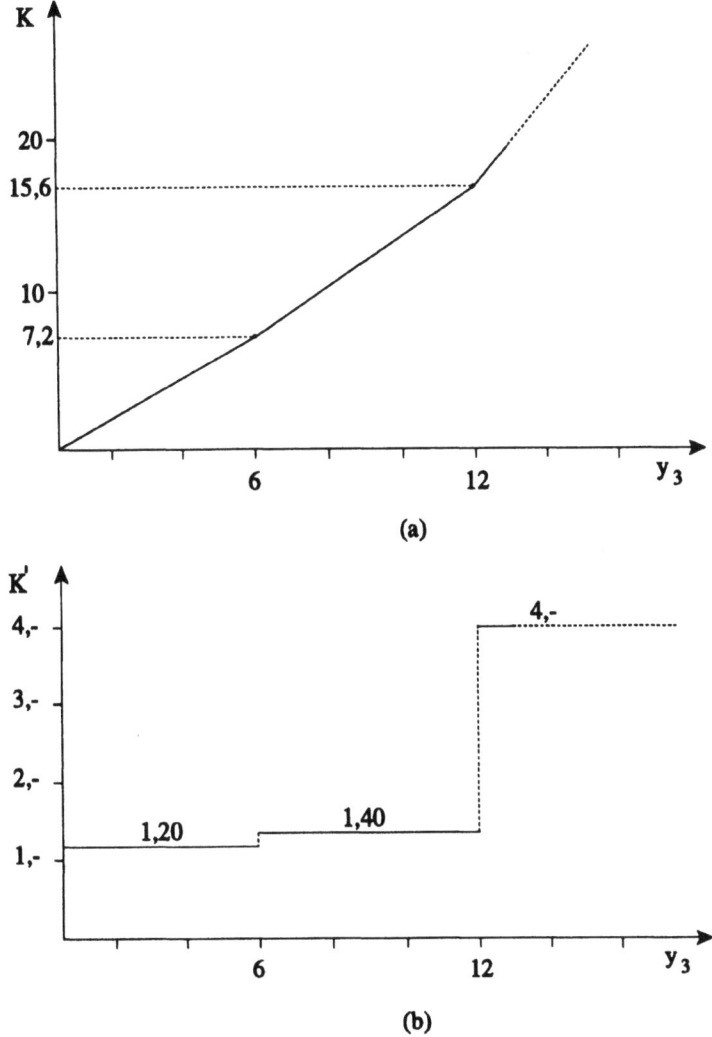

Abb. 13.7: Produktionsexpansion bei Faktorengpaß (Bsp. 13.7):
(a) Gesamtkostenverlauf und (b) Grenzkostenverlauf

Der gesamte Erfolg ergibt sich wie bisher als Summe der Erfolgsbeiträge der einzelnen elementaren Prozesse. Allerdings können die prozeßspezifischen Erfolgsbeiträge unmittelbar auf die Produktteilquantitäten y_{m+1}^{ρ} bezogen werden:

$$w = e_{m+1} y_{m+1} - \sum_{i=1}^{m} c_i x_i = \sum_{\rho=1}^{\pi} (e_{m+1} - \sum_{i=1}^{m} c_i a_{i,m+1}^{\rho}) \cdot y_{m+1}^{\rho}$$

Es gilt demnach:

Konsolidiertes Wertmodell (nur Güter)

$$k^\rho_{m+1} = \sum_{i=1}^{m} c_i a^\rho_{i,m+1}; \quad l^\rho_{m+1} = e_{m+1}, \quad \rho = 1, ..., \pi.$$

Die Stückkosten des Produkts hängen von den gewählten Herstellungsverfahren ab. Sie sind nur dann eindeutig bestimmt, wenn die Minimalkostenkombination unterstellt wird. Diese entspricht dem billigsten Verfahren, es sei denn, Faktorengpässe zwingen zum Ausweichen auf teurere Verfahren.

Der Grundtyp (13c) der Abb. 13.2 kann auch Technologien mit Übeln und Neutra repräsentieren. Wenn es sich bei der einzigen Outputart aber nicht um ein Gut handelt, so muß wenigstens eine Inputart ein Übel sein, damit die Produktion überhaupt sinnvoll ist. Das Mengenmodell bleibt unverändert, nicht so das Wertmodell.

13.5 Verfahrenswahl bei der Nutzung eines Input

Der Grundtyp (13d) der Abb. 13.2 stellt Kombinationen elementarer Prozesse des Typs 1:n dar, und zwar mit stets derselben Inputart. Deshalb ist auch die kombinative Technologie vom Typ 1:n. Bei stofflichen Objektarten liegt eine elastische divergierende Produktion vor. Es gibt π verschiedene Verfahren, mit denen die Inputart 1 in die Outputarten 2, ..., $n+1$ umgewandelt werden kann.

Diese Art der Produktion ist typisch für *Zuschneideprozesse*, bei denen ein Rohmaterial fest vorgegebenen Formats entsprechend der Nachfrage von Kunden oder zum Zwecke der innerbetrieblichen Weiterverarbeitung in kleinere Teilstücke zerlegt wird (*Dyckhoff 1988*). Die Verfahren werden durch die Schnittmuster als den Basisaktivitäten repräsentiert. In §11 ist dieser Typ ausführlich an einem durchgängigen Beispiel behandelt worden („Papierfabrik": Bsp. 11.11, 11.14, 11.15 und 11.19), so daß er - auch in Anbetracht der Symmetrie zum Grundtyp (13c) - nur mehr kurz angesprochen zu werden braucht. Mit den üblichen Symbolen lassen sich die grundlegenden Quantitäts- und Wertbeziehungen in folgenden Modellen zusammenfassen:

Konsolidiertes Mengenmodell

$$x_1 = \sum_{\rho=1}^{\pi} x^\rho_1;$$

$$\sum_{\rho=1}^{\pi} b^\rho_{j1} x^\rho_1 = y_j, \quad j = 2, ..., n+1.$$

Konsolidiertes Wertmodell (nur Güter)

$$k^\rho_1 = c_1, \quad l^\rho_1 = \sum_{j=2}^{n+1} e_j b^\rho_{j1}, \quad \rho = 1, ..., \pi.$$

Das Mengenmodell beschreibt in seiner ersten Gleichung als Inputbilanz die Verteilung der genutzten Quantität des Input 1 auf die verschiedenen möglichen Verfahren ρ. Je nach Verfahren ergeben sich unterschiedliche Ausbeutekoeffizienten $b_{j1}^\rho = b_j^\rho/a_1^\rho$, die multipliziert mit der eingesetzten Teilquantität und summiert über alle Verfahren die gesamte Ausbeute für die Outputarten $j = 2, ..., n+1$ liefern. Im Unterschied zu §11 ist das Mengenmodell hier nicht für die Prozeßniveaus als Variablen, sondern stattdessen äquivalent für die prozeßbezogenen Inputteilquantitäten formuliert. Das ist lediglich eine Frage der Normierung, d.h. der Wahl der Maßeinheit.

Entsprechendes trifft auf das Wertmodell zu. Es ist nur für reine Gütertechnologien formuliert und bezieht die prozeßspezifischen Erfolgsbeiträge auf die Inputteilquantitäten. Stückkosten lassen sich nur für den Input bestimmen, nicht für die Produkte. Sie sind hier für alle Verfahren identisch, da sie nur vom Faktorpreis c_1 abhängen. Denkbar sind aber auch prozeßabhängig variierende Kosten, so etwa bei Zuschneideprozessen, wenn die Schnittmuster mit dem jeweiligen Verschnitt bewertet werden. (Dies würde logisch allerdings eigentlich die Einstufung des Verschnitts als Abprodukt voraussetzen.)

Aus den Produktpreisen e_j werden im Wertmodell prozeßspezifische Leistungen l_1^ρ für den Input berechnet. Sind sie höher als die zugehörigen spezifischen Kosten, so lohnt sich das betreffende Verfahren. Man erkennt bei Mengen- und Wertmodell die spiegelbildliche Symmetrie zum Grundtyp (13c). Anstelle einer Outputmaximierung bei gegebenen oberen Inputschranken ist beim Typ (13d) die Inputminimierung bei gegebenen unteren Outputschranken relevant:

$$\min! \quad x_1 = \sum_{\rho=1}^{\pi} x_1^\rho,$$

so daß $\quad \sum_{\rho=1}^{\pi} b_{j1}^\rho x_1^\rho \geq \underline{y}_j, \quad j = 2, ..., n+1,$

und $\quad x_1^\rho \geq 0, \quad \rho = 1, ..., \pi.$

Hinsichtlich Effizienz und Erfolgsmaximierung bei Produktionsbeschränkungen gelten die gleichen Überlegungen wie in §13.4 (vgl. auch Bsp. 11.14 und 11.15). Bei Existenz von Übeln und Neutra ändert sich wieder nur das Wertmodell entsprechend.

13.6 Sonstige einstufige Produktion mit Verfahrenswahl

Logisch eng verwandt mit den Entscheidungsproblemen von Produzenten bei Zuschneideprozessen sind solche bei Packprozessen in der Distributionslogistik (*Dyckhoff/Finke 1992*).

13.6.1 Zuschneide- und Packprozesse

Input ist bei *Packprozessen* einerseits die Ladekapazität der genutzten Behältnisse (z.B. Paletten, Container oder Nutzfahrzeuge). Andererseits gibt es mit den Packstücken noch eine zweite Gruppe von Inputarten, die in die Behältnisse geladen werden. Die Abb. 13.8a zeigt den I/O-Graphen für den Fall, daß nur eine Art von Behältnissen ($i = 1$) und $m-1$ Arten von Packstücken existieren. Output des Packprozesses sind die beladenen Behältnisse, die hier nicht hinsichtlich ihrer Beladung differenziert werden, sondern alle derselben Objektart $m+1$ zugerechnet werden. (Output können gegebenenfalls auch restliche leere Behälter oder unverpackte Packstücke sein.)

Während Abb. 13.8a den I/O-Graphen des obigen Packprozesses und damit den Fluß der Objektquantitäten darstellt, beschreibt die Abb. 13.8b den Wertefluß, wobei neutrale Objektarten ignoriert werden und der A/E-Graph so umgestellt worden ist, daß Aufwandsarten links und Ertragsarten rechts von den elementaren Prozessen stehen.

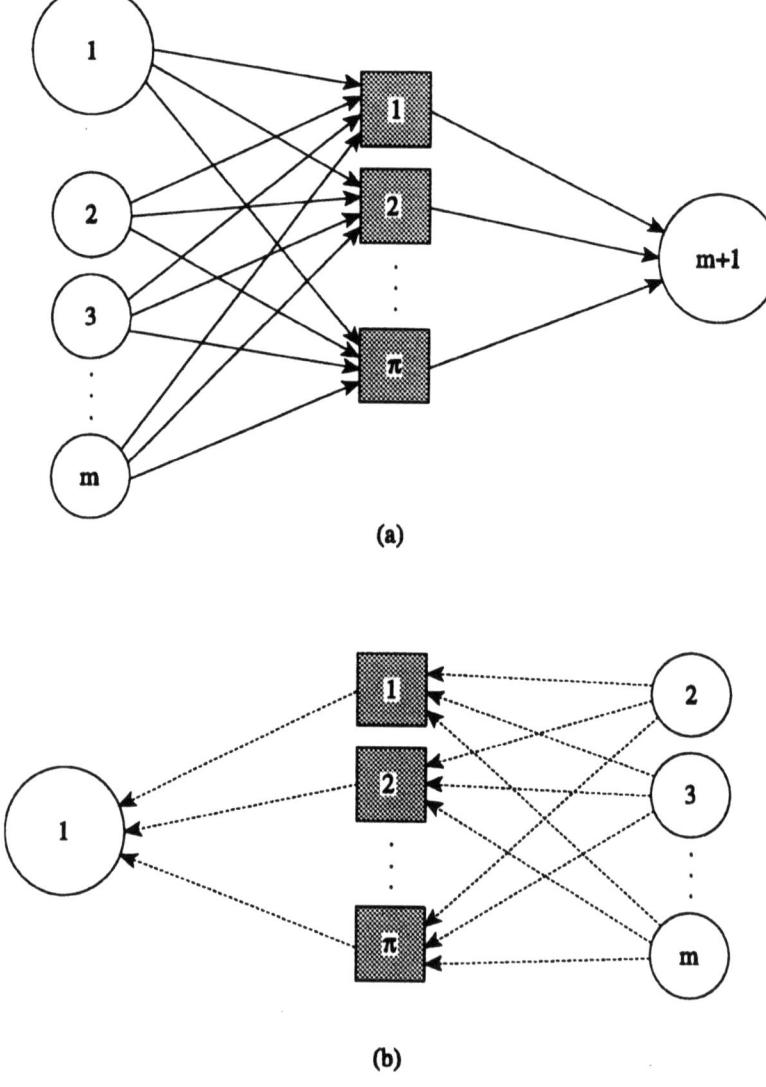

Abb. 13.8: Packprozeß: (a) I/O-Graph und (b) umgestellter A/E-Graph

Die Behältnisse sind Input im Sinne eines sparsam einzusetzenden Faktors und stehen als Aufwand auf der linken Seite. Die beladenen Behältnisse seien momentan als Beiprodukte eingestuft (und eventuelle restliche Behälter oder Packstücke bleiben unbeachtet). Sie finden sich im A/E-Graph der Abb. 13.8b nicht wieder. Dagegen können die Packstücke in einem gewissen Sinn mit Redukten verglichen und insofern als Ertragsarten angesehen werden, die auf die rechte Seite des A/E-Graphen verlagert werden.

Es ist nämlich Ziel des Packprozesses, die gegenwärtige Existenz der Packstücke insofern aufzuheben (zu „vernichten"), als sie Teil einer größeren Identität (des beladenen Behälters) werden sollen. Die Einstufung der Packstücke als Input ist aus physischer Sicht naheliegend, ihre Einstufung als Übel (aus Sicht des „Packers") sicherlich nicht so. Die Verwandtschaft zu Redukten wird jedoch etwas deutlicher, wenn man berücksichtigt, daß für ihre Entgegennahme und Verfrachtung regelmäßig ein Preis kassiert wird.

Der unter diesen Prämissen erhaltene A/E-Graph der Abb. 13.8b hat exakt dieselbe Struktur wie ein A/E-Graph zum Grundtyp (13d) in Abb. 13.2 im Falle einer reinen Gütertechnologie. Auf der Ergebnisebene besitzen Packprozesse somit eine ähnliche Struktur wie beispielsweise Zuschneideprozesse, weshalb Modelle und Methoden zur Planung dieser beiden physisch völlig unterschiedlichen Prozesse eine große Verwandtschaft miteinander aufweisen (vgl. *Dyckhoff/Finke 1992*).

Packvorgänge bewegen sich im Grenzbereich der Sachgüterherstellung (z.B. im Rahmen der industriellen Produktverpackung) und der Dienstleistungsproduktion (z.B. im Rahmen von Speditionsunternehmen). Im letzteren Fall bilden die Packstücke „*externe Faktoren*" (*Maleri 1991*). Dies muß nicht im Widerspruch zur Kennzeichnung als Redukte stehen, sondern ist lediglich eine terminologische Diskrepanz, die nach der jeweiligen Zweckmäßigkeit aufgelöst werden muß. Inhaltlich bedeutungsvoll ist vielmehr die Tatsache, daß die verschiedenen Strukturtypen auch für die Dienstleistungsproduktion relevant sein können. Insbesondere der in §13.7 noch zu behandelnde Strukturtyp (13e) der Abb. 13.2e ist „typisch" für viele Prozesse aus dem Bereich der Logistik.

13.6.2 Mehrere Output- bzw. Inputarten

Zunächst sei anhand einfacher Beispiele illustriert, wie die beiden Grundtypen (13c) und (13d) so erweitert werden können, daß nicht mehr nur die Verfahrenswahl für ein einzelnes Produkt bzw. für einen einzelnen Faktor besteht, sondern auch für mehrere. Um den Bezug zu dem ähnlichen Ansatz von *Müller-Merbach* (*1981*) zu verdeutlichen, seien zwei seiner Beispiele gewählt.

Beispiel 13.8 (*Müller-Merbach 1981*, S. 76ff.): ❑
Der I/O-Graph in Abb. 13.9a beschreibt ein Produktionssystem, bei dem zwei Outputarten jeweils mit zwei verschiedenen Verfahren unter Einsatz zweier Inputarten hergestellt werden können. Bei Normierung der Outputkoeffizienten auf Eins kann der I/O-Graph auch in der kompakteren Form der Abb. 13.9b gezeichnet werden. Diese Form erhöht bei sehr vielen Verfahrensvarianten die Übersichtlichkeit der Abbildung.

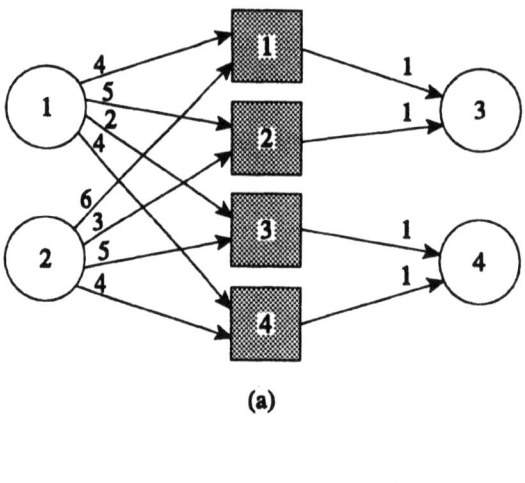

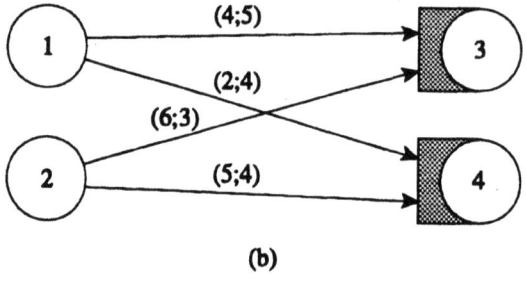

Abb. 13.9: (a) Ausführlicher und (b) kompakter I/O-Graph zu Beispiel 13.8

Mengenmodell   **Wertmodell** (nur Güter)

$x_1 = 4y_3^1 + 5y_3^2 + 2y_4^3 + 4y_4^4$ $\quad k_3^1 = 4c_1 + 6c_2,\quad l_3^1 = e_3$

$x_2 = 6y_3^1 + 3y_3^2 + 5y_4^3 + 4y_4^4$ $\quad k_3^2 = 5c_1 + 3c_2,\quad l_3^2 = e_3$

$y_3^1 + y_3^2 \qquad\qquad\qquad = y_3$ $\quad k_4^3 = 2c_1 + 5c_2,\quad l_4^3 = e_4$

$\qquad\qquad\quad y_4^3 + y_4^4 = y_4$ $\quad k_4^4 = 4c_1 + 4c_2,\quad l_4^4 = e_4$

Es ist nur für die vier verschiedenen Herstellungsverfahren eine Kalkulation der Erfolgs- oder Deckungsbeiträge $d_j^\rho = l_j^\rho - k_j^\rho$ möglich. So folgen aus $c_1 = 2$, $c_2 = 3$, $e_3 = 24$ und $e_4 = 21$ die Erfolgsbeiträge $d_3^1 = -2$, $d_3^2 = 5$, $d_4^3 = 2$ und $d_4^4 = 1$. Eine Verwendung des Verfahrens 1 senkt den Erfolg. Schließt man dieses Verfahren deshalb aus, so ist die Herstellung des Produktes 3 determiniert und sein Deckungsbeitrag beträgt 5 GE/QE (Geldeinheiten pro Quantitätseinheit). ∎

§13 Einstufige Technologien

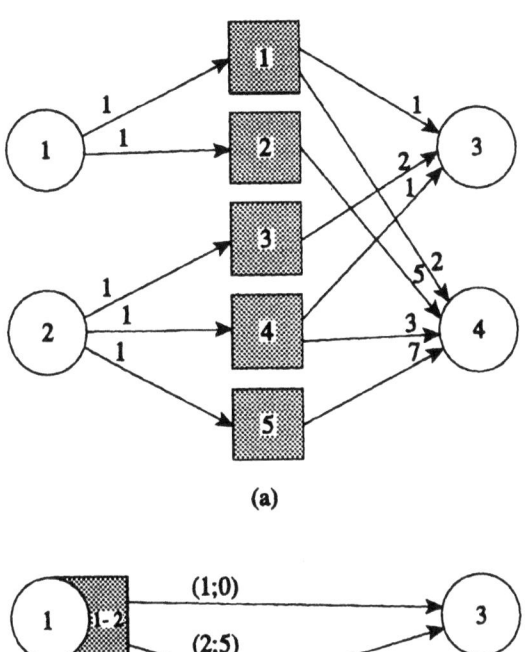

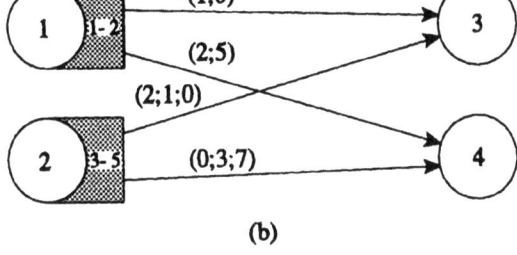

Abb. 13.10: (a) Ausführlicher und (b) kompakter I/O-Graph zu Beispiel 13.9

Beispiel 13.9 (*Müller-Merbach 1981*, S. 66ff.): ❑
Rohpapier der Breiten 210 cm (1) und 270 cm (2) soll in die Auftragsbreiten 129 cm (3) und 36 cm (4) zugeschnitten werden. Restbreiten werden als Beiprodukte eingestuft. Es gibt dann fünf sinnvolle Schnittmuster, die in dem I/O-Graph der Abb. 13.10a beschrieben sind. Die Abb. 13.10b gibt eine kompaktere Form dieses I/O-Graphen wieder.

Mengenmodell

$$x_1 = x_1^1 + x_1^2$$

$$x_2 = x_2^3 + x_2^4 + x_2^5$$

$$x_1^1 + 2x_2^3 + x_2^4 = y_3$$

$$2x_1^1 + 5x_1^2 + 3x_2^4 + 7x_2^5 = y_4$$

Wertmodell (nur Güter)

$$k_1^1 = c_1, \quad l_1^1 = e_3 + 2e_4$$

$$k_1^2 = c_1, \quad l_1^2 = 5e_4$$

$$k_2^3 = c_2, \quad l_2^3 = 2e_3$$

$$k_2^4 = c_2, \quad l_2^4 = e_3 + 3e_4$$

$$k_2^5 = c_2, \quad l_2^5 = 7e_4$$

Wie im vorangegangenen Beispiel ist das Mengenmodell grundsätzlich nur durch die Prozeßniveaus determiniert. Für $x_1^1 = 20$, $x_1^2 = 0$, $x_2^3 = 40$, $x_2^4 = 0$ und $x_2^5 = 30$ ergibt sich so $x_1 = 20$, $x_2 = 70$, $y_3 = 100$ und $y_4 = 250$. Umgekehrt lassen sich aus den Faktor- und Produktpreisen die Deckungsbeiträge der Verfahren ermitteln. Für $c_1 = 10{,}2$, $c_2 = 13{,}4$, $e_3 = 7$ und $e_4 = 2$ folgt: $d_1^1 = 0{,}8$, $d_1^2 = -0{,}2$, $d_2^3 = 0{,}6$, $d_2^4 = -0{,}4$ und $d_2^5 = 0{,}6$. Die Schnittmuster 2 und 4 haben einen negativen Deckungsbeitrag, so daß für Input 1 nur noch Verfahren 1 in Frage kommt. Aus jeder Papierrolle der Breite 210 cm kann so ein Deckungsbeitrag von 0,8 GE/St erwirtschaftet werden. ∎

Allgemeine Mengen- und Wertmodelle sollten sich anhand der beiden Beispiele relativ leicht formulieren lassen. Deutlich wird außerdem die Dualität von Mengen- und Wertmodell sowie die spiegelbildliche Symmetrie zwischen den Strukturtypen (13c) und (13d) bzw. ihren Verallgemeinerungen (vgl. *Müller-Merbach 1981*).

13.7 Voll elastische Produktion

Die mögliche Wahl der Produktionsverfahren führt zu einer elastischen Produktion. Beim Typ (13c) kann eine Substitution zwischen den Faktoren vorgenommen werden, beim Typ (13d) eine „Transformation" zwischen den Produkten. Wie groß die Elastizität ist, hängt von den Produktions- bzw. Ausbeutekoeffizienten ab.

13.7.1 Elastizität versus Freiheitsgrade

Die Elastizität ist solange nur partiell, wie bei wählbaren Verfahren stets alle Faktoren bzw. alle Produkte auftreten. Tritt in einem Verfahren ein Faktor nicht auf, so ist eine totale Substitution dieses Faktors möglich. Entsprechend kann vollständig auf die Erzeugung eines Produktes verzichtet werden, wenn sein Ausbeutekoeffizient in einem Verfahren gleich Null ist. Diese Aussagen gelten natürlich nicht nur für Faktoren und Produkte, sondern generell für Input und Output.

Der Übergang vom Grundtyp (13b) der Abb. 13.2 auf den Typ (13d) bedeutet den Übergang von einer outputlimitationalen, d.h. inputseitig determinierten und insofern starren, zu einer outputvariablen Produktion. Es handelt sich um eine elastische Kuppelproduktion im weiten Sinn, falls bei jedem Verfahren wenigstens zwei verschiedene (beachtete!) Outputarten anfallen. Gibt es dagegen - wie in Bsp. 13.9 - sogar für jeden beachteten Output ein Verfahren, in dem nur dieser erzeugt wird, so handelt es sich nicht mehr um Kuppelproduktion, sondern um *Alternativproduktion* (wie auch beim Grundtyp (13a)).

Die Elastizität einer (endlich generierbaren, linearen) Technologie ist zu unterscheiden von der Zahl der Freiheitsgrade, welche durch die Anzahl der linear unabhängigen Basisaktivitäten bestimmt ist. Selbst bei sehr vielen kombinierbaren elementaren Prozessen ist die Elastizität gering, wenn die Prozesse sich alle sehr ähnlich sind. Der Grundstrukturtyp (13e) der Abb. 13.2 ist ein Extremfall sowohl einer großen Zahl elementarer so wie auch sehr unterschiedlicher Prozesse. Das bedeutet große Elastizität und viele Freiheitsgrade.

§13 Einstufige Technologien

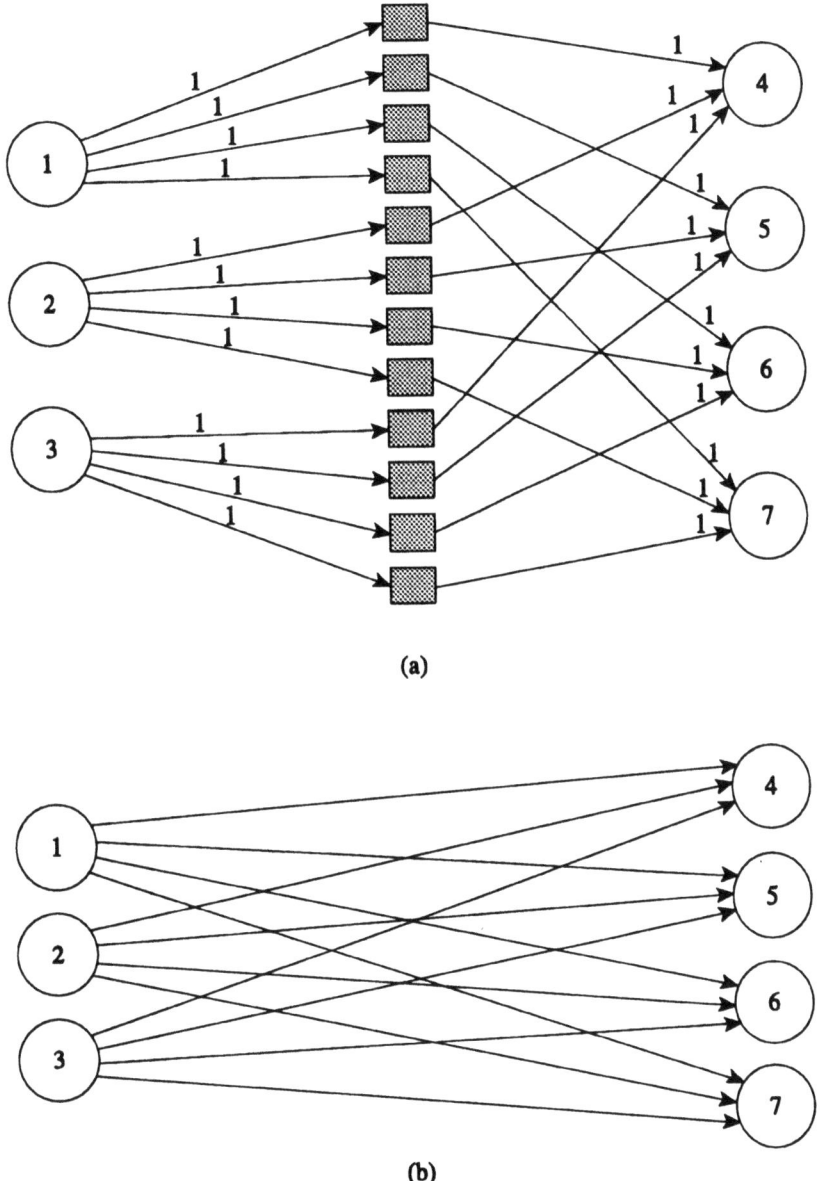

Abb. 13.11: Transportprozeß: (a) ausführlicher und (b) kompakter I/O-Graph

13.7.2 Transport-, Verteilungs- und Einsammlungsprozesse

Das Besondere des Grundtyps (13e) läßt sich an zwei Aspekten festmachen: Zum einen sind die kombinierbaren elementaren Prozesse alle vom Typ 1:1 (ein Input und ein Output;

vgl. §12.2), wobei sowohl der Input- wie auch der Outputkoeffizient gleich Eins sind. Zum anderen gibt es für jedes Paar einer Input- und einer Outputart genau einen solchen elementaren Prozeß, insgesamt also $m \cdot n$ Prozesse. Im Beispiel der Abb. 13.11a mit drei Input- und vier Outputarten sind es $3 \cdot 4 = 12$ derartige elementare Prozesse.

Da die Zahl elementarer Prozesse in praktischen Fällen ziemlich groß und der I/O-Graph deshalb sehr unübersichtlich werden kann, bietet sich eine kompaktere graphische Darstellungsform wie in Abb. 13.11b an. Wegen der speziellen Struktur der elementaren Prozesse mit dem Umstand, daß alle Input- und Outputkoeffizienten gleich Eins sind, kann jeder elementare Prozeß nämlich durch einen einfachen Pfeil vom Inputknoten zum Outputknoten ersetzt werden. (Es bedarf also nicht der besonderen Knotenform wie in den Abb. 13.9b und 13.10b.)

Der Strukturtyp (13e) beschreibt solche Vorgänge, bei denen jede Inputart in jede Outputart umgewandelt werden kann, ohne dabei andere Objektarten zu beeinflussen. Für die qualitative Veränderung der Objektarten wäre das ungefähr so, als ob man den „Stein der Weisen" gefunden hätte. De facto wird es immer irgendwelche technologischen Einschränkungen geben. Wie so etwas konkret aussehen kann, wird noch vorgeführt werden (§14).

Realistisch ist eine prinzipiell uneingeschränkte Veränderung einer Objektart in eine andere allerdings bei räumlich oder zeitlich definierten, ansonsten aber homogenen Objektarten. Solche elementaren Prozesse können als Transport-, Verteilungs-, Einsammlungs- oder Zuordnungsprozesse bzw. als Lagerungs- oder Reifungsprozesse gedeutet werden. Letztere Interpretationen spielen jedoch erst im Rahmen mehrperiodiger Untersuchungen eine Rolle (Kap. D), so daß der Strukturtyp (13e) hier eher Transportprozesse im Rahmen der Distribution und Kollektion repräsentiert (vgl. Abb. 1.2).

Da jeder elementare Prozeß durch die Angabe von Inputart i und Outputart j eindeutig gekennzeichnet ist, ist es für die Modellformulierung zweckmäßiger, ihn durch das entsprechende Paar $\rho = (i,j)$ zu indizieren, anstatt alle Prozesse durchzunumerieren. Das Prozeßniveau $\lambda^\rho = \lambda^{ij}$ entspricht dann derjenigen Quantität, die von Ort i zu Ort j transportiert oder die von Bezugspunkt (z.B. Person) i nach Bezugspunkt j umverteilt wird.

Mengenmodell		Wertmodell (nur Güter)	
$x_i = \sum_{j=m+1}^{m+n} \lambda^{ij},$	$i = 1, ..., m;$	$k^{ij} = c_i,$	$i = 1, ..., m$
$\sum_{i=1}^{m} \lambda^{ij} = y_j,$	$j = m+1, ..., m+n.$	$d^{ij} = l^{ij} - k^{ij}$ $l^{ij} = e_j,$	$j = m+1, ..., m+n.$

Der Erfolgsbeitrag d^{ij} gibt die Wertsteigerung einer Quantitätseinheit auf dem Wege von i nach j an. Ohne dies explizit zu machen, sei vermerkt, daß anhand einer Formulierung der Modelle mittels Vektoren und Matrix die Dualität zwischen Mengen- und Wertmodell auch hier offensichtlich gemacht werden kann (vgl. *Müller-Merbach 1981*).

Beispiel 13.10: ❏
Ein Produkt wird parallel an drei Standorten in gleicher Qualität gefertigt, um anschließend an vier andere Betriebsstätten zur Weiterbearbeitung geliefert zu werden (vgl. Abb. 13.11).

Die Kapazität der sieben Stätten ist vorgegeben; gesucht ist die kostenminimale Verteilung der vorgefertigten Quantitäten auf die Weiterbearbeitungsstandorte, wobei für jeden Weg ein Kostensatz c^{ij} vorgegeben ist. Die einzelnen Daten sind unmittelbar der folgenden Modellformulierung zu entnehmen:

$$\min! K = 7\lambda^{1,4} + 2\lambda^{1,5} + 4\lambda^{1,6} + 7\lambda^{1,7}$$
$$+ 9\lambda^{2,4} + 5\lambda^{2,5} + 3\lambda^{2,6} + 3\lambda^{2,7}$$
$$+ 7\lambda^{3,4} + 7\lambda^{3,5} + 6\lambda^{3,6} + 4\lambda^{3,7}$$

so daß
$$10 = \lambda^{1,4} + \lambda^{1,5} + \lambda^{1,6} + \lambda^{1,7}$$
$$8 = \lambda^{2,4} + \lambda^{2,5} + \lambda^{2,6} + \lambda^{2,7}$$
$$7 = \lambda^{3,4} + \lambda^{3,5} + \lambda^{3,6} + \lambda^{3,7}$$
$$\lambda^{1,4} + \lambda^{2,4} + \lambda^{3,4} = 6$$
$$\lambda^{1,5} + \lambda^{2,5} + \lambda^{3,5} = 5$$
$$\lambda^{1,6} + \lambda^{2,6} + \lambda^{3,6} = 8$$
$$\lambda^{1,7} + \lambda^{2,7} + \lambda^{3,7} = 6$$

und $\lambda^{ij} \geq 0$ für $i = 1, 2, 3$, $j = 4, 5, 6, 7$.

Die optimale Lösung solcher Rechenaufgaben kann mit speziellen Algorithmen relativ einfach ermittelt werden. Sie lautet hier: $\lambda^{1,4} = 5$, $\lambda^{1,5} = 5$, $\lambda^{2,6} = 8$, $\lambda^{3,4} = 1$, $\lambda^{3,7} = 6$ mit $K = 100$ (*Domschke/Drexl 1991*, S. 73ff.). ∎

13.8 Sonstige einstufige Produktion

Neben den beiden Grundtypen (13a) und (13b) der Abb. 13.2 sind noch viele andere Fälle limitationaler, einstufiger, linearer Technologien denkbar. Letztlich sind viele Technologien limitational und in diesem Sinne „starr" (determiniert), wenn nur hinreichend viele Objektarten als „limitierend" ausgewählt werden. Die maximale Zahl an Freiheitsgraden, d.h. diejenige Zahl an Objektquantitäten, die unabhängig voneinander festgelegt werden können, entspricht gerade der Zahl der (linear unabhängigen) Basisaktivitäten. Voraussetzung dabei ist, daß solche Objektarten ausgewählt werden, die zu verschiedenen elementaren Prozessen gehören.

Beispiel 13.11: ❑
Die Technologie des Beispiels 13.1 besitzt drei Freiheitsgrade, wobei die drei Objektarten 3, 4 und 5, aber etwa auch 5, 6 und 7 die jeweils vier anderen Objektarten limitieren. Durch Elimination der Prozeßvariablen und Umformung des konsolidierten Mengenmodells des Beispiels 13.1 lassen sich die vier limitierten Objektarten als Funktionen der drei limitierenden darstellen. Nicht unabhängig voneinander sind dagegen die Objektarten 4 und 7. Sie limitieren sich gegenseitig. ∎

Die bisher behandelten einstufigen Strukturtypen ergeben sich alle aus endlichen Kombinationen endlich vieler der in §12 analysierten elementaren Prozesse. Nicht auf diese Weise endlich generierbare, einstufige, lineare Technologien sind durch den I/O-Graph der Abb. 13.2f angedeutet. Sie werden im nächsten Paragraphen behandelt.

Literaturhinweise zu §13

Busse von Colbe/Laßmann 1991; Dellmann 1980; Dinkelbach/Piro 1989; Dyckhoff 1988; Heinen 1965; Fandel 1981, 1991a; Müller-Merbach 1981

Wichtige Begriffe und Aussagen in §13

Grundstrukturtypen einstufiger linearer Technologien; Dualität zwischen Mengen- und Wertmodell; Gozintograph; Standardansatz der Produktionsprogrammplanung; Kamsautovgraph; Verfahren(swahl), Expansionspfad

Wiederholungsfragen zu §13

1) Welche Grundtypen einstufiger linearer Technologien gibt es?
2) Wie lauten Mengen- und Wertmodell des Leontief-Produktionsmodells? Wie hängen diese zusammen?
3) Welcher Zusammenhang besteht zwischen I/O-Graph und Gozintograph?
4) Wie lauten Mengen- und Wertmodell bei Outputlimitationalität? Wie hängen diese zusammen?
5) Wie lassen sich Verfahrenswahlprobleme in Mengenmodellen darstellen?
6) Wie lassen sich Zuschneideprozesse mittels I/O-Graphen darstellen?
7) Worin besteht der Unterschied von Elastizität und Freiheitsgraden?

Paragraph 14

Nicht endlich generierbare Technologien

Lineare Technologien sind nicht notwendigerweise endlich generierbar, wie das Beispiel 11.1 gezeigt hat. In solchen Fällen reicht die Angabe einer endlichen Zahl elementarer Prozesse nicht aus, um die Technologie - in Verbindung mit den Eigenschaften der Größenproportionalität und Additivität - eindeutig zu bestimmen. In diesem Paragraphen werden zwei wesentliche Aspekte behandelt, die zu derartigen Technologien führen können und in der Praxis große Bedeutung besitzen. Die Untersuchung konzentriert sich auf einstufige Produktionen und ist insofern eine unmittelbare Ergänzung des vorangehenden Paragraphen.

14.1 Begriffe, Darstellungsformen und grundlegende Strukturtypen

Zwei Gründe können bewirken, daß eine lineare Technologie nicht endlich generierbar ist:

- Es gibt zwar (nur) endlich viele Basisaktivitäten; bei ihrer Kombination sind aber zusätzliche technologische Bedingungen zu beachten.
- Es gibt gar keine oder unendlich viele Basisaktivitäten.

14.1.1 In Grenzen frei oder parametrisch variierbare Produktion

Ein ziemlich allgemeiner Ansatz, um Technologien darzustellen, die auf dem erstgenannten Grund beruhen, besteht in der Fiktion, für jedes Paar (i, j) einer Inputart $i = 1, ..., m$ und einer Outputart $j = m+1, ..., m+n$ einen elementaren Prozeß vom Typ 1:1 anzunehmen. Dies gilt im Falle der in §13.7.2 beschriebenen und in Abb. 13.11 dargestellten Transportprozesse. Im Gegensatz zu jenen sind diese einfachen elementaren Prozesse bei Produktionen mit qualitativen, also nicht nur räumlichen Veränderungen der Objekte nicht beliebig variierbar. Vielmehr sind ihnen auf unterschiedliche Art und Weise gewisse Grenzen gezogen, innerhalb derer sie dann frei variieren dürfen. Diese Grenzen definieren mehr oder minder starke *Koppelungsbedingungen* für die Kombination der einfachen elementaren Prozesse und damit auch für den Einsatz oder die Ausbringung der beachteten Objektarten.

In den Abschnitten 14.2 und 14.3 werden als grundlegende Strukturtypen folgende beiden Fälle in verschiedenen Versionen analysiert:

(14a) *in Grenzen frei variierbare Outputherstellung*
(14b) *in Grenzen frei variierbare Inputnutzung*.

Es wird sich herausstellen, daß beide Typen als Verallgemeinerungen der in §§13.2-3 und § 13.7.2 behandelten und in Abb. 13.2 skizzierten, endlich generierbaren Grundtypen (13a), (13b) und (13e) anzusehen sind. Dabei sind sie als „Zwischentypen" anzusehen mit (13.2a) und (13.2e) bzw. (13.2b) und (13.2e) als extremen Grenzfällen limitationaler („starrer") und voll elastischer Produktion.

Die Typen (14a) und (14b) sind insofern in ihren Auswirkungen auf Input und Output verwandt mit den in §§13.4-5 untersuchten, endlich generierbaren Strukturtypen (13.2c) und (13.2d) zur Verfahrenswahl bei der Outputherstellung bzw. Inputnutzung. Die beiden folgenden Strukturtypen:

(14c) *parametrisch variierbare Outputherstellung*
(14d) *parametrisch variierbare Inputnutzung*

erweitern jene, indem sie die Wahl aus unendlich vielen Basisaktivitäten zulassen; sie werden in den Abschnitten 14.4 und 14.5 als praktisch wichtigste Spezialfälle solcher Technologien analysiert, welche auf dem zweiten oben genannten Grund beruhen. Ein weithin bekanntes Beispiel für den Typ (14c) bietet das Gutenberg-Produktionsmodell.

14.1.2 Erweiterter Prozeß- und Verfahrensbegriff

Die Bezeichnung „Prozeß" wurde in diesem Kapitel bisher hauptsächlich im engeren Sinne eines elementaren Prozesses gemäß §11.2.2 verwendet und entsprach damit einer Basisaktivität. Im weiten Sinn ist mit *Prozeß* jede größenproportional variierbare Produktion und oft auch der zugehörige Prozeßstrahl gemeint. Also ist letztlich jedes Element einer linearen Technologie ein (Produktions-) Prozeß, und zwar ein *gemischter* Prozeß, sofern er sich aus der freien Kombination elementarer Prozesse ergibt.

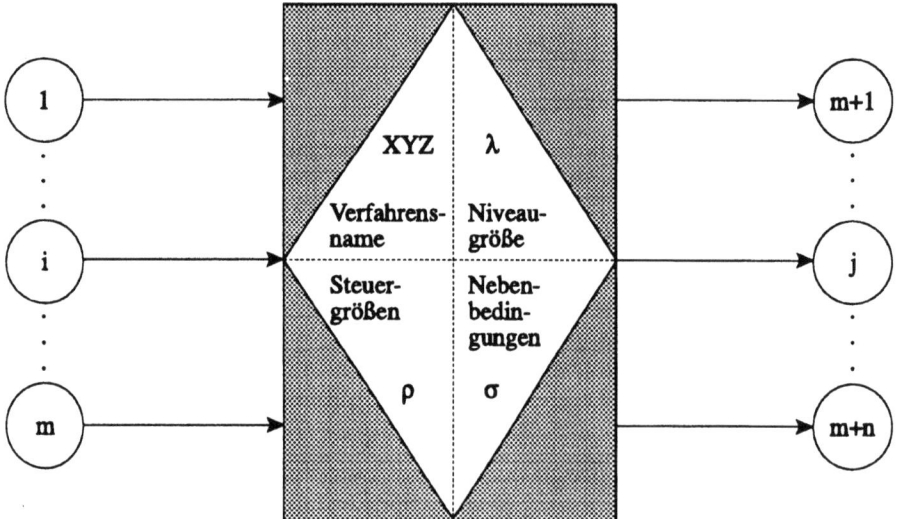

Abb. 14.1: Komplexer Verfahrenskasten

(Produktions-) Verfahren im engeren Sinn ist jeder zu einem elementaren Prozeß gehörige Prozeßstrahl. Deshalb konnten die Begriffe „(elementarer) Prozeß" und „(elementares) Verfahren" bislang ohne große Unterscheidung verwendet werden. Zur Kennzeichnung einer auf natürliche Weise eng zusammengehörenden Gruppe elementarer Verfahren ist es jedoch zweckmäßig, den Begriff eines kombinativen Verfahrens oder *Verfahrenstyps* einzuführen.

§14 Nicht endlich generierbare Technologien

Hierunter fallen dann nicht mehr einzelne Prozeßstrahlen, sondern ganze Bündel solcher Strahlen, d.h. bestimmte (größenproportionale) Teilmengen der Technologie.

Verfahrenstypen werden im I/O-Graphen durch eigens zu definierende „Verfahrenskästen" in Rechteckform dargestellt (wie etwa die Box in der Abb. 13.2f). Eine allgemein gehaltene Darstellungsmöglichkeit bietet der in Abb. 14.1 vorgeführte Kasten mit der offenen Raute im Inneren. Die vier Felder der Raute enthalten Informationen unterschiedlicher Art: Oben links steht der Name des Verfahrenstyps (z.B. Drehen, Bohren, Destillieren, Mischen); oben rechts befindet sich mit dem Prozeßniveau diejenige Einflußgröße (und ggf. weitere), bezüglich derer das Verfahren größenproportional variierbar ist (üblicherweise mit λ symbolisiert); unten links sind die sonstigen vom Produzenten veränderbaren, betrieblichen Steuergrößen genannt (hier symbolisiert durch $\rho = (\rho_1, ..., \rho_\chi)$); und unten rechts sind die nicht disponiblen Einflußgrößen, d.h. die betrieblichen Nebenbedingungen aufgeführt (hier symbolisiert durch $\sigma = (\sigma_1, ..., \sigma_\psi)$; vgl. die Throughputfaktoren in Abb. 4.1).

14.2 In Grenzen frei variierbare Outputherstellung

Das in §13.2 behandelte Leontief-Modell repräsentiert in der Praxis Produktionen mit festen Arbeitsplänen, nicht variierbaren Stücklisten und starren Mischrezepturen. Besonders bei Stoffmischungen oder einem Mix eingesetzter Energiearten, aber auch in anderen Fällen, sind die so gegebenen Relationen der Inputobjektquantitäten häufig nicht so starr, sondern besitzen einen gewissen, wenn auch eventuell nur sehr engen Spielraum, innerhalb dessen die Inputkombination zur Herstellung des Output beliebig variieren kann.

Beispiel 14.1 (vgl. *Eisenführ 1989*, S. 89): ❑
Eine Viehfuttermischung (V) kann aus den drei Rohstoffen Luzerne (L), Destillat (D) und Fischmehl (M) gemischt werden. Die Rohstoffpreise betragen 66, 92 bzw. 156 DM. Das Viehfutter muß eine bestimmte Mindestqualität haben, die durch die drei Inhaltsstoffe Fasern (FA) mit nicht mehr als 8% des Gewichts, Protein (PR) mit mindestens 35% und Fett (FE) mit nicht weniger als 3% definiert ist. Gesucht ist die durchschnittskostenminimale Mischung.

Abb. 14.2a zeigt den I/O-Graph in einer der Abb. 14.1 entsprechenden Form, die keiner weiteren Erläuterung bedarf. Nicht so naheliegend ist hier die Formulierung des algebraischen Mengenmodells. Dafür ist die Abb. 14.2b zunächst zweckmäßiger. Sie geht von der fiktiven Vorstellung aus, die drei Rohstoffe erst einmal mittels outputlimitationaler Prozesse in die drei Inhaltsstoffe und einen verbleibenden Rest (RE) aufzuspalten. Die so erhaltenen Quantitäten werden dann in einem zweiten Schritt zusammengeführt, wobei die angegebenen Restriktionen zu beachten sind. (Es ist somit eigentlich schon ein zweistufiges Modell mit gemischten Strukturtypen; vgl. §§15-17.)

Aus der Abb. 14.2b lassen sich mit Blick auf §§13.3-4 folgende Modellbeziehungen ziemlich einfach herleiten, wobei alle Quantitäten in Tonnen gemessen werden:

$$0{,}25x_L + 0{,}03x_D + 0{,}01x_M = v_{FA} \leq 0{,}08y_V$$
$$0{,}17x_L + 0{,}25x_D + 0{,}60x_M = v_{PR} \geq 0{,}35y_V$$
$$0{,}02x_L + 0{,}05x_D + 0{,}07x_M = v_{FE} \geq 0{,}03y_V$$
$$0{,}56x_L + 0{,}67x_D + 0{,}32x_M = v_{RE}$$
$$v_{FA} + v_{PR} + v_{FE} + v_{RE} = y_V$$

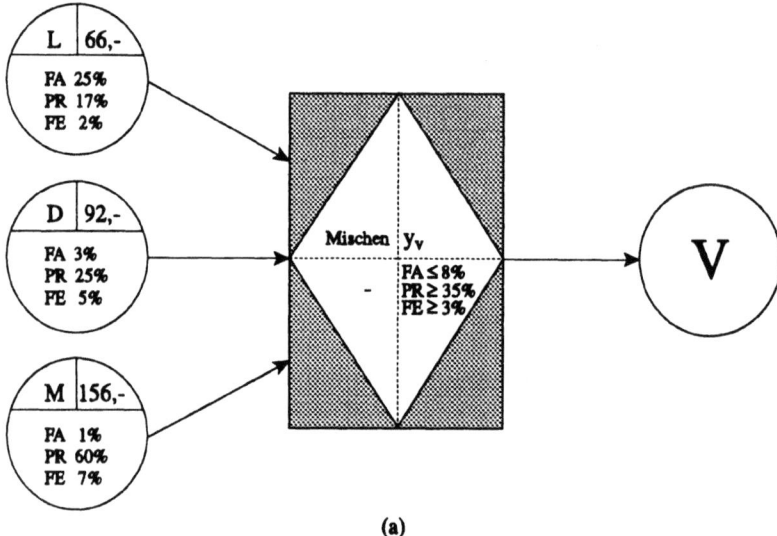

(a)

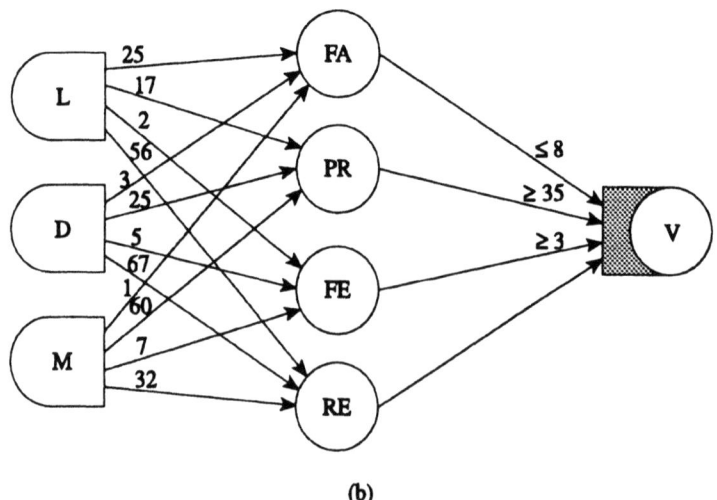

(b)

Abb. 14.2: Viehfuttermischung

§14 Nicht endlich generierbare Technologien

Die Durchsatzquantitäten v_k der Inhaltsstoffe können eliminiert werden, da an sie keine weiteren Bedingungen gestellt sind (außer der Nichtnegativität, die aber schon aus der Nichtnegativität der Inputquantitäten folgt):

$$0{,}25x_L + 0{,}03x_D + 0{,}01x_M \leq 0{,}08y_V$$
$$0{,}17x_L + 0{,}25x_D + 0{,}60x_M \geq 0{,}35y_V$$
$$0{,}02x_L + 0{,}05x_D + 0{,}07x_M \geq 0{,}03y_V$$
$$x_L + x_D + x_M = y_V$$

Die Durchschnittskosten des Viehfutters betragen:

$$k = \frac{K}{y_V} = \frac{66x_L + 92x_D + 156x_M}{y_V}$$

Wegen der Größenproportionalität der Technologie lassen sich alle Quantitäten relativ zur Quantität erzeugten Viehfutters angeben (x_i/y_V) und so eine lineare Optimierungsaufgabe erzielen. Denselben Effekt erreicht man, indem $y_V = 1$ gesetzt, d.h. die kostenminimale Mischung für eine Tonne Viehfutter bestimmt wird:

$$\text{min!} \quad k = 66x_L + 92x_D + 156x_M$$
$$\text{so daß} \quad 25x_L + 3x_D + x_M \leq 8$$
$$17x_L + 25x_D + 60x_M \geq 35$$
$$2x_L + 5x_D + 7x_M \geq 3$$
$$x_L + x_D + x_M = 1$$
$$x_L, x_D, x_M \geq 0$$

Durch Auflösung der Gleichung nach dem Luzerneanteil erhält man folgende Lineare Programmierungsaufgabe mit zwei Variablen, welche gemäß Abb. 14.3 grafisch gelöst werden kann:

$$\text{min!} \quad k = 26x_D + 90x_M + 66$$
$$\text{so daß} \quad 22x_D + 24x_M \geq 17$$
$$8x_D + 43x_M \geq 18$$
$$3x_D + 5x_M \geq 1$$
$$x_D + x_M \leq 1$$
$$x_D, x_M \geq 0$$

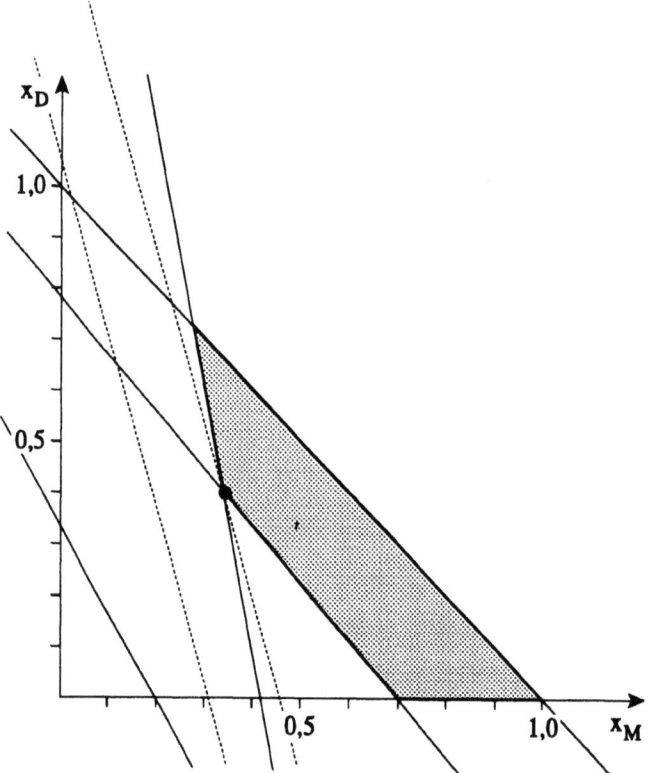

Abb. 14.3: Faktordiagramm für Destillat und Fischmehl

Die Abb. 14.3 zeigt das Faktordiagramm für die Faktoren Destillat und Fischmehl. Das graue Viereck enthält alle zulässigen Kombinationen dieser beiden Faktoren, die genau eine Tonne Viehfutter erzeugen. Da eine Verringerung eines Faktors stets mit einer Erhöhung mindestens eines der beiden anderen verbunden ist, sind sie alle effizient und bilden damit eine Produktisoquante. Wie am Verlauf der gestrichelt eingezeichneten Kostenisoqante zu erkennen, ist eine Mischung aus ca. 25,9% Luzerne, 39,7% Destillat und 34,4% Fischmehl optimal; eine so gemischte Tonne Viehfutter kostet 107,34 DM. ∎

Der Verfahrenskasten des Mischens in Abb. 14.2a ist unmittelbar auf das Produkt bezogen, d.h. es besteht eine eineindeutige Beziehung zwischen beiden. Wie schon bei Abb. 13.9 ist deshalb eine kompaktere Version des I/O-Graphen sinnvoll, die beide integriert. Das folgende Beispiel ist typisch für elastische Mischrezepturen in der Grundstoff-, der Erdöl-, der chemischen und der Nahrungsmittelindustrie. „Inhaltsstoffe" können sein: Schwefel in Heizöl, Brennwert (Joule) der Nahrung, spezifisches Gewicht, Oktanzahl etc. (wobei aber öfter auch nichtlineare Nebenbedingungen zu beachten sind).

§14 Nicht endlich generierbare Technologien

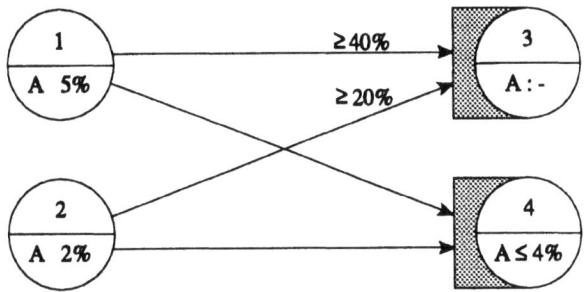

Abb. 14.4: Elastischer Mischprozeß

Beispiel 14.2 (vgl. *Müller-Merbach 1981*, S. 58ff.):
Abb. 14.4 zeigt einen einstufigen elastischen Mischungsprozeß, bei dem die Produkte 3 und 4 aus den beiden Faktoren 1 und 2 hergestellt werden. Alle Güter enthalten einen Inhaltsstoff A, und zwar die Faktoren 1 zu 5% und 2 zu 2% ihrer jeweiligen Quantität. Während bezüglich Produkt 3 keine Anforderungen hinsichtlich A gestellt sind, darf 4 höchstens zu 4% seiner Quantität daraus bestehen. Dafür darf Produkt 3 nicht aus weniger als 40% von Faktor 1 und 20% von Faktor 2 gemischt werden. Zur Aufstellung des Mengenmodells ist im ersten Moment die schon zuvor in §14.1.1 erwähnte Vorstellung nützlich, daß es sich um einen voll elastischen Prozeß handelt, bei dem die Quantitäten beider Faktoren beliebig auf die beiden Produkte verteilt werden können. Das setzt aber voraus, daß alle Objektarten in gleichartigen, addierbaren Quantitätseinheiten gemesssen werden (bei Stoffen in der Regel die Masse; das Volumen ist oft problematisch). Das Modell eines solchen Verteilungsprozesses (§13.7.2) ist dann um technologische Nebenbedingungen zu ergänzen:

$$x_1 = \lambda^{1,3} + \lambda^{1,4}$$

$$x_2 = \lambda^{2,3} + \lambda^{2,4}$$

$$\lambda^{1,3} + \lambda^{2,3} = y_3; \quad \lambda^{1,3} \geq 0{,}4 y_3; \quad \lambda^{2,3} \geq 0{,}2 y_3$$

$$\lambda^{1,4} + \lambda^{2,4} = y_4; \quad 0{,}05\lambda^{1,4} + 0{,}02\lambda^{2,4} \leq 0{,}04 y_4$$

Ein totale Faktorsubstitution ist unmöglich. Um beispielsweise $y_3 = 800$ und $y_4 = 600$ Quantitätseinheiten der Produkte zu erzeugen, sind alle Faktorkombinationen möglich und effizient, die folgenden Bedingungen genügen: $320 \leq x_1 \leq 1040$, $360 \leq x_2 \leq 1080$, $x_1 + x_2 = 1400$. Für Faktorpreise $c_1 = 10$ und $c_2 = 20$ lautet die Minimalkostenkombination: $x_1 = 1040$, $x_2 = 360$. ∎

Aus dem Beispiel wird die Konstruktion allgemeiner Modelle dieses Strukturtyps mit *Qualitätsbedingungen* $\sigma = 1, ..., \Sigma$ für den Output offensichtlich:

Mengenmodell

$$x_i = \sum_{j=m+1}^{m+n} \lambda^{ij}, \qquad i = 1, ..., m;$$

$$\sum_{i=1}^{m} \lambda^{ij} = y_j, \qquad j = m+1, ..., m+n,$$

$$\underline{a}_{ij} y_j \leq \lambda^{ij} \leq \bar{a}_{ij} y_j, \qquad j = m+1, ..., m+n,$$

$$\underline{a}_{\sigma j} y_j \leq \sum_{i=1}^{m} b^{i\sigma} \lambda^{ij} \leq \bar{a}_{\sigma j} y_j, \qquad j = m+1, ..., m+n, \; \sigma = 1, ..., \Sigma$$

Die Produktion ist *outputseitig begrenzt* (vgl. *Müller-Merbach 1981*, S. 60f.), wobei Einzelbegrenzungen der „inneren Objektströme" λ^{ij} (erster Ungleichungstyp) von kollektiven Begrenzungen (zweiter Ungleichungstyp) zu unterscheiden sind. Sind die unteren *Begrenzungskoeffizienten* hinreichend klein ($\underline{a}_{ij} = 0$, $\underline{a}_{\sigma j} = 0$) und die oberen genügend groß ($\bar{a}_{ij} = 1$, $\bar{a}_{\sigma j} = \Sigma_i b^{i\sigma}$), so entspricht das Modell dem eines Transport-, Verteilungs- oder Sammlungsprozesses (volle Elastizität gemäß §13.7.2). Das gegenteilige Extrem starrer, outputseitig determinierter, d.h. inputlimitationaler Produktion ergibt sich ohne die kollektiven Begrenzungen für identische untere und obere Einzelbegrenzungskoeffizienten, die dann Produktionskoeffizienten darstellen: $a_{ij} = \underline{a}_{ij} = \bar{a}_{ij}$ (Leontief-Modell in §13.2).

Eine Erfolgsfunktion kann wie üblich formuliert werden. Jedoch sind weder den Input- noch den Outputarten Erfolgsbeiträge direkt zurechenbar, solange nicht eine bestimmte Produktion festgelegt ist. Insbesondere sind also Stückkosten der Produkte nicht kalkulierbar. Allenfalls lassen sich über die Begrenzungskoeffizienten Abschätzungen der Stückkosten nach unten und oben vornehmen. Auf die Formulierung eines Wertmodells sei hier verzichtet. Es ließe sich mit Hilfe der Dualitätstheorie der Linearen Optimierung formulieren, wobei für die technologischen Restriktionen Schattenpreise resultieren (vgl. *Müller-Merbach 1981*, S. 61).

Das obige Mengenmodell gilt auch für Übel und Neutra. Um den Erfolg zu ermitteln, sind dann entsprechend negative Preise anzusetzen. Ein Beispiel mit Übeln wird im nächsten Abschnitt für den spiegelbildlichen Strukturtyp vorgeführt.

14.3 In Grenzen frei variierbare Inputnutzung

Können ein oder mehrere Inputarten genutzt werden, um daraus verschiedene Outputarten zu erzeugen, wobei die quantitativen Outputrelationen nur begrenzt zu verändern sind, insbesondere stets mindestens zwei Outputarten technologisch zwangsläufig anfallen, so handelt es sich um elastische (oder flexible) Kuppelproduktion im weiten Sinn. Eine in

§14 Nicht endlich generierbare Technologien

Grenzen frei variierbare Inputnutzung ist durch das folgende Modell beschrieben, das spiegelbildlich zum Modell des vorigen Abschnitts ist (im Sinne einer Vertauschung der Rollen von Input und Output) und deshalb analog, wenn auch umgekehrt, zu interpretieren ist.

Mengenmodell

$$\underline{b}_{\sigma i} x_i \leq \sum_{j=m+1}^{m+n} a^{\sigma j} \lambda^{ij} \leq \overline{b}_{\sigma i} x_i, \qquad i = 1, \ldots, m, \; \sigma = 1, \ldots, \Sigma,$$

$$\underline{b}_{ji} x_i \leq \lambda^{ji} \leq \overline{b}_{ji} x_i, \qquad i = 1, \ldots, m,$$

$$x_i = \sum_{j=m+1}^{m+n} \lambda^{ij}, \qquad i = 1, \ldots, m;$$

$$\sum_{i=1}^{m} \lambda^{ij} = y_j, \qquad j = m+1, \ldots, m+n$$

Die Produktion ist *inputseitig begrenzt*, wobei wieder kollektive und Einzelbegrenzungen der inneren Objektströme zu unterscheiden sind. Den Extremfall voller Elastizität bildet auch hier das Modell der Transport-, Verteilungs- und Sammlungsprozesse (gemäß §13.7.2), das andere Extrem die inputseitig determinierte Produktion (gemäß §13.3), d.h. die starre, weil outputlimitationale Produktion mit den Ausbeutekoeffizienten $b_{ji} = \underline{b}_{ji} = \overline{b}_{ji}$. Bei genauerer Betrachtung der Realität sind viele, wenn nicht sogar die meisten Kuppelprozesse in bestimmtem Grenzen elastisch, so insbesondere in der Mineralölverarbeitung die Aufspaltung der Rohöle in verschiedene Fraktionen, also Benzine, Gasöle, Heizöle etc. Ansonsten gelten sinngemäß die gleichen Anmerkungen wie beim symmetrischen Modell des vorigen Abschnitts.

Beispiel 14.3: (vgl. *Müller-Merbach 1981*, S. 53ff.) □
Entsprechend Abb. 14.5 werden zwei Inputarten 1 und 2 in zwei Outputarten 3 und 4 umgewandelt. Es existieren nur inputseitige Einzelbegrenzungen an die inneren Objektströme:

$$x_1 = \lambda^{1,3} + \lambda^{1,4}, \qquad \lambda^{1,3} \leq 0{,}6 x_1, \; \lambda^{1,4} \leq 0{,}5 x_1$$

$$x_2 = \lambda^{2,3} + \lambda^{2,4}, \qquad \lambda^{2,3} \geq 0{,}3 x_2, \; \lambda^{2,4} \geq 0{,}4 x_2$$

$$\lambda^{1,3} + \lambda^{2,3} = y_3,$$

$$\lambda^{1,4} + \lambda^{2,4} = y_4$$

Jeder Kombination von Inputquantitäten ist eine Menge möglicher Outputkombinationen zugeordnet (Outputkorrespondenz; vgl. §4.3), so für $x_1 = 2000$, $x_2 = 3000$ die folgende Outputmöglichkeitenmenge:

$$\{(y_3, y_4) \mid y_3 + y_4 = 5000, \; 1900 \leq y_3 \leq 3000, \; 2000 \leq y_4 \leq 3100\}$$

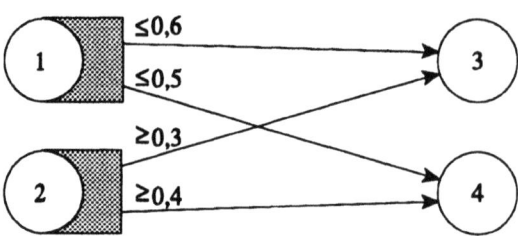

Abb. 14.5: Elastische Kuppelproduktion vom Typ (14b)

Mit den Outputarten als Produkten ist die gesamte Menge effizient (Outputsubstitutionalität). Sofern sich die Ausbeutung beider Faktoren nicht gegenseitig beeinflußt (etwa wegen einer gemeinsam genutzten Anlage als Engpaßkapazität), ist es bei Preisen $e_3 = 70$ und $e_4 = 80$ für beide optimal, soviel wie möglich in Produkt 4 umzuwandeln. Unter dieser Voraussetzung lassen sich für jede Quantitätseinheit der Faktoren folgende maximalen Stückleistungen erzielen:

$l_1 = 70 \cdot 0{,}5 + 80 \cdot 0{,}5 = 75$
$l_2 = 70 \cdot 0{,}3 + 80 \cdot 0{,}7 = 77$

Diese Werte bilden die Obergrenzen für die Faktorpreise c_1 und c_2, bis zu denen die Deckungsbeiträge $d_i = l_i - c_i$ der Faktoren i noch positiv sind. Der maximale Erlös (Umsatz) in Höhe von $L = 75 \cdot 2000 + 77 \cdot 3000 = 381000$ wird erreicht mit den Produktquantitäten $y_3 = 1900$, $y_4 = 3100$. ∎

Beispiel 14.4: ❑
Das Mengenmodell des letzten Beispiels kann genauso gut auch einen Reduktionsprozeß beschreiben. Anlieferungen von Buntglasabfällen des Handels (1) und der Haushalte (2) werden über eine automatische Sortieranlage in zwei verschiedene Altglassorten 3 und 4 getrennt, wobei aufgrund ungenauer Abgrenzung der beiden Sorten gewisse Aufteilungsspielräume bleiben. Diese Spielräume werden wie schon im letzten Beispiel dazu genutzt, um diejenige Sorte zu erzeugen, die relativ höher bewertet wird, d.h. bei negativen Preisen den (absolut gesehen) geringeren Preis hat. ∎

14.4 Parametrisch variierbare Outputherstellung

Sieht man bei den zuvor behandelten Modellen von kollektiven Begrenzungen ab, so schränken die Einzelbegrenzungen die Produktionsmöglichkeiten zwar mehr oder minder ein; innerhalb dieser Grenzen ist die Produktion aber (entsprechend §13.7) nach wie vor „voll elastisch". Diese extreme Elastizität jedes einzelnen in Grenzen frei variierbaren Prozesses äußert sich in nicht definierten, weil beliebigen Kompensationsraten zweier Objektarten (Substitutions- oder Transformationsraten; vgl. §8.3). Ihre Isoquanten sind Flächen und keine Kurven (vgl. Abb. 14.3).

Anders sieht dies bei den parametrisch variierbaren Strukturtypen (14c) und (14d) aus. Ihre Isoquanten sind eher eindimensional und können dann eine kontinuierliche, d.h. stetig differenzierbare Krümmung aufweisen. In diesem Abschnitt wird das für die parametrisch variierbare Outputherstellung (Typ 14c) am Fall des *Gutenberg-Modells* demonstriert.

14.4.1 Parametrisch definierte Basisaktivitäten

Eine parametrisch definierte Basisaktivität läßt sich allgemein folgendermaßen beschreiben:

$$z = z(\rho, \sigma) = (z_1(\rho, \sigma), ..., z_\kappa(\rho, \sigma))$$

Dabei sind z_k für $k = 1, ..., \kappa$ die Input- ($z_k < 0$) bzw. Outputkoeffizienten ($z_k > 0$), die von den betrieblichen Steuergrößen $\rho = (\rho_1, ..., \rho_\chi)$ und den betrieblichen Nebenbedingungen $\sigma = (\sigma_1, ..., \sigma_\psi)$ abhängen können. Jede *Konstellation* (ρ, σ) der Steuergrößen und Nebenbedingungen definiert eine Basisaktivität, wobei es vorkommen kann, daß verschiedene Konstellationen zu derselben Basisaktivität führen. Die *Steuergrößen* sind solche Durchsatzfaktoren, deren Werte vom Produzenten in gewissen Grenzen gewählt werden können, z.B. Temperatur und Beschickungsdichte einer Verbrennungsanlage oder die Drehzahl eines Motors; *Nebenbedingungen* sind jene, welche die Produktion mitbestimmen, aber vom Produzenten in der betrachteten Entscheidungssituation unbeeinflußbar sind, z.B. Außentemperatur oder Alter einer Produktionsanlage (vgl. §4.2).

Die wichtigste Einflußgröße bei linearen Technologien ist das *Prozeßniveau* $\lambda = \lambda^{\rho,\sigma}$. Es wird gesondert berücksichtigt, d.h. gehört nicht zum Vektor ρ (vgl. Abb. 14.1). Bei gegebenen Nebenbedingungen σ kann der Produzent verschiedene Werte für die Steuergrößen ρ auswählen und zu jeder Konstellation (ρ, σ) das zugehörige Niveau λ festlegen. Beispielsweise kann der Motor einer Maschine in einer Periode verschiedene Drehzahlen (ρ) mit unterschiedlichen Laufzeiten (λ) aufweisen. Der entscheidende Unterschied zwischen den Steuergrößen ρ und λ besteht darin, daß für eine gegebene Konstellation (ρ, σ) die Produktion über die so bestimmte Basisaktivität mittels λ in ihrem Niveau größenproportional variiert werden kann, während Variationen von ρ bei gegebenem λ nicht unbedingt zu größenproportionalen Veränderungen bei der Produktion führen müssen.

Bei konstanten Nebenbedingungen und endlich vielen zulässigen Konstellationen der Steuergrößen können diese mit $\rho = 1, ..., \pi$ durchnumeriert und die zugehörigen Niveaus entsprechend mit λ^ρ gekennzeichnet werden. Die in §13 betrachteten, endlich generierbaren Produktionstypen sind so gesehen Spezialfälle parametrisch definierter Technologien.

14.4.2 Zeitliche und intensitätsmäßige Anpassung

Eine Anpassung der Produktion an veränderte Beschäftigungssituationen kann oft nicht nur über eine Variation der Produktionsdauer λ erfolgen (*zeitliche Anpassung*), sondern außerdem durch eine Veränderung der Produktionsgeschwindigkeit ρ, auch *Intensität* genannt (*intensitätsmäßige Anpassung*). Daneben gibt es für Unternehmungen eine Reihe weiterer Instrumente, um auf Beschäftigungsschwankungen zu reagieren, die aber an dieser Stelle nicht zur Debatte stehen, so etwa die Veränderung der Zahl der Potentialfaktoren (*quantita-

tive Anpassung; §14.4.4 und Kap. D), die Emanzipation der Produktion vom Absatz durch Lagerhaltung (Kap. D), die Produktdiversifikation oder die Preispolitik.

Die mögliche Dauer und Geschwindigkeit der Transformation des Input in den Output innerhalb einer Produktionsperiode ist in der Regel weniger von den Verbrauchsobjekten (Repetierfaktoren) als von den Gebrauchsobjekten (Potentialfaktoren) abhängig. Sie beruhen neben physischen, technischen und organisatorischen Randbedingungen insbesondere bei Arbeitskräften auch auf tariflichen oder gesetzlichen Vorschriften und Vereinbarungen. Die in letzter Zeit diskutierte Flexibilisierung der Arbeitszeit (vgl. *Günther 1989*) sowie die Einführung unbewacht arbeitender Flexibler Fertigungszellen und -systeme (*Tempelmeier/Kuhn 1992*) mit sogenannten „mannlosen Schichten" erlauben eine bessere zeitliche Anpassung.

Als kurzfristige zeitliche Anpassungsmaßnahmen im Personalbereich kommen in erster Linie die Verlagerung der tariflichen Arbeitszeit von beschäftigungsschwachen in beschäftigungsstarke Zeiten und die vorübergehende Unter- oder Überschreitung der regulären Arbeitszeit in Frage. Verlängerungen der gewöhnlichen Arbeitszeiten sind regelmäßig mit überproportional steigenden Entlohnungen verbunden, während Kürzungen oft sogar zu keinen Einsparungen bei den Lohnkosten oder bei anderen (Opportunitäts-) Kosten führen. Intensitätsmäßigen Anpassungen über das normale Maß hinaus sind bei Menschen enge Grenzen gesetzt, wenn man von bestimmten Tätigkeiten wie etwa der Überwachung automatisch laufender Maschinen absieht, welche allerdings im Zuge der „flexiblen Automatisierung" der modernen Produktion stark zunehmen. Der Arbeitskostenverlauf bei Intensitätsveränderungen wird entscheidend von der Form des Arbeitsentgelts bestimmt. So sind bei reinem Zeitlohn und konstanter Arbeitszeit die Lohnkosten fix und damit in der Regel nicht entscheidungsrelevant. Bei Akkordlohn variieren sie hingegen proportional zur Ausbringung.

Für Betriebsmittel ist eine zeitliche und intensitätsmäßige Anpassung meistens unproblematischer möglich als für Arbeitskräfte. Allerdings gibt es Anlagen, die kontinuierlich betrieben werden müssen, weil eine Unterbrechung des Produktionsprozesses zur Beschädigung der Anlage oder zu unvertretbar hohen Wiederanlaufkosten führen würde (z.B. Hochofen, Papiermaschine, Floatglasanlage). Beispiele für Intensitätsanpassungen sind wechselnde Motordrehzahlen, Beeinflussung chemischer Reaktionen durch Einstellung von Temperatur und Druck sowie die Beschickung von Öfen mit verschiedenen Materialquantitäten. Sie lassen sich ebenfalls nicht immer realisieren.

Beispiel 14.5 (vgl. *Eisenführ 1989*, S. 101ff.): ❑
Eine (nicht näher bezeichnete) Maschine zur Herstellung des Produktes 3 kann im Intensitätsbereich $1 \leq \rho \leq 7$ betrieben werden, wobei zwei Verbrauchsfaktoren 1 und 2 eingesetzt werden. Die Abb. 14.6 beschreibt die Produktion anhand (a) einer ausführlichen und (b) einer kompakten Version eines I/O-Graphen. Sowohl die Inputkoeffizienten a_i als auch der Outputkoeffizient b_3 hängen von der Intensität ab, und zwar in folgender Weise:

$$a_1 = 5\rho^3 - 50\rho^2 + 230\rho$$
$$b_3 = 5\rho$$
$$a_2 = 15\rho^3 - 60\rho^2 + 110\rho$$

Die (*zeit*)*spezifischen Verbrauchsfunktionen* erfassen die Abhängigkeit der Inputkoeffizienten, die spezifische *Ausbringungsfunktion* die Abhängigkeit des Outputkoeffizienten von der

§14 Nicht endlich generierbare Technologien 251

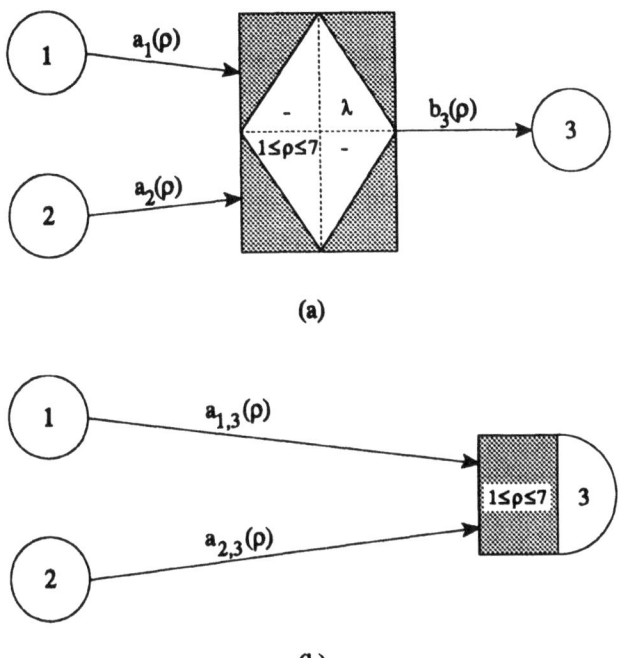

Abb. 14.6: Maschine mit möglicher Intensitätsvariation

Intensität (in der Literatur auch im physikalischen Sinne als „Leistungsfunktion" bezeichnet). Bei einer Zeitmessung in Minuten und einer Intensitätsmessung in Arbeitseinheiten der Maschine pro Minute werden pro Arbeitseinheit fünf Quantitätseinheiten des Produkts hergestellt. Für eine über die gesamte Produktionsdauer konstante Intensität gilt:

$$x_1 = a_1(\rho)\lambda$$
$$b_3(\rho)\lambda = y_3$$
$$x_2 = a_2(\rho)\lambda$$

Daraus ergeben sich über die *produktspezifischen Verbrauchsfunktionen*

$$a_{1,3} = \frac{a_1}{b_3} = \rho^2 - 10\rho + 46$$
$$a_{2,3} = \frac{a_2}{b_3} = 3\rho^2 - 12\rho + 22$$

folgende Verbrauchsfunktionen der beiden Faktoren 1 und 2:

$$x_1 = a_{1,3}(\rho)y_3$$
$$x_2 = a_{2,3}(\rho)y_3$$

Die Abb. 14.7a zeigt den parabelförmigen („U-förmigen") Verlauf der beiden produktspezifischen Verbrauchsfunktionen mit Minima für $\rho_1 = 5$ und $\rho_2 = 2$. Außerhalb des Intervalls

[2, 5] sind Intensitäten $\rho \in [1, 7]$ zwar möglich, aber nicht effizient, falls eine vorgegebene Produktquantität auch mit anderer Intensität realisierbar ist. Intensitäten außerhalb des Intervalls [2, 5] kommen nur in Betracht, wenn die Produktquantität durch zeitliche Anpassung allein nicht zu erzeugen ist. Das setzt aber voraus, daß keine zusätzlichen zeitabhängigen Aufwendungen, wie etwa Überstundenzuschläge bei den Lohnkosten, zu berücksichtigen sind (vgl. z.B. *Schneeweiß 1992b*, S. 57ff.).

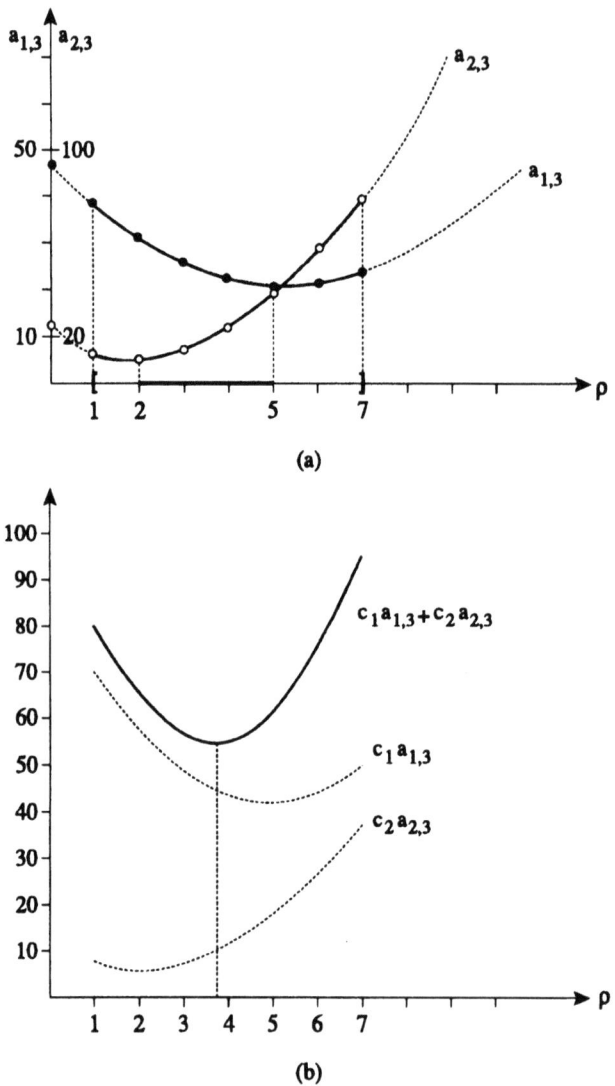

Abb. 14.7: Spezifische (a) Verbrauchs- und (b) Kostenverläufe

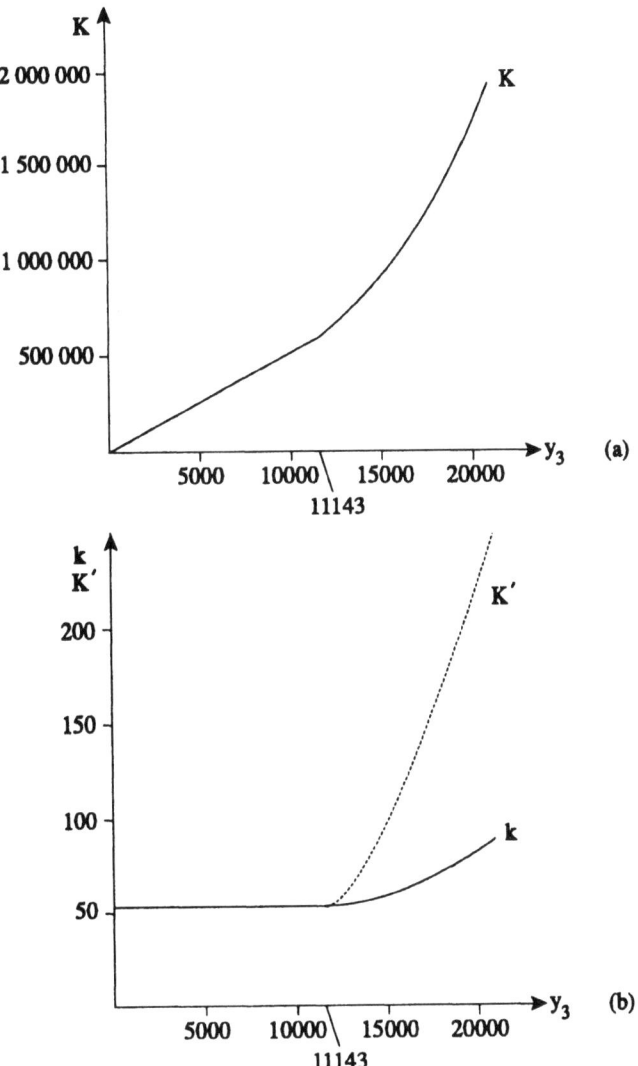

Abb. 14.8: Kostenverläufe bei zeitlicher und intensitätsmäßiger Anpassung

Die Bewertung der Intensitäten mit Hilfe der Faktorpreise c_i ermöglicht die Bestimmung einer *optimalen Intensität* ρ_*. Optimal ist sie in dem Sinne, daß die Maschine in dieser Intensität immer dann betrieben wird, wenn die zulässigen Produktionsdauern $\lambda \in [\underline{\lambda}, \bar{\lambda}]$ ausreichen, mit ihr die gewünschte Ausbringung („Beschäftigung") y_3 zu realisieren. Für $c_1 = 2$ und $c_2 = 0,5$ ist somit die folgende *spezifische Kostenfunktion* oder *Stückkostenfunktion* zu minimieren:

$$k = c_1 a_{1,3} + c_2 a_{2,3} = 3,5\rho^2 - 26\rho + 103$$

Das Diagramm der Abb. 14.7b zeigt den Verlauf dieser Kurve. Die optimale Intensität ist $\rho_* = 26/7 = 3{,}71$ mit Stückkosten in Höhe von $k_* = 54{,}7$. Für zulässige Produktionsdauern $\lambda \in [0, 600]$ ist mit der optimalen Intensität maximal die Produktquantität $y_3 = b_3(\rho_*) \cdot \overline{\lambda} = 5 \cdot (26/7) \cdot 600 \approx 11143$ zu erzeugen. Bis zu dieser Quantität gilt demnach folgende Minimalkostenfunktion mit konstanten Stück- und Grenzkosten:

$$K(y_3) = 54{,}7 y_3 \quad \text{für} \quad 0 \leq y_3 \leq 11143$$

Oberhalb davon muß die Intensität gemäß $y_3 = b_3(\rho) \cdot \overline{\lambda}$, d.h. $\rho = y_3/3000$, gesteigert werden mit folgenden minimalen Kosten:

$$K(y_3) = \frac{35}{9} \cdot 10^{-7} \cdot (y_3)^3 - \frac{26}{3} \cdot 10^{-3} \cdot (y_3)^2 + 103 y_3 \quad \text{für} \quad 11143 \leq y_3 \leq 21000$$

Hieraus lassen sich unmittelbar die zugehörigen Stückkosten $k(y_3)$ und Grenzkosten $K'(y_3) = dK/dy_3$ ableiten. Ihr Verlauf ist im Diagramm der Abb. 14.8b, derjenige der Gesamtkosten in 14.8a dargestellt. ∎

Im Beispiel ist eine während der gesamten Produktionsdauer einheitliche Intensität ρ der Maschine unterstellt worden. Mit dieser Einschränkung läßt sich das Gutenberg-Produktionsmodell einer Maschine mit m Verbrauchsfaktoren allgemein wie folgt formulieren:

$$x_i = a_{i,m+1}(\rho) \, y_{m+1}, \quad i = 1, \ldots, m$$

Für unveränderbare, d.h. fixe Intensität handelt es sich um ein inputlimitationales Produktionsmodell; es ist dann identisch mit dem Leontief-Modell im Einproduktfall (vgl. §7.5 und §13.2). Unter Einbeziehung intensitätsmäßiger Anpassung, d.h. variabler Intensität, liegt jedoch ein inputsubstitutionales Modell vor, sieht man von Sonderfällen ab, in denen es nur eine einzige effiziente Intensität gibt, weil die spezifischen Verbrauchsminima aller Faktoren zusammenfallen oder sich am unteren oder oberen Ende des Intervalls möglicher Intensitäten befinden. Im Regelfall gibt es mehr als eine effiziente Intensität, so daß sich Produktisoquanten ermitteln lassen (*Knolmayer 1983*). Um dann eine optimale Intensität festzulegen, bedarf es einer weitergehenden Bewertung (vgl. Beispiel 14.5). Gegebenenfalls berücksichtigt sie neben rein ökonomischen auch soziale oder ökologische Aspekte (z.B. Emissionen der Maschine; vgl. *Dinkelbach/Piro 1990, Plein 1989*).

14.4.3 Intensitätssplitting

Grundsätzlich ist es auch möglich, die Intensität während der Produktion zu wechseln, also das Produkt mit unterschiedlichen Geschwindigkeiten herzustellen. Dies nennt man *Intensitätssplitting*. Formal kann das obige Modell dann folgendermaßen erweitert werden:

$$x_i = \sum_\rho a_i(\rho) \, \lambda^\rho = \sum_\rho a_{i,m+1}(\rho) \, y_{m+1}^\rho, \quad i = 1, \ldots, m;$$

$$\sum_\rho b_{m+1}(\rho) \, \lambda^\rho = \sum_\rho y_{m+1}^\rho = y_{m+1}$$

Für eine endliche Anzahl verwendeter Intensitäten entspricht Intensitätssplitting einer endlichen Kombination aus einer Auswahl unendlich vieler Intensitäten, d.h. einer *stufen-*

weisen Intensitätsvariation. Eine *kontinuierliche* Intensitätsvariation bedingt dagegen eine unendliche Kombination von Intensitätsgraden und wäre mathematisch durch ein Integral anstelle einer Summe darzustellen.

Vergleicht man das Modell mit dem der Verfahrenswahl bei der Herstellung eines Output in §13.4, so wird die Verwandtschaft beider Modelle augenscheinlich. Der einzig wesentliche Unterschied besteht bei stufenweise möglicher Intensitätsvariation darin, daß aus einer unendlichen anstelle einer endlichen Zahl elementarer Prozesse ausgewählt werden kann, die sich stetig mit dem Parameter ρ ändern. Effizienz- und Erfolgsanalysen können deshalb vollkommen analog durchgeführt werden, und man kommt zu weitgehend übereinstimmenden Resultaten. Aufgrund der stetigen Variierbarkeit der elementaren Prozesse mit üblicherweise konvex verlaufenden spezifischen Verbräuchen im Intervall zwischen den *(technisch) minimalen* und *maximalen* Intensitäten erübrigt sich dann allerdings ein Intensitätssplitting, weil jeder sinnvolle elementare Prozeß sogar effizient ist und damit nicht durch eine Kombination anderer Prozesse dominiert werden kann (§11.3). Es werden unter diesen Voraussetzungen nur reine Prozesse angewendet, und das obige Modell reduziert sich wieder auf das Modell in §14.4.2.

Für eine nur endliche Zahl wählbarer Intensitätsstufen besteht im Prinzip überhaupt kein Unterschied mehr zu dem Modell in §13.4. Intensitätssplitting ist dann zwar möglich, aber nur zwischen jeweils zwei „benachbarten" Intensitätsstufen effizient und ggf. kostenminimal (vgl. §13.4.1 und *Dellmann/Nastansky 1969*).

14.4.4 Quantitative Anpassung (ohne Fixkostensprünge)

Neben der zeitlichen und intensitätsmäßigen Anpassung läßt das Gutenberg-Modell in erweiterten Formen auch die quantitative Anpassung sowie beliebige Kombinationen der einzelnen Anpassungsformen in unterschiedlichen Varianten zu. Sie sind in der produktionstheoretischen Literatur ausführlich behandelt worden (vgl. *Fandel 1991a*). Quantitative Anpassung bedeutet die Inanspruchnahme zusätzlicher oder von weniger Potentialfaktoren. Üblicherweise sind damit sprunghafte Veränderungen bei den (realen) Aufwendungen und ggf. auch bei den (realen) Erträgen verbunden. Wertmäßig äußert sich das Verhalten dann in sogenannten *sprungfixen* Kosten bzw. ggf. Leistungen. Bei längerfristigen Anpassungen handelt es sich u.a. um einmalige oder regelmäßig wiederkehrende Kosten für die Einstellung oder das Ausscheiden von Arbeitskräften bzw. für die Anschaffung oder Abschaffung von Betriebsmitteln. Bei kürzerfristigen Anpassungen sind dagegen nur die Kosten für das Einarbeiten der Arbeitskräfte sowie für die Inbetriebnahme bzw. Außerbetriebsetzung von Betriebsmitteln relevant, deren Höhe letztlich vom vorgehaltenen Grad der Betriebsbereitschaft abhängt. Diese Kosten werden durch zusätzlichen Ausschuß und geringere Produktivität in der Einarbeitungsphase bzw. durch Wartung, Reinigung, Umrüstung, Instandsetzung und Probelauf von Maschinen hervorgerufen.

Sprungfixe Aufwendungen und Erträge entsprechen einem nichtlinearen Verhalten der Technologie (siehe Kap. B und D). In diesem Abschnitt werden nur proportionale Aufwendungen und Erträge unterstellt. Die daraus resultierende quantitative Anpassung wird an dem folgenden Beispiel mit zwei Maschinen verdeutlicht, das gleichzeitig die zweistufige Struktur des ursprünglichen *Gutenberg-Produktionsmodells* illustriert.

Beispiel 14.6: ❏

Abb. 14.9a stellt eine zweistufige Technologie mit sechs beachteten Objektarten dar. Konkret handelt es sich um eine Werkstatt mit zwei Bohrmaschinen (B^1 und B^2), in der in der betrachteten Situation Löcher in Platten (P) zu bohren sind.

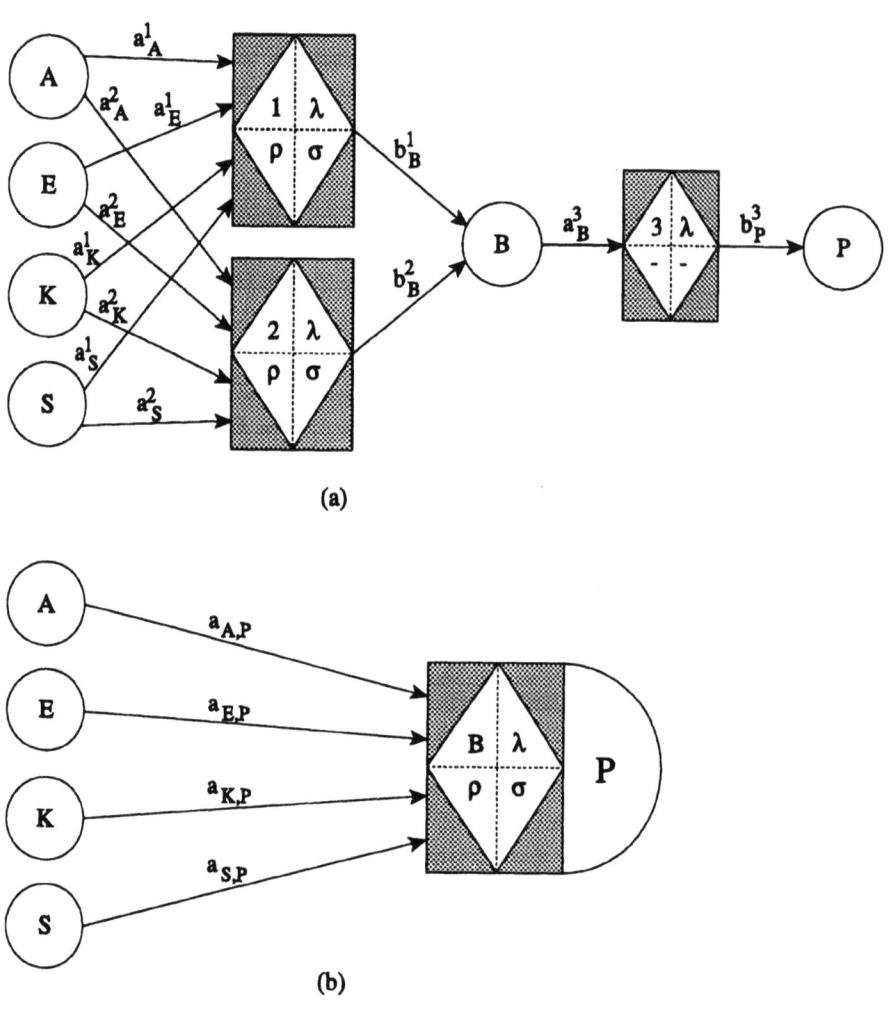

Abb. 14.9: Plattenbearbeitung in Bohrwerkstatt

Die Bohrmaschinen sind als Betriebsmittel Gebrauchsfaktoren, die in der Produktionsperiode zusammen eine bestimmte Quantität an Arbeitseinheiten (B) erbringen, welche durch die Anzahl der Bohrerumdrehungen gemessen wird. Je Platte sind vier Löcher anzubringen ($b_P^3 = 1/4$); um ein Loch zu bohren, benötigt man $a_B^3 = 200$ Bohrerumdrehungen. Der reine Bohrprozeß 3 ist also ein elementarer Prozeß vom Typ 1:1, der mit dem Niveau λ^3 betrieben wird, welches durch die Löcherzahl gemessen wird. Weitere Durchsatzfaktoren

§14 Nicht endlich generierbare Technologien

sind für ihn nicht zu berücksichtigen. Für den Zusammenhang zwischen Bohrerarbeit v_B und gebohrten Platten y_P gilt demnach (vgl. §12.2.1 und *Fandel 1991a*, S. 104):

$$v_B = x_B^3 = \frac{a_B^3}{b_P^3} \cdot y_P^3 = a_{B,P} y_P = 800 y_P$$

Demgegenüber ist durch die Art der Darstellung in Abb. 14.9a angedeutet, daß bei den Bohrmaschinen $\tau \in \{1, 2\}$ selber neben dem Niveau λ^τ weitere Einflußgrößen ρ^τ und Nebenbedingungen σ^τ vorkommen. Jeder der beiden linken Verfahrenskästen des I/O-Graphen repräsentiert eine Vielzahl verschiedener elementarer Prozesse, die dadurch bestimmt sind, daß der Produzent Werte für die Steuergrößen ρ^τ wählt und gewisse Werte der Nebenbedingungen σ^τ vorliegen. Einzige Steuergröße außer dem Prozeßniveau sei die Drehzahl der betreffenden Bohrmaschine, die bei beiden stufenlos zwischen 500 und 2000 Umdrehungen pro Minute geschaltet werden kann und damit die Bohrintensität bestimmt. Einzige Nebenbedingung sei die herrschende Temperatur, die für beide Maschinen gleich und konstant sei, so daß sie vernachlässigt werden kann. Das Prozeßniveau wird durch die Laufzeit der Bohrmaschine für die jeweilige Drehzahl in Minuten gemessen. Die Outputkoeffizienten aller elementaren Prozesse der Art τ sind also gleich der jeweiligen Drehzahl. Die gesamte Laufzeit sei bei beiden Bohrmaschinen auf acht Stunden begrenzt. Also gilt:

$$\sum_\rho b_B^{1,\rho} \lambda^{1,\rho} + \sum_\rho b_B^{2,\rho} \lambda^{2,\rho} = \sum_\rho \rho \lambda^{1,\rho} + \sum_\rho \rho \lambda^{2,\rho} = \sum_\rho y_B^{1,\rho} + \sum_\rho y_B^{2,\rho} = v_B$$

mit $\quad 500 \leq \rho = \rho^\tau \leq 2000, \quad 0 \leq \lambda^{\tau,\rho}, \quad \sum_\rho \lambda^{\tau,\rho} = \lambda^\tau \leq 480.$

Die gesamte Zahl v_B an Bohrerumdrehungen ergibt sich danach aus der Addition der bereit gestellten Umdrehungen beider Bohrmaschinen, wobei jede von ihnen sich wiederum als Summe über die verschiedenen verwendeten Intensitäten multipliziert mit ihrer jeweiligen Dauer berechnet.

Die Prozesse der ersten Produktionsstufe beschreiben die Erzeugung der Bohrerarbeit, gewonnen mit Hilfe der originären Faktoren Arbeit (*A*), Energie (*E*), Kühlmittel (*K*) und Schmiermittel (*S*), gemessen in eingesetzten Minuten der Arbeitskräfte, in Wattminuten für verbrauchten Strom und in Gramm Kühl- bzw. Schmiermittel. Weitere Faktoren, z.B. die noch unbearbeiteten Rohplatten, sind hier nicht beachtet, ebensowenig anfallende Kuppelprodukte, z.B. das Kühlmittel mit den Bohrspänen und Putzlappen mit Schmiermittelresten. Der gesamte Input eines Faktors ergibt sich analog zum Output an Bohrerumdrehungen:

$$x_i = \sum_\rho a_i^{1,\rho} \lambda^{1,\rho} + \sum_\rho a_i^{2,\rho} \lambda^{2,\rho}, \quad i \in \{A, E, K, S\}$$

Die Inputkoeffizienten $a_i^{\tau,\rho}$ der vier beachteten Faktoren i sind *zeitspezifische „Verbrauchsfunktionen"*, die in unterschiedlicher Weise von der Intensität ρ^τ abhängen (die Zahlen sind willkürlich und machen keine Aussagen über tatsächliche Bohrmaschinen):

$$a_A^{\tau,\rho} = 1$$

$$a_E^{\tau,\rho} = 2 \cdot 10^{-7}(\rho^\tau)^3 - 6 \cdot 10^{-4}(\rho^\tau)^2 + 1{,}5\rho^\tau$$

$$a_K^{\tau,\rho} = 0{,}02\rho^\tau$$

$$a_S^{\tau,\rho} = 5 \cdot 10^{-8}(\rho^\tau)^2$$

Die Abb. 14.10a zeigt in den linken vier Diagrammen die zeitspezifischen Faktoreinsatzverläufe. Der Gebrauch des Potentialfaktors Arbeit ist unabhängig von der Drehzahl der Bohrmaschine und gleich ihrer Laufzeit. Der Energieverbrauch pro Minute wächst mit der Drehzahl, und zwar anfangs mit abnehmender, später mit zunehmender Tendenz. Der Kühlmittelverbrauch verhält sich proportional zur Zahl der Umdrehungen pro Minute, während der Schmiermittelverbrauch überproportional zunimmt. ∎

Im Beispiel sind sowohl die Output- wie auch die Inputkoeffizienten für beide Bohrmaschinen identisch; man spricht von *funktionsgleichen* und *„kostengleichen"*, d.h. identischen Maschinen. Die gleiche Funktion äußert sich letztlich darin, daß die Outputströme der Maschinen zu einem homogenen Zwischenprodukt B aggregiert (addiert) werden dürfen. Bei gleicher Funktion können Maschinen „kostenverschieden" sein, wenn die Inputkoeffizienten relativ zu den Outputkoeffizienten von τ abhängen, d.h. wenn die Produktionskoeffizienten verschieden sind. So kann eine neue Maschine sowohl leistungsstärker als eine alte sein wie auch andere Verbrauchsverläufe bei Energie und Schmiermitteln und ggf. andere spezifische Emissionswerte aufweisen.

Das Modell des Beispiels bietet alle drei grundsätzlichen Möglichkeiten, auf eine wechselnde Nachfrage mit einer Anpassung der Produktion insbesondere bei den Potentialfaktoren zu reagieren: quantitativ durch Einsatz einer oder beider Bohrmaschinen, zeitlich durch Variation der Dauer ihres Einsatzes, intensitätsmäßig durch Veränderung der Bohrgeschwindigkeit. Die drei *Anpassungsformen* kommen in den Größen τ, λ und ρ zum Ausdruck. Da hier beide Bohrmaschinen identisch sind und keine sprungfixen Aufwendungen verursachen, hat die quantitative Anpassung allerdings die gleiche Wirkung wie die zeitliche, solange sie nicht andere Bewertungsformen mit sich bringt.

Beispiel 14.7 (Fortsetzung von Bsp. 14.6): ❏
Wegen der Identität der Bohrmaschinen kann das Mengenmodell vereinfacht werden. Dazu wird bei den Input- und Outputkoeffizienten der Index τ fortgelassen, und diejenigen Einsatzzeiten der Maschinen mit gleicher Intensität werden zusammengefaßt ($\lambda^\rho = \lambda^{1,\rho} + \lambda^{2,\rho}$; $b_{P,B} = 1/a_{B,P} = 1/800$):

$$x_i = \sum_\rho a_i^\rho \lambda^\rho, \quad i \in \{A, E, K, S\}, \qquad b_{P,B}(\sum_\rho \rho \lambda^\rho) = y_P$$

$$\text{mit} \quad 500 \leq \rho \leq 2000, \qquad 0 \leq \lambda^\rho, \qquad \sum_\rho \lambda^\rho \leq 960$$

§14 Nicht endlich generierbare Technologien 259

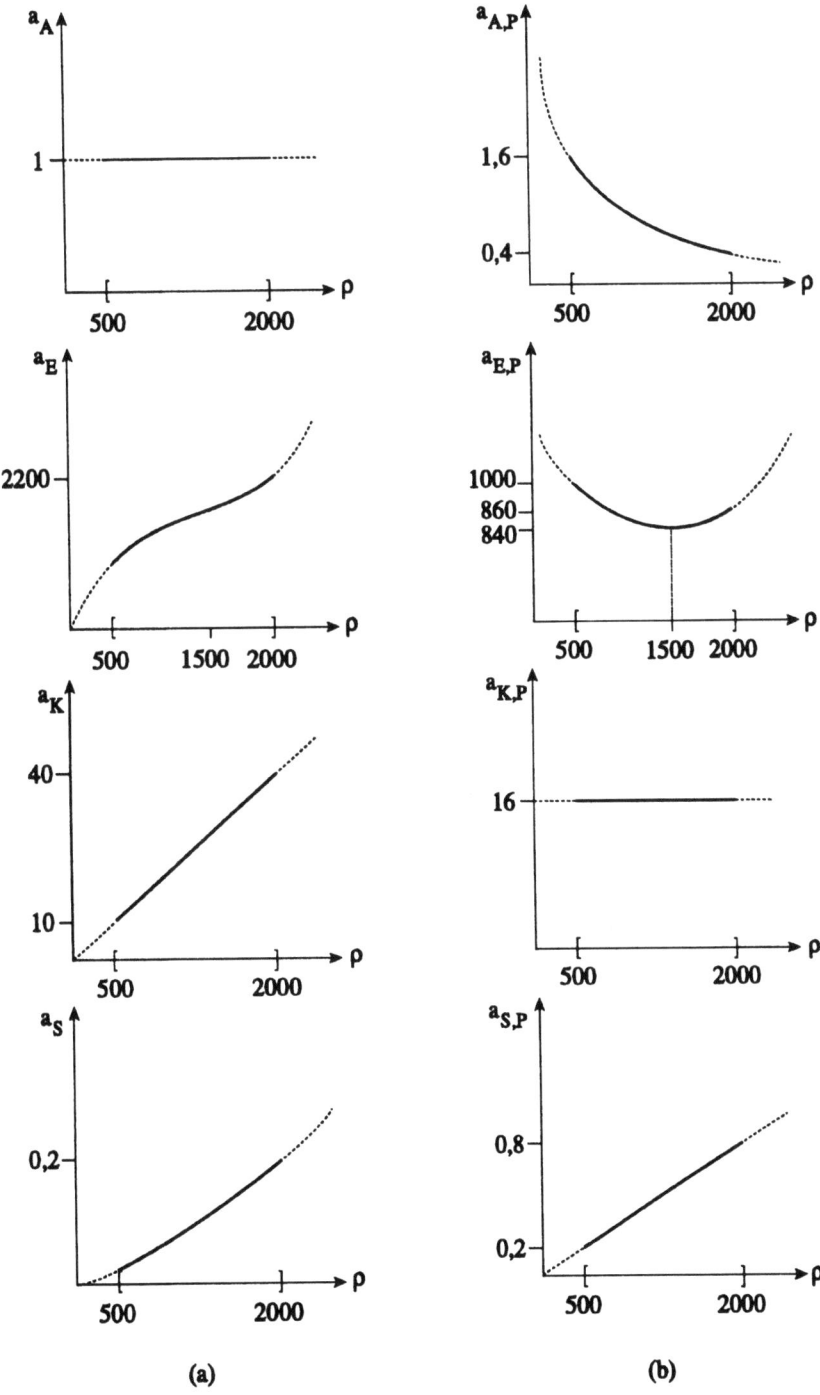

Abb. 14.10: (a) Zeitspezifische und (b) produktspezifische Verbrauchsverläufe beim Bohren

Bezeichnet man mit $y_P^\rho = b_{P,B} \cdot \rho \cdot \lambda^\rho$ diejenige Plattenzahl, welche mit der Intensität ρ gebohrt wird, und mit $a_{i,P}^\rho = a_i^\rho/(b_B^\rho \cdot b_{P,B}) = 800\,a_i^\rho/\rho$ den intensitätsabhängigen Produktionskoeffizienten, so kann das Modell produkt- statt zeitbezogen formuliert werden:

$$x_i = \sum_\rho a_{i,P}^\rho y_P^\rho, \quad i \in \{A, E, K, S\}, \qquad \sum_\rho y_P^\rho = y_P,$$

mit $\quad 500 \le \rho \le 2000, \quad 0 \le y_P^\rho, \quad \sum_\rho \dfrac{y_P^\rho}{\rho} \le 1{,}2$

Dies entspricht in seiner Struktur einer einstufigen Verfahrenswahl bei der Outputherstellung (§13.4.1) und ist demgemäß durch den I/O-Graph der Abb. 14.9b skizziert. Für die Produktionskoeffizienten als produktspezifische Verbrauchsfunktionen gilt:

$$a_{A,P}^\rho = a_{A,P}(\rho) = \frac{800}{\rho}$$

$$a_{E,P}^\rho = a_{E,P}(\rho) = 0{,}00016\rho^2 - 0{,}48\rho + 1200$$

$$a_{K,P}^\rho = a_{K,P}(\rho) = 16$$

$$a_{S,P}^\rho = a_{S,P}(\rho) = 0{,}0004\rho$$

Ihre Verläufe sind in den rechten vier Diagrammen der Abb. 14.10b skizziert. Produktspezifisch sinkt der Arbeitseinsatz mit der Intensität, während der Kühlmittelverbrauch konstant und der Schmiermittelverbrauch proportional zur Intensität sind; demgegenüber gibt es für den Energieverbrauch einen minimalen Stückverbrauch bei der Drehzahl $\rho = 1500$ [Umdrehungen/Minute].

Die produktspezifischen Verbräuche sind wegen $a_{i,P}^\rho = a_{i,B}^\rho \cdot a_{B,P}$ proportional zu den „(mengen)spezifischen" Verbräuchen $a_{i,B}^\rho = a_i^\rho/b_B^\rho$, auf die sich die Verbrauchsverläufe in der Literatur zum Gutenberg-Modell üblicherweise beziehen. Aufgrund dieser Verläufe sind alle durch die Intensitäten definierten elementaren Prozesse sinnvoll. Bei Mißachtung der Schmiermittel wären allerdings nur mehr die Drehzahlen zwischen 1500 und 2000 Umdrehungen pro Minute sinnvoll, bei Mißachtung des Faktors Arbeit diejenigen im Bereich [500, 1500]. ∎

Im Beispiel ist unterstellt, daß eine Arbeitskraft ausschließlich für eine einzige Bohrmaschine eingesetzt wird, wie im Falle handbetriebener Bohrer. Für numerisch gesteuerte Bohrmaschinen genügt oft eine Arbeitskraft zur Steuerung und Überwachung beider Maschinen; bei zeitlich parallelem Einsatz der Maschinen entspräche die notwendige Arbeitszeit dann dem Maximum anstelle der Summe der Einsatzzeiten beider Bohrmaschinen. Bei vollautomatischen Maschinen wie im Falle der Flexiblen Fertigungszellen ist in der sogenannten mannlosen Nachtschicht sogar überhaupt kein Personal mehr vorgesehen. Eine Mißachtung des Faktors Arbeit trotz seines Einsatzes ist aber auch dann plausibel, wenn das Personal einen festen Lohn erhält und bei Unterbeschäftigung an den beiden Maschinen nicht anderweitig eingesetzt werden kann. In diesem Fall sind die Arbeitsgrenzkosten gleich Null, und Arbeit wird wie eine kostenneutrale Objektart (Beifaktor) behandelt.

Alle sinnvollen elementaren Prozesse im Beispiel sind wegen der konvexen produktspezifischen Verbrauchsverläufe im Intervall zwischen der (technisch) minimalen und der maximalen Intensität außerdem effizient, so daß ein Intensitätssplitting nicht in Frage kommt. Bei Bewertung der Faktoreinsätze mit konstanten Preisen können im weiteren vollkommen analog zu Beispiel 14.5 die optimale Intensität beider Bohrmaschinen und daraus die optimale quantitativ-zeitliche bzw. intensitätsmäßige Anpassung ermittelt werden. Darauf sei hier verzichtet.

14.4.5 Vor- und Endkombination

Im letzten Beispiel ist das Gutenberg-Modell zweistufig formuliert (vgl. Abb. 14.9a). Auf der ersten Stufe werden durch *Vorkombination* von Produktionsfaktoren die Bohrerumdrehungen bereitgestellt, welche dann in der zweiten Stufe durch das Anbringen der Löcher in den Platten in das Produkt transformiert werden (*Endkombination*). Dabei ist durchaus realistisch, daß die Bohrer nicht nur während des eigentlichen Bohrvorgangs drehen, sondern laufend auch während der Wechsel der Platten und während des Wartens auf die nächste Platte. Ursache dafür können hohe sprungfixe Aufwendungen für das An- und Abschalten der Bohrmaschine eventuell in Verbindung mit unvorhersehbar eintreffenden Platten sein. Auf der ersten Stufe wird auf diese Weise eine *Produktionsbereitschaft* (Betriebsbereitschaft, „Leistungsbereitschaft") vorgehalten, die bei „Nachfrage" durch eine eintreffende Platte in tatsächliche Produktion umgesetzt wird.

Diese Art der Produktion ist besonders typisch für *Dienstleistungsproduktion* (vgl. *Corsten 1988*, *Maleri 1991*). Die Leerfahrt eines Linienbusses ist eine Vorkombination der Faktoren, die bei Transport eines Fahrgastes zur Endkombination wird. Auch das obige Bohrbeispiel kann eine Dienstleistungsproduktion sein, dann nämlich, wenn die Platten von einem Kunden als sogenannte *externe Faktoren* vorübergehend zur Verfügung gestellt werden. Je nach Art der Dienstleistung kann der Vorkombinationsprozeß selber wieder aus mehreren Stufen unterschiedlich hoher Produktionsbereitschaft bestehen (*Altenburger 1980*; zur Mehrstufigkeit von Technologien siehe §15).

14.5 Parametrisch variierbare Inputnutzung

Die in §14.4.1 getroffenen Aussagen zu parametrisch definierten Basisaktivitäten gelten allgemein, insbesondere also auch für Situationen, in denen sie ein Kontinuum von Möglichkeiten beschreiben, wie eine Inputart auf unterschiedliche Art und Weise in mehrere Outputarten transformiert werden kann. Die Basisaktivitäten parametrisch variierbarer Nutzung einer Inputart 1 haben die folgende Gestalt:

$$z(\rho) = (-a_1(\rho); b_2(\rho), ..., b_{n+1}(\rho))$$

Dies ist spiegelbildlich zur parametrisch variierbaren Herstellung eines Output nach §14.4.3. Damit läßt sich das Modell des Strukturtyps (14d) grafisch gemäß den I/O-Graphen der Abb. 14.11 und algebraisch wie folgt formulieren:

$$x_1 = \sum_\rho a_1(\rho)\lambda^\rho = \sum_\rho x_1^\rho$$

$$\sum_\rho b_j(\rho)\lambda^\rho = \sum_\rho b_{j,1}(\rho)x_1^\rho = y_j, \quad j = 2, ..., n+1$$

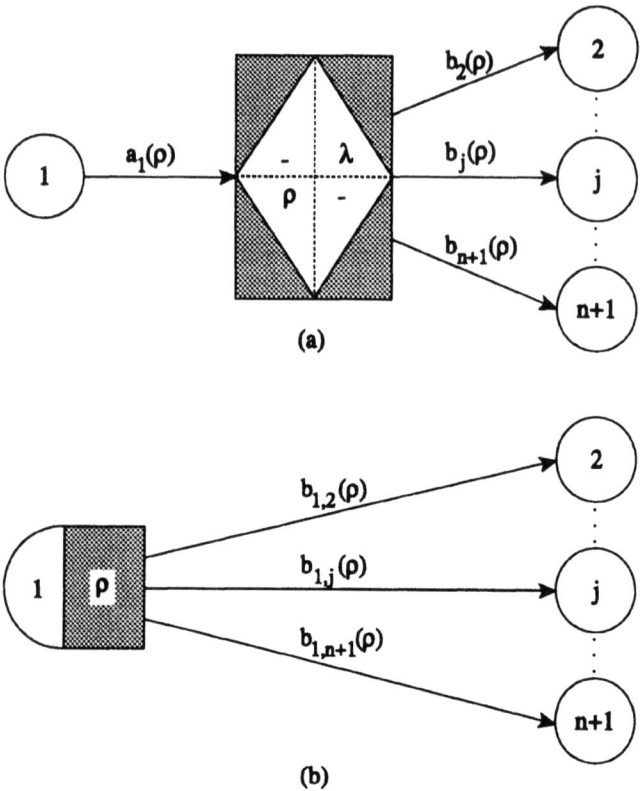

Abb. 14.11: Parametrische variierbare Nutzung eines Input

Da das Modell wie alle anderen Mengenmodelle auf der I/O-Ebene formuliert ist, trifft es nicht nur für Gütertechnologien, sondern ebenso bei Berücksichtigung von Übeln und Neutra zu. Erst bei der Formulierung des zugehörigen Wertmodells sind dann Unterscheidungen vorzunehmen, wie sie exemplarisch an früheren Strukturtypen demonstriert worden sind. Für diesen Typ gelten ähnliche Anmerkungen hinsichtlich seiner Repräsentanz realer Produktionsstrukturen wie für die anderen, mit ihm verwandten Typen (13d) und (14b) elastischer Inputnutzung (vgl. §13.5 und §14.3). Beispielsweise kann er einen chemischen oder physikalischen Aufspaltungsprozeß einer Inputart darstellen, bei dem die Zusammensetzung des Output von einem kontinuierlich steuerbaren technischen Parameter (Temperatur, Druck etc.) abhängt. Der Parameter ρ gibt quasi die „Produktionsrichtung" an (*von Stackelberg 1932*).

14.6 Technische Produktionsmodelle

Modelle, die neben den an einer Produktion beteiligten Objektquantitäten auch weitere technische Eigenschaften explizit einbeziehen, werden *technische Produktionsmodelle* genannt (*Zschocke 1974*, S. 45). Hierzu gehören außer dem Gutenberg-Modell selber auch seine Weiterentwicklungen durch *Heinen (1965)* und *Pressmar (1971)*. Beide Modellansätze weisen in Teilen große Ähnlichkeiten mit dem hier vorgetragenen aktivitätsanalytischen Ansatz auf. So können etwa *Heinens* „Elementarkombinationen" zum Teil als Basisaktivitäten, zum Teil als kombinative Prozesse mit den „Wiederholungsfaktoren" als Prozeßniveaus aufgefaßt werden. Der Unterscheidung in Inputkoeffizienten $a_i(\rho, \sigma)$ und Outputkoeffizienten $b_j(\rho, \sigma)$ entspricht bei *Heinen* die Differenzierung in „technische Verbrauchsfunktionen" und „Belastungsfunktionen" sowie bei *Pressmar* die in „Faktorverbrauchsfunktionen" und „Leistungsfunktionen" bzw. „Ausschußfunktionen". *Heinen* und *Pressmar* gehen detailliert auf die technisch-naturwissenschaftliche Begründung ihrer Produktionsmodelle ein und spezifizieren sie an konkreten Beispielen.

Dies verbindet sie mit den sogenannten *„Engineering production functions"*, die etwa zeitgleich mit dem Gutenberg-Modell (*Gutenberg 1951*) Mitte dieses Jahrhunderts in den USA von Ingenieuren und Technikern (*Chenery 1949, Ferguson 1950* u.a.), aber auch schon früher in Frankreich (*Bréguet 1927*), für verschiedene konkrete Anwendungsfälle entwickelt worden sind (siehe die Übersichten bei *Smith 1961, Zschocke 1974, Dellmann 1980* und *Fandel 1991a*). Dadurch daß technische Produktionsmodelle in starkem Maße nichtlineare sowie auch dynamische oder sogar stochastische Input/Output-Zusammenhänge berücksichtigen müssen, sind sie thematisch eher dem nächsten Kapitel D zuzuordnen. Eine Ausnahme bildet das Modell von *Pichler (1953)*, auf das in §17 eingegangen wird.

Literaturhinweise zu §14

Adam 1993; Dellmann 1980; Dinkelbach/Piro 1990; Fandel 1991a; Gutenberg 1951; Heinen 1965; Kampkötter 1981; Kistner 1981; Plein 1989; Pressmar 1971; Schulz 1987; von Stackelberg 1932; Zschocke 1974

Wichtige Begriffe in §14

Grundlegende Strukturtypen nicht endlich generierbarer Technologien; Prozeß versus Verfahren; Mischprozeß; Gutenberg-Modell, Anpassungsformen (zeitliche, intensitätsmäßige, quantitative), zeit- und produktspezifische Verbrauchsfunktionen, Intensitätssplitting; Vor- und Endkombination

Wiederholungsfragen zu §14

1) Wie lautet ein Mengenmodell für in Grenzen extrem elastische Mischungsprozesse, wie das entsprechende für elastische Inputnutzung?
2) Worin unterscheiden sich Einzelbegrenzungen und kollektive Begrenzungen bei in Grenzen frei variierbarer Produktion?
3) Von welchen Parametern hängt das Gutenberg-Produktionsmodell ab?
4) Was versteht man unter zeitlicher, intensitätsmäßiger und quantitativer Anpassung an Beschäftigungsschwankungen?
5) Worin bestehen die Zusammenhänge bzw. Unterschiede zwischen dem Leontief-Modell und dem Gutenberg-Modell?

Paragraph 15
Mehrstufige Technologien

Die Einstufigkeit linearer Technologien kommt in den zugehörigen I/O-Graphen durch eine parallele Anordnung der elementaren Prozesse zum Ausdruck. Über die faktische Reihenfolge innerhalb der betrachteten Planungsperiode ist damit keine Aussage getroffen. Ausgewählte Prozesse mögen sowohl zeitgleich (simultan) wie auch nacheinander (sukzessiv) durchgeführt werden können. Statische Modelle können diesbezüglich nicht differenzieren.

Anders sieht der Sachverhalt bei einer logisch definierten Reihenfolge elementarer Prozesse aus. Eine bestimmte Reihung von Prozessen und damit eine bestimmte Richtung der Produktion innerhalb der Menge der beachteten Objektarten ergibt sich dann, wenn bei geeigneter Numerierung der elementaren Prozesse der Output einiger Prozesse zum Input anderer Prozesse mit einer höheren Nummer werden kann. Solche Technologien sind mehrstufig und ohne Zyklen. Ein Beispiel einer zweistufigen Produktion bietet das in §14.4.4 behandelte Gutenberg-Produktionsmodell (siehe auch schon Abb.14.2b).

15.1 Begriffe, Darstellungsformen und grundlegende Strukturtypen

Mehrstufig heißt eine Technologie dann, wenn wenigstens zwei mögliche Produktionen existieren, für welche ein und dieselbe beachtete Objektart im einen Fall ein Output und im anderen Fall ein Input ist. Bei endlich oder parametrisch generierbaren linearen Technologien muß es dann mindestens zwei elementare Prozesse mit dieser Eigenschaft geben.

15.1.1 Produktionsstufen: Innenverflechtungen des Produktionssystems

Formalisieren läßt sich die Definition der Mehrstufigkeit mit Hilfe der Mengen M^ρ und N^ρ der jeweils auftretenden Input- bzw. Outputarten eines elementaren Prozesses ρ. Die Koeffizienten einer Basisaktivität sind in der allgemeinen Schreibweise für die Inputarten negativ, für die Outputarten positiv und für die restlichen Objektarten gleich Null, sofern letztere überhaupt Beachtung finden. Beispielsweise würde für die Basisaktivität (-1; 0; 0; 2; 3; 0; -4; -5; 6) gelten: $M^\rho = \{1, 7, 8\}$, $N^\rho = \{4, 5, 9\}$. Mehrstufigkeit bedeutet dann, daß es zwei Basisaktivitäten ρ und ρ' mit $N^\rho \cap M^{\rho'} \neq \emptyset$ gibt. Einstufige, endlich generierbare lineare Technologien sind demgegenüber dadurch gekennzeichnet, daß sich die Input- bzw. Outputarten der verschiedenen möglichen Basisaktivitäten $\rho = 1, ..., \pi$ jeweils zu zwei disjunkten Mengen $M = M^1 \cup ... \cup M^\pi$ und $N = N^1 \cup ... \cup N^\pi$ zusammenfassen lassen ($M \cap N = \emptyset$). Entsprechendes gilt für parametrisch generierbare bzw. (in Grenzen) frei variierbare Technologien.

In diesem Paragraphen werden nur mehrstufige Technologien *ohne Zyklen* behandelt. Für sie läßt sich stets eine Numerierung der elementaren oder der in Grenzen frei variierbaren Prozesse finden, so daß aus $N^\rho \cap M^{\rho'} \neq \emptyset$ folgt: $\rho < \rho'$. Das heißt, der Prozeß ρ' befindet sich auf einer *höheren Stufe* als der Prozeß ρ.

Es sind verschiedene Zählweisen denkbar, um die *Stufenzahl* einer Technologie zu definieren. Eine minimale Zahl erhält man über den Begriff der *Produktionskette* oder *-reihe*. Eine solche Kette ist eine Folge einzelner Prozesse, bei denen jeweils mindestens ein Output zum Input des nachfolgenden Prozesses wird. So bilden die Prozesse 1, 4 und 9 eine Kette, wenn gilt: $N^1 \cap M^4 \neq \emptyset$ und $N^4 \cap M^9 \neq \emptyset$. Eine aus diesen drei Prozessen kombinierte Produktion ist dreistufig. Die Stufenzahl einer Technologie entspricht der Zahl der Prozesse in der längsten vorkommenden Kette.

Beispiel 15.1: ☐
Der I/O-Graph der Abb. 15.1 veranschaulicht eine lineare Technologie mit vier elementaren Prozessen und sieben beachteten Objektarten. Die Prozesse 1, 2 und 3 sowie 1, 2 und 4 bilden je eine dreistufige Kette. Objektarten, die diese Prozesse verbinden, sind in beiden Fällen die Objektarten 4 und 5. Beispielsweise gilt: $N^1 \cap M^2 = \{4\} \cap \{1, 2, 4\} = \{4\}$ und $N^2 \cap M^4 = \{5\} \cap \{3, 4, 5\} = \{5\}$. Die Technologie ist demnach dreistufig. ■

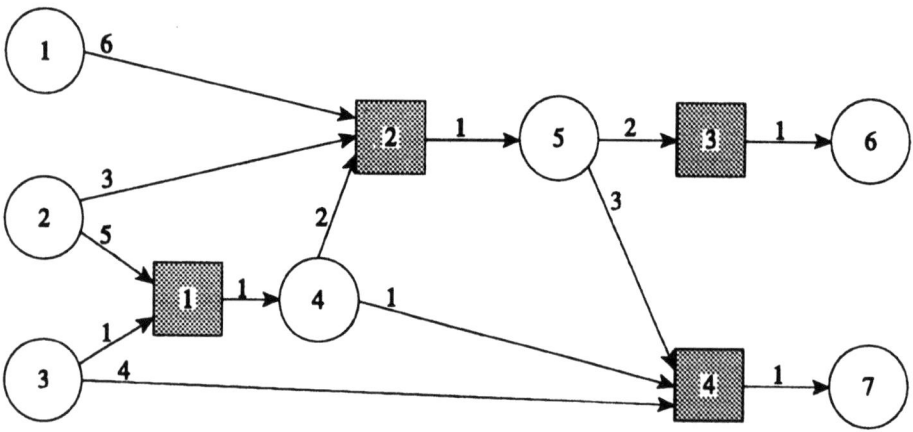

Abb. 15.1: Dreistufige Leontief-Technologie

Sieht man von Objektarten ab, die an der eigentlichen Produktion überhaupt nicht beteiligt sind (z.B. reine Handelswaren in einem Industriebetrieb), so lassen sich die Objektarten einer zyklenfreien mehrstufigen Technologie drei Klassen zuordnen:

- *originäre (Input-) Objektarten* $i = 1, ..., m$: Es gibt keinen Prozeß mit i als Output ($i \in M \setminus N$);
- *derivative Inputarten* oder *Zwischenoutputarten* $g = m+1, ..., m+h$: Es gibt zwei verschiedene Prozesse mit g als Output im einen und als Input im anderen Fall ($g \in M \cap N$);
- *Endoutputarten* $j = m+h+1, ..., m+h+n$: Es gibt keinen Prozeß mit j als Input ($j \in N \setminus M$).

Bei Gütertechnologien spricht man von *originären Faktoren* (auch: Vorprodukte, z.B. Einzelteile), *Zwischenprodukten* (auch: derivativen Faktoren, z.B. Baugruppen, Halbfabrikate) und *Endprodukten* (auch: Fertigprodukte). Diese Sprechweise läßt sich nur bedingt auf Übel und Neutra übertragen.

15.1.2 Außenverflechtungen des Produktionssystems

Die obige Unterscheidung der Objektarten betrifft die *Innenverflechtungen* des Produktionssystems aufgrund der einzelnen auftretenden Prozesse. Davon abzugrenzen ist die Differenzierung gemäß der *Außenverflechtungen* des Systems mit seiner (natürlichen wie „künstlichen") Umwelt. Einen Eindruck davon liefert exemplarisch der Gozintograph der Abb. 15.2, der eine verkürzte Darstellung des I/O-Graphen der Abb. 15.1 analog zu Abb. 13.3 ist. Um den Unterschied zwischen Innen- und Außenwirkungen zu verdeutlichen, ist gepunktet die Grenze des Produktionssystems angedeutet.

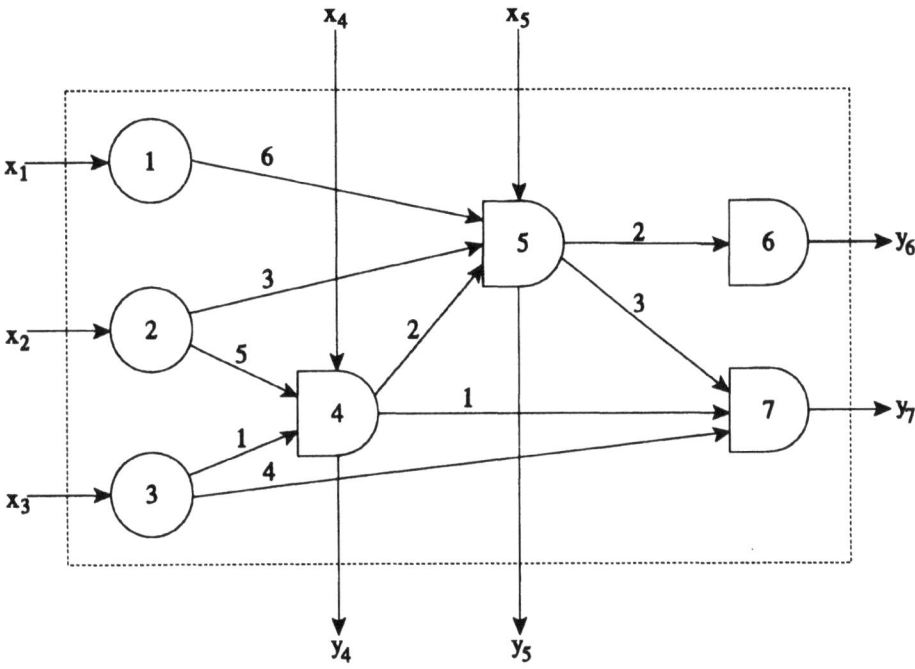

Abb. 15.2: Gozintograph zu den Beispielen 15.1-3

Die quantitativen Außenwirkungen einer Objektart werden *Primärinput* bzw. *Primäroutput* genannt, die quantitativen Innenwirkungen *Sekundärinput* bzw. *Sekundäroutput*. Die wertmäßigen Wirkungen heißen analog *Primär-* oder *Sekundärkosten* bzw. *Primär-* oder *Sekundärleistungen*.

Zur formalen Beschreibung der Außenverflechtungen werden sowohl die nichtnegativen Quantitäten x_k für den *Primärinput* und y_k für den *Primäroutput* beteiligter Objektarten $k = 1, ..., \kappa$ wie auch ihr Saldo $z_k = y_k - x_k$ verwendet. Dabei sind x_k und y_k in der Regel als Bruttogrößen zu verstehen (vgl. §4.5). Im Hinblick auf ihre generellen Außenwirkungen im Rahmen einer Technologie kann man drei spezielle Objektkategorien hervorheben:

- *reiner Input*: Primärinput, aber kein Primäroutput ($x_k \geq 0$, $y_k = 0$);
- *reiner Output*: Primäroutput, aber kein Primärinput ($y_k \geq 0$, $x_k = 0$);
- *reiner Throughput*: Primärinput gleich Primäroutput ($x_k = y_k$, d.h. $z_k = 0$).

Als (*Netto-*) *Inputarten* waren schon früher jene Objektarten bezeichnet worden, bei denen der Primäroutput nie den Primärinput überwiegt ($z_k \leq 0$); für (*Netto-*) *Outputarten* trifft das Umgekehrte zu ($z_k \geq 0$); bei *intermediären* Arten kann mal der Primärinput, mal der Primäroutput überwiegen ($z_k \in \mathbb{R}$; vgl. §7.4.1).

In diesem Paragraphen sei angenommen, daß - wie bei Abb. 15.2 - Endoutput reiner Output und originärer Input reiner Input sind. Außerdem gelte: $m+h = \mu$, $h+n = \nu$ und $m+h+n = \kappa$ (vgl. §4.3). Der Primärinputvektor $x = (x_1, ..., x_\kappa)$ weist somit höchstens für die μ Inputarten $k = 1, ..., m+h$ positive Werte auf, die restlichen n Werte für die Endoutputarten sind gleich Null. Umgekehrt sind beim Primäroutputvektor $y = (y_1, ..., y_\kappa)$ die ersten m Werte für die originären Inputarten gleich Null und höchstens die anderen für die ν Outputarten $k = m+1, ..., \kappa$ positiv. Für den Netto-Primäroutputvektor $z = (z_1, ..., z_\kappa)$ gilt damit: $z_k \leq 0$ für $k = 1, ..., m$ und $z_k \geq 0$ für $k = m+h+1, ..., \kappa$.

Wie früher begründet, sind die Außenwirkungen des Produktionssystems auch zeitlich zu verstehen (vgl. Abb. 4.1). Primärinput ist also nicht nur *Fremdinput* (Fremdbezug, Fremdeintrag) während der Produktionsperiode, d.h. Input von anderen Wirtschaftseinheiten oder aus der Natur, sondern auch (*Anfangs-*) *Bestandsinput*, d.h. Input, welcher unmittelbar zu Periodenbeginn aus Vorperioden verfügbar ist. Primäroutput kann analog in *Fremdoutput* (Verkauf oder Fremdentsorgung während der Periode) und (*End-*) *Bestandsoutput* differenziert werden.

Bestandsinput kann Output desselben Produktionssystems in einer Vorperiode oder aber früherer Fremdbezug gewesen sein. Entsprechendes gilt für die weitere Verwendung des Bestandsoutput in nachfolgenden Perioden. Bei Verbrauchsobjekten bedeutet Bestandsinput eine Bestandsverminderung (Lagerentnahme) in gleicher Höhe, Bestandsoutput umgekehrt eine Bestandserhöhung (Lagerzugang). Über mehrere Perioden genutzte Gebrauchsobjekte (Maschinen, Anlagen, Personal) gehören in den Zwischenperioden streng genommen stets sowohl zum Bestandsinput als auch zum Bestandsoutput; sie sind eigentlich als Kuppelprodukte jeder dieser Perioden anzusehen (vgl. §4.5). Für statische Untersuchungen ist die Unterscheidung der Außenwirkungen des Produktionssystems in „fremde" und „zeitliche" aber nur von untergeordneter Bedeutung (anders in Kap. D).

15.1.3 Wahl zwischen Innen- und Außenverflechtungen

Gänzlich anders stellt sich die Unterscheidung von „eigen" und „fremd" bezüglich der derivativen Inputarten bzw. Zwischenoutputarten dar. Der Produzent hat bei einigen dieser Objektarten - in der Regel nicht bei allen - die Wahl zwischen *Eigeninput* oder *Fremdinput* („Eigenfertigung oder Fremdbezug"; vgl. *Männel 1981*) oder zwischen *Eigenoutput* oder *Fremdoutput* (Eigennutzung oder Absatz bzw. Eigen- oder Fremdentsorgung; vgl. *Kruschwitz 1969*). Zwischenoutput, der über die eigene Weiterverarbeitung hinaus hergestellt und nach außen abgegeben wird, beruht beispielsweise auf dem Verkauf von Baugruppen für den Ersatzteilbedarf oder auf der Fremdentsorgung von Abwässern bei Überlastung der werkseigenen Kläranlage. Im Kern läuft es auf die Fragen „Primär- oder Sekundärinput?" bzw. „Primär- oder Sekundäroutput?" hinaus. Diese Fragen erfassen darüber hinaus auch zeitliche Wahlaspekte, z.B. „Eigenfertigung jetzt oder in einer früheren Periode?" oder „Eigennutzung jetzt oder später?", welche allerdings eigentlich einer mehrperiodigen, dynamischen Analyse bedürfen (vgl. Kap. D).

Reine Throughputarten mit Außenverflechtungen sind beispielsweise Handelswaren oder dauerhafte Katalysatoren. Ohne Außenverflechtungen können sie nur während der Produktion innerhalb des Produktionssystems vorkommen und sind weder am Anfang noch am Ende der Periode vorhanden. Sie entstehen als Zwischenoutput in einem Prozeß und werden in gleicher Quantität in anderen Prozessen als derivativer Input weiterverarbeitet, so daß ihr quantitativer Saldo stets gleich Null ist. Eine plastische Vorstellung über sie gewinnt man bei der Betrachtung großer Chemieanlagen mit verzweigten Rohrleitungssystemen. Wenngleich der Produzent zumeist kein originäres Interesse an reinen Throughputarten hat und sie deshalb oft als Neutra behandelt, können sie bei der Konstruktion mehrstufiger Technologien nicht ohne weiteres vernachlässigt werden. Die Frage nach „eigen oder fremd" stellt sich bei ihnen allerdings nicht.

Bei gleichzeitigen Innen- und Außenverflechtungen einiger Objektarten ist a priori nicht klar, was unter Input und Output zu verstehen ist, nur der Primärinput und Primäroutput oder auch der Sekundärinput und Sekundäroutput? Wenn beides gemeint ist, spricht man deshalb vom *Gesamtinput* bzw. *Gesamtoutput*. Bei der hier zugrundeliegenden statischen Sichtweise sind beide gleich und bestimmen so den *Durchsatz* (Throughput) der Objektart. Es ist also für jede Objektart - und damit für jeden Objektknoten (Kreis) eines I/O-Graphen - der folgende Erhaltungssatz unterstellt:

Primärinput + Sekundärinput
= Gesamtinput = Durchsatz = Gesamtoutput =
Sekundäroutput + Primäroutput

Das gilt selbstverständlich nicht für die Prozeß- oder „Transformationsknoten" (Rechtecke) in den I/O-Graphen, allein schon deshalb, weil hier Objektströme unterschiedlicher Qualitäten zusammentreffen oder auseinandergehen, die sich nicht einfach addieren lassen!

15.1.4 Grundtypen

In Abb. 15.1 sind alle elementaren Prozesse vom Typ $m{:}1$, wobei eine eineindeutige Beziehung zwischen Prozeß und jeweiligem Output besteht. Es handelt sich um eine mehrstufige Version des inputlimitationalen Strukturtyps (13a), d.h. um ein mehrstufiges Leontief-Produktionsmodell. In entsprechender Weise lassen sich auch die anderen grundlegenden einstufigen Strukturtypen von §13 zu mehrstufigen Typen erweitern (vgl. Abb. 13.2):

(15a) inputlimitationale Produktion
(15b) outputlimitationale Produktion
(15c) Verfahrenswahl bei der Outputherstellung
(15d) Verfahrenswahl bei der Inputnutzung
(15e) voll elastische Produktion
(15f) sonstige variable Produktion.

Zur Darstellung der Technologien dienen hauptsächlich algebraische und grafische Modellformulierungen, die sich als unmittelbare Erweiterungen der einstufigen Modelle ergeben. Wegen dieses engen Zusammenhangs kann eine Reihe von Eigenschaften mehrstufiger Produktion durch Rückschluß aus dem entsprechenden Typ einstufiger Produktion abgeleitet werden. Die Untersuchungen dieses Paragraphen konzentrieren sich deshalb auf die für die Mehrstufigkeit eigentümlichen Eigenschaften.

Um außerdem die Analyse nicht von vornherein zu komplizieren und eine bessere Vergleichbarkeit zur traditionellen Literatur zu gewährleisten, stehen reine Gütertechnologien im Vordergrund. Wie sich die Aussagen auch auf Übel und Neutra ausdehnen lassen, wurde in den vorangehenden Paragraphen prinzipiell aufgezeigt: Die Mengenmodelle bleiben stets unverändert, bei den Wertmodellen sind entsprechende Veränderungen vorzunehmen, die aber grundsätzlich zu ähnlichen Strukturen führen und nur neu zu interpretieren sind. Einige Beispiele illustrieren das im folgenden auch für mehrstufige Technologien.

15.2 Inputlimitationale Produktion

Aus einer globalen, das ganze Produktionssystem betreffenden Perspektive meint Inputlimitationalität die Abhängigkeit des Primärinput x vom Primäroutput y, Outputlimitationalität das Gegenteilige. So verstandene Inputlimitationalität ist somit nicht gegeben, wenn Primärinput durch Sekundärinput substituiert werden kann oder umgekehrt, wenn also etwa Objekte statt eigengefertigt fremdbezogen oder früher produzierten Restbeständen entnommen bzw. statt weiterverarbeitet verkauft oder auf Lager gelegt werden können.

15.2.1 Variable Innen- und Außenverflechtungen

Wie beim einstufigen Typ (13a) sind beim mehrstufigen Leontief-Modell alle elementaren Prozesse vom Typ $m:1$, und es gibt eine eineindeutige Beziehung zwischen dem elementaren Prozeß ρ ($\rho = 1, ..., \nu$ mit $\nu = h+n$) und der Outputart $k = m+\rho$. Im Unterschied zu früher ist der Durchsatz v_k einer Objektart k aber nicht mehr unbedingt identisch mit dem Primäroutput y_k (nach außerhalb des Produktionssystems) oder dem Primärinput x_k (von außerhalb).

Beispiel 15.2 (Fortsetzung von Bsp. 15.1): ☐
Im Beispiel 15.1 gilt: $m = 3$, $h = 2$, $n = 2$, $\mu = 5$, $\nu = 4$ und $\kappa = 7$. Nach bewährtem Schema kann anhand der Abb. 15.1 ein Mengenmodell aufgestellt werden:

Transformationsbeziehungen der elementaren Prozesse

$$x_2^1 = 5\lambda^1, \quad x_3^1 = \lambda^1, \qquad\qquad \lambda^1 = y_4^1$$

$$x_1^2 = 6\lambda^2, \quad x_2^2 = 3\lambda^2, \quad x_4^2 = 2\lambda^2, \quad \lambda^2 = y_5^2$$

$$x_5^3 = 2\lambda^3, \qquad\qquad\qquad\qquad\qquad \lambda^3 = y_6^3$$

$$x_3^4 = 4\lambda^4, \quad x_4^4 = \lambda^4, \quad x_5^4 = 3\lambda^4, \quad \lambda^4 = y_7^4$$

§15 Mehrstufige Technologien

Mengenbilanzen der Objektarten

$$
\begin{aligned}
x_1 &= v_1 = x_1^2, & y_1 &= 0, & z_1 &= -x_1 \\
x_2 &= v_2 = x_2^1 + x_2^2, & y_2 &= 0, & z_2 &= -x_2 \\
x_3 &= v_3 = x_3^1 + x_3^4, & y_3 &= 0, & z_3 &= -x_3 \\
x_4 + y_4^1 &= v_4 = x_4^2 + x_4^4 + y_4, & & & z_4 &= y_4 - x_4 \\
x_5 + y_5^2 &= v_5 = x_5^3 + x_5^4 + y_5, & & & z_5 &= y_5 - x_5 \\
x_6 &= 0, \quad y_6^3 = v_6 = y_6 & & & z_6 &= y_6 \\
x_7 &= 0, \quad y_7^4 = v_7 = y_7 & & & z_7 &= y_7
\end{aligned}
$$

Die doppelt indizierten Symbole beschreiben *innere Objektströme* („Mengenflüsse"). Da hauptsächlich die Außenwirkungen und ihr Zusammenhang untereinander oder mit den Aktivitäten des Produktionssystems interessieren, wird das obige Gleichungssystem durch Elimination der inneren Ströme und weiterer Variablen vereinfacht (vgl. auch Abb. 15.2). Dabei wird zur Vereinfachung $u_j = y_j^{j-3} = \lambda^{j-3}$ gesetzt; es entspricht hier dem Sekundärinput:

$$
\begin{aligned}
x_1 &= v_1 = 6u_5 \\
x_2 &= v_2 = 5u_4 + 3u_5 \\
x_3 &= v_3 = u_4 + 4u_7 \\
x_4 + u_4 &= v_4 = 2u_5 + u_7 + y_4 \\
x_5 + u_5 &= v_5 = 2u_6 + 3u_7 + y_5 \\
u_6 &= v_6 = y_6 \\
u_7 &= v_7 = y_7
\end{aligned}
$$
∎

Entsprechend der Vorgehensweise im Beispiel und gemäß dem allgemeinen Erhaltungssatz lassen sich die quantitativen Objektbeziehungen generell wie folgt formulieren:

Reine und originäre Inputarten

$$x_i = v_i = \sum_{j=m+1}^{\kappa} a_{ij} u_j, \qquad i = 1, \ldots, m;$$

Derivative Input- und Zwischenoutputarten

$$x_k + u_k = v_k = \sum_{j=k+1}^{\kappa} a_{kj} u_j + y_k, \qquad k = m+1, \ldots, m+h;$$

Reine und Endoutputarten

$$u_j = v_j = y_j, \qquad j = m+h+1, \ldots, \kappa.$$

Mit $u_k = 0$ für $k = 1, \ldots, m$ und $u_k = \lambda^{k-m}$ für $k = m+1, \ldots, \kappa$ ist die selbst erzeugte Quantität der Objektart k beschrieben. Der Produktionskoeffizient a_{ij} ist nur dann von Null verschieden, wenn ein elementarer Prozeß existiert, in dem Objektart i eingesetzt und j erzeugt wird; er gibt die Quantität von *i* an, welche zur Herstellung einer Einheit von *j* unmittelbar erforderlich ist, und heißt deshalb auch *Direktbedarfskoeffizient*.

Das obige Gleichungssystem kann auf einunddieselbe Art und Weise für alle Objektarten formuliert werden, wobei definitionsgemäß der Primärinput reiner Outputarten und der Primäroutput reiner Inputarten sowie der Sekundärinput originärer Inputarten und der Sekundäroutput von Endoutputarten gleich Null sind:

> **Allgemeines Mengenmodell**
>
> $$x_k + u_k = v_k = \sum_{j=k+1}^{\kappa} a_{kj} u_j + y_k, \qquad k = 1, ..., \kappa$$

Der Durchsatz v_k gibt die gesamte Quantität an, die durch den Knoten k des I/O-Graphen fließt. Bei Gütertechnologien wird der Primäroutput y_k der Zwischen- und Endproduktarten $k = m+1, ..., \kappa$ als *Primärbedarf* bezeichnet. Der Summenausdruck auf der rechten Seite der Gleichungen ist der *Sekundärbedarf* (Sekundäroutput); er wird für die Herstellung weiterer Produkte auf höheren Produktionsstufen benötigt. Primär- und Sekundärbedarf zusammen bilden den *Brutto-* oder *Gesamtbedarf*, der dem Durchsatz entspricht. Er teilt sich wiederum auf in den Primärbezug (-input) x_k der originären und derivativen Faktoren $k = 1, ..., m+h$ sowie in die selbst herzustellende Quantität u_k an Zwischen- und Endprodukten, den Sekundärbezug (-input). Primärbezug wird von außen zugeführt, sei es als Fremdbezug oder als Anfangsbezug (Lagerbezug bei Verbrauchsobjekten). Unter *Nettobedarf* werden üblicherweise sowohl der Sekundärbezug als auch der Fremdbezug verstanden, d.h. der Bruttobedarf abzüglich der Lagerentnahme.

Bei der praktischen Berechnung dieser Bedarfe im Rahmen computergestützter Produktionsplanungs- und -steuerungssysteme (PPS-Systeme) werden noch Sicherheitszuschläge und Vorlaufverschiebungen vorgenommen sowie offene Betriebsaufträge berücksichtigt (vgl. *Schneeweiß 1992b*, Kap. 6). Sie sind aber im Rahmen der in diesem Kapitel behandelten statisch-deterministischen Theorie nicht sinnvoll begründbar und werden deshalb hier nicht berücksichtigt. (Zu dynamisch-stochastischen Erweiterungen siehe Kapitel D.)

Mit der *Direktbedarfsmatrix* **A**, welche bei der gewählten Numerierung der Objektarten links unterhalb ihrer Hauptdiagonale nur mit Nullen besetzt ist („obere Dreiecksmatrix") - und auch sonst in der Regel viele weitere Nullen aufweist -, nimmt das Mengenmodell folgende vektorielle Gestalt an:

$$x + u = v = A \cdot u + y$$

(Primärbezug + Sekundärbezug = Gesamtbedarf = Sekundärbedarf + Primärbedarf)

Das äußere Gleichungssystem läßt sich für die betrachtete Produktionsstruktur durch Umformung mittels einer Matrixinvertierung nach dem (selbst hergestellten) Sekundärbezug *u* als lineare Funktion des Saldos $z = y - x$ der Primärbedarfe *y* und der Primärbezüge *x* auflösen:

$$u = (I-A)^{-1} \cdot z = G \cdot z = G \cdot (y-x)$$

Dabei ist *I* die κ-dimensionale Einheitsmatrix, d.h. eine Matrix, deren Hauptdiagonale nur aus Einsen besteht und deren restliche Elemente alle gleich Null sind. Aus der Subtraktion der Direktbedarfsmatrix von der Einheitsmatrix entsteht die *„Technologische Matrix" I-A* (*Busse von Colbe/Laßmann 1991*, S. 180), die bis auf zusätzliche Nullen und Einsen identisch mit der Technologiematrix *M* ist (§11.2.3). Für die eine gilt: $z = (I-A) \cdot u$, für die andere: $z = M \cdot \Lambda$, wobei der Sekundärbezugsvektor u definitionsgemäß bis auf seine Erweiterung um Nullen für die originären Inputarten gleich dem Vektor Λ der Prozeßniveaus ist.

Die inverse Matrix $G = (I\text{-}A)^{-1}$ heißt *Gesamtbedarfsmatrix*; ihre Spalten entsprechen bei materiellen Objektarten *Mengenübersichtsstücklisten*, ihre Zeilen *Mengenübersichts-* oder *Teileverwendungsnachweisen* (*Busse von Colbe/Laßmann 1991*, S. 181f.). Die Gründe hierfür werden im nachfolgenden Abschnitt 15.2.2 bei Beispiel 15.3 deutlich werden. Demgegenüber entsprechen die Spalten und Zeilen der Direktbedarfsmatrix *Baukastenstücklisten* bzw. *-verwendungsnachweisen* (vgl. zu den verschiedenen Stücklistentypen *Zäpfel 1982*, S. 78ff. oder *Eversheim 1990*, S. 108ff.). Im Falle von Potentialfaktoren wie Maschinen und Arbeitskräften handelt es sich statt um Stücklisten um *Arbeitspläne*, in denen der jeweilige Kapazitätsbedarf des Faktors für eine Outputeinheit genannt ist.

Bei einer Erfolgsbewertung mittels konstanter Faktorpreise c_k und Produktpreise e_k ist zu berücksichtigen, daß für die intermediären Güter beide Preise in Frage kommen. Würden vollkommene Märkte existieren, auf denen die Güter gehandelt werden, so müßte $c_k = e_k$ gelten. Im Falle $c_k < e_k$ würde es sich lohnen, mit dem Gut k nur Handel zu betreiben. Handelsunternehmen leben davon, daß für sie durch eine entsprechende Preisgestaltung bei Beschaffung und Absatz die Spanne zwischen Absatz- und Beschaffungspreis ein und desselben Gutes positiv und so groß ist, daß sie die Aufwendungen für Lagerung, Transport, Informationsübermittlung etc. mehr als deckt. Derartige Aufwendungen stellen für das Handelsunternehmen als einem Dienstleistungsproduzenten bei entsprechender Bewertung „*Produktionskosten*" (oder *Transformationskosten*) dar. Liegen diese Aufwendungen außerhalb des untersuchten Produktionssystems, so spricht man von „*Transaktionskosten*". Erstere sind aus Sicht des Produzenten interner, letztere externer Natur. Hat der Produzent für die „externen" Kosten aufzukommen, so werden sie insofern „internalisiert". Werden sie nicht internalisiert, so handelt es sich für den Produzenten letztlich nicht um Kosten (oder Aufwendungen).

Hier sei unterstellt, daß sich in c_k und e_k Transaktionskosten niederschlagen, so daß $c_k > e_k$ gilt. Die Annahme ist - mit Ausnahme reinen Arbitragehandels in bestimmten vorübergehenden Situationen - für alle Produktionsbetriebe, besonders für Industriebetriebe, realistisch. Die Preise sind somit nicht als reine Tauschrelationen in bezug auf eine monetäre Objektart zu verstehen. Vielmehr handelt es sich bei c_k um Nettobeschaffungskosten und bei e_k um Nettoabsatzerlöse je Einheit des Gutes k, d.h. um den betreffenden Marktpreis, korrigiert um zusätzliche, bewertete Aufwendungen (oder ggf. sogar Erträge) für Transport, Lagerung, Informationsübermittlung etc. Hier seien Lagerbezüge zum selben Preis wie Fremdbezüge angesetzt. Für die so bestimmte lineare Erfolgsfunktion

$$w = e \cdot y - c \cdot x = \sum_{j=m+1}^{K} e_j y_j - \sum_{i=1}^{m+h} c_i x_i$$

lassen sich mit dem obigen Mengenmodell keine eindeutigen Erfolgsbeiträge der Produkte, Faktoren oder auch nur der elementaren Prozesse ermitteln, solange der Produzent nicht entschieden hat, ob - und in welchem Umfang - Zwischenoutput eigenerstellt, fremdbezogen, dem Lager entnommen, selbst weiterverwendet oder verkauft wird. Zur Erfolgsoptimierung muß der Produzent die Quantitäten x, y und u gemäß der obigen Beziehung $x + u = Au + y$ so festlegen, daß die Erfolgsfunktion maximiert und dabei etwaige Produktionsrestriktionen beachtet werden.

15.2.2 Fixer Primärinput der derivativen Inputarten

Weitergehende Aussagen lassen sich treffen, wenn der Primärbezug der Zwischenoutputarten festliegt. Ohne Einschränkung der Allgemeinheit genügt es, den Spezialfall **ohne** Primärbezüge dieser Objektarten zu betrachten; dann gilt: $x_k = 0$ für $k = m+1, ..., m+h$. Der allgemeinere Fall mit fixen positiven Primärbezügen $\bar{x}_k$ läßt sich aus dem Spezialfall ableiten, indem für die betreffenden Objektarten k im folgenden y_k durch $z_k = y_k - \bar{x}_k$ ersetzt und einer ähnlichen Argumentation gefolgt wird.

Im Spezialfall reduziert sich das mehrstufige Leontief-Modell auf folgende Bilanzbedingungen:

$$x_i = v_i = \sum_{j=m+1}^{\kappa} a_{ij} u_j, \qquad i = 1, ..., m;$$

$$u_k = v_k = \sum_{j=k+1}^{\kappa} a_{kj} u_j + y_k, \qquad k = m+1, ..., m+h;$$

$$u_j = v_j = \qquad\qquad y_j, \qquad j = m+h+1, ..., \kappa.$$

Wegen $v_k = x_k$ für $k = 1, ..., m$ und $v_k = u_k$ für $k = m+1, ..., \kappa$ erhält man folgendes

---

Mengenmodell ohne Primärbezug derivativen Inputs

$$v_k = \sum_{j=k+1}^{\kappa} a_{kj} v_j + y_k, \qquad k = 1, ..., \kappa$$

---

oder vektoriell mittels der Direktbedarfsmatrix

$$v = A \cdot v + y$$

bzw. nach Umformung mit der Gesamtbedarfsmatrix

$$v = (I-A)^{-1} \cdot y = G \cdot y$$

Für $c = (c_1, ..., c_m, 0, ..., 0)$ gilt $c \cdot x = c \cdot v$. Daraus folgt für den Erfolg:

$$w = e \cdot y - c \cdot x = e \cdot y - c \cdot v = (e - c \cdot G) \cdot y = (e - k) \cdot y$$

Demnach setzt sich der gesamte Erfolg aus Beiträgen der einzelnen Zwischen- und Endproduktarten zusammen, die sich jeweils aus der Multiplikation des spezifischen Beitrags mit dem Primärbedarf ergeben. Der spezifische Beitrag d_j ist die Differenz aus Stückleistung $l_j = e_j$ und Stückkosten $k_j = (c \cdot G)_j$. Für den (erweiterten) Stückkostenvektor gilt:

$$k = c \cdot G = c \cdot (I-A)^{-1}$$

oder nach Umformung:

$$k = k \cdot A + c$$

Das vorstehende Kostenmodell hat - bis auf die notwendige Transponierung der Matrix und der Vektoren - die gleiche Struktur wie das obige Mengenmodell: Die Stückkosten berechnen sich rekursiv aus den *Primär(stück)kosten* c und den *Sekundär(stück)kosten* $k \cdot A$, wobei der Werte-

§15 Mehrstufige Technologien 275

fluß im I/O-Graphen entgegengesetzt, d.h. spiegelbildlich zum Objektfluß verläuft. Das Kostenmodell ist dual zum Mengenmodell. Dabei sind bisher Primärkosten nur für den Primärinput angenommen worden. Im allgemeinen können Primärkosten, d.h. außerhalb des Produktionssystems bestimmte Kosten, auch für die elementaren Erzeugungsverfahren vorkommen.

Beispiel 15.3 (Fortsetzung von Bsp. 15.2): ◻

Im Spezialfall $x_4 = 0$, $x_5 = 0$ kann das Mengenmodell des Beispiels 15.2 mit $y_i = 0$ für $i = 1, 2, 3$ wie folgt geschrieben werden:

$$\begin{pmatrix} x_1 \\ x_2 \\ x_3 \\ u_4 \\ u_5 \\ u_6 \\ u_7 \end{pmatrix} = \begin{pmatrix} v_1 \\ v_2 \\ v_3 \\ v_4 \\ v_5 \\ v_6 \\ v_7 \end{pmatrix} = \begin{pmatrix} y_1 \\ y_2 \\ y_3 \\ y_4 \\ y_5 \\ y_6 \\ y_7 \end{pmatrix} + \begin{pmatrix} 0 & 0 & 0 & 0 & 6 & 0 & 0 \\ 0 & 0 & 0 & 5 & 3 & 0 & 0 \\ 0 & 0 & 0 & 1 & 0 & 0 & 4 \\ 0 & 0 & 0 & 0 & 2 & 0 & 1 \\ 0 & 0 & 0 & 0 & 0 & 2 & 3 \\ 0 & 0 & 0 & 0 & 0 & 0 & 0 \\ 0 & 0 & 0 & 0 & 0 & 0 & 0 \end{pmatrix} \cdot \begin{pmatrix} v_1 \\ v_2 \\ v_3 \\ v_4 \\ v_5 \\ v_6 \\ v_7 \end{pmatrix}$$

Da derivative Objekte dem Produktionssystem von außen nicht zugeführt werden, ist der Durchsatz v_k einer Objektart k eine lineare Funktion der Durchsätze anderer Objektarten der jeweils nächst höheren Stufen sowie des Primärbedarfs y_k. So benötigt man als Direktbedarf zur Herstellung einer Einheit des Zwischenoutput 5 sechs Einheiten des originären Input 1. Bei weiterer Auflösung des obigen Gleichungssystems erhält man über die Technologische Matrix

$$I - A = \begin{pmatrix} 1 & 0 & 0 & 0 & -6 & 0 & 0 \\ 0 & 1 & 0 & -5 & -3 & 0 & 0 \\ 0 & 0 & 1 & -1 & 0 & 0 & -4 \\ 0 & 0 & 0 & 1 & -2 & 0 & -1 \\ 0 & 0 & 0 & 0 & 1 & -2 & -3 \\ 0 & 0 & 0 & 0 & 0 & 1 & 0 \\ 0 & 0 & 0 & 0 & 0 & 0 & 1 \end{pmatrix}$$

- bei der die ersten drei Spalten als *Beschaffungsaktivitäten* für den Primärinput interpretiert werden können und die anderen den vier Basisaktivitäten entsprechen - schließlich eine Form, in der sich die Durchsätze aus der Multiplikation der Gesamtbedarfsmatrix mit dem Primärbedarfsvektor ergeben:

$$\begin{pmatrix} v_1 \\ v_2 \\ v_3 \\ v_4 \\ v_5 \\ v_6 \\ v_7 \end{pmatrix} = \begin{pmatrix} 1 & 0 & 0 & 0 & 6 & 12 & 18 \\ 0 & 1 & 0 & 5 & 13 & 26 & 44 \\ 0 & 0 & 1 & 1 & 2 & 4 & 11 \\ 0 & 0 & 0 & 1 & 2 & 4 & 7 \\ 0 & 0 & 0 & 0 & 1 & 2 & 3 \\ 0 & 0 & 0 & 0 & 0 & 1 & 0 \\ 0 & 0 & 0 & 0 & 0 & 0 & 1 \end{pmatrix} \cdot \begin{pmatrix} y_1 \\ y_2 \\ y_3 \\ y_4 \\ y_5 \\ y_6 \\ y_7 \end{pmatrix}$$

Für y = (0; 0; 0; 40; 20; 100; 80) berechnet sich der Gesamtbedarf zu v = (2760; 6580; 1360; 1040; 460; 100; 80). Die Koeffizienten der Gesamtbedarfsmatrix geben diejenige Quantität eines Faktors an, die insgesamt verfügbar sein muß, damit eine Einheit des betreffenden Output erzeugt werden kann. So sind für eine Einheit des Output 7 insgesamt 18 Einheiten des Input 1, 44 von Input 2 etc. nötig.

Die Gütertechnologie ist somit inputlimitational mit folgenden (originären) Faktorfunktionen:

$$x_1 = 6y_5 + 12y_6 + 18y_7$$
$$x_2 = 5y_4 + 13y_5 + 26y_6 + 44y_7$$
$$x_3 = y_4 + 2y_5 + 4y_6 + 11y_7$$

Gemäß dieser Darstellung hat die mehrstufige Leontief-Produktionsfunktion in einer „Blackbox"-Betrachtung des Produktionssystems, die die innere Produktionsstruktur ignoriert und keine expliziten intermediären Objekte kennt, die gleiche Form wie die einstufige Leontief-Produktionsfunktion. Der praktische Vorgang der Berechnung der Brutto- und Nettobedarfe wird für materielle Objekte auch *Stücklistenauflösung* genannt.

Produktkalkulation ist demgegenüber der duale Vorgang der Berechnung der Stückkosten. Es sei c = (5; 3; 2; 3; 11; 20; 32) der Primärkostenvektor, und zwar sowohl für die Beschaffung der Faktoren 1, 2 und 3 (z.B. „Materialkosten") als auch für die Durchführung der elementaren Prozesse, bei denen die Produktarten 4, 5, 6 und 7 entstehen (z.B. „Fertigungskosten"; letztere sind in diesem theoretischen Zusammenhang eigentlich nur dadurch erklärlich, daß gewisse Aufwendungen, die im Modell nicht explizit beachtet werden, so doch noch pauschal Berücksichtigung finden). Die variablen Stückkosten der Produkte bestimmen sich nach den obigen Rekursionsbeziehungen, d.h. mit Hilfe der Baukastenstücklisten der Direktbedarfsmatrix, zu:

$$k_7 = 4k_3 + k_4 + 3k_5 + 32$$
$$k_6 = ...$$
$$\vdots$$
$$k_1 = 5$$

Diese Rechnung ist ziemlich übersichtlich mit Hilfe des Gozinto-Graphen durchführbar, wenn man in den Knoten neben dem Namen der Objektart eigene Informationsfelder für die Primärkosten als Daten und die Stückkosten als rekursiv ermittelte Werte vorsieht. (Entsprechendes gilt für die Bedarfsbestimmung.) Ist allerdings die Gesamtbedarfsmatrix schon bekannt, so erhält man mit der passenden Mengenübersichtsstückliste die Stückkosten unmittelbar:

$$k_7 = 5 \cdot 18 + 3 \cdot 44 + 2 \cdot 11 + 3 \cdot 7 + 11 \cdot 3 + 20 \cdot 0 + 32 \cdot 1 = 330 \qquad \blacksquare$$

15.3 Outputlimitationale Produktion

Die mehrstufige Version des einstufigen Typs (13b) outputlimitationaler Produktion läßt sich wegen der spiegelbildlichen Symmetrie der Typen (a) und (b) vollkommen analog zum zuvor behandelten mehrstufigen Leontief-Modell entwickeln. Input und Output tauschen lediglich ihre Rollen. Anstelle von Produktionskoeffizienten, welche im rekursiven Modell Direktbedarfen und im aufgelösten Modell Gesamtbedarfen entsprechen, sind nun Ausbeutekoeffizienten zu berücksichtigen und in „direkte" (b_{ki}) und „gesamte" (h_{ki}) zu unterscheiden. Erste beziehen sich auf die elementaren Prozesse und damit auf die einzelnen Produktionsstufen; letzte stellen die Wirkungen über alle Stufenkombinationen dar. Während die anderen Symbole ihre Bedeutung beibehalten, ist u_k jetzt als diejenige Quantität der Objektart k zu verstehen, welche in dem zu k gehörenden elementaren Prozeß vom Typ 1:n eingesetzt wird.

Allgemeines Mengenmodell

$$y_k + u_k = v_k = \sum_{i=1}^{k-1} b_{ki} u_i + x_k, \quad k = 1, ..., \kappa$$

oder vektoriell mittels der *Direktausbeutematrix* **B**

$$y + u = v = B \cdot u + x$$

bzw. nach Umformung mit der *Gesamtausbeutematrix* **H**

$$u = -(B-I)^{-1} \cdot (-z) = H \cdot (-z) = H \cdot (x-y)$$

B-I ist ebenfalls eine Technologische Matrix, die bis auf zusätzliche (triviale) *Absatz-* oder *Abgabeaktivitäten* - d.h. Spalten mit einer -1 und sonst nur Nullen - identisch mit der entsprechenden Technologiematrix ist. Bei der gewählten Schreibweise und der unterstellten Produktionsstruktur besteht die Gesamtausbeutematrix nur aus nichtnegativen Elementen. In Analogie zum Leontief-Modell kann die obere Rekursionsbeziehung auch so gelesen werden (vgl. auch §15.1.3):

Primäroutput + Sekundäroutput
    = Gesamtoutput = Durchsatz = Gesamtinput =
        Sekundärinput + Primärinput

Primäroutput ist aus Sicht des Produzenten alles, was das System während der Periode verläßt (Fremdoutput), sei es an andere Wirtschaftseinheiten oder aber an die Natur (Emissionen), und was am Ende der Periode noch verfügbar ist, bei materiellen Objektarten z.B.

auf Lager liegt. Sekundäroutput wird während der Periode innerhalb des Produktionssystems anderen Prozessen zugeführt, z.B. zur internen Weiterverwertung oder zur Eigenentsorgung.

Solange Herkunft und Verwendung der Objektarten variabel sind, können weder ihnen noch den elementaren Prozessen eindeutige Erfolgsbeiträge zugerechnet werden. Eine Erfolgsmaximierung muß alle Optionen berücksichtigen (z.B. Verkauf oder Weiterverwertung?, Eigen- oder Fremdentsorgung?). Fixiert man jedoch den Primäroutput der Zwischenoutputarten, so ergibt sich eine outputlimitationale Produktion. Analog zu §15.2.2 soll nur der Spezialfall **ohne** Primäroutput dieser Objektarten analysiert werden, d.h. $y_k = 0$ für $k = m+1, ..., m+h$. Wegen $v_k = u_k$ für $k = 1, ..., m+h$ und $v_k = y_k$ für $k = m+h+1, ..., \kappa$ folgt daraus:

Mengenmodell ohne Primäroutput von Zwischenoutput

$$v_k = \sum_{i=1}^{k-1} b_{ki} v_i + x_k, \quad k = 1, ..., \kappa$$

---

oder vektoriell

$v = B \cdot v + x$ bzw. $v = (I-B)^{-1} \cdot x = H \cdot x$

Mit $e = (0, ..., 0, e_{m+h+1}, ..., e_\kappa)$ und $c = (c_1, ..., c_{m+h}, 0, ..., 0)$ läßt sich der Erfolg in diesem Spezialfall auf die einzelnen Beiträge der Primäreinsätze originärer und derivativer Faktoren zurückführen:

$w = e \cdot y - c \cdot x = e \cdot v - c \cdot x = (e \cdot H - c) \cdot x = (l - c) \cdot x$

Der spezifische Erfolgsbeitrag einer Faktorart i wird gebildet aus der Differenz ihrer endogen bestimmten Stückleistung $l_i = (e \cdot H)_i$ und ihrer exogen gegebenen Stückkosten $k_i = c_i$. Für den auf alle Objektarten erweiterten Leistungsvektor gilt eine zum obigen Mengenmodell duale Beziehung:

$l = e \cdot H = e \cdot (I-B)^{-1}$ bzw. $l = l \cdot B + e$

Am Ende des Produktlebenszyklus werden nicht mehr brauchbare Güter oft zu Übeln (z.B. Autowracks oder Altcomputer), die als Redukte entsorgt werden müssen. Sie werden im Rahmen eines Reduktionsprozesses so weit in ihre Bestandteile zerlegt, bis entweder rezyklierfähige Produkte entstehen, die dem Wirtschafts„kreislauf" erneut zugeführt werden, oder aber solche Objekte, die relativ gefahrlos der Natur überlassen werden können (vgl. §1.3.3). Im Hinblick auf den Materialfluß verläuft der Zerlegungsprozeß tendenziell umgekehrt wie der ursprüngliche Fertigungs- und Montageprozeß. Aus einer ursprünglich konvergenten wird eine divergente Produktion. Sieht man von den qualitativen Veränderungen der Bestandteile ab, so tauschen Input und Output ihre Rolle, und aus den Produktionskoeffizienten werden Ausbeutekoeffizienten.

Beispiel 15.4:

Das von *Müller-Merbach* (*1981*, S. 84ff.) beschriebene Beispiel eines zweistufigen Montageprozesses wird bei „Umkehrung" zu einer Demontage zweier Redukte in einem zweistufigen outputlimitationalen Prozeß. Der Reduktionsprozeß ist analog zu Abb. 13.5 als Kamsautovgraph in Abb. 15.3 dargestellt (vgl. Bild 13 bei *Müller-Merbach 1981*, S. 85). Der Zwischenoutput sei als reiner Throughput angenommen, der somit nicht fremd entsorgt werden kann, sondern weiter demontiert werden muß. Bei den drei Endoutputarten handele es sich immer noch um Übel, die wegen ihrer notwendigen Entfernung aus dem Reduktionssystem mit einem Kostensatz belegt sind.

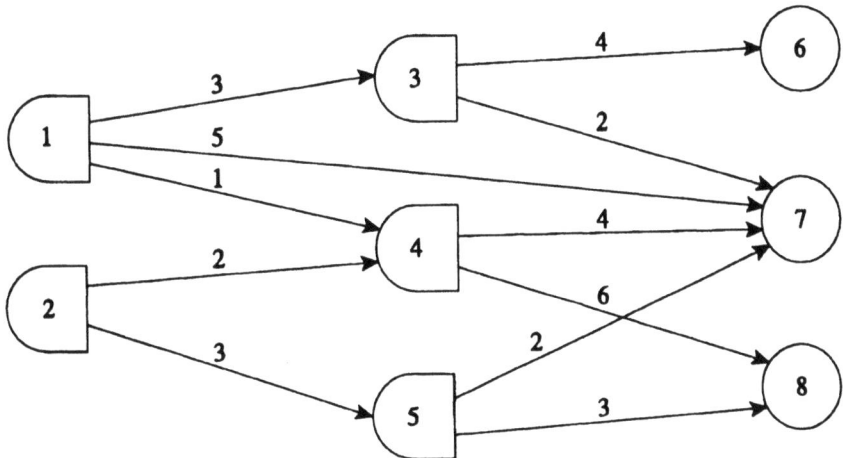

Abb. 15.3: Zweistufiges outputlimitationales Reduktionssystem

Mit $v_i = x_i$ für $i \in \{1, 2\}$ und $v_j = y_j$ für $j \in \{6, 7, 8\}$ läßt sich das Mengenmodell folgendermaßen formulieren:

$$v_3 = 3v_1$$
$$v_4 = v_1 + 2v_2$$
$$v_5 = 3v_2$$
$$v_6 = 4v_3$$
$$v_7 = 5v_1 + 2v_3 + 4v_4 + 2v_5$$
$$v_8 = 6v_4 + 3v_5$$

Wie man erkennt, ist die Direktausbeutematrix mehrstufiger outputlimitationaler Prozesse eine „untere Dreiecksmatrix", die Gesamtausbeutematrix ebenfalls:

$$H = \begin{pmatrix} 1 & 0 & 0 & 0 & 0 & 0 & 0 & 0 \\ 0 & 1 & 0 & 0 & 0 & 0 & 0 & 0 \\ 3 & 0 & 1 & 0 & 0 & 0 & 0 & 0 \\ 1 & 2 & 0 & 1 & 0 & 0 & 0 & 0 \\ 0 & 3 & 0 & 0 & 1 & 0 & 0 & 0 \\ 12 & 0 & 4 & 0 & 0 & 1 & 0 & 0 \\ 15 & 14 & 2 & 4 & 2 & 0 & 1 & 0 \\ 6 & 21 & 0 & 6 & 3 & 0 & 0 & 1 \end{pmatrix}$$

Bei gegebenen Reduktquantitäten $x_1 = 50$ und $x_2 = 100$ beträgt der Durchsatz des Zwischenoutput $v_3 = 150$, $v_4 = 250$, $v_5 = 300$; es fallen folgende Abproduktquantitäten an: $y_6 = 600$, $y_7 = 2150$, $y_8 = 2400$.

Mit $k_j = c_j$ für $j \in \{6, 7, 8\}$ erlaubt es das zugehörige Wertmodell, den beiden originären Inputarten (variable) Stückkosten für die Reduktion zuzurechnen (wobei die Rechnung sich rekursiv bewerkstelligen läßt):

$$k_5 = 2k_7 + 3k_8 = 2c_7 + 3c_8$$
$$k_4 = 4k_7 + 6k_8 = 4c_7 + 6c_8$$
$$k_3 = 4k_6 + 2k_7 = 4c_6 + 2c_7$$
$$k_2 = 2k_4 + 3k_5 = 14c_7 + 21c_8$$
$$k_1 = 3k_3 + k_4 + 5k_7 = 12c_6 + 15c_7 + 6c_8$$

Für $c_6 = 25$, $c_7 = 50$, $c_8 = 40$ folgt $k_5 = 220$, $k_4 = 440$, $k_3 = 200$, $k_2 = 1540$, $k_1 = 1290$. Der Stückerlös e_1 für das Redukt 1 muß demnach mindestens 1290 DM betragen, damit es positiv zum Erfolg beiträgt. Eine Annahme des Zwischenredukts 5 von außen zur weiteren Demontage würde sich ab einer Gebühr von 220 DM pro Stück lohnen. Umgekehrt wäre eine Fremdentsorgung desselben Zwischenredukts ökonomischer, wenn dafür weniger als 220 DM pro Stück zu zahlen wären. ∎

Die mehrstufigen input- oder outputlimitationalen linearen Technologien ohne Zyklen sind nach den bisherigen Ergebnissen dieses Paragraphen konzeptionell ziemlich einfach handhabbar. Der inputlimitationale Typ findet sich als Standard in allen gängigen computergestützten PPS-Systemen im Rahmen der Stücklistenauflösung. Der outputlimitationale Typ wird dagegen von PPS-Systemen kaum unterstützt - wie auch andere Typen - (*Hofmann 1992*). Schwierigkeiten bei beiden Typen bereitet in der Praxis allenfalls die zum Teil enorm große Zahl an Objektarten (Stücklistenpositionen), die in die Hunderttausende gehen kann und dadurch Probleme bei der Datenerfassung und -verwaltung hervorruft. Darüber hinaus lassen sich Wahlprobleme hinsichtlich des Fremdbezugs oder der „Veräußerung" beim Zwischenoutput durch Vergleich der zugehörigen Primärkosten bzw. -erlöse mit den Sekundärleistungen bzw. -kosten einer Eigenfertigung bzw. einer Eigenverwendung/-entsorgung lösen.

15.4 Verfahrenswahl bei der Outputherstellung

Komplizierter wird die Situation, wenn auf den verschiedenen Produktionsstufen selber Verfahrenswahlmöglichkeiten existieren. Zu der unter Umständen schon großen Zahl an Objektarten kommt dann noch eine manchmal sehr große Zahl an Kombinationsmöglichkeiten der elementaren Prozesse hinzu.

15.4.1 Arbeitsgangweise Kalkulation

Der Grundtyp (13c) einstufiger Technologien (§13.4) behandelt die Herstellung eines Output mittels mehrerer kombinierbarer Verfahren. Bei dem entsprechenden mehrstufigen Typ kann auf den verschiedenen Produktionsstufen ebenfalls über mehrere Verfahren für die Herstellung des betreffenden Zwischen- und Endoutput disponiert werden. Beispielsweise kann es sein, daß jeweils verschiedene Maschinen für die Bearbeitung zur Verfügung stehen, die zwar die gleiche Funktion ausüben, aber unterschiedliche Faktorverbräuche und Emissionen aufweisen (funktionsgleich, aber kostenverschieden).

Beispiel 15.5 (vgl. *Eisenführ 1989*, S. 79ff.): ❑
Ein Endprodukt 6 wird mittels der originären Faktoren 1 bis 4 über ein Zwischenprodukt 5 in zwei Stufen erzeugt, wobei zur Herstellung des Zwischenprodukts drei und beim Endprodukt zwei Verfahren zur Auswahl stehen. Die Abb. 15.4 zeigt den Produktionszusammenhang anhand des I/O-Graphen analog zum einstufigen Typ (vgl. Abb. 13.9), einmal ausführlich, zum anderen in der kompakten Version.

Das Mengenmodell kann aufgestellt werden, indem man stur nach dem schon mehrfach vorexerzierten Schema vorgeht. Bei hinreichender Übung läßt sich dieser Vorgang natürlich auch kürzer gestalten. Dabei sei angenommen, daß nur für das Endprodukt Primärbedarf existiert und ein Zukauf des Zwischenprodukts unmöglich ist; Objektart 5 ist also ein reiner Throughput:

$$x_1 = 6y_5^1 + 4y_5^2$$
$$x_2 = 10y_5^1 + 10y_5^2$$
$$x_3 = 12y_5^2 + 8y_5^3$$
$$x_4 = 7y_5^3 + 2y_6^4 + 10y_6^5$$
$$y_5^1 + y_5^2 + y_5^3 = v_5 = 4y_6^4 + 3y_6^5$$
$$y_6^4 + y_6^5 = y_6$$

Die Gleichungen beschreiben die Technologie. Tatsächlich sind aber regelmäßig noch Produktionsbeschränkungen zu berücksichtigen, so z.B.:

$$x_1 \leq 1500, \quad x_4 \leq 2500;$$
$$y_5^1 \leq 300, \quad y_5^2 \leq 200, \quad y_5^3 \leq 250; \quad y_6^4 \leq 80, \quad y_6^5 \leq 100.$$

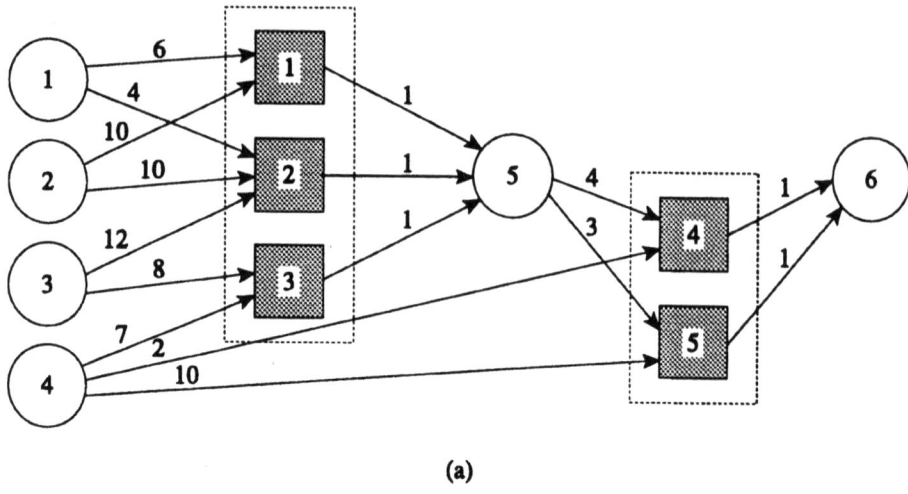

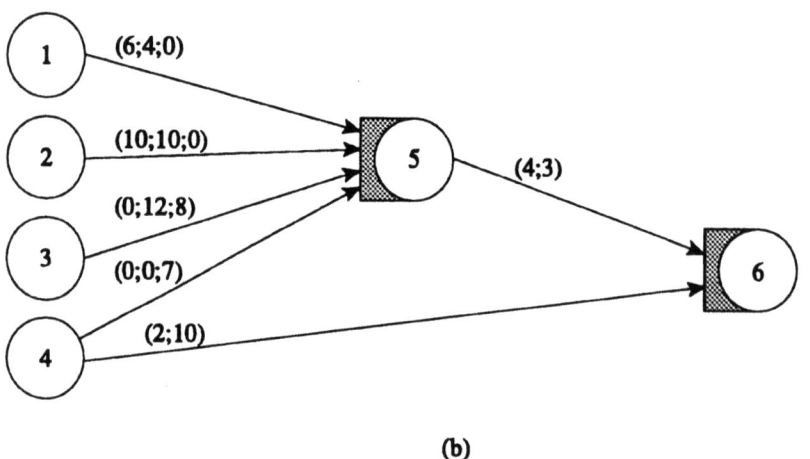

Abb. 15.4: Zweistufige arbeitsgangweise Kalkulation:
(a) detaillierter und (b) kompakter I/O-Graph

Die beiden ersten Restriktionen können Beschränkungen bei der Materialbeschaffung darstellen, die anderen maximale Kapazitäten der fünf elementaren Verfahren. Zur Herstellung des Endprodukts gibt es nun verschiedene Möglichkeiten, bei denen durch unterschiedliche Kombination der Verfahren auf den beiden Stufen sowohl die Verfahren wie auch die zugehörigen Faktoren substituiert werden können (verfahrens- und inputsubstitutionale Produktion). Dabei sind die fünf Verfahren wie auch ihre Kombinationen allesamt effizient, allein schon deshalb, weil mit jeder Verfahrenskombination verschiedene Faktoren miteinander kombiniert werden. Für weiterreichende Entscheidungen sind also im allgemeinen zusätzliche Informationen über die Bewertung der Güter (und eventuell außerdem der Verfahren) notwendig. Eine Ausnahme ist in diesem speziellen Fall mit nur

§15 Mehrstufige Technologien   283

einem einzigen Endprodukt die Zielsetzung der Produktmaximierung für die gegebenen Produktionskapazitäten:

max! y_6
unter den o.g. technologischen und sonstigen Nebenbedingungen (insb. Nichtnegativität).

Diese Aufgabe kann ausgehend von den potentiellen Engpässen ziemlich einfach gelöst werden. Im Hinblick auf den Faktor 1 ist das zweite Verfahren dem ersten überlegen, weil es zur Herstellung eines Zwischenprodukts nur 4 statt 6 Quantitätseinheiten braucht. Allerdings werden mit dem zweiten Verfahren maximal 200 Einheiten des Zwischenprodukts erzeugt und dabei 800 Einheiten des Faktors 1 verbraucht. Mit den restlichen 700 Faktoreinheiten werden dann mit dem ersten Verfahren noch weitere 116,66 Zwischenprodukteinheiten hergestellt, ohne einen anderen potentiellen Engpaß zu berühren. Um noch mehr von dem Zwischenprodukt zu produzieren, muß das dritte Verfahren angewendet werden. Zuvor werden aus den 316,66 schon gewonnenen Zwischenprodukten mit dem vierten Verfahren 79,16 Endprodukte gefertigt, wobei 158,33 Einheiten des Faktors 4 beansprucht werden. Mit der restlichen Kapazität des vierten Verfahrens können die 80 Endprodukteinheiten voll gemacht werden, wofür $0{,}83 \cdot (4 \cdot 7+2) = 25$ weitere Einheiten des Faktors 4 benutzt werden. Mit den verbleibenden 2316,66 Einheiten werden mittels des fünften Verfahrens $2316{,}66/(3 \cdot 7+10) = 74{,}73\ldots$ Endprodukte gefertigt, ohne einen weiteren Engpaß hervorzurufen. Insgesamt entstehen also maximal 154,73... Endprodukteinheiten.

Um umgekehrt einen Primärbedarf $y_6 = 150$ bei spezifischen Primärkosten von 12, 3, 5 und 11 für die vier originären Faktoren sowie 35, 29, 24, 18 und 15 für die fünf elementaren Verfahren kostenminimal zu befriedigen, ist folgende Rechenaufgabe zu lösen:

min! $K = 12x_1 + 3x_2 + 5x_3 + 11x_4 + 35y_5^1 + 29y_5^2 + 24y_5^3 + 18y_6^4 + 15y_6^5$
für $y_6 = 150$ und unter den o.g. Nebenbedingungen.

Die (z.B. mit der Simplexmethode errechenbare) optimale Lösung lautet: $K = 88300$, $y_6^4 = 50$, $y_6^5 = 100$, $y_5^1 = 150$, $y_5^2 = 150$, $y_5^3 = 200$, $x_1 = 1500$, $x_2 = 3000$, $x_3 = 3400$, $x_4 = 2500$. ∎

Auf die Aufstellung eines allgemeinen Modells wird verzichtet, da der dazu notwendige formale Aufwand im Vergleich zum erzielbaren Ertrag an zusätzlicher Erkenntnis zu hoch ist. Das Beispiel hat die prinzipielle Vorgehensweise schon hinreichend verdeutlicht: Auf jeder Stufe werden für die nach verschiedenen Verfahren herstellbaren Zwischen- oder Endproduktquantitäten Variablen definiert. Wegen ihrer stufenweise Aggregation kann auf nachfolgenden Stufen nicht mehr unterschieden werden, nach welchem Verfahren eine bestimmte Quantitätseinheit auf den Vorstufen erzeugt worden ist. Man spricht von der *stufen-* oder *arbeitsgangweisen Kalkulation* (*Jacob 1962*; vgl. *Kilger 1973*, S. 179ff.).

15.4.2 Alternativkalkulation

Eine andere Art der Modellierung ergibt sich, wenn die Zwischenoutputquantitäten nicht stufenweise kumuliert, sondern bis zum Ende nach allen alternativ möglichen Entstehungsgeschichten differenziert werden. Man spricht von der *Alternativkalkulation* (*Kilger 1973*, S. 179ff.). Notwendig ist eine solche Vorgehensweise dann, wenn die mittels unterschiedlicher Verfahren erzeugten Produkte auch tatsächlich in einer für den Produzenten relevanten Eigenschaft verschieden voneinander sind, so daß sie insofern nicht homogen sind und nicht ohne weiteres kumuliert werden dürfen. Aber auch bei nicht zwingender Unterscheidung der Produkte nach ihrer Erzeugungsart kann die Alternativkalkulation angewendet werden.

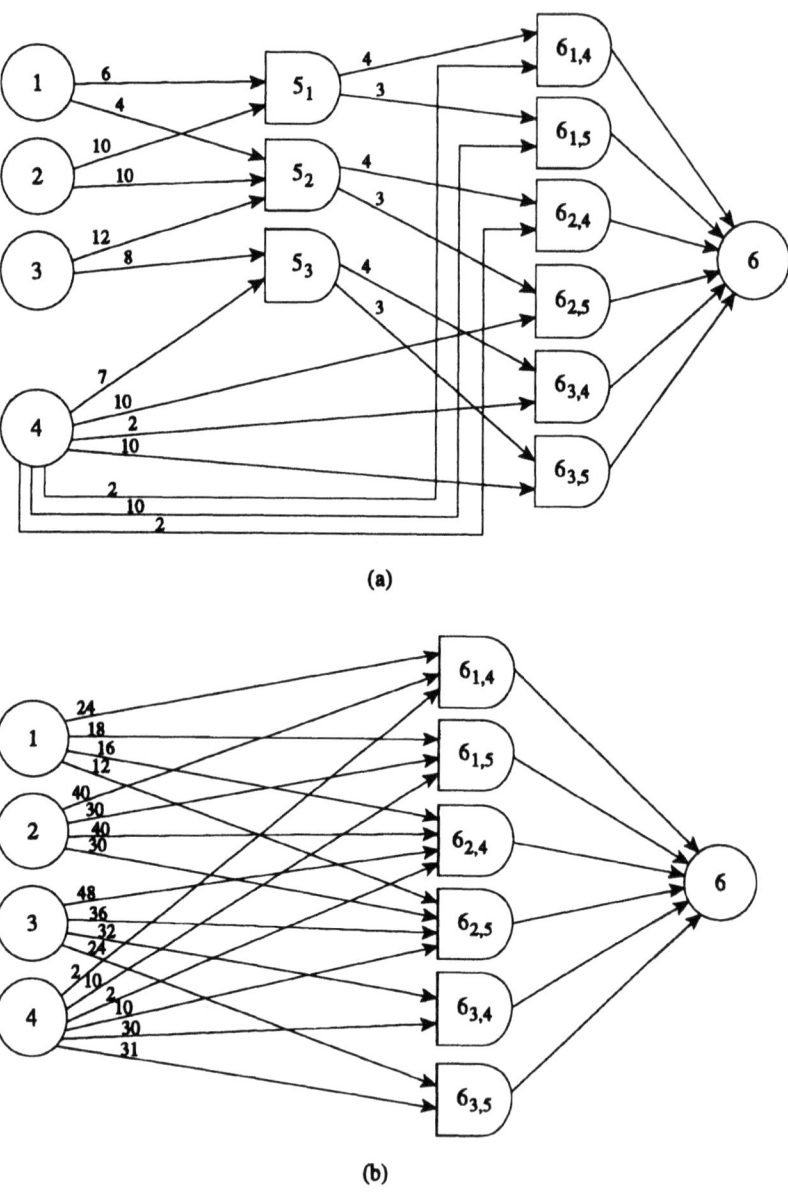

Abb. 15.5: Alternativkalkulation: (a) Direktbedarfsversion und (b) Gesamtbedarfsversion

§15 Mehrstufige Technologien

Beispiel 15.6 (Fortsetzung von Bsp. 15.5): ❑

Die Abb. 15.5a beschreibt die Technologie des Beispiels 15.5 dahingehend abgewandelt, daß nunmehr für jede Produktquantität erkennbar ist, auf welche Weise sie hergestellt worden ist. Der I/O-Graph ist deutlich unübersichtlicher als der entsprechende in Abb. 15.4a, obwohl schon eine kompaktere Darstellungsform mit den für den Leontief-Typ typischen Knoten gewählt ist. Bis auf die abschließende Zusammenführung der Endproduktquantitäten liegt tatsächlich ein zweistufiger Gozintograph vor. Da das Zwischenprodukt rein intermediär ist, kann es gemäß der in §15.2.2 vorgeführten „Stücklistenauflösung" eliminiert und so aus der Direktbedarfsversion die zugehörige Gesamtbedarfsversion der Abb. 15.5b abgeleitet werden.

Das zugehörige Mengenmodell unter Berücksichtigung der Produktionsrestriktionen lautet:

$$x_1 = 24y_6^{1,4} + 18y_6^{1,5} + 16y_6^{2,4} + 12y_6^{2,5} \leq 1500$$

$$x_2 = 40y_6^{1,4} + 30y_6^{1,5} + 40y_6^{2,4} + 30y_6^{2,5}$$

$$x_3 = 48y_6^{2,4} + 36y_6^{2,5} + 32y_6^{3,4} + 24y_6^{3,5}$$

$$x_4 = 2y_6^{1,4} + 10y_6^{1,5} + 2y_6^{2,4} + 10y_6^{2,5} + 30y_6^{3,4} + 31y_6^{3,5} \leq 2500$$

$$y_6 = y_6^{1,4} + y_6^{1,5} + y_6^{2,4} + y_6^{2,5} + y_6^{3,4} + y_6^{3,5}$$

$$y_5^1 = y_6^{1,4} + y_6^{1,5} \leq 300$$

$$y_5^2 = y_6^{2,4} + y_6^{2,5} \leq 200$$

$$y_5^3 = y_6^{3,4} + y_6^{3,5} \leq 250$$

$$y_6^4 = y_6^{1,4} + y_6^{2,4} + y_6^{3,4} \leq 80$$

$$y_6^5 + y_6^{1,5} + y_6^{2,5} + y_6^{3,5} \leq 100$$

Dabei ist für die Variablen Nichtnegativität vorausgesetzt, weil andernfalls die Objektströme im I/O-Graphen auch entgegengesetzt zur jeweiligen Pfeilrichtung fließen dürften.

Bei der Endproduktmaximierungsaufgabe des Beispiels 15.5 wären die früheren Nebenbedingungen durch die obigen zu ersetzen. Bei der Kostenminimierung für die Endproduktquantität $y_6 = 150$ gilt das Gleiche, wobei vorher die Gesamtkosten in Abhängigkeit der Variablen des obigen Mengenmodells zu ermitteln sind, so wie es in §15.2.2 demonstriert worden ist. Bei den gegebenen Faktorpreisen c_i und Prozeßkostensätzen c^p folgt beispielsweise:

$$k_6^{1,4} = 4(6c_1 + 10c_2 + c^1) + 2c_4 + c^4 = 4(6 \cdot 12 + 10 \cdot 3 + 35) + 2 \cdot 11 + 18 = 588$$

Die zu minimierende Kostenfunktion ist

$$K = 588y_6^{1,4} + 536y_6^{1,5} + 708y_6^{2,4} + 626y_6^{2,5} + 604y_6^{3,4} + 548y_6^{3,5}$$ ∎

15.4.3 Vorteilhaftigkeit verschiedener Modellformulierungen

Beide hier vorgestellten Modelle - die Alternativkalkulation und die arbeitsgangweise Kalkulation - liefern gleiche Ergebnisse. Das Modell der Alternativkalkulation ist deutlich umständlicher aufzustellen als das der arbeitsgangweisen Kalkulation. Bei einer größeren Zahl von Produktionsstufen und Verfahren je Stufe wächst die Variablenzahl für die unterschiedlichen Herstellkombinationen sehr rasch. Für jedes Endprodukt ergibt sie sich aus der Multiplikation der Verfahrenszahlen über die verschiedenen Stufen hinweg, z.B. bei neun Stufen mit je sechs wählbaren Verfahren: 6^9 = 10077696 (im Bsp. 15.6: $3\cdot 2$ = 6). Demgegenüber wächst bei der arbeitsgangweisen Kalkulation die Zahl der verfahrensbezogenen Variablen wesentlich langsamer, nämlich durch Addition der Verfahrenszahlen der Stufen, z.B. also $9\cdot 6$ = 54 (im Bsp. 15.5: 3+2 = 5). Ein Vorteil der Alternativkalkulation ist dagegen die eventuell geringere Zahl der Nebenbedingungen, und zwar dann, wenn für die einzelnen Stufen keine Restriktionen existieren. Die Bilanzbedingungen für die Zwischenprodukte entfallen in diesem Fall. (Im obigen Beispiel wären nur die beiden Restriktionen für die Faktoren 1 und 4 zu beachten.)

Allgemeine Untersuchungen hinsichtlich der rechen- und speichertechnischen Vor- und Nachteile verschiedener Modellformulierungen für identische Problemstellungen im Rahmen der Produktionsprogrammplanung stammen von *Knolmayer* (*1980*). Er hat außerdem einen Algorithmus vorgeschlagen, mit dem Modellformulierungen mit vielen Bilanzgleichungen - wie tendenziell bei der arbeitsgangweisen Kalkulation - systematisch verändert und dabei soweit wie möglich vereinfacht werden können. Da ein solches „Preprocessing" automatisch vom Computer durchgeführt werden kann (und lösungstechnische Aspekte hier sowieso weniger interessieren), ist es zweckmäßig, Modelle so zu formulieren, wie sie am leichtesten interpretiert werden können, und das ist meistens dann der Fall, wenn sie der Realität mit ihren originären Strukturen und Daten oder dem Denkmuster des „Produzenten" (als Modellbenutzer) am ehesten entsprechen. Umfangreiche Berechnungen - wie etwa die Stücklistenauflösung und die Produktkalkulation - können dem Computer überlassen werden, solange gewährleistet ist, daß die richtigen Daten richtig eingegeben und richtig verarbeitet sowie die berechneten Ergebnisse richtig interpretiert werden.

15.5 Verfahrenswahl bei der Inputnutzung

Vollkommen analog zum einstufigen Strukturtyp (13c) kann auch der spiegelbildliche einstufige Typ (13d) zu einem mehrstufigen ausgebaut werden (§13.5). Praktische Beispiele bieten insbesondere Zuschneideprozesse, bei denen der Schneidevorgang in mehreren separaten Schritten abläuft.

Beispiel 15.7: ❏
Rohre eines einheitlichen Durchmessers werden als Faktoren von außerhalb in den Längen 7 und 5 bezogen. Sie werden in die Längen 3 und 2, die die Produkte bilden, zugeschnitten. Reststücke anderer Längen bilden Beiprodukte.

Im I/O-Graph der Abb. 15.6d ist die Technologie als einstufig mit fünf effizienten Ausbeuteverfahren dargestellt, drei für den Input 7 und zwei für den Input 5, bei denen maxi-

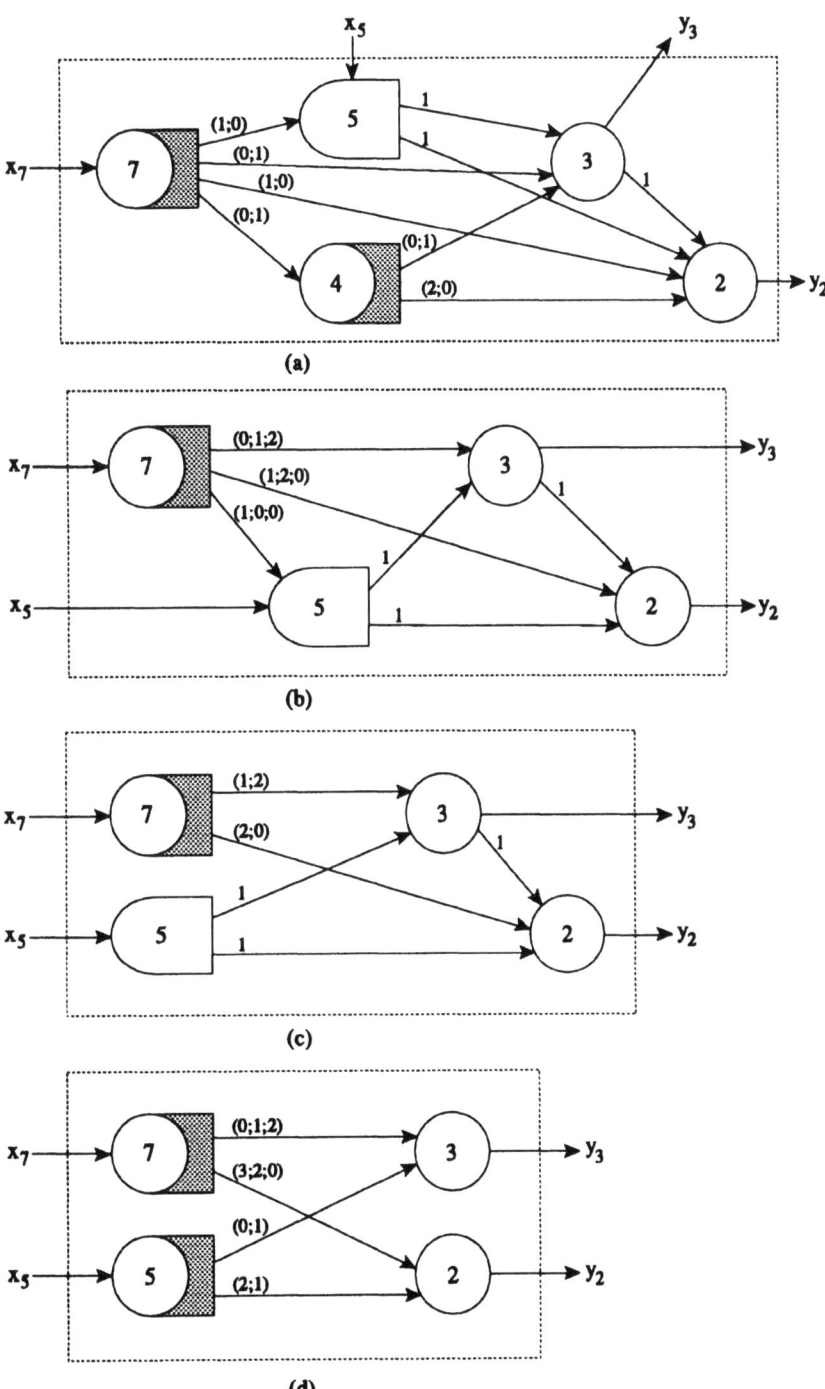

Abb. 15.6: Mehrstufiger Zuschneideprozeß: (a) Direktausbeuteversion, (d) Gesamtausbeuteversion und (b, c) Zwischenversionen

mal ein Reststück der Länge 1 anfällt (vgl. Bsp. 13.9 und Abb. 13.10). Das Beiprodukt 1 ist im I/O-Graphen vernachlässigt worden.

Die Technologie der Abb. 15.6a ist demgegenüber dreistufig mit speziellen Schnittmustern: Jedes Rohr wird mit einem Schnitt in genau zwei Teilstücke zerlegt („one-cut"; *Dyckhoff 1981*), wobei wenigstens ein Teilstück ein Produkt i.e.S. ist, d.h. die Länge 3 oder 2 aufweist. Die Teilstücke können anschließend nach dem gleichen Schema weiter zerschnitten werden. Auf diese Weise entsteht Zwischenoutput. Im I/O-Graphen der Abb. 15.6a sind die Länge 5 als derivativ mit Primärbezug, 4 als reiner Throughput und 3 als Zwischenoutput mit Primärbedarf gekennzeichnet. Beim Zuschneiden der Längen 5 und 3 gibt es jeweils nur ein in Frage kommendes Verfahren; die zugehörigen Knoten des Graphen haben deshalb eine andere Kennzeichnung (vgl. Abb. 13.5). Das Mengenmodell zu Abb. 15.6a sieht folgendermaßen aus:

$$x_7 = x_7^{2+5} + x_7^{3+4}$$

$$x_5 + x_7^{2+5} = x_5^{2+3}$$

$$x_7^{3+4} = x_4^{2+2} + x_4^{3+1}$$

$$x_7^{3+4} + x_5^{2+3} + x_4^{3+1} = x_3^{2+1} + y_3$$

$$x_7^{2+5} + x_5^{2+3} + 2x_4^{2+2} + x_3^{2+1} = y_2$$

Solange für die reine Zwischenlänge 4 keine Restriktionen existieren, kann die zugehörige Bilanzgleichung eliminiert werden. Anstelle des üblichen Einsetzungsverfahrens wird das Verfahren von *Knolmayer (1980)* angewendet (vgl. im folgenden *Dyckhoff 1991b*). Dazu werden Kombinationen derjenigen Verfahren gebildet, bei denen die Länge 4 vorkommt, sei es als Input oder als Output. Auch ohne die Prozedur zu erläutern, spricht das umgeformte Modell mit dem zugehörigen I/O-Graph der Abb. 15.6b für sich:

$$x_7 = x_7^{2+5} + x_7^{3+2+2} + x_7^{3+3+1}$$

$$x_5 + x_7^{2+5} = x_5^{2+3}$$

$$x_7^{3+2+2} + 2x_7^{3+3+1} + x_5^{2+3} = x_3^{2+1} + y_3$$

$$x_7^{2+5} + 2x_7^{3+2+2} + x_5^{2+3} + x_3^{2+1} = y_2$$

Die Kombination der elementaren Verfahren (one-cuts) führt zu komplexeren Verfahren („multi-cuts"), bei denen Rohre der Länge 7 in drei Teilstücke zerlegt werden. Im nächsten Umformungsschritt werden diejenigen beiden Verfahren kombiniert, bei denen die Länge 5 als Input bzw. Output vorkommt. Daraus resultiert ein Schnittmuster für die Länge 7, das identisch zu einem schon vorhandenen ist und deshalb entfällt. Da ein Zukauf der Länge 5 möglich ist, kann sie nicht eliminiert werden, sondern wird zu einer originären Faktorart. Die folgenden Gleichungen sowie die Abb. 15.6c stellen das Ergebnis des zweiten Umformungsschrittes dar.

§15 Mehrstufige Technologien

$$x_7 = x_7^{3+2+2} + x_7^{3+3+1}$$

$$x_5 = x_5^{3+2}$$

$$x_7^{3+2+2} + 2x_7^{3+3+1} + x_5^{3+2} = x_3^{2+1} + y_3$$

$$2x_7^{3+2+2} + x_5^{3+2} + x_3^{2+1} = y_2$$

Als letzte Zwischenoutputart ist noch die Länge 3 übrig geblieben. Durch Kombination der drei Verfahren, die sie als Output hervorbringen (zwei für Länge 7 und eins für Länge 5), mit dem einzigen Verfahren, das die Länge 3 als Input verwendet, erhält man zusätzlich drei weitere komplexe Verfahren, von denen zwei jedoch identisch sind. Als Resultat dieses letzten Umformungsschrittes ergibt sich das Modell der Alternativkalkulation (Abb. 15.6d):

$$x_7 = x_7^{2+2+2+1} + x_7^{3+2+2} + x_7^{3+3+1}$$

$$x_5 = x_5^{2+2+1} + x_5^{3+2}$$

$$x_7^{3+2+2} + 2x_7^{3+3+1} + x_5^{3+2} = y_3$$

$$3x_7^{2+2+2+1} + 2x_7^{3+2+2} + 2x_5^{2+2+1} + x_5^{3+2} = y_2$$

Für einen Betrachter, der das Produktionssystem als „black box" ansieht und sich nur für Primärinput und Primäroutput interessiert, sind die vier vorstehenden Modellversionen äquivalent. Unterschiede der verschiedenen Versionen kommen dann zum Tragen, wenn Anforderungen an das Produktionssystem existieren, die nur mit einer bestimmten Struktur kompatibel sind, oder wenn lösungstechnische Eigenschaften der Modellformulierungen eine Rolle spielen (*Dyckhoff 1991b*). ■

Beispielsweise ist die arbeitsgangweise Modellierung nicht sinnvoll, wenn der reale Schneideprozeß einstufig mit einer begrenzten Messerzahl ist; aufgrund der stufenweisen Aggregation der Zwischenprodukte kann nämlich nicht unterschieden werden danach, wie oft ein Teilstück vorher schon zugeschnitten worden ist. Umgekehrt liegt diese Art der Modellierung näher, wenn der reale Prozeß tatsächlich mehrstufig mit nur einem Messer ist und bei jedem Arbeitsgang so nur zwei Teilstücke entstehen. Werden zudem größere Reststücke auf Lager gelegt und besitzen sie einen positiven Wert, so umfaßt das Modell der Alternativkalkulation ebensoviele Objektarten (weil es keinen reinen Throughput gibt) und weitaus mehr sinnvolle Schnittmuster (ohne weiteres Hunderte von Millionen; vgl. §11.3.2 und *Dyckhoff 1988*). Allerdings existiert für das Modell der Alternativkalkulation eine von *Gilmore/Gomory (1961)* vorgeschlagene, leistungsstarke Lösungsmethode der „verzögerten Mustergenerierung". Dagegen ist eine Methode, welche die spezielle Netzflußstruktur des arbeitsgangweisen Modells ausnutzt, noch zu entwickeln (*Dyckhoff 1988, Stadtler 1988; Stadtlers* Schlußfolgerungen beim Vergleich beider Modellansätze bedürfen allerdings einer weitergehenden Prüfung).

Der mehrstufige Typ der Inputnutzung (-ausbeutung) mit Verfahrenswahl betrifft außer dem Zuschneiden auch andere Prozesse. Allerdings sind diese Prozesse in der Regel Teil eines umfassenderen, komplexen Produktionszusammenhangs. So werden in Raffinerien die eingesetzten Rohöle in mehreren Anlagen stufenweise in leichte und schwere Öle aufgespalten, wobei für die Anlagen häufig verschiedene „Fahrweisen" möglich sind, die zu unterschiedlichen Ausbeutekoeffizienten führen (vgl. das instruktive Beispiel bei *Meyer 1990*, S. 28ff.); die so gewonnenen Zwischenprodukte werden anschließend zu Endprodukten gewünschter Qualitäten gemischt (vgl. §17.2).

15.6 Voll elastische Produktion, insbesondere Umladeprozesse

Inner- und überbetriebliche Transport- und Verteilungsprozesse (Typ (13e), vgl. §13.7.2) können über Zwischenstationen verlaufen, in denen die transportierten Objekte für den Weitertransport umgeladen werden. Im Rahmen dynamischer Betrachtungen kann damit auch eine zeitweise Zwischenlagerung verbunden sein, etwa bei der Distribution der Produkte über Zentral- und Regionalläger an die Kunden. Entsprechendes trifft auf die Einsammlung von Altprodukten und Abfällen bei den Verbrauchern zwecks Wiederaufbereitung oder Entsorgung zu. Transporteure bei der Distribution oder Kollektion von Objekten sind Dienstleistungsproduzenten (vgl. §1.3.2).

Beispiel 15.8 (Fortsetzung von Bsp. 13.10): □
Der Transport des in drei Standorten hergestellten Produkts erfolgt nicht mehr unmittelbar an die vier weiterverarbeitenden Betriebsstätten, sondern stattdessen über zwei Zwischenläger als Umschlagplätzen (Abb. 15.7).

Gesucht ist wieder eine kostenminimale Verteilung der vorgefertigten Quantitäten auf die Weiterbearbeitungsstätten, wobei für jeden Weg ein Kostensatz c^{ij} und für das Umladen an den Umschlagplätzen k zusätzliche Stückkosten c_k anfallen:

$$\min! K = \sum_{i=1}^{3}\sum_{k=4}^{5} c^{ik}\lambda^{ik} + \sum_{k=4}^{5} c_k v_k + \sum_{k=4}^{5}\sum_{j=6}^{9} c^{kj}\lambda^{kj}$$

so daß

$$a_i = x_i = \sum_{k=4}^{5} \lambda^{ik}, \qquad i \in \{1, 2, 3\}$$

$$\sum_{i=1}^{3} \lambda^{ik} = v_k = \sum_{j=6}^{9} \lambda^{kj}, \qquad k \in \{4, 5\}$$

$$\sum_{k=4}^{5} \lambda^{kj} = y_j = b_j, \qquad j \in \{6, ..., 9\}$$

und $\lambda^{\alpha,\beta} \geq 0$ für die zulässigen Wege (α, β). ∎

Die originären Inputarten (Angebotsstätten) werden auch *Quellen*, die Endoutputarten (Nachfragestätten) auch *Senken* genannt. Ist bei den Umschlagplätzen - wie im Beispiel - weder Primärinput noch Primäroutput möglich, so liegt reiner Throughput vor. Komplexere Umladeprozesse lassen darüber hinaus auch Rücktransporte und sonstige Zyklen zu (vgl. §16). Zur Lösung von Umladeproblemen sind zahlreiche leistungsstarke Methoden entwickelt worden (vgl. *Dinkelbach 1992*, S. 262ff., *Domschke/Drexl 1991*, S. 80f.).

§15 Mehrstufige Technologien

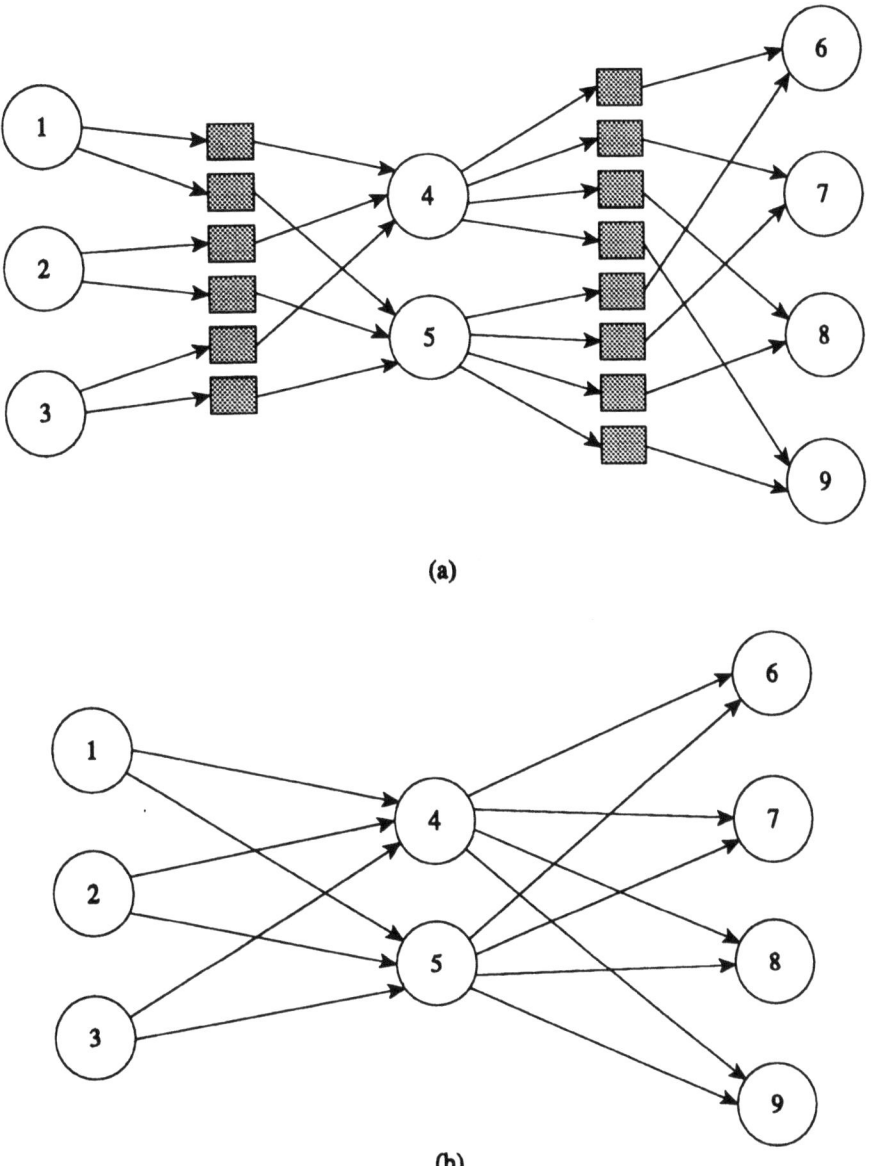

Abb. 15.7: Zweistufiger Transportprozeß: (a) detaillierter und (b) kompakter I/O-Graph

15.7 Sonstige mehrstufige Produktion

Die bisher behandelten mehrstufigen linearen Technologien ergeben sich alle aus endlichen Kombinationen endlich vieler der in §12 analysierten elementaren Prozesse unter der zusätzlichen Einschränkung, daß keine Zyklen auftreten. Sie bilden damit zyklenfreie mehrstufige Verallgemeinerungen der in §13 behandelten einstufigen Grundtypen. Auch die nicht endlich generierbaren Technologien von §14 lassen sich mehrstufig erweitern. Ein zweistufiges Beispiel parametrisch generierbarer Technologien ist in §14.4.4 mit dem Gutenberg-Produktionsmodell schon vorgeführt worden. Weitere Beispiele enthält der folgende Paragraph.

Literaturhinweise zu §15

Adam 1993; Busse von Colbe/Laßmann 1991; Dyckhoff 1988; Kistner 1981; Knolmayer 1980; Müller-Merbach 1981; Schulz 1987; Schweitzer/Küpper 1974; Zäpfel 1982, 1991

Wichtige Begriffe und Aussagen in §15

Produktionsstufe(nzahl); originäre und derivative Inputarten, Zwischen- und Endoutputarten; Innen- versus Außenverflechtung, Primär- und Sekundärinput, -output, -kosten, -leistungen; Grundtypen mehrstufiger Technologien; Primär-, Sekundär-, Brutto-, Nettobedarf; Direktbedarfs- und Gesamtbedarfsmatrix, Gozintograph; Produktkalkulation; Direktausbeute- und Gesamtausbeutematrix; Arbeitsgangweise Kalkulation versus Alternativkalkulation

Wiederholungsfragen zu §15

1) Welche Objektkategorien bestehen bzgl. der Innenverflechtung bzw. der Außenverflechtung? Worin besteht dabei der Unterschied zwischen Primärinput und originärem Input?
2) Wie lautet der Erhaltungssatz für Input- und Outputarten innerhalb von Objektknoten eines I/O-Graphen?
3) Welche Gestalt hat die Direktbedarfsmatrix beim Leontief-Modell und welche die Direktausbeutematrix bei outputlimitationaler Produktion?
4) In welchem Zusammenhang stehen Direktbedarfsmatrix und Gesamtbedarfsmatrix? Wie lassen sie sich ineinander überführen? Welche Stücklistenformen ergeben sich in den Spalten und Zeilen dieser Matrizen?
5) Worin besteht der Unterschied zwischen Brutto- und Nettobedarf?
6) Wie lautet das spezielle Mengenmodell der outputlimitationalen Produktion ohne Primäroutput von Zwischenoutput?
7) Worin bestehen die Unterschiede der arbeitsgangweisen Kalkulation zur Alternativkalkulation? Worin liegen die Vorteile der beiden Ansätze?

Paragraph 16
Zyklische Technologien

Alle bisher behandelten Technologien haben eine Eigenschaft gemeinsam, die sich in dem Fehlen von Kreisläufen oder Zyklen bei den inneren Objektströmen bemerkbar macht. Bei größeren Produktionssystemen sind Zyklen ein häufig zu beobachtendes Faktum. In Unternehmen führen sie zu einem gegenseitigen Austausch von Objekten verschiedener Subsysteme und damit zu einer *„Leistungsverflechtung"*. So beliefert etwa ein unternehmenseigenes Heizkraftwerk die Reparaturwerkstatt mit Wärme (Sachleistung), während umgekehrt die Werkstatt am Kraftwerk Reparaturen oder Wartungen durchführt (Dienstleistung).

Im Rahmen noch größerer Systeme, wie etwa einer ganzen Volkswirtschaft, spricht man vom sogenannten „Wirtschaftskreislauf", wobei in §1 allerdings schon darauf hingewiesen wurde, daß es sich allenfalls aus rein monetärer Sicht um einen geschlossenen Kreislauf handelt. „Geschlossene Stoffkreisläufe" nach dem Vorbild ökologischer Systeme sind andererseits das erklärte Ziel vieler Umweltschutzbestrebungen, die in einer zunehmenden Bedeutung verschiedener Formen des *Recycling* resultieren. Nach dem Entropiegesetz können Stoffkreisläufe jedoch allein schon theoretisch nur dann geschlossen sein, wenn ihnen ständig „Syntropie" (negative Entropie) in Form hochwertiger Energie zugeführt wird (vgl. §6.1.2, *Georgescu-Roegen 1971*, *Dürr 1991*). Praktische Grenzen lassen selbst dann nur Recyclingquoten von weniger als 100 Prozent zu.

16.1 Begriffe, Darstellungsformen und grundlegende Strukturtypen

Ein Zyklus innerhalb eines Produktionssystems ist Folge einer geschlossenen Produktionskette. Eine Produktionskette ist dann *geschlossen*, wenn die Aussage, daß in der Prozeßfolge „jeweils mindestens ein Output zum Input des nachfolgenden Prozesses wird" (§15.1.1), für **alle** beteiligten Prozesse gilt. Damit kommt aber umgekehrt auch bei jedem Prozeß der Kette wenigstens ein Input vor, der Output des vorangehenden Prozesses ist. So gesehen gibt es keinen ersten und keinen letzten Prozeß innerhalb der Produktionskette (so wie ein Ring keinen Anfang und kein Ende hat). Von daher ist es auch wenig sinnvoll, von einer „höheren" Produktionsstufe zu sprechen, weil nicht bestimmt ist, wo mit der Zählung der Stufen begonnen werden soll. (So wie bei den Treppen in den Bildern des niederländischen Malers *M. C. Escher* geht es ständig „bergauf" bzw. „bergab".)

Sinnvoll kann es dagegen sein, von der Länge oder Stufenzahl einer geschlossenen Produktionskette zu sprechen. Allerdings setzt es voraus, daß die Teilprozesse innerhalb einer Kette sich nicht wiederholen. Im weiteren Sinne läge eine Wiederholung schon dann vor, wenn zwei Teilprozesse sich nur leicht voneinander unterscheiden, so wie Prozesse einunddesselben Verfahrenstyps. Ein Beispiel hierfür bietet die Destillationsanlage einer Rohölraffinerie, bei der ein Teil des Rückstands der Anlage unmittelbar wieder zugeführt wird, um erneut destilliert zu werden. Trotz möglicherweise unterschiedlicher „Fahrweisen" der Destillationsanlage, die der Rückstand im Laufe der Zeit erfährt, wird man in der Regel die Destillationsanlage insgesamt als eine Produktionsstufe ansehen.

Bei Existenz einer geschlossenen Produktionskette liegt eine *zyklische* Produktion vor. Als *Zyklus* wird eine Folge verschiedener Objektarten bezeichnet, für die eine gleich große Zahl verschiedener elementarer oder kombinativer Prozesse existiert, welche eine geschlossene Kette bilden derart, daß je zwei aufeinanderfolgende Objektarten durch genau einen dieser Prozesse als Input bzw. Output des Prozesses unmittelbar miteinander verbunden sind. Die Zahl der Objektarten bestimmt die *Stufigkeit* des Zyklus. Sie stimmt mit der Zahl der verbindenden Teilprozesse überein. Grob lassen sich unterscheiden:

- *einstufige Zyklen* („*Schlingen*") und
- *mehrstufige Zyklen*.

Um einen Überblick über den Zusammenhang der verschiedenen Objektarten zu gewinnen, ist der *Zusammenhangs-* oder *Verflechtungsgraph* besser geeignet als der I/O-Graph (*Dyckhoff 1988*). Er abstrahiert von den konkret zugrundeliegenden Produktionstypen und stellt so die Beziehungen zwischen den Objektarten vereinfacht dar. In ihm sind alle interessierenden Objektarten als Knoten in Form von Kreisen verzeichnet. Einen unmittelbaren Zusammenhang zwischen zwei Objektarten gibt es genau dann, wenn ein elementarer Prozeß existiert, bei dem die beiden Objektarten Input oder Output sind. Dabei ist ein Input mit einem Output durch eine gerichtete Kante (Pfeil) verbunden. Die Abb. 16.1 zeigt einen Verflechtungsgraphen mit zehn Objektarten.

Ein unmittelbarer Zusammenhang zwischen zwei Objektarten kann auch durch ein kombinatives einstufiges Verfahren hervorgerufen sein, etwa durch einen parametrisch oder in Grenzen frei variierbaren Prozeß. Da die in Paragraph 14 behandelten kombinativen Verfahren letztlich selber auf elementaren Prozessen beruhen, ergeben sich dadurch nicht unbedingt neue Verknüpfungen zwischen Objektarten. Bei Bedarf kann der Graph auch ausgebaut werden, um weitere Informationen wiederzugeben. So sollen die gepunkteten, ungerichteten Kanten der Abb. 16.1 auf einen engen Zusammenhang zweier Input- bzw. zweier Outputarten hindeuten, der dadurch verursacht ist, daß beide Input bzw. Output ein und desselben elementaren Prozesses sind; 3 und 4 sind also Kuppelprodukte.

Verflechtungsgraphen haben optisch große Ähnlichkeit mit der in der Literatur üblichen Darstellung von Gozintographen. Sie geben jedoch nur einen Teil der Information eines Gozintographen wieder, können dafür aber bei beliebigen Produktionsstrukturen benutzt werden, also nicht nur bei linear-inputlimitationalen Zusammenhängen wie der Gozintograph. Verflechtungsgraphen dürfen außerdem nicht mit der kompakten Version von I/O-Graphen für Transport- und Umladeprozesse verwechselt werden (vgl. Abb. 13.11 und 15.7), die eine sehr spezielle Struktur der elementaren Prozesse unterstellen.

Die Kanten eines Verflechtungsgraphen beziehen sich nur auf die Innenwirkungen des Produktionssystems, d.h. auf Sekundärinput und Sekundäroutput. Primärinput und Primäroutput als Außenwirkungen sind ausgeblendet. Anhand des Graphen wird somit die Stellung der einzelnen Objektarten im Rahmen der Produktion und ihre Verflechtung untereinander deutlich.

Bei der Abb. 16.1 ist Objektart 1 an der Produktion *unbeteiligt*, z.B. eine reine Handelsware in einem Industriebetrieb. Außer dieser allein stehenden Objektart gibt es zwei weitere unabhängige Sub- oder Teilsysteme. Das Produktionssystem ist somit *vollkommen zerlegbar* in drei unabhängige Teile (vgl. *Kistner 1981*, S. 141). Die Objektarten 2 und 6 sind originär; 3 und 4 sind Endoutputarten; 5 und 7 bis 10 sind derivativer Input bzw. Zwischenoutput. Im unteren Teilsystem gibt es drei Zyklen: einen einstufigen Zyklus für die Objektart 5 - wie beim Rückstand der oben beschriebenen Destillationsanlage - sowie zwei dreistufige Zyklen für die Objektarten 7, 8 und 10 bzw. für 7, 9 und 10.

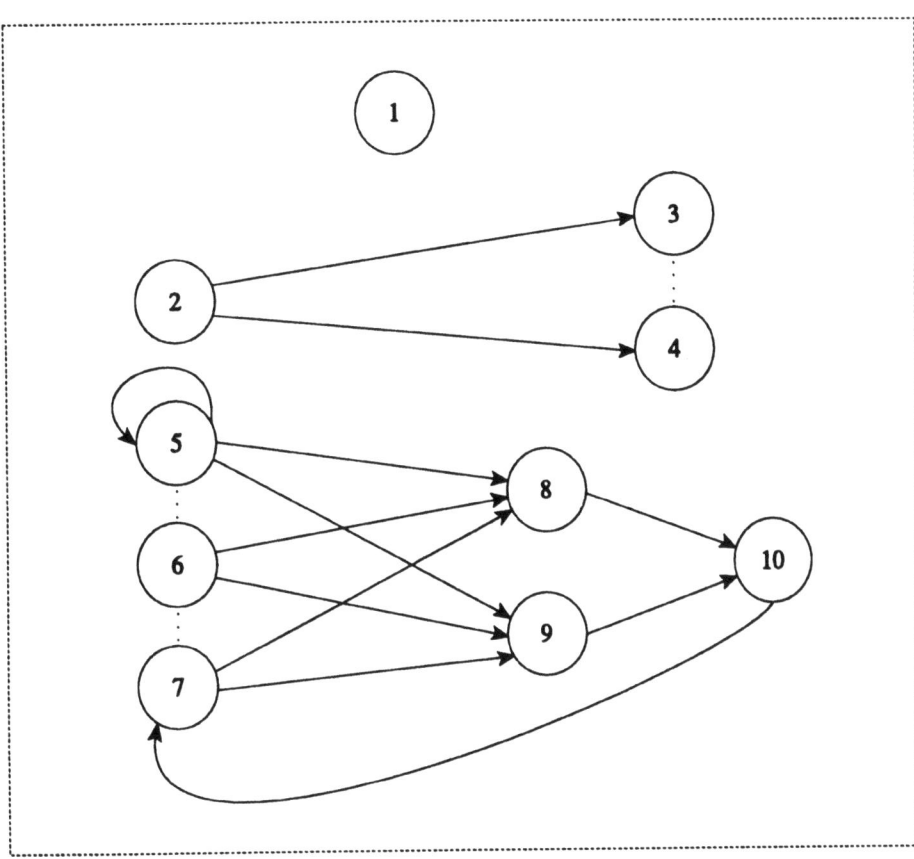

Abb. 16.1: In drei Teile vollkommen zerlegbarer Verflechtungsgraph

Aufgrund der Zyklen gibt es im unteren Teilsystem überhaupt keinen Endoutput. Dies mag im ersten Augenblick ungewöhnlich erscheinen. Man muß jedoch bedenken, daß die Bezeichnung „*Endoutput*" nicht final zu sehen ist, sondern sich lediglich auf die Stellung der Objektart innerhalb der Produktion bezieht. Die Objektart 10 kann sehr wohl ein Hauptprodukt sein, von dem der größte Teil als Primäroutput das Produktionssystem verläßt und nur ein kleiner Teil Sekundäroutput ist, welcher als Sekundärinput in einen weiteren Prozeß eingeht, um die Objektart 7 zu erzeugen. Objektart 7 wird zusammen mit 5 und 6 bei der Herstellung von 8 und 9 eingesetzt (zeichnet man sie weiter rechts von Objektart 10 ein, so wird der Eindruck erweckt, als ob sie auf einer noch höheren Produktionsstufe als 10 stehen und einen größeren „Reifegrad" aufweisen würde).

Wie zuvor schon erwähnt, sind Aussagen über den Reifegrad eines Zwischenoutput oder die „Höhe" einer Produktionsstufe aus dem Verflechtungsgraphen allein nicht ableitbar. Dazu bedarf es weitergehender Informationen, etwa solcher über den konkreten zeitlichen Verlauf der Produktion innerhalb der betrachteten Periode oder über Bedeutung und Zweck der Objektarten für den Produzenten. Bei manchen zyklischen Prozessen, besonders bei komplexen chemischen Reaktionen, kann es allerdings schwierig, wenn nicht unmöglich sein, allein aus dem zeitlichen Ablauf zu schließen, welche Objektarten früher oder später auftreten (so wie bei der Frage, ob das Huhn oder das Ei zuerst da waren). Wichtiger bei der „Einstufung" der Objektarten eines Zyklus dürften sowieso ihre Außenbeziehungen sein. Solche mit einem hohen Anteil an Primärinput stehen dann tendenziell eher am Anfang, solche mit einem hohen Anteil Primäroutput am Ende.

Über die Außenbeziehungen können auch Objektarten, die innerhalb des Produktionssystems originär oder Endoutput sind, Teil des Zyklus eines übergeordneten Systems sein. Ein Beispiel hierfür ist eine Papierfabrik, die ursprünglich selbst hergestelltes Papier als Altpapier erwirbt und wieder als Rohstoff einsetzt. Andere Beispiele derartigen *externen*, z.B. außer- oder überbetrieblichen Recycling sind Pfandsysteme für Verpackungen. Untersucht werden können jedoch immer nur die Zyklen innerhalb des betrachteten Produktionssystems, also nur *internes* Recycling. Um Aussagen etwa über außerbetriebliches Recycling machen zu können, muß das zugrundegelegte Produktionssystem auch überbetrieblich angelegt, d.h. die Grenze oder „Bilanzhülle" des Systems weit genug gesteckt werden.

Wiederverwertung ist eine Verwertung eines Output im gleichen Prozeß. Von *Wiederverwendung* spricht man, wenn ein ursprünglicher Input auch als Output anfällt und demselben Prozeß erneut zugeführt wird. Im Grunde trifft das auf jedes Gebrauchsobjekt zu. *Interne Weiterverwertung* bzw. *Weiterverwendung* bedeutet die Zuführung eines Output zu anderen, in der Regel nachgelagerten Prozessen anderen oder desselben Charakters innerhalb eines mehrstufigen Produktionssystems (vgl. §15).

16.2 Einstufige Zyklen

Im Prinzip kann jeder Produktionsstrukturtyp der §§12-15 um einstufige Zyklen erweitert werden. Dies soll allerdings nicht vorexerziert, sondern nur an ausgewählten Typen demonstriert werden. Insbesondere genügt es, sich auf einstufige Technologien zu konzentrieren.

16.2.1 Elementare Prozesse

Der elementare Prozeß der Abb. 16.2a unterscheidet sich von dem des Typs $m{:}n$ der Abb. 12.3d nur durch die zusätzliche Objektart 0, die sowohl Input wie auch Output des Prozesses ist. Der Vollständigkeit halber sind in Abb. 16.2a auch die Bilanzhülle des Produktionssystems sowie die Primärinputs und Primäroutputs eingezeichnet. Das zugehörige Mengenmodell lautet:

$$x_0 + b_0\lambda = v_0 = a_0\lambda + y_0$$
$$x_i = v_i = a_i\lambda, \qquad i = 1, ..., m;$$
$$b_j\lambda = v_j = y_j, \qquad j = m+1, ..., m+n.$$

§16 Zyklische Technologien

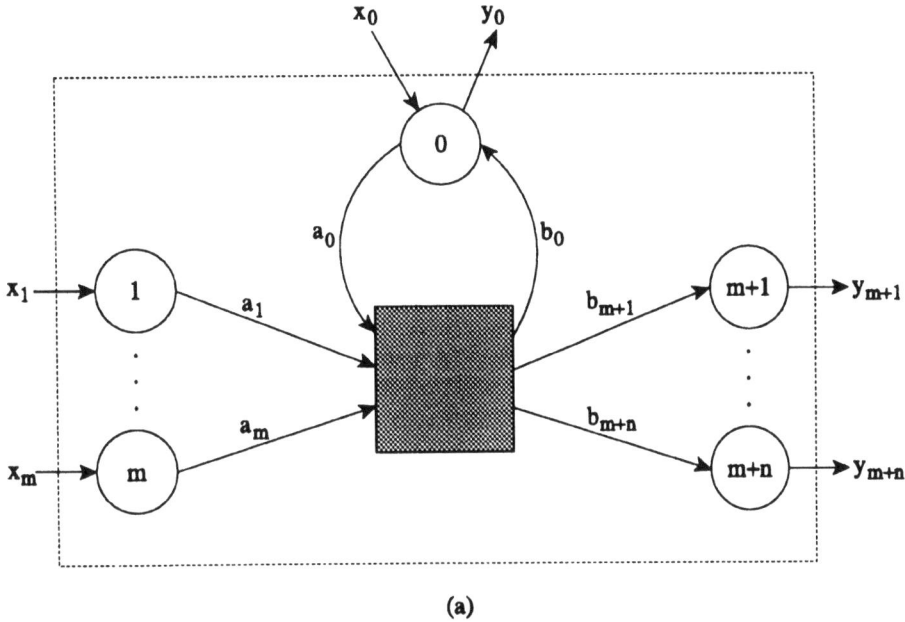

(a)

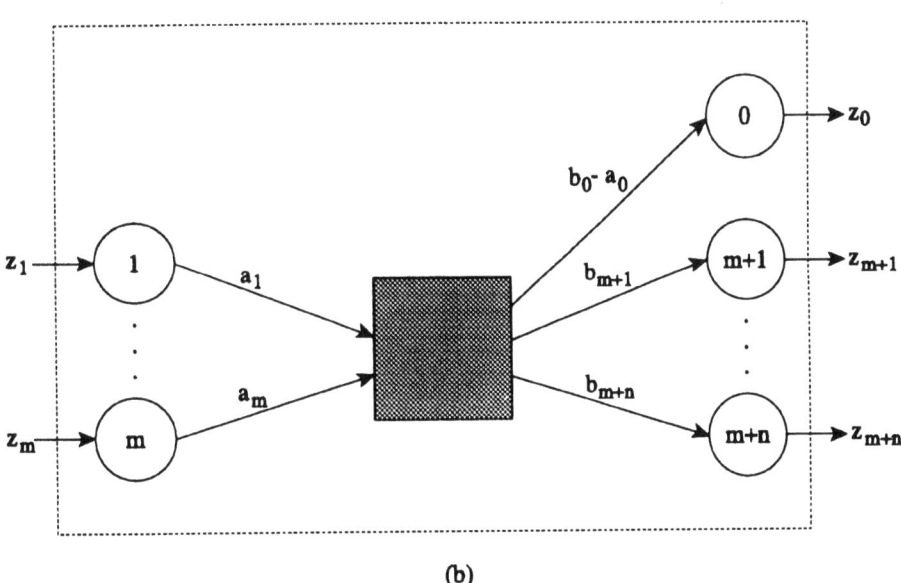

(b)

Abb. 16.2: Elementarer Prozeß: (a) mit Zyklus und (b) saldiert

Die Formulierung läßt erkennen, wie das Modell bei mehreren einstufigen Zyklen zu erweitern wäre. Ohne Beschränkung der Allgemeinheit sei deshalb im weiteren nur ein einziger Zyklus betrachtet. Mit dem Netto-Primäroutput $z_k = y_k - x_k$ kann das Modell unter Fortlassung der Durchsätze v_k wie folgt umgeformt werden:

$$z_0 = (b_0 - a_0)\lambda$$

$$z_i = -a_i\lambda, \qquad i = 1, ..., m;$$

$$z_j = b_j\lambda, \qquad j = m+1, ..., m+n.$$

Netto ergibt sich demnach bei einem Prozeßniveau $\lambda = 1$ ein Output der Objektart 0, der dem um den Inputkoeffizienten a_0 verminderten Outputkoeffizienten b_0 entspricht. Folglich hat für $b_0 > a_0$ ein elementarer Prozeß mit Zyklus einer Outputart die gleiche Außenwirkung wie ein anderer elementarer Prozeß ohne diesen Zyklus, bei dem der Outputkoeffizient dem Netto-Outputkoeffizienten des Zyklus entspricht: $\tilde{b}_0 = b_0 - a_0$. Letzterer ist in der Abb. 16.2b dargestellt. Für $b_0 < a_0$ würde es sich bei Objektart 0 netto um einen Input handeln.

Beispiel 16.1: ☐

In der Abb. 1.5 ist die vereinfachte Stoffbilanz eines Müllpyrolysereaktors dargestellt. Dabei werden aus 1000 kg Hausmüll u.a. durchschnittlich 638 kg Pyrolysegas gewonnen, allerdings nur brutto, da ein Teil des Gases, nämlich 484 kg, dem Reaktor als Brennstoff zugeführt wird. Bei einer vollständigen Stoffbilanz müssen auf der Outputseite noch die hauptsächlich gasförmigen Verbrennungsrückstände des Pyrolysegases aufgeführt werden. Sieht man von der Startphase des Prozesses ab, bei der dem Reaktor anfänglich ein anderer Brennstoff zugeführt werden muß, z.B. Erdgas, so ergibt sich im eingeschwungenen Zustand der in Abb. 16.3a dargestellte Prozeß, der der Einfachheit halber als elementar angenommen und für den die Pyrolysegasrückstände (RS) nur pauschal berücksichtigt wurden. Netto entspricht der Prozeß mit Zyklus dann dem in Abb. 16.3b dargestellten Prozeß ohne Zyklus und damit der folgenden Basisaktivität (vgl. Bsp. 11.5a):

(−1000, 154, 270, 26, 58, 8, 484). ∎

Ein weiteres Beispiel für eine Wiederverwertung mit $b_0 > a_0$ ist Glas, von dem je hergestellter Tonne ein Bruchteil (im wörtlichen Sinne) von γ Tonnen ($0 < \gamma < 1$) dem Schmelzprozeß wieder zugeführt werden muß, um ihn zu stabilisieren. Die erste Gleichung des obigen Mengenmodells gewinnt dadurch folgende Gestalt:

$$z_0 = y_0 - x_0 = (1-\gamma)b_0\lambda = \tilde{b}_0\lambda$$

Hängt die Bewertung der Produktion von den Objektquantitäten ab, im einfachsten Fall durch Multiplikation der Quantitäten mit einem konstanten Objektpreis, so läßt sich aus dem Mengenmodell unmittelbar ein zugehöriges Wertmodell ableiten. Dadurch daß das Mengenmodell sich über den Nettokoeffizienten auf die in §12 behandelten elementaren Typen zurückführen läßt − wie auch Abb. 16.2 demonstriert −, erübrigt sich eine weitere Analyse an dieser Stelle.

§16 Zyklische Technologien

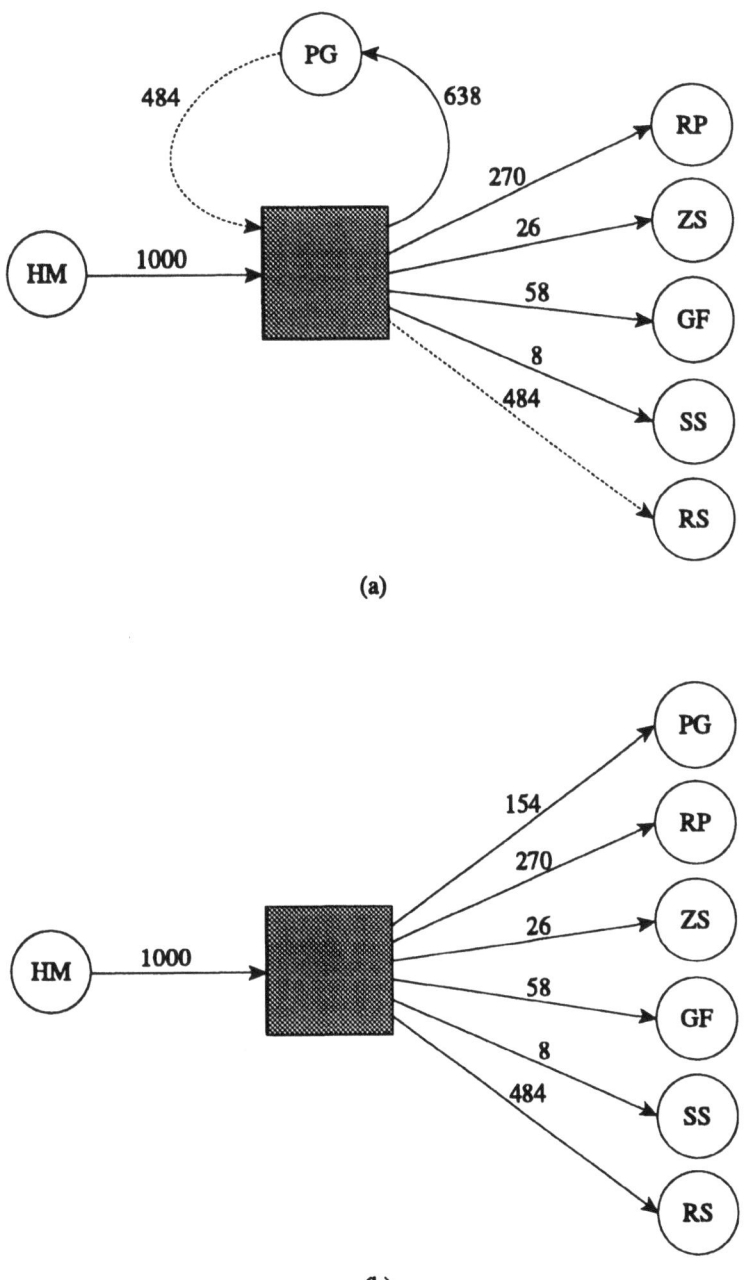

Abb. 16.3: I/O-Graph eines Müllpyrolysereaktors: (a) mit Recycling und (b) saldiert

16.2.2 Kombinative Prozesse

Kombinative einstufige Prozesse verschiedener Strukturtypen resultieren aus der Kombination elementarer Prozesse (§§13-14). An einem Beispiel sei in diesem Abschnitt demonstriert, wie sich solche Prozesse zu zyklischen Technologien erweitern lassen.

Beispiel 16.2: ❑

Der I/O-Graph der Abb. 16.4a beschreibt eine Produktion mit vier elementaren Prozessen $\rho \in \{1, 2, 3, 4\}$ und drei Objektarten: einem originären Input 1, einem Endoutput 3 sowie einem Input 2 mit einem einstufigen Zyklus für jeden der vier elementaren Prozesse. Es gilt aufgrund der im Graphen angegebenen Input- und Outputkoeffizienten:

$$x_1 \phantom{+ 0{,}2\lambda^1 + 0{,}47\lambda^2 + 0{,}73\lambda^3 + \lambda^4} = 4\lambda^1 + 5\lambda^2 + 8\lambda^3 + 13\lambda^4$$

$$x_2 + 0{,}2\lambda^1 + 0{,}47\lambda^2 + 0{,}73\lambda^3 + \lambda^4 = 9{,}75\lambda^1 + 6\lambda^2 + 3{,}75\lambda^3 + 3\lambda^4$$

$$\lambda^1 + \lambda^2 + \lambda^3 + \lambda^4 = y_3$$

oder nach Umformung:

$$x_1 = 4\lambda^1 + 5\lambda^2 + 8\lambda^3 + 13\lambda^4$$

$$x_2 = 9{,}55\lambda^1 + 5{,}53\lambda^2 + 3{,}02\lambda^3 + 2\lambda^4$$

$$\lambda^1 + \lambda^2 + \lambda^3 + \lambda^4 = y_3$$

Dieser saldierten algebraischen Darstellung entspricht der I/O-Graph der Abb. 16.4b, der damit einem gewöhnlichen Prozeß der Outputherstellung mit Verfahrenswahl gemäß §13.4 gleicht. Gegenüber den ursprünglichen Werten führt das Recycling zu einer Verringerung der Inputkoeffizienten und somit zu Einsparungen beim Verbrauch des Input 2. Bei Preisen $c_1 = 10$ und $c_2 = 2,5$ für den Primärinput würden sich ohne das Recycling folgende verfahrensspezifischen Stückkosten des Produktes 3 ergeben:

(64,375; 65,0; 89,375; 137,5)

Am billigsten wäre danach das erste Verfahren. Unter Berücksichtigung der Verbrauchsminderung des Recycling verändern sich die Stückkosten:

(63,875; 63,825; 87,55; 135,0)

Das zweite Verfahren ist nunmehr kostengünstiger als das erste. Fallen allerdings beim Recycling noch 3,6 Geldeinheiten je Zwischenprodukteinheit an, so erhält man letztlich folgende verfahrensspezifischen Stückkosten k_3^ρ des Endprodukts:

(64,595; 65,517; 90,178; 138,6)

Tatsächlich ist also der erste elementare Prozeß stückkostenminimal, und er wird als einziger verwendet, solange keine Nebenbedingungen die Produktion restringieren. Eine Beschränkung des Primärinput 2 durch $x_2 \leq 4700$ erlaubt die Herstellung von maximal 4700/9,55 = 492,15 Einheiten des Produktes 3 mit dem ersten Prozeß, so daß bei weiterer Produktionsausweitung auf das zweite Verfahren ausgewichen werden muß, mit dem maximal 849,91 Produkteinheiten erzeugt werden können. Weitere Überlegungen können im Prinzip vollkommen analog zu denen der Verfahrenswahl bei der Outputherstellung ohne Zyklen angestellt werden (vgl. Bsp. 16.3 sowie §13.4 und *Dinkelbach/Piro 1989*). ∎

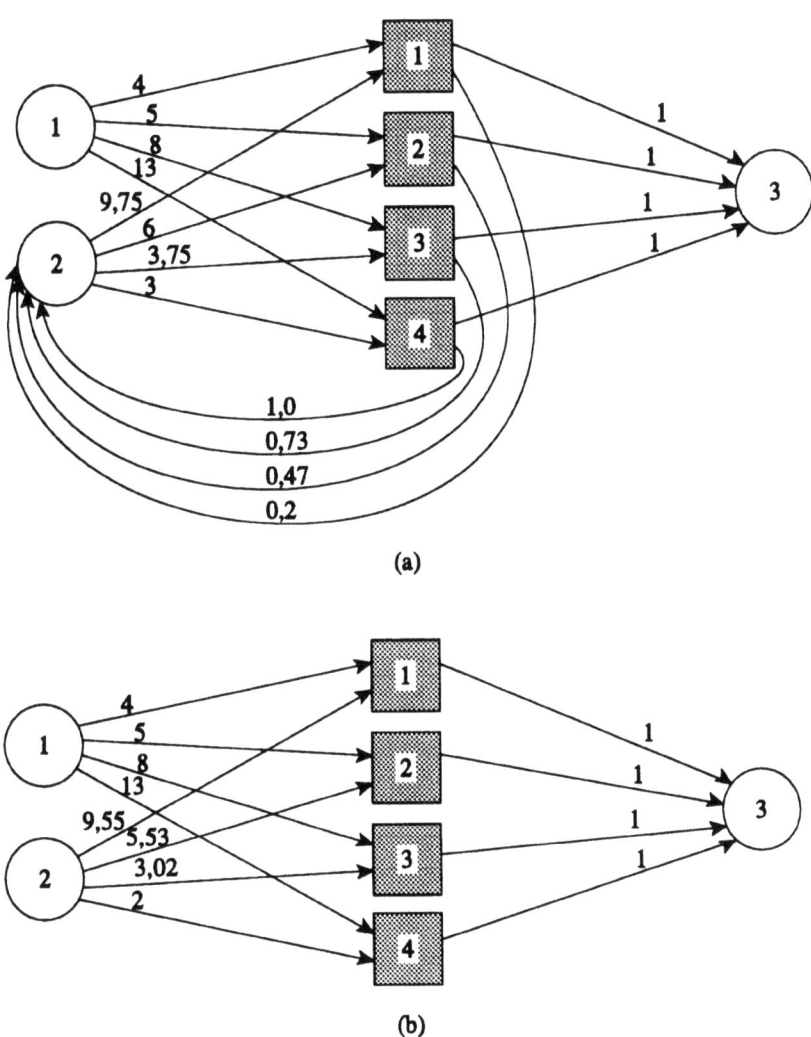

Abb. 16.4: Verfahrenswahl: (a) mit Recycling und (b) saldiert

16.3 Mehrstufige Zyklen

Mehrstufige Zyklen können nur in mehrstufigen Technologien vorkommen, dort jedoch in Verbindung mit allen möglichen Strukturtypen. Wie schon zuvor soll sich die Untersuchung hier nur auf einige exemplarische Fälle beschränken.

16.3.1 Endliche Verfahrenswahl

Falls in mehreren Prozessen dieselben Input- und Outputarten auftreten, können durch Prozeßsubstitution deren Quantitäten in der Regel variiert werden. Wie das Beispiel 16.2 gezeigt hat, wird im allgemeinen die Vorteilhaftigkeit der einzelnen Prozesse durch die Einführung von Zyklen beeinflußt. Das gilt auch für mehrstufige Zyklen.

Beispiel 16.3 (vgl. *Dinkelbach/Piro 1989*, Bsp. 2): ❑

Der I/O-Graph der Abb. 16.5 beschreibt eine zweistufige Produktion mit fünf elementaren Verfahren $\rho \in \{1, 2, 3, 4, 5\}$ und fünf Objektarten: einem originären Input (1), zwei Endoutputarten (3 und 5) sowie zwei derivativen Arten (2 und 4), von denen eine (4) ein reiner Throughput ohne Außenwirkungen ist. In der Wertschätzung des Produzenten sind 1 und 2 Faktoren, 3 das Hauptprodukt, 4 ein Übel und 5 ein Nebenprodukt, das noch erwünscht ist. Das Übel ist bezüglich der ersten Produktionsstufe ein Abprodukt und bezüglich der zweiten ein Redukt. In der Tat ist die zweite Stufe notwendig, um das Übel zu überarbeiten und so in eine Qualität zu bringen, die es zum einen erlaubt, es als homogen zu Faktor 2 anzusehen, und zum zweiten einen teilweisen Verkauf ermöglicht.

Dabei ist dem Produzenten exogen vorgegeben, 40% des überarbeiteten Zwischenprodukts 4 zu rezyklieren und 60% zu verkaufen. Der I/O-Graph entspricht folgendem algebraischen Modell:

$$
\begin{aligned}
x_1 &= 4\lambda^1 + 5\lambda^2 + 8\lambda^3 + 13\lambda^4 \\
x_2 + 0{,}4\lambda^5 &= 9{,}75\lambda^1 + 6\lambda^2 + 3{,}75\lambda^3 + 3\lambda^4 \\
\lambda^1 + \lambda^2 + \lambda^3 + \lambda^4 &= y_3 \\
0{,}5\lambda^1 + 1{,}166\lambda^2 + 1{,}833\lambda^3 + 2{,}5\lambda^4 &= \lambda^5 \\
0{,}6\lambda^5 &= y_5
\end{aligned}
$$

Da durch die Festlegung der vier elementaren Prozesse auf der ersten Stufe der fünfte Prozeß determiniert ist, kann er aus dem Modell eliminiert werden (einige Koeffizienten gerundet):

$$
\begin{aligned}
x_1 &= 4\lambda^1 + 5\lambda^2 + 8\lambda^3 + 13\lambda^4 \\
x_2 + 0{,}2\lambda^1 + 0{,}47\lambda^2 + 0{,}73\lambda^3 + \lambda^4 &= 9{,}75\lambda^1 + 6\lambda^2 + 3{,}75\lambda^3 + 3\lambda^4 \\
\lambda^1 + \lambda^2 + \lambda^3 + \lambda^4 &= y_3 \\
0{,}3\lambda^1 + 0{,}7\lambda^2 + 1{,}1\lambda^3 + 1{,}5\lambda^4 &= y_5
\end{aligned}
$$

Die drei ersten Gleichungen sind identisch mit den nicht saldierten des Beispiels 16.2. Demnach sind die zweistufigen Zyklen auf die einstufigen Zyklen des früheren Beispiels zurückgeführt. Die Abb. 16.4 braucht nur um die Objektart 5 und die zugehörigen Outputkoeffizienten ergänzt zu werden, um grafisch das vorstehende Mengenmodell zu repräsentieren. Im nächsten Schritt können dann auch die einstufigen Zyklen eliminiert werden.

Die vereinfachten Mengenmodelle sind zwar einerseits für Berechnungen der Objektströme leichter handhabbar, andererseits jedoch weniger für die Ableitung des Wertmodells geeignet. Zur Aufstellung des Wertmodells ist es am besten, diejenige Formulierung der Mengenbeziehungen zugrundezulegen, die dem realen Prozeß und den damit in Verbindung stehenden Bewertungsaspekten am ehesten entspricht. Für ökonomische Werte sollten das nach Möglichkeit die in unmittelbarem Bezug zu Zahlungen stehenden Vorgänge sein (im Sinne der „Grundrechnung" nach *Schmalenbach 1925* bzw. *Riebel 1990*).

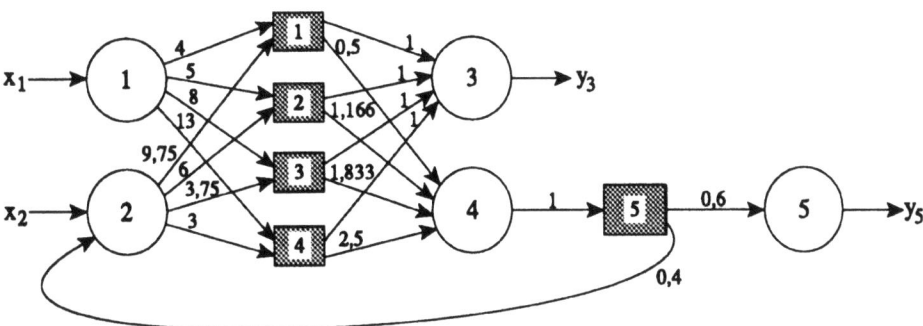

Abb. 16.5: Zweistufiger Zyklus bei endlicher Verfahrenswahl

Im Beispiel seien wieder die Faktorpreise $c_1 = 10$ und $c_2 = 2,5$ sowie die Überarbeitungskosten $c_4 = c^5 = 3,6$ für das Nebenprodukt angenommen. Die Produkte haben folgende Verkaufspreise: $e_3 = 185$ und $e_5 = 2,2$. Daraus folgt für den gesamten Deckungsbeitrag:

$$
\begin{aligned}
w &= 185 y_3 + 2,2 y_5 - 10 x_1 - 2,5 x_2 - 3,6 \lambda^5 \\
&= (185 + 2,2 \cdot 0,3 - 10 \cdot 4 - 2,5 \cdot 9,55 - 3,6 \cdot 0,5) \cdot \lambda^1 \\
&+ (185 + 2,2 \cdot 0,7 - 10 \cdot 5 - 2,5 \cdot 5,53 - 3,6 \cdot 1,166) \cdot \lambda^2 \\
&+ (185 + 2,2 \cdot 1,1 - 10 \cdot 8 - 2,5 \cdot 3,02 - 3,6 \cdot 1,833) \cdot \lambda^3 \\
&+ (185 + 2,2 \cdot 1,5 - 10 \cdot 13 - 2,5 \cdot 2,0 - 3,6 \cdot 2,5) \cdot \lambda^4 \\
&= 119,99 \lambda^1 + 118,52 \lambda^2 + 93,27 \lambda^3 + 44,30 \lambda^4
\end{aligned}
$$

Die spezifischen Deckungsbeiträge der vier elementaren Prozesse der ersten Produktionsstufe stimmen mit den prozeßspezifischen Deckungsbeiträgen des Hauptprodukts überein. Sie enthalten die Überarbeitungskosten sowie die Verkaufserlöse des Nebenprodukts. Die Vorgehensweise, Kosten und Erlöse von Nebenprodukten auf das (einzige!) Hauptprodukt zuzurechnen, wird *Restwertkalkulation* genannt. Den höchsten Deckungsbeitrag erwirtschaftet das erste Verfahren, das allenfalls wegen einschränkender Produktionsnebenbedingungen nicht realisiert wird.

Unter den folgenden Restriktionen

$$x_1 \leq 8000, \quad x_2 \leq 4700, \quad y_3 \geq 250, \quad \lambda^5 \leq 1703$$

sowie den notwendigen Nichtnegativitätsbedingungen ist es optimal, $y_3 = 1120$ Produkteinheiten herzustellen; bei Fixkosten in Höhe von $K^f = 50000$ beträgt der maximale Gewinn 67710 Geldeinheiten (*Dinkelbach/Piro 1989*, S. 478). ∎

16.3.2 Unendliche Verfahrenswahl

Durch internes Recycling kann Primärinput eingespart bzw. bei beschränktem Primärinput der Primäroutput vergrößert werden, sofern nicht die Einsparungen durch Aufwendungen für die zusätzlichen Prozesse wieder aufgewogen werden. Zusätzlich besteht die Möglichkeit, den Primäroutput von Abprodukten durch das interne Recycling zu senken. Hierdurch ließe sich die Produktion immer dann ausdehnen, wenn der Abproduktanfall (etwa durch Emissionsgrenzwerte) beschränkt wird. Bildet Recycling nur eine Option, die nicht zwingend wahrgenommen werden muß, so wird dadurch generell der Handlungsspielraum des Produzenten vergrößert.

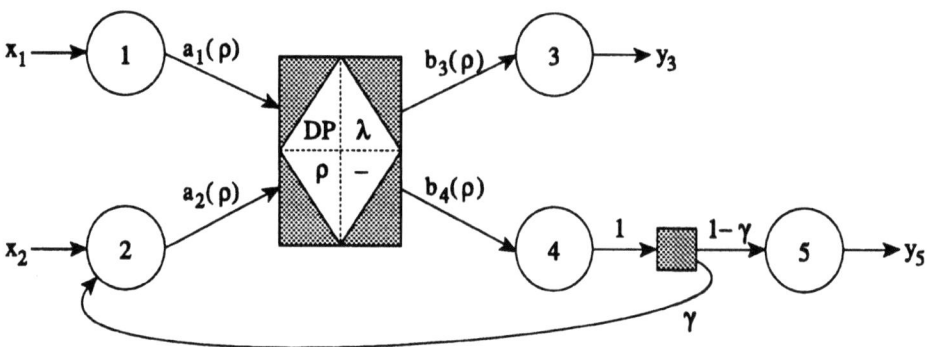

Abb. 16.6: Gutenberg-Technologie mit zweistufigem Zyklus

Beispiel 16.4 (vgl. *Dinkelbach/Piro 1990*, Bsp. 2): ❑
Die in Abb. 16.6 dargestellte zyklische Technologie besitzt denselben Verflechtungsgraph wie die des vorausgehenden Beispiels in Abb. 16.5. Der wesentliche Unterschied besteht in der Anzahl der verfügbaren elementaren Prozesse, um die Faktoren 1 und 2 in das Hauptprodukt 3 und das Abprodukt 4 zu transformieren. Es handelt sich nämlich nunmehr um eine Gutenberg-Technologie mit der Intensität ρ als Parameter.

Das Mengenmodell (ohne Intensitätssplitting) lautet:

$$x_1 = a_1(\rho) \cdot \lambda \qquad b_3(\rho) \cdot \lambda = y_3$$

$$x_2 + \gamma \cdot b_4(\rho) \cdot \lambda = a_2(\rho) \cdot \lambda \qquad (1-\gamma) \cdot b_4(\rho) \cdot \lambda = y_5$$

Dabei sind folgende zeitspezifischen Input- und Outputfunktionen unterstellt:

$$a_1(\rho) = [0{,}04 \cdot (\rho - 15)^2 + 4] \cdot \rho \qquad b_3(\rho) = \rho$$

$$a_2(\rho) = [0{,}03 \cdot (\rho - 30)^2 + 3] \cdot \rho \qquad b_4(\rho) = [0{,}12 \cdot (\rho - 7{,}5)] \cdot \rho$$

§16 Zyklische Technologien

Es gelten verschiedene Produktionsrestriktionen:

$x_1 \leq 6000$; $x_2 \leq 4700$; $y_3 \geq 250$; $v_4 = b_4\lambda \leq 2805$;

$10 \leq \lambda \leq 42{,}5$; $10 \leq \rho \leq 30$.

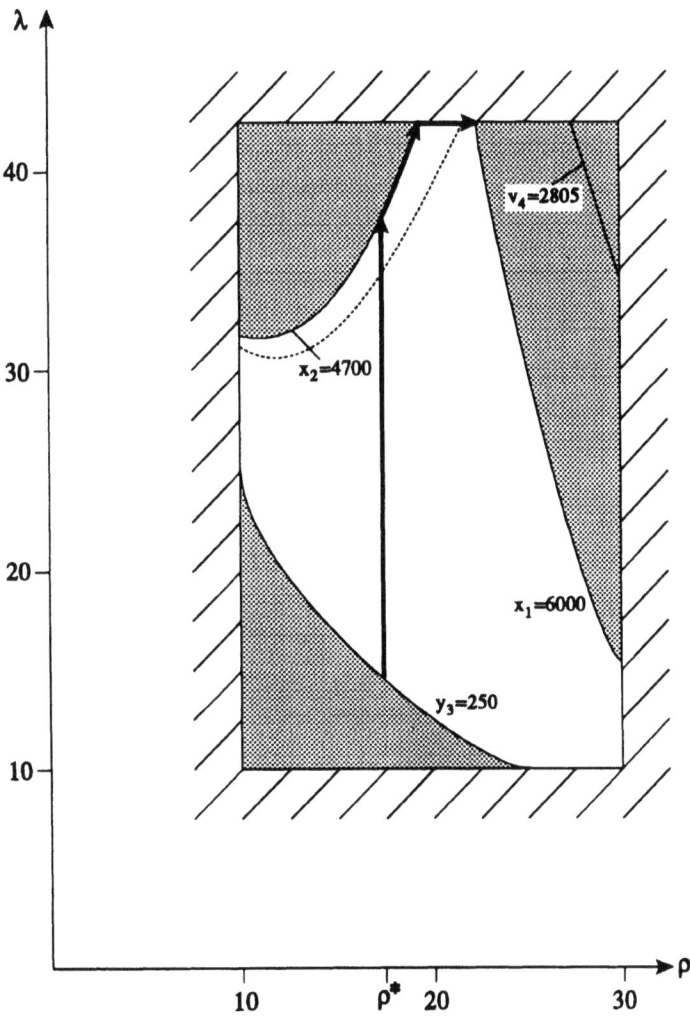

Abb. 16.7: Zeit-Intensität-Diagramm

Aufgrund des Verlaufes der Input- und Outputfunktionen läßt sich wie in §14.4.3 ableiten, daß ein Intensitätssplitting nicht in Betracht kommt. Damit sind durch die Festlegung der Produktionsdauer λ und der Intensität ρ alle Objektquantitäten eindeutig bestimmt, und es bietet sich an, die zulässigen Kombinationen dieser Einflußgrößen in einem zweidimensionalen Diagramm wie in der Abb. 16.7 darzustellen (vgl. *Dinkelbach/Piro 1990*, S. 701).

Das Innere des Rechtecks beschreibt alle Zeit-Intensität-Kombinationen (λ, ρ), die zwischen dem jeweiligen Minimal- und Maximalwert liegen (außerdem ist prinzipiell noch der Stillstand mittels der Kombination $(0,0)$ möglich). Dieser Bereich wird durch die anderen obigen Restriktionen weiter auf die weiße Fläche eingeschränkt, wobei die Beschränkung der Überarbeitungskapazität ($v_4 \leq 2805$) redundant ist, da sie gegenüber der Restriktion für Faktor 1 ($x_1 \leq 6000$) zu keiner schärferen Begrenzung führt. Die gestrichelte Linie oben links deutet den Verlauf der Kapazitätsrestriktion des Faktors 2 ($x_2 \leq 4700$) an, wenn das Nebenprodukt nicht rezykliert würde. Daraus erkennt man einen *Kapazitätserweiterungseffekt* des Recycling.

Im Unterschied zu Beispiel 16.3 wird angenommen, daß für den nicht rezyklierten Teil des überarbeiteten Nebenprodukts (y_5) keine Erlöse, aber auch keine Entsorgungsaufwendungen anfallen; er wird daher vom Produzenten als Beiprodukt eingestuft. Die Überarbeitungskosten betragen nun $c_4 = 1{,}45$ Geldeinheiten pro überarbeitete Einheit des Abprodukts 4. Die anderen Werte bleiben gegenüber dem Beispiel 16.3 unverändert: $c_1 = 10$, $c_2 = 2{,}5$, $e_3 = 185$, $K^f = 50000$. Daraus ergibt sich die folgende Gewinnfunktion:

$$w = e_3 y_3 - c_1 x_1 - c_2 x_2 - c_4 b_4 \lambda - K^f = d_3 y_3 - K^f$$

mit einem Stückdeckungsbeitrag $d_3(\rho) = e_3 - k_3(\rho)$ des Hauptproduktes ($y_3 = \rho \lambda$), der nur von der Intensität abhängt:

$$k_3 = [c_1 a_1 + c_2 (a_2 - \gamma b_4) + c_4 b_4] / \rho = [10 a_1 + 2{,}5 a_2 + (1{,}45 - 2{,}5\gamma) b_4] / \rho$$

$$= 0{,}475 \rho^2 - 16{,}476 \rho + 204{,}82$$

(Ohne Recycling würde gelten: $k_3 = 0{,}475 \rho^2 - 16{,}5 \rho + 205$; vgl. *Dinkelbach/Piro 1990*, S. 701.)

Diejenige Intensität, für die die variablen Stückkosten k_3 minimal sind, erhält man über die Nullsetzung der ersten Ableitung zu $\rho^* = 17{,}34$ mit $k_3 = 61{,}95$. Wegen $y_3 = \rho \lambda$ sind die Produktisoquanten im Zeit-Intensität-Diagramm Hyperbeln, von denen eine, nämlich die für $y_3 = 250$, im Rechteck der Abb. 16.7 eingezeichnet ist. Für die Herstellung der minimalen Hauptproduktquantität mittels der stückkostenminimalen Intensität wird eine Dauer von $\lambda = 14{,}42$ benötigt. Eine Steigerung der Hauptproduktquantität erfolgt solange wie möglich durch rein zeitliche Anpassung. Daraus ergibt sich im Zeit-Intensität-Diagramm der Abb. 16.7 der zunächst senkrecht nach oben verlaufende *Expansionspfad*, bis er auf die Kapazitätsschranke für Faktor 2 stößt ($\rho = 17{,}34$, $\lambda = 37{,}55$, $y_3 = 651$). Ab diesem Punkt erfolgt eine simultane zeitliche und intensitätsmäßige Anpassung, bis die Produktionsdauer ihre obere Grenze erreicht ($\rho = 19{,}29$, $\lambda = 42{,}5$, $y_3 = 819$). Nunmehr ist nur noch eine rein intensitätsmäßige Anpassung zulässig, bis auch sie auf die Kapazitätsgrenze des Faktors 1 stößt ($\rho = 22{,}52$, $\lambda = 42{,}5$, $y_3 = 957$) und die Produktion nicht weiter gesteigert werden kann. Aus der gestrichelten Kurve im Diagramm wird deutlich, daß ohne Recycling die rein zeitliche Anpassung früher an ihre Grenze stoßen würde und damit früher auf die teurere intensitätsmäßige Anpassung ausgewichen werden müßte. Das Produktionsmaximum selber ist vom Recycling hier nicht betroffen.

Während der rein zeitlichen Anpassung bleiben die variablen Stückkosten des Hauptprodukts konstant und liegen unterhalb des Erlöses, so daß der Stückdeckungsbeitrag positiv ist: $d_3 = 185 - 61{,}95 = 123{,}05$. Eine Produktionssteigerung lohnt sich. Die *Gewinnschwelle* („*break-even-point*"), ab der der Deckungsbeitrag die Fixkosten übersteigt, liegt bei $y_3 = 50000/123{,}05 \approx 406$ Einheiten des Hauptproduktes, d.h. noch im Bereich der rein zeitlichen Anpassung. Der maximale Gewinn wird erreicht, wenn der Grenzgewinn gleich Null ist oder zuvor eine Kapazitätsschranke eine weitere Erhöhung der Produktion verhindert. Eine genauere Analyse führt zu dem Ergebnis, daß das Gewinnmaximum in diesem Fall fast mit dem Produktionsmaximum zusammenfällt: $y_3 = 956$ mit $w = 55590$. ∎

16.3.3 Starre Produktion

In den Beispielen 16.3 und 16.4 führt die Kombination elementarer Prozesse sowohl zu Substitutionsmöglichkeiten bei den Faktoren wie auch zur Beeinflussung der Quantität des Abproduktes. Ursache hierfür ist die „Parallelschaltung" einiger elementarer Prozesse. Bei reiner „Serienschaltung" unterscheiden sich Input- und Outputarten der einzelnen Prozesse, so daß Veränderungen des Niveaus eines Prozesses sich zwangsläufig auf die Quantitäten aller beteiligten Objektarten auswirken und nicht durch Variation des Niveaus anderer Prozesse abgefangen werden können (vgl. zu Variabilität und Kompensation §§8.2-4).

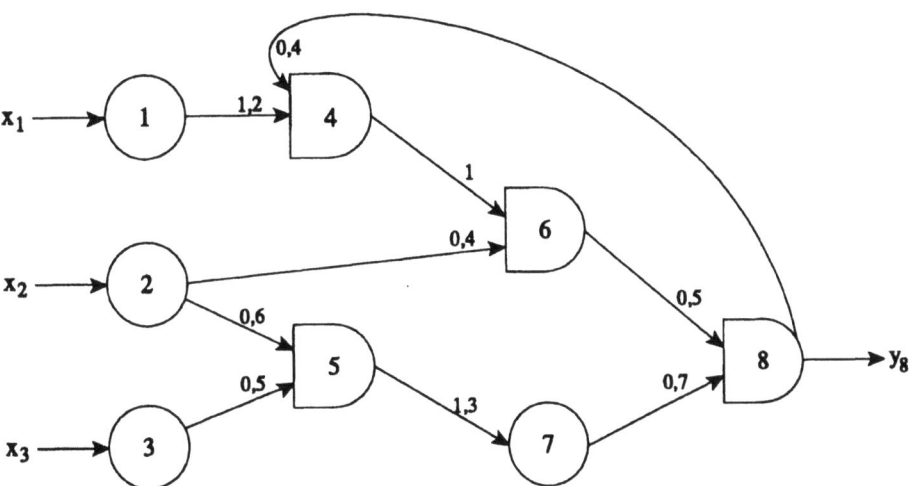

Abb. 16.8: Mehrstufige inputlimitationale Produktion mit Zyklus

Beispiel 16.5 (*Müller-Merbach 1981*, S. 87ff.): ☐
Bei chemischen Prozessen liegen häufig starre - oder zumindest annähernd starre - Rezepturen vor, so auch im Beispiel der Abb. 16.8. Es handelt sich um eine dreistufige Technologie mit einem dreistufigen Zyklus der Objektarten 4, 6 und 8, wobei 8 als einzige einen Primäroutput aufweist (Verkaufsprodukt). Umgekehrt existiert nur für die originären Outputarten 1, 2 und 3

Primärinput (Rohstoffe). Die Zwischenoutputarten 4 bis 7 sind demnach reine Throughputarten. Die Konstruktion des Mengenmodells wird durch den Zyklus nicht prinzipiell erschwert. Mit etwas Übung lassen sich unmittelbar folgende Beziehungen formulieren:

$x_1 = v_1 = 1{,}2v_4$

$x_2 = v_2 = 0{,}6v_5 + 0{,}4v_6$

$x_3 = v_3 = 0{,}5v_5$

$v_4 = v_6$

$v_5 = 1{,}3v_7$

$v_6 = 0{,}5v_8$

$v_7 = 0{,}7v_8$

$v_8 = 0{,}4v_4 + y_8$

Im Unterschied zu den mehrstufigen Leontief-Technologien ohne Zyklen in §15.2.2 ergeben sich hier jedoch Komplikationen bei den Rechenvorgängen. Ist etwa ein Primärbedarf $y_8 = 800$ exogen vorgegeben, so kann nicht mehr einfach über eine rekursive Berechnung der Objektquantitäten „von hinten nach vorne", d.h. rückwärts von der höchsten zur niedrigsten Produktionsstufe der Sekundär- und letztlich der Nettobedarf der originären Faktoren ermittelt werden (Rückwärtsrekursion). Vielmehr muß ein simultanes Gleichungssystem gelöst werden. Formal kommt dies bei der vektoriellen Darstellung der obigen Gleichungen durch eine Direktbedarfsmatrix A zum Ausdruck, die keine obere Dreiecksmatrix mehr ist und deren Technologische Matrix $I-A$ deshalb grundsätzlich schwieriger zu invertieren ist:

$$A = \begin{pmatrix} 0 & 0 & 0 & 1{,}2 & 0 & 0 & 0 & 0 \\ 0 & 0 & 0 & 0 & 0{,}6 & 0{,}4 & 0 & 0 \\ 0 & 0 & 0 & 0 & 0{,}5 & 0 & 0 & 0 \\ 0 & 0 & 0 & 0 & 0 & 1 & 0 & 0 \\ 0 & 0 & 0 & 0 & 0 & 0 & 1{,}3 & 0 \\ 0 & 0 & 0 & 0 & 0 & 0 & 0 & 0{,}5 \\ 0 & 0 & 0 & 0 & 0 & 0 & 0 & 0{,}7 \\ 0 & 0 & 0 & 0{,}4 & 0 & 0 & 0 & 0 \end{pmatrix}$$

Andererseits ist die Invertierung selbst großer Matrizen mit Tausenden von Zeilen und Spalten unter den heute gegebenen Bedingungen mit Hilfe eines geeigneten Computers kein praktisches Problem mehr, sofern - wie bei realen Produktionsstrukturen üblich - die Matrix viele Nullen enthält, d.h. dünn besetzt ist. Zur Not gibt es auch Näherungsverfahren (vgl. die gängigen Lehrbücher zur Wirtschaftsmathematik sowie die Hinweise bei *Müller-Merbach 1981*, S. 89). Ohne dies hier vorzuführen, sei eine Auflösung des obigen Gleichungssystems für die drei originären Faktoren - und damit ein Ausschnitt der Gesamtbedarfsmatrix - angegeben:

§16 Zyklische Technologien

$$x_1 = y_1 + 1{,}5y_4 + 1{,}5y_6 + 0{,}75y_8$$
$$x_2 = y_2 + 0{,}373y_4 + 0{,}6y_5 + 0{,}773y_6 + 0{,}78y_7 + 0{,}9325y_8$$
$$x_3 = y_3 + 0{,}2275y_4 + 0{,}5y_5 + 0{,}2275y_6 + 0{,}65y_7 + 0{,}56875y_8$$

Da Primäroutput hier nur für die Objektart 8 zulässig ist ($y_k = 0$ für $k = 1, ..., 7$; $y_8 = 800$), folgt: $x_1 = 600$, $x_2 = 746$ und $x_3 = 455$. (Daraus lassen sich mittels des I/O-Graphen leicht die anderen Durchsätze ableiten: $v_4 = 500$, $v_5 = 910$, $v_6 = 500$, $v_7 = 700$ und $v_8 = 1000$.)

Sind c_k Primärkostensätze (Preise) der acht Objektarten bzw. der zugeordneten elementaren Prozesse, so berechnen sich die variablen Stückkosten wie früher mittels eines zum Mengenmodell dualen Kostenmodells (auf der Basis der transponierten Direktbedarfsmatrix):

$$k_1 = c_1, \qquad k_2 = c_2, \qquad k_3 = c_3,$$
$$k_4 = c_4 + 1{,}2k_1 + 0{,}4k_8, \qquad k_5 = c_5 + 0{,}6k_2 + 0{,}5k_3,$$
$$k_6 = c_6 + 0{,}4k_2 + k_4, \qquad k_7 = c_7 + 1{,}3k_5,$$
$$k_8 = c_8 + 0{,}5k_6 + 0{,}7k_7$$

Mit $c_k = 0$ für $k = 4, ..., 8$ erhält man aufgelöst das folgende Gleichungssystem (auf der Basis eines Ausschnitts der transponierten Gesamtbedarfsmatrix):

$$k_4 = 1{,}5c_1 + 0{,}373c_2 + 0{,}2275c_3, \qquad k_5 = 0{,}6c_2 + 0{,}5c_3$$
$$k_6 = 1{,}5c_1 + 0{,}773c_2 + 0{,}2275c_3, \qquad k_7 = 0{,}78c_2 + 0{,}65c_3$$
$$k_8 = 0{,}75c_1 + 0{,}9325c_2 + 0{,}56875c_3$$

Für $c_1 = 50$, $c_2 = 25$ und $c_3 = 40$ haben die Zwischenprodukte folgende Stückkosten: $k_4 = 93{,}425$, $k_5 = 35$, $k_6 = 103{,}425$, $k_7 = 45{,}5$ und $k_8 = 83{,}5625$.

Wie schon in §15.2.2 ergeben sich die Gesamtkosten in identischer Höhe zum einen aus der Bewertung der abgeleiteten Primärinputquantitäten mit den vorgegebenen Faktorpreisen:

$$c_1x_1 + c_2x_2 + c_3x_3 = 50 \cdot 600 + 25 \cdot 746 + 40 \cdot 455 = 66850,$$

zum anderen aus der Bewertung des vorgegebenen Primärbedarfs mit den abgeleiteten Stückkosten:

$$k_8 y_8 = 83{,}5625 \cdot 800 = 66850. \qquad \blacksquare$$

Im Beispiel liegt eine zyklische, mehrstufige Leontief-Technologie vor. Mehrstufige, outputlimitationale Produktion mit Zyklen kann in prinzipiell gleicher Weise behandelt werden, wobei aufgrund der Spiegelbildlichkeit zu den Leontief-Technologien Input und Output vertauschte Rollen einnehmen (vgl. §15.3). Kuppelproduktion im weiten Sinn ist ein häufiger Grund für die Schaffung von Zyklen, indem so Nebenprodukte verwertet werden können.

16.4 Innerbetriebliche Leistungsverflechtung

Betrachtet man einen ganzen Betrieb als Produktionssystem, so wird traditionell der Güterstrom durch den Betrieb in drei Bereiche eingeteilt: den Beschaffungs- oder Einkaufsbereich, den Produktionsbereich im engeren Sinne sowie den Absatz- oder Vertriebsbereich. Beschaffungs- und Absatzbereich stellen den Kontakt zur Außenwelt her, indem sie dem Betrieb Primärinput beschaffen bzw. Primäroutput an die Kunden absetzen. Neben den eigentlichen Herstellungsprozessen gibt es demnach noch Beschaffungs- und Absatzaktivitäten sowie logistische Prozesse, die sie zeitlich und räumlich koppeln.

Sieht man von reinen Handelswaren ab, so wird es in der Regel in Industriebetrieben zwischen dem Beschaffungs- und dem Absatzbereich keine direkten Güterströme geben. Außerdem fließen die realen Güter vom Beschaffungs- zum Herstellungs- und von dort zum Absatzbereich (während man sich die monetären Ströme genau entgegengesetzt verlaufend denken kann). Zyklen innerhalb des Beschaffungs- und des Absatzbereichs seien im weiteren vernachlässigt. Innerhalb der drei Bereiche gibt es abgrenzbare Subsysteme, sogenannte *Stellen*, von denen vereinfachend angenommen wird, daß sie für die Beschaffung, die Herstellung bzw. den Absatz genau einer Güterart verantwortlich sind.

Beispiel 16.6 (vgl. *Schneeweiß 1992b*, S. 48): ❏
Die Abb. 16.9 stellt exemplarisch einen Verflechtungsgraphen mit vier Beschaffungs-, vier Herstellungs- und zwei Absatzstellen dar.

Nur zwei der vier hergestellten Güterarten werden in dem Beispiel abgesetzt, nämlich die Produkte 7 und 8. Für sie existieren Absatzstellen, deren Nummer zur Unterscheidung durch ein Apostroph gekennzeichnet ist. Der Durchsatz einer Absatzstelle j' entspricht dem Primärbedarf y_j. Umgekehrt gleicht der Durchsatz einer Beschaffungsstelle i dem Primärbezug x_i. Sekundärinput und -output treten annahmegemäß nur im Herstellungsbereich auf, ebenso Zyklen. Im Beispiel des Verflechtungsgraphen der Abb. 16.9 gibt es einen einstufigen (6) und einen dreistufigen Zyklus (6, 7, 8).

Die innere Verflechtung der Beschaffungs- und Herstellungsstellen sei exemplarisch für die drei Stellen 1, 6 und 8 formuliert, einmal für die Güter-, zum anderen für die Wertströme:

Güterströme: Wertströme:

$v_1 = v_{1,6} + v_{1,7}$ $k_1 = c_1$

⋮   ⋮

$v_6 = v_{6,6} + v_{6,7}$ $k_6 = c_6 + k_{6,1} + k_{6,2} + k_{6,3} + k_{6,6} + k_{6,8}$

⋮   ⋮

$v_8 = v_{8,6} \qquad + y_8$ $k_8 = c_8 + k_{8,4} + k_{8,5} + k_{8,7}$ ∎

Dabei bezeichnet v_{ij} denjenigen Teil des gesamten Durchsatzes von Güterart i, d.h. der Stelle i, der an die Stelle j geht. Umgekehrt kann man sich zu jedem Güterstrom (Pfeil) einen zugehörigen Wertstrom vorstellen, der wegen des hier unterstellten Gutscharakters der Objekte gegenläufig sein muß; er sei durch k_{ji} symbolisiert. Im obigen Beispiel sind außerdem Beschaffungspreise c_i der Faktoren $i = 1, ..., m$ (mit $m = 4$) und eventuelle

§16 Zyklische Technologien

primäre Herstellungskosten der Produkte $j = m+1, ..., m+n$ (mit $n = 4$) berücksichtigt, die zusammen mit den Sekundärkosten zu den Stückkosten der Objektart führen.

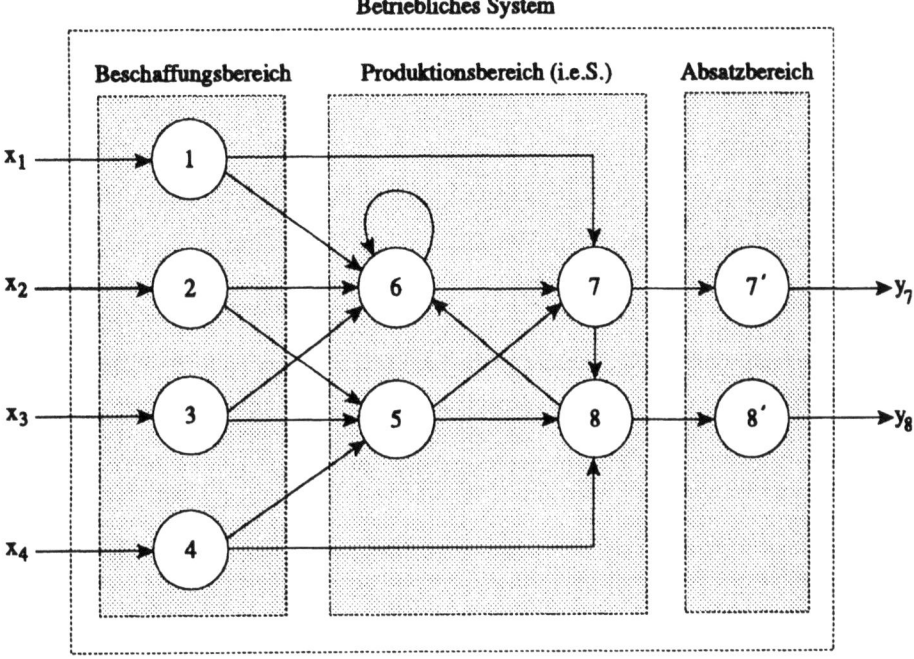

Abb. 16.9: Innerbetriebliche Verflechtungsstruktur

Allgemein lassen sich die Güterströme wie folgt beschreiben:

$$v_i = \sum_{j=m+1}^{m+n} v_{ij} + y_i, \quad i = 1, ..., m+n \quad \text{mit} \quad y_i = 0 \text{ für } i = 1, ..., m$$

Solange allerdings keine nähere Aussage über die zugrundeliegenden Produktionstypen gemacht werden, ist das Modell nicht vollständig.

Bei einer inputlimitationalen Technologie würde beispielsweise gelten (vgl. §15.2.2):

$$v_{ij} = a_{ij} \cdot v_j$$

Dabei beschreibt der Produktionskoeffizient a_{ii} als Direktbedarfskoeffizient den *Eigenbedarf* der Stelle i. Aus der Einsetzung der Beziehung für den Strom des Gutes i von Stelle i zu Stelle j in die obigen Gleichungen folgt das im vorangehenden Abschnitt behandelte mehrstufige Leontief-Modell mit Zyklen:

$$v_i = \sum_{j=m+1}^{m+n} a_{ij} v_j + y_i, \quad i = 1, ..., m+n, \quad \text{oder vektoriell:} \quad v = A \cdot v + y.$$

Eine von *Kloock* (*1969*) vorgeschlagene Verallgemeinerung erhält man, wenn die Produktionskoeffizienten nicht konstant sein müssen, sondern zugelassen wird, daß sie von anderen betrieblichen Einflußgrößen abhängen, etwa Intensitäten wie bei dem Gutenberg-Modell, aber auch Objektquantitäten anderer Produktionsstellen:

$$a_{ij} = a_{ij}(v_1, ..., v_{m+n}; \rho_1, ..., \rho_\chi; \sigma_1, ..., \sigma_\psi)$$

Mit dem *Kloock-Produktionsmodell* - auch „Produktionsfunktion vom Typ D" genannt - kann eine Fülle von - im allgemeinen auch nichtlinearen - Technologien in Form betrieblicher Input/Output-Modelle dargestellt werden, insbesondere das Gutenberg-Modell. Allerdings hängt die Direktbedarfsmatrix *A* dann auch von den genannten Einflußgrößen ab, so daß die zugehörige Technologische Matrix *I-A* nicht ohne weiteres sinnvoll invertiert werden kann, um zu einer Gesamtbedarfsmatrix zu kommen (vgl. *Schulz 1987*; S. 74ff.).

In der Literatur in diesem Zusammenhang des öfteren vorzufindende Formeln der Art $v = (I-A)^{-1} \cdot y$ führen so entweder in die Irre oder sind Leerformeln, auf die man besser verzichten sollte. Insbesondere sollte man sich dadurch nicht dazu verleiten lassen, das obige Modell „die allgemeine Produktionsfunktion der Unternehmung" zu nennen. Einschränkungen existieren besonders hinsichtlich Kuppelproduktion und Verfahrenswahl (vgl. *Schulz 1987*, S. 76 und 81).

16.5 Innerbetriebliche Leistungsverrechnung

Bleibt man bei der Betrachtung reiner Gütertechnologien, so entspricht die obige Einteilung der betrieblichen Struktur in Beschaffung, Herstellung und Absatz (vgl. Abb. 16.9) grob dem üblichen Aufbau der Kostenrechnung in Kostenartenrechnung, Kostenstellenrechnung und Kostenträgerrechnung. In der Kostenartenrechnung werden die Primärkosten der beschafften Faktoren ermittelt. In der Kostenträgerrechnung werden die Stück- oder Periodenkosten der abgesetzten Produkte abgeleitet. Dazwischen liegt die Kostenstellenrechnung, die ursprünglich mit Blick auf den Fertigungsbereich der Industriebetriebe zu dem Zweck entwickelt wurde, die Gemeinkosten der Produkte auf die Kostenstellen zu verteilen und sie danach mittels bestimmter Schlüsselgrößen auf die Produkte (letztlich aber doch mehr oder minder willkürlich) zuzurechnen.

Die Grundlage für die Verrechnung der Gemeinkosten bildet die gegenseitige Inanspruchnahme der verschiedenen Fertigungs- bzw. Kostenstellen hinsichtlich der von ihnen erstellten Güter. Der Einfachheit halber seien nur zwei Kostenstellen betrachtet, die gemäß Abb. 16.10 in einem Güteraustausch stehen.

Jede Stelle beliefert nicht nur sich selbst und die andere Stelle mit ihrem Gut und erhält umgekehrt deren Gut (v_{ij}); darüber hinaus liefert sie auch noch nach „außen" (y_i) bzw. empfängt von dort (C_i), wobei hier die von außen empfangene Leistung schon in Geldeinheiten bewertet und damit aggregiert ist. Der Durchsatz v_i entspricht dem gesamten Input bzw. Output der Stelle. Das Problem besteht darin, Preise k_i im Sinne von Stückkosten für die beiden Güterarten *i* zu bestimmen, die eine verursachungsgerechte Verrechnung der Leistungsverflechtungen und damit eine Überwälzung der Kosten des Input auf den Output erlauben.

In den üblichen Verfahren der Innerbetrieblichen Leistungsverrechnung wird implizit eine inputlimitationale Produktion unterstellt, wenn die abgeleiteten Verrechnungspreise in einem sinnvollen Verursachungszusammenhang mit den Gesamtleistungen der einzelnen Kostenstellen stehen sollen (vgl. *Müller-Merbach 1981*, S. 106). Analog zum früher abgeleiteten Leontief-Kostenmodell gilt:

$$k_i v_i = C_i + k_1 v_{1i} + k_2 v_{2i}, \qquad i \in \{1, 2\}$$

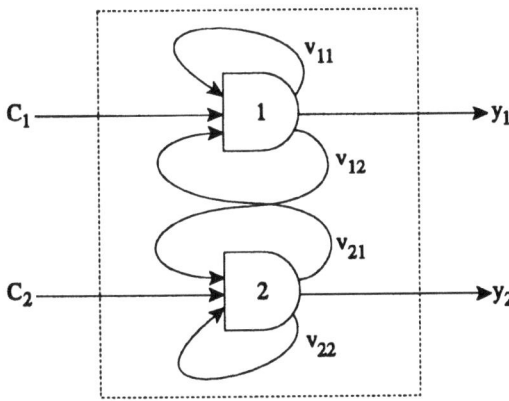

Abb. 16.10: Leistungsverflechtung zweier Kostenstellen

Beispiel 16.7 (*Müller-Merbach 1981*, S. 105f.): ❑
Gemäß der Abb. 16.10 seien für die Produktion einer Periode folgende Werte ermittelt worden:

$v_{11} = 50, \quad v_{12} = 200, \quad v_1 = 1000, \quad C_1 = 20000$

$v_{21} = 600, \quad v_{22} = 100, \quad v_2 = 2000, \quad C_2 = 49000$

Eingesetzt in die obigen beiden Gleichungen und aufgelöst ergeben sich die Kostensätze zu $k_1 = 40$ und $k_2 = 30$ (jeweils in Geldeinheiten je Gütereinheit). ∎

Die übliche Vorgehensweise der Kostenrechnung, aus den Faktorkosten die Produktkosten zu kalkulieren, die auch bei der Innerbetrieblichen Leistungsverrechnung deutlich wird, kann nur dann „verursachungsgerecht" sein, wenn (faktor-) limitationale Produktionsverhältnisse vorliegen (vgl. §13.2 und §15.2). Nur dann handelt es sich beim Faktoreinsatz um Einzelkosten des Produkts (vgl. §9.2). Gemeinkosten eines Produktes können definitionsgemäß niemals verursachungsgerecht dem Produkt zugerechnet werden. Allenfalls kann durch geeignete Wahl von Schlüsselungen über eng mit der Produktquantität in Relation stehende Einflußgrößen eine verursachungs**nahe** Kalkulation erreicht werden. Grundsätzlich ist für eine (ausgabenorientierte) ökonomische Bewertung soweit wie möglich der Ansatz *relativer Einzelkosten* anzustreben, d.h. solcher Ausgaben, die den im Modell auftretenden Bezugsobjekten direkt zurechenbar sind (vgl. *Riebel 1990*).

Literaturhinweise zu §16

Dinkelbach/Piro 1989, 1990; Kistner 1981; Kloock 1969; Müller-Merbach 1981; Schulz 1987; Zschocke 1974

Wichtige Begriffe und Aussagen in §16

Zyklus: ein- und mehrstufig; Zusammenhangs-/Verflechtungsgraph; (externes und internes) Recycling; Kapazitätserweiterungseffekt (des Recycling); Innerbetriebliche Leistungsverflechtung und -verrechnung; Kloock-Produktionsmodell

Wiederholungsfragen zu §16

1) Was versteht man unter einem Zyklus? Welcher Unterschied besteht zwischen einem Zyklus und einer Produktionskette?
2) Was läßt sich aus einem Verflechtungsgraph ablesen? Welcher Unterschied besteht zu einem I/O-Graph?
3) Welche Formen des Recycling gibt es?
4) Welche Vorteile können mit dem internen Recycling verbunden sein?
5) Welche Grundstruktur wird durch das Kloock-Produktionsmodell dargestellt? In welcher Beziehung steht dieses Modell zum Leontief-Modell?
6) Wie läßt sich die Innerbetriebliche Leistungsverrechnung darstellen?

Paragraph 17

Gemischttypige Technologien

Die in §§12-16 ausführlicher behandelten, im wesentlichen jeweils eintypigen Technologien sind im Grundsatz noch ziemlich übersichtlich strukturiert, wenngleich sie im Einzelfall nicht einfach handhabbar sind. Sie erfassen schon eine große Zahl realer Produktionsstrukturen, sofern die Grenzen des Produktionssystems nur eng genug gezogen sind. Andererseits sind betriebliche Produktionssysteme regelmäßig umfassender und enthalten solche eintypigen Strukturen dann nur als Sub- oder Teilsysteme. So mögen in einem Industriebetrieb Subsysteme wie einzelne Arbeitsplätze, Maschinen oder sogar Anlagen bzw. Teilsysteme wie der gesamte Materialfluß für gewisse Zwecke mittels eintypiger Technologien hinreichend beschrieben sein. Für die detaillierte Darstellung der Produktion größerer Einheiten, etwa Werken, ganzen Unternehmungen oder gar Konzernen, genügt dies bei betrieblich-mikroökonomischen Analysen aber nicht - anders als etwa bei volkswirtschaftlichen, insbesondere makroökonomischen Analysen, welche Unternehmen in Gestalt stark aggregierter, meist nichtlinearer Technologien quasi aus der Vogelperspektive beschreiben (vgl. die approximierte neoklassische Technologie der Abb. 11.3). In diesem Paragraphen wird exemplarisch anhand in der Literatur beschriebener Fälle gezeigt, daß die in §11 analysierten, allgemeinen statisch-deterministischen linearen Technologien auch eine Fülle komplexer Produktionsstrukturen beinhalten.

17.1 Begriffe, Darstellungsformen und Systemdenken

Unter *komplexen* linearen Technologien sollen pragmatisch alle solchen (statisch-deterministischen) linearen Technologien verstanden werden, die nicht zu den eintypigen und zyklenfreien Technologien gehören, die in den §§12-15 behandelt wurden. In der Literatur wird komplex üblicherweise mit zyklisch gleichgesetzt (*Kistner 1981*, S. 141, *Schulz 1987*, S. 36). Denkbar wäre es umgekehrt aber auch, den Begriff noch weiter zu fassen und etwa die nicht endlich generierbaren Technologien gemäß §14 oder sogar alle mehrstufigen gemäß §15 einzubeziehen (so in etwa *Müller-Merbach 1981*, S. 83).

Komplexe Technologien im hier benutzten Sinn sind also

- zyklisch oder
- gemischttypig

oder weisen beide Eigenschaften gleichzeitig und ggf. noch weitere Abweichungen von den in den §§12-15 behandelten Strukturtypen auf. Noch komplexer sind in der Regel nichtlineare, dynamische und stochastische Technologien (Kap. D). Der Begriff Komplexität bezieht sich dabei nicht allein auf die mathematischen, lösungstechnischen Schwierigkeiten (siehe dazu *Garey/Johnson 1979*), die eine bestimmte Produktionsstruktur bereitet, sondern ebenso auf die konzeptionellen und modellierungstechnischen Hürden.

Während man bei den zyklischen Technologien noch gewisse grundlegende Strukturtypen ausmachen kann (vgl. §16.1), sind die gemischttypigen Technologien - wie der Name schon andeutet - so vielgestaltig, daß allgemeine Modellformulierungen letztlich wieder denen des Paragraphen 11 gleichen. Allerdings ist es möglich, sie quasi aus den eintypigen Technologien konstruktiv zu synthetisieren (vgl. *Müller-Merbach 1981*).

Hilfreich für die Konstruktion von Modellen komplexer Technologien ist der Systemgedanke. Nach der Ausgrenzung des für eine bestimmte Fragestellung relevanten Produktionssystems und der Identifikation seiner Umweltbeziehungen (sowohl natürliche wie „künstliche" Umwelt) werden innerhalb des Produktionssystems relevante Sub- und Teilsysteme herausgeschält und diese schrittweise immer weiter detailliert, bis man auf bekannte Strukturen stößt.

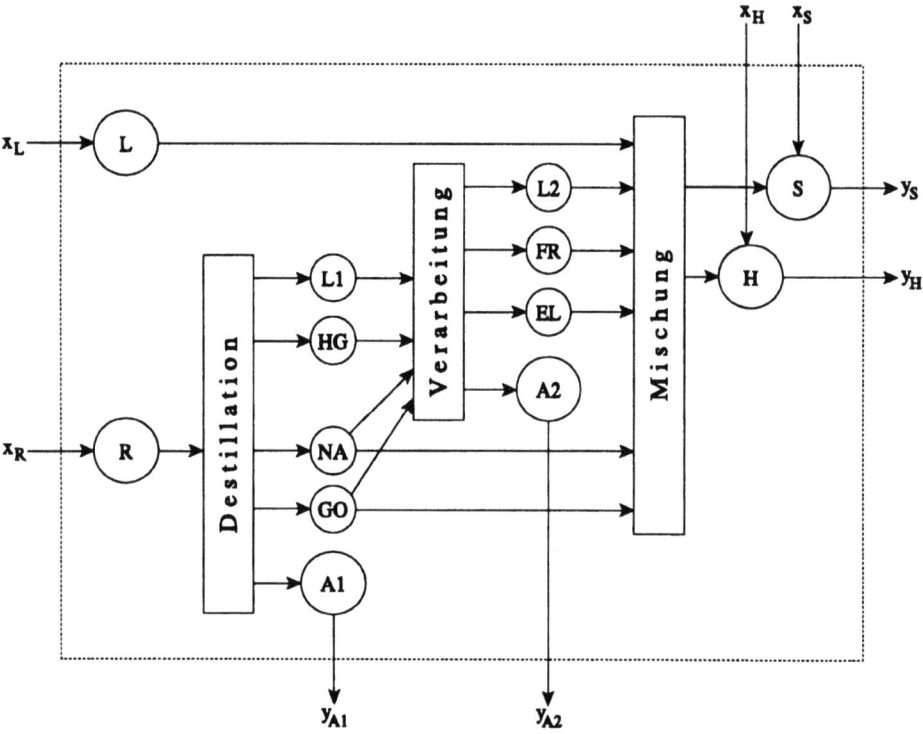

Abb. 17.1: Grobstruktur eines Raffineriebetriebes

Beispiel 17.1 (Fortsetzung von Bsp. 4.1): ◻
Für den Raffineriebetrieb der Abb. 4.2 sind Light-Gasoline (L) und Rohöl (R) reine Inputarten und die beiden Abfallsorten ($A1$, $A2$) reine Outputarten; Superbenzin (S) und leichtes Heizöl (H) sind hingegen - zumindest potentiell - intermediär, weil sowohl Primärinput wie auch Primäroutput möglich sind.

Bei der näheren Analyse der Produktionsstruktur des Raffineriebetriebs zeichnen sich drei Gruppen von Produktionsanlagen ab, die hintereinander „geschaltet" sind und somit zu

§17 Gemischttypige Technologien

verschiedenen Produktions(haupt)stufen gehören. Der I/O-Graph der Abb. 17.1 stellt das dar und detailliert damit denjenigen der Abb. 4.2 (vgl. *Czap 1982*, Bild 4).

Die Abb. 17.1 verschafft einen guten Überblick über die grobe Produktionsstruktur. Bei dem gewählten Detaillierungsgrad treten zu den sechs genannten Objektarten mit Primärinput oder Primäroutput, die im I/O-Graphen durch einen größeren Knoten gekennzeichnet sind, weitere sieben Objektarten, die reine Throughputarten ohne Außenverflechtungen sind: vier entstehen als Zwischenoutput auf der ersten, drei auf der zweiten Produktionsstufe; sie gehen als derivative Inputarten in die Produktion der zweiten und dritten Stufe ein. Die Anlagen bzw. Anlagengruppen der drei Stufen sind nur grob durch ihre Namen „Destillation", „Verarbeitung" und „Mischung" beschrieben. Man hat damit möglicherweise schon eine ungefähre Vorstellung von den in den Anlagen ablaufenden Prozessen. Um den Zusammenhang zwischen Input und Output der Anlagen präzise zu bestimmen, müssen sie jedoch nach dem gleichen Schema jeweils weiter analysiert werden. Hierauf und auf die Bedeutung der Throughputarten und Prozesse wird später näher eingegangen (Bsp. 17.2).

∎

Im Vergleich der Abb. 4.2 und 17.1 bildet der Raffineriebetrieb im ersten Fall einen undurchsichtigen Kasten, während im zweiten Fall die Produktionsstruktur zumindest grob deutlich wird. In I/O-Graphen werden Produktionssubsysteme, deren Produktionsstruktur (noch) unbekannt bzw. nicht weiter detailliert ist, generell als weiße Rechtecke mit durchgezogenen Rändern dargestellt (also „white box" anstelle der zeichentechnisch ungünstigeren „black box"). Der Rand eines Produktions(sub)systems, dessen innere Struktur offengelegt ist, wird demgegenüber nur gestrichelt angedeutet. Dunkel schraffierte Rechtecke repräsentieren elementare Prozesse und dürfen nicht mit weißen Rechtecken verwechselt werden.

Bei der geschilderten Vorgehensweise bilden die Produktionssubsysteme *Module*, die durch die Objektarten als *Schnittstellen* miteinander verbunden sind. Sie können unabhängig voneinander analysiert - „unter die Lupe genommen" - werden; ihre Modelle sind Komponenten oder Bausteine des Modells des Gesamtsystems. Die Kopplung der Submodelle erfolgt in der Regel über die Durchsatzquantitäten der beachteten Objektarten. Subsysteme, die selber nicht mehr in weitere Sub(sub)systeme aufgelöst werden und damit quasi die „Atome" des Gesamtsystems bilden, werden in diesem produktionstheoretischen Kontext als *Produktionsstellen* bezeichnet. Beispielsweise kann eine Stelle durch alle Produktionsmöglichkeiten definiert sein, bei denen eine bestimmte Zwischenoutputart erzeugt wird, oder durch alle Produktionsvorgänge, bei denen eine bestimmte Aggregatleistung als Faktor benötigt wird (*Schulz 1987*, S. 32). Dies kann, muß aber nicht mit der organisatorischen Einheit „Stelle" in einer Unternehmung übereinstimmen.

Bei einer immer weitergehenden Verfeinerung der Subsysteme wird der I/O-Graph bald unübersichtlich. Eine Gesamtdarstellung sollte dann besser nur die Grobstruktur aufzeigen und die weiteren Einzelheiten gesonderten I/O-Graphen für die Subsysteme überlassen. (So enthält die Abb. 17.3 die Komponenten der Abb. 17.1.)

Manchmal ist es aber dennoch von Interesse, eine Übersicht über den Zusammenhang aller oder einer bestimmten Teilmenge der beachteten Objektarten zu gewinnen. Im Rahmen des betrieblichen Umweltschutzes und der betrieblichen Logistik stehen beispielsweise die Stoffarten im Vordergrund. Durch Ausblendung der anderen - prinzipiell schon beachteten -

Objektarten erhält man ein Teilsystem des gesamten Produktionssystems. Stoff- und Energiebilanzen beziehen sich auf solche betrieblichen Teilsysteme.

Für einen ersten Überblick über ein Produktionsteilsystem sind u.U. die quantitativen Input/Output-Relationen der betreffenden Objektarten unwichtig, während sehr wohl von Bedeutung ist, welcher Input für welchen Output benutzt wird bzw. welcher Output bei welchem Input entsteht. So kann sich der Produzent die Frage stellen, in welchen Produkten seines Sortiments eine bestimmte Stoffart, z.B. FCKW, Asbest, PVC, eingegangen ist. Einen solchen qualitativen Überblick verschafft der in §16.1 eingeführte Verflechtungsgraph. So stellt die Abb. 17.2 (im Vorgriff auf die Details des Beispiels 17.2) den Verflechtungsgraphen aller Objektarten des Raffineriebetriebs im obigen Beispiel 17.1 dar.

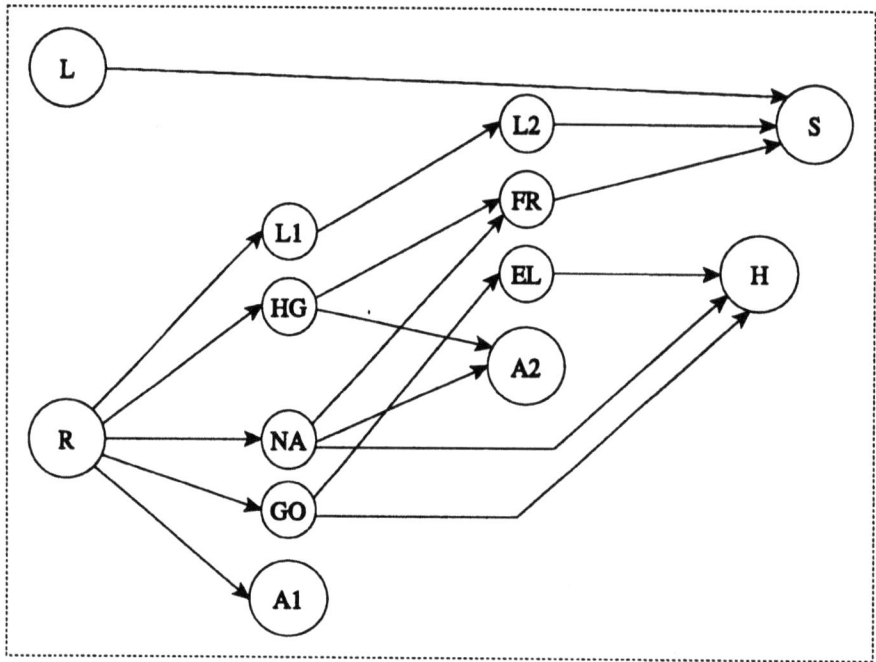

Abb. 17.2: Verflechtungsgraph eines Raffineriebetriebs

17.2 Rohölraffination

Sieht man von einigen früheren Fällen ab, die streng genommen auch schon als gemischttypig angesehen werden können (siehe die zweistufigen I/O-Graphen der Abb. 14.2 und 14.9), so soll als erster Fall in diesem Paragraphen die Rohölraffination behandelt und anhand des Beispiels 17.1 analysiert werden. Derartige *Raffineriemodelle* gehören zu den ersten industriellen Anwendungen der Linearen Programmierung in den 50er Jahren dieses Jahrhunderts (vgl. *Meyer 1990*, S. 28-47, hinsichtlich eines schon ziemlich realitätsnahen

§17 Gemischttypige Technologien

Beispiels). Sie sind charakteristisch für eine Reihe mehrstufiger Produktionsprozesse in der Grundstoff-, chemischen und Nahrungsmittelindustrie, in denen am Anfang Rohstoffe mittels Kuppelprozessen in verschiedene Zwischenoutputs aufgespalten werden, welche dann zu mehreren Absatzprodukten gemischt werden (vgl. *Müller-Merbach 1981*, S. 90ff.).

Beispiel 17.2 (Fortsetzung von Bsp. 17.1): ❑

Auf der Basis des I/O-Graphen der Abb. 17.1 genügt es, die drei Subsysteme „Destillation", „Verarbeitung" und „Mischung" weiter zu detaillieren und anschließend geeignet zu koppeln. Dies geschieht mittels der drei I/O-Graphen der Abb. 17.3 (in Anlehnung an ein Beispiel von *Czap 1982*).

Die Destillation ist ein starrer Kuppelprozeß, bei dem Rohöl (R) in die fünf Fraktionen Light-Gas-1 ($L1$), Heavy-Gas (HG), Naphta (NA), Light-Gas-Oil (GO) und Abfall-1 ($A1$) aufgespalten wird:

$$y_{L1}^D = 0{,}03 x_R^D$$

$$y_{HG}^D = 0{,}22 x_R^D$$

$$y_{NA}^D = 0{,}07 x_R^D$$

$$y_{GO}^D = 0{,}13 x_R^D$$

$$y_{A1}^D = 0{,}55 x_R^D$$

Der obere Index „D" kennzeichnet den (relativen) Output und Input des Subsystems Destillationsanlage. Auf der Verarbeitungsstufe („V"; Abb. 17.3b) wird Light-Gas-1 ($L1$) mittels eines Prozesses „Süßen" zu Light-Gas-2 ($L2$) veredelt. Eine (beliebige) Mischung von Naphta (NA) und Heavy-Gas (HG) wird im Platformer zu 54% in das Zwischenprodukt Full-Range (FR) überführt, wobei der Rest den Abfall-2 ($A2$) ergibt. Extra-Light (EL) entsteht aufgrund einer Entschwefelung des Light-Gas-Oil (GO) im Hydrofiner:

$$y_{L2}^V = x_{L1}^V$$

$$y_{FR}^V = 0{,}54 (x_{HG}^V + x_{NA}^V)$$

$$y_{A2}^V = 0{,}46 (x_{HG}^V + x_{NA}^V)$$

$$y_{EL}^V = x_{GO}^V$$

In der dritten Stufe („M"; Abb. 17.3c) werden die beiden Absatzprodukte Super (S) und Heizöl (H) aus jeweils drei Komponenten gemischt, wobei beide Produkte auch am Spotmarkt fremdbezogen werden können. Bei der Mischung von Super ist eine Oktanzahl 100 (ROZ) einzuhalten. Da die Oktanzahl auf Volumeneinheiten bezogen ist und die Objektarten zweckmäßigerweise in Gewichtseinheiten gemessen werden (physikalisch präzise: Masseeinheiten; z.B. Tonnen), muß sie zunächst mittels des spezifischen Gewichts auf Gewichtseinheiten umgerechnet werden (vgl. *Czap 1982*), damit die Qualitätsbedingung linear ist. Normiert man sie darüber hinaus auf Null, so ergeben sich für die drei Komponenten die im I/O-Graph angegebenen Qualitätskoeffizienten als Abweichungen von der Norm: Light-Gasoline (L) zu 8,82 (106 ROZ), Light-Gas-2 ($L2$) zu -41,79 (72 ROZ) und Full-Range (FR)

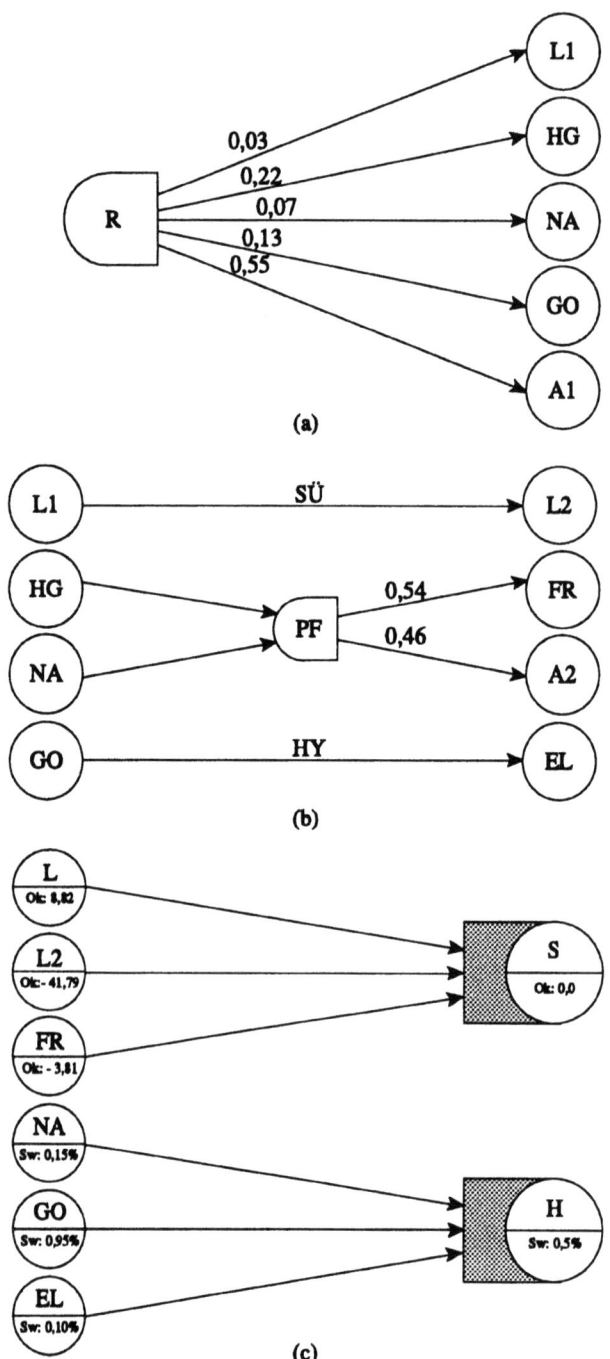

Abb. 17.3: I/O-Graphen der drei Subsysteme (a) Destillation, (b) Verarbeitung und (c) Mischung der Raffinerie in Abb. 17.1

§17 Gemischttypige Technologien

zu -3,81 (97 ROZ). Beim Heizöl ist ebenfalls eine Qualitätsbedingung exakt einzuhalten, die sich in der Forderung eines Anteils von 0,5 Gewichtsprozent an Schwefel darstellt. Die drei Mischungskomponenten des Heizöls haben die im I/O-Graph genannten Schwefelanteile: Naphta (*NA*) 0,15%, Light-Gas-Oil (*GO*) 0,95% und Extra-Light (*EL*) 0,1%:

$$y_S^M = x_L^M + x_{L2}^M + x_{FR}^M, \qquad 0 = 8,82 x_L^M - 41,79 x_{L2}^M - 3,81 x_{FR}^M$$

$$y_H^M = x_{NA}^M + x_{GO}^M + x_{EL}^M, \qquad 0,5 y_H^M = 0,15 x_{NA}^M + 0,95 x_{GO}^M + 0,10 x_{EL}^M$$

Die drei vorstehenden Gleichungssysteme beschreiben die drei Subsysteme, als ob sie autonome Produktionssysteme wären. Tatsächlich sind sie Module des Gesamtsystems „Raffinerie", das aus der Kopplung der drei Subsysteme und der Verbindung zum Umsystem der Raffinerie entsteht. Die Kopplung erfolgt über die Durchsätze der Zwischenoutputarten als den internen Schnittstellen:

$$y_{LI}^D = v_{LI} = x_{LI}^V$$

$$y_{HG}^D = v_{HG} = x_{HG}^V$$

$$y_{NA}^D = v_{NA} = x_{NA}^V + x_{NA}^M$$

$$y_{GO}^D = v_{GO} = x_{GO}^V + x_{GO}^M$$

$$y_{L2}^V = v_{L2} = x_{L2}^M$$

$$y_{FR}^V = v_{FR} = x_{FR}^M$$

$$y_{EL}^V = v_{EL} = x_{EL}^M$$

Die Verbindung zum Umsystem geschieht über den Primärinput und Primäroutput als den externen Schnittstellen:

$$x_R = v_R = x_R^D$$

$$y_{AI} = v_{AI} = y_{AI}^D$$

$$y_{A2} = v_{A2} = y_{A2}^V$$

$$x_L = v_L = x_L^M$$

$$y_S = v_S = x_S + y_S^M$$

$$y_H = v_H = x_H + y_H^M$$

Damit ist die Technologie vollständig beschrieben; die Abb. 17.4 gibt eine detaillierte, zusammenfassende Darstellung.

In einer konkreten Situation bestehen Verträge zur Lieferung von 45000 t Superbenzin und 16000 t Heizöl, und es ist die Frage zu klären, welche Produkte in welchem Umfang selbst erstellt oder am Markt gekauft werden, um den Lieferverpflichtungen bei minimalen Kosten nachzukommen, ohne daß Überschüsse entstehen (*Czap 1982*). Dabei sind am Markt nur bestimmte Quantitäten verfügbar. Emissionsgrenzen für den Abfall bestehen nicht. Die zulässigen Produktionen sind wie folgt eingeschränkt:

$y_S = 45000, \quad y_H = 16000;$

$x_L \leq 25000, \quad x_S \leq 40000, \quad x_H \leq 20000$

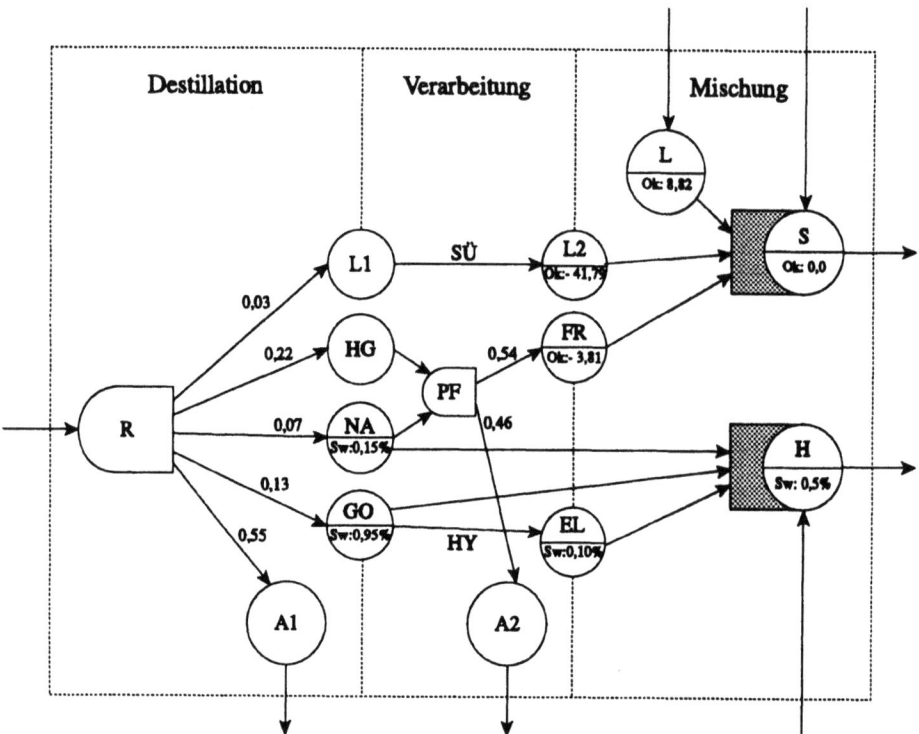

Abb. 17.4: Detaillierter I/O-Graph der Raffinerie

Als Kosten sind zum einen die Beschaffungsausgaben für das Rohöl und den Zukauf an Light-Gasoline, Superbenzin und Heizöl, zum anderen noch bestimmte Primärkosten auf der Verarbeitungsstufe beim Süßen, beim Platformer und beim Hydrofiner zu berücksichtigen; Entsorgungskosten für den Abfall fallen nicht an:

$c_R = 45, \quad c_L = 100, \quad c_S = 100, \quad c_H = 70;$

$c^{S\ddot{U}} = 0{,}4, \quad c^{PF} = 2{,}27, \quad c^{HY} = 0{,}77$

Die zu minimierenden (variablen) Kosten ergeben sich danach mit $v^{S\ddot{U}} = v_{L2}$, $0{,}54 v^{PF} = v_{FR}$ und $v^{HY} = v_{EL}$ zu:

$K = 45 x_R + 100 x_L + 100 x_S + 70 x_H + 0{,}4 v^{S\ddot{U}} + 2{,}27 v^{PF} + 0{,}77 v^{HY}$

Durch Elimination überflüssiger Variablen lassen sich die Gleichungen der Technologie drastisch reduzieren. Dabei muß allerdings auf die Nichtnegativität der Objektströme geachtet werden. Nach einer Reihe von Umformungen, wobei sich einige Restriktionen als redundant erweisen, kann das Minimalkostenproblem dann als folgende Aufgabe der Linearen Programmierung mit nur noch zwei Variablen geschrieben werden (in gerundeten Zahlen):

min! $\quad K = 20{,}38 x_R + 18{,}59 x_H + 4545007$

so daß

$$-0{,}0186 x_R \leq 16000 - x_H \leq 0{,}297 x_R$$
$$0{,}13 x_R \leq 16000 - x_H \leq 0{,}2 x_R$$
$$16000 \leq 1{,}029 x_R + x_H \leq 123174$$
$$22466 \leq 0{,}643 x_R + x_H \leq 74195$$
$$0 \leq x_R$$
$$0 \leq x_H \leq 20000$$

Man erkennt an der gewählten Formulierung leicht, daß die beiden ersten und die fünfte Ungleichung wegen $x_R \geq 0$ redundant sind. Die optimale Lösung läßt sich grafisch bestimmen (analog zu Abb. 11.10). Das Kostenminimum liegt im Schnittpunkt der beiden Restriktionen

$$0{,}13 x_R + x_H = 16000, \quad 0{,}64262 x_R + x_H = 22466{,}1$$

Daraus folgen minimale Kosten in Höhe von ca. 5,07 Millionen DM ($K = 5068986$) mit den zu beschaffenden Quantitäten (gemessen in Tonnen):

$$x_R = 12614, \quad x_H = 14360, \quad x_L = 10111, \quad x_S = 32536 \qquad \blacksquare$$

17.3 Entsorgungskosten und Emissionsgrenzen

Obwohl das vorangehende Beispiel noch vergleichsweise klein ist, zeigt es doch schon einige Merkmale realer Planungsaufgaben in einer Raffinerie. Umweltschutzaspekte sind allerdings vernachlässigt. Das folgende Beispiel berücksichtigt demgegenüber Emissionsgrenzen und Entsorgungskosten.

Beispiel 17.3 *(Fandel 1981, S. 204ff.)* ❑
Aus dem Rohstoff 1 werden in einer mehrstufigen Produktion, die hauptsächlich aus starren Teilprozessen besteht, über die Zwischenoutputarten 2 bis 6 die Endoutputarten 8 bis 13 erzeugt. Die Abb. 17.5 zeigt den zugehörigen I/O-Graph in kompakter Form. (Der Graph könnte auch als Darstellung der Reduktion eines ausgedienten Altproduktes interpretiert werden, z.B. der Demontage eines Fahrzeuges durch einen Schrotthändler.)

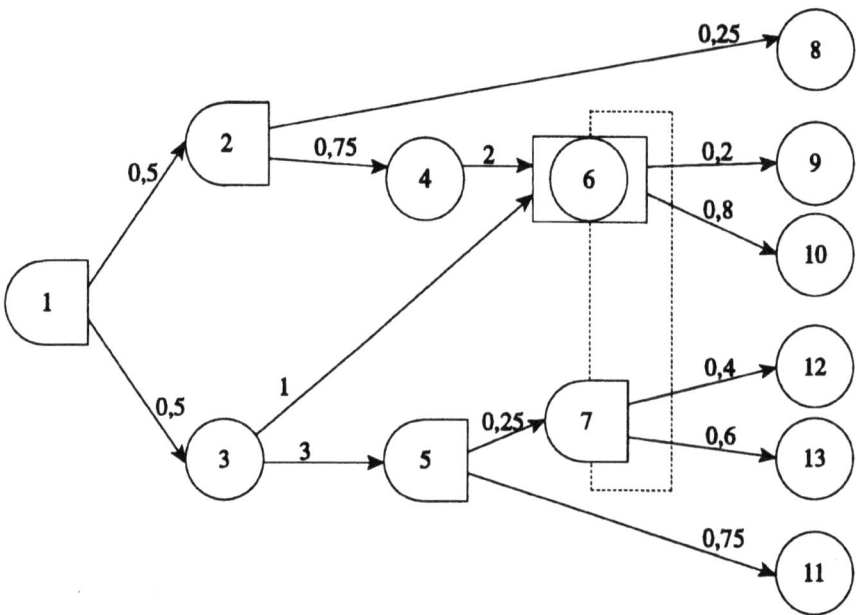

Abb. 17.5: Starre Kuppelproduktion

Aufgrund der starren Struktur sind Rückstände - oder andernfalls Fehlquantitäten - beim Zwischenoutput kaum zu vermeiden. Es sei angenommen, daß der Zwischenoutput nicht vermarktet werden kann. Aber auch bei den Endprodukten können durch Sättigung der Nachfrage überschüssige Quantitäten auftreten. Alle Rückstände müssen entsorgt werden, wobei Vernichtungskosten anfallen und maximale Entsorgungskapazitäten zu berücksichtigen sind. Die Aufspaltung der Zwischenoutputarten 6 und 7 geschieht auf ein und derselben Anlage (Objektart 0), deren Kapazität beschränkt ist. Die zugehörigen konkreten Daten können den ausführlichen Angaben des detaillierten I/O-Graphen der Abb. 17.6 entnommen werden.

Variable Beschaffungsausgaben für den Input 1 fallen nicht an (was etwa für ein Altobjekt realistisch sein kann). Bei *Fandel (1981)* sind für den Output die Entsorgungskosten einerseits und die Emissionsgrenzen andererseits jeweils mit einem einheitlichen Parameter multiplikativ verknüpft, welche es ihm erlauben, parametrische Analysen hinsichtlich des Einflusses der Entsorgungskosten und der Emissionsgrenzen auf das optimale Erzeugnisprogramm durchzuführen.

In der Abb. 17.6 sind sieben elementare Prozesse und vierzehn Objektarten erkennbar. Die Bilanzhülle des zugrundeliegenden Produktionssystems ist nicht eingezeichnet. Jedoch sind Primärinput und Primäroutput anhand derjenigen Objektströme (Pfeile) zu identifizieren, welche bei den Objektknoten (Kreisen) nicht in Verbindung mit einem (rechteckigen) Prozeßknoten stehen. Primärinput gibt es nur für die Objektarten 0 und 1; sie sind durch verfügbare Kapazitäten von 3000 bzw. 10000 Einheiten nach oben begrenzt. Analog sind alle Primäroutputs durch maximale Absatz- bzw. Emissionsgrenzen begrenzt, wie im I/O-Graph symbolisiert. Zusätzlich sind an den Pfeilen Bewertungen der Außenwirkungen durch konstante Preise angegeben (Einnahmen positiv, Ausgaben negativ). So ist der Absatz des Endprodukts 8 mit einem Preis von 50 Geldeinheiten je Quantitätseinheit begrenzt auf maximal 700 Einheiten, während darüber hinausgehende Überschüsse mit Kosten in Höhe von 25 [GE/QE] entsorgt werden müssen bis maximal zur Entsorgungsgrenze von 40 Einheiten. Für die Durchführung der elementaren Prozesse fallen Primärkosten an, die an den betreffenden Prozeßknoten verzeichnet sind. Der I/O-Graph bildet somit - richtig interpretiert - ein formales Modell, das hinsichtlich seines Informationsgehaltes äquivalent zu einem algebraischen Modell ist. Dessen Aufstellung müßte nunmehr für den Leser eigentlich eine lösbare Übung sein, so daß hier darauf verzichtet wird (dazu und zur Angabe der optimalen Lösung siehe *Fandel 1981*). ■

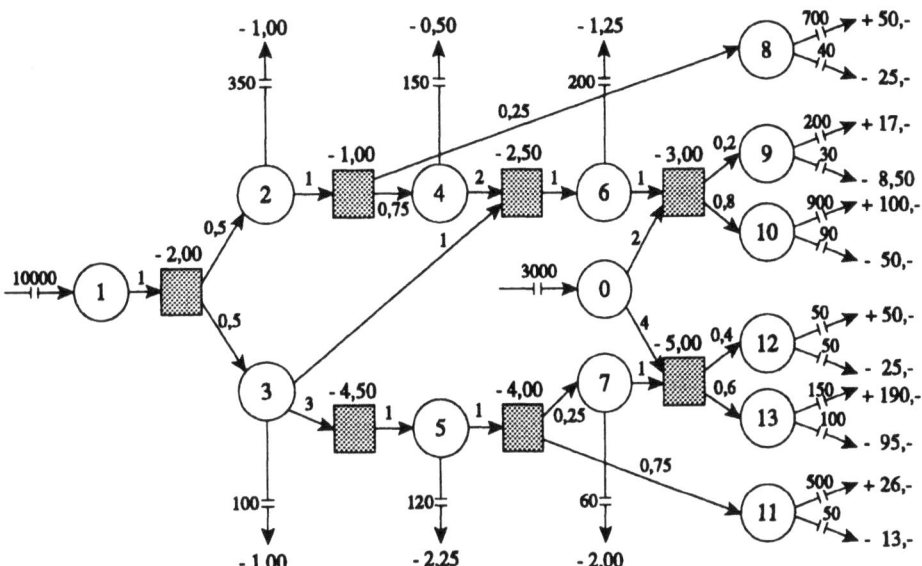

Abb. 17.6: Detaillierter I/O-Graph zu Beispiel 17.3 mit allen Daten

17.4 Betriebsmodelle

Als *Betriebsmodelle* wird eine Familie empirisch ausgerichteter Produktionsmodelle bezeichnet, die im wesentlichen auf *Pichler (1953a,b)*, *Wartmann (1963)*, *Laßmann (1968)* und *Franke (1972)* zurückgehen. Es handelt sich um Matrizenmodelle mit einer engen Bezugnahme zu technischen Gegebenheiten, wobei historisch Chemie- und Stahlwerke im Zentrum der Untersuchungen standen. Sie bilden die Grundlage der „*Betriebsplankostenrechnung*" (*Busse von Colbe/Laßmann 1991*, S. 328, *Hahn/Laßmann 1990*, S. 295).

Gemeinsames und typisches Merkmal der Modelle ist die Beschreibung der Objektströme eines Industriebetriebes durch lineare Beziehungen, bei denen Input- und Outputquantitäten sich über lineare Funktionen mit gemeinsamen unabhängigen Variablen und Parametern bestimmen. Letztere bilden *Steuergrößen* $\rho = (\rho_1, ..., \rho_\chi)$ und *Nebenbedingungen* $\sigma = (\sigma_1, ..., \sigma_\psi)$, allgemein die *Durchsatz-* oder *Throughputfaktoren*, des Produktionssystems (vgl. §4.2).

Die hier zugrundeliegende Terminologie weicht von den o.g. Quellen ab. So spricht *Pichler* allgemein von „Leitgrößen", die er in „Durchsätze" und „betriebliche Nebenbedingungen" unterscheidet (vgl. *Dellmann 1980*, S. 85). *Laßmann* u.a. sprechen generell von „Einflußgrößen" (vgl. *Busse von Colbe/Laßmann 1991*, S. 183f.).

Betriebsmodelle weisen grundlegende Merkmale des aktivitätsanalytischen Ansatzes auf. Sie sind jedoch weniger abstrakt ausgerichtet und differenzieren stärker nach den technischen Gegebenheiten. Hier soll nur kurz auf die Besonderheiten der Betriebsmodelle eingegangen und für Einzelheiten auf die genannte Literatur verwiesen werden.

Pichler (1953a,b) hat Leistungsverflechtungen zwischen verschiedenen Produktionsstellen für Zwecke der industriellen Produktionsplanung, insbesondere in der chemischen Industrie, mit Hilfe linearer Durchsatzfunktionen und Koppelungsgleichungen beschrieben. Die Durchsätze einer Produktionsstelle definieren jeweils die Niveaus unabhängiger elementarer Prozesse dieser Stelle. Linearität wird postuliert und gegebenenfalls durch die Linearisierung nichtlinearer Abhängigkeiten erreicht. Allerdings gelten diese, empirisch mittels Regressionsanalysen ermittelten Beziehungen dann oft nur in beschränkten Intervallen, so daß die Grundannahmen an Technologien (§6.1) nicht unbedingt alle zutreffen müssen (z.B. Ausschluß des Stillstands). Unter ökonometrischem Aspekt ist auch die Einbeziehung technischer Parameter als betrieblichen Nebenbedingungen zu sehen, die sich auf nicht disponierbare „Leitgrößen" beziehen (z.B. jahreszeitlich schwankende Außentemperatur) und einen autonomen Einfluß auf Input und Output ausüben:

$$x_i = \sum_{\tau=1}^{\chi} a_i^\tau \rho^\tau + \sum_{\upsilon=1}^{\psi} \alpha_i^\upsilon \sigma^\upsilon, \qquad i = 1, ..., m$$

$$\sum_{\tau=1}^{\chi} b_j^\tau \rho^\tau + \sum_{\upsilon=1}^{\psi} \beta_j^\upsilon \sigma^\upsilon = y_j, \qquad j = m+1, ..., m+n$$

Dieses einstufige *Pichler-Modell* besitzt eine große Verwandtschaft zu dem in §11.4.2 formulierten allgemeinen linearen Produktionsmodell ohne intermediäre Objekte. Die Einflußgrößen ρ^τ sind nach *Pichler* spezieller, da sie stets einer Input- oder einer Outputquantität entsprechen sollen. Formal sind zwar auch die technischen Parameter σ^υ nicht von Prozeßniveaus λ^ρ unterscheidbar; inhaltlich stellen sie dagegen eine Erweiterung des linearen Produktionsmodells um „betriebliche Nebenbedingungen" dar.

Vektoriell hat das Pichler-Modell einer Produktionsstelle dann folgende Gestalt:

$$\begin{pmatrix} x \\ y \end{pmatrix} = \begin{pmatrix} A & \tilde{A} \\ B & \tilde{B} \end{pmatrix} \cdot \begin{pmatrix} \rho \\ \sigma \end{pmatrix} = V \cdot \begin{pmatrix} \rho \\ \sigma \end{pmatrix}$$

V heißt *Verflechtungsmatrix*. Für eine reguläre, d.h. invertierbare Outputmatrix B - wie beispielsweise bei den inputlimitationalen Technologien - lassen sich aus vorab gewähltem Output y und unbeeinflußbar gegebenen Nebenbedingungen σ sowohl die Steuergrößen ρ als auch der Input x ermitteln:

$$\begin{pmatrix} \rho \\ x \end{pmatrix} = \begin{pmatrix} B^{-1} & -B^{-1}\tilde{B} \\ AB^{-1} & \tilde{B} - AB^{-1}\tilde{B} \end{pmatrix} \cdot \begin{pmatrix} y \\ \sigma \end{pmatrix} = S \cdot \begin{pmatrix} y \\ \sigma \end{pmatrix}$$

S heißt *Strukturmatrix*. Die Verbindung der Modelle mehrerer Stellen zu einem Betriebsmodell vollzieht sich über eine *Konsolidierung* mittels den Koppelungsgleichungen (im Prinzip wie in Beispiel 17.2): Quantitäten gleicher Objektarten, die in verschiedenen Produktionsstellen auftreten, werden zusammengefaßt; Einsätze und Ausbringungen werden Durchsatzfaktoren, die in mehreren Stellen gleichzeitig wirksam sind, zugeordnet. (Ein ausführliches Beispiel gibt *Dellmann 1980*, S. 97-106.)

Unter gewissen Regularitätsannahmen kann auch im mehrstufigen Fall eine Matrix abgeleitet werden, über die der Gesamtbedarf einzusetzender originärer Inputarten, der Saldo der intern erzeugten derivativen Inputarten bzw. Zwischenoutputarten und das Niveau der Einflußgrößen in Abhängigkeit von Endoutputquantitäten und technischen Parametern zu ermitteln sind. Im Regelfall bietet es sich jedoch an, erfolgsmaximale Lösungen mit Hilfe der Linearen Programmierung abzuleiten (vgl. *Dellmann 1980, Schulz 1987*).

Die für dieses Buch unabhängig entwickelten I/O-Graphen sind eng verwandt mit den „Activity-constraint-graphs" zur Darstellung von Modellen der Linearen Programmierung (vgl. *Murphy et al. 1992*).

Es ist *Dellmann (1980*, S. 107) weitgehend zuzustimmen, wenn er das Betriebsmodell *Pichler*scher Prägung als (lineares) „*Grundmodell* eines Produktionssystems" hervorhebt. Alle endlich generierbaren, rein linearen Produktionsmodelle lassen sich im Prinzip auf das Pichler-Modell zurückführen. Es kann sogar als Verallgemeinerung des Ursprungsmodells von *Koopmans (1951)* aufgefaßt werden (*Zschocke 1974*, S. 95ff.).

Die Betriebsmodelle von *Wartmann (1963), Laßmann (1968), Franke (1972)* u.a. weisen starke strukturelle Verwandtschaften zu *Pichlers* Ansatz auf, verwenden aber eine abweichende Differenzierung der Durchsatzfaktoren und zielen schwerpunktmäßig auf die Herstellung unmittelbarer Beziehungen zwischen Input und Output im Sinne einer güterwirtschaftlichen „Grundrechnung" für die Zwecke der Planung, Kontrolle, Dokumentation und Kalkulation (*Schulz 1987*, S. 21). Sie betrachten neben den Produktarten und -quantitäten als weitere, indirekte produktionsbedingte Einflußgrößen: realisiertes Verfahren, Anzahl und Intensität eingesetzter Potentialfaktoren, Rohstoffmischung, Losgrößen sowie Sorten- und Serienreihenfolgen. Anwendungen sind aus dem Bereich der Grundstoffindustrie, insbesondere aus der Eisen- und Stahlindustrie bekannt. (Ein Beispiel einer Stabstahlstraße eines Modellunternehmens beschreiben *Busse von Colbe/Laßmann 1991*, S. 186-191). Werden die Inputquantitäten mit den Einstandspreisen der Beschaffungsgüter bewertet, so ergeben sich kostentheoretisch fundierte Ausgangsgrößen für eine flexible Betriebsplankostenrechnung und damit eine enge Verzahnung der kurzfristigen Produktions- und Absatzplanung mit dem Internen Rechnungswesen. Durch Berücksichtigung auch nicht monetärer Bewertungen lassen sich mit Hilfe dieser und ähnlicher Betriebsmodelle auch andere, insbesondere umweltorientierte Auswertungen vornehmen.

Literaturhinweise zu §17

Ayres/Kneese 1969; Busse von Colbe/Laßmann 1991; Danø 1966; Dellmann 1980; Hahn/Laßmann 1990; Müller-Merbach 1981; Murphy et al. 1992; Pressmar 1971; Schulz 1987; Teusch/Schlüter 1985; Zschocke 1974

Wichtige Begriffe und Aussagen in §17

Komplexe Technologie, insb. gemischttypige; Module und Schnittstellen; Produktionsstelle; Raffineriemodell; Betriebsmodelle; Pichler-Produktionsmodell

Wiederholungsfragen zu §17

1) Welche Typen komplexer Technologien gibt es?
2) Was versteht man unter Systemdenken? Wofür ist es wichtig?
3) Wie lassen sich Emissionsgrenzen und Entsorgungskosten in Modelle integrieren?
4) Was sind Betriebsmodelle? Welche verschiedenen gibt es?

Kapitel D
Dynamisch-stochastische Theorie und Produktionsmanagement

Die in den Kapiteln B und C vorgestellte Theorie basiert auf einigen wenigen abstrakten Grundannahmen und entfaltet ein breites Spektrum praxisnaher Produktionsmodelle, das weit über die einfachen, hier behandelten Beispiele hinausgeht. Dennoch wird dadurch nur ein kleiner Teil der produktionswirtschaftlichen Realität erfaßt. Diese Realität ist durch eine Vielfalt von Aspekten gekennzeichnet, welche sich nicht alle mit einer formal angelegten Theorie beschreiben lassen. Darunter fallen insbesondere etliche der durch menschliches Verhalten geprägten Einflußfaktoren (z.B. Motivation, Selbstorganisation, informale Kommunikation). Würde man alle praktisch relevanten Aspekte voll integrieren wollen, so würde dies über eine rein produktionswirtschaftliche Betrachtung hinausgehen. Wegen der Komplexität der betrieblichen Realität ist jedoch im Rahmen einer Theorie eine Konzentration auf bestimmte Gesichtspunkte notwendig, weil andernfalls keine allgemeineren Aussagen mehr möglich sind. Welche Gesichtspunkte nicht außer acht gelassen werden dürfen, hängt von dem Zweck der Untersuchung ab. Eine Theorie betrieblicher Produktion analysiert die für die Transformation von Input- in Outputobjekte bei der betrieblichen Wertschöpfung wesentlichen Aspekte.

Diese Aspekte sind in weiten Bereichen dynamischer und stochastischer Natur. Die in den Kapiteln B und C entwickelte Theorie ist jedoch statisch und deterministisch. Da statische und deterministische Modelle Spezial- bzw. Grenzfälle dynamischer und stochastischer Modelle darstellen, sind die bisherigen Erkenntnisse nicht obsolet, wie auch die zahlreichen realitätsnahen Beispiele der beiden Kapitel illustrieren. In der Tat läßt sich häufig ein statisches oder deterministisches Modell als vereinfachende Darstellung der Realität hinreichend begründen. Insbesondere treffen solche Abstraktionen bei stationären zeitlichen bzw. mit ziemlicher Sicherheit abschätzbaren Entwicklungen zu. Selbst dann, wenn eine dynamische oder stochastische Betrachtung unumgänglich ist, können zu ihrer Vorbereitung entsprechende statische und deterministische Analysen aus didaktischen Gründen hilfreich sein.

Letztlich kommt man allerdings trotz aller Schwierigkeiten, die dies bereitet, weder an einer dynamischen noch an einer stochastischen Erweiterung der Theorie vorbei. Andernfalls könnte die Theorie keine essentielle Grundlage für das praktische Produktionsmanagement sein. In dem folgenden Paragraphen 18 dieses letzten Kapitels soll deshalb ein kurzer Ausblick auf solche Erweiterungen gegeben werden.

Auch nach dynamisch-stochastischer Erweiterung fehlen noch weitere Charakteristika, die für die moderne betriebliche Produktion und ihr Management wesentlich sind, so beispielsweise räumliche und organisatorische Gesichtspunkte wie Standort, Layout, Personalführung oder Controllingsysteme. Da die Grenze zwischen einer „Theorie betrieblicher Produktion" und einer „Theorie betrieblichen Produktionsmanagements" fließend ist, werden derartige Fragestellungen pragmatisch der letzteren zugerechnet. Um aber dennoch die diesbezügliche Bedeutung der hier entwickelten Theorie aufzuzeigen, wird abschließend in Paragraph 19 das Produktionsmanagement als Teil des Gesamtsystems der Unternehmensführung skizziert.

Beide Paragraphen haben den Charakter einführender Überblicke und sollen dem Leser den Übergang zu entsprechender weiterführender Literatur erleichtern. Auf umweltorientierte Quellen wird speziell hingewiesen, soweit dies in der Kürze möglich ist.

Literaturhinweise zu Kapitel D:

Es gibt kaum Literatur, die gleichzeitig den Inhalt beider Paragraphen behandelt. Konkrete Hinweise findet man deshalb am Ende der Paragraphen 18 und 19.

Paragraph 18

Erweiterungen der Theorie (Ausblick)

Es sind drei Entwicklungsrichtungen, die für eine Erweiterung der in den Kapiteln B und C vorgestellten Theorie betrieblicher Produktion in erster Linie von Bedeutung sind. Sie betreffen

- spezielle nichtlineare sowie
- dynamische und
- stochastische Gesichtspunkte.

Für praktische Fragestellungen sind meistens alle drei gleichzeitig relevant. Insbesondere dynamische Aspekte sind nur schwer von stochastischen zu trennen, wenn der zeitliche Horizont mittel- bis langfristig ist und damit eine große Unsicherheit der Daten einhergeht. In diesem Paragraphen sollen die drei Entwicklungsrichtungen jedoch jeweils separat betrachtet werden.

Ansätze zur nichtlinearen, dynamischen oder stochastischen Erweiterung der Theorie werden schnell sehr komplex und laufen Gefahr, kaum noch handhabbar und aussagekräftig zu sein, sofern sie sehr allgemein angelegt sind. Während die Schwierigkeiten einer nichtlinearen Theorie sich eher aus rechentechnischen Gründen ergeben, treten bei einer dynamischen oder stochastischen Theorie außerdem verstärkt konzeptionelle Probleme hinzu. Es ist daher zu erwarten, daß es keine einheitliche und umfassende dynamische oder stochastische Theorie geben wird, sondern eher verschiedene Ansätze mit unterschiedlicher Vorgehensweise und jewails anderen Modellen. (Dieser Ansicht ist auch *Wittmann 1979* in bezug auf dynamische Theorien.)

18.1 Spezielle nichtlineare Aspekte

Die in Kapitel B entwickelte statisch-deterministische Theorie gilt im Grundsatz für beliebige, also auch für nichtlineare Technologien. Selbst die in Kapitel C behandelte lineare Theorie weist in verschiedenerlei Hinsicht Nichtlinearitäten auf, so beispielsweise die Gutenberg-Technologie in §14.4 bei intensitätsmäßiger Anpassung sowie die kreisförmige Technologie der Abb. 11.1 und die approximierte neoklassische Technologie der Abb. 11.4 bei partieller Variation einer Inputquantität. Andererseits deuten gerade die Erkenntnisse des Kapitels C für den speziellen Fall linearer Technologien darauf hin, daß entsprechende, vertiefte Erkenntnisse für den allgemeinen Fall oder für spezielle nichtlineare Technologien fehlen.

Nichtlinearitäten können sich auf verschiedene Tatbestände beziehen, nämlich:

- die Präferenzen, d.h. konkret die Ergebnisfunktion $\mathcal{P}$ oder die Erfolgsfunktion w,
- die Technologie T und
- die Restriktionen (Randbedingungen) R.

18.1.1 Nichtlineare Präferenzen

Darauf, daß die Voraussetzung einer linearen Ergebnisfunktion gemäß dem „Normalfall" sehr speziell ist, ist in §5.3.4 ausdrücklich hingewiesen worden. Eine nichtlineare, hier quadratische, Ergebnis- bzw. Erfolgsfunktion ist in den Beispielen 5.1 und 9.1 vorgeführt worden. Typischerweise treten solche nichtlinearen Präferenzen auf, wenn der Produzent die Quantitätseinheit einer Objektart in Abhängigkeit von den Quantitäten derselben oder anderer Objektarten bewertet. Preisdifferenzierungen und Preis-Absatz-Funktionen von Monopolisten sind beispielsweise Ausdruck solcher nichtlinearen Bewertungen.

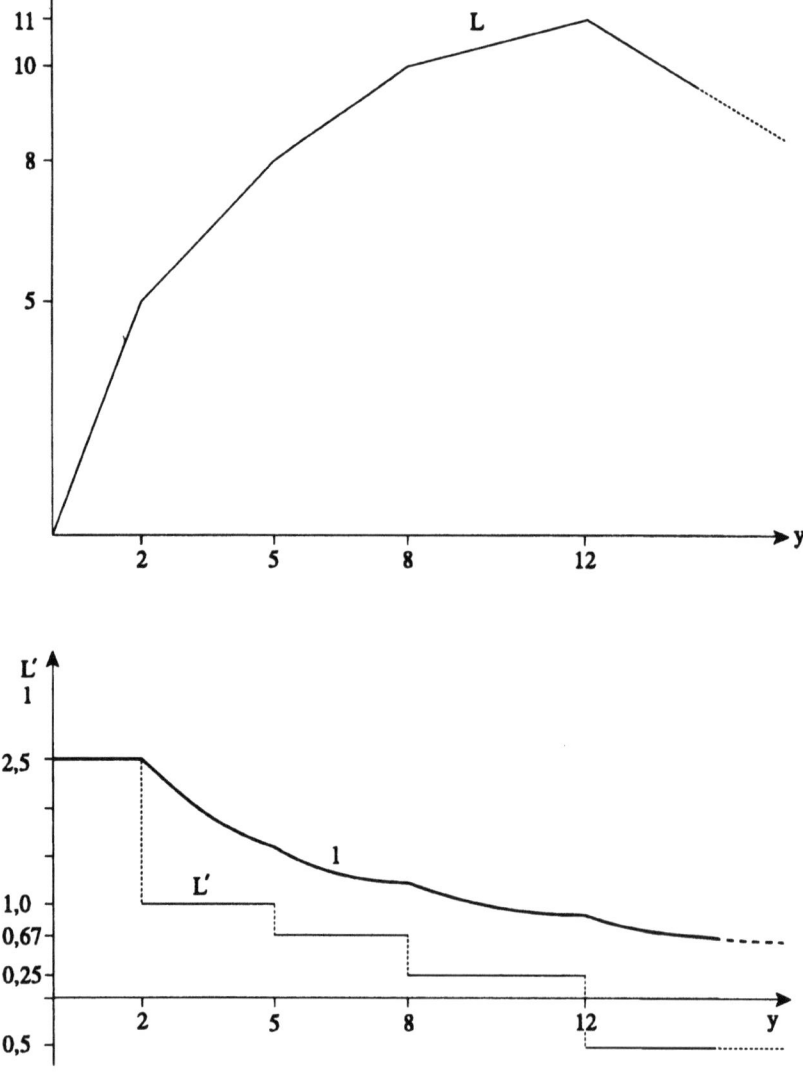

Abb. 18.1: Umsatzverlauf bei Preisdifferenzierung

§18 Erweiterungen der Theorie (Ausblick)

Beispiel 18.1 (*Preisdifferenzierung*): ❑

Sei y die Outputquantität des einzigen (Gut-)Produktes eines Produktionssystems. Alle anderen vorkommenden Outputarten werden vom Produzenten als Beiprodukte angesehen und mit dem Preis Null bewertet. Falls nicht alle Einheiten des Produktes zum gleichen Preis verkauft werden, ergibt sich der Umsatz des Produktes durch Summation über alle einzelnen Verkäufe k zu den verschiedenen Preisen p_k in der jeweiligen Höhe y_k:

$$L = \sum_k p_k y_k \quad \text{mit} \quad \sum_k y_k = y \quad \text{und} \quad p_1 \geq p_2 \geq \ldots$$

Versteht man den Preis als einen Nettoerlös, d.h. als Kundenzahlung abzüglich eventueller unmittelbar zurechenbarer Vertriebsausgaben, so ist es plausibel zu unterstellen, daß der Produzent die Nachfrager mit einem höheren Preis zuerst bedient. Die Abb. 18.1 illustriert einen entsprechenden Verlauf des Umsatzes $L = L(y)$ samt des zugehörigen Grenzumsatzes $L' = dL/dy$ und Durchschnittsumsatzes $l = L/y$ in Abhängigkeit von der Produktquantität. Der Grenzumsatz $L'(y)$, d.h. der Grenzpreis, verläuft gemäß einer fallenden Treppenfunktion; der Durchschnittsumsatz $l(y)$, d.h. der durchschnittliche Preis, entspricht nur zu Beginn dem Grenzumsatz und fällt dann stetig gemäß einem aus Hyperbelstücken zusammengesetzten Kurvenzug.

Ab einer bestimmten Produktquantität ist der Markt erschöpft, und die überschüssigen Quantitäten müssen unter Aufwand beseitigt werden; der dann negative Grenzpreis entspricht den Beseitigungsausgaben abzüglich eventueller Resterlöse. Bezieht man, wie in der Abb. 18.1 geschehen, diese Ausgaben in den gesamten Umsatz mit ein, so sinkt er ab diesem Punkt. ∎

Beispiel 18.2 (*Preis-Absatz-Funktion*): ❑

Bei Preisdifferenzierung sinkt der Grenzumsatz immer dann, wenn zur Ausweitung des Umsatzes den zusätzlichen Abnehmern ein niedrigerer Preis eingeräumt werden muß. Ist keine Preisdifferenzierung möglich, so gilt - unter Vernachlässigung etwaiger direkter variabler Vertriebsausgaben - für alle Kunden derselbe Preis p. Dabei kann die absetzbare Produktquantität y gemäß einer *Preis-Absatz-Funktion* $y(p)$ vom Preis abhängen. Eine streng monoton fallende Funktion $y(p)$ kann in eine Absatz-Preis-Funktion $p(y)$ umgekehrt werden. Für den Umsatz gilt dann (vgl. ausführlicher z.B. *Steffenhagen 1991*, S. 191):

$$L = p(y) \cdot y \quad \text{für z.B.} \quad p(y) = \beta - \alpha y, \quad \alpha, \beta > 0$$

Die Abb. 18.2 illustriert einen entsprechenden Verlauf des Umsatzes samt zugehörigem Grenz- und Durchschnittsumsatz. Im Unterschied zu Abb. 18.1 sinkt der Grenzumsatz stetig und streng monoton, und zwar hier linear. Der maximale Umsatz entspricht einem Grenzumsatz Null; bei höheren Produktquantitäten sinkt der Umsatz wieder. Der negative Grenzumsatz ist hier darauf zurückzuführen, daß die Abnahme des (noch positiven!) Preises nicht mehr durch die Ausweitung des Absatzes kompensiert werden kann. Eine negative Leistung L wird hier genau dann realisiert, wenn auch der Preis negativ wird. Dies läßt sich anhand der Absatz-Preis-Geraden $p(y) = l(y)$ veranschaulichen. Ein über diese Funktion definiertes Paar (p_k, y_k) bestimmt den oberen rechten Eckpunkt eines Rechtecks, dessen gegenüberliegende Seiten auf den Achsen des unteren Koordinatensystems liegen. Die Fläche des Rechtecks beträgt $p_k \cdot y_k$ und entspricht damit dem Umsatz. Das Maximum wird erreicht für $L' = 0$; negativ wird er ab $l = 0$. ∎

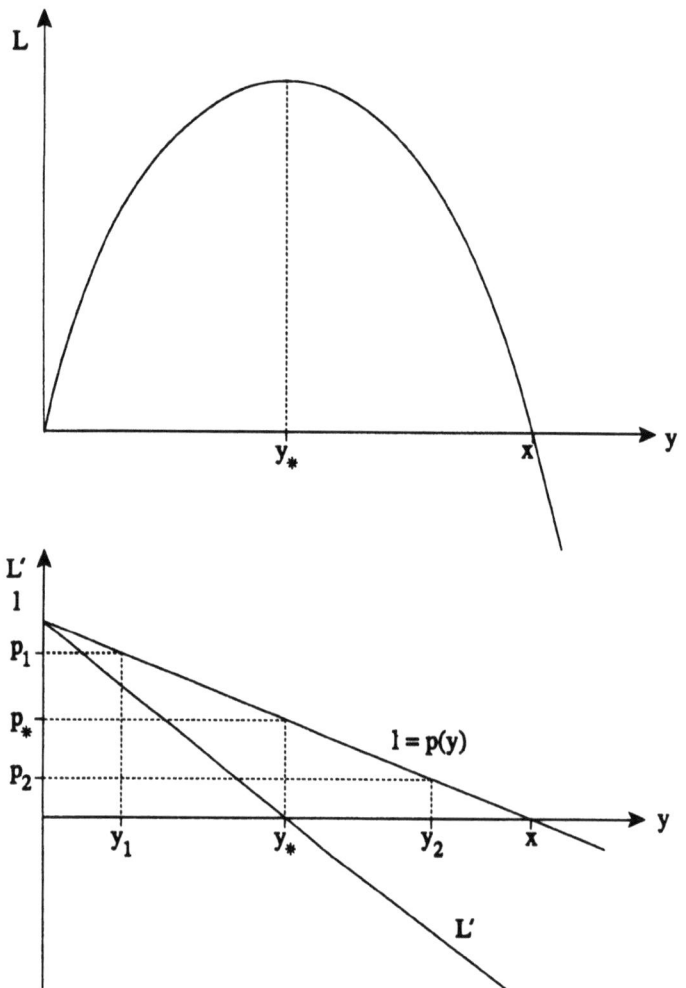

Abb. 18.2: Umsatzverlauf für eine lineare Preis-Absatz-Funktion

Negative Werte eines Output können wie zuvor als aufzubringende Beseitigungsausgaben für nicht absetzbare Quantitäten interpretiert werden. Analog zu einer Bewertung anhand monetärer Größen können die obigen Aussagen auch auf Fälle übertragen werden, in denen der Produktpreis p ökologische oder soziale Bewertungsgesichtspunkte enthält.

Beispiel 18.3 (*Gewinnmaximum im reinen Monopol*): ❏
Die Maximierung des Umsatzes als einer Ergebnisgröße ist dann erfolgsmaximal, wenn der Produzent als Maßstab für den Erfolg allein den Umsatz ansieht. Bei einer Gewinnmaximierung müssen dagegen prinzipiell auch die (variablen) Kosten neben dem Umsatz (bzw. den Leistungen) berücksichtigt werden. Zur Vereinfachung sei angenommen, daß eine differen-

§18 Erweiterungen der Theorie (Ausblick) 335

zierbare (indirekte) Kostenfunktion $K(y)$ existiere und dem Produzenten bekannt sei. Ohne Produktionsbeschränkungen muß notwendigerweise für ein Maximum des Gewinns

$$w = L(y) - K(y) = (p(y) - k(y)) \cdot y$$

die folgende Bedingung erfüllt sein:

$$w' = 0, \quad \text{d.h.} \quad L'(y) = K'(y).$$

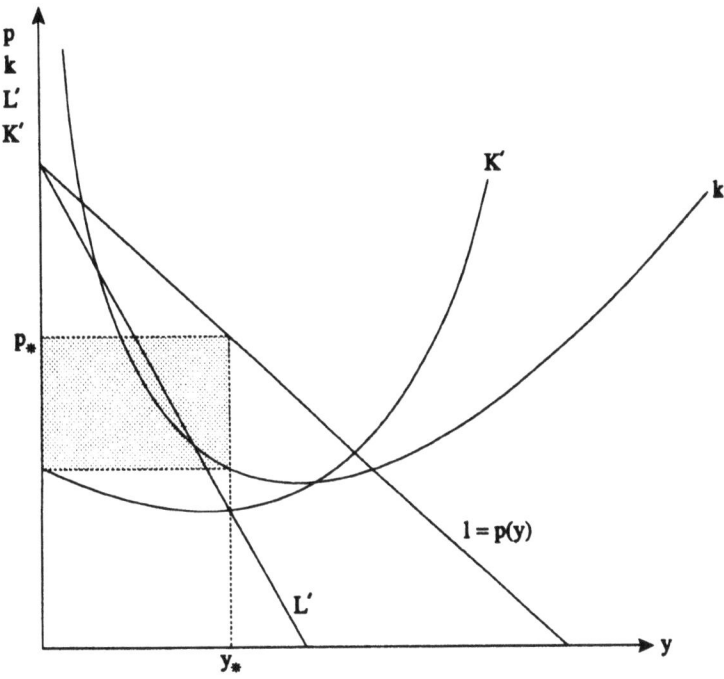

Abb. 18.3: Gewinnmaximum im reinen Monopol

In Erweiterung des unteren Diagramms der Abb. 18.2 sind in der Abb. 18.3 neben der Absatz-Preis-Funktion $p(y)$ und der Grenzumsatzfunktion $L'(y)$ auch eine Grenzkostenfunktion $K'(y)$ und eine Stückkostenfunktion $k(y) = K/y$ eingezeichnet. Der Schnittpunkt von L' und K' bestimmt das Gewinnmaximum eines reinen Monopols bei einheitlichem Preis; der zugehörige Punkt (p_*, y_*) auf der Absatz-Preis-Kurve heißt *Cournotscher Punkt*. Der maximale Gewinn entspricht der Fläche des grauen Rechtecks. (Hinsichtlich ausführlicherer Überlegungen aus Sicht des Marketings siehe z.B. *Steffenhagen 1991*, S. 242ff.) ∎

18.1.2 Nichtlineare Technologien

Versteht man wie in Kapitel C unter linearen Technologien nur solche, die additiv und größenproportional sind, so sind diese aus betriebswirtschaftlicher Sicht nur mittelbar von Interesse. Sowohl wegen der Additivität als auch wegen der Größenproportionalität ergibt sich nämlich folgende Konsequenz: Falls eine Produktion z mit positivem Erfolg $w(z) = p \cdot z$ existiert, kann der Erfolg bis ins Unendliche gesteigert werden. Weil dies jeglichen praktischen Erfahrungen widerspricht, können lineare Technologien in Verbindung mit linearen Erfolgsfunktionen für sich allein nicht sinnvoll sein. Abgesehen von nichtlinearen Erfolgsfunktionen mit entsprechendem Verlauf - wie in §18.1.1 demonstriert - kommen also für praktische Fragestellungen nur nichtlineare Technologien oder aber beschränkte lineare Technologien in Frage. Auf letztere wird erst im nächsten Abschnitt eingegangen. Beispiele nichtlinearer Technologien sind schon mehrfach vorgeführt worden (insb. §4).

Bei den ökonomischen Fragen nach effizienter bzw. erfolgsmaximaler Produktion handelt es sich aus mathematischer Sicht um Optimierungsaufgaben. Wie in §10 in begrenztem Umfang vorgeführt, können dazu die allgemeinen Erkenntnisse der mathematischen Optimierungstheorie herangezogen werden. Danach läßt sich eine Reihe von Verallgemeinerungen der linearen Theorie erreichen, wenn die nichtlinearen Beziehungen bestimmten Konvexitätsanforderungen genügen. Der relevante Teil der Technologie sollte demnach konvex und die Ergebnisfunktionen bzw. die Erfolgsfunktion konkav (oder ggf. auch nur quasi- oder pseudokonkav) sein. Eine Illustration hierfür bietet das Preistheorem (vgl. §9.4.2 mit §11.4.1).

Treffen die entsprechenden Konvexitätseigenschaften nicht zu, so liefern die anwendbaren Charakterisierungen optimaler Produktion in der Regel nur notwendige, nicht aber hinreichende Bedingungen. Beispielsweise könnte die Eigenschaft, daß der Grenzerfolg gleich Null ist - d.h. Grenzkosten sind gleich Grenzleistung -, auch ein (lokales) Erfolgsminimum anstelle eines Maximums charakterisieren. Typische Fälle nichtkonvexer Technologien sind durch zunehmende Skalenerträge (Größenprogression, *„economies of scale"*) oder auch nur einzelner zunehmender Grenzerträge bzw. abnehmender Grenzaufwendungen gekennzeichnet.

Beispiel 18.4 (*Lern- bzw. Erfahrungskurve*): ❑

Ein solcher, empirisch beobachtbarer Effekt wird durch die sogenannte *Lernkurve* beschrieben (*Wright 1936*, vgl. *Hieber 1991*). Arbeitskräfte, die einen für sie neuen Arbeitsgang durchführen, brauchen zu Beginn mehr Zeit und verursachen mehr Ausschuß. Je mehr sie sich einarbeiten, um so produktiver werden sie, d.h. ihr Inputkoeffizient hängt von der insgesamt durchgeführten Zahl gleichartiger Arbeitsgänge ab. Diese Beobachtung läßt sich - wenn auch nicht uneingeschränkt - auf ganze Produktionssysteme übertragen: Werden Produkte in größerer Quantität hergestellt, so werden Erfahrungen gewonnen, die zu Einsparungen von Faktor- und Ausschußquantitäten und damit selbst bei konstanten Preisen zu Kostensenkungen führen. Zu Beginn einer neuen Produktion werden die Einsparungen relativ groß sein, während mit zunehmender Erfahrung das Potential für weitere Einsparungen immer geringer wird. Eine verbreitete Hypothese besagt, daß mit dem Anwachsen der kumulierten Quantität y eines Produktes die Stückkosten k gemäß folgender *Erfahrungskurve* sinken:

$$k(y) = \alpha \cdot y^{-\beta} \quad \text{mit } \alpha, \beta \geq 0$$

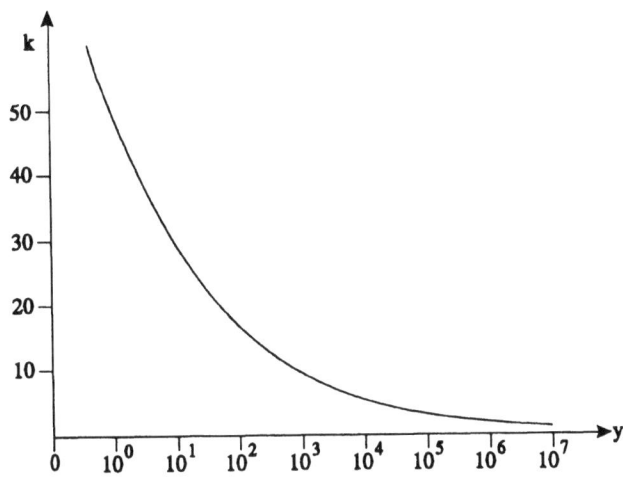

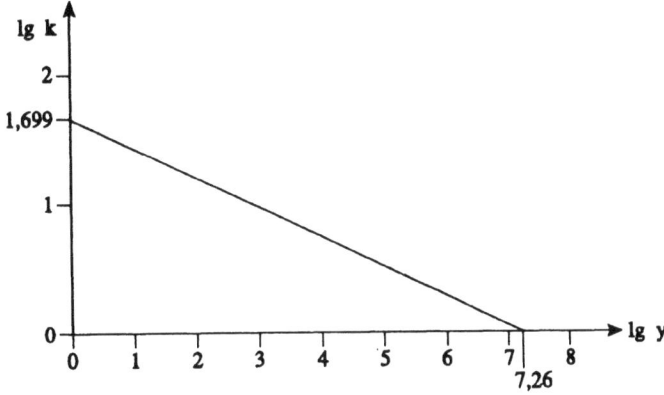

Abb. 18.4: Erfahrungskurve

Die Abb. 18.4 skizziert im oberen Diagramm einen Erfahrungskurvenverlauf für α = 50 und β = 0,234. Im unteren Diagramm ist derselbe Zusammenhang „doppelt logarithmiert" aufgetragen, so daß man einen linearen Verlauf erhält:

$lg(k) = lg(\alpha) - \beta \cdot lg(y)$

Eine Verdopplung der kumulierten Produktquantität führt im Zahlenbeispiel zu einer Stückkostensenkung um 15% wegen $k(2y)/k(y) = 2^{-0,234} = 0,85$. ∎

Ökonomisch von hoher Bedeutung sind des weiteren nichtlineare Technologien, bei denen Diskontinuitäten dazu führen, daß weder Konvexitäts- noch Differenzierbarkeitseigenschaften gegeben sind. Dies kann auf nur diskret möglichen Quantitäten für bestimmte Objektarten beruhen, wie etwa im Falle der quantitativen Anpassung im Gutenberg-Produktionsmodell durch Zu- oder Abschaltung ganzer Maschinen oder im Falle der Errichtung oder Schließung ganzer Standorte.

Beispiel 18.5 (*Standortwahl*): ◻

In Bsp. 15.8 wird ein Produkt in drei räumlich verteilten Werken (1-3) hergestellt und über zwei Zwischenläger (4-5) an vier nachfolgende, weiterverarbeitende Betriebsstätten (6-9) transportiert (vgl. Abb. 15.7). Dabei waren die Zwischenläger $k = 4$ und $k = 5$ als gegeben unterstellt und ihre fixen Kosten c_k^f damit irrelevant, im Unterschied zu den variablen Kosten c_k^v des Lagerumschlags (Durchsatzes) v_k. Die umschlagsfixen Kosten sind aber relevant, wenn nunmehr die Errichtung bzw. Aufrechterhaltung der Läger noch offen ist und die Kapazität $\bar{v}_k$ jedes der beiden Läger allein ausreicht. Es stellt sich dann die Frage, ob ein Zentrallager oder zwei Regionalläger kostengünstiger sind.

Um die Technologie zu beschreiben, wird die zusätzliche, binäre Größe ρ_k eingeführt, die angibt, ob das Lager k existiert ($\rho_k = 1$) oder nicht ($\rho_k = 0$). Der Index k kennzeichnet hier also zwei eng zusammenhängende, aber doch verschiedene Objektarten: im Falle von ρ_k das jeweilige Zwischenlager selbst, im Falle von v_k diejenige Produkt„variante", die im Zwischenlager k umgeschlagen wird. (Natürlich könnte man auch verschiedene Indizes verwenden, um diesen Unterschied deutlich herauszustellen, etwa k und k'; die gewählte Darstellung ist aber formal weniger umständlich.)

Die relevanten Kosten des Beispiels 15.8, bestehend aus den Transportkosten der beiden Transportstufen und den Umschlagkosten, müssen dann um Summanden der (sprung-) fixen Kosten für die Existenz der Zwischenläger ergänzt werden:

$$K = \sum_{i=1}^{3}\sum_{k=4}^{5} c^{ik}\lambda^{ik} + \sum_{k=4}^{5}(c_k^f \rho_k + c_k^v v_k) + \sum_{k=4}^{5}\sum_{j=6}^{9} c^{kj}\lambda^{kj}$$

Das Modell des Beispiels 15.8 bleibt ansonsten unverändert bis auf die Ergänzung durch die sogenannten „0-1-Bedingungen" und die logische Kopplung der Durchsatzquantität mit der Existenz eines Zwischenlagers:

$$\rho_k \in \{0, 1\} \quad \text{und} \quad v_k \leq \bar{v}_k \rho_k \quad \text{für} \quad k \in \{4; 5\}$$

Darf nur höchstens eines der beiden Zwischenläger existieren, so kann das durch folgende logische Bedingung zum Ausdruck gebracht werden: $\rho_4 + \rho_5 \leq 1$. ■

Logische Verknüpfungen - wie etwa im vorangehenden Beispiel - sind häufig weniger technologisch als mehr durch Randbedingungen hervorgerufen. Solche und andere Nichtlinearitäten hängen oft mit dem Throughput zusammen. Beispiele sind Zuordnungs- oder Reihenfolgeaspekte. Zu derartigen Ablaufaspekten gehört auch die Festlegung der Losgröße.

§18 Erweiterungen der Theorie (Ausblick)

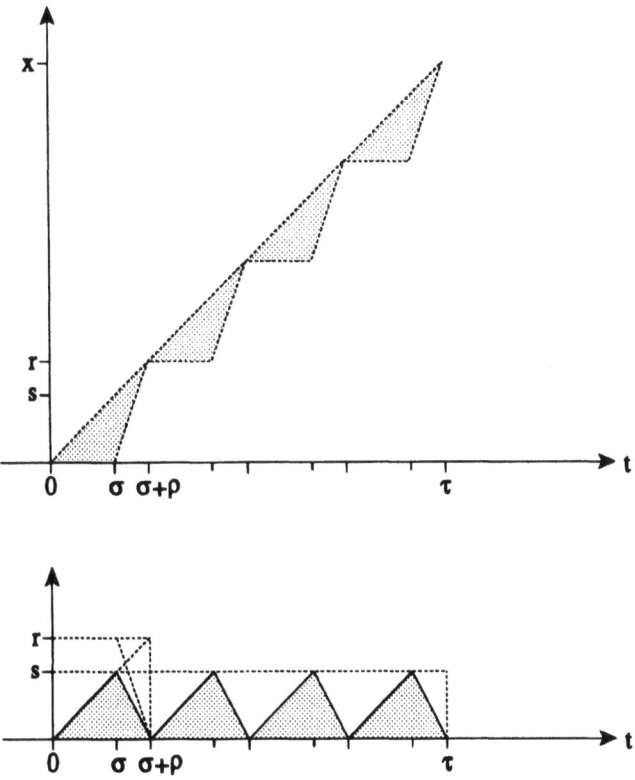

Abb. 18.5: Lager mit gleichmäßigem Zugang und periodischem Abgang

Beispiel 18.6 (*Optimale Losgröße*): □

Ein Reduktionsbetrieb erhält während eines Zeitraums der Dauer τ mit einer kontinuierlichen Zugangsrate α insgesamt die zu beseitigende Inputquantität $x = \alpha\tau$ auf das Eingangslager angeliefert (z.B. Müll). Die Reduktionsanlage (z.B. Verbrennungsanlage) arbeitet mit einer höheren Geschwindigkeit $\beta > \alpha$. Die Anlage ist damit nur zu einem Teil der Periode in Betrieb. Die in einem ununterbrochenen Reduktionsvorgang der Dauer ρ beseitigte Quantität $r = \beta\rho$ wird als *Los* bezeichnet. Außer den losvariablen Kosten c^v einer Redukteinheit verursacht die jeweilige Inbetriebnahme unabhängig von der Losgröße r einmalige Kosten in der Höhe c^f (losfixe oder Rüstkosten). Andererseits sind für jede Quantitätseinheit auf dem Lager pro Zeiteinheit Kosten in der Höhe c^l zu berücksichtigen. Je häufiger die Anlage angestellt wird, um so höher sind zwar die direkten Reduktionskosten einer Periode, um so niedriger fallen dagegen aber die Lagerkosten aus. Für eine Optimierung der Losgröße müssen also die Reduktionskosten gegen die Lagerkosten abgewogen, d.h. das Minimum der gesamten Periodenkosten ermittelt werden.

Die Abb. 18.5 zeigt im oberen Diagramm die kumulierten Verläufe des gleichmäßigen Lagerzugangs und des periodisch wiederkehrenden, rascheren Lagerabgangs. Der senkrechte Abstand zwischen beiden Kurven gibt den jeweiligen Lagerbestand an; er ist im unteren

Diagramm aufgezeichnet. Für den höchsten vorkommenden Lagerbestand s, der sich bei leerem Lager in σ Zeiteinheiten ansammelt, gilt wegen $r/(\sigma+\rho) = x/\tau = \alpha$:

$$\frac{s}{r} = \frac{\sigma}{\sigma + \rho} = 1 - \frac{\rho}{\sigma + \rho} = 1 - \frac{\frac{\rho}{r}}{\frac{\tau}{x}} = 1 - \frac{\alpha}{\beta}$$

Da die während der Periode insgesamt auf Lager liegenden Quantität der dunkel getönten Fläche unterhalb der „Sägezahnkurve" und damit der Hälfte des Rechtecks mit den Seitenlängen s und τ entspricht, gilt für die Periodenkosten in Abhängigkeit von der Losgröße:

$$K(r) = c^f \cdot \frac{x}{r} + c^v \cdot x + c^l \cdot \frac{r\tau}{2} \cdot \left(1 - \frac{\alpha}{\beta}\right)$$

Das Kostenminimum errechnet sich gemäß $K'(r) = 0$ nach wenigen Umformungsschritten aus folgender *Losgrößenformel*:

$$r_* = \sqrt{\frac{2c^f \cdot x}{c^l \cdot \tau \cdot (1 - \alpha/\beta)}}$$

Für eine unendlich große Reduktionsgeschwindigkeit, d.h. $\rho = 0$ und $\alpha/\beta = 0$, ist diese Formel unabhängig voneinander von *Harris (1913)* und *Andler (1929)* entwickelt worden. ∎

Es gibt bislang nur vereinzelte Untersuchungen, die sich grundsätzlich mit Technologien auseinandersetzen, bei denen einzelne oder alle Objektarten nicht beliebig teilbar sind, im Extremfall sogar nur ganzzahlige Quantitäten aufweisen können. Eine Pionierarbeit stammt von *Frank (1969)*. In jüngerer Zeit hat *Scarf (1981a, 1981b, 1986)* eine Serie grundlegender Aufsätze veröffentlicht.

Ebenso sind Ablaufaspekte unter dem Gesichtspunkt der Produktionstheorie bisher kaum allgemein behandelt worden, wohl ausgiebig in der Produktionsplanung oder in speziellen Zusammenhängen. Ausnahmen bilden *Haupt (1987)* sowie am Rande auch einige Arbeiten zur dynamischen Theorie. Die in Kapitel C verwendeten Input/Output-Graphen können zur Berücksichtigung von Ablaufaspekten zu *Ablaufgraphen* erweitert werden. Ein geeignetes, bisher kaum genutztes Instrument, das auch die Berücksichtigung dynamischer und stochastischer Aspekte gestattet, sind die *Petri-Netze (Rosenstengel/Winand 1983, Reisig 1985*; ein anschauliches Beispiel geben *Gais et al. 1992)*.

18.1.3 Nichtlineare Restriktionen

Durch Beachtung praktisch relevanter Restriktionen wird aus der (fiktiven) Technologie als der Menge prinzipiell möglicher Produktionen die faktische Produktionsmöglichkeitenmenge. Da diese in der Regel auf endliche Mengen beschränkt sind, können sie weder additiv noch größenproportional, d.h. im strengen Sinne auch nicht linear sein. Dennoch wird oft von einer *linearen* Produktionsmöglichkeitenmenge gesprochen, wenn eine lineare Technologie durch lineare Restriktionen beschränkt wird, d.h. durch Gleichungen oder Ungleichungen, die nur aus linearen Funktionen der Einflußgrößen bestehen (vgl. §11.2.4).

Soweit nichtlineare Restriktionen R nicht redundant sind, führen sie selbst bei linearen Technologien T zu nichtlinearen Produktionsmöglichkeiten $Z = T \cap R$ (vgl. §6.3). Aussagen zu nichtlinearen Produktionsmöglichkeitenmengen sind allerdings weitgehend analog zu denen für nichtlineare Technologien ableitbar, so daß hier nur auf einen ausgewählten Aspekt eingegangen werden soll.

Beispiel 18.7 (*Fixer Einflußfaktor*): ☐
Aufgrund früherer Vorentscheidungen des Produzenten oder wegen äußerer Zwänge können die Quantitäten einzelner oder mehrerer Einflußgrößen der Produktion für die betrachtete Produktionsperiode fest vorgegeben sein. So liegen oft die Inputquantitäten von Gebrauchsobjekten in dem Sinn fest, daß sie Nutzungspotentiale des Produktionssystems darstellen, die außerhalb des Systems keine alternative Verwendung haben, z.B. Spezialmaschinen oder Spezialisten (vgl. §4.5). Wird das am Periodenende weiter verfügbare Nutzungspotential nicht von der tatsächlichen Nutzung der aktuellen Periode beeinträchtigt, z.B. bei reinem zeitlichen Verschleiß einer Maschine, so liegen auch die (Brutto-) Outputquantität und damit der Netto-Output der Objektart k fest: $z_k = \bar{z}_k$. Dieser wird bei Maschinen, abgesehen von Einfahreffekten, negativ sein, d.h. einem zeitlichen Verzehr des Nutzungspotentials entsprechen. Bei einem für $k = 1$ separierbaren Erfolg in die beiden Bestandteile

$$w(z) = w_1(\bar{z}_1) + w_{2-\kappa}(z_2, ..., z_\kappa),$$

bildet der erste Summand hinsichtlich aller möglichen Produktionen eine additive Konstante, die als *fixer* Erfolgsbeitrag bezeichnet wird (vgl. §10.5.1) und - im Rahmen rein deterministischer Betrachtungen - für die Erfolgsmaximierung irrelevant ist, im Unterschied zu dem *variablen* Erfolgsbeitrag der anderen Einflußfaktoren:

$$w(z) = w^f + w^v(z)$$

Der fixe Erfolgsbeitrag kann beispielsweise der vertraglich festgelegten Mietzahlung eines geliehenen Gebrauchsobjektes entsprechen. Nicht so unmittelbar einsichtig ist dagegen die Zurechnung einer *Abschreibung* für ein früher dauerhaft erworbenes Gebrauchsobjekt, weil die Höhe der Abschreibung von unterschiedlichen Umständen abhängen kann und ihre Bestimmung letztlich eine dynamische Betrachtung erfordert. ■

18.2 Dynamische Erweiterungen

Der bisherigen, statischen Betrachtungsweise liegt die Vorstellung einer nicht weiter unterteilten Produktionsperiode zugrunde. Über den Ablauf des Produktionsprozesses während dieses Zeitraums sind dabei nur mehr oder minder pauschale Annahmen getroffen worden, welche es erlauben, auf eine weitere Detaillierung und eine explizite Verknüpfung des Geschehens verschiedener Zeitpunkte zu verzichten. Wenn überhaupt explizite Annahmen über den Ablauf gemacht werden, dann wird in der Regel ein sich gleichmäßig entwickelndes Verhalten vorausgesetzt, wie etwa bei der Erfahrungskurve (Bsp. 18.4) und beim „statischen" Losgrößenmodell (Bsp. 18.6, insb. Abb. 18.5).

Losgrößen- und andere Ablaufmodelle, insbesondere solche, die Reihenfolgeaspekte integrieren, befinden sich als „*zeitablaufbezogene* Modelle" zwischen den statischen und den dynamischen Modellen in einer sich mit diesen überlappenden Grauzone. Von einem *dynamischen* Modell spricht man üblicherweise erst, wenn zeitübergreifende Beziehungen explizit abgebildet sind. Input-, Throughput- und Outputgrößen verschiedener Zeiträume müssen in ihrer Abhängigkeit voneinander dargestellt sein.

18.2.1 Ein dynamisches Grundmodell

Typisch für betriebswirtschaftliche Analysen sind diskrete Zeitdarstellungen. Algebraische Formulierungen erweitern oft entsprechende statische Modelle, indem im wesentlichen die relevanten Größen mit einem Index für alle in Betracht gezogenen Zeiten versehen und Größen verschiedener Zeiten gemäß bestimmten Übergangsbeziehungen in Beziehung zueinander gesetzt werden. In diesem Abschnitt soll exemplarisch ein einfaches *dynamisches Grundmodell* vorgestellt werden, das eine unmittelbare Erweiterung des in §4 behandelten statischen Grundmodells bildet.

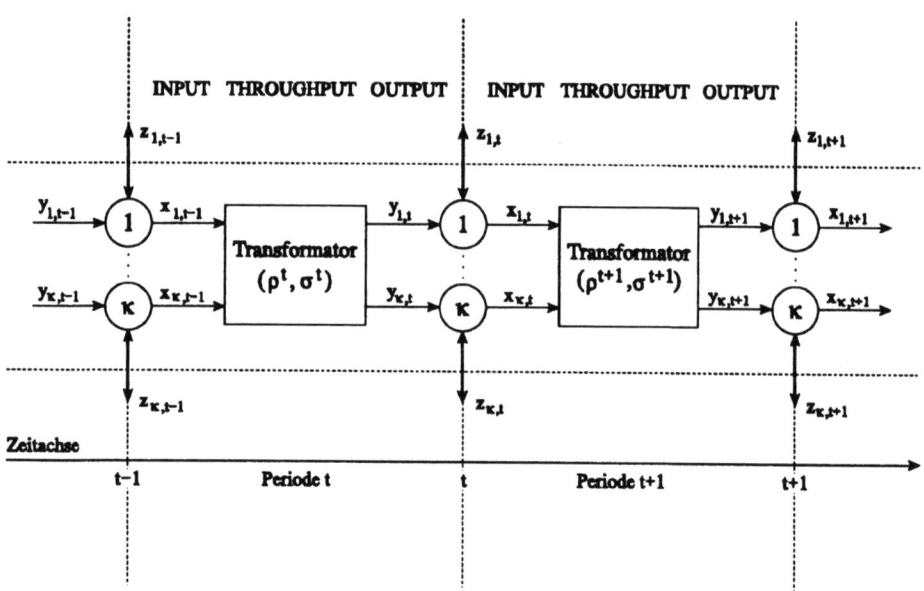

Abb. 18.6: Dynamisches Grundmodell

Es wird ein endlicher Zeitraum $[0, \bar{t}]$ betrachtet, der mit dem Zeitpunkt $t = 0$ beginnt und mit dem Zeitpunkt $t = \bar{t}$, dem *Horizont*, endet. Der Zeitraum wird in $\bar{t}$ Perioden unterteilt, die üblicherweise - aber nicht notwendigerweise - gleich lang sind. Die Periode t beginnt dann mit dem Zeitpunkt $t-1$ und endet mit dem Zeitpunkt t. Dies illustriert die Zeitachse in der Abb. 18.6. Die Abbildung erweitert die Abb. 4.1, in welcher nur eine einzige Periode dargestellt war, auf einen Ausschnitt des gesamten Zeitraums, der hier die beiden aufeinanderfolgenden Perioden t und $t+1$ umfaßt.

§18 Erweiterungen der Theorie (Ausblick)

Eine wesentliche Prämisse des Grundmodells fordert abgeschlossene Transformationsprozesse innerhalb der jeweiligen Perioden. Die Länge der Perioden muß deshalb so gewählt sein, daß sie einerseits groß genug ist, um von Überlappungen abstrahieren zu können (allenfalls an den „Rändern" der Perioden!), und andererseits klein genug, um die Dynamik des Geschehens während des gesamten Zeitraums hinreichend detailliert abbilden zu können. Widersprechen sich diese beiden Anforderungen für das betrachtete Produktionssystem, so muß das Grundmodell so erweitert werden, daß auch Transformationsprozesse dargestellt werden können, die sich über mehrere Perioden erstrecken.

Hier wird der Einfachheit halber von der obigen Prämisse ausgegangen. Damit kann die Technologie $\bar{T}$ des gesamten Zeitraums in einzelne Technologien T_t für die verschiedenen Perioden $t = 1, ..., \bar{t}$ (*Periodentechnologie*) separiert werden, welche durch Übergangsbeziehungen für die Objektarten je zweier aufeinanderfolgender Perioden miteinander zur *Gesamttechnologie* $\bar{T}$ verknüpft sind.

Eine *Objektart* ist nunmehr durch zwei Indizes gekennzeichnet: $k = 1, ..., \kappa$ benennt die räumlich-sachliche Qualität, $t = 0, ..., \bar{t}$ den Zeitpunkt bzw. Zeitraum ihrer Verfügbarkeit. Im Zeitpunkt t sind drei verschiedene Quantitäten einer *Objektklasse* k von Bedeutung: $y_{k,t}$ ist der aus der Vorperiode t resultierende *Bruttooutput*, $x_{k,t}$ ist der für die nachfolgende Periode $t+1$ verfügbare *Bruttoinput*, und $z_{k,t}$ stellt als Saldo den *(Netto-)Fremdoutput* dar, der sich ergibt aus der Differenz der gegen Ende der Vorperiode t an die Umgebung des Produktionssystems abgegebenen und der zu Beginn der nachfolgenden Periode $t+1$ zugeführten Quantitäten. Definitionsgemäß trifft somit für jede Objektart folgende *Periodenbilanz* zu, die den Übergang von einer zur nächsten Periode determiniert:

$$z_{k,t} = y_{k,t} - x_{k,t}$$

Das, was vom Produktionssystem im Zeitpunkt t nach außen mehr abgegeben als empfangen wird, entspricht dem Unterschied aus dem, was zuvor produziert wurde, und dem, was davon der nachfolgenden Produktion zur Verfügung gestellt wird. Für die entsprechend genannten Vektoren

$$x_t = (x_{1,t}, ..., x_{\kappa,t})$$
$$y_t = (y_{1,t}, ..., y_{\kappa,t})$$
$$z_t = (z_{1,t}, ..., z_{\kappa,t})$$

gilt demnach:

$$z_t = y_t - x_t \quad \text{für } t = 0, ..., \bar{t}.$$

Das Produktionssystem transformiert den Bruttoinput einer Periode in den Bruttooutput. Eine solche *Periodenproduktion* wird durch den (Brutto-)I/O-Vektor (x_{t-1}, y_t) beschrieben. Sie ist *prinzipiell möglich*, wenn sie Element der Periodentechnologie ist:

$$(x_{t-1}, y_t) \in T_t$$

Die zeitliche Aneinanderreihung der Periodenproduktionen

$$(x, y) = (x_0, y_1; x_1, y_2; ...; x_{\bar{t}-1}, y_{\bar{t}}),$$

genannt *Produktionspolitik* des gesamten Zeitraums, ist ebenfalls prinzipiell möglich, d.h. $(x, y) \in \overline{T}$, wenn jede Periodenproduktion möglich ist. Sie ist auch tatsächlich *realisierbar*, d.h. faktisch möglich, falls sie außerdem den Restriktionen $\overline{R}$ des Zeitraums genügt: $(x, y) \in \overline{R}$, und damit Element der *Produktionsmöglichkeitenmenge* $\overline{Z} = \overline{T} \cap \overline{R}$ ist: $(x, y) \in \overline{Z}$. Analog zur Technologie sei hier unterstellt, daß sich auch die Restriktionen periodenbezogen separieren lassen. Allerdings ist dafür besser zwischen *internen Periodenrestriktionen* R_t mit

$$(x_{t-1}, y_t) \in R_t$$

und *externen* Restriktionen $\overline{R}_t$ mit

$$z_t \in \overline{R}_t$$

zu unterscheiden. Externe Restriktionen betreffen u.a. Beschaffungsengpässe, Absatzschranken und Emissionsgrenzen. Interne beziehen sich auf solche Randbedingungen, die nicht technologisch sondern anderweitig bestimmt sind, beispielsweise durch frühere Vorentscheidungen (Organisation, Personalqualifikation). Die Grenze zur Technologie ist jedoch fließend.

Was tatsächlich in einer bestimmten Periode möglich ist, ist nun nicht mehr absolut angebbar, weil dies davon abhängt, was zuvor geschehen ist. D.h. die Produktionsmöglichkeitenmenge Z_t einer Periode t ist im allgemeinen nicht nur durch die exogenen Einflüsse dieser Periode, sondern darüber hinaus auch durch die „Vorgeschichte" des Produktionssystems bestimmt. Die Vorgeschichte ergibt sich jedoch erst **endogen** aufgrund der jeweiligen Produktion in den Vorperioden 1, ..., t-1, weil sie vom Zeitpunkt $t = 0$ aus gesehen noch Zukunft und damit noch gestaltbar ist. Für das Grundmodell ist angenommen, daß die jeweilige Vorgeschichte einer Periode t sich ausschließlich in dem am Ende der Vorperiode, d.h. zum Zeitpunkt t-1 verfügbaren Bruttooutput y_{t-1} kumuliert ausdrückt. Aus Sicht einer Periode t ist also nur ein sehr kurzfristiges „Gedächtnis" für die jeweilige Vergangenheit nötig:

$$Z_t = Z_t(y_{t-1})$$

Sofern der Bruttooutput y_{t-1} bekannt ist, sind auch die Produktionsmöglichkeitenmenge Z_t und damit das faktisch mögliche Geschehen während der Periode t determiniert.

Beispiel 18.8 (*Dynamische Inputlimitationalität*): ❏
Ohne hier auf den *dynamischen Effizienzbegriff* eingehen zu können (näher dazu *May 1992*), ist es intuitiv plausibel, daß eine Produktionspolitik nur dann effizient sein kann, wenn sie in jeder Periode effizient ist. (Damit ist nicht gesagt, daß die Aneinanderreihung effizienter Periodenproduktionen zu einer insgesamt effizienten Produktionspolitik führen muß.) Im speziellen Fall inputlimitationaler Periodentechnologien existieren (mehrdimensionale) Inputfunktionen f_t, welche effiziente Periodenproduktionen folgendermaßen miteinander verkoppeln:

$$x_{t-1} = f_t(y_t) \quad \text{für } t = 1, ..., \overline{t}$$

Dann können für eine effiziente Produktionspolitik die Periodenbilanzen wie folgt umgeformt werden (für $x_t = 0$):

$$y_t = f_{t+1}(y_{t+1}) + z_t \quad \text{für } t = 0, \ldots, \bar{t}-1; \quad y_{\bar{t}} = z_{\bar{t}}$$

Dies kann ggf. bedeuten: Der in einer Periode bereitzustellende „Bruttobedarf" einer Objektklasse entspricht dem Bedarf für die Produktion der nachfolgenden Periode („Sekundärbedarf") plus dem von außen herangetragenen Bedarf („Primärbedarf"). Sind der anfängliche Restbestand y_0 und die späteren Primärbedarfe z_t ($t = 1, \ldots, \bar{t}$) bekannt, so läßt sich aus obiger Formel rekursiv in eindeutiger Weise die zugehörige effiziente Produktionspolitik ermitteln. ∎

Inputlimitationalität der Periodentechnologien - wie im vorangehenden Beispiel - ist eine sehr strenge Forderung, weil sie jegliche (nicht verschwenderische) Verfahrenswahl hinsichtlich des Zustandekommens des Bruttooutput einer Periode verbietet. Im engeren Sinn fällt darunter die Wahl zwischen verschiedenen technischen Herstellungsverfahren, im weiteren aber auch die Wahl der Periode, in der ein Produkt hergestellt wird. Für jede Periode muß im zweiten Fall gewählt werden zwischen der Herstellung „jetzt" und der Herstellung „früher". Letztes bedeutet, daß das Produkt schon zu Periodenbeginn auf Lager liegt und lediglich zeitlich transformiert, d.h. transferiert, wird.

Beispiel 18.9 (*Lagerbilanzgleichung*): □
In Erweiterung des Bsp. 18.8 sei angenommen, daß der Bruttoinput einer Periode entweder tatsächlich als (*eigentlicher*) *Produktionsinput* x_t^p mittels einer inputlimitationalen Beziehung qualitativ in den (*eigentlichen*) *Produktionsoutput* y_t^p transformiert wird oder aber qualitativ unverändert im Bestand verbleibt:

$$x_{t-1} = x_{t-1}^p + x_{t-1}^l$$
$$x_{t-1}^p = f_t(y_t^p), \quad x_{t-1}^l = y_t^l$$
$$y_t^p + y_t^l = y_t$$

Zusammen mit der allgemeinen Periodenbilanz erhält man folgende Gleichungen:

$$y_t^p + y_t^l = y_t = z_t + x_t = z_t + f_t(y_{t+1}^p) + y_{t+1}^l$$

Für stoffliche Objektarten läßt sich die Identität der beiden äußeren Ausdrücke folgendermaßen verstehen: Am Ende der Periode t ergibt sich die verfügbare Quantität aus der „frisch" hergestellten Quantität y_t^p zuzüglich der schon früher verfügbaren, gelagerten Quantität y_t^l; sie wird im Zeitpunkt t verringert bzw. erhöht um die im Saldo nach außen gehende bzw. von außen kommende Quantität z_t; so ergibt sich die für die Periode $t+1$ verfügbare Quantität, die entweder in den eigentlichen Transformationsprozeß eingeht x_t^p oder aber gelagert wird y_{t+1}^l. ∎

18.2.2 Weiterführende Anmerkungen

Die Periodentechnologien T_t des Grundmodells können aus unterschiedlichen Gründen voneinander verschieden sein. Ein trivialer Grund läge dann vor, wenn die Perioden keine einheitliche Dauer haben, so daß von daher die Nutzungspotentiale der Gebrauchsobjekte variieren. Selbst bei gleich langen Perioden können Unterschiede aus exogenen Einflüssen wie beispielsweise der Jahreszeit herrühren. Während es sich bei jahreszeitlichen Einflüssen meist um mehr oder minder starke saisonale Schwankungen handelt, führt der *technische Fortschritt* in der Regel zu dauerhaften Veränderungen mittels sprunghafter oder kontinuierlicher Entwicklungen des Produktionssystems. Ein von außen vorgegebener (exogener) technischer Fortschritt heißt *autonom*; andernfalls ist er durch die jeweilige Produktionspolitik *induziert* (endogen). Außer dem technischen Fortschritt gibt es eine Reihe weiterer Einflußgrößen, welche für die *Produktionsentwicklung*, d.h. für die längerfristige Entwicklung von Produktionssystemen, innerhalb bestimmter Branchen von Bedeutung sind (*Fandel et al. 1990*).

Auch in dem speziellen Fall, daß die Periodentechnologien selber im Zeitablauf unverändert bleiben, wirkt eine Fülle von Einflüssen dynamisch auf ein Produktionssystem ein. In der Hauptsache geschieht dies über die Randbedingungen der Produktion (Nachfrage, Politik des Staates, erschöpfbare Ressourcen u.a.m.). Direkt oder indirekt können sie sich aber auch auf die Präferenzen des Produzenten auswirken (indirekt z.B. über schwankende Preise und direkt etwa durch die Einführung des Umweltschutzes als Unternehmensziel).

Schon diese wenigen Stichworte sollten die überaus wichtige Rolle der „Zeit als Dimension betriebswirtschaftlichen Denken und Handelns" (*Kern 1992*) klar machen. Bei ökologischer Sicht, die die Aspekte der Evolution und Irreversibilität betont, wird ihre Bedeutung noch größer (*Faber/Proops 1990*; *Rosser 1992*).

Dem Bedarf nach einer dynamischen Theorie betrieblicher Produktion steht bislang ein Angebot entgegen, das - von wenigen Ausnahmen abgesehen - erst im letzten Quartal dieses Jahrhunderts stärkere Impulse erfahren hat, aber noch etliche Fragen unbeantwortet läßt. Ansätze dynamischer Weiterentwicklungen lassen sich in der modernen Theorie sowohl empirischer als auch analytischer Prägung finden (vgl. §3.2, insb. §3.2.5; neuere Übersichten geben *Fandel 1991b* und *Kistner 1991*).

Für die dynamische Weiterentwicklung der in diesem Buch vorgestellten, statischen Theorie kommen vor allem aktivitätsanalytische und konstruktive Ansätze in Frage. Beispiele für erstere und eng damit verwandte Ansätze auf der Basis von Produktionskorrespondenzen bilden *Stöppler (1975)*, *Wittmann (1979)*, *Shephard/Färe (1980)* und *May (1992)*. Daß es nicht unbedingt formal aufwendiger Modelle bedarf, um ökonomisch interessante Fragen zu analysieren, führen beispielsweise *Faber/Proops (1991)* vor.

Als konstruktive Ansätze eignen sich insbesondere solche, die es erlauben, Produktionssysteme komplexer Struktur aus Subsystemen relativ einfacher Struktur modular aufzubauen. In diese Richtung gehen „*dynamische Produktionsnetzwerke*" (*Shephard 1983*) und ähnliche Ansätze auf der Basis zeitindizierter *Ablaufgraphen* oder *Netzpläne*. Letztere sind außerdem gut geeignet, Reihenfolgeaspekte und periodenübergreifende Transformationsprozesse zu berücksichtigen (vgl. *Haupt 1987*). Ein Vorteil ist nämlich, daß sie die relevanten Zeitpunkte nicht unbedingt als feste Größen vorgeben, sondern als disponible Größen behandeln und dadurch den Zeitbezug der relevanten Daten besser abbilden können (vgl. *Knolmayer et al. 1991*). So erübrigt bzw. verbietet es sich sogar weitgehend, Daten zu „periodisieren" (vgl. *Riebel 1985, 1988*).

Für eine konstruktiv orientierte, dynamische Erweiterung speziell der linearen Theorie gibt es in der Literatur einige neuere Vorschläge. Von besonderem Interesse sind *mehrperiodige Betriebsmodelle* (*Stöppler 1984*) sowie „ein allgemeiner Rahmen für die Modellierung der Produktion" (*Hackman/Leachman 1989*). Sie bilden eine unmittelbare Grundlage für eine Reihe von Teilaspekten bei der Planung und Steuerung der Produktion (vgl. §19).

18.3 Stochastische Erweiterungen

Bei der Lenkung des Produktionssystems trifft der Produzent Entscheidungen über die zukünftige Produktion im allgemeinen ohne vollständige Kenntnis der für diese Entscheidungen relevanten Informationen. Man spricht davon, daß die in Zukunft eintretenden Ausprägungen bestimmter entscheidungsrelevanter Größen unsicher sind. Unsicherheit kann prinzipiell bezüglich aller Größen herrschen.

Eine naheliegende stochastische Erweiterung des deterministischen Grundmodells von §4 könnte demnach dahin gehen, alle auftretenden Größen als Zufallsvariablen aufzufassen. Ein solches *stochastisches Grundmodell* läßt sich formal dadurch beschreiben, daß alle Größen als Funktionen eines Parameters ω dargestellt werden, wobei jedes $\omega \in \Omega$ eine mögliche Zukunftsentwicklung (Szenario, Datenkonstellation, Umweltzustand) repräsentiert. Eine Größe heißt dann *sicher*, wenn sie bei allen möglichen Zukunftsentwicklungen stets dieselbe Ausprägung aufweist. Deterministische Modelle gehen von der Annahme sicherer Größen aus. Tendenziell erscheint eine derartige Abstraktion um so eher gerechtfertigt, je kürzer (ceteris paribus) der zeitliche Horizont ist und je geringer die Streuung der eigentlich unsicheren Größen sich auf die Ziele des Produzenten auswirkt.

Üblicherweise wird die Unsicherheit nur auf die vom Produzenten nicht direkt beeinflußbaren Größen bezogen. Hinsichtlich der von ihm unmittelbar kontrollierten Steuergrößen wird ein deterministisches Verhalten unterstellt; man spricht von *deterministischen* oder *reinen* Strategien bzw. Entscheidungen. Eine *stochastische* oder *gemischte* Strategie würde demgegenüber bedeuten, daß der Produzent seine Entscheidungen nicht mit Sicherheit trifft, sondern sie zumindest teilweise dem Zufall überläßt („er würfelt"). Solche gemischten Strategien besitzen nach Erkenntnissen der Spieltheorie in bestimmten Situationen, z.B. bei Oligopolen, durchaus eine Bedeutung.

Eine andere Art der Unterscheidung des Entscheidungsverhaltens des Produzenten spielt bei dynamischen Betrachtungen eine wichtige Rolle. Es ist nämlich davon auszugehen, daß der Produzent bei einem längerfristigen Horizont während des Planungszeitraums neue Informationen gewinnt, die für die weitere Gestaltung der Produktion relevant sind. Trifft der Produzent zu Beginn des Planungszeitraums nur für die unmittelbare Zukunft eine feste und für die weitere Zukunft lediglich bedingte Entscheidungen in Abhängigkeit von der bis dahin jeweils eintretenden Zukunftsentwicklung, so spricht man von einer *flexiblen* Strategie (Planung, Entscheidung). Dagegen handelt es sich bei einer eindeutigen Festlegung für den gesamten Zeitraum um eine *starre* Strategie. Eine *rollende* oder *rollierende* Planung liegt dann vor, wenn der Produzent zwar mehrperiodig plant, jedoch nur den Plan für die erste Periode realisiert und nach dieser Periode erneut plant mit einem um eine Periode in die Zukunft verschobenen Horizont.

Wie analog bei den nichtlinearen und dynamischen Erweiterungen der Theorie betrieblicher Produktion (§§18.1-2) können stochastische Erweiterungen im Prinzip partiell bei den Präferenzen, bei der Technologie oder bei den Randbedingungen ansetzen. Unsichere Präferenzen können darauf beruhen, daß der Produzent sich über seine eigenen Zielsetzungen in der Zukunft noch nicht im klaren ist (z.B. wenn der „Produzent" dem Vorstand einer Aktiengesellschaft entspricht, bei dem in der Zukunft personelle Änderungen bevorstehen) oder wenn seine Präferenzen von unsicheren äußeren Entwicklungen indirekt beeinflußt werden (z.B. Preisschwankungen). Bei Unsicherheit wird das Verhalten des Produzenten außerdem durch seine Risikoeinstellung geprägt.

Stochastische Technologien resultieren insbesondere aus Transformationsprozessen, bei denen die I/O-Vektoren unsicher sind. So können bei einer inputlimitationalen Technologie trotz einer festen Vorgabe des Output die Inputquantitäten unbeeinflußbar aufgrund stochastischer Inputkoeffizienten schwanken, ebenso bei einer outputlimitationalen Technologie die Outputquantitäten trotz einer festen Vorgabe des Input, in diesem Falle wegen stochastischer Ausbeute- bzw. Emissionskoeffizienten. In Hinblick auf die Umwelthaftung des Produzenten bedeuten gerade stärker streuende Emissionskoeffizienten eine große Herausforderung für die Planung und Überwachung nicht nur der laufenden Produktion, sondern überhaupt für die Gestaltung des gesamten Produktionssystems. Ähnliches gilt für stochastische Randbedingungen der Produktion, etwa hinsichtlich unsicherer Entsorgungskapazitäten, Nachfrageverläufe oder Rohstoffquellen.

Beispiel 18.10 (*Lagerhaltung bei Unsicherheit*): ❏
Im Beispiel 18.6 verlaufen der Lagerzu- und -abgang deterministisch. Bei unsicherem Verlauf spricht man von *stochastischen Lagerhaltungsmodellen*. Für ein Beschaffungslager zur Befriedigung der innerbetrieblichen Nachfrage nach bestimmten Kleinteilen sei angenommen, daß die Wahrscheinlichkeitsverteilungen des Zu- und Abgangs bekannt sind.

Bei stochastischen Modellen ist a priori nicht klar, was eine optimale Lösung ist. In diesem Fall könnte etwa eine Kostenminimierung unter der Voraussetzung angestrebt werden, daß die Versorgung stets gewährleistet ist („Zulässigkeitsstabile Lösung"). Weniger auf Sicherheit bedacht wäre die Kostenminimierung unter Einhaltung eines bestimmten *Servicegrads*, d.h. einer Mindestwahrscheinlichkeit der Deckung des Bedarfs („Chance-constraint-Modell"). Umgekehrt wäre die Maximierung des Servicegrades bei Nichtüberschreitung eines vorgegebenen Kostenbudgets denkbar. Bei expliziter Einbeziehung der Kosten unbefriedigter Nachfrage („Fehlmengenkosten") könnte der Erwartungswert der gesamten Kosten minimiert werden („Kompensationsmodell").

Die Abb. 18.7a zeigt einen möglichen Verlauf des Lagerbestandes für ein sogenanntes *Bestellpunktverfahren* mit fester Bestellquantität q (s,q-*Politik*), die Abb. 18.7b einen Verlauf bei variabler Bestellquantität mit vorgegebener Auffüllhöhe S (s,S-*Politik*). In beiden Fällen wird der Lagerbestand permanent überwacht und eine Bestellung ausgelöst, sobald er auf eine vorgegebene Mindesthöhe s, den Bestellpunkt (Meldequantität), abgesunken ist, wobei von einer konstanten Lieferzeit ausgegangen wird. Will man eine kontinuierliche Bestandserfassung und den damit verbundenen Aufwand vermeiden, so kann ein *Bestellrhythmusverfahren* vorteilhafter sein. Hier wird der Bestand periodisch im Abstand von t Zeiteinheiten kontrolliert und eine Bestellung in solcher Höhe ausgelöst, daß das Lager bei Eintreffen der Bestellung in etwa auf eine angestrebte Höhe S aufgefüllt wird (t,S-*Politik*).

Die Festlegung der Bestellparameter hängt von der Wahrscheinlichkeitsverteilung der Nachfrage ab und bei unsicherer Lieferung auch von dieser. Je weniger die Nachfrage streut, um so niedriger ist der *Sicherheitsbestand* bzw. um so seltener muß der Bestand überprüft werden. Falls Fehlquantitäten auf jeden Fall vermieden werden sollen, muß sich der Sicherheitsbestand an der maximal möglichen Nachfrage und der längsten Lieferzeit orientieren. Zur Illustration sei ein Bestellrhythmusverfahren mit einem Inspektionsintervall von $t = 50$

Tagen unterstellt; die Lieferzeit liege zwischen 2 und 5 Tagen, der Tagesverbrauch zwischen 8 und 16 Stück. Daraus folgt S = 16·(5 + 50) = 880. Wird bei einer Inspektion beispielsweise ein Bestand von 190 Stück festgestellt, so müssen 690 Stück beschafft werden.

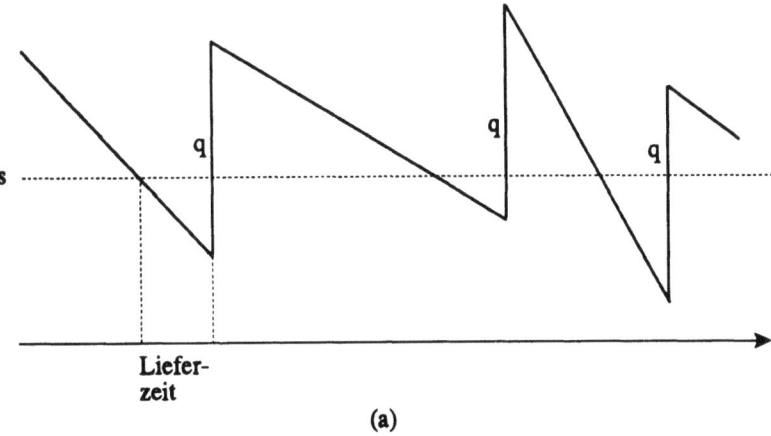

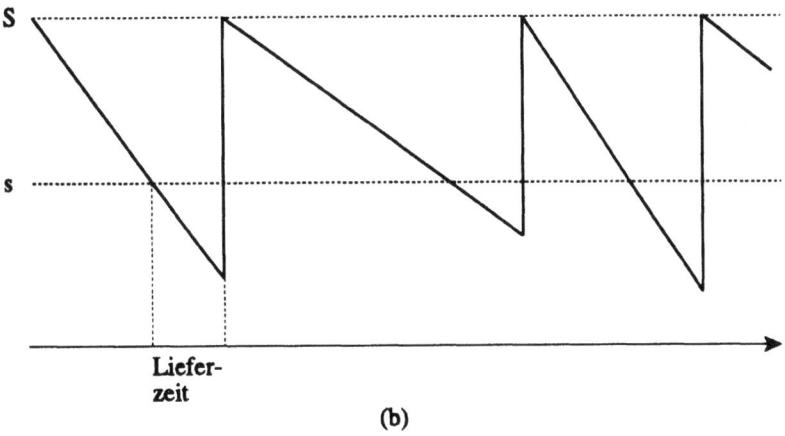

Abb. 18.7: Bestellpunktverfahren mit (a) fester bzw. (b) variabler Bestellquantität

Mit sinkendem Servicegrad kann auch der Sicherheitsbestand abnehmen. In Fällen, in denen die Nachfrage zwar auch hohe Spitzen haben kann, dies aber nur selten, und meistens schwach um einen mittleren Wert streut, würde eine hundertprozentige Versorgungssicherheit sehr große Lagerbestände mit sich führen, weshalb viele Unternehmen sich zur Kosteneinsparung mit einem niedrigeren Servicegrad begnügen. ∎

Stochastische Erweiterungen der Produktionstheorie sind bislang recht schwach ausgeprägt (vgl. zur Historie *Fandel 1991a*, S. 30 und 179ff.; eine jüngere Arbeit stammt von *Chung 1990*). Sie erfordern zum einen den Ausbau einer *Betriebsökonometrie* (*Zschocke 1974*). Zum anderen treten sie oft in enger Verknüpfung mit dynamischen Fragestellungen auf, wodurch die an sich schon vorhandenen Schwierigkeiten noch potenziert werden. Zur Erklärung der betrieblichen Realität wird man deshalb nicht umhin kommen, mit einfachen Modelltypen zu arbeiten, die für die jeweilige Fragestellung maßgeschneidert sind, da umfassendere Modelltypen nicht handhabbar sind. Zur Gestaltung der betrieblichen Realität eignen sich dagegen u.U. auch komplexe Modelle, wenn sie nur hinreichend konkretisiert und mit Instrumenten der Simulationstechnik analysiert werden (*Gais et al. 1992, Tempelmeier 1991*).

Der Bedarf einer stochastischen Erweiterung wird durch den Umweltschutz noch verstärkt, wie jüngste Untersuchungen beweisen (*Rückle/Terhart 1986, Kistner/Steven 1991, Hartl 1992*).

Literaturhinweise zu §18

Adam 1993; Fandel 1991a,b; Kistner 1981, 1991; Stöppler 1984; Zschocke 1974

Wichtige Begriffe und Aussagen in §18

Nichtlinearitäten der Präferenzen, Technologien und Restriktionen; Preisdifferenzierung; Preisabsatzfunktionen, Cournotscher Punkt; Lern- bzw. Erfahrungskurven; Standortwahl; (optimale) Losgröße; fixe Einflußfaktoren; dynamisches Grundmodell, Lagerbilanzgleichung; stochastische Lagerhaltungsmodelle (Bestellpunkt-/Bestellrhythmusverfahren)

Wiederholungsfragen zu §18

1) Worin sind die Ansatzpunkte für eine nichtlineare, dynamische bzw. stochastische Erweiterung der Theorie betrieblicher Produktion zu sehen?
2) Wie könnten ein dynamisches und ein stochastisches Grundmodell der Produktion aussehen?
3) Wie bestimmt sich erfolgsmaximale Produktion bei Preisdifferenzierung und bei einem einheitlichen Preis im Falle eines reinen Monopols?
4) Inwiefern werden durch die Erfahrungskurve, das Standort- und das Losgrößenmodell nichtkonvexe Technologien beschrieben? Wie kommen fixe Kosten zustande?
5) Worin besteht der Unterschied zwischen einem deterministischen und einem stochastischen Lagerhaltungsmodell?

Paragraph 19
Produktionsmanagement (Skizze)

Dem *Produktionsmanagement* obliegt die zielorientierte Führung, d.h. Gestaltung und Lenkung, des ihm anvertrauten Produktionssystems. In der zuvor benutzten Terminologie ist institutioneller Träger des Produktionsmanagements der „Produzent". Aus funktioneller Sicht sind mit Produktionsmanagement die Aufgaben und Tätigkeiten des Produzenten gemeint, d.h. neben der generellen Personalleitung die Planung und Kontrolle der Produktion in Verbindung mit ihrer Organisation und dem zugehörigen Personaleinsatz.

Die Bedeutung und das Zusammenspiel der *Managementfunktionen* werden ausführlich von *Steinmann/Schreyögg (1990)* dargestellt. Sie verwenden allerdings für Management (Führung) synonym auch die Bezeichnung „Steuerung", während Steuerung in der Produktionslehre, insbesondere der Ingenieurwissenschaften, üblicherweise nur die Umsetzung der Planung als einen speziellen Aspekt der Planung und Kontrolle besonders kennzeichnet.

Planung bedeutet die Willensbildung im Sinne einer zielgerichteten Festlegung zukünftigen Handelns. Sie mündet in einen Planentscheid als Sollvorgabe für das Produktionssystem. Der Vollzug des Planentscheids soll durch die entsprechende *Steuerung* des Systems veranlaßt und realisiert werden. Zur zielgerechten Willensdurchsetzung erfolgt die laufende *Kontrolle* des tatsächlichen Geschehens über die Rückmeldung der Istwerte. Der Soll-Ist-Vergleich überprüft, ob die Steuerung weiter nach Plan verlaufen kann. Größere Abweichungen vom Plan können unter Umständen zu einer Planrevision zwingen, sei es wegen einer nicht planmäßigen *Störung*, d.h. weil die Zukunft sich anders entwickelt als vorhergesehen, oder aber wegen eines *Planungsfehlers*, d.h. weil die Planung selber ungenügend war. Ersteres erfordert eine Korrektur des Plans, letzteres eine Korrektur des Planungssystems. Planung und Steuerung sind so über die Kontrolle rückgekoppelt und bilden Phasen eines sich ständig wiederholenden Managementprozesses (vgl. dazu und im folgenden *Zäpfel 1989a*, S. 1ff.).

Die Führung des Produktionssystems kann als ein Regelkreis aufgefaßt werden, bei dem mit den übergeordneten Zielen als Führungsgrößen der Transformationsprozeß auf der Basis der vorhandenen internen und externen Daten gestaltet und gelenkt wird, wie Abb. 19.1 veranschaulicht. Die Basisstruktur eines Produktionssystems kann damit durch zwei konzeptionell verschiedene, aber eng miteinander verknüpfte Prozesse beschrieben werden. Im *Ausführungssystem* - der Regelstrecke - läuft der eigentliche Prozeß der Transformation des Input in den Output ab. Dem übergeordnet ist das *Führungssystem* - der Regler - mit dem zugehörigen informationsverarbeitenden Prozeß zur zielkonformen Gestaltung und Lenkung des Ausführungssystems. Durch die Planvorgaben des Produzenten (dispositiver Faktor) als Informationsinput - den Stellgrößen - sowie durch den eigentlichen Input (Elementar- und Zusatzfaktoren) wird der Transformationsprozeß im Ausführungssystem ausgelöst. Neben dem eigentlichen Output des Ausführungssystems (Haupt- und Nebenprodukte) resultieren korrespondierende Rückmeldeinformationen - die Regelgrößen -, die als Istwerte mit den Sollwerten verglichen werden. Abweichungen stoßen einen erneuten Zyklus des Regelkreises, eventuell auch eine Planrevision, an.

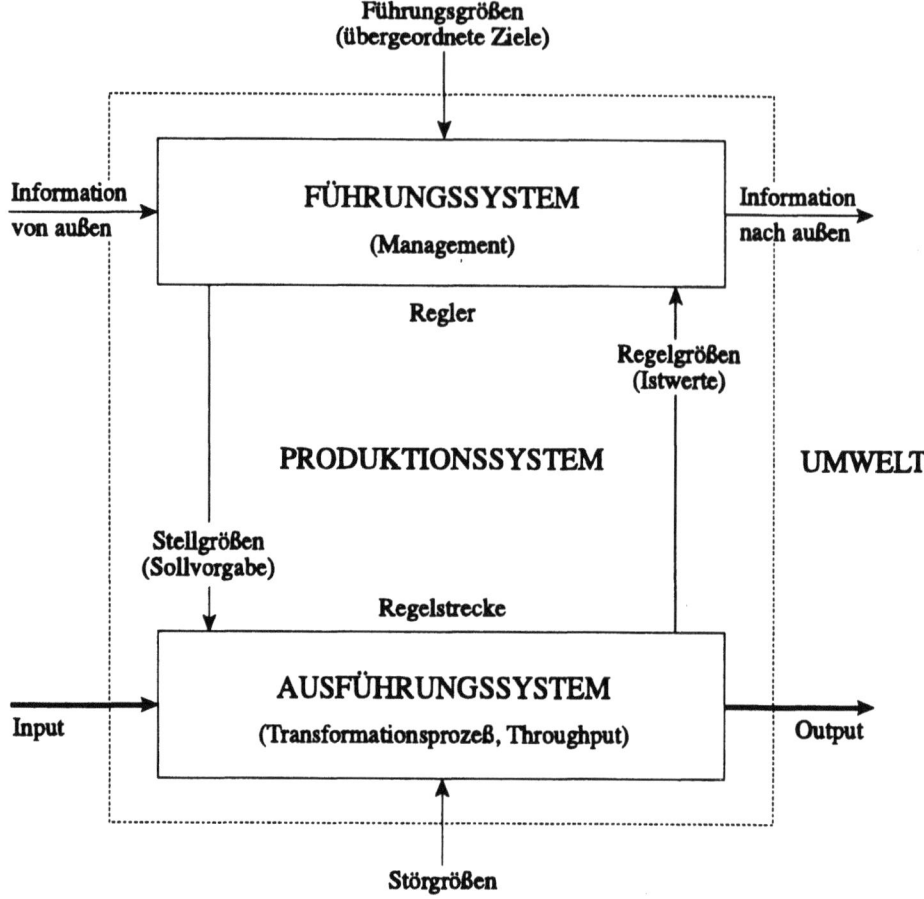

Abb. 19.1: Regelkreis der Führung eines Produktionssystems

Die Abb. 19.1 stellt das Produktionsmanagement nur global dar. Zwecks einer näheren Betrachtung kann es in verschiedener Hinsicht differenziert werden. Beispielsweise spielt für das Zusammenspiel der einzelnen Managementfunktionen zunehmend das *Produktionscontrolling* eine wichtige Rolle; als Hilfsfunktion des Managements verknüpft es über ein geeignetes Koordinationssystem die Planung, Steuerung und Kontrolle mit der Informationsversorgung (*Hoitsch 1985*, S. 28). Aus anderen Perspektiven kann das Führungssystem der Produktion auf unterschiedliche Art und Weise in meist hierarchisch abgestufte Teilsysteme bzw. *Managementebenen* verfeinert werden, so etwa nach

- der Tragweite der Entscheidungen,
- der Weisungsbefugnis der Personen,
- der Fristigkeit der Planung,
- dem Detaillierungsgrad bzw. Aggregationsgrad der Planung oder
- der Vollständigkeit und Sicherheit der Informationen.

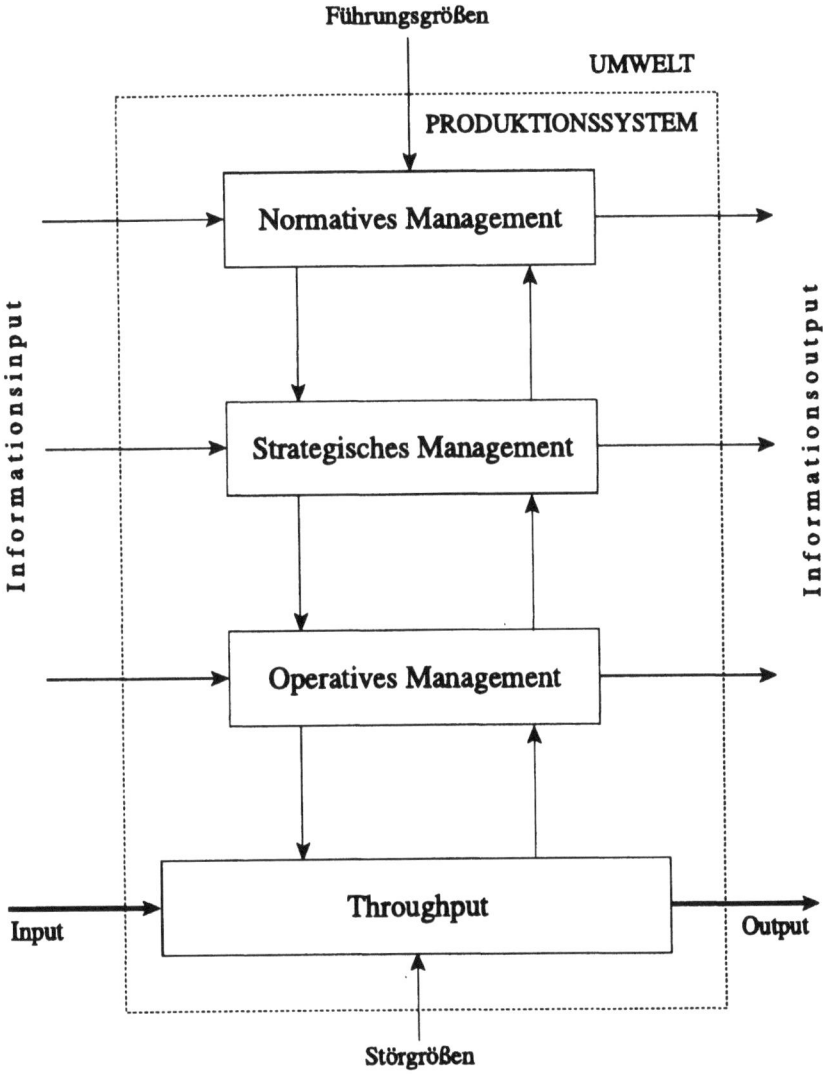

Abb. 19.2: Wesentliche Ebenen des Produktionsmanagements

Eine wichtige Unterteilung ist die nach der Tragweite der Entscheidungen für das Produktionssystem. Bei der Betrachtung von ganzen Unternehmungen als Produktionssystemen sind folgende Teilsysteme zu beachten, die in Abb. 19.2 skizziert sind:

- Das *normative (Produktions-) Management* ist für die Entscheidung über die autorisierten Wertvorstellungen, d.h. die grundlegenden Ziele, verantwortlich. Als Oberziel wird üblicherweise die Überlebensfähigkeit der Unternehmung angesehen, die jedoch mit den Anforderungen der gesellschaftlichen und natürlichen Umwelt abzustimmen ist. Entscheidungsträger sind die Mitglieder des politischen Systems, im besonderen die von der Unternehmensverfassung bestimmten Personen (Kernorgane).

- Das *strategische (Produktions-) Management* trifft auf der Basis der autorisierten Wertvorstellungen Grundsatzentscheide über die Art der herzustellenden Hauptprodukte bzw. der zu beseitigenden Hauptredukte sowie in Verbindung damit über die zugehörigen Märkte und die Gestaltung des Produktionssystems. Das Hauptaugenmerk liegt auf der Schaffung und Erhaltung von Erfolgspotentialen zur Stärkung der Wettbewerbsfähigkeit. Die Konkretisierung der einzelnen Strategien für den Output (Absatz- und Entsorgungspotentiale, insb. Erzeugnissortiment), Input (Beschaffungspotentiale, z.B. Rohstoffquellen) und Throughput (Produktionspotentiale, insb. Organisation, Standort, Verfahren, Kapazität, Flexibilität) wird gelegentlich auch als *taktisches (Produktions-) Management* bezeichnet (*Zäpfel 1989b*).

- Das *operative Produktionsmanagement* entscheidet unter Zugrundelegung der Vorgaben der übergeordneten Managementebenen über den Einsatz des vorhandenen Produktionsapparates und den Vollzug des Transformationsprozesses. Damit verbunden ist die konkrete Festlegung des Output (Erzeugnisprogramm), des Input (Beschaffungs- und Einsatzprogramm) sowie des Throughput (Ablaufprogramm).

In der Abb. 19.2 ist angedeutet, daß auch die einzelnen Managementebenen in enger Wechselbeziehung zueinander stehen und wegen ihrer Rückkopplung vermaschte Regelkreise darstellen (für eine detailliertere Darstellung siehe *Zäpfel 1989a*, S. 2ff., insbesondere Abb. 2). Je höher die Managementebene angesiedelt ist, um so mehr betreffen ihre Aufgaben neben dem engeren Bezug zum Transformationsprozeß (Produktion) auch andere *Unternehmensfunktionen* wie „Forschung und Entwicklung" (F&E), „Absatz", „Beschaffung", „Personal", „Finanzierung" oder „Rechnungswesen". Das normative Management bestimmt die Grundlinien der allgemeinen *Unternehmenspolitik*. Weite Teile des strategischen Managements der einzelnen Unternehmensfunktionen betreffen wegen ihrer Tragweite für die gesamte Unternehmung dieselben Aufgabenstellungen. Sie lassen sich von daher kaum auseinanderhalten, so daß es zweckmäßiger erscheint, generell von der *strategischen Unternehmensführung* zu sprechen. Dies ist kein Widerspruch dazu, daß es einzelne Elemente strategischen Managements gibt, die sich allein auf einen engeren Funktionsbereich beziehen und entsprechend als Produktionsstrategie, Absatzstrategie etc. bezeichnet werden können (vgl. *Zäpfel 1989a*, S. 93). So gesehen ließen sich die Aufgaben des strategischen Produktionsmanagements weiter unterteilen in solche der strategischen Unternehmensführung generell und solche des taktischen Produktionsmanagements speziell.

Außer in sehr kleinen Unternehmungen sind die Aufgaben der verschiedenen Managementebenen arbeitsteilig in einer hierarchischen Stufung so verteilt, daß die Tragweite der Entscheidungen (Entscheidungskompetenz) um so umfassender ist, je höher die Ebene angesiedelt ist. Meistens korrespondiert dies damit, daß auch die Fristigkeit und der Aggregationsgrad der Planung sowie die Unsicherheit der Informationen zunehmen, d.h. die Komplexität der Entscheidungsaufgaben wächst.

Die Unterteilung in die drei (bzw. vier) obigen Managementebenen ist nur grob. Besonders die Planung und Kontrolle auf den einzelnen Ebenen kann gegebenenfalls weiter differenziert sein. Beispielsweise ist in der gängigen Computersoftware für das operative Produktionsmanagement in Unternehmungen bestimmter Branchen (insb. der Maschinenbauindustrie) eine Vierteilung in die folgenden Teilaufgaben üblich:

§19 Produktionsmanagement (Skizze) 355

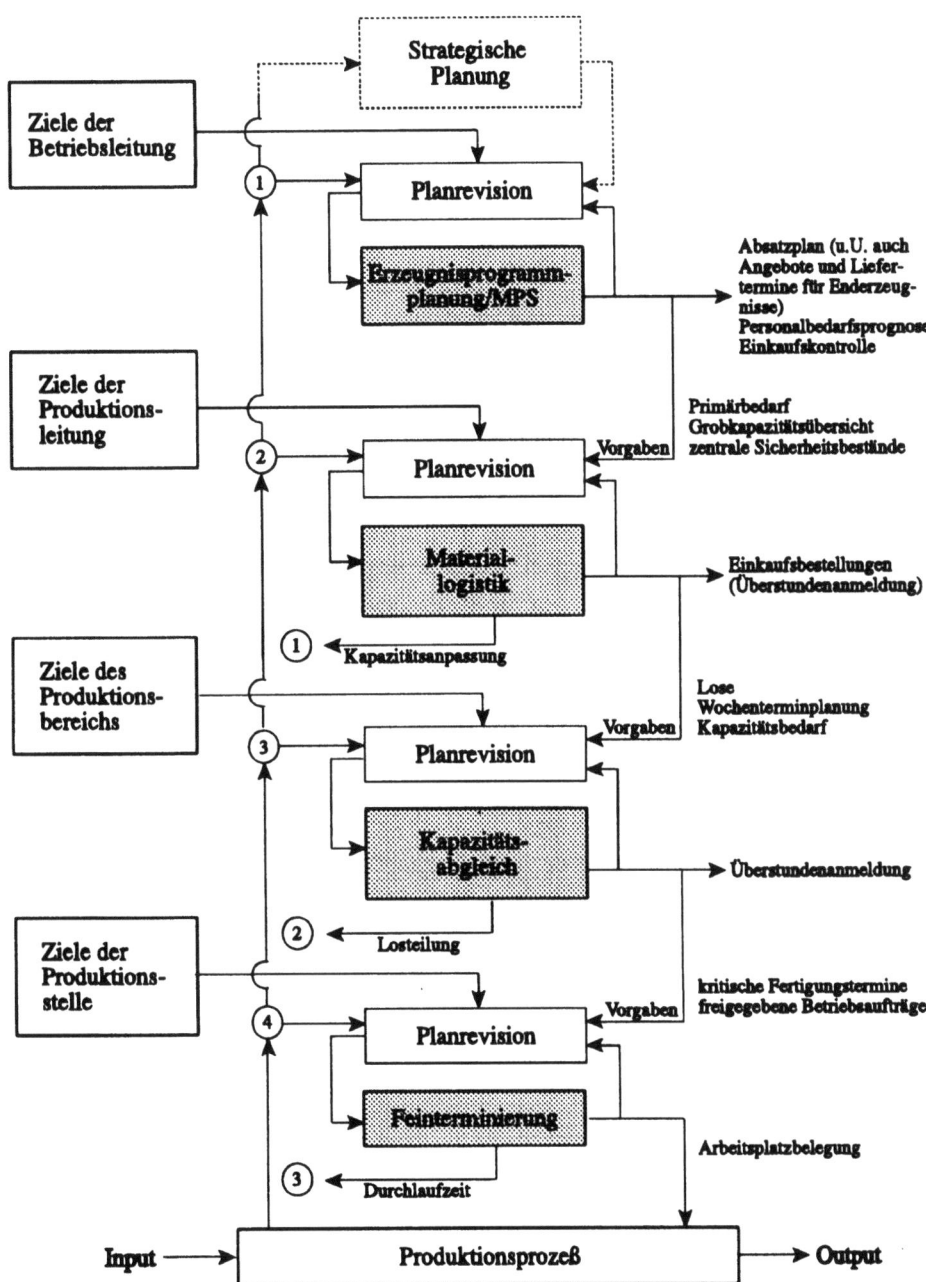

Abb. 19.3: Struktur üblicher PPS-Systeme

- mittelfristige Erzeugnisprogrammplanung,
- kurzfristige Materiallogistik („Mengenwirtschaft"),
- kurzfristiger Kapazitätsabgleich („Zeitwirtschaft") und
- aktuelle Ablaufsteuerung („Feinterminierung").

Dabei werden die drei ersten Teile der Produktionsplanung und die letzte der Produktionssteuerung zugerechnet. Solche computergestützten Dispositionssysteme heißen dementsprechend „Produktionsplanungs- und -steuerungssysteme" (PPS-Systeme). Zur Illustration zeigt die Abb. 19.3 (nach *Schneeweiß 1992b*, S. 236) den Zusammenhang dieser vier Hauptregelkreise des operativen Produktionsmanagements, wobei mangels befriedigender Integration der Teilbereiche in der Praxis oft eine reine Sukzessivplanung erfolgt, indem Rückkopplungen die Ausnahme sind (zur ausführlichen Erläuterung siehe z.B. *Glaser et al. 1992*, *Schneeweiß 1992b* und *Zäpfel 1982*).

Um auch auf andere Typen von Produktionssystemen und damit für andere Branchen anwendbar zu sein, sind vielfach noch geeignete Konzepte zu entwickeln (vgl. z.B. *Glaser et al. 1992*, *Hofmann 1992*). Das gilt auch, wenn Aspekte des Umweltschutzes - wie etwa das Recycling - in diese Systeme integriert werden sollen (*Corsten/Reiss 1991*). In vielen Bereichen des Produktionsmanagements, und zwar sowohl in der Praxis wie in der Theorie, sind in der Tat in jüngerer Zeit „revolutionäre Veränderungen zu beobachten, die als Paradigmawechsel interpretiert werden können" (*Knolmayer 1987*, S. 69). Dies kann nicht ohne Konsequenzen für die Theorie betrieblicher Produktion bleiben.

Literaturhinweise zu §19

Adam 1993; Bloech et al. 1992; Glaser et al. 1992; Günther 1993; Hahn/Laßmann 1990; Hansmann 1992; Hoitsch 1993; Kistner 1989; Kistner/Steven 1993; Kreikebaum 1991, 1992; Meffert/Kirchgeorg 1993; Schneeweiß 1992b; Steger 1992; Steinmann/Schreyögg 1990; Strebel 1984; Zäpfel 1982, 1989a, 1989b

Wichtige Begriffe und Aussagen in §19

(Normatives, strategisches, operatives) Produktionsmanagement; Managementfunktionen und -ebenen, Planung, Steuerung, Kontrolle; Produktionscontrolling; PPS-System

Literaturverzeichnis

Adam, D. **1990**: Produktionspolitik; 6. Aufl., Wiesbaden.

Adam, D. **1993**: Produktionsmanagement; 7. Aufl. (der „Produktionspolitik"), Wiesbaden.

Altenburger, O.A. **1980**: Ansätze zu einer Produktions- und Kostentheorie der Dienstleistungen; Berlin.

Andler, K. **1929**: Rationalisierung der Fabrikation und optimale Losgröße; München.

Ayres, R.U. **1978**: Resources, Environment, and Economics - Applications of the Materials/Energy Balance Principle; New York et al.

Ayres, R.U./**Kneese**, A.V. **1969**: Production, Consumption, and Externalities, in: American Economic Review 59, S. 282-297.

Bamberg, G./**Coenenberg**, A.G. **1992**: Betriebswirtschaftliche Entscheidungslehre; 7. Aufl., München.

Baerns, M./**Hofmann**, H./**Renken**, A. **1987**: Chemische Reaktionstechnik; Stuttgart.

Bilitewski, B./**Härdtle**, W./**Marek**, A. **1990**: Abfallwirtschaft; 2. Aufl., Berlin et al.

Binswanger, M. **1992**: Information und Entropie - Ökologische Perspektiven des Übergangs zu einer Informationswirtschaft; Frankfurt/New York.

Bitz, M. **1977**: Die Strukturierung ökonomischer Entscheidungsmodelle; Wiesbaden.

Bleimann, U.G. **1981**: Darstellungsformen von Technologien in der Produktionstheorie - Entwicklungen und Strukturen; Diss., Frankfurt.

Bloech, J./**Bogaschewsky**, R./**Götze**, U./**Roland**, F. **1992**: Einführung in die Produktion; Heidelberg.

Bode, J./**Zelewski**, St. **1992**: Die Produktion von Dienstleistungen - Ansätze zu einer Produktionswirtschaftslehre der Dienstleistungsunternehmen?; in: Betriebswirtschaftliche Forschung und Praxis 44, S. 594-607.

Bohr, K. **1979**: Produktionsfaktorsysteme; in: Kern, W. (Hrsg.): Handwörterbuch der Produktionswirtschaft, Stuttgart, Sp. 1481-1493.

Bohr, K. **1985**: Betriebswirtschaftlicher Wertbegriff und seine Anwendung; in: Stöppler, S. (Hrsg.): Information und Produktion, Stuttgart, S. 59-81.

Bohr, K./**Schwab**, H. **1984**: Überlegungen zu einer Theorie der Kostenrechnung; in: Zeitschrift für Betriebswirtschaft 54, S. 139-159.

Bol, G. **1973**: Stetigkeit und Effizienz bei mengenwertigen Produktionsfunktionen; Meisenheim am Glan.

Bol, G./**Opitz**, O. **1977**: Aktivitätsanalyse; in: Albers, W. et al. (Hrsg.): Handwörterbuch der Wirtschaftswissenschaft, Bd. 1, Stuttgart, S. 212-216.

Bomba, G./**Paufler**, S./**Wotte**, J. **1989**: Die Nutzung von Abprodukten und das Problem der Abproduktbewertung für ökonomisch begründete Entscheidungen; in: Wissenschaftliche Zeitschrift der TU Dresden, Heft 5/6, S. 35-40.

Brägelmann, J. 1991: Kuppelproduktion und Technikwechsel, Marburg.

Bréguet, L.C. 1927: Determination et Calcul du Prix de Revient des Transports Aériens; Librairie Aéronautique, Paris.

Bretzke, W.-R. 1980: Der Problembezug von Entscheidungsmodellen; Tübingen.

Brockhoff, K. 1982: Soziale Kosten und negative externe Effekte; in: Zeitschrift für Betriebswirtschaft 52, S. 282-286.

Bunde, J./Zimmermann, H. 1989: Abfall in ökonomischer Sicht; in: Zeitschrift für angewandte Umweltforschung 1, S. 175-182.

Busse von Colbe, W./Laßmann, G. 1991: Betriebswirtschaftstheorie, Bd. 1: Grundlagen, Produktions- und Kostentheorie; 5. Aufl., Berlin et al. (1. Aufl. 1974).

Chenery, H.B. 1949: Engineering Production Functions; in: Quarterly Journal of Economics 63, S. 507-531.

Chung, K.H. 1990: Output Decision under Demand Uncertainty with Stochastic Production Function: A Contingent Claims Approach; in: Management Science 36, S. 1311-1328.

Cobb, C.W./Douglas, P.H. 1928: A Theory of Production; in: American Economic Review 18, Supplement, S. 139-165.

Corsten, H. 1985: Die Produktion von Dienstleistungen; Berlin.

Corsten, H. 1988: Betriebswirtschaftslehre der Dienstleistungsunternehmen; München/Wien.

Corsten, H./Reiss, M. 1991: Recycling in PPS-Systemen; in: Die Betriebswirtschaft 51, S. 615-627.

Czap, H. 1982: Mengenflußgraphen - Ein Werkzeug zur automatischen Generierung von Entscheidungsmodellen; in: Angewandte Informatik 12, S. 600-606.

Danø, S. 1966: Industrial Production Models; Wien/New York.

Debreu, G. 1976: Werttheorie; 2. Aufl., Berlin et al.

Dellmann, K. 1980: Betriebswirtschaftliche Produktions- und Kostentheorie; Wiesbaden.

Dellmann, K./Nastansky, L. 1969: Kostenminimale Produktionsplanung bei rein intensitätsmäßiger Anpassung mit differenzierten Intensitätsgraden; in: Zeitschrift für Betriebswirtschaft 39, S. 239-268.

Dinkelbach, W. 1982: Entscheidungsmodelle; Berlin/New York.

Dinkelbach, W. 1990: Elemente einer umweltorientierten betriebswirtschaftlichen Produktions- und Kostentheorie auf der Grundlage von Leontief-Technologien; in: Kistner, K.P. et al. (Hrsg.): Operations Research Proceedings 1989, Berlin et al., S. 60-70.

Dinkelbach, W. 1991: Effiziente Produktionen in umweltorientierten Leontief-Technologien; in: Fandel, G./Gehring, H. (Hrsg.): Operations Research, Berlin et al., S. 361-375.

Dinkelbach, W. 1992: Operations Research; Berlin et al.

Dinkelbach, W./Piro, A. 1989: Entsorgung und Recycling in der betriebswirtschaftlichen Produktions- und Kostentheorie: Leontief-Technologie; in: Wirtschaftsstudium 18, S. 399-405 und S. 474-480.

Dinkelbach, W./Piro, A. 1990: Entsorgung und Recycling in der betriebswirtschaftlichen Produktions- und Kostentheorie: Gutenberg-Technologie; in: Wirtschaftsstudium 19, S. 640-645 und S. 700-705.

Dörner, E. 1984: Plankostenrechnung aus produktionswirtschaftlicher Sicht; Bergisch Gladbach.

Domschke, W./Drexl, A. 1991: Einführung in das Operations-Research; 2. Aufl., Berlin et al.

Dorfmann, R./Samuelson, P.A./Solow, R. 1958: Linear Programming and Economic Analysis; New York/Toronto/London.

Dürr, H.P. 1991: Die Natur und die Wirtschaft; in: Bild der Wissenschaft, Heft 10, S. 122-125.

Dyckhoff, H. 1981: A New Linear Programming Approach to the Cutting Stock Problem; in: Operations Research 29, S. 1092-1104.

Dyckhoff, H. 1982: Charakterisierung der Produktionsmöglichkeitengrenze im Mehrsektorenmodell; in: Zeitschrift für Wirtschafts- und Sozialwissenschaften 102, S. 155-172.

Dyckhoff, H. 1983a: Handelsgewinne rohstoffarmer Industrieländer und rohstoffreicher Entwicklungsländer: Eine spieltheoretische Analyse; Berlin et al.

Dyckhoff, H. 1983b: Economically Essential Factors of Production; in: Jahrbücher für Nationalökonomie und Statistik 198, S. 362-368.

Dyckhoff, H. 1986: Informationsverdichtung zur Alternativenbewertung; in: Zeitschrift für Betriebswirtschaft 56, S. 848-872.

Dyckhoff, H. 1988: Produktionstheoretische Fundierung industrieller Zuschneideprozesse; in: Operations Research-Spektrum 10, S. 77-96.

Dyckhoff, H. 1991a: Berücksichtigung des Umweltschutzes in der betriebswirtschaftlichen Produktionstheorie; in: Ordelheide, D./Rudolph, B./Büsselmann, E. (Hrsg.): Betriebswirtschaftslehre und ökonomische Theorie, Stuttgart, S. 275-309.

Dyckhoff, H. 1991b: Bridges between Two Principal Model Formulations for Cutting Stock Processes; in: Fandel, G./Gehring, H. (Hrsg.): Operations Research, Berlin et al., S. 377-385.

Dyckhoff, H. 1991c: Entscheidungsrelevanz von Fixkosten im Rahmen operativer Planungsrechnungen; in: Betriebswirtschaftliche Forschung und Praxis 43, S. 254-261.

Dyckhoff, H. 1992: Organische Integration des Umweltschutzes in die Betriebswirtschaftstheorie; in: Seidel, E. (Hrsg.): Betrieblicher Umweltschutz, Wiesbaden, S. 57-80.

Dyckhoff, H. 1993a: Aktivitätsanalyse; in: Wittmann, W. et al. (Hrsg.): Handwörterbuch der Betriebswirtschaftslehre, Teilband 1, 5. Aufl., Stuttgart, Sp. 57-68.

Dyckhoff, H. 1993b: Aktivitätsanalytische Grundlagen einer umweltorientierten einzelwirtschaftlichen Produktions- und Erfolgstheorie; in: Zeitschrift für Wirtschafts- und Sozialwissenschaften 113, S. 1-16.

Dyckhoff, H. 1993c: Theoretische Grundlagen einer umweltorientierten Produktionswirtschaft; in: Wagner, G.R. (Hrsg.): Betriebswirtschaft und Umweltschutz, Stuttgart (im Druck).

Dyckhoff, H./Finke, U. 1992: Cutting and Packing in Production and Distribution: A Typology and Bibliography; Heidelberg.

Dyckhoff, H./Souren, R. 1993: Grundlegende umweltschutzorientierte Erweiterungen der Produktionstheorie; in: Das Wirtschaftsstudium 22, S. 333-346.

Eichhorn, W. 1978: Produktions- und Kostentheorie; in: Glastetter, W. et al. (Hrsg.): Handwörterbuch der Volkswirtschaft, Wiesbaden, Sp. 1054-1082.

Eichhorn, W. 1993: Produktionskorrespondenzen; in: Wittmann, W. et al. (Hrsg.): Handwörterbuch der Betriebswirtschaftslehre, Teilband 2, 5. Aufl., Stuttgart, Sp. 3443-3450.

Eichhorn, W./Shephard, R.W./Stehling, F. 1979: Produktions- und Kostentheorie; in: Selten, R. (Hrsg.): Wirtschaftstheorie, Bd. 1, Handwörterbuch der Mathematischen Wirtschaftswissenschaften, Wiesbaden, S. 333-358.

Eisenführ, F. 1989: Grundlagen der Produktionswirtschaft; (Vorlesungsskript) 4. Aufl., Aachen.

Eisenführ, F./Weber, M. 1993: Rationales Entscheiden; Berlin et al. (erscheint demnächst).

Engels, W. 1962: Betriebswirtschaftliche Bewertungslehre im Lichte der Entscheidungstheorie; Köln/Opladen.

Ethridge, D. 1973: The Inclusion of Wastes in the Theory of the Firm; in: The Journal of Political Economy 81, S. 1430-1441.

Eversheim, W. 1989: Organisation in der Produktionstechnik, Bd. 4; 2. Aufl., Düsseldorf.

Eversheim, W. 1990a: Organisation in der Produktionstechnik, Bd. 1; 2. Aufl., Düsseldorf.

Eversheim, W. 1990b: Organisation in der Produktionstechnik, Bd. 2; 2. Aufl., Düsseldorf.

Faber, M./Niemes, H./Stephan, G. 1983: Entropie, Umweltschutz und Rohstoffverbrauch - Eine naturwissenschaftlich ökonomische Untersuchung; Berlin et al.

Faber, M./Proops, J.L.R. 1990: Evolution, Time, Production and the Environment; Berlin et al.

Faber, M./Proops, J.L.R. 1991: The Innovation of Techniques and the Time-Horizon: A Neo-Austrian Approach; in: Structural Change and Economic Dynamics 2, S. 143-158.

Färe, R. 1988: Fundamentals of Production Theory; Berlin et al.

Fandel, G. 1981: Zur Berücksichtigung von Überschuß- bzw. Vernichtungsmengen in der optimalen Programmplanung bei Kuppelproduktion; in: Brockhoff, K./Krelle, W. (Hrsg.): Unternehmensplanung, Berlin et al., S. 193-212.

Fandel, G. 1991a: Produktion I: Produktions- und Kostentheorie; 3. Aufl., Berlin et al.

Fandel, G. 1991b: Die Bedeutung der ökonomischen Theorie für das betriebswirtschaftliche Gebiet der Produktion; in: Ordelheide, D./Rudolph, B./Büsselmann, E. (Hrsg.): Betriebswirtschaftslehre und ökonomische Theorie, Stuttgart, S. 227-254.

Fandel, G./Dyckhoff, H./Reese, J. 1990: Industrielle Produktionsentwicklung; Berlin et al.

Ferguson, A.R. 1950: Empirical Determination of a Multidimensional Marginal Cost Function; in: Econometrica 18, S. 217-235.

Frank, Ch.R.Jr. 1969: Production Theory and Indivisible Commodities; Princeton N.J.

Franke, R. 1972: Betriebsmodelle; Düsseldorf.

Frese, E./Kloock, J. 1989: Internes Rechnungswesen und Organisation aus der Sicht des Umweltschutzes; in: Betriebswirtschaftliche Forschung und Praxis 41, S. 1-29.

Frisch, R. 1932: Einige Punkte einer Preistheorie mit Boden und Arbeit als Produktionsfaktoren; in: Zeitschrift für Nationalökonomie 3, S. 62-104.

Fuchs, H.G./Klose, A./Kramer, R. (Hrsg.) 1991: Güter und Ungüter; Berlin.

Funk, M. 1990: Industrielle Energieversorgung als betriebswirtschaftliches Planungsproblem; Heidelberg.

Gais, U./Patzina, P./Adler, U. 1992: Simulieren geht über Probieren; München.

Gal, T. et al. 1988: Mathematik für Wirtschaftswissenschaftler, Bd. II Analysis; 2. Aufl., Berlin et al. 1988.

Garey, M.R./Johnson, D.S. 1979: Computers and Intractability: A Guide to the Theory of NP-Completeness; San Francisco.

Geoffrion, A.M. 1987: An Introduction to Structured Modeling; in: Management Science 33, S. 547-588.

Georgescu-Roegen, N. 1971: The Entropy Law and the Economic Process; Cambridge (USA)/London.

Gerhardt, J. 1987: Dienstleistungsproduktion; Bergisch Gladbach et al.

Gilmore, P.C./Gomory, R.E. 1961: A Linear Programming Approach to the Cutting-Stock Problem, Part I; in: Operations Research 9, S. 849-859.

Glaser, H./Geiger, W./Rohde, V. 1992: PPS - Produktionsplanung und -steuerung; 2. Aufl., Wiesbaden.

Große-Oetringhaus, W.F. 1974: Fertigungstypologie unter dem Gesichtpunkt der Fertigungsablaufplanung; Berlin.

Günther, H.-O. 1989: Produktionsplanung bei flexibler Personalkapazität; Stuttgart.

Günther, H.-O. 1993: Produktionsmanagement - Einführung mit Übungsaufgaben; Berlin et al.

Güth, W. 1992: Theorie der Marktwirtschaft; Berlin et al.

Gutenberg, E. 1951: Grundlagen der Betriebswirtschaftslehre, Bd. 1: Die Produktion; 24. Aufl., Berlin et al. 1983. (1. Aufl. 1951)

Haak, W. 1982: Produktion in Banken: Möglichkeit eines Transfers industriebetrieblich-produktionswirtschaftlicher Erkenntnisse auf den Produktionsbereich von Banken; Frankfurt a.M. et al.

Haber, W.E. 1992: Landschaftsökologische Erkenntnisse als Grundlage wirtschaftlichen Handelns; in: Seidel, E. (Hrsg.): Betrieblicher Umweltschutz, Wiesbaden S. 15-30.

Hackman, S.T./Leachman, R.C. 1989: A General Framework for Modeling Production; in: Management Science 35, S. 478-495.

Hahn, D./Laßmann, G. 1990: Produktionswirtschaft; Bd. 1, 2. Aufl., Heidelberg.

Hansmann, K.-H. 1992: Industrielles Management; 3. Auflage, München/Wien.

Hanssmann, F. 1976: Systemforschung im Umweltschutz; Berlin.

Hanssmann, F. 1978: Einführung in die Systemforschung; München.

Harris, F. 1913: How Many Parts to Make at Once; in: Factory, The Magazine of Management 10, S. 135-136 und 152.

Hartl, R.F. 1992: Optimal Aquisition of Pollution Control Equipment under Uncertainty; in: Management Science 38, S. 609-622.

Haupt, R. 1987: Produktionstheorie und Ablaufmanagement; Stuttgart.

Heinen, E. **1965**: Betriebswirtschaftliche Kostenlehre, Bd. 1; Wiesbaden.

Heinen, E. (Hrsg.) **1991**: Industriebetriebslehre; 9. Aufl., Wiesbaden.

Henn, R./Opitz, O. **1972**: Konsum- und Produktionstheorie II; Berlin et al.

Hesse, H./Linde, R. **1976**: Gesamtwirtschaftliche Produktionstheorie; Würzburg/Wien.

Hieber, W.L. **1991**: Lern- und Erfahrungskurveneffekte, München.

Hildenbrand, K./Hildenbrand, W. **1975**: Lineare ökonomische Modelle; Berlin et al.

Hillekamp, K. **1984**: Ergebnisse eines Forschungsvorhabens zur Brennstofferzeugung durch die DKAM-Niedertemperaturpyrolyse - BMFT-Projekt; in: Thomé-Kozmiensky (Hrsg.): Recycling International, Berlin, S. 216-225.

Hitzler, R. **1992**: Ökologische Ideale - Zur Typisierung ideologischer Positionen; in: Zeitschrift für angewandte Umweltforschung 3, S. 119-124.

Hofmann, M. **1992**: PPS - nichts für die chemische Industrie?; in: io Management Zeitschrift 61, S. 30-33.

Hofmeister, S. **1989**: Stoff- und Energiebilanzen; Berlin.

Hoitsch, H.-J. **1985**: Produktionswirtschaft; München.

Hoitsch, H.-J. **1993**: Produktionsplanung; in: Wittmann, W. et al. (Hrsg.): Handwörterbuch der Betriebswirtschaftslehre, Teilband 2, 5. Aufl., Stuttgart, Sp. 3450-3467.

Holler, H. **1990**: Produktionsfunktion und Handelsbetrieb; Frankfurt a.M. et al.

Immler, H. **1989**: Vom Wert der Natur; Opladen.

Intriligator, M.D. **1971**: Mathematical Optimization and Economic Theory; London.

Isermann, H. **1991**: Verpackungsplanung im Spannungsfeld zwischen ökologischen und ökonomischen Anforderungen an die Verpackung; in: Operations Research-Spektrum 13, S. 173-188.

Jacob, H. **1962**: Produktionsplanung und Kostentheorie; in: Koch, H. (Hrsg.): Zur Theorie der Unternehmung, Wiesbaden, S. 204-268.

Jahnke, B. **1986**: Betriebliches Recycling; Wiesbaden.

Jevons, W. **1879**: The Theory of Political Economy; 2. Aufl., London.

Kampkötter, H. **1981**: Einzelwirtschaftliche Ansätze der Produktionstheorie; Königstein.

Kern, W. (Hrsg.) **1979**: Handwörterbuch der Produktionswirtschaft; Stuttgart.

Kern, W. **1990**: Industrielle Produktionswirtschaft; 4. Auflage, Stuttgart.

Kern, W. **1992**: Die Zeit als Dimension betriebswirtschaftlichen Denkens und Handelns; in: Die Betriebswirtschaft 52, S. 41-58.

Kilger, W. **1973**: Optimale Produktions- und Absatzplanung; Opladen.

Kilger, W. **1983**: Die Theorie der industriellen Produktion auf der Grundlage dispositiv variierbarer Prozeßparameter; in: Koch, H. (Hrsg.): Neuere Entwicklungen in der Unternehmenstheorie, Wiesbaden, S. 99-148.

Kistner, K.P. **1981**: Produktions- und Kostentheorie; Würzburg/Wien.

Kistner, K.P. **1983**: Zur Erfassung von Umwelteinflüssen der Produktion in der linearen Aktivitätsanalyse; in: Wirtschaftswissenschaftliches Studium 12, S. 389-395.

Kistner, K.P. 1989: Umweltschutz in der betrieblichen Produktionsplanung; in: Betriebswirtschaftliche Forschung und Praxis 41, S. 30-50.

Kistner, K.P. 1991: Zeitaspekte in der Produktionstheorie; in: Kistner, K.P./Schmidt, R. (Hrsg.): Unternehmensdynamik, Wiesbaden.

Kistner, K.P. 1993: Optimierungsmethoden; 2. Aufl., Heidelberg.

Kistner, K.P./Steven, M. 1991: Management ökologischer Risiken in der Produktionsplanung; in: Zeitschrift für Betriebswirtschaft 61, S. 1307-1336.

Kistner, K.P./Steven, M. 1993: Produktionsplanung; 2. Aufl., Heidelberg.

Kloock, J. 1969: Betriebswirtschaftliche Input-Output-Modelle; Wiesbaden.

Kloock, J. 1993: Neuere Entwicklungen betrieblicher Umweltkostenrechnungen; in: Wagner, G.R. (Hrsg.): Betriebswirtschaft und Umweltschutz, Stuttgart (im Druck).

Knolmayer, G. 1973: Systematisierungsversuche in der betriebswirtschaftlichen Produktionstheorie; in: Der österreichische Betriebswirt 23, S. 87-101.

Knolmayer, G. 1980: Programmierungsmodelle für die Produktionsprogrammplanung; Basel/Boston/Stuttgart.

Knolmayer, G. 1983: Der Einfluß von Anpassungsmöglichkeiten auf die Isoquanten in Gutenberg-Produktionsmodellen; in: Zeitschrift für Betriebswirtschaft 53, S. 1122-1147.

Knolmayer, G. 1987: Materialflußorientierung statt Materialbestandsoptimierung: Ein Paradigmawechsel in der Theorie des Produktions-Managements?; in: Baetge, J. et al. (Hrsg.): Logistik - eine Aufgabe der Unternehmenspolitik, Berlin.

Knolmayer, G./Bötzel, S./Disterer, G. 1991: Zeitbezogene Daten in betrieblichen Informationssystemen - Ein Vergleich ausgewählter Datenmodelle an einem Beispiel der Finanzplanung; in: Rückle, D. (Hrsg.): Aktuelle Fragen der Finanzwirtschaft und der Unternehmensbesteuerung, Wien, S. 287-319.

Koopmans, T.C. 1951: Analysis of Production as an Efficient Combination of Activities; in: Koopmans, T.C. (Hrsg.): Activity Analysis of Production and Allocation, New York, S. 33-97.

Kosiol, E. 1972: Die Unternehmung als wirtschaftliches Aktionszentrum; Reinbek bei Hamburg.

Kramer, R. 1991: Ethische Grenzen bei der Herstellung und Verwendung von Gütern; in: Fuchs, H.G./Klose, A./Kramer, R. (Hrsg.): Güter und Ungüter, Berlin, S. 47-61.

Kreikebaum, H. 1991: Strategische Unternehmensplanung; 4. Aufl., Stuttgart/Berlin/Köln.

Kreikebaum, H. 1992: Umweltgerechte Produktion. Integrierter Umweltschutz als Aufgabe der Unternehmensführung im Industriebetrieb; Wiesbaden.

Krelle, W. 1969: Produktionstheorie; Tübingen.

Kromschröder, B./Lehmann, M. 1985: Die Leistungswirtschaft des Versicherungsbetriebes; in: Stöppler, S. (Hrsg.): Information und Produktion, Stuttgart, S. 171-209.

Kruschwitz, L. 1969: Eigenerzeugung oder Beschaffung? Eigenverwendung oder Absatz?; Diss., Berlin.

Kruschwitz, L. 1974: Kritik der Produktionsbegriffe; in: Betriebswirtschaftliche Forschung und Praxis 26, S. 242-258.

Külp, B. 1967: Grundfragen der Wirtschaft; Köln.

Küpper, H.U. **1980**: Interdependenzen zwischen Produktionstheorie und Organisation des Produktionsprozesses; Berlin.

Kurz, D. **1986**: Classical and Early Neoclassical Economists on Joint Production; in: Metroeconomica 38, S. 1-37.

Laßmann, G. **1968**: Die Kosten- und Erlösrechnung als Instrument der Planung und Kontrolle in Industriebetrieben; Düsseldorf.

Laux, W./**Franke**, G. **1970**: Der Erfolg im betriebswirtschaftlichen Entscheidungsmodell; in: Zeitschrift für Betriebswirtschaft 40, S. 31-52.

Lenz, H. **1987**: Entscheidungsmodell und Entscheidungsrealität; in: Schmidt, R.H./Schor, G. (Hrsg.): Modelle in der Betriebswirtschaftslehre, Wiesbaden, S. 273-307.

Leontief, W. **1951**: The Structures of the American Economy, 1919-1939; New York.

Lücke, W. **1973**: Produktions- und Kostentheorie; 3. Aufl., Würzburg/Wien.

Männel, W. **1981**: Die Wahl zwischen Eigenfertigung und Fremdbezug; 2. Aufl., Stuttgart.

Maleri, R. **1991**: Grundlagen der Dienstleistungsproduktion; 2. Aufl., Berlin (1. Aufl. 1973).

Matschke, M.J./**Lemser**, B. **1992**: Entsorgung als betriebliche Grundfunktion; in: Betriebswirtschaftliche Forschung und Praxis 44, S. 85-101.

May, E. **1992**: Dynamische Produktionstheorie auf Basis der Aktivitätsanalyse; Heidelberg.

Meffert, H./**Kirchgeorg**, M. **1993**: Marktorientiertes Umweltmanagement; 2. Auflage, Stuttgart.

Meyer, M. **1990**: Operations Research/Systemforschung; 3. Aufl., Stuttgart.

Müller, H. **1991**: Industrielle Abfallbewältigung; Wiesbaden.

Müller-Merbach, H. **1981**: Die Konstruktion von Input-Output-Modellen; in: Bergner, H. (Hrsg.): Planung und Rechnungswesen in der Betriebswirtschaftslehre, Berlin, S. 19-113.

Müller-Merbach, H. **1992**: Vier Arten von Systemansätzen, dargestellt in Lehrgesprächen; in: Zeitschrift für Betriebswirtschaft 62, S. 853-876.

Müller-Wenk, R. **1978**: Die ökologische Buchhaltung; Frankfurt a.M.

Murphy, F.H./**Stohr**, E.A./**Asthana**, A. **1992**: Representation Schemes for Linear Programming Models; in: Management Science 38, S. 964-991.

Neumann, J. von **1937**: Über ein ökonomisches Gleichungssystem und eine Verallgemeinerung des Brouwerschen Fixpunktsatzes; in: Menger, K. (Hrsg.): Ergebnisse eines Mathematischen Kolloquiums 8, Leipzig/Wien, S. 73-83.

Nikaido, H. **1968**: Convex Structures and Economic Theory; New York.

Opitz, O. **1971**: Zum Problem der Aktivitätsanalyse; in: Zeitschrift für die gesamte Staatswissenschaft 127, S. 238-255.

Pasinetti, L.L. **1988**: Vorlesungen zur Theorie der Produktion; Marburg.

Pfanzagl, J. **1971**: Theory of Measurement; 2. Aufl., Würzburg/Wien.

Pichler, O. 1953a: Anwendung der Matrizenrechnung auf betriebswirtschaftliche Aufgaben; in: Ing.-Archiv 21, S. 119-140.

Pichler, O. 1953b: Anwendung der Matrizenrechnung zur Erfassung von Betriebsabläufen; in: Ing.-Archiv 21, S. 157-175.

Picot, A. 1977: Betriebswirtschaftliche Umweltbeziehungen und Umweltinformation; Berlin.

Plein, P.A. 1989: Umweltschutzorientierte Fertigungsstrategien; Wiesbaden.

Pressmar, D. 1971: Kosten- und Leistungsanalyse im Industriebetrieb; Wiesbaden.

Raffée, H./Förster, F./Fritz, W. 1992: Umweltschutz im Zielsystem von Unternehmen; in: Steger, U. (Hrsg.): Handbuch des Umweltmanagements, München, S. 241-254.

Rapoport, A. 1988: Allgemeine Systemtheorie; Darmstadt.

Reisig, W. 1985: Systementwurf mit Petri-Netzen; Berlin et al.

Remak, R. 1929: Kann die Volkswirtschaftslehre eine exakte Wissenschaft werden?; in: Jahrbücher für Nationalökonomie und Statistik 131, S. 703-735.

Rentz, O. 1979: Techno-Ökonomie betrieblicher Emissionsminderungsmaßnahmen; Berlin.

Richter, R. 1990: Sichtweisen und Fragestellungen der Neuen Institutionenökonomik; in: Zeitschrift für Wirtschafts- und Sozialwissenschaft 110, S. 571-591.

Richter, R. 1991: Institutionsökonomische Aspekte der Theorie der Unternehmung; in: Ordelheide, D./Rudolph, B./Büsselmann, E. (Hrsg.): Betriebswirtschaftslehre und ökonomische Theorie, Stuttgart, S. 395-429.

Riebel, P. 1955: Die Kuppelproduktion; Opladen.

Riebel, P. 1963: Industrielle Erzeugungsverfahren in betriebswirtschaftlicher Sicht; Wiesbaden.

Riebel, P. 1981: Produktion III, einfache und verbundene; in: Albers, W. et al. (Hrsg.): Handwörterbuch der Wirtschaftswissenschaft, Bd. 6, Stuttgart et al., S. 295-310.

Riebel, P. 1985: Überlegungen und Fallstudien zur Bedeutung der Entscheidungssequenz für die Unternehmensrechnung; in: Stöppler, S. (Hrsg.): Information und Produktion, Stuttgart, S. 243-276.

Riebel, P. 1988: Sequentielle Entscheidungen in Planungs- und Kontrollrechnungen; in: Lücke, W. (Hrsg.): Betriebswirtschaftliche Steuerungs- und Kontrollprobleme, Wiesbaden, S. 257-283.

Riebel, P. 1990: Einzelkosten- und Deckungsbeitragsrechnung; 6. Auflage, Opladen.

Rieper, B. 1992: Betriebswirtschaftliche Entscheidungsmodelle; Herne/Berlin.

Rosenstengel, B./Winand, U. 1983: Petri-Netze. Eine anwendungsorientierte Einführung; Braunschweig/Wiesbaden.

Rosser, J.B. 1992: The Dialogue Between the Economic and the Ecologic Theories of Evolution; in: Journal of Economic Behavior and Organization 17, S. 195-215.

Roth, U. 1992: Umweltkostenrechnung; Wiesbaden.

Rückle, D./Terhart, K. 1986: Die Befolgung von Umweltschutzauflagen als betriebswirtschaftliches Entscheidungsproblem; in: Zeitschrift für betriebswirtschaftliche Forschung 38, S. 393-424.

Runge, M. 1989: Müllvermeidung; München.

Russel, C.S. 1973: Residuals Management in Industry; Baltimore/London.

Russel, C.S./Vaughan, W.J. 1974: A Linear Programming Model of Residuals Management for Integrated Iron and Steel Production; in: Journal of Environmental Economics and Management 1, S. 17-42.

RWE 1986: Rheinisch-Westfälisches Elektrizitätswerk AG, Betriebsverwaltung Fortuna (Hrsg.): Braunkohle Kraftwerk Niederaußem; Essen.

Scarf, H.E. 1981a: Production Sets with Indivisibilities, Part I: Generalities; in: Econometrica 49, S. 1-32.

Scarf, H.E. 1981b: Production Sets with Indivisibilities, Part II: The Case of two Activities; in: Econometrica 49, S. 395-423.

Scarf, H.E. 1986: Neighborhood Systems for Production Sets with Indivisibilities; in: Econometrica 54, S. 507-532.

Schäfer, E. 1978: Der Industriebetrieb - Betriebswirtschaftslehre der Industrie auf typologischer Grundlage; 2. Aufl., Wiesbaden.

Schaltegger, S./Sturm, A. 1992: Ökologieorientierte Entscheidungen im Unternehmen; Bern et al.

Scheper, W. 1981: Produktion I, Produktionstheorie; in: Albers, W. et al. (Hrsg.): Handwörterbuch der Wirtschaftswissenschaften, Bd. 6, Stuttgart et al., S. 256-276.

Schmalenbach, E. 1925: Grundlagen der Selbstkostenrechnung und Preispolitik; Leipzig.

Schmidt, R.H./Schor, G. 1987: Modell und Erklärung in den Wirtschaftswissenschaften; in: Schmidt, R.H./Schor, G. (Hrsg.): Modelle in der Betriebswirtschaftslehre, Wiesbaden, S. 9-36.

Schneeweiß, C. 1991: Planung 1: Systemanalytische und entscheidungstheoretische Grundlagen; Berlin et al.

Schneeweiß, C. 1992a: Planung 2: Konzepte der Prozeß- und Modellgestaltung; Berlin et al.

Schneeweiß, C. 1992b: Einführung in die Produktionswirtschaft; 4. Aufl., Berlin et al.

Schneider, D. 1964: Produktionstheorie als Theorie der Produktionsplanung; in: Liiketaloudellinen Aikakauskirja 13, The Journal of Business Economics (Finnland) 13, S. 199-229.

Schneider, D. 1985: Allgemeine Betriebswirtschaftslehre; 2. Aufl., München/Wien.

Schneider, D. 1987: Allgemeine Betriebswirtschaftslehre; 3. Aufl., München/Wien.

Schneider, E. 1934: Theorie der Produktion; Wien.

Schnitzer, H. 1991: Grundlagen der Stoff- und Energiebilanzierung, Braunschweig.

Schönfeld, K.P. 1964: Effizienz und Dualität in der Aktivitätsanalyse; Diss., FU Berlin.

Schulz, J. 1987: Leistungsverflechtung in analytischen Produktionsmodellen; Idstein.

Schweitzer, M. (Hrsg.) 1990: Industriebetriebslehre; München.

Schweitzer, M./Küpper, H.-U. 1974: Produktions- und Kostentheorie der Unternehmung; Hamburg.

Seelbach, H. 1983: Produktionstheorie und Ablaufplanung; in: Koch, H. (Hrsg.): Neuere Entwicklungen in der Unternehmenstheorie, Wiesbaden, S. 269-290.

Seidel, E./**Menn**, H. **1988**: Ökologisch orientierte Betriebswirtschaft; Stuttgart et al.

Seng, P. **1989**: Informationen und Versicherungen; Wiesbaden.

Shephard, R.W. **1970**: Theory of Cost and Production Functions; Princeton/New Jersey.

Shephard, R.W. **1983**: Dynamic Production Networks; in: Eichhorn, W. et al. (Hrsg.): Quantitative Studies on Production and Prices, Würzburg/Wien 1983, S. 113-128.

Shephard, R.W./**Färe**, R. **1980**: Dynamic Theory of Production Correspondence; Cambridge (Mass.).

Siebert, H. **1978**: Ökonomische Theorie der Umwelt; Tübingen.

Smith, V.L. **1961**: Investment and Production; Cambridge (Mass.).

Stackelberg, H. von **1932**: Grundlagen einer reinen Kostentheorie; Wien.

Stadtler, H. **1988**: A Comparison of Two Optimization Procedures for 1- and 1,5-Dimensional Cutting Stock Problems; in: Operations Research-Spektrum 10, S. 97-111.

Staehle, W.H./**Nork**, M. **1992**: Umweltschutz und Theorie der Unternehmung; in: Steger, U. (Hrsg.): Handbuch des Umweltmanagements, München, S. 67-81.

Stähler, F. **1992**: Kollektive Umweltnutzungen und individuelle Bewertung; Heidelberg.

Steffen, R. **1983**: Produktions- und Kostentheorie; Stuttgart et al.

Steffenhagen, H. **1991**: Marketing - Eine Einführung; 2. Aufl., Stuttgart et al.

Steger, U. (Hrsg.) **1992**: Handbuch des Umweltmanagement, München.

Steinmann, H./**Schreyögg**, G. **1990**: Management; Wiesbaden.

Stepan, A. **1981**: Produktionsfaktor Maschine; Wien/Würzburg.

Stepan, A. **1993**: Produktion und Technologie; in: Wittmann, W. et al. (Hrsg.): Handwörterbuch der Betriebswirtschaftslehre, Teilband 2, 5. Aufl., Stuttgart, Sp. 3347-3358.

Stöppler, S. **1975**: Dynamische Produktionstheorie; Opladen.

Stöppler, S. **1984**: Nachfrageprognosen und Produktionsplanung; Würzburg/Wien.

Stöppler, S. (Hrsg.) **1985**: Information und Produktion; Stuttgart.

Stöppler, S./**Fischer**, R./**Rogalski**, M. **1992**: Ein Bezugsgrößenmodell zur Systematisierung der Kosten- und Erlösinformationen; in: Zeitschrift für Betriebswirtschaft 62, S. 579-598.

Strebel, H. **1978**: Industriebetriebliche Abfallwirtschaft im Spannungsfeld ökonomischer und ökologischer Ziele; in: Zeitschrift für betriebswirtschafliche Forschung 30, S. 844-854.

Strebel, H. **1980**: Umwelt und Betriebswirtschaft; Berlin.

Strebel, H. **1981**: Umweltwirkungen der Produktion; in: Zeitschrift für betriebswirtschaftliche Forschung 33, S. 508-521.

Strebel, H. **1984**: Industriebetriebslehre; Stuttgart et al.

Strebel, H. **1989**: Antwort im Rahmen des Meinungsspiegels zum Umweltschutz; in: Betriebswirtschaftliche Forschung und Praxis 41, S. 86-88.

Strebel, H. **1992**: Material- und Energiebilanzen; in: Umweltwirtschaftsforum 1, S. 9-15.

Takayama, A. **1985**: Mathematical Economics; 2. Aufl., Cambridge.

Tempelmeier, H. **1991**: Simulation in SIMAN; Heidelberg.

Tempelmeier, H./**Kuhn**, H. **1992**: Flexible Fertigungssysteme; Berlin et al.

Teusch, W. **1983**: Aufbau und Gewinnung Shephardscher Produktionsfunktionen unter Berücksichtigung empirischer Aspekte; Königstein.

Teusch, W./**Schlüter**, J. **1985**: Kostenplanung und Dualität bei Pichler-Modellen; in: Zeitschrift für Betriebswirtschaft 55, S. 924-936.

Thünen, J.H. von **1842**: Der isolierte Staat in Beziehung auf Landwirtschaft und Nationalökonomie; 2. Aufl., Erster Teil, Rostock 1842; Zweiter Teil, Rostock 1850.

Troßmann, E. **1983**: Grundlagen einer dynamischen Theorie und Politik der betrieblichen Produktion; Berlin.

Turetschek, G. **1981**: Aktivitätsanalyse und Planung - Eine produktionstheoretische Untersuchung auf der Grundlage des Dualitätsprinzips; Diss., Frankfurt.

Turgot, A.R.J. **1766**: Réflexions sur la formation et la distribution des richesses; Paris.

Ulrich, U. **1970**: Die Unternehmung als produktives soziales System; 2. Aufl., Bern/Stuttgart.

Varian, H.L. **1985**: Mikroökonomie; 2. Aufl., München et al.

Vazsonyi, A. **1962**: Die Planungsrechnung in Wirtschaft und Industrie; Wien/München.

Viefhues, D. **1982**: Mehrzielorientierte Projektplanung; Frankfurt.

Wagner, G.R. **1990a**: Unternehmensethik im Lichte der ökologischen Herausforderung; in: Czap, H. (Hrsg.): Unternehmensstrategien im sozio-ökonomischen Wandel, Berlin, S. 294-316.

Wagner, G.R. (Hrsg.) **1990b**: Unternehmung und ökologische Umwelt; München.

Wagner, G.R. (Hrsg.) **1992**: Kosten der Umwelterhaltung in ihrer Bedeutung für die Unternehmenspolitik; in: Männel, W. (Hrsg.): Handbuch Kostenrechnung, Wiesbaden, S. 917-928.

Walras, L. **1881**: Mathematische Theorie der Preisbestimmung der wirtschaftlichen Güter; Stuttgart. (unveränderter Nachdruck, Glashütten i.T. 1972)

Wartmann, R. **1963**: Rechnerische Erfassung der Vorgänge im Hochofen zur Planung und Steuerung der Betriebsweise sowie der Erzauswahl; in: Stahl und Eisen 83, S. 1414-1426 und 1697-1698.

Weimann, J. **1991**: Umweltökonomik; 2. Aufl., Berlin et al.

Wicke, L. **1989**: Umweltökonomie; 2. Aufl., München.

Wicke, L./**Haasis**, H.D./**Schafhausen**, F./**Schulz**, W. **1992**: Betriebliche Umweltökonomie; München.

Wittmann, W. **1968**: Produktionstheorie; Heidelberg.

Wittmann, W. **1975**: Betriebswirtschaftslehre; in: Albers, W. et al. (Hrsg.): Handwörterbuch der Wirtschaftswissenschaften, Bd. 1, Stuttgart et al., S. 585-609.

Wittmann, W. **1979**: Aktivitätsanalytische Ansätze dynamischer Produktionstheorie und ihre Beziehungen zur Planung; in: Mellwig, W. (Hrsg.): Unternehmenstheorie und Unternehmensplanung, Wiesbaden.

Wolf, K. **1989**: Sensitivitätsanalysen bezüglich der Änderung der Dominanzstruktur bei linearen Vektormaximumproblemen; Münster.

Wright, T.P. **1936**: Factors Affecting the Cost of Airplanes; in: Journal of the Aeronautical Sciences 3, S. 122-128.

Zäpfel, G. **1982**: Produktionswirtschaft: Operatives Produktions-Management; Berlin/New York.

Zäpfel, G. **1989a**: Strategisches Produktionsmanagement; Berlin/New York.

Zäpfel, G. **1989b**: Taktisches Produktionsmanagement, Berlin/New York.

Zäpfel, G. **1991**: Stücklisten, Verwendungsnachweise, Arbeitspläne und Produktionsfunktionen; in: Wirtschaftswissenschaftliches Studium 20, S. 340-346.

Zelewski, St. **1992**: Kapazitätsvergleich produktionswirtschaftlicher Theorien. Ein Ansatz auf der Basis des „non statement view"; in: Corsten, H. et al. (Hrsg.): Kapazitätsmessung, Kapazitätsgestaltung, Kapazitätsoptimierung - eine betriebswirtschaftliche Kernfrage, Stuttgart, S. 63-93.

Zelewski, St. **1993**: Umweltschutz als Herausforderung an die produktionswirtschaftliche Theoriebildung; in: Zeitschrift für Betriebswirtschaft 63, S. 323-350.

Zschocke, D. **1974**: Betriebsökonometrie; Würzburg/Wien.

Stichwortverzeichnis

Abgabe 120
Abgeschlossenheit der Produktion 79
Ablaufgraph 340, 346
Abschreibung 341
Aktivität
  -Basisaktivität 161
  -Basisaktivität, sinnvolle 168
  -Beschaffungsaktivität 275
  -Grundaktivität 161
Aktivitätsanalyse 39
Anordnungstyp 19
Anpassung
  -intensitätsmäßige 249
  -quantitative 250
  -zeitliche 249
Anpassungsformen 99, 258
Arbeit, objektbezogene 17
Arbeitsgang 19
Arbeitsplan 197, 273
Arbeitssystem 19
Aufwand
  -Durchschnittsaufwand 113
  -Grenzaufwand 111
  -mengenmäßiger 68
  -realer 68
  -wertmäßiger 118
Aufwand/Ertrag-Funktion 92
  -explizite 94
Aufwandsfunktion 94
Aufwandslimitationalität der Erträge 103
Ausbeutekoeffizient 201
Ausbringungsfunktion 250
Ausbringungssortiment 51
Ausführungssystem 351
Ausschuß 13
Automatisierung, flexible 19

Basis 163
Bedarf 197
  -Bruttobedarf 272
  -Gesamtbedarf 272
  -Nettobedarf 272
  -Primärbedarf 272
  -Sekundärbedarf 272
Bedarfsmatrix 98, 214
Begrenzungskoeffizient 246
Begriff 21
Beschäftigung 147
Beseitigungssystem 15
Bestandsversion 50
Bestellpunktverfahren 348
Bestellrhythmusverfahren 348
Betrieb 7
Betriebsmittel 17
Betriebsökonometrie 349
Betriebsplankostenrechnung 325
Bewertung
  -ökologische 121
  -ökonomische 121
  -soziale 121
Bilanz
  -Energiebilanz 12, 30, 162
  -Inputbilanz 176
  -Materialbilanz 162
  -Outputbilanz 176
  -Periodenbilanz 343
  -Stoffbilanz 12, 30, 162
Break-even-point 307
Bruttoquantität 50

Cournotscher Punkt 335

Daten 27
Deckungsbeitrag 146
  -faktorspezifischer 192
  -produktspezifischer 192
  -prozeßspezifischer 192
  -spezifischer 177
Determiniertheit
  -inputseitige 101
  -outputseitige 101

Dienstleistung
  -ergebnisorientierte 14
  -potentialorientierte 14
  -prozeßorientierte 14
Dienstleistungsproduktion 261
Direktausbeutematrix 277
Direktbedarfskoeffizient 272
Direktbedarfsmatrix 272
Dominanz 64
Dualität 192
Durchsatz 269

Economies of scale 336
Effekt
  -externer 71
  -negativer externer 71
  -positiver externer 71
Effizienter Rand
  -einer Ergebnismenge 89
  -einer Technologie 90
Effizienz 89
  -dynamische 344
Effizienzpreissystem 174
Einsatz(faktor)programm 51
Einsatzsortiment 51
Elastizität 112
Emission 5
Emissionskoeffizient 201
Engpaß 134, 139
Entropie 13
  -gesetz 13
Erfahrungskurve 336
Erfolg 115
  -Einzelerfolg 118
  -entgangener 133
  -Gemeinerfolg 118
  -Grenzerfolg 122
  -Teilerfolg 118
Erfolgsbeitrag 118
  -engpaßspezifischer 178
  -fixer 341
  -reduktspezifischer 194
  -spezifischer 177, 192
  -variabler 341
Erfolgsfunktion 61
  -additiv-separable 118
  -indirekte 136

  -lineare 119
Erfolgsmaximalität 115
Erfolgsprinzip
  -mengenmäßiges 89
  -reales 89
  -Schwaches 89
  -Starkes 115
Ergebnisvektor 62, 187
Ergebnisfunktion 62
Ergebnisgraph 187
Ergebnismenge 62
  -beschränkte 86
Ergebnistabelle 187
Erhaltungssatz 30
  -für Materie und Energie 74
Erlöstheorie 38
Ertrag
  -Durchschnittsertrag 113
  -Grenzertrag 111
  -mengenmäßiger 68
  -realer 68
  -wertmäßiger 118
Ertragsfunktion 94
Ertragsgebirge 53
Ertragslimitationalität
  der Aufwendungen 103
Erzeugnis 66
  -kundenindividuelles 14
  -Standarderzeugnis 14
Erzeugnisprogramm 51
Erzeugung 9
Erzeugungssystem 13
Expansionspfad 226, 306

Faktor 66
  -Beifaktor 66
  -dispositiver 17
  -Durchsatzfaktor 49, 325
  -Einflußfaktor, fixer 341
  -Elementarfaktor 17
  -externer 17, 231, 261
  -im engeren Sinne 15
  -Inputfaktor 15
  -interner 17
  -originärer 266
  -Outputfaktor 13
  -Potentialfaktor 16

-Produktionsfaktor 18, 68
-Repetierfaktor 16
-Throughputfaktor 18, 49, 325
-Zusatzfaktor 17
Faktorproduktivität 110
Faktorsubstitution 110
Faktorvariation, partielle 53
Fertigung 9
Fertigungsart 19
Fertigungsprinzip 19
Flußversion 50
Fortschritt
  -autonomer 346
  -induzierter 346
  -technischer 346
Führungssystem 351

Gebühren 120
Geld 6, 120
Gesamtausbeutematrix 277
Gesamtbedarfsmatrix 273
Gestaltungsmöglichkeiten 31
Gewinn 121
Gewinnmaximum im reinen Monopol 334
Gewinnschwelle 307
Gozintograph 215
Größen
  -Bestandsgrößen 30
  -Dauergrößen 30
  -Einflußgrößen 147
  -Einflußgrößen, disponible 49
  -Einflußgrößen, indisponible 49
  -Leistungseinflußgrößen 151
  -momentane 30
  -ökonomische 25
  -Periodengrößen 30
  -sichere 347
  -Steuergrößen 27, 49, 249, 325
  -Stromgrößen 30
  -Umweltgrößen 27
Größendegression 83
Größenprogression 83
Größenvariation 82
Grundmodell 327
  -dynamisches 342
  -stochastisches 347

Grundtyp 211
  -inputseitig determinierter 218
Gut 6, 42, 65
  -wirtschaftliches 42

Herstellung 9
Herstellungssystem 13
Homogenitätsgrad 114
Horizont 342

Immission 5
Input 11, 48
  -Bestandsinput 268
  -Bruttoinput 343
  -Eigeninput 268
  -Fremdinput 268
  -Gesamtinput 269
  -Primärinput 51, 267
  -Produktionsinput 345
  -reiner 267
  -Sekundärinput 267
  -unverzichtbarer 107
  -wesentlicher 107
Input-Vektor 95
Input/Output
  -Analyse 98
  -Funktion 92
  -Funktion, explizite 94
  -Graph 184
  -Modell 40
  -System 11
  -Tabelle 184
  -Vektor 184
Inputart 95, 268
  -derivative 266
Inputfunktion 94
Inputkoeffizient 98, 176, 183
  -durchschnittlicher 113
Inputkorrespondenz 51
Inputlimitationalität, dynamische 344
Inputmöglichkeitenmenge 51
Inputnutzung
  -in Grenzen frei variierbare 239
  -parametrisch variierbare 240
Inputprogramm 49, 51
Inputsortiment 51

Intensität 99, 249
 -maximale 255
 -minimale 255
 -optimale 253
Intensitätssplitting 254
Intensitätsvariation
 -kontinuierliche 255
 -stufenweise 255
Irreversibilität
 -Aufwand/Ertrag-Irreversibilität 78
 -Input/Output-Irreversibilität 77
Isoquante 106
 -Erfolgsisoquante 117
 -ertragsgesetzlicher Verlauf 111

Kalkulation
 -Alternativkalkulation 283
 -arbeitsgangweise 283
 -Produktkalkulation 197, 276
 -Restwertkalkukation 303
 -stufenweise 283
 -von Kuppelprodukten 202
Kamsautov-Graph 219
Kapazitätserweiterungseffekt 306
Kegel, konvex polyedrische 160
Kombination
 -additive 84
 -Endkombination 261
 -Konvexkombination 85
 -Linearkombination 155
 -Maximalerlöskombination 151
 -Maximalleistungskombination 151
 -Maximalumsatzkombination 151
 -Minimalkostenkombination 147
 -Vorkombination 261
Kompatibilität 122
 -inverse 124
Kompensation 104
Kompensationsrate 111
 -subjektive 119
Komplementarität 105, 109
 -sgrad 112
Konsolidierung 327
Konstellation 249
Kontrolle 351
Konvexitätsbedingung 139
Koppelungsbedingung 239

Koppelungskoeffizient 194
Kosten 118
 -Einzelkosten 118
 -Einzelkosten, relative 313
 -externe 71
 -fixe 145, 149
 -Fixkosten 145
 -Gemeinkosten 118
 -Gemeinkosten, variable 203
 -Grenzkosten 151, 226
 -Opportunitätskosten 133
 -Primärkosten 267, 274
 -Produktionskosten 273
 -Sekundärkosten 267, 274
 -spezifische 177
 -sprungfixe 255
 -Stückkosten 150, 192
 -Stückkosten, fixe 150
 -Stückkosten, variable 150
 -Transaktionskosten 273
 -Transformationskosten 273
 -variable 145, 149
Kostenbegriff, wertmäßiger 70
Kostenfunktion
 -indirekte 136
 -spezifische 253
 -Stückkostenfunktion 253
Kuhn/Tucker-Bedingungen 140
Kuhn/Tucker-Theorem 139
Kuppelproduktbündel 203
Kuppelproduktion 14
 -im engsten Sinn 14
 -elastische 107
 -flexible 107
 -im weiten Sinne 13
 -starre 107, 202
 -variable 107
Kuppelproduktpäckchen 203

Lagerbilanzgleichung 345
Lagerhaltungsmodell, stochastisches 348
Leistung 118
 -Einzelleistung 118
 -fixe 145
 -Gemeinleistung 118
 -Primärleistung 267
 -Sekundärleistung 267

-spezifische 177
-Stückleistung 192
-variable 145
Leistungserstellung 8
Leistungsfunktion, indirekte 136
Leistungstheorie 38
Lerngesetz 36
Lernkurve 336
Limitationalität 102, 104
Linear-Homogenität 83
Los 19, 339
  -größe, optimale 339
  -größenformel 340

Managementebenen 352
Managementfunktionen 351
Maschine
  -funktionsgleiche 258
  -kostengleiche 258
  -kostenverschiede 258
Meßniveau
  -kardinales 26, 61
  -nominales 25
  -ordinales 25, 61
Minimalkostenfunktion 136
Modell 23
  -abstraktes 24
  -allgemeines 23
  -analoges 24
  -äußeres 29
  -Beschreibungsmodell 26
  -Betriebsmodell 325
  -Betriebsmodell, mehrperiodiges 346
  -deterministisches 30
  -dynamisches 30, 342
  -einperiodiges 29
  -Entscheidungsmodell 27, 39
  -Erklärungsmodell 26
  -formales 24
  -gegenständliches 24
  -Idealmodell 24
  -ikonisches 24
  -inneres 29
  -konkretes 23
  -lineares 30
  -mehrperiodiges 29
  -nichtlineares 30

-normatives 27
-Partialmodell 29
-pragmatisch-präskriptives 27
-Prognosemodell 26
-qualitatives 25
-quantitatives 25, 26
-Raffineriemodell 318
-Realmodell 24
-statisches 29
-stochastisches 30
-symbolisches 24
-Totalmodell 29
-verbales 24
-zeitablaufbezogenes 29
-zeitdiskretes 29
-zeitkontinuierliches 29
-zeitlaufbezogenes 342
Modellökonomie 27
Modelltyp 23
Modul 317

Nebenbedingung 85, 249, 325
  -betriebliche 49
Netto-Prinzip 50
Netzplan 346
Neutrum 6, 65
Niveaufaktor 113
Niveauvariation 82
Normalfall 65
Nutzenmaximierung 44

Objekt 5, 42
  -Bestandsobjekt 16
  -erwünschtes 66
  -Gebrauchsobjekt 16
  -immaterielles 5
  -Sachobjekt 5
  -unerwünschtes 66
  -Verarbeitungsobjekt 17
  -Verbrauchsobjekt 16
Objektart 47, 343
  -beachtete 47
  -intermediäre 94, 268
  -originäre 266
  -unbeteiligte 294
  -variable Gruppe 104
Objektklasse 343

Objektquantitäten 48
Objektströme, innere 271
Output 11, 48
  -Bestandsoutput 268
  -Bruttooutput 343
  -Eigenoutput 268
  -Endoutput 266, 268, 295
  -Fremdoutput 268, 343
  -Gesamtoutput 269
  -Nettooutput 343
  -Primäroutput 51, 267
  -Produktionsoutput 345
  -reiner 267
  -Sekundäroutput 267
  -Zwischenoutput 266
Output-Vektor 95
Outputart 95, 268
Outputfunktion 94
Outputherstellung
  -in Grenzen frei variierbare 239
  -parametrisch variierbare 240
Outputkoeffizient 176, 183
Outputkorrespondenz 51
Outputmöglichkeitenmenge 51
Outputprogramm 49, 51
Outputsortiment 51

Partialanalyse 113
Periodenrestriktionen
  -externe 344
  -interne 344
Petri-Netz 340
Planung 351
  -rollierende 347
Planungsfehler 351
Preis
  -Absatzpreis 120
  -Beschaffungspreis 120
  -Effizienzpreis 128
  -Lenkpreis 120, 128
  -Marktpreis 120
  -negativer 120
  -subjektiver 119
  -Verrechnungspreis 120, 128
  -Verrechnungspreis, externer 128
  -Verrechnungspreis, interner 128
Preis-Absatz-Funktion 333

Preisdifferenzierung 333
Preistheorem 173
Problem 39, 40
Produkt 12, 66
  -Abprodukt 13, 66
  -alternatives 107
  -Altprodukt 206
  -Beiprodukt 66
  -Bestellprodukt 14
  -Endprodukt 266
  -Finalprodukt 13, 67
  -Hauptprodukt 13, 67
  -im engeren Sinne 13
  -Kuppelprodukt 13, 107
  -Lagerprodukt 14
  -Nebenprodukt 13, 67
  -Zwischenprodukt 266
Produktion 7, 49
  -Alternativproduktion 14, 234
  -Artenproduktion 14
  -austauschende 187
  -Dienstleistungsproduktion 14
  -divergierende 187
  -durchführbare 85
  -effiziente 89
  -eigentlich effiziente 127
  -Einproduktproduktion 14, 98
  -Einzelproduktion 19
  -elastische 221
  -ertragreiche 79
  -Fließproduktion 19
  -glatte 187
  -Gruppenproduktion 19
  -im engeren Sinne 8
  -inputlimitationale 211, 269
  -inputseitig begrenzte 247
  -konvergierende 187
  -Massenproduktion 19
  -Mehrproduktproduktion 14, 98
  -nichttriviale 79
  -ohne Ergebnis 81
  -outputlimitationale 211, 269
  -outputseitig begrenzte 246
  -Periodenproduktion 343
  -prinzipiell mögliche 343
  -Sachleistungsproduktion 14
  -schöpfende 189

-Serienproduktion 19
-sonstige variable 211, 269
-Sortenproduktion 14
-uneigentlich effiziente 127
-unverbundene 14
-verbundene 14
-vernichtende 189
-voll elastische 211, 269
-Werkstattproduktion 19
-Zentrenproduktion 19
-zulässige 85
-zyklische 294
Produktionsbereitschaft 261
Produktionscontrolling 352
Produktionsdauer 99
Produktionselastizität 112
Produktionsentwicklung 346
Produktionsfunktion
   -Engineering production function 263
   -implizite 92
   -klassische 111
   -neoklassische 111
   -zur Ergebnismenge 92
   -zur Technologie 92
Produktionsgleichungen 93
Produktionskette 266
   -geschlossene 293
Produktionskoeffizient 191
Produktionskorrespondenzen 51
Produktionsmanagement 351
   -operatives 354
   -normatives 353
   -strategisches 354
   -taktisches 354
Produktionsmatrix 173
Produktionsmodell 33
   -Cobb/Douglas 98
   -Gutenberg 99, 249, 255
   -Kloock 312
   -Leontief 98, 214
   -Pichler 100, 326
   -technisches 262
Produktionsmöglichkeitenmenge
                      47, 85, 344
   -lineare 340
Produktionsnetzwerk, dynamisches 346
Produktionspolitik 344

Produktionsprogramm 51
Produktionsprogrammplanung
   -Standardansatz der 216
Produktionsprozeß 159
   -elementarer 161
Produktionsquelle 189
Produktionsreihe 266
Produktionssenke 189
Produktionsstelle 19, 317
Produktionsstrukturtyp 187
   -degenerierter 189
Produktionsstufe, höhere 265
Produktionssystem 11
   -vollkommen zerlegbares 294
Produktionstheorie 1, 34
   -als Grundlage der Produktionswirtschaft 38
Produktionsverfahren 240
Produktionswirtschaftslehre 1
Produktiveinheit 19
Produktivität 191
   -durchschnittliche 113
   -Grenzproduktivität, partielle 111
Produktmaximierung
   bei Faktorbeschränkungen 225
Produktprogramm 51
Produkttransformation 110
Produzent 17
Prognosemöglichkeiten 31
Prozeß 240
   -gemischter 159, 240
   -kombinierbarer 159
   -outputseitig determinierter 213
   -Packprozeß 229
   -reiner 159
   -Zuschneideprozeß 228
Prozeßniveau 159, 249
Prozeßstrahl 159

Qualitätsbedingung 246
Quelle 290

Rahmenbedingung 85
Randbedingung 85
Recycling 293
   -externes 296
   -internes 296

Redukt 66
 -Finalredukt 15, 67
 -Hauptredukt 15, 67
 -Nebenredukt 15, 67
Reduktion 10
Reduktionsbetrieb 206
Reduktionskoeffizient 193
Reduktionssystem 13, 15
Reduktivität 193
Repetitionstyp 19
Reproduktionswirtschaft 10
Restriktionen 85
 -bindende 133
Restwertmethode 202
Rezeptur 144, 197
Rückstand 67
Rückstandskoeffizient 201

Sattelpunkttheorem 139
Schattenpreis 133, 142
Schlaraffenland 75
Schlupf, komplementärer 139
Schlupfbedingung 139
Schnittstellen 29, 317
Schranken
 -absolute 86
 -relative 86
Senke 290
Serie 19
Servicegrad 348
Sicherheitsbestand 348
Skala
 -Absolutskala 26
 -Intervallskala 26
 -Verhältnisskala 26
Skalenelastizität 114
 -sgleichung 113
Skalenerträge 83
Skalenfaktor 113
Skalenvariation 82
Spiegelbildlichkeit 192
Standortwahl 338
Stelle 310
Steuerung 351
Stillstand 74, 81
Störung 351
Strategie

 -deterministische 347
 -flexible 347
 -gemischte 347
 -reine 347
 -starre 347
 -stochastische 347
Strukturmatrix 327
Stückliste 144, 197
 -Baukastenstückliste 273
 -Mengenübersichtsstückliste 273
Stücklistenauflösung 276
Stufenzahl 266
Stufigkeit des Zyklus 294
Substitution
 -partielle 107
 -totale (vollständige) 107
Substitutionalität 105, 109
Substitutionselastizität 112
Substitutionsrate 111
Syntropie 13
System 3
 -offenes 8
 -Subsystem 3
 -Teilsystem 3

Technologie 47
 -additive 84
 -endlich generierbare 159
 -Gesamttechnologie 343
 -größendegressive 83
 -größenprogressive 83
 -größenproportionale 83
 -inputlimitationale 101, 213
 -komplexe lineare 315
 -konvexe 84
 -lineare 84
 -mehrstufige 265
 -ohne Zyklen 265
 -outputlimitationale 101, 218
 -Periodentechnologie 343
Technologiematrix 163
Technologische Matrix 272
Theorie 31
Throughput 11
 -reiner 267
Totalanalyse 113
Transaktion 3

Transfer 7
Transformation 6
Transformationskurve 107
Transformationsrate 111
Typologie, sachbezogene 40

Übel 6, 65, 68
Umgebungsbedingung 85
Umwelt 3, 4
Unternehmensführung
 -strategische 354
Unternehmensfunktionen 354
Unternehmenspolitik 354
Unternehmung 7

Variabilität
 -absolute 104
 -kontinuierliche 107
 -relative 104
Variable
 -Ergebnisvariable 27
 -Instrumentvariable 27
 -Zielvariable 27
Variation
 -diskrete 107
 -sprunghafte 107
Verbrauch 78
 -mengenspezifischer 260
Verbrauchsfunktion 99
 -produktspezifische 251
 -spezifische 99
 -zeitspezifische 250, 257
Verfahren 221
 -Produktionsverfahren 240
Verfahrenstyp 240
Verfahrenswahl
 -bei der Inputnutzung 211, 269
 -bei der Outputherstellung 211, 269
Verflechtung
 -Außenverflechtung 267
 -Innenverflechtung 267
 -Leistungsverflechtung 293
Verflechtungsgraph 294
Verflechtungsmatrix 326
Verwendungsnachweis
 -Baukasten- 273
 -Mengenübersichts- 273

 -Teile- 273

Weiterverwendung 296
Weiterverwertung 296
Wert
 -eines Objekts 6
 -Gebrauchswert 6
 -Tauschwert 6
Wertschöpfung 7
Wertschöpfungsfunktion 61
Wiederverwendung 296
Wiederverwertung 296
Wirtschaftlichkeitsprinzip
 -mengenmäßiges 92
 -reales 92

Zusammenhangsgraph 294
Zusatzkosten, soziale 71
Zyklus 294
 -einstufiger 294
 -mehrstufiger 294

Springer-Lehrbücher

P. Stahlknecht

Einführung in die Wirtschaftsinformatik

6., völlig überarb. u. erw. Aufl. 1993.
DM 32,80; öS 255,90; sFr 36,50
ISBN 3-540-56370-9

Dieses Standardwerk gibt eine praxisbezogene Einführung in das Gesamtgebiet der Wirtschaftsinformatik. In der Neuauflage wird die bewährte Kapiteleinteilung zwar beibehalten, alle Kapitel sind jedoch aktualisiert, neue Abschnitte sind aufgenommen.

Das Lehrbuch wird durch ein **Arbeitsbuch Wirtschaftsinformatik** des selben Autors ergänzt:
1991. DM 25,–; öS 195,–; sFr 27,50
ISBN 3-540-53805-4

W. Busse von Colbe, G. Laßmann

Betriebswirtschaftstheorie

Band 1: Grundlagen, Produktions- und Kostentheorie

5., durchges. Aufl. 1991.
DM 36,–; öS 280,80; sFr 40,–
ISBN 3-540-54101-2

Die Kapitel des ersten Bandes behandeln die Grundlagen der Betriebswirtschaftslehre, die Produktions- und Kostentheorie.
Zahlreiche Beispiele aus Praxis veranschaulichen die Modellaussagen. Übungsaufgaben und Kontrollfragen sollen zum selbständigen Arbeiten anleiten sowie zum Einsatz von PCs anregen.

W. Busse von Colbe, P. Hammann, G. Laßmann

Betriebswirtschaftstheorie

Band 2: Absatztheorie

4., verb. u. erw. Aufl. 1992. DM 38,–; öS 296,40; sFr 42,– ISBN 3-540-55807-1

Gegenstand des Buches sind Grundbegriffe, Ansätze zur Erklärung des Käuferverhaltens, absatzstrategische Grundentscheidungen sowie das absatzpolitische Instrumentarium. Danach werden integrierte Produktions- und Absatzplanungsmodelle für verschiedene Marktformen und praxisorientierte Methoden der Absatzplanung erörtert. Übungsaufgaben und Kontrollfragen sollen zum selbständigen Arbeiten anleiten und ermöglichen eine Kontrolle. Das Buch wurde für die 4. Auflage überarbeitet und erweitert.

W. Busse von Colbe, G. Laßmann

Betriebswirtschaftstheorie

Band 3: Investitionstheorie

4. Aufl. 1993. in Vorb. ISBN 3-540-56907-3

Hier werden die Grundlagen der modernen Kapitalmarkttheorie und der Portefeuilletheorie sowie ihre Anwendung für die betrieblichen Investitionsentscheidungen, z. B. für die Ableitung des Kalkulationszinsfußes dargestellt. Es werden Fragen der Entscheidung zwischen Leasing und Kreditkauf, die Berücksichtigung von Preisschwankungen im Investitionskalkül, die Besonderheiten bei Direktinvestitionen im Ausland und die Abwägung zwischen kalkulatorischen und finanzmathematischen Verfahren behandelt.

If you have any concerns about our products,
you can contact us on
ProductSafety@springernature.com

In case Publisher is established outside the EU,
the EU authorized representative is:
**Springer Nature Customer Service Center GmbH
Europaplatz 3, 69115 Heidelberg, Germany**

Printed by Libri Plureos GmbH
in Hamburg, Germany